Von Philipp Vandenberg
sind bei Bastei Lübbe Taschenbücher u. a. lieferbar:

61454 Cäsar und Kleopatra
61482 Der vergessene Pharao
64180 Auf den Spuren der Vergangenheit
61494 Ramses der Große
14771 Purpurschatten
14277 Der Spiegelmacher
11686 Sixtinische Verschwörung

Über den Autor

Philipp Vandenberg, geboren 1941, studierte in München Germanistik und Kunstgeschichte. Er arbeitete als Journalist bei großen deutschen Tageszeitungen und Illustrierten. Zum Bestsellerautor wurde er durch seinen Welterfolg *Der Fluch der Pharaonen* (Bastei Lübbe Taschenbuch Bd. 64067) und hat sich ebenso als Verfasser historischer Thriller wie *Sixtinische Verschwörung* (Bastei Lübbe Taschenbuch Bd. 11686) und aufsehenerregender Sachbücher wie *Der Schatz des Priamos* (Bastei Lübbe Taschenbuch Bd. 61423) einen Namen gemacht. Mit Ausgaben in über 30 Sprachen ist er einer der meistübersetzten Autoren der Gegenwart. Weltweit wurden über 16 Millionen Exemplare seiner Bücher verkauft.

Philipp
Vandenberg

Der König
von
Luxor

Roman

BASTEI LÜBBE TASCHENBUCH
Band 14956

1. Auflage: September 2003

Vollständige Taschenbuchausgabe
der im Gustav Lübbe Verlag erschienenen Hardcoverausgabe

Bastei Lübbe Taschenbücher und Gustav Lübbe Verlag
sind Imprints der Verlagsgruppe Lübbe

© 2001 by Verlagsgruppe Lübbe GmbH & Co. KG,
Bergisch Gladbach
Lektorat: Daniela Bentele-Hendricks
Einbandgestaltung: Guido Klütsch, Köln
Bildmotiv: AKG, Berlin
Satz: Kremerdruck GmbH, Lindlar
Druck und Verarbeitung: Ebner & Spiegel, Ulm
Printed in Germany
ISBN 3-404-14956-4

Sie finden uns im Internet unter:
http://www.luebbe.de

Der Preis dieses Bandes versteht sich einschließlich
der gesetzlichen Mehrwertsteuer.

15. März 1939

Natürlich regnete es auf der Fahrt nach Soho.

»Wie immer um diese Zeit!« meinte der Taxifahrer entschuldigend und warf einen flüchtigen Blick durch die Scheibe nach hinten. Die alte Dame war eine gepflegte Erscheinung, wohlhabend, aber nicht reich, gerade so, daß man ein anständiges Trinkgeld erwarten konnte. Reiche Leute geizten mit Trinkgeldern, das war eine alte Erfahrung. Und nach zwanzig Jahren am Steuer konnte man ihm da kaum etwas vormachen.

»Das hat doch nichts mit der Jahreszeit zu tun!« korrigierte die alte Dame den Fahrer. »In Notting Hill ist das Wetter viel besser. Es muß an Soho liegen.«

»Sie mögen Soho nicht, Madam?« fragte der amüsierte Fahrer nach hinten.

»Warum soll ich Soho nicht mögen!« entrüstete sich die alte Dame, »ich finde nur, daß es in Soho öfter regnet als anderswo.«

Der Taxifahrer ließ es dabei erst einmal bewenden, und sein Fahrgast widmete sich der Betrachtung der riesigen bunten Kino- und Theaterplakate an den Fassaden. Im »Leicester Square Kino« lief zum letzten Mal »Frankensteins Sohn« mit Boris Karloff in der Titelrolle. Im »Haymarket Theater« standen Rex Harrison und Diana Wynyard in »Design for Living« auf der Bühne, und im Piccadilly gegenüber dem Regent Palace Hotel brillierten Mackenzie Ward und Eileen Peel in dem Stück »French without Tears«.

Wie immer um die Nachmittagszeit waren alle Straßen um Piccadilly Circus verstopft; aber der Fahrer benützte einige Seitenstraßen und brachte plötzlich und für die alte Dame völlig unerwartet sein Taxi vor einem Hoteleingang zum Stehen.

»Einmal ›Ritz‹«, rief er vergnügt, »fünf Shilling, Madam!«

Er hatte sich nicht getäuscht, denn die Lady reichte ihm sechs und stieg aus, nachdem ein Portier in roter Livree die Wagentüre geöffnet hatte.

Sie wirkte unsicher in der Halle des »Ritz«, und sie gab sich auch keine Mühe, ihre Unsicherheit zu verbergen. Mit leichtem Kopfnikken nach allen Seiten erwiderte sie die Ehrbezeugungen des Personals. Schließlich steuerte sie mit kurzen Schritten energisch auf einen vornehm wirkenden Herrn im Frack zu, der ihr mit hinter dem Rücken verschränkten Händen entgegenlächelte.

Sein schütteres, silbergraues Resthaar war mit Brillantine der ovalen Kopfform angepaßt und ließ ihn jenseits der fünfzig erscheinen. Trotzdem redete die alte Dame ihn mit den Worten an: »Junger Mann, führen Sie mich in den Tea-Room.« – Was den »jungen Mann« betraf, so pflegte sie jeden Mann so zu bezeichnen, der nicht älter war als sie.

»Zum Tea-Room, sehr wohl, Madam!« dienerte der Angesprochene, und dabei machte er eine ausholende Armbewegung, als wolle er einen Halbkreis vor seinem Bauch beschreiben.

»Aber langsam!« mahnte die resolute Dame und stieß mit ihrem Stock heftig auf den Teppich. Ihre Erscheinung hatte etwas von der herben Schönheit, die ein langes Leben in ein Gesicht zeichnet und die alten Damen einen eigentümlichen Reiz verleiht. Sie trug einen altmodischen Hut, der ihr etwas Unnahbares verlieh, und ein tailliertes, grünes Kostüm mit beinahe knöchellangem Rock. In der Halle des mondänen Hotels wirkte sie zweifellos etwas unmodern.

Aus der Glastüre, die zum Tea-Room führte, worauf ein Schild aus poliertem Messing hinwies, trat ihr ein Ober im Cut entgegen mit einer aufgesteckten Süßwasserperle im Plastron. Darüber hinaus war allein sein Gesichtsausdruck erwähnenswert, dessen Ernst und Strenge nur von jenem übertroffen wurde, welchen die Konservativen im Parlament seit geraumer Zeit an den Tag legten.

»Junger Mann«, sagte sie, noch bevor der gestrenge Ober etwas fragen konnte, »ich bin hier mit Lady Evelyn Beauchamp verabredet. Ich bin wohl zu früh?«

Entgegen jeder Erwartung erhellte sich das Gesicht des Obers, und in einem Anfall von Entzücken, den man ihm nie zugetraut und schon gar nicht erwartet hätte, erwiderte er: »O nein, Madam, die Damen sind bereits zugegen. Wenn Sie mir bitte folgen wollen?«

Im Tea-Room glänzte dunkles Mobiliar, und der Raum wurde von gelben Lampenschirmen aus Schafsleder in diffuses Licht getaucht. Aus dem Halbdunkel löste sich eine Gestalt. Es war Lady Evelyn, die ihr entgegentrat. Ihr graues, zweireihiges Kostüm mit feinen hellen Streifen kleidete sie vorteilhaft, und ein Topfhut, den sie tief ins hellgeschminkte Gesicht gedrückt hatte, verlieh ihr ein jugendlich-keckes Aussehen.

»Mrs. Jones!« rief die Lady und streckte ihr beide Hände entgegen. »Wie schön, daß Sie gekommen sind.«

»*Miss* Jones, Mylady!« korrigierte die alte Dame unnachsichtig. »*Miss* Jones. Ich war nie verheiratet, und ich lege auf meine alten Tage auch keinen Wert darauf, den Anschein zu erwecken. Bleiben wir also bei *Miss* Jones.«

Als sich die beiden gegenüberstanden, wurde deutlich, daß die Lady gut einen Kopf kleiner war als Miss Jones, was seinen Grund jedoch nicht in Miss Jones' Größe hatte, nein, Lady Evelyn war wirklich klein gewachsen.

Lady Evelyn geleitete Miss Jones zu einem Ecktisch. Dort wartete bereits Phyllis Walker, gerade halb so alt wie Miss Jones. Obwohl von einnehmendem Äußeren, hatte sie sich in weite, graue Hosen und ein enges Jackett gekleidet wie ein Dandy. Auf dem Kopf trug sie eine Baskenmütze. Darunter ragten dunkle Locken hervor, die mit glänzendem Gel an die Stirn geklebt waren – keine außergewöhnliche Erscheinung in Soho, aber im »Ritz« ohne Zweifel etwas gewagt.

Vor zehn Tagen hatten die drei Frauen auf dem Friedhof von Putney einer höchst merkwürdigen Beerdigung beigewohnt. Übersehen konnten sie sich nicht, denn die Beerdigungsgesellschaft bestand nur aus acht Trauernden, den Vikar eingeschlossen, und das war trotz eines ehrenden Nachrufs in der *London Times* doch ein trauriges Ende für den berühmtesten Archäologen der Welt: Howard Carter.

Die Idee, sich im »Ritz« zum Tee zu treffen, stammte von Lady Evelyn Beauchamp und hatte ihre Ursache in einem kleinen Ereignis am Rande. Beim Verlassen des Friedhofs in Putney hatte sich Lady Evelyn noch einmal umgedreht und dabei einen Landstreicher beobachtet, von denen um diese Zeit Hunderte die wärmenden U-Bahnhöfe bevölkerten. Der Mann hielt kurz inne, dann warf er ein kleines Päckchen in das offene Grab und humpelte davon.

Auf Fragen, wer der Mann gewesen sei und welche Bedeutung sein seltsames Verhalten wohl habe, wußte niemand eine Antwort. Nur Phyllis Walker glaubte den Landstreicher zu kennen. Jedenfalls erinnerte er sie an einen Mann, der in Howard Carters Leben eine zwielichtige Rolle gespielt hatte.

Durch diese Bemerkung war die Neugierde der beiden anderen Frauen geweckt worden, zumal jede von ihnen glaubte, alles über Carter zu wissen, und so hatten sie den Entschluß gefaßt, sich an diesem 15. März 1939 im »Ritz« zum Tee zu treffen und sich gegenseitig auszutauschen.

Das Gespräch begann schleppend, was zum einen im Alters- und Standesunterschied der Damen liegen mochte, andererseits kannten sie sich kaum, aber da war dieser Howard Carter, dem jede dieser drei Frauen auf ihre Weise verbunden gewesen war. Das kundzutun bedurfte einer gewissen Überwindung.

»Was meinen Sie, meine Damen«, begann Lady Evelyn, um das peinliche Schweigen zu überbrücken, »wird es Krieg geben?«

Phyllis hob die Schultern. Sie wußte keine Antwort.

Miss Jones hingegen ereiferte sich: »Die Zeitungen sind voll von Berichten über Flottenmanöver im Atlantik und Truppenbewegungen in ganz Europa. Der König und die Königin besuchen jeden Tag eine andere Flugzeugfabrik, heute in Birmingham, morgen in Rochester. Neulich war zu lesen, man solle sich Lebensmittelvorräte für zwei Monate anlegen. Mylady, es riecht förmlich nach Krieg!«

»Ich bin ganz Ihrer Meinung, Madam«, erwiderte Lady Evelyn, »ich war zwar noch jung, als der letzte Krieg ausbrach, und mein Vater, Lord Carnarvon, vertrat die Ansicht, ich sollte mich mehr mit Musik und Kunst beschäftigen als mit Politik, aber mir ist noch gut im Gedächtnis, daß die Umstände damals den heutigen aufs Haar glichen.«

»Howard war ein unpolitischer Mensch«, bemerkte Phyllis und kam damit endlich zum Thema.

»Aber nur, was den Zank der Parteien betraf!« protestierte die Lady, »Howard war ein Einzelgänger, auch in seinen politischen Ansichten.

Er redete heute der Labour Party das Wort, und morgen verteidigte er die Tories. Meinen Vater trieb Howards Wankelmut bis zum Wahnsinn. Ich hatte manchmal den Eindruck, als bereitete es ihm teuflisches Vergnügen, seine Meinung von heute auf morgen zu ändern.«

»Wann lernten Sie Howard kennen?« erkundigte sich Miss Jones. Dem Klang ihrer Stimme konnte man entnehmen, daß sie mit Lady Evelyns Behauptung nicht einverstanden war.

»Oh, da war ich noch ein kleines Mädchen. Das war noch vor dem Krieg. Ich begleitete meinen Vater zum ersten Mal nach Ägypten. Aber damals nahm er mich gar nicht wahr – ich meine als Frau. Ich hingegen verliebte mich schon als kleines Mädchen in Carter. Er war groß, hatte kräftige dunkle Haare, und sein Oberlippenbart verlieh ihm etwas Draufgängerisches. Carter war für mich der Abenteurer und Schatzgräber aus dem Märchen, der eines Tages seiner Prinzessin begegnet. Und die Prinzessin war ich.«

»Merkwürdig«, meinte Phyllis Walker nachdenklich, »ich hatte Howard gegenüber die gleichen Empfindungen. Für mich war er auch eine außerordentliche Erscheinung, ein weitgereister Abenteurer und erfolgreicher Schatzgräber, zu dem ich aufschaute. Howard nannte mich immer seine Prinzessin. Und so fühlte ich mich auch in seiner Gegenwart – zumindest am Anfang.«

»Und Sie, Miss Jones?« Lady Evelyn versuchte die alte Dame mit einem freundlichen Lächeln zum Sprechen zu bewegen. Aber die schien weit weg mit ihren Gedanken, bisweilen schmunzelte sie vor sich hin, als begegnete ihr ein Ereignis längst vergangener Tage.

»Und Sie?« wiederholte die Lady ihre Frage, »welche Empfindungen hegten Sie gegenüber Carter?«

»Ich?« Miss Jones schreckte hoch. »Nein, als Prinzessin fühlte ich mich Howard gegenüber nie. Das verhinderte schon der Altersunterschied. Sie müssen bedenken, ich war achtundzwanzig, Howard war fünfzehn, als wir uns zum ersten Mal begegneten. Ich war seine Lehrerin. Trotzdem – Howard war die große Liebe meines Lebens.«

Phyllis und Lady Evelyn warfen sich einen vielsagenden Blick zu, ja Phyllis zeigte sich sogar entrüstet, jedenfalls konnte sie ihr Erstaunen kaum verbergen, als sie fragte: »Sie wollen damit sagen, daß Sie mit Howard…« Weiter kam sie nicht.

Miss Jones blickte an sich herab. »Sie vergessen, daß auch ich einmal jung war, Miss Walker. Und mit den Jahren werden wir alle von der Schwerkraft besiegt und etwas schäbig.«

»Verzeihen Sie, Madam, so war das nicht gemeint. Ich dachte nur, Howard habe mir alles erzählt. Wenn er von seiner Jugendzeit redete, erwähnte er immer nur einen Namen, und er behauptete, diese Frau sei seine große Liebe gewesen.«

»Das kann ich bestätigen«, ergänzte Lady Evelyn. »Als wir zum ersten Mal über Liebe sprachen, meinte er, er kämpfe noch immer gegen die Erinnerung. Und dabei nannte er einen Namen.«

»Welchen Namen?« erkundigte sich Miss Jones, nun weit weniger selbstbewußt als noch vor wenigen Augenblicken.

»Sarah!« antwortete Lady Evelyn.

Und Phyllis ergänzte: »Ja, Sarah!«

»Ich bin Sarah. Sarah Jones.« Über ihr Gesicht huschte ein stolzes Lächeln, dann wandte sie ihren Blick beinahe schamhaft zur Seite und sagte: »Ja, ich gebe zu, unser Verhältnis war ungewöhnlich; doch ich kann sagen, es war kein Irrtum. Für ein paar Monate war ich der glücklichste Mensch auf der Welt. Manche Menschen brauchen eben ein halbes Leben, um zu wissen, was Glück ist …«

Für Augenblicke schien an dem Tisch im Tea-Room die Zeit stillzustehen. Phyllis und Lady Evelyn, die gerade noch überzeugt gewesen waren, *sie* hätten die wichtigste Rolle in Carters Leben gespielt, mußten auf einmal einsehen, daß ihnen eine mächtige Konkurrentin diese Rolle streitig machte. Nun war ihre Neugierde groß, in Carters Vorleben Einblick zu gewinnen, schließlich hatten ihn beide erst im stolzen Mannesalter kennengelernt.

Sarah Jones wiederum brannte darauf, die näheren Umstände zu erfahren, die zu Carters Erfolg geführt hatten. Sie hatte all die Jahre jeden Zeitungsausschnitt gesammelt, der über ihn erschienen war. Liebevoll hatte sie alle Ausschnitte in ein Album geklebt und mit Tränen in den Augen so oft gelesen, bis sie die Texte auswendig konnte. Und mehr als einmal hatte sie laut vernehmbar zu sich gesagt: Sarah, du bist eine Närrin.

Den Mut, zu seiner Beerdigung zu kommen, hatte Sarah Jones gefaßt, nachdem sie den Nachruf in der *London Times* gelesen hatte. Er endete mit dem Satz: *He was unmarried* – er war unverheiratet. Das hatte natürlich nichts zu sagen. Oder vielleicht doch? Jetzt hoffte auch sie, mehr zu erfahren.

Je länger sich Sarah Jones, Lady Evelyn und Phyllis Walker unterhielten, desto mehr wich das Mißtrauen zwischen ihnen. Je mehr sie voneinander erfuhren, desto mehr gelangten sie zu der Erkenntnis, daß das Schicksal einer jeden mit dem der anderen verknüpft war.

Die drei Frauen vergaßen die Zeit. Und indem jede aus ihrer Vergangenheit erzählte, wurde noch einmal das Leben des Mannes lebendig, den man den König von Luxor nannte.

Erstes Buch

Kapitel 1

Um von Ipswich in East Suffolk nach Swaffham zu gelangen, brauchte man damals, vor der Jahrhundertwende, einen halben Tag und gute Nerven.

»Norwich umsteigen, Richtung King's Lynn!« hatte ihr der Fahrkartenverkäufer eingeschärft. »Aber rasch, es bleiben nur zehn Minuten Zeit!«

Wider Erwarten hatte Sarah Jones die gestellte Aufgabe bewältigt und den Zug nach Swaffham erreicht, was – wie wir noch hören werden – mit gewissen Komplikationen verbunden war. Nun saß sie allein in ihrem Abteil und ließ den Blick aus dem Fenster schweifen, wo die Landschaft an ihr vorüberzog, flach und nur von Steinwällen unterbrochen, die dunkle Striche über die Weiden zogen und die Grundstücksgrenzen markierten.

Es war Frühling geworden. Ansehnliches Grün überzog die Landschaft, gewiß nicht so grün wie in Sussex, wo das grünste Grün zu Hause war, aber zweifellos von intensiverer Farbigkeit als die Ödnis um Ipswich.

Sarah Jones stammte aus Ipswich, wo ihr Vater Hafenarbeiter war und in der Hauptsache Getreidesäcke schleppte. Ihre Mutter starb bei ihrer Geburt, und hätte sich nicht eine Frau aus der Nachbarschaft ihrer angenommen, Sarah wäre im Waisenhaus St. Albans gelandet oder sonstwo.

Sarah war alles andere als dumm, aber für den Besuch der teuren Lateinschule, wo die Kinder der Kohlen- und Zuckerhändler, der Lagerhausbesitzer und Reeder erzogen wurden, fehlte dem Vater das Geld. Lange genug mußte Sarah ihren Vater piesacken, bis er ihr den Besuch einer *Dame-School* nahe dem Christchurch-Herrenhaus erlaubte, wo Mädchen wie Sarah lesen und schreiben, rechnen und das Nähen von Papierkleidern lernten.

Nach Abschluß der Schule absolvierte sie ein weiteres Lehrjahr und wurde selbst Lehrerin an der *Dame-School*. Da starb ihr Vater bei einem furchtbaren Unfall. Ein Hafenkran stürzte um und begrub ihn. Seit jenem Tag ließ Sarah der Gedanke nicht los, sie würde in Ipswich vom Unglück verfolgt. Und so beschloß sie, die Stadt zu verlassen. Dem Reverend, der ihren Vater eingesegnet hatte, klagte Sarah Jones ihr Leid, und dieser zeigte Verständnis für ihren Wunsch, aus Ipswich fortzugehen. Er versprach sogar, ihr eine Anstellung als Lehrerin zu verschaffen. In Swaffham, in der Grafschaft Norfolk, werde eine Hilfskraft für die dortige *Dame-School* gesucht. Sie könne sich auf ihn berufen.

Alles, was sie damals besaß, paßte in jenen braunen, mit Segeltuch bespannten Reisekoffer, den einst ihre Mutter in die Ehe gebracht hatte und der ihr nun auf der Holzbank gegenüberstand. Er zeichnete sich durch eine Besonderheit aus, die ihn von anderen Gepäckstücken unterschied. Aufgrund seiner Breite verfügte er über keinen Tragegriff in der Mitte, der es einem kräftigen Menschen ermöglicht hätte, den Koffer allein fortzutragen. Nein, der Koffer besaß nur zwei Griffe an beiden Seiten, und weil seine Breite jede natürliche Armspanne übertraf, war es unmöglich, das Gepäckstück allein fortzubewegen.

Zum Glück war der Bahnhof in Norwich von vielen Menschen bevölkert, und Sarahs Aussehen äußerst adrett, so daß sie nicht lange nach bereitwilligen Helfern Ausschau halten mußte, die ihr Gepäckstück in den Zug nach Swaffham beförderten.

Nun ruckelte Sarah erwartungsvoll ihrer Zukunft entgegen, unterbrochen von zahllosen Haltestellen auf Bahnhöfen, die irgendwie alle gleich aussahen, rotbraune Backsteinbauten von unterschiedlicher Größe, manche so klein, daß es nur einen einzigen Raum gab. Nach eineinhalb Stunden hatte Sarah ihr Ziel erreicht, und der Bahnhofsvorsteher, der dies durch lautes Rufen kundtat, war ihr sogar beim Ausladen ihres sperrigen Gepäcks behilflich.

Jeder kennt das Empfinden, wenn man sich einer fremden Stadt zum ersten Mal nähert. Es ist entweder ein Gefühl freudiger Erwartung oder aber eine mit Abneigung verbundene Vorahnung. Was

Sarahs Empfindungen betraf – sie war der einzige Fahrgast, der ausstieg –, so übertraf ihre Abneigung die Begeisterung bei weitem. Ratlos stand sie vor dem Bahnhofsgebäude, neben sich den großen Koffer, den zu heben sie nicht imstande war, und weit und breit keine Menschenseele. Von Hühnergackern abgesehen wirkte der Ort wie ausgestorben.

Dort, wo sie herkam, in Ipswich, balgten sich um diese Zeit vor dem Bahnhof die Droschkenbesitzer um den besten Standplatz, Zeitungsverkäufer brüllten Neuigkeiten, und Kofferträger gab es genug. Nichts von all dem in Swaffham. Wäre damals, als sie hilflos vor dem Bahnhof stand, ein Zug aus der Gegenrichtung gekommen, sie wäre eingestiegen und zurück nach Ipswich gefahren. Aber es kam kein Zug.

Die matte Frühlingssonne stand tief, als auf der gegenüberliegenden Straßenseite ein hochgewachsenes Bürschchen auftauchte. Der Junge mit dunklen Haaren und blassem Gesicht trug ein Schmetterlingsnetz in der Linken, über der rechten Schulter hing eine Botanisiertrommel. Mit weit ausholenden Schritten, die seinem Gang etwas Komisches verliehen, versuchte er sich, starr geradeaus blickend, an Sarah Jones und ihrem Schicksal vorbeizustehlen. »He da!« rief Sarah ebenso hilflos wie verzweifelt, »he da, kannst du mir nicht zur Hand gehen? Soll auch dein Schaden nicht sein!«

Der Junge machte halt, musterte die fremde Frau einen Augenblick, kam dann über die Straße und packte wortlos den Koffer am rechten Griff. Sarah faßte den linken. Ohne überhaupt zu fragen, wohin sie denn wolle mit ihrem Kleiderkasten, gingen sie ein kurzes Stück nebeneinander her, bis Sarah das peinliche Schweigen des jungen Mannes, der immer geradeaus blickte, unterbrach: »Willst du denn überhaupt nicht wissen, wohin ich will?«

Der Junge grinste, ohne die Fremde anzusehen. Dann meinte er mit dünner Stimme, wobei er die Vokale wie in Norfolk üblich ungewöhnlich in die Länge zog: »Wo werden Sie schon hinwollen, Miss, zu Mr. Hazelford am Marktplatz halt. Ihm gehört das ›George Commercial Hotel‹, ein anderes gibt es nicht in der Gegend.«

Sarah hatte Mühe, den langen Schritten des Jungen zu folgen, und dabei bot sich kaum die Möglichkeit, ihn unbemerkt von der Seite zu betrachten. Nur soviel blieb ihr im Gedächtnis: Sein markanter Kopf hatte eine langgezogene, dreieckige Form, die Nase länglich, das Kinn spitz. Trotz seiner Größe wirkte er nicht sehr kräftig, und deshalb war das Alter des jungen Mannes schwer abzuschätzen.

»Reden die Leute in Swaffham alle soviel?« fragte Sarah, nachdem sie wieder eine Weile schweigend nebeneinander her gegangen waren.

Der Junge grinste, und dabei sah er Sarah Jones zum ersten Mal ins Gesicht. »Ach, wissen Sie, Miss, damit müssen Sie sich abfinden. In Swaffham wird jeder, der mehr als fünf Sätze redet, als Schwätzer bezeichnet. Woher kommen Sie, Miss?«

»Ipswich«, erwiderte sie – nun ihrerseits kurz angebunden.

Der junge Mann pfiff leise durch die Zähne, was Sarah als Bewunderung deutete, doch mußte sie sich wohl geirrt haben, denn schon im nächsten Augenblick meinte ihr Begleiter: »London. Ich komme aus London. Brompton, falls Sie es kennen.«

»Nein«, erwiderte Sarah irritiert, »ich war nie in London. Nur einmal in Sussex. Meinst du, ich habe etwas versäumt?«

»Hm.« Der Junge legte den Kopf zur Seite und ging stumm weiter.

In der Ferne tauchte ein klotziger Kirchturm auf mit hohen Fenstern nach allen Seiten, in deren Mitte jeweils eine Uhr die Zeit verkündete.

»St. Peter und Paul!« meinte der Junge, der Sarahs interessierte Blicke wahrnahm. »Und was verschlägt Sie nach Swaffham, Miss?«

Sarah sah keinen Grund, den Zweck ihres Besuchs zu verheimlichen. Dabei konnte sie nicht ahnen, welche Wirkung ihre Antwort zur Folge haben würde. Also antwortete sie ohne nachzudenken: »An der hiesigen *Dame-School* ist eine Stelle vakant. Ich bin Lehrerin.«

Kaum hatte sie geendet, da ließ der Junge den Koffer fallen, als habe ihn der Blitz getroffen, und ohne eine Erklärung rannte er in die Richtung fort, aus der sie gekommen waren. Sarah wußte nicht, wie ihr geschah.

Aus einer Seitenstraße näherte sich ein Mann in gebeugter Haltung. Ihn anzusprechen wagte sie nicht, er erschien ihr einfach zu schwächlich, um ihr beim Transport ihres Gepäcks behilflich zu sein. Doch der Alte trat auf sie zu, sah sie von unten an und rang sich ein

Grinsen ab, wobei zwei oder drei schwarze Zahnlücken sichtbar wurden.

»Wo wollen Sie denn hin mit Ihrem Schrank, Miss?« fragte er mit betonter Höflichkeit.

»Ist es noch weit bis zum ›George Commercial Hotel‹?« fragte sie zurück.

»Ach wo«, antwortete der zahnlückige Alte und zeigte in Richtung des klotzigen Kirchturms. »Keine fünf Minuten.«

»Wären Sie bereit, solange auf meinen Koffer aufzupassen?« fragte Sarah. »Ich mache mich auf den Weg zu dem Hotel und schicke einen Kofferknecht mit einem Karren vorbei.«

Der Alte nickte und wiederholte seine Armbewegung in Richtung des Kirchturms.

Länger als erwartet dauerte die Suche nach dem Hotel, denn es lag keineswegs bei dem Kirchturm von St. Peter und Paul, wie der Alte bedeutet hatte, sondern gegenüber, unmittelbar am Marktplatz, was Sarah von einer ortskundigen Wäscherin erfuhr. Mr. Hazelford, der Wirt des Gasthofes, war äußerst zuvorkommend und schickte sogleich seinen Sohn Owen mit einem Karren los, nachdem sie den Ort beschrieben hatte, an dem der braune Koffer zurückgeblieben war.

Ihr Zimmer hatte ein Fenster zum Marktplatz hin, und man konnte den »Butter Cross« sehen, eine Art Pavillon, bestehend aus einer Kuppel auf sieben Säulen, und gegenüber die Kirche St. Peter und Paul. Das Zimmer war freundlich und billig, und bald traf auch Sarahs Koffer ein. Allerdings gab ihr Owen Hazelford die Penny-Münze zurück, die sie ihm zur Entlohnung des Alten mitgegeben hatte. Er habe niemanden bei dem Koffer angetroffen, meinte er.

Zuerst nahm Sarah die Mitteilung nicht weiter ernst, aber schon im nächsten Augenblick beschlich sie ein furchtbarer Verdacht, und ein Blick auf das Kofferschloß bestätigte ihre finstere Ahnung. Das Schloß war aufgebrochen.

Es darf nicht sein!, schoß es ihr durch den Kopf, und sie war geneigt, ein Stoßgebet zum Himmel zu schicken, was sonst nicht ihre Art war. Hastig öffnete sie den Koffer, schleuderte Wäsche- und Kleidungsstücke heraus, und dabei merkte sie, daß das Gepäck durchwühlt war. Endlich bekam sie ihren Mantel zu fassen. Wie von Sinnen zerrte

Sarah ihn aus dem Koffer und tastete nach der Innentasche. Die Tasche war leer.

Nach dieser Entdeckung war Sarah wie betäubt. Sie kniete sich vor das leere Gepäckstück, vergrub ihr Gesicht in den Armen und weinte wie ein Kind. Man hatte Sarah ihre gesamten Ersparnisse geraubt: sechsundsiebzig Pfund und fünf Shillinge.

Der Wirt, dem sie sich anvertraute, verständigte die Polizei, aber die machte ihr Vorwürfe wegen ihres Leichtsinns und nur geringe Hoffnung, ihr Erspartes jemals zurückzuerhalten.

In dieser Nacht im »George Commercial Hotel« schlief Sarah keine Minute, und zum ersten Mal beschlich sie der Gedanke, freiwillig aus dem Leben zu scheiden. Sie hatte auf vieles verzichtet und hart gespart für ihr kleines Vermögen, nun stand sie mittellos da in dieser fremden Stadt. Wie sollte es weitergehen?

Am nächsten Morgen – ein leuchtender Frühlingstag kündigte sich an – suchte sie die *Dame-School* auf, einen düsteren Backsteinbau mit vergitterten Fenstern und einem wuchtigen Holztor als Eingang. Das zweistöckige Gebäude hatte zwei Flügel links und rechts und viele Zimmer, von denen nur der geringere Teil genutzt wurde, denn es gab nur zwei Klassen mit je einem Dutzend Schülerinnen. Außerhalb des Unterrichts, wenn das Gebäude leerstand, hatte das alte Haus etwas Unheimliches an sich, und Sarah Jones stellte sich die Frage, ob sie hier jemals heimisch werden könnte. Gertrude von Schell, die Leiterin, war, obwohl deutscher Herkunft, Queen Victoria wie aus dem Gesicht geschnitten. Wie diese trug sie nur schwarze Kleider und einen Mittelscheitel, das Haar streng nach hinten gekämmt, und sie stand der Queen weder im Alter noch in ihrer zur Schau getragenen Bigotterie nach. Auch vergaß sie nur selten, in einem Satz ihren verstorbenen Gemahl, einen Baron von Schell, zu erwähnen, der alles – wie sie betonte – besser, klüger und mit mehr Würde bewerkstelligt hatte und der weit herumgekommen war im Leben. Nach jedem vollendeten Satz kniff sie mit großer Heftigkeit beide Augen zusammen, und um ihrer Rede Nachdruck zu verleihen, beendete sie diese stets mit der Frage: »Haben Sie mich verstanden?«

Diese Art zu sprechen verlieh ihr etwas Preußisches, Herrisches, und Sarah zweifelte schon am ersten Tag, ob sie es mit dieser Frau lange aushalten würde – zumal sie bereits beim ersten Kennenlernen – gleichsam als Warnung – Namen und Aufenthaltsdauer ihrer sechs Vorgängerinnen herunterbetete.

Unter dem Dach zeigte ihr die Baronin – sie hatte es gern, wenn man sie mit dem deutschen Adelstitel anredete – eine Kammer, deren Mietpreis sie von Sarahs durchaus respektablem Gehalt einzubehalten gedachte. Was blieb ihr anderes übrig, Sarah sagte zu.

Die Baronin und Sarah Jones waren die einzigen Lehrkräfte in der *Dame-School* von Swaffham. Beamte, Handwerker und Geschäftsleute schickten ihre acht- bis achtzehnjährigen Töchter auf diese Schule, um ihnen eine bescheidene Bildung mitzugeben.

Tags darauf führte Gertrude von Schell die neue Lehrerin in die Oberklasse ein, und Sarah begann die Namen der einzelnen Schülerinnen in ein Klassenbuch einzutragen, als sie plötzlich innehielt. In der letzten Reihe, rechts außen, erkannte sie den Jungen, dem sie bei ihrer Ankunft am Bahnhof begegnet war.

»Name?« fragte sie scheinbar unbeeindruckt, so wie sie es bei den Mädchen getan hatte.

Der Junge erhob sich und nahm Haltung an: »Howard Carter.«

Sarah Jones fühlte die Augen aller Mädchen auf sich gerichtet. Die Mädchen erwarteten irgendeine Reaktion. Ein halbwüchsiger Junge in einer *Dame-School*? In dieser unerwarteten Situation ließ sich Sarah zu einer Bemerkung hinreißen, welche ihr, kaum hatte sie diese ausgesprochen, zutiefst leid tat. »Oh, ein Hahn im Korb...«

Die Mädchen kicherten, ein paar hielten die Hand vor den Mund, zwei ließen gar ihre Köpfe unter der Schulbank verschwinden, damit man ihre hämischen Gesichter nicht sehen konnte. Sie selbst starrte den Jungen hilflos an, der vor Scham dunkelrot anlief und tapfer den Blick auf sie gerichtet hielt, als wollte er sagen: Nur zu, demütige mich nur, ich bin das gewöhnt.

Was sollte sie tun nach dieser Entgleisung? Sarah fiel es nicht leicht, ihre eigene Scham zu verbergen; denn ihr wurde schnell klar, daß kein Junge in diesem Alter freiwillig eine *Dame-School* besuchte. Unschwer konnte sich Sarah vorstellen, wie sehr er sie in diesem Augenblick haßte.

»War nicht so gemeint, Carter!« sagte sie zur Entschuldigung.
Howard zeigte keine Regung.

Nach dem Ende des Unterrichts stellte Miss Jones die Baronin zur Rede, warum sie sie nicht auf den Jüngling in der Mädchenklasse vorbereitet hatte. Die unerwartete Konfrontation habe sie in eine peinliche Situation gebracht.

Gertrude von Schell holte tief Luft, und dabei schwoll ihr Hals an wie eine Schweinsblase. Schließlich entgegnete sie mit leiser, aber bebender Stimme: »Miss Jones, es steht Ihnen nicht zu, mich in irgendeiner Weise zu kritisieren. Und sollten Sie sich Ihrer Aufgabe nicht gewachsen fühlen, so bitte ich Sie, mir das umgehend mitzuteilen, damit ich mich nach einer anderen Lehrkraft umsehe. Haben Sie mich verstanden, Miss Jones?«

»Ich war nur so überrascht«, stammelte Sarah hilflos, »ich hatte nicht erwartet, einen Jungen in der Mädchenklasse anzutreffen, und in meiner Verblüffung ließ ich mich zu einer Bemerkung hinreißen, die mir im nachhinein leid tat. Das müssen Sie doch verstehen!«

»Gar nichts muß ich verstehen«, erwiderte die Baronin schroff. »Ich sehe nur, daß Sie Ihre erste Bewährungsprobe nicht bestanden haben, Miss Jones. Noch so etwas, und Sie können sich Ihre Papiere abholen. Haben Sie mich verstanden?«

In diesem Augenblick spielte Sarah mit dem Gedanken, der herrischen Alten das Klassenbuch vor die Füße zu werfen und zu antworten: Nicht nötig, ich gehe von selbst. Aber dann kam ihr ihre Lage in den Sinn. Sie war mittellos, die Baronin zahlte nicht schlecht, und sie brauchte jeden Penny. Also schluckte Sarah ihre Wut hinunter, obwohl sie sich gedemütigt fühlte wie selten zuvor.

Nach wenigen Tagen Umgang mit der Klasse wurde Sarah Jones klar, welch schweren Stand der junge Carter in einer Mädchenklasse hatte. Nicht, daß er gehänselt oder verspottet wurde, dazu war Howard eine viel zu überlegene Erscheinung, nein, die Mädchen ließen ihn einfach links liegen, kümmerten sich nicht um ihn, auch wenn er bisweilen rührende Versuche unternahm, mit ihnen in Kontakt zu treten.

Andererseits merkte sie deutlich, daß Howard ihr aus dem Weg ging. Es schien, als spürte er, daß sie das dringende Bedürfnis hatte, mit ihm ein paar Worte zu wechseln, die über den Umgang einer Lehrerin mit ihrem Schüler hinausgingen.

Die Gelegenheit kam unerwartet. Sarah Jones nutzte die ersten warmen Apriltage, um die Gegend zu erkunden, in die sie das Schicksal verschlagen hatte.

Drei Meilen nördlich von Swaffham liegt, nahe dem Fahrweg nach Fakenham, eine uralte Klosterruine, Castle Acre. Das verlassene Kloster stammt aus normannischer Zeit, und die Leute in der Gegend erzählten, es sei auf den Mauern einer Römerburg erbaut worden.

Auf Sarah machten die Ruinen über dem River Nar den Eindruck, als seien sie aus einem alten Gemälde von William Turner herausgeschnitten. Sie hielt staunend inne, schließlich machte sie sich auf den Weg, das Innere des verwunschenen Bauwerks zu erkunden. Nichts regte sich, nur schrilles Vogelgezwitscher schallte aus dem Mauerwerk. Vertieft in den Anblick einer schmalen, hohen Fensteröffnung, erschrak sie, weil hastige Schritte sich aus dem Hintergrund näherten. Sarah wollte gerade einen schützenden Mauervorsprung aufsuchen, als hinter der Mauer eine Gestalt hervortrat und sich mit einem Satz auf den Boden warf, als gelte es, ein flinkes Tier einzufangen.

Sarah Jones erkannte den jungen Carter sofort, der, mit beiden Händen einen Hohlraum formend, bäuchlings auf dem grasbewachsenen Boden lag. Vorsichtig nahm er ein lebendiges Etwas vom Boden auf, da erblickte er die Frau in einiger Entfernung.

»Oh, Miss Jones!« rief er freundlich und trat mit hohlen Händen auf sie zu. Mit dem Kinn deutete er auf seine Hände, dann sagte er stolz: »Ich habe eine Eidechse gefangen. Wollen Sie mal sehen?«

Miss Jones schüttelte heftig den Kopf: »Lieber nicht. Es heißt, daß Eidechsen ihren Schwanz verlieren, sobald sie mit Menschen in Berührung kommen.«

»Das stimmt nicht, Miss Jones!« ereiferte sich Howard. »Salamander werfen ihren Schwanz ab, sobald sie sich vom Menschen bedroht fühlen. Auf Eidechsen trifft das nicht zu. Hier, sehen Sie!«

Der junge Carter öffnete behutsam den Käfig seiner Hände, in dem sich die Eidechse befand. Aber noch ehe beide die Unversehrtheit des grünschimmernden Reptils begutachten konnten, schnellte dieses aus der Öffnung, klatschte zu Boden und verschwand in einer der zahllosen Mauerritzen. Deutlich sehen konnte man, daß es seinen Schwanz wohlbehalten nach sich zog.

»Tut mir leid, Howard«, sagte Sarah entschuldigend.

Aber Howard winkte ab: »Ich fang mir eine neue. War ohnehin ein ziemlich kleines Exemplar für meine Zwecke.«

Einen Augenblick überlegte Sarah Jones, was er mit dem Tierchen wohl anfangen wollte und daß er für Lausbübereien doch schon etwas zu alt war. Aber Carter schien ihre Gedanken zu erraten, denn er sagte, noch ehe sie eine Frage stellen konnte: »Jetzt wollen Sie natürlich wissen, warum ich Eidechsen fange, Miss Jones. Warten Sie.«

Ohne ihre Antwort abzuwarten, verschwand er hinter der Mauer. Als er zurückkehrte, hielt er ihr einen Skizzenblock entgegen. »Pflanzen und Tiere, müssen Sie wissen, sind meine Leidenschaft!«

Der Block enthielt gewiß zwei Dutzend kunstvolle Skizzen von Büschen und Blumen, Vögeln und Schmetterlingen.

»Wie finden Sie die Bilder?« Howard sah sie erwartungsvoll an.

Miss Jones mochte nicht so recht glauben, daß der Junge die Arbeiten selbst gemacht hatte. Vor allem wollte sie nicht glauben, daß dieser Junge jener Howard Carter war, der in der *Dame-School* meist geistesabwesend in der letzten Reihe saß. Neugierig betrachtete sie seine schalkhaften Lippen, seine glückverheißenden, lächelnden Augen und seine hochaufgeschossene Gestalt. Anders als in der Schule redete Howard frei und natürlich und ohne jede Hemmung. Sarah starrte den Jungen nachdenklich an.

»Nun sagen Sie schon, wie finden Sie meine Bilder?« wiederholte Howard mit Nachdruck.

»Gut. Ziemlich gut sogar«, stammelte sie verwirrt. »Woher hast du nur dieses Talent?«

Howard hob die Schultern. »Von meinem Vater. Es liegt wohl in der Familie.«

»Er lebt nicht mehr?«

Der Junge nahm ihr den Skizzenblock aus der Hand. »Wer sagt das?« fragte er und zog die Stirn in Falten.

»Mrs. von Schell machte eine Andeutung. Sie sagte, zwei Tanten hätten dich an Kindesstatt angenommen.«

»Ja, wenn Mrs. von Schell das behauptet!«

»Stimmt es etwa nicht?«

Carter drehte sich um und machte ein paar Schritte in Richtung des Gemäuers. Dabei rief er mit lauter Stimme, daß es in der Ruine widerhallte: »Nein, das stimmt nicht, Miss Jones!« Er blieb stehen, drehte sich um und kam wieder zurück. Und in leiserem Tonfall fuhr er fort: »Mein Vater lebt in London. Ebenso meine Mutter. Sie deklamiert täglich von früh bis spät Shakespeare. Obwohl sie bereits elf Kinder zur Welt gebracht hat, ist sie immer noch von dem Gedanken besessen, eine berühmte Schauspielerin zu werden. Da bleibt für den Elften natürlich keine Zeit.«

»Das habe ich nicht gewußt«, sagte Sarah entschuldigend.

»Woher auch«, bemerkte Carter bitter, »woher auch, Miss Jones.« Und nachdem er eine Weile geschwiegen hatte: »Aber ich will nicht klagen. Fanny und Kate, die Schwestern meines Vaters, sind für mich wirklich wie Ersatzeltern. Habe ich damit alle Fragen beantwortet?« Howard schluckte.

Sarah Jones blieb nicht verborgen, wie sehr er unter dieser Situation litt, aber sie hatte Hemmungen, irgend etwas zu sagen, was ihn hätte aufheitern können. Und als sie sich endlich zu einer Erwiderung durchrang, da wurde ihr schon im nächsten Augenblick klar, daß ihre Rede falsch, ja töricht war. Sarah sagte, eingedenk ihrer eigenen Vergangenheit: »Es ist nicht leicht, ohne Vater und Mutter aufzuwachsen ...« Der Junge sah sie lange prüfend an, als wollte er ergründen, ob ihre Bemerkung nur so dahin gesagt oder ernstgemeint war; dann brach es aus ihm heraus: »Ich könnte nicht behaupten, daß sich mein Vater oder meine Mutter je ernsthaft um mich gekümmert hätten. Lange habe ich nach dem Grund dafür gesucht. Als ich zwölf war, las ich heimlich im ›Peddler's Magazine‹ eine Geschichte, in der ich mich irgendwie wiedererkannte.«

»Dieses Schundmagazin ist bei Gott kein Lesestoff für einen Zwölfjährigen!« meinte Sarah Jones und tat entrüsteter, als sie war. »Was meinst du damit, du habest dich wiedererkannt?«

Über Howards Gesicht huschte ein verschämtes Lächeln. »Die Geschichte hieß ›Der Zaunkönig‹ und handelte von einem kleinen Jungen aus Middlesex, der sich ungeliebt und unverstanden fühlte. Seine Eltern kümmerten sich kaum um ihn, und er lebte am liebsten auf der

Straße. John, so hieß der Junge, litt wie ein Hund, und er fragte sich, warum seine Eltern ihn von einer Kinderfrau zur anderen, von einem Heim ins andere schoben. Er empfand sich als klein, wie ein Zaunkönig, obendrein dumm und häßlich. Von der Frau des Krämers erfuhr er eines Tages, daß seine Mutter überhaupt kein Kind mehr gewollt und alles versucht hatte, es vor der Geburt loszuwerden. Dabei sei sie sogar von einem fahrenden Wagen gesprungen...«

»Du solltest nicht solchen Schund lesen, Howard!« fiel Miss Jones ihm ins Wort. »Schon gar nicht in so jungen Jahren.«

Aber Carter ließ sich in seinem Redefluß nicht bremsen. »Warten Sie«, ereiferte er sich, »warten Sie, wie die Geschichte ausgeht.«

Also hörte sie weiter zu.

»John war nicht sehr gescheit, aber er hatte eine Fähigkeit, die bei den anderen Straßenjungen Bewunderung hervorrief. Er benutzte die Eisenrohre einer Wasserleitung, die damals in Middlesex gebaut wurde, zum Balancieren und errang dabei solche Kunstfertigkeit, daß er von allen bewundert wurde. Als eine Seiltänzertruppe in seiner Stadt gastierte, fragte er, ob er seine Kunstfertigkeit vorführen dürfe. Ohne Hemmungen erklomm er das Seil und ging mit Hilfe einer Stange unbeirrt auf den Kirchturm. Von diesem Tag an war John Seiltänzer und reiste mit der Truppe durch ganz England, ja sogar nach Amerika...«

»Und du fühlst dich auch als so ein Zaunkönig?«

Howard bemerkte wohl, wie Miss Jones ihn von Kopf bis Fuß musterte. »Ich war klein und schwächlich, müssen Sie wissen. Alle öffentlichen Schulen verweigerten meine Aufnahme. Das war auch der Grund, warum ich letztlich in einer *Dame-School* landete, mitten unter ziemlich albernen Mädchen, die dort gerade mal das große Einmaleins lernen und wie man Kleider aus Papier schneidert. Ich bin erst in den letzten Jahren gewachsen.«

»Du leidest unter dieser Schule?«

Carter blickte verlegen zur Seite. »Es wäre gelogen, wenn ich sagen würde, ich gehe gerne dorthin. Was bleibt mir übrig.«

»Hast du denn deinen Traum aufgegeben, ein berühmter Seiltänzer zu werden? Ich meine, du hast doch ebenfalls ein großes Talent!«

»Sie meinen das hier?« Er ließ die Blätter seines Zeichenblocks zwischen Daumen und Zeigefinger durchlaufen. »Ob das reicht, um berühmt zu werden?«

»Du mußt daran glauben!« betonte Sarah.

Da sah er sie lange an, und Sarah vermochte seinen nachdenklichen Blick nicht zu deuten.

Wind kam auf, und Sarah sagte, sie wolle sich auf den Heimweg machen, bevor es kühl werde, ob er sie begleiten wolle.

Howard schüttelte den Kopf und murmelte nur, er würde doch lieber noch eine Eidechse fangen. Dazu müsse er allein sein. Und schon im nächsten Augenblick verschwand er grußlos in die entgegengesetzte Richtung.

Auf dem Rückweg gingen Sarah Jones seltsame Gedanken durch den Kopf. Irgendwie fühlte sie sich dem Jungen und seinem Schicksal verbunden. Zwar war sie ein Einzelkind; doch diese Tatsache allein schien keineswegs dazu angetan, ihr ein besseres Leben zu bescheren als dem Elften in einer vielköpfigen Kinderschar. Seit sie denken konnte, empfand sie ihre Existenz immer als Störung anderer Menschen, als Störung des Witwerdaseins ihres Vaters, als Störung der Nachbarin, die sich ihrer annahm und der sie für jeden Handgriff danken mußte, als Störung in der *Dame-School* in Ipswich, wo sie sich eine feste Anstellung erbetteln mußte.

Was Sarah Jones wunderte, war die Abgeklärtheit, mit der der junge Carter über sein Schicksal redete. Selbstmitleid und hilflose Wut, die einem Jungen seines Alters und in seiner Situation durchaus angemessen gewesen wären, schienen ihm fremd. Ja, es schien, als habe er gerade durch sein schweres Los jene Stärke erlangt. Howard war fünfzehn und eigentlich noch ein Kind, doch in seinem Wesen hatte Sarah eine gewisse natürliche Autorität entdeckt, die sie sich selbst manchmal gewünscht hätte.

Kapitel 2

Für Sarah Jones bedeutete der Verlust ihrer Ersparnisse eine Katastrophe, denn nun war sie den Launen der Baronin von Schell ausgeliefert. Der Unterricht in der *Dame-School* fiel ihr nicht leicht. Obwohl sie von Ipswich einiges gewöhnt war, benahmen sich die Mädchen widerborstig und zickig und zeigten wenig Interesse am Unterricht.

Sie hatte die ersten vier Wochen gerade hinter sich gebracht, da ließ die Baronin Sarah Jones auf ihr Zimmer kommen, das im Obergeschoß am Ende eines langen Korridors lag. »Direktion« stand auf einem weißen Emailschild über der zweiflügeligen, schwarzgestrichenen Türe.

Seit ihrer Ankunft hatte Sarah dieses Zimmer nur einmal betreten, und wie beim ersten Mal schauderte sie beim Anblick des dunklen Mobiliars und der schweren, verstaubten Vorhänge, die den Eindruck vermittelten, als sei der Raum seit Jahrzehnten nicht mehr bewohnt worden.

Wie eine Figur aus dem Wachsfigurenkabinett Madame Tussauds saß Gertrude von Schell unbeweglich hinter ihrem Schreibtisch, einem heruntergekommenen Ungetüm mit schwarzen Löwenpranken, das gewiß schon unter King George seinen Dienst verrichtet hatte – dem Dritten wohlgemerkt! Über ihrem Kopf hing ein angegrautes Bild Queen Victorias in einem balkendicken schwarzen Rahmen.

Im Näherkommen bemerkte Sarah, daß die Baronin äußerst erregt war. Ihr Kopf glühte purpurrot, und ihre von feinen Äderchen durchzogenen Wangen hatten eine bläuliche Färbung angenommen.

»Setzen Sie sich, Miss Jones!« sagte sie im Kommandoton, wobei sie ihre Aufregung mühsam unterdrückte.

Sarah ließ sich auf dem einzigen Stuhl nieder, der vor dem Schreibtisch stand, und wartete wie eine Delinquentin auf ihr Urteil.

Gertrude von Schell wühlte in irgendwelchen Papieren. Schließlich breitete sie eines auf dem Schreibtisch aus. »Wissen Sie, was das ist? – Das ist der Brief eines Vaters, der Beschwerde führt über die mangelnde Erziehung seiner Töchter. Könnte es sein, daß Sie Ihre Aufgabe überfordert, Miss Jones?«

Überfordert, von wegen!, wollte Sarah antworten. Werfen Sie doch einen Blick auf meine Zeugnisse. Die sind hervorragend. Was ist schon Ihre lächerliche *Dame-School* im Vergleich zu jener in Ipswich!, wollte sie sagen. Aber sie schwieg betreten.

Die Baronin ballte die dürre rechte Faust und schlug mit den Knöcheln auf die schwere Eichenplatte. »Mister McAllen beklagt die mangelnde Autorität der neuen Lehrkraft. Seine beiden Töchter, schreibt er, benötigten eine starke Hand, kein Händchen. Mister McAllen ist einer der wichtigsten Geldgeber unserer Schule, Miss Jones. Wissen Sie, was das bedeutet, wenn er seine Töchter von unserer Schule nimmt und seine Zahlungen einstellt? Dann sind Sie und ich ohne Arbeit. Haben Sie mich verstanden?«

Sarah nickte einsichtig, obwohl sie sich nichts vorzuwerfen hatte, was ihre Arbeit betraf. In Ipswich hatte sie nur Lob geerntet wegen ihrer offenen, freundlichen Art den Mädchen gegenüber. Es lag ihr fern, mit dem Rohrstock Bildung zu vermitteln.

Wie nicht anders zu erwarten, wertete die Baronin Sarahs Schweigen als Schuldeingeständnis, ja sie drohte, sie auf die Straße zu setzen. Dann könne sie sehen, wo sie bleibe.

»Und jetzt gehen Sie!« beendete sie abrupt das Gespräch. Dabei machte sie eine flatternde Handbewegung.

Mit Tränen in den Augen stieg Sarah Jones die steile Treppe zu ihrer Kammer hinauf. Schluchzend warf sie sich auf ihr Bett. Ihre Hände zitterten vor Wut, ihre Augen starrten ins Leere.

Als sie wieder denken konnte, faßte Sarah Jones den Entschluß: Sie wollte weg aus Swaffham, egal wohin. An einen Ort, wo es noch Luft zum Atmen gab, wo die Atmosphäre nicht von Mißtrauen, Bosheit und Gehässigkeit verpestet war.

Aber wie sollte sie das in ihrer Lage bewerkstelligen?

Was Howard Carter betraf, so hatte die Begegnung mit Miss Jones bei ihm weniger Eindruck hinterlassen als umgekehrt. Er hatte vor ihr schon zwei andere Lehrerinnen erlebt, und keine hatte auch nur im entferntesten Eindruck auf ihn gemacht. Eine *Dame-School* war ohnehin nicht dazu da, Herzens- oder Charakterbildung zu vermitteln.

Howards Herz war fraglos weich geraten; dafür zeichnete sich sein Verstand durch Nüchternheit und Härte aus. Längst hatte er sich mit der Einsicht abgefunden, daß seine Zukunft nicht rosig sein würde. Wie seine älteren Brüder Samuel, Vernet und William wollte Howard Maler werden. Etwas anderes kam für ihn nicht in Frage. Maler sind Einzelgänger. Insofern paßte sich seine Leidenschaft seinem Charakter an.

Andere hätten wohl unter dem Einzelgängerdasein gelitten und allein bei dem Gedanken Langeweile empfunden, ganze Nachmittage am dichtbewachsenen Ufer des River Nar zu verbringen, wo man flirrende Libellen beobachten konnte und Frösche, so groß wie eine Faust. Während er zeichnete und malte, blieb Howard viel Zeit zum Nachdenken. Er fühlte, seine Kindheit neigte sich dem Ende zu, das Erwachsensein begann.

Eines Tages kündigte Howards Vater Samuel brieflich sein Kommen an, um nach dem Rechten zu sehen und mit dem Jüngsten über dessen Zukunft zu sprechen.

Das Haus der Carters an der Straße nach Sporle, etwas außerhalb von Swaffham gelegen, sah nicht anders aus als tausend andere Häuser in der Gegend. Mißtrauisch, fast ängstlich versteckte es sich hinter üppigen Hecken, so daß es unmöglich war, einen Blick durch die vorhanglosen Sprossenfenster, wie sie hier an der Tagesordnung waren, zu erhaschen. Howards Mutter Martha, geborene Sands, Tochter eines Baumeisters am Ort, hatte den Besitz mit in die Ehe gebracht und hier alle elf Kinder geboren, was der Elfte jedoch allzugerne verschwieg. Er bezeichnete sich stets als Londoner, weil er die ersten Jahre seiner Kindheit bei den Eltern im Stadtteil Brompton verbracht hatte, einer Gegend, wo feine Leute lebten, wo es aber auch Mews gab, kleine Häuserreihen mit Werkstätten und Kramerläden zu ebener Erde.

Fanny und Kate, Vaters Schwestern und einander wie aus dem Gesicht geschnitten, hatten Feiertagskleidung angelegt, lange dunkle

Röcke und weiße Rüschenblusen. Sie nahmen zu beiden Seiten des Kamins Platz und sahen aus wie Porzellanhunde aus Chelsea oder Staffordshire, welche die Eingangshallen vornehmer Häuser bewachten. Dazu machten sie ein strenges Gesicht. Howard bereitete es Mühe, ernst zu bleiben, doch als er seinen Vater ansah, traf ihn eine düstere Vorahnung.

Der Vater, ein bärtiger Mann mit wogendem grauen Haupthaar, war von der äußeren Erscheinung eher ein Philosophie-Professor aus Oxford als ein freischaffender Tiermaler, und keineswegs so alt wie er aussah. Er baute sich vor Howard mit auf dem Rücken verschränkten Händen auf, als wollte er ein Donnerwetter auf seinen Jüngsten loslassen, begann dann aber zurückhaltend seine Rede: »Mein lieber Sohn Howard. Dein fünfzehnter Geburtstag liegt gerade eine Woche zurück, und ich habe das zum Anlaß genommen, über deine Zukunft nachzudenken.«

Fanny und Kate, die ihrem Bruder mit großem Respekt begegneten, nickten beifällig wie zwei Nonnen beim Sonntagsspaziergang. Es schien, als kannten sie Samuel Carters Rede im voraus.

»In deinem Alter«, fuhr Samuel Carter fort, »weiß man noch nicht, welchen Weg man einmal einschlagen will. Aber Tatsache ist, daß ich nicht ewig Kostgeld bezahlen kann. Wir gehen unsicheren Zeiten entgegen. Unsere Regierung will sogar Helgoland an die Deutschen verschachern. Das ist der Ausverkauf des britischen Empire.«

Als habe Samuel Carter etwas ganz Furchtbares verkündet, schüttelten Fanny und Kate entrüstet die Köpfe.

Schließlich nahm dieser seine Rede wieder auf: »Wohl dem, der in diesen Zeiten über ein festes Einkommen verfügt. Ich habe mich umgehört nach einer geeigneten Stelle für dich, aber alles war vergeblich. Ja, Grubenarbeiter in Mittelengland sind gesucht oder Eingeweideschneider in den Londoner Schlachthöfen für zwei Shilling die Woche oder Sackträger auf den Docks für ein Shilling Sixpence; aber das ist nichts für dich, Howard! Schließlich hörte ich mich in der Verwandtschaft um. Harold, ein Neffe deiner Mutter in Harwich, leitet das Zollkontor im Hafen. Er ist bereit, dich für zwei Shilling die Woche als Botengänger aufzunehmen bei freier Kost und Logis. Gewiß, das ist nicht viel und verspricht auf den ersten Blick auch nicht gerade eine erstrebenswerte Karriere. Aber Harold meint, du könntest dich im Laufe der Jahre durchaus bis zum Kontorvorsteher hocharbeiten. Ich habe zugesagt, daß du nach dem Ende des Schuljahres bei ihm antrittst.«

»Als Botengänger«, stammelte Howard tonlos. Er fühlte sich wie gelähmt, unfähig, aufzuspringen und seinen Protest herauszuschreien, ja, Howard war nicht einmal in der Lage loszuheulen, obwohl ihm verdammt danach zumute war. Seine Wut gegen die Macht seines Vaters wuchs ins Unermeßliche. Botengänger für zwei Shilling die Woche! In Howards Kopf pochte es heftig: Nein, nein, nein!

»Ich hoffe, du bist mit meiner Entscheidung einverstanden«, legte Samuel Carter nach. Es klang beinahe wie eine Entschuldigung, denn die Reaktion seines Sohnes blieb ihm nicht verborgen. »Nun sag schon etwas!«

Howard starrte aus dem Fenster. Er schwieg. Es schien, als färbte sich im Osten der Abendhimmel rot. Im Osten? Howard erhob sich und öffnete das Fenster. »Es brennt«, rief er aufgeregt, »drüben in Sporle!« Dann stürmte er aus dem Haus.

Das Dorf lag keine Meile entfernt, aber schon von weitem sah Howard den Rauch, der aus der Mitte der Häuserreihe aufstieg. Howard begann zu rennen. Er wußte selbst nicht, warum ihn das Feuer so anzog.

Je näher er dem Brandherd kam, desto mehr Menschen begegnete er. »Feuer!« riefen sie wie berauscht und »Es brennt, es brennt«.

In Sporle stand die Seilerei in Flammen, ein kleines weißgetünchtes Haus mit einem Dach, welches das niedrige Gebäude beinahe zu erdrücken schien. Aus dem Dach züngelten gelbe und bläuliche Flammen.

Fasziniert betrachtete Howard das schaurige Schauspiel, beobachtete die Menschen, die scheinbar ziellos herumrannten und aufgeregt nach der Feuerspritze riefen. In das Geschrei mischten sich aus der Ferne die gellenden Glocken von St. Peter und Paul. Die Flammen wuchsen höher und höher. Und während er die Szene mit ängstlichem Blick verfolgte, nahm der Junge wahr, wie das Glas einer Dachluke zersprang.

Zuerst dachte Howard, die Hitze des Feuers hätte das kleine Dachfenster zum Bersten gebracht, aber dann entdeckte er in der Fensteröffnung Hände mit einem Gegenstand und ein Gesicht, ja, er erkannte im Qualm die Züge eines Mädchens, das mit weit aufgerissenem Mund nach Luft schnappte. Das Mädchen rief nicht um Hilfe, es rang nur verzweifelt nach Luft. Howard blickte sich um, aber keiner schien das Mädchen in seiner Bedrängnis zu bemerken.

Mut zählte gewiß nicht zu den hervorstechenden Eigenschaften des jungen Carter, aber in dieser unerwarteten Situation zeigte er plötzlich eine Verwegenheit, die ihn später, als alles vorbei war, selbst verwunderte.

Während behelmte Feuerwehrmänner eine Feuerspritze, die inzwischen eingetroffen war, in Stellung brachten, entriß Howard einem Mann mit Augenklappe den Wassereimer, schüttete sich den Inhalt über den Kopf und stürmte, ohne zu überlegen und ohne daß ihn jemand zurückhalten konnte, in das brennende Gebäude.

Es dauerte endlose Sekunden, bis Howard die Orientierung fand. Instinktiv verbarg er Mund und Nase in der nassen Armbeuge. Vorsichtig tastete er sich durch beißenden Qualm auf der schmalen Treppe empor, die gleich neben dem Eingang nach oben führte. Obwohl er nur Schemen erkennen konnte, hatte er die Richtung genau im Kopf, und so wandte er sich, auf dem Treppenabsatz angelangt, um und arbeitete sich, sorgsam einen Fuß vor den anderen setzend, in entgegengesetzter Richtung vor. Unerwartet prallte er mit dem Kopf gegen eine Wand und mußte seine schützende Armhaltung aufgeben, denn er brauchte beide Hände, um sich seitwärts fortzubewegen. Irgendwo hier mußte sich das Mädchen doch aufhalten. Howard bekam kaum noch Luft.

In dem Zischen und Krachen vernahm Howard plötzlich ein keuchendes Husten. Hier mußte das Mädchen sein. »Hallo!« rief er, in gebückter Haltung weiterkriechend, »hallo, wo steckst du?« Keine Antwort.

Carter merkte, je tiefer er den Kopf hielt, desto besser wurde die Luft zum Atmen. Schließlich kroch er auf allen vieren in die Richtung, aus der er das Lebenszeichen gehört hatte. So gut es ging, prägte er sich den Weg ein, den er wieder zurückfinden mußte. Plötzlich berührte seine rechte Hand ein Hindernis. Howard faßte nach, und von einer

Sekunde zur anderen wurde seine Unsicherheit zur Gewißheit: Vor ihm lag das Mädchen auf dem Boden. Es schien bewußtlos zu sein.

Irgendwie bekam er es an beiden Armen zu fassen. Mühsam richtete er sich auf und schleifte, sich rückwärts bewegend, den leblosen Körper in Richtung des Treppenabsatzes, so wie er sich den Weg eingeprägt hatte. Das erforderte höchste Anstrengung, und Carter begann zu keuchen. Er hatte das Gefühl, seine Lungen würden jeden Augenblick platzen.

Inzwischen hatte auch das Treppengeländer Feuer gefangen. Es schwelte vor sich hin und verbreitete beißenden Gestank. Howards Augen tränten und raubten ihm die letzte Orientierung, und es hätte nicht viel gefehlt und er wäre rückwärts über die Treppe gestürzt. Nur das Gewicht des am Boden liegenden Mädchens bewahrte ihn davor.

Rücklings den leblosen Körper hinter sich herschleifend, arbeitete Carter sich vier, fünf Treppenstufen nach unten. Dann versuchte er, das Mädchen auf die Schulter zu nehmen; aber mit einem Mal kehrte Leben in das Mädchen zurück. In seiner Todesangst klammerte es sich an Howards durchnäßte Kleidung und ließ den Jungen nicht mehr los, bis beide hustend, schnaubend und spuckend den Eingang des Hauses erreicht hatten.

Mit letzter Kraft zerrte Howard das Mädchen über seine Schultern. In gebückter Haltung schleifte er es ins Freie, wo inzwischen ein halbes Hundert Helfer den Kampf mit den Flammen aufgenommen hatten. Aus dem Schlauch der Feuerspritze prasselte ein mächtiger Wasserstrahl auf das Hausdach, welches bereits vollends in Flammen stand. Die Menschen rannten und riefen wild durcheinander, so daß kaum einer wahrnahm, wie der junge Carter plötzlich mit dem Mädchen auf dem Rücken im qualmenden Eingang des Hauses stand.

Nur ein kräftiger Bursche aus Swaffham, den Howard vom Sehen her kannte, sprang, mit wilden Armbewegungen und lauter schreiend als alle anderen, auf Carter zu, nahm ihm das hustende Mädchen ab und trug es auf den Armen aus der Reichweite der Brandstelle, wobei er immer wieder ausrief: »Seht her, sie lebt!«

Howard rang nach Luft und schleppte sich über die Straße bis zu einer Hauswand, wo ihn die Kräfte verließen und er ohnmächtig in sich zusammensank.

Als er im Morgengrauen verrußt, zerlumpt und ausgelaugt nach Hause zurückkehrte, war sein Vater bereits abgereist. Fanny und Kate machten ihm Vorwürfe, es zieme sich nicht, seine Schaulust am Unglück anderer Menschen zu befriedigen. Die verdorbene Kleidung würden sie ihm vom Kostgeld abziehen.

Das Haus des Seilers Hackleton konnte nicht mehr gerettet werden. Es brannte bis auf die Grundmauern nieder und bot noch lange Gesprächsstoff – nicht nur weil Hackleton und seine Frau sich bei Ausbruch des Feuers zwei Meilen entfernt, in Little Dunham aufgehalten hatten. Man erzählte sich, die rothaarige Frau des Seilers sei vom Teufel besessen. Aber noch mehr erregte die Menschen die Rettung von Jane Hackleton, der Seilerstochter, aus dem brennenden Haus.

Die Zeitung brachte einen großen Artikel unter der Überschrift: »Robert Spink, der Held von Sporle.« Darin schilderte der junge Spink, Sohn eines Fabrikbesitzers aus Swaffham, wie er das Mädchen aus den Flammen gerettet habe.

Als Howard davon erfuhr, erfaßte ihn eine unbändige Wut. Er hatte keine Dankbarkeit erwartet für seine Tat, erst recht keine öffentliche Anerkennung; aber daß ein anderer damit prahlte und sich als Retter des Mädchens ausgab, damit wollte er sich einfach nicht abfinden.

Hätte er geahnt, daß die Erlebnisse jener Nacht Konsequenzen für sein ganzes Leben haben würden, Howard Carter hätte gewiß die Sache auf sich beruhen lassen. Aber das Leben geht seltsame Wege, und keiner ahnt, wohin sie letztendlich führen.

Wem sollte er sich anvertrauen?

Miss Jones, der Howard die ganze Geschichte schließlich erzählte, zeigte Verständnis für seine Situation, und sie gab Carter den Rat, er solle Robert Spink zur Rede stellen, andernfalls nage das erlittene Unrecht ein Leben lang an seiner Seele.

Der Sohn des Fabrikbesitzers war in Swaffham bekannt für seine Überheblichkeit und Arroganz, mit der er den einfachen Leuten in der kleinen Stadt begegnete, und viele wunderten sich, daß ausgerechnet er zu einer so selbstlosen Heldentat fähig sein sollte. Für gewöhnlich prahlte er mit dem Geld seines Vaters und mit lateinischen Sätzen, die man ihm auf dem College in Cambridge beigebracht hatte. Howard wartete ein paar Tage, um dann bei dem jungen Spink vorstellig zu werden.

Die Spinks lebten in einem Landhaus am westlichen Stadtrand auf einem parkähnlichen Grundstück mit riesigen Eichen und Koniferen, deren Äste sich beinahe bis auf den Rasen neigten. Vom Eingangstor aus weißgestrichenem Lattenwerk zum säulenumrahmten Hauseingang führte eine breite, gepflegte Auffahrt, die mit roten Bruchsteinen belegt und geeignet war, dem fremden Besucher Respekt einzuflößen vor so viel Wohlstand.

Am Eingang wurde Howard von einem Butler empfangen und mit aufgesetzter Höflichkeit nach seinem Begehren gefragt und wen er melden dürfe. Nach einer Weile kehrte er zurück und ließ Carter wissen, er bedaure, der junge Herr, so drückte er sich aus, sei nicht zu Hause, er könne gerne eine Nachricht hinterlassen.

Howard schüttelte den Kopf und wandte sich um. Er glaubte dem Butler kein Wort. Vor dem Eingangstor stieß Carter auf den Gärtner und fragte diesen, ob er wisse, wohin Robert Spinks gegangen sei.

Er habe ihn gerade noch gesehen, erwiderte der Gärtner, weit könne er nicht sein.

Carter tat so, als zöge er sich zurück, doch ihm stand nicht der Sinn danach aufzugeben. Und so stieg er, außer Sichtweite des Hauses, über die Mauer, die den gesamten Besitz umgab, und näherte sich dem Anwesen schließlich von der Terrassenseite, wo ihm Robert Spink direkt in die Arme lief.

Für beide kam die Begegnung so unverhofft, daß sie sich eine Weile wortlos gegenüberstanden, beide etwa gleich hochgewachsen, Robert Spink jedoch kraftstrotzend und von kerniger Gesundheit, Howard Carter hingegen schmal und von schwächlichem Äußeren. Was nun geschah, hatte wohl keiner von beiden erwartet: Carter holte aus und verabreichte Spink eine klatschende Ohrfeige.

Der Mut des Schwächeren mußte Spink wohl so überrascht haben, daß er sich überhaupt nicht wehrte und betroffen auf den Boden starrte, wie ein Kind, das soeben bei einer Lüge ertappt wurde.

»Warum hast du das getan?« fragte Howard tonlos, und aus seinen Augen blitzte offene Wut.

Es schien, als habe Robert sich von dem Schock erholt, denn mit einem Mal setzte er ein zynisches Grinsen auf und meinte verächtlich: »Zweifelst du etwa, daß ich nicht in der Lage gewesen wäre, das Mädchen aus dem brennenden Haus zu holen?«

»Warum hast du es dann nicht getan?« Howards Stimme wurde lauter.

»Ich hab es doch getan! Du kannst es in allen Zeitungen nachlesen.«

»Du weißt genau, daß das gelogen ist! Du bist ein erbärmlicher Lügner!«

»Das behauptest nur du, Carter!«

»Ja. Das behaupte ich.«

»Niemand wird dir glauben, hörst du, niemand!«

Howard wischte sich mit der flachen Hand über das Gesicht. Der Kerl hatte recht. Ihm würde wirklich niemand glauben. Nicht jetzt, da das Ereignis bereits eine Woche zurücklag.

Aus Spinks Gesicht verschwand das unverschämte Grinsen. »Ich mache dir einen Vorschlag, Carter. Du bekommst von mir zwei Sovereign, und wir vergessen die Sache. Einverstanden?«

Und noch ehe Howard antworten konnte, noch ehe ihm bewußt wurde, wie demütigend das Angebot war, zählte Spink ihm zwei Sovereign in die Hand. Dann wandte er sich um und machte Anstalten zu gehen. Schließlich drehte er sich noch einmal um, und mit ausgestrecktem Arm und erhobenem Zeigefinger rief er Carter zu: »Und wenn ich dir noch einen Rat geben darf, versuche nie mehr deine Hand gegen mich zu erheben. Nie mehr, hörst du!«

Betreten blickte Carter auf die zwei Sovereign in seiner Hand, während er dem Eingangstor zustrebte. Zwei Pfund, das war viel Geld für einen Jungen wie ihn. Aber schon im nächsten Augenblick kam ihm der Gedanke: Hast du denn überhaupt keinen Stolz, Howard? Die Wahrheit ist nicht käuflich.

Auf halbem Weg kam ihm der Gärtner entgegen. Er nickte ihm freundlich zu.

Carter hielt ihn an, drückte ihm die zwei Sovereign in die Hand und sagte: »Richte dem jungen Herrn aus, ein Carter läßt sich nicht kaufen. Nicht von einem Spink!«

Mit ihrem ersten Gehalt, das ihr Gertrude von Schell korrekt und pünktlich ausbezahlte, suchte Miss Jones den Besitzer des »George Commercial Hotel« auf, um ihre Mietschuld zu begleichen.

Mr. Hazelford, ein listig blickender, kleiner Mann von großer Freundlichkeit, erkundigte sich, ob sie sich denn in Swaffham schon eingewöhnt habe und ob es immer noch keine Spur gebe von dem Gelddieb.

»Was das Eingewöhnen betrifft«, antwortete Miss Jones betont freundlich, »so wird es wohl noch eine Weile dauern. Und von der Polizei habe ich seit zwei Wochen nichts mehr gehört. Ich hoffe nur, sie haben die Suche nicht aufgegeben.«

Hazelford nickte beflissen, dann räusperte er sich, als wollte er etwas sagen, schließlich rief er nach hinten in den Gang, der zum Hof führte: »Owen, Miss Jones ist hier!«, und an Sarah gewandt, meinte er: »Ich weiß nicht, ob es Sie interessiert, Miss, aber Owen hat eine interessante Beobachtung gemacht. Aber das soll er Ihnen selber sagen.«

Der Gastwirtssohn war von der Statur das Gegenteil seines Vaters, lang und schlaksig, und dabei machte er nicht gerade den hellsten Eindruck.

»Erzähle mal der Miss, was du gesehen hast, damals«, befahl Hazelford, als Owen endlich eintraf.

»Nun ja«, begann dieser und blickte verlegen auf den Boden der Gaststube, »also das war so damals. Es dämmerte schon, als ich an der Stelle eintraf, die Sie mir beschrieben hatten. Und als ich niemanden bei dem Koffer fand, da sah ich mich natürlich um; denn Sie hatten ja gemeint, ein alter Mann würde auf das Gepäckstück aufpassen.«

Vater Hazelford puffte seinem Sohn ungeduldig in die Seite: »Ja und? Nun sag schon. Was hast du damals gesehen?«

Owen hob die Schultern. »Ich sag es nicht gerne, weil ich natürlich nichts beweisen kann, Miss. Ich sage es überhaupt nur deshalb, weil auch auf mich ein gewisser Verdacht fällt. Aber ich war es nicht, Miss, glauben Sie mir!«

Sarah Jones nickte. Allmählich wurde auch sie ungeduldig.

»Also das war so«, holte der Sohn des Gastwirts aus, »als ich mich umsah, wo der alte Mann geblieben sein könnte, da entdeckte ich vor dem Haus des Apothekers, keine fünfzig Yards entfernt, einen hochgewachsenen schmächtigen Jungen. Ich glaube, es war der junge Carter.«

»Howard Carter?« Sarah Jones' Stimme klang aufgeregt.

»Ja, der! Aber damit will ich natürlich nicht gesagt haben, daß er ... Sie verstehen.«

»Und hast du das beim Verhör auch der Polizei gesagt?«

»Also nicht direkt, Miss Jones, ich habe mich nämlich erst jetzt erinnert. Und damals erschien es mir ohne Bedeutung.«

»Aber es könnte von großer Bedeutung sein!«

»Ich weiß.« Owen hob verlegen die Schultern. Sein Vater nickte zustimmend.

Hastig zählte Sarah Jones ihre Schulden auf den Tresen, und mit einem kurzen Gruß verschwand sie aus dem Hotel.

Auf dem Nachhauseweg gingen ihr wirre Dinge durch den Kopf. Sollte sie sich in dem jungen Carter so getäuscht haben? Gewiß, er war ein Außenseiter, aber mit dem Gedanken, er könnte ein hinterhältiger Dieb sein, konnte sie sich einfach nicht abfinden. Warum hatte Owen Hazelford seine Beobachtung verschwiegen?

Am anderen Tag musterte Sarah Jones den jungen Carter mit kritischem Blick, ohne daß dieser das Studium seiner Physiognomie bemerkte. Miss Jones fühlte sich unwohl bei dem Gedanken, Howard könnte sie um ihr mühsam erspartes Vermögen gebracht haben. Dabei zogen vor ihr noch einmal die Ereignisse ihrer Ankunft vorüber. Aber sie konnte sich nicht erinnern, dem Jungen bei der kurzen Begegnung irgendwelche Hinweise gegeben zu haben, daß sich in dem schweren Koffer ihr gesamtes Ersparates befand. Schließlich faßte sie den Gedanken, Howard eine goldene Brücke zu bauen, damit er ihr das Geld heimlich und unbemerkt zurückgeben könnte.

Nach dem Unterricht behielt Miss Jones Howard unter dem Vorwand zurück, er solle ihr beim Kleben einer Landkarte behilflich sein. Als die Mädchen das Klassenzimmer verlassen hatten, trat Carter nach vorne. Er musterte Sarah Jones mit zusammengekniffenen Augen, und selbstbewußt, beinahe überheblich, sagte er: »Denken Sie, ich habe nicht gemerkt, wie Sie mich die ganze Zeit angestarrt haben?«

Carter wirkte verändert. Seit ihm ein anderer die Rettung der Seilerstochter aus dem brennenden Haus streitig machte, gab er sich widerborstig, aufsässig und gehässig. Es schien, als verkehrte sich sein weicher Charakter plötzlich ins Gegenteil. Miss Jones fiel es schwer, in dieser Situation die richtigen Worte zu finden. Schließlich sagte sie: »Ja, ich habe mir Gedanken über dich gemacht, Howard. Und dabei habe ich mich gefragt, ob ich mich wirklich in dir so getäuscht habe.«

»Ich verstehe Sie nicht!« erwiderte Carter ratlos und ließ Miss Jones nicht aus den Augen.

Sie wich ihm aus, trat ans Fenster und blickte auf den klotzigen Turm von St. Peter und Paul. Ohne Carter anzusehen, sagte sie: »Du weißt, mir wurde bei meiner Ankunft in Swaffham mein ganzes Geld gestohlen.«

»Ich weiß. Das ist schlimm. Aber *ich* habe es nicht!«

Miss Jones wandte sich um. »Aber du wurdest beobachtet, als du dich in der Nähe des Koffers aufhieltest.«

»Von wem?«

»Von Owen Hazelford, als er das Gepäckstück abholte.«

Howard lachte gequält. »Ach von dem! Der junge Hazelford hat sich doch schon das Gehirn aus dem Kopf gesoffen. Er kann weder lesen noch schreiben. Und diesem Kerl wollen Sie glauben?«

Miss Jones trat auf Howard zu: »Warum bist du damals weggelaufen?«

»Es war mir peinlich.«

»Was war dir peinlich?«

»Sie erzählten, daß Sie die neue Lehrerin in der *Dame-School* seien, und es war mir peinlich zu sagen, daß ich Ihr Schüler sei. Da bin ich weggelaufen. Vielleicht war es dumm von mir.«

»Und wohin bist du gelaufen?«

»Wohin, wohin! Einfach weg. Aber ich habe Sie aus der Ferne beobachtet.«

»Also hat Owen Hazelford recht.«

Carter zögerte. Schließlich meinte er umständlich: »So gesehen, ja. Aber deshalb habe ich mich doch nicht an Ihrem Gepäck vergriffen! Oder glauben Sie das ernsthaft?«

»Nicht zwangsläufig. Immerhin hättest du die Möglichkeit gehabt.«

»Ich?« Howard schrie auf, als habe ihn ein Messer in die Brust getroffen. »Ich soll Sie bestohlen haben, Miss Jones? Dann gehen Sie doch zur Polizei und zeigen Sie mich an! Melden Sie, Sie hätten in Ihrer Schule so einen heruntergekommenen Kerl ohne Elternhaus. Einen Kostgänger, der ohnehin nicht weiß, wie er in den nächsten Monaten sein Kostgeld bezahlen soll. Kein anderer kann es gewesen sein, der Ihnen das Geld gestohlen hat!«

Sarah Jones hörte noch, wie der aufgebrachte Carter die Tür hinter sich zuschlug. Dann ging sie zum Fenster und sah Howard, der wie von Sinnen aus dem Schulgebäude in Richtung Marktplatz lief.

Kapitel 3

Zweimal im Jahr verwandelte sich der Marktplatz von Swaffham in ein aufregendes Panoptikum. Solange man zurückdenken konnte, geschah dies im Frühjahr und Herbst, wenn der sonst so beschauliche Platz mit dem Pavillon in der Mitte von Buden und Zelten, Dampfkarussellen und anderen Attraktionen beherrscht wurde, so daß die Besucher von weit herkamen, von Thetford, King's Lynn und Downham Market, um sich zu amüsieren. Sogar feine Leute waren darunter von den umliegenden Landsitzen, die sich eher selten nach Swaffham verirrten, aber auch viel Gesindel, Bettler und Krüppel, die das Markttreiben anzog wie ein Magnet, gab es doch selten mehr Almosen zu erhaschen als an diesen Tagen.

Wie ein unsichtbarer Pilz hing über dem Ort eine Duftwolke aus gebratenem Rindfleisch, Mandelgebäck und Branntwein. Der Gestank von blökenden Schafen und Ziegen mit Eutern so groß wie ein Zuckersack mischte sich mit dem Duft von heimischen Kräutern und Gewürzen aus Indien. Und die Händler priesen die Vorzüge ihrer Tiere mit gewaltigem Stimmaufwand an und erboten sich, bei Bedarf die Tiere vor den Augen der Käufer zu schlachten und auszuweiden.

In den Zelten und hinter Leinwänden, die zwischen Pfählen gespannt waren, gab es allerlei Unterhaltung. Für Sixpence konnte man unter freiem Himmel einen fünfbeinigen Bullen beäugen und der dicksten Frau der Welt nähertreten, welche zum Lunch Glasscherben aß, als wären es Biskuits, und die in der Lage war, einen erwachsenen Mann mit dem Zucken ihrer Brüste umzuwerfen. Vor dem Eingang blies eine Dampforgel, so groß wie ein Zirkuswagen und ebenso bunt bemalt. Darüber stand auf einem halbrunden Schriftband: »Die größte Schau der Welt.« Die silbernen Pfeifen, von denen immer eine höher war als die andere, wurden eingerahmt von vier lebensgroßen halbbekleideten Feen aus Holz. Ihre abgewinkelten Arme schlugen, wie von Geisterhand bewegt, Trommeln und Triangel. Dabei vollführten ihre pausbäckigen Köpfe eckige Bewegungen, während ihre Glasaugen unaufhaltsam von links nach rechts und wieder zurück wanderten, ungeachtet des Taktes, den die pompöse Musik vorgab, in der Hauptsache Märsche und Polkas. Und manches Mädchen, das noch nie so ein künstlich bewegtes Wesen gesehen hatte, schlug beim Anblick dieses technischen Wunders die Hände vors Gesicht und begann zu kreischen wie in der Rauhnacht.

Von einem runden Podium, das wie eine große Trommel mit roten und blauen Rauten bemalt und vor der Dampforgel aufgebaut war, pries ein äußerst vornehmer Varieté-Direktor im Cut und grauem, halbhohen Zylinder die Vorzüge und Einmaligkeit seines Etablissements, wobei sein in rechtem Winkel steil nach oben gezwirbelter Schnurrbart bisweilen bedenklich ins Wanken geriet: »Dies, Ladys and Gentlemen, ist die sensationellste Schau, zwischen Nowosibirsk und Alaska, Spitzbergen und Feuerland. Und selbst in Amerika, wo es nichts gibt, was es nicht gibt, wurde dieses Programm von allen Zeitungen so genannt: Die größte Schau der Welt. Wir zeigen uns nur in den größten Städten der Welt, in London, New York, Rom und Berlin, wo ein sachkundiges Publikum das nötige Kunstverständnis aufbringt. Nur ausnahmsweise und durch glückliche Umstände verursacht, sind wir heute hier in...«

»Swaffham!« schallte es aus den Reihen der Gaffer.

»...sind wir heute hier in Swaffham, und weil sich herumgesprochen hat, daß hier ein kunstverständiges Publikum wartet wie nirgendwo im Vereinigten Königreich.«

Die Zuschauer johlten und klatschten vor Vergnügen in die Hände. Und der Direktor rief ein um das andere Mal: »Hereinspaziert, hereinspaziert! Das Programm ist mindestens zwei Shilling wert, aber heute hier in...«

»Swaffham!« »...aber heute hier in Swaffham zahlen sie nur Sixpence. Hereinspaziert. Diese Gelegenheit kommt nie wieder! Hereinspaziert!«

Diese Rede blieb nicht ohne Wirkung. Junge wie Alte drängten durch den Eingang, neben dem ein Schild hing: »Mitreisende gesucht!«, in das mit Petroleumlampen illuminierte Etablissement. Jeder wollte die angekündigten Sensationen mit eigenen Augen und vor allen anderen sehen. Unter ihnen Sarah Jones in Begleitung von Charles Chambers, dem Musiklehrer und Organisten von St. Peter und Paul.

Chambers, ein kleiner, gemütlicher Mann mit krausem Silberhaar, machte Miss Jones seit ihrer Ankunft in Swaffham den Hof, brachte ihr Blumen, lud sie zu Spaziergängen ein und zeichnete sich im übrigen durch so hervorragende Manieren aus, daß man meinen konnte, er stamme noch aus dem vorigen Jahrhundert. Verstärkt wurde dieser Eindruck durch seine altmodische Kleidung, über die sich die Schulkinder bisweilen lustig machten, wenn er bei seinen Musikstunden in Kniehosen und samtenem Gehrock auftrat.

Die Zuneigung, welche Charles für Miss Jones hegte, war durchaus ehrlicher Natur und fand zwar das Wohlwollen der Auserwählten, aber keinesfalls die gleiche Erwiderung, weil Sarah sich nur schwer vorstellen konnte, daß Charles überhaupt in der Lage war, einer Frau jemals soviel Verehrung entgegenzubringen wie Händel und Haydn. So gingen ihre Gespräche auch mehr über Musik als über Gefühle, was für Sarah Jones nicht ohne Reiz war, aber eben nicht dazu beitrug, ihre Beziehung zu vertiefen.

Sarah hatte Chambers das Versprechen abringen müssen, mit ihr den Jahrmarkt zu besuchen, und an seiner Miene konnte sie ablesen, wie unwohl er sich fühlte in dieser Umgebung.

»Wollen wir gehen?« fragte Sarah Jones. »Ich sehe Ihnen doch an der Nasenspitze an, wie sehr Sie leiden!«

Charles tat entrüstet: »Wo denken Sie hin! In Ihrer Begleitung ist jeder Ausgang ein Vergnügen.« Doch trotz seiner Worte gelang es ihm nicht, seine wahre Meinung zu verbergen.

Sarah sah Charles prüfend an, und der wurde verlegen. »Also gut, um der Wahrheit die Ehre zu geben, auf Jahrmärkten empfinde ich eher Langeweile als Vergnügen.«

»Dann lassen Sie uns woanders hingehen...« Sie hielt inne. Keine sieben Meter entfernt erkannte sie Owen Hazelford und Robert Spink in Begleitung der McAllen-Töchter. Wild gestikulierend redeten alle vier aufeinander ein, und es schien, als interessierten sie die Attraktionen um sie herum nicht im geringsten.

Sarah drängte Chambers hinter einen Planwagen.

»Was hat das zu bedeuten?« fragte der Musikus neugierig. »Es ist Ihnen wohl unangenehm, wenn wir zusammen gesehen werden!«

»Aber nein, glauben Sie mir, das hat andere Gründe.« Sarah spähte in Richtung der vier jungen Leute.

Chambers legte den Kopf zur Seite und meinte indigniert: »Gewiß, ich habe natürlich kein Recht auf Sie; doch ich meine, schämen müssen Sie sich meiner auch nicht!«

»Nein, gewiß nicht!« beschwichtigte Sarah Jones den empfindsamen Chambers und legte ihre Hand auf seine Brust. »Ich werde Ihnen die Gründe für mein Versteckspiel nennen. Dann werden Sie mich sicher verstehen.«

Sarahs kleine zärtliche Geste rief bei Chambers Entzücken hervor, und es hätte jener Erklärung gar nicht mehr bedurft, welche Miss Jones hinterherschickte: »Wie ich Ihnen schon sagte, wurde mir bei meiner Ankunft in Swaffham meine gesamte Barschaft gestohlen. Gestern nun sagte mir jener Owen Hazelford, der Sohn des Hoteliers, der meinen Reisekoffer abholte, er habe den jungen Carter in der Nähe meines Gepäckstücks beobachtet.«

»Kein schlechter Hinweis! Ich kenne den Burschen. Ein Einzelgänger, etwas seltsam.«

»Mag sein. Ich war zunächst auch überzeugt, dies sei der entscheidende Hinweis. Aber je mehr ich darüber nachdenke, desto unwahrscheinlicher erscheint mir das Ganze.«

»Warum? Es gibt einen Zeugen, der ihn gesehen hat...«

»Ja, der ihn gesehen hat, nicht mehr!«

»Was spricht gegen die Aussage des jungen Hazelford? Ich verstehe Sie nicht!«

Sarah nahm Chambers' Arm. »Kommen Sie!« Im Gehen meinte sie: »Finden Sie es nicht auch merkwürdig, daß Owen Hazelford bei seinem Verhör weit und breit keinen Menschen gesehen haben will? Wochen später erinnert er sich auf einmal an Howard Carter.«

»Ungewöhnlich, gewiß, aber nicht unmöglich! Sie wissen doch, Miss Jones, in den Köpfen dieser jungen Leute spielen sich mitunter unerklärliche Dinge ab. Aber gestatten Sie mir eine Frage: Warum laufen Sie vor dem jungen Hazelford weg?«

»Ich wußte nicht, daß er mit Robert Spink befreundet ist. Und ich möchte nicht, daß er erfährt, daß ich es weiß. Ich halte Owen für einen Tölpel, also gewiß kein Umgang für den jungen Spink. Der umgibt sich nur mit seinesgleichen, mit den McAllen-Töchtern zum Beispiel. Aber mit Hazelford? Ich glaube, er sieht in Owen eher einen nützlichen Idioten, und er mißbraucht ihn für seine Zwecke.«

»Sie meinen, Spink will den Diebstahl mit Hilfe Hazelfords dem jungen Carter in die Schuhe schieben? Ich bitte Sie, welchen Grund sollte Spink dafür haben?«

Sarah hob die Schultern. »Es ist nur so ein Gefühl. Carter und Spink hassen sich wie die Pest, seit Spink ihm die Rettung der Seilerstochter aus dem brennenden Haus streitig gemacht hat. Carter behauptet, er habe das Mädchen gerettet, und Spink habe das Mädchen erst an der Haustüre in Empfang genommen.«

»Und Sie glauben Carter?«

»Warum sollte ich ihm nicht glauben?«

»Geltungsdrang. Ruhmsucht. Eigensucht. Da gibt es viele Gründe, Miss Jones.«

»Gewiß, das ist nicht auszuschließen. Aber würden Sie diese Eigenschaften nicht eher Spink als Carter zuschreiben?«

Chambers blieb stehen. Sie hatten sich von dem lauten Marktgeschehen etwas entfernt; doch die heftigen Töne der Dampfdrehorgel waren auch hier noch zu vernehmen. »Sie mögen den jungen Carter, nicht wahr?«

»Ich glaube, ich habe ihm Unrecht getan, als ich ihn mit Hazelfords Aussage konfrontierte.«

»Ach, Sie haben es ihm gesagt? Wie hat er darauf reagiert?«

»Er lief fort. Ich glaube, er heulte.«

»Das kann vieles bedeuten«, sagte Charles Chambers abwesend. Er beobachtete einen etwa zehnjährigen Jungen am Straßenrand, der den Eindruck machte, als ob er sich langweilte.

»He, komm mal her!« rief Chambers.

Der Junge gehorchte träge und widerwillig.

»Warum bist du nicht auf dem Jahrmarkt?« fragte Chambers.

Da verzog der Junge das Gesicht und griff mit beiden Händen in die Taschen seiner Hose, die bis über die Knie reichte. Schließlich stülpte er das Futter seiner leeren Hosentaschen nach außen und meinte mißmutig: »Womit denn, Sir?«

Chambers beugte sich zu dem Jungen herab und flüsterte ihm ins Ohr: »Du kannst dir einen Sixpence verdienen. Ich suche einen Kalkanten.«

»Sixpence, Sir, dafür mache ich, was Sie wollen. Was muß ich tun?«

»Die Orgel von St. Peter und Paul treten.«

»Gemacht, Sir.«

An Sarah Jones gewandt, meinte Chambers: »Ich würde Ihnen gerne ein Ständchen bringen, wenn Sie erlauben. Dabei machte er mit dem rechten Arm eine einladende Bewegung zur Kirche hin.

Sarah errötete. »Ein Ständchen auf der Kirchenorgel? Charles, Sie machen mich verlegen!«

»Ich wäre glücklich, wenn es so wäre. Kommen Sie.«

In der Kirche nahm Sarah in der hintersten Bankreihe Platz, während Chambers und der Junge auf der Treppe zur Empore verschwanden. Bevor er begann, beugte sich Charles über die Empore und rief leise nach unten: »Aus ›La Traviata‹ von Verdi: ›Ach, dieser Liebe gewaltige Zaubermacht‹.«

Als Charles geendet hatte, blieb es still in der Kirche St. Peter und Paul. Er gab dem Jungen den versprochenen Sixpence, und der rannte davon.

Unten angekommen, suchte Chambers nach Sarah Jones. Der Platz, an dem sie gesessen hatte, war leer.

Bei Schulbeginn am Montagmorgen fiel Sarah sofort auf, daß Howard Carter fehlte. Sie hatte ein ungutes Gefühl und machte sich Vorwürfe, weil sie Carter von Hazelfords Anschuldigungen berichtet hatte. Und nachdem sie Spink und Hazelford zusammen gesehen hatte, war ihr klargeworden, daß Spink ein abgekartetes Spiel trieb. Sie traute dem jungen Carter einfach nicht zu, daß er sie bestohlen haben sollte.

Sarah Jones fehlte jede Konzentration, sie verhaspelte sich, geriet ins Stottern, und nach einer Stunde Unterricht schickte sie die Mädchen ihrer Klasse nach Hause. Ihr sei unwohl, ließ sie wissen.

Doch Sarah Jones machte sich auf den Weg zur Sporle-Road, wo Howard mit seinen Tanten Fanny und Kate lebte. Sie fand Fanny und Kate vor dem Hauseingang in ein lebhaftes Gespräch vertieft, als wetteiferten sie mit dem Gezwitscher der Vögel in den Bäumen.

»Ich bin Miss Jones von der *Dame-School*. Wo ist Howard?« rief Sarah schon von weiten.

Fanny, die Ältere, trat dem unerwarteten Besuch ein paar Schritte entgegen. Die Begegnung war ihr sichtlich peinlich, ja es schien, als habe sie geweint.

»Ich habe meinem Bruder immer gesagt, er solle Howard nicht bevormunden. Howard ist ein empfindsamer Junge. Wir kennen ihn besser.« Fanny winkte ihre Schwester Kate herbei und sagte: »Das ist Howards Lehrerin. Das heißt, sie war es.«

»Was soll das heißen, sie war es?« Sarah sah Fanny prüfend an.

Diese machte eine herrische Handbewegung zu Kate hin, und daraufhin zog ihre Schwester ein gefaltetes Stück Papier aus der Tasche ihres weiten Rockes und reichte es Sarah.

»Er ist fort«, erklärte Fanny, nachdem Kate weiterhin stumm blieb, »der Zettel lag heute morgen auf dem Küchentisch. Lesen Sie, Miss Jones!«

Sarah entfaltete das Papier und las: »Macht Euch keine Sorgen, vor allem keine Vorwürfe. Wenn Ihr das lest, bin ich schon über alle Berge. Ich will ein neues Leben beginnen – es *muß* sein. Versucht mich zu verstehen, und sucht nicht nach mir, sonst wird alles nur noch schlimmer. Howard.«

»Wann haben Sie den Zettel entdeckt?« rief Sarah aufgeregt.

Fanny sah Kate an. »Heute morgen kurz vor sechs.«

»Das heißt, Howard ist mitten in der Nacht verschwunden. Was hat er bei sich?«

»Ein paar Kleidungsstücke und einen alten, zerlumpten Reisesack.«

»Und haben Sie eine Ahnung, welches Ziel Howard haben könnte? Vielleicht will er nach London zu seinem Vater?«

Da wachte Kate mit einem Mal auf und rief: »Nach London? Das bestimmt nicht, Miss, und zu seinem Vater schon gar nicht. Mit ihm hatte er gerade eine Auseinandersetzung.«

»Worüber?«

Fanny fiel ihrer Schwester ins Wort. Es schien, als wäre ihr gar nicht recht, daß Kate das gesagt hatte. »Mein Bruder Samuel«, begann sie leise, »hat Howard eröffnet, daß er nicht mehr bereit ist, für den Jungen Kost- und Schulgeld zu zahlen. Schließlich ist er fünfzehn. In dem Alter bringen andere schon zwei Shilling die Woche nach Hause. Aber als Samuel seinem Sohn verkündete, er müsse Botengänger in Harwich werden, da wurde Howard wütend.«

»Botengänger in Harwich?« fragte Sarah erstaunt. »Howard hat künstlerisches Talent. Er könnte ein erfolgreicher Maler werden.«

»So wie seine Brüder Samuel, Vernet und William!« spottete Kate. »Die sind froh, wenn ein Schafzüchter kommt, um sich porträtieren zu lassen, damit sie für den Winter Kohlen kaufen können. Hören Sie auf mit Künstlern! Kunst ist etwas für reiche Leute.«

Sarah sah Kate fragend an: »Und Sie meinen, das ist der Grund, weshalb er weggelaufen ist?«

Die hob die Schultern: »Welchen Grund sollte er sonst gehabt haben? Aber man kann natürlich in so einen Jungen nicht hineinschauen. Nein, nein, es war die Auseinandersetzung mit seinem Vater. Wenn ihm nur nichts zustößt!« Eilig schlug sie ein Kreuzzeichen.

Was immer seine Entscheidung beeinflußt haben mochte, Sarah fühlte sich mitschuldig. Und während sie darüber nachdachte, wie und auf welchem Weg Howard Swaffham verlassen haben konnte, kamen ihr die Schausteller in den Sinn, die noch in der Nacht ihre Zelte abgebrochen und im Morgengrauen die Stadt verlassen hatten. Und sie erinnerte sich an das Schild am Eingang zur »Größten Schau der Welt«, auf dem Mitreisende gesucht wurden.

In Swaffham hatte Howard Carter kaum Freunde, die ihm behilflich sein konnten. Für Sarah Jones gab es keinen Zweifel, daß der Junge sich einer dieser Schaustellertruppen angeschlossen hatte.

Man weiß, Schausteller ziehen von einem Jahrmarkt zum anderen, und bei ihrem Besuch am Tag zuvor war Sarah zu Ohren gekommen, daß das nächste Ziel des fahrenden Volkes keine fünfzig Meilen entfernt lag, in Cambridge.

»Ich hole den Jungen zurück!« rief Sarah Jones schon im Gehen den beiden alten Damen zu. »Ich glaube zu wissen, wo Howard sich aufhält!« Fanny und Kate sahen sich fragend an.

Gegen Mittag ging eine Pferdepost nach Thetford. Sarah packte das Nötigste in eine Tasche aus Segeltuch.

Zehn Meilen führte die Straße durch weite Landschaft nach Süden. Mit ihr im Coupé saß ein alter Mann mit rötlichem Backenbart. Er kam aus Sheringham an der Nordküste; aber recht viel mehr sagte er nicht. Und so blieb Sarah Zeit, über das Geschehen der letzten Tage nachzudenken.

Es tat ihr leid, daß sie am Tag zuvor vor Chambers aus der Kirche geflohen war, und sie fragte sich, während ihr Blick aus dem Fenster über die endlos scheinenden Wiesen und Felder schweifte, was sie an ihm nicht mochte. So ganz genau konnte sie die Frage nicht beantworten. Sarah wußte nur, daß Charles nicht der Richtige war. Gewiß, er gab sich höflich und zuvorkommend, und sein Ständchen auf der Orgel von St. Peter und Paul hatte etwas Rührendes gehabt, aber war es nicht gerade Chambers' Zaghaftigkeit, die Sarah zweifeln ließ, ob sie diesen Mann jemals lieben könnte?

Wenn sie ehrlich war, wußte sie selbst nicht zu sagen, wie der Mann auszusehen hatte, in den sie sich hätte verlieben können. Sie hatte eine bittere Erfahrung hinter sich, die drei Jahre zurücklag und die den Ausschlag gegeben hatte, warum sie Ipswich nach dem Tod ihres Vaters verließ. Er hieß Sam, war blond und ein Hüne von einem Mann. Sam war Viktualienhändler, und er belieferte die Mannschaften der Frachtschiffe im Hafen von Ipswich mit Lebensmitteln. Sie hatte Sam durch ihren Vater kennengelernt, der die Verbindung nicht ungern gesehen hätte, denn Sam war tüchtig und hatte sich einen bescheidenen Wohlstand geschaffen. Er lebte auf einem alten Frachtkahn, der gleichzeitig sein Kaufladen war. Von dort aus verkaufte er seinen Kunden Kartoffeln und Gemüse, Pökelfleisch und Fischkonserven, Bier und Branntwein.

Sam war es, der ihre Verbindung zerstörte, noch ehe diese ernsthaft begonnen hatte. Er trank gerne. Er trank viel, weil er wußte, daß er viel vertragen konnte. An einem kalten Winterabend, wenige Tage vor Weihnachten, besuchte Sarah Sam auf seinem Frachtkahn. Der eiserne Ofen in seiner Kajüte glühte. Sam war betrunken. So hatte sie ihn noch nie erlebt. Mit schwerer Zunge begann er herumzunörgeln, nannte sie eine prüde Nonne, weil sie noch nie mit ihm geschlafen habe, und deshalb müsse er sein sauer verdientes Geld zu den Hafenhuren tragen. Von jenem Tag an empfand Sarah Ekel vor Sam, und tags darauf schickte sie ihm einen Abschiedsbrief, der mit den Worten endete: Ich möchte dich nie wiedersehen...

Dieser Ankündigung war Sarah treu geblieben. Aber dieses Erlebnis hatte ihr Innerstes so sehr verletzt, daß es sie seither Überwindung kostete, jegliche Art von Zuneigung, die ein Mann ihr entgegenbrachte, zu erwidern. Ja, in ihr stieg allmählich die Angst hoch, ihre Gefühle könnten sich bis zur totalen Ablehnung Männern gegenüber verirren.

Vielleicht tat sie Chambers unrecht. Vielleicht wäre Chambers ein aufopfernder, hingebungsvoller Ehemann gewesen. Doch sie empfand nichts für ihn. Von Liebe konnte keine Rede sein, von Leidenschaft schon gar nicht. Das mußte sie ihm bei nächster Gelegenheit nahebringen.

Als der Pferdewagen Mundford erreichte und auf die schnurgerade Straße durch den Thetford Forest einbog, war der Rotbart im Coupé eingeschlafen. Die Pferde trabten über den unbefestigten Weg, daß die hellgrünen Bäume zu beiden Seiten nur so vorbeiflogen. Bis Thetford waren es noch acht Meilen.

Warum machte sie diese umständliche Reise? Warum, fragte sich Sarah Jones, nahm sie diese Anstrengungen auf sich? Warum sorgte sie sich um einen halbwüchsigen Jungen, der sie – ausschließen konnte sie es nicht – vielleicht sogar um ihr Vermögen gebracht hatte? Sarah fand keine Antwort.

In Thetford bestieg Sarah die Eisenbahn und erreichte am Nachmittag Cambridge. Ein junger Mann in Eisenbahneruniform erklärte ihr den Weg zu den *Backs*. Dort am Ufer des Cam finde der große Jahrmarkt statt.

Jeder Engländer kannte Cambridge vom Hörensagen, und auch Sarah Jones hatte viel von der alten Universitätsstadt mit ihren pittoresken Colleges und romantischen Brücken, den vornehmen Hotels und eleganten Geschäften gehört, aber sie hatte nicht erwartet, daß diese Stadt so aufregend schön war. Im Gegensatz zu Ipswich gab es hier keine Fabriken, keine rauchenden Schlote, die schmutzigrot in den Himmel ragten. Sogar die Fassaden der ältesten Häuser wirkten einladend und freundlich, und die Fachwerkhäuser waren herausgeputzt, als wäre jeden Tag Queen Victorias Geburtstag.

Auf dem Weg vom Bahnhof im Osten der Stadt zu den *Backs* jenseits des Cam begegnete Sarah vielen Studenten und Collegeschülern, welche sich durch große Fröhlichkeit und unterschiedliche Schuluniformen auszeichneten.

Die Schausteller, von denen erst wenige in den *Backs* genannten Flußauen zwischen dem träge dahinfließenden River Cam und der Queens' Road eingetroffen waren, wirkten fremd und exotisch in dieser vornehmen, gediegenen Welt, und Sarah machte sich keine große Hoffnung, hier auf Howard zu stoßen. Doch dann entdeckte sie, unter einem Baum abgestellt, einen Planwagen mit der Aufschrift: »Die größte Schau der Welt« und daneben zwei weiß gestrichene Zirkuswagen.

Vor dem einen brannte ein Feuer, und eine Frau in zerlumpter Kleidung rührte in einem Kessel, der über den Flammen an einem Dreifuß aufgehängt war. Im Näherkommen erkannte sie einen Mann in Stiefeln, der fluchend eine Peitsche schwang und seine Pferde ausschirrte.

»Ich kenne Sie doch aus Swaffham!« rief Sarah Jones dem bärtigen Mann zu. Der Eindruck, den er hier vermittelte, war alles andere als vornehm.

»Aber *ich* kenne *Sie* nicht. Und Swaffham schon gar nicht!« knurrte dieser, und dann fügte er ebenso unfreundlich hinzu: »Sagen Sie, was Sie wollen, oder verschwinden Sie.« Dann setzte er das Ausschirren fort.

»Ich suche einen Jungen«, begann Sarah, »etwa fünfzehn Jahre alt. Man könnte ihn auch für achtzehn halten, groß, schlank, dunkle Haare.«

Unbeeindruckt von der Frage setzte der Mann seine Arbeit fort. Er würdigte Sarah keines Blickes. Schließlich hängte er sein Pferdegeschirr an einen Haken an der Außenwand des Zirkuswagens, und ziemlich ungehalten gab er von sich: »Ja und?« »In Swaffham sah ich bei Ihnen ein Schild ›Mitreisende gesucht‹. Ich dachte, der Junge, er heißt Howard, hätte vielleicht...«

»Warum? Hat er was ausgefressen?«

»Nein, wenn man davon absieht, daß er erst fünfzehn und von zu Hause weggelaufen ist.«

Während sie redeten, näherte sich vom Fluß her ein Bursche. Er schleppte zwei Eimer mit Wasser. Sarah drehte sich um – und erkannte Carter.

»Die Miss behauptet, du seiest erst fünfzehn!« wetterte der Mann. »Sag, daß sie lügt!« Und an Sarah gewandt: »Wer sind Sie überhaupt? Seine Schwester oder Tante?«

Noch ehe Sarah antworten konnte, rief Howard wütend: »Miss Jones, warum lassen Sie mich nicht in Ruhe. Sie haben kein Recht, mir nachzuspionieren.«

»Ich bin Howards Lehrerin«, beantwortete Sarah die Frage des Mannes. Und zu Carter sagte sie: »Natürlich habe ich kein Recht, dich zurückzuholen, Howard. Ich wollte dir nur sagen, daß es mir leid tut, weil ich dich verdächtigt habe.«

»Also wurde der Dieb gefunden?«

»Nein, noch nicht. Aber ich glaube zu wissen, wer mich um mein Geld gebracht hat. Ich kann es nur nicht beweisen.«

Der Varieté-Direktor folgte der Diskussion mit Unverständnis. Schließlich rief er außer sich: »Wenn ich recht verstehe, hat der Kerl Geld gestohlen?« Dabei drohte er Howard mit der Peitsche.

»Das ist nicht wahr!« fuhr Sarah dazwischen. »Andere haben den Verdacht auf ihn gelenkt. Sie können beruhigt sein.«

Das schien den Alten fürs erste zu besänftigen. Erklärend meinte er: »Ich habe ihn nicht gezwungen, mit uns zu kommen. Sie können ihn jederzeit mit nach Hause nehmen, Miss, der Kräftigste ist er ohnehin nicht.«

Da begann Howard wütend zu schreien: »Da haben Sie's, Miss Jones. Das haben Sie sich gut ausgedacht. Ich hasse Sie!«

»Howard«, erwiderte Sarah beschwichtigend, »ich habe mir überhaupt nichts ausgedacht. Ich meine nur, daß du das Schuljahr zu Ende bringen solltest. Du hast Talent und solltest deine Zukunft nicht als Pferdeknecht oder Jahrmarktschreier sehen.«

Diese Worte brachten den Varieté-Direktor in Rage. Er fauchte Sarah an: »Sie haben doch gehört, er will nicht mit Ihnen kommen, er haßt Sie. Also, was wollen Sie noch hier, Miss? Lassen Sie uns in Ruhe!«

»Ja, lassen Sie uns in Ruhe!« wiederholte Carter. Und als Sarah einige Schritte auf ihn zutrat, um weiter auf ihn einzureden, nahm Howard einen Eimer und schüttete ihr das Wasser ins Gesicht.

Ein lauer Frühlingswind trocknete ihre Kleider schneller als erwartet. Und auf dem Weg zum Bahnhof sagte sich Sarah Jones: Was bist du für eine dumme Gans. Geschieht dir ganz recht. Das ist wirklich nicht deine Angelegenheit.

Bei ihrer Rückkehr nach Swaffham fand Sarah Jones die Baronin in aufgebrachter Stimmung.

»Sie haben sich ohne meine Erlaubnis vom Unterricht entfernt und die Mädchen nach Hause geschickt. Das kann ich nicht dulden, Miss Jones!«

Sarah hatte längst erkannt, daß sie unüberlegt und überstürzt gehandelt hatte. Nun versuchte sie, ihr Handeln zumindest zu erklären: »Baronin, es ging um den jungen Carter. Er verschwand über Nacht mit einer Schaustellertruppe. Ich dachte, ich müßte ihn zurückholen.«

»So, dachten Sie. Und wo ist er? Haben Sie ihn mitgebracht?«

Sarah ließ den Kopf hängen. »Ich habe ihn gefunden. Aber zur Rückkehr bewegen konnte ich ihn nicht.«

»Dafür haben Sie Ihre Klasse im Stich gelassen, Miss Jones, ein verantwortungsloses Verhalten. Ich habe Sie gewarnt. Sie sind entlassen! Ich gebe Ihnen drei Tage. Dann will ich Sie hier nicht mehr sehen. Haben Sie mich verstanden?«

Sarah Jones sah Gertrude von Schell fassungslos an. »Ich habe es nur gut gemeint...«

»Ach wirklich?« Der Baronin war die Erregung anzusehen, und obwohl sie sich größte Mühe gab, ruhig zu bleiben, mißlang das Vorhaben: »Ich hatte vom ersten Tag an den Eindruck, daß Sie Ihrer Aufgabe nicht gewachsen sind.« Die Augen der alten Dame funkelten böse.

Sarah war wütend, so wütend, daß sie kurz daran dachte, der bissigen Alten vor die Füße zu spucken und zu sagen: Und ich hatte vom ersten Tag an den Eindruck, daß Sie eine unausstehliche Kröte sind, Mrs. Gertrude von Schell! Aber dann besann sie sich auf ihre Höflichkeit als beste Waffe, und sie verneigte sich und erwiderte: »Wie Sie meinen, Frau Baronin.« Scheinbar gelassen ging sie aus dem Zimmer. An der Türe drehte sie sich noch einmal um und sagte: »Übrigens, ich hatte ohnehin vor zu kündigen.«

In Wahrheit traf die Kündigung Sarah tief. Ihre Zukunft lag ungewiss vor ihr wie undurchdringlicher Nebel. Kein Geld, keine Anstellung, keine Wohnung. In Mißlichkeiten neigt der Mensch zu ungewohnter Frömmigkeit. Sarah hingegen schloß sich in ihr Zimmer ein, warf sich auf ihr Bett, starrte mit hinter dem Kopf verschränkten Armen zur Decke und dachte nach.

Cambridge, diese aufregende Stadt am Cam mit ihren zahllosen Colleges und Schulen, ging ihr nicht aus dem Sinn. Vielleicht gab es auch dort eine *Dame-School*, die eine Lehrerin suchte. Ihr Entschluß stand fest.

Unerwartet erlangte der folgende Tag für Sarah Jones eine besondere Bedeutung, obwohl der Anlaß eher traurig war. Sarah nannte ihn später einen Schicksalstag; denn das Schicksal ist ohnehin erfinderischer als der Mensch.

Gertrude von Schell war bekannt für ihre unerbittliche Strenge, mit der sie den ihr anvertrauten Mädchen begegnete. Strenge, pflegte sie zu sagen, ist der Zuchtmeister des Glücks. Das widersprach der Auffassung von Miss Jones, und darüber waren sie sich mehr als einmal in die Haare geraten, weil Sarah sich weigerte, einen Schlagstock zu gebrauchen. Der Stock, meinte die Baronin, habe noch keinem Mädchen geschadet.

In Swaffham war das bekannt. Hinter vorgehaltener Hand wurde jedoch getuschelt, daß die Mädchen reicher Eltern – wie die McAllen-Töchter – noch nie mit dem Schlagstock der Baronin Bekanntschaft gemacht hatten, während die ärmeren, deren Eltern weniger Schulgeld bezahlten, häufig ihren Unmut zu spüren bekamen.

Zu ihnen zählte Ireen. Sie war klein und zerbrechlich und wirkte wie ein Kind, obwohl sie sechzehn Jahre zählte. Ihre Mutter – der Vater war vor ein paar Jahren am Aussatz gestorben, den er von einer Indienreise mitgebracht hatte – führte einen Krämerladen am Marktplatz, der sie und die Tochter ernährte. Das Geld für die *Dame-School* forderte die letzten Ersparnisse. Aus Gründen, die niemand erklären konnte, wurde Ireen von ihren Mitschülerinnen nur »Blümchen« gerufen.

Ein schwächliches Mädchen wie »Blümchen« hatte kaum Feinde, weil das Mitleid stets auf ihrer Seite war – zumal sie sich auch in der

Schule weder durch gute noch durch schlechte Leistungen hervortat. Baronin von Schell hingegen, ihre Lehrerin, ließ kaum eine Gelegenheit aus, »Blümchen« vor der Klasse zu demütigen oder sie der Lächerlichkeit preiszugeben, und mehrmals schon hatte sie das Mädchen mit dem Stock geschlagen.

Beim letzten Mal war »Blümchen« vor der strengen Baronin fortgelaufen, und aus Angst vor weiteren Schlägen oder aus Scham vor den anderen Mädchen hatte sie sich drei Tage geweigert, in die Schule zurückzukehren. Das lag nun ein halbes Jahr zurück.

An diesem heiteren Frühlingstag, durch die geöffneten Fenster des Klassenzimmers drang Vogelgezwitscher, stand Geschichte auf dem Stundenplan.

»Wer nennt mir die Herrscher des Hauses Tudor?« Die Stimme der Baronin klang drohend. Keines der Mädchen wagte aufzublicken.

»Ireen?«

Das Mädchen zuckte zusammen.

»Wer ist der erste König der Tudors?« wiederholte Mrs. von Schell ihre Frage.

»Eduard IV.?« antwortete »Blümchen« fragend.

»Falsch. Es war Heinrich VII. Und wer folgte auf Heinrich VII.?«

Ireen hielt den Kopf gesenkt und starrte ängstlich auf ihre Schulbank.

»Du weißt es also nicht. Du weißt nicht einmal, daß auf Heinrich VII. Heinrich VIII. folgte!«

Die anderen Mädchen kicherten. Sie merkten nicht, daß »Blümchen« am ganzen Leib zitterte.

Mit stampfenden Schritten näherte Gertrude von Schell sich dem uralten Bücherschrank an der Rückwand des Klassenzimmers. Alle wußten, was jetzt bevorstand. Auf dem Schrank lag der Schlagstock aus dunklem Edelholz, eine knappe Armspanne lang, aber dünn wie ein Mädchenfinger.

Im nächsten Augenblick würde die Baronin »Blümchen« auffordern, den linken Arm freizumachen, die Hand mit dem Rücken nach unten nach vorne zu strecken, dann würde der Stock mit leisem Pfeifen auf die Hand peitschen, ein-, zwei-, drei-, viermal. Und wenn das Mädchen die Hand zurückzöge und die Baronin ihr Ziel verfehlte, würde sie rufen: Das machst du nicht noch einmal! Und sie würde alle Kraft ihrer siebzig oder noch mehr Jahre einsetzen, um beim nächsten Hieb noch härter zu treffen. Aber dazu kam es nicht.

Denn noch während Gertrude von Schell den gefürchteten Stock vom Sims des Schrankes angelte, sprang Ireen plötzlich auf, raffte ihren langen Rock, machte einen Satz auf die Schulbank und von dort einen Sprung auf das Fensterbrett.

Mit dem Stock in der Rechten stand die Baronin da wie gelähmt. Sie nahm gerade noch wahr, wie das Mädchen kopfüber im Fensterrahmen verschwand. Einen endlos scheinenden Augenblick vernahm man nichts, nur das muntere Gezwitscher der Vögel. Dann ein dumpfer Aufschlag.

Im Schulzimmer begann ein Mädchen leise zu wimmern, ein zweites stieß plötzlich einen gellenden Schrei aus, einige Schülerinnen begannen laut loszuheulen, andere saßen da wie versteinert und starrten die Baronin mit weit aufgerissenen Augen an.

Kapitel 4

Blümchen« starb am 31. Mai, einem sonnigen Frühlingstag, zwei Tage vor ihrem sechzehnten Geburtstag. Beim Sprung aus dem zweiten Stock der Schule hatte sie sich innere Verletzungen zugezogen.

Als »Blümchens« Mutter vom Tod ihres Kindes erfuhr, brach sie lautlos zusammen, und es dauerte Stunden, bis sie wieder zu sich kam. Der zu Hilfe gerufene Doktor machte eine haarsträubende Entdeckung: »Blümchens« Mutter hatte die Sprache verloren.

Der Tod des Mädchens und die fatalen Folgen verbreiteten sich in Windeseile und schürten den Zorn der Bürger von Swaffham. Während der leblose Körper des Mädchens in einer Seitenkapelle der Kirche aufgebahrt wurde, sammelte sich eine aufgebrachte Menge vor dem Schulhaus.

»Kindermörderin!« riefen die einen.

Andere drohten: »Wir schlagen dich tot. Komm heraus!«

»Deutsches Luder!« war zu vernehmen und: »Du Verbrecherin! Aristokratenschlampe!«

Bis gegen Abend hatten sich annähernd hundert aufgebrachte Menschen vor der Schule eingefunden. Männer waren mit Stangen bewaffnet, einer schwenkte ein Schrotgewehr über dem Kopf, Frauen verfluchten das ehrlose Frauenzimmer.

Geistesgegenwärtig hatte Sarah Jones das schwere Eingangsportal verschlossen, aber es war nicht abzusehen, wie lange es den wütenden Angriffen der Bürger von Swaffham standhalten würde. Sarah hatte gehofft, die Menge würde sich bei Einbruch der Dunkelheit zurückziehen, aber sie sah sich getäuscht. Mit Laternen und Fackeln bewaffnet, drängten immer mehr Menschen vor den Eingang der Schule. Betrunkene Gestalten mischten sich darunter, grölend und fluchend, und Sarah fürchtete, einer von ihnen könnte auf die Idee kommen, das Schulhaus in Brand zu stecken.

Während Sarah Jones die Vorgänge vor der *Dame-School* durch ein Treppenhausfenster verfolgte, wo sie sicher sein konnte, daß man sie nicht sah, hatte sich die Baronin in ihrem Zimmer eingeschlossen. Obwohl sie an der Situation nicht die geringste Schuld trug, mußte Sarah befürchten, daß sich der Zorn der Menge auch gegen sie richtete. Was sollte sie tun? An Flucht war nicht zu denken. Sogar der Hintereingang wurde belagert.

Sarah erschrak. Sie fühlte, daß jemand hinter ihr stand.

»Miss Jones!« Es war Gertrude von Schell. Sie bot einen erbärmlichen Anblick. Die sonst so gepuderte, gepflegte Erscheinung hatte sich in ein abstoßend häßliches Wesen verwandelt. Ihre Augen lagen so tief, daß man fürchten mußte, sie würden ganz in dem kantigen, faltigen Schädel verschwinden. In wirren Strähnen hingen ihre Haare, die sie sonst streng scheitelte und am Hinterkopf in einen Knoten band. Sogar ihre sonst so damenhafte Kleidung wirkte unordentlich und abgerissen. Was Sarah jedoch Furcht einflößte, war die Pistole, welche Gertrude von Schell in der Rechten schwenkte.

»Miss Jones!« wiederholte die Baronin tonlos. »Ich habe Angst.« Bei diesen Worten zitterten ihre Lippen wie im Fieber.

Wäre sie nicht selbst von Unruhe und Bangen erfaßt gewesen, Sarah hätte sogar Schadenfreude empfunden ob der Angst, die Mrs. von Schell ins Gesicht geschrieben stand. So aber ließ sie die Pistole in der Hand der Baronin nicht aus den Augen, und sie wich einen Schritt zur Seite, als diese ihr die Waffe vor die Augen hielt.

»Die Waffe stammt noch von Baron von Schell. Sie ist geladen. Hier, nehmen Sie. Ich kann damit nicht umgehen.«

Instinktiv und nur um der zitternden Baronin die gefährliche Waffe aus der Hand zu nehmen, griff Sarah nach der Pistole. Entsetzt rief sie: »Und was soll ich damit?«

»Schießen!« Wie ein Hilferuf gellte der Schrei der Baronin durch das Treppenhaus. »Der Mob wird Sie und mich umbringen. So tun Sie doch etwas, Miss Jones!«

In ihrer Angst schien Gertrude von Schell jeden Sinn für die Realität verloren zu haben. Und Sarahs Tatenlosigkeit steigerte ihre Hysterie noch mehr. Irgendwo barst eine Fensterscheibe, kurz darauf eine zweite. Wie von Sinnen hetzte die Baronin in die im ersten Stockwerk gelegene Besenkammer. Mit einem halben Dutzend Schrubbern und Besen unter dem Arm stolperte sie nach unten zum Eingang und begann hektisch, die Stiele in der Türöffnung und unter der Klinke einzuspreizen. Atemlos jagte sie wieder nach oben, wobei sie Sarah einen wirren Blick zuwarf. Sarah hörte noch, wie die Türe zum Zimmer der Baronin ins Schloß fiel und der Schlüssel zweimal umgedreht wurde.

Wie sollte sie sich verhalten? Angesichts der tobenden Menge vor dem Schulhaus schien es ratsam, sich dem Geschehen nicht einfach auszuliefern, nicht einfach abzuwarten, bis die Menge das Haus stürmte. In ihrer Wut würden die aufgebrachten Menschen auch sie nicht verschonen.

Und so kam ihr ein Gedanke. In Sekunden faßte Sarah den Entschluß, vor das Haus zu treten und zu den Bewohnern von Swaffham zu sprechen. Sie mußte nur die richtigen Worte finden und glaubhaft machen, daß niemandem geholfen sei, wenn sie die alte Baronin lynchten, daß Unrecht nicht mit Unrecht vergolten werden könne und daß es besser sei, Gertrude von Schell vor ein Gericht zu stellen.

Sarah hielt noch immer die Pistole in der Hand, und während sie die scharfe Waffe betrachtete, kamen ihr Zweifel, ob sie den Mut aufbringen würde, das Eingangstor zu öffnen und vor die aufgebrachte Menge zu treten. Da geschah etwas Seltsames.

Wie von Geisterhand dirigiert, kamen die Mörderrufe zum Schweigen. In Minutenschnelle verebbte der Tumult und wich einem unerklärbaren Tuscheln und Raunen. Dann der inbrünstige Ruf einer alten Frau: »Ein Wunder!«

Sarah Jones fand keine Erklärung für das unheimliche Geschehen. Und als sich die ersten abwandten und in Richtung St. Peter und Paul drängten, als es schien, als wären Wut und Rachegefühle aus den Herzen der Leute verschwunden, da ließ Sarah die Pistole in ihrer Rocktasche verschwinden, sie lief nach unten, entfernte die Barrikaden, welche die Baronin angebracht hatte, und öffnete das Tor.

Das, was noch vor wenigen Minuten das Ziel von Haß und Mordlust gewesen war, schien nun niemanden mehr zu interessieren, jedenfalls trat Sarah mitten unter das Volk, ohne daß jemand Notiz davon nahm. Schließlich faßte sie sich ein Herz und erkundigte sich bei einem Mann, den sie vom Sehen her kannte, was geschehen sei.

»Ein Wunder!« sagte der, ohne Sarah Jones zu beachten. »Das tote Mädchen lebt. Es hat im Sarg die Augen aufgeschlagen. Ein Wunder.«

Die Mitteilung machte Sarah sprachlos. Hatte sie doch mit eigenen Augen das Mädchen tot auf dem Pflaster liegen sehen. Das Blut, das in Rinnsalen aus Mund und Nase floß und eine dunkle Lache bildete – diesen grauenvollen Anblick würde sie ein Leben lang nicht vergessen können.

Um sich von dem Wunder selbst zu überzeugen, mischte sich Sarah unter die Menge, die zu der kleinen Kapelle drängte, in der das Mädchen aufgebahrt war. Bei den Menschen, die kurz zuvor noch wutentbrannt Rache gefordert hatten, herrschte nun eine stille Andacht. Erst als die Menge das Kirchenportal erreicht hatte, kam es erneut zu Tumulten. Ein jeder wollte der erste sein, der das Wunder mit eigenen Augen erblickte.

Aus dem Innern der Kirche wehte ihr ein kühler Luftzug entgegen, und Sarah Jones spürte den Angstschweiß, der sich auf ihrem Körper verbreitete. Zuvor, beim Anblick der tobenden Meute, hatte sie weniger Furcht verspürt als jetzt, da sie dem vermeintlich toten Mädchen begegnen sollte.

Es war unmöglich, zu der Seitenkapelle, wo Blümchen aufgebahrt lag, vorzudringen. Die Ungewißheit über das Schicksal des Mädchens, hinter der sich jedoch weniger Anteilnahme als pure Sensationsgier verbarg, ließ zornige Rufe laut werden.

»Nun sagt schon, ob sie lebt!« – »Ich will sie sehen!«

Schließlich mischten sich unwillige Stimmen darunter: »Alles Schwindel!« – »Blümchen ist tot!« – »Fauler Zauber!«

Aber noch bevor die Stimmung umschlagen konnte, erklomm der Vikar eine Kirchenbank und richtete das Wort an die neugierigen Gaffer.

»Meine Brüder und Schwestern!« begann er pathetisch, und mit beschwichtigenden Handbewegungen versuchte er seine Zuhörer zu beruhigen. »Meine Brüder und Schwestern. Wir sind heute Zeugen eines Wunders geworden. Widrige Umstände hatten unsere Schwester Ireen, unser ›Blümchen‹, mitten aus ihrem jungen Leben gerissen ...«

»Ist sie tot, ja oder nein?« schallte es aus der letzten Reihe neben dem Eingang. »Ja oder nein?« wiederholten andere Neugierige.

Der Vikar streckte die Arme aus und schüttelte unwillig den Kopf. »Der Tod hat sie mitten aus ihrem jungen Leben gerissen«, wiederholte der Geistliche, »und niemand, der dieses arme Geschöpf gesehen hat, zweifelte daran. Aber dann, sechs Stunden nach ihrer Aufbahrung hier in dieser Kapelle, öffnete Ireen die Augen, und sie begann ihre Lippen zu bewegen. Ich und ein Dutzend anderer haben es mit eigenen Augen gesehen. Dabei formte sie deutlich vernehmbar die seltsamen Worte: Heinrich VII. Heinrich VIII. – Heinrich VII. – Heinrich VIII. Dann schloß sie für immer die Augen. Ireen ist tot. Der Doktor hat soeben mit einem Stich in die Ferse zweifelsfrei ihren Tod bestätigt.«

Enttäuschung machte sich breit unter den Zuhörern. Sie hatten gehofft, Zeugen eines Wunders zu werden. Nun war das Wunder an ihnen vorübergegangen, ja die meisten fühlten sich in ihrer Ansicht bestätigt: Es gab überhaupt keine Wunder. Und in Swaffham schon gar nicht.

Verwirrt und enttäuscht kehrte Sarah Jones zurück. Das Schulhaus war verwaist. Nur ein paar Knüppel und abgebrannte Fackeln erinnerten an den Aufruhr. Sarah schloß sich in ihr Zimmer ein und war gerade damit beschäftigt, sich auszukleiden, als die Baronin zaghaft an die Türe klopfte.

Sarah öffnete, und Gertrude von Schell fiel ihr weinend um den Hals: »Miss Jones, das haben Sie großartig gemacht!« schluchzte sie. Sarah hatte geglaubt, die Baronin sei eine Frau ohne Tränen, hart und unerbittlich gegen andere wie gegen sich selbst. Nun aber stammelte die alte Dame unter Tränen: »Wie soll ich Ihnen danken, Miss Jones! Verzeihen Sie mir, ich habe Ihnen unrecht getan!«

Es schien, als sei Gertrude von Schell sich plötzlich der Verfehlungen und Schlechtigkeiten ihres langen Lebens bewußt geworden, als wollte sie wiedergutmachen, was sie an Boshaftigkeit und Hinterlist über andere ausgeschüttet hatte. Dennoch empfand Sarah die unerwartete Anbiederung der Baronin eher als unangenehm. Sie hatte das Geschehen der letzten Stunden noch nicht verarbeitet, und sie fühlte sich einfach nicht in der Lage, der Alten zu erklären, daß nicht sie den Rückzug der tobenden Menge bewirkt hatte, sondern ein kleines, unverhofftes Wunder.

»Schon gut, Baronin«, meinte Sarah, nachdem sie sich aus der unangenehmen Umklammerung befreit hatte. »Ich werde morgen meinen Koffer packen, dann können wir uns beide in Erinnerung behalten, wie uns gerade lieb ist.«

Gertrude von Schell ließ sich auf das Bett nieder. Unwillig schüttelte sie den Kopf, und dabei verzog sie im Schein der Petroleumlampe das Gesicht, als empfände sie Schmerz über das Gesagte. Dann meinte sie: »Sie sollten mich anhören, bevor sie eine falsche Entscheidung treffen, Miss Jones.«

»Also gut, ich höre.« Sarahs Antwort klang schnippisch.

»Ich kann nicht ungeschehen machen, was passiert ist«, begann die Baronin mit brüchiger Stimme, »obwohl ich alles darum gäbe, es ungeschehen zu machen, glauben Sie mir, Miss Jones. Ich weiß nicht, wie es weitergehen soll. Die *Dame-School* ist mein Lebenswerk. Ich sehe kommen, wie alles, was ich geschaffen habe, zerfällt – zugegeben, es ist meine Schuld...«

In der Tat, es ist Ihre Schuld, wollte Sarah sagen, aber ihr war nicht nach erneutem Streit zumute. Dann aber, um das Gespräch zu Ende zu bringen, fragte sie: »Baronin, warum erzählen Sie mir das alles. Es geht auf Mitternacht zu, und der Tag hat mehr Kraft gekostet als alle vergangenen Tage zuvor.«

Einen Augenblick verharrten die beiden Frauen in Schweigen. Dann sagte Gertrude von Schell: »Ich sehe nur eine einzige Möglichkeit, meine Schule zu retten, Miss Jones. Sie übernehmen die Leitung der Schule.«

»Ich?« Der Vorschlag der Baronin kam so unerwartet und plötzlich, daß sie unfähig war zu antworten. Vor zwei Tagen noch hatte ihr die Baronin gekündigt und sie verhöhnt, sie sei ihrer Aufgabe als Lehrkraft nicht gewachsen, und nun sollte sie die Leitung der *Dame-School* übernehmen. »Sie meinen, ich...« Sarah tippte mit dem Zeigefinger auf ihre Brust.

Mrs. von Schell nickte: »Nach dem heutigen Vorfall werden sich die Eltern weigern, ihre Töchter auf diese Schule zu schicken. Und ich kann es ihnen nicht einmal verdenken. Solange dies *meine* Schule ist, wird an ihr der Makel des heutigen Tages haften. Sie, Miss Jones, sind in Swaffham ein unbeschriebenes Blatt. Ihnen kann niemand einen Vorwurf machen, und Sie können die Stelle ohne Schuldgefühle antreten.«

Sarah traute ihren Ohren nicht, und auch der Anblick der Baronin, die aufgelöst und zusammengesunken vor ihr auf dem Bett saß, ließ sie zweifeln, ob diese Frau dieselbe war, die sie seit ihrer Ankunft in Swaffham kannte: hart, unnachsichtig und eingebildet. Ihrer Rede fehlte auf einmal das Herrisch-Schulmeisterliche, das Pedantisch-Fordernde, ja es hatte sich ins Gegenteil verkehrt, und Sarah war geneigt, Mitleid gegenüber der alten Frau zu empfinden.

»Hören Sie, Sarah«, begann diese aufs neue – sie hatte sie noch nie beim Vornamen genannt –, »ich habe keine Erben, Kinder blieben mir und dem Baron versagt, es ist mein Wunsch, daß Sie mein Erbe annehmen. Es ist gerade so viel, daß Sie von sich nicht mehr behaupten können, arm zu sein. Sagen Sie ja.«

Vom Kirchturm schlug es Mitternacht, und Sarahs Gedanken gerieten in einen wilden Taumel, der ihr jede Antwort unmöglich machte. Sie schüttelte nur ungläubig den Kopf und stellte sich selbst die Frage, ob sie das alles nur träumte, ob sie die Aufregung der letzten Tage nicht überforderte, ob sie sich das alles nicht nur einbildete.

Langsam und kraftlos erhob sich Gertrude von Schell, und im Vorbeigehen legte sie Sarah kurz eine Hand auf die Schulter. Dabei nickte sie mit dem Kopf. »Lassen Sie sich die Sache durch den Kopf gehen. Bis morgen früh haben Sie Zeit, nicht länger. Gute Nacht, Miss Jones.«

In der Türe drehte sie sich noch einmal um. »Ach, geben Sie mir die Pistole zurück.«

Sarah erschrak. Die Waffe steckte noch immer in ihrer Rocktasche. Wortlos hielt sie der Baronin die Pistole hin. »Gute Nacht, Baronin.«

Die Nacht verbrachte Sarah nur im Halbschlaf. Der Tod des Mädchens, das unerwartete Erbe und die damit verbundenen Umstände nahmen ihre Gedanken in Beschlag. Auch wenn »Blümchens« Tod –

erst recht die Schuld an ihrem Tod – jeden Menschen zutiefst erschütterte, so erschien ihr die seltsame Wandlung der Baronin fragwürdig, ja unglaubhaft. Was war die Ursache ihrer plötzlichen Zuneigung?

Der Mond tauchte ihre Stube unter dem Dach in fahles graues Licht. Obwohl es still war, hörte sie das Geschrei der aufgebrachten Menge vor dem Schulhaus, die Mörderrufe und das Splittern der Fensterscheiben. Im Fackelschein huschten dunkle Schemen über die Wand, das tote Mädchen in einem weißen Gewand, gefolgt von der Baronin, die ihren dürren Leib in einen schwarzen Schleier hüllte. Sie streckte die knochigen Hände aus, als wollte sie »Blümchen« fangen. In Wahrheit aber wurde sie selbst verfolgt. Männer mit Stangen, Knüppeln und Mistgabeln hetzten sie beinahe zu Tode; aber sie konnten sie nicht ergreifen. Denn sobald sie sie berührten, verschwand Gertrude von Schell wie ein Phantom. Es schien, als löste sie sich in Luft auf. Da fiel ein Schuß, und alle Traumbilder verschwanden. Sarah war schweißgebadet.

Irgendwann, als schon der Morgen graute und beruhigendes Vogelgezwitscher einsetzte, mußte Sarah dann doch eingeschlafen sein; denn sie wurde von heftigem Lärm geweckt. Die Uhr zeigte kurz nach sieben.

Sarah warf sich ein Kleid über und blickte aus dem Fenster. Vor dem Portal standen drei vornehm gekleidete Herren. Sie trugen dunkle Mäntel und Bowler, was dem Ort und der Jahreszeit in keiner Weise angemessen schien, und einer von ihnen rief, als er Sarah wahrnahm, nach oben, sie kämen vom *School-Board* in Norwich und begehrten Einlaß.

Sarah kam der Aufforderung nach, und ihr traten drei Männer mit ruppigem Benehmen entgegen, von denen der erste wohl schon ein halbes Jahrhundert in Diensten der Behörde in Norfolk stand, während die beiden anderen ihre Jugend hinter mühevoll gezüchteten Backenbärten versteckten.

»Baronin von Schell?« fragte der Leiter der Kommission kurz angebunden.

»Oben!« erwiderte Sarah Jones ebenso knapp und zeigte zur Treppe. Sie ging voraus, die Herren folgten, der Leiter zuerst, dahinter die beiden anderen im Gleichschritt. Vor der schwarzen Türe mit dem weißen Schild »Direktion« am Ende des Korridors blieb Sarah stehen und klopfte. Als keine Antwort kam, öffnete sie vorsichtig. Die Männer nahmen ihre Hüte vom Kopf und drängten sie beiseite.

Gertrude von Schell saß zurückgelehnt hinter ihrem Schreibtisch. Der linke Arm hing senkrecht über die Armlehne. Die Rechte hielt die Pistole umklammert, welche Sarah ihr zurückgegeben hatte. Die offenen Augen der Baronin schienen die Eindringlinge zu mustern. Aber das schien nur im ersten Hinsehen so. Im Näherkommen wurde das kleine Rinnsal getrockneten Blutes sichtbar, das von ihrer Schläfe über die rechte Wange in den Kragen ihres vornehmen Kleides reichte. Die Baronin war tot.

Weder bei Sarah noch bei den Schulinspektoren rief der unerwartete Anblick Bestürzung hervor. Sarah ertappte sich bei dem Gedanken, daß Gertrude von Schell tot viel besser aussah als in der Nacht zuvor in lebendigem Zustand. Sie hatte sich geschminkt und gepudert und ein gutes Kleid angelegt, um zu sterben.

»Gentlemen, wir kommen zu spät«, bemerkte der ältere der drei Inspektoren, und nachdem er die Baronin einmal umrundet und sein Gesicht verzogen hatte, als ekelte er sich vor dem Anblick, bemerkte er teilnahmslos: »Dieser Vorfall erspart uns eine Menge Arbeit, Gentlemen.«

Vor Gertrude von Schell lagen aufgereiht mehrere Schlüssel und ein Schriftstück, das die Baronin offenbar kurz vor ihrem Tod ausgefertigt hatte. Einer der Kommissare beugte sich von hinten über die Tote und las, ohne das Blatt in die Hand zu nehmen, was auf dem Schriftstück geschrieben stand:

»Ich scheide ohne Trauer und aus freiem Willen aus dem Leben. Mein gesamtes Erbe hinterlasse ich Miss Sarah Jones mit der Auflage, die *Dame-School* in meinem Sinne weiterzuführen.

Gertrude Baronin von Schell.«

Nur zögernd kehrte der Alltag nach Swaffham zurück. »Blümchen« und Gertrude von Schell wurden an verschiedenen Tagen beerdigt. Doch während für das Mädchen die ganze Stadt auf den Beinen war, hatten sich am Grab der Baronin nur zwei Menschen eingefunden: Sarah Jones und Charles Chambers.

Charles Chambers war es auch, der Sarah in ihrer ungewohnten, schwierigen Lage zur Seite stand. Hatte sie bisher im Leben nur Befehle empfangen und ausgeführt, so oblag ihr nun die Aufgabe, Entscheidungen zu treffen, und dabei entpuppte sich Charles als willkommener Gefährte. Charles bestärkte sie in dem Vorhaben, die Schule weiterzuführen und sie der Zeit anzupassen.

Was das Erbe betraf, so stellte sich die Finanzlage der *Dame-School* weit besser dar, als es das Schulgeld von einem halben Shilling und die ständigen Klagen der Baronin hätten vermuten lassen. Allein im Tresor, der sich im Direktionszimmer hinter einem Gemälde verbarg, entdeckte Sarah über zehntausend Pfund in Banknoten und Staatsanleihen von noch höherem Wert. Kein Zweifel, Sarah Jones war eine reiche Frau; aber die Umstände erlaubten ihr nicht, sich darüber zu freuen.

Geld war im übrigen nicht das einzige Geheimnis, das dieser Tresor barg. Ein Schlüssel mit herzförmigem Anhänger erregte Sarahs besondere Aufmerksamkeit, weil es im ganzen Haus kein Schloß gab, zu dem er paßte. Chambers meinte, Schlüssel verlören im Laufe eines Lebens ihre Bedeutung und blieben bisweilen nur als Erinnerung erhalten. Damit wollte Sarah sich nicht zufriedengeben. Ein im Tresor verschlossener Schlüssel, erläuterte sie, könne nicht als bedeutungslos abgetan werden.

Gewiß, fremde Häuser bergen mancherlei Geheimnis, aber in diesem Fall häuften sich die Merkwürdigkeiten. So glaubte Sarah Jones in den ersten acht Tagen nach dem Ableben der Baronin, den Westminster-Schlag einer Uhr zu vernehmen. Im ganzen Haus gab es jedoch keine Uhr, welche die Stunden mit diesem Schlag ankündigte. Der Verzweiflung nahe, rief Sarah Charles Chambers zu Hilfe. Doch als dieser sich am folgenden Tag von dem Phänomen überzeugen wollte, blieb es still.

Eine Woche nach »Blümchens« Tod nahm Sarah den Unterricht in der *Dame-School* wieder auf. Die Schulbehörde in Norwich hatte zwei Aushilfskräfte nach Swaffham entsandt, Mrs. Campbell, eine resolute, aber sympathische Sechzigjährige, die sich bereits mit ihrem Ruhestand abgefunden hatte, und Susan Meller, für die die *Dame-School* in Swaffham die erste Anstellung bedeutete.

Als Sarah Jones das Klassenzimmer betrat, entdeckte sie sofort den Jungen in der letzten Reihe: es war Howard Carter. Sarah tat, als bemerke sie ihn nicht. Sie hatte sich passende Worte zurechtgelegt, mit denen sie ihren Schülerinnen die neue Situation erklären wollte. Feindseligkeiten, mit denen sie gerechnet hatte, blieben aus, und sie traute ihren Augen nicht, als ihr eine der McAllen-Töchter einen Blumenstrauß überreichte.

Nach dem Ende des Unterrichts, als alle Schülerinnen den Raum verlassen hatten und Sarah Jones damit beschäftigt war, ihre Bücher einzusammeln, trat Carter auf sie zu und sagte schüchtern: »Ich bin wieder da.«

»Ach ja«, erwiderte Sarah Jones, ohne von ihrer Arbeit aufzublikken.

»Es tut mir leid, Miss Jones, wirklich.«

»Und die größte Schau der Welt? Wie kommen die ohne dich aus?«

»Sie machen sich lustig über mich!«

»Wundert dich das?«

Carter blickte verlegen zur Seite. »Eigentlich nicht. Ich habe einen Fehler gemacht.«

»Wenn du das nur einsiehst! Und was willst du jetzt tun?«

»Das Schuljahr zu Ende machen, Miss Jones. Dann werde ich weitersehen. Sie wissen ja, wie es um mich steht.«

Sarah Jones gab sich alle Mühe, das Mitgefühl zu unterdrücken, das sie plötzlich wieder für den Jungen empfand, und Howard entging nicht, daß sie bereits zum zweiten Mal ihre Bücher neu ordnete.

Plötzlich meinte Howard: »Es fällt Ihnen wohl schwer zu trauern?«

Sarah hielt inne. Zum ersten Mal sah sie Howard ins Gesicht: »Jeder Mensch trauert auf seine Art!« erwiderte sie kühl.

Howard räusperte sich verlegen: »Verstehen Sie mich recht, Miss Jones, kein Mensch kann verlangen, daß Sie in Tränen ausbrechen über den Tod der Baronin. Sie war alles andere als liebenswert. Aber ihre Hinterlassenschaft soll beträchtlich sein, erzählt man sich in Swaffham.«

»So, erzählt man sich das?« Zum ersten Mal kam Sarah zu Bewußtsein, daß sie in der Öffentlichkeit Beachtung fand, und zum ersten Mal stellte sie sich die Frage, ob ihr früheres unauffälliges Leben nicht das bessere gewesen war.

»Das darf Sie nicht wundern, Miss Jones«, meinte Carter lachend, »in der ganzen Grafschaft Norfolk hat sich seit Menschengedenken kein ähnlicher Fall ereignet. Sogar der *Daily Telegraph* hat einen Korrespondenten nach Swaffham gesandt. Er wird sich sicher noch mit Ihnen unterhalten.«

»Um Himmels willen, nur das nicht!«

»Aber warum denn, Miss Jones? Sie haben sich doch nichts vorzuwerfen! Wenn ich mir das so vorstelle, Ihr Bild in der Zeitung. Ganz Swaffham würde stolz sein...«

»Lieber nicht. Leute, die in der Zeitung stehen, sind selten zu beneiden. Und jetzt habe ich zu tun.« Damit beendete Miss Jones das Gespräch, sie nahm ihre Bücher auf und wies Howard zur Tür.

»Und Sie entschuldigen mein Verhalten in Cambridge?« quengelte Carter, während er neben ihr herlief.

Sarah nickte: »Längst vergessen. Und jetzt mach, daß du nach Hause kommst.«

In den folgenden Tagen mühte sich Howard auf rührende Weise, Miss Jones' Zuneigung zurückzugewinnen; doch Sarah gab sich äußerst zurückhaltend. Manchmal erschien es ihm, als strahlte aus ihren Augen jene herzliche Wärme, mit der sie ihm anfangs begegnet war. Aber dann, im nächsten Augenblick, der dem glückverheißenden folgte, ließ sie ihn wieder jene freundliche Gleichgültigkeit spüren, mit der sie den Mädchen in der Klasse begegnete. Was hätte er gegeben, die Auseinandersetzung in den *Backs* von Cambridge ungeschehen zu machen. Aber das war nun einmal nicht möglich. Nächtelang wälzte sich Howard in seinem Bett und grübelte nach, was er tun könnte. Kate und Fanny gegenüber benahm er sich zunehmend gereizt.

Als Harold Sands, der Zollkontorvorsteher aus Harwich, seinen Besuch ankündigte, um Howard in Augenschein zu nehmen, ob er denn geeignet sei für den ausersehenen Beruf eines Kontorboten, kam es zu einem heftigen Wortwechsel zwischen ihm und den alten Damen, und er drohte, der Herr Zollkontorvorsteher solle sich ja nicht blicken lassen, er würde Steine nach ihm werfen. Und was seinen weiteren Lebensweg betreffe, werde er sich nach Beendigung des Schuljahres als Tiermaler niederlassen.

In der Absicht, seinen Plänen Nachdruck zu verleihen, gab Howard Carter in der lokalen Zeitung eine Anzeige folgenden Inhaltes auf: »Bekannter und beliebter Tiermaler verewigt Ihren Liebling – Pferd, Hund oder Katze – auf Papier oder Leinwand. Ab zwei Shilling. Carter, Swaffham, Sporle-Road.«

Zunächst geschah nichts, wenn man davon absieht, daß ihn ein paar Mädchen der *Dame-School* als *dogpainter* verspotteten, während Fanny und Kate die Nasen rümpften und meinten, nur gut, daß sie dem Herrn Zollkontorvorsteher Sands nicht abgesagt hätten. Dann aber, Mitte Juni, meldete sich der Schäfer Killroy und erteilte Howard den Auftrag, seinen Schäferhund Freddie in Öl zu porträtieren, eine Mrs. Gallagher gab ein Papagei-Bild in Auftrag und der Bauer Wheatley einen stolzen indischen Hahn, der Federn hatte wie ein Reiher. In weniger als zwei Wochen gingen bei Howard Carter Aufträge für ein halbes Jahr ein.

Von seinem ersten verdienten Geld leistete sich Carter ein Fahrrad der Marke Rover, schwarz mit goldenen Streifen und glitzernden Metallteilen, ein Gefährt, das geeignet war, den Neid der Jungen und die Bewunderung der Mädchen hervorzurufen. Mit seinem Fahrrad erkundete Howard die nähere und weitere Umgebung von Swaffham, und seine Ausflüge führten ihn auf einsamen Wegen bis Watton, Gayton und Fincham.

Es war ein ungewöhnlich milder Sommer damals, die Rhododendronbüsche standen in voller Blüte, und Carter nutzte die Ausflüge in abgeschiedene Gegenden, um über sich und sein Leben nachzudenken. Oft saß er auf einer Mauer am Wegesrand, neben sich sein Fahrrad, und beobachtete die Schmetterlinge, von denen es in diesem Jahr so viele gab wie schon lange nicht mehr. Vor allem Admirale, jene schwarzroten Falter, welche leicht wie Federn über bunte Wiesen gaukelten, waren in der Überzahl, und Howard stellte sich die Frage, welcher Erfindung es wohl bedürfe, um sich mit gleicher Leichtigkeit in die Lüfte zu erheben.

Auf dem Kontinent waren Forscher zu dem Ergebnis gelangt, daß ein Mensch gerade die Hälfte seines Körpergewichts mittels durch die Füße bewegter Flügel zum Schweben bringen konnte. Magazine und Zeitungen hatten davon berichtet und abenteuerliche Phantasiebilder vorgezeichnet, mit deren Hilfe selbst fettleibige Menschen eines Tages von einem Ort zum anderen fliegen könnten, von London bis Southampton, vielleicht sogar bis Birmingham. Und dünnleibige?

Schmetterlinge waren Howard nicht fremd. Er hatte die unterschiedlichsten eingefangen, beobachtet und gezeichnet, und in seinen Augen gab es kein Lebewesen, das dem Menschen das Fliegen besser vormachte als ein Schmetterling: ein Leib aus Kopf und Rumpf in der Mitte und zu beiden Seiten bewegliche Flügel. Mein Gott, so schwer konnte es doch nicht sein, sich in die Luft zu erheben!

Geniale Ideen, das wußte Howard, zeichnen sich für gewöhnlich durch große Einfachheit aus. Und so kam ihm eines Tages der Gedanke, einen Schmetterling von hundertfachem Ausmaß zu bauen, also mit Flügeln von fünf Metern Spannweite statt fünf Zentimetern. Das, so folgerte er einleuchtend, würde ihnen auch die hundertfache Tragfähigkeit verleihen. In Verbindung mit einem Fahrrad und entsprechend langem Anlauf müßte es doch gelingen, sich in die Lüfte zu erheben. Howard sah in seiner Phantasie bereits Cambridge von oben aus der Luft und die Türme von King's Lynn.

Von einem Tag auf den anderen stellte Carter seine Fahrradausflüge ein. Er besorgte sich Holzlatten und Bambusrohr und dünnes Leinen und verschwand jeden Tag bis zur Dunkelheit im Schuppen hinter dem Haus an der Sporle-Road. Auch auf bohrende Fragen von Kate und Fanny, welchen dunklen Geschäften er in dem Schuppen nachgehe, ließ Howard sich zu keiner Antwort bewegen. Deren Angst wurde noch größer, als der Junge kaum noch Nahrung zu sich nahm und in kurzer Zeit so viel an Gewicht verlor, daß seine Kleider an ihm herunterhingen wie Fahnen nach einem Gewitterregen an den Stangen.

Sogar Miss Jones, welche von den alten Damen in ihrer Not zuhilfe gerufen wurde, erhielt eine Abfuhr von Howard und keine Erlaubnis, den Schuppen zu betreten. Nur soviel ließ er verlauten: James Watt habe fünfundzwanzig Jahre an der Erfindung der Dampfmaschine gearbeitet. Man möge ihn doch drei Wochen in Ruhe lassen. Dann würde die Menschheit überrascht sein.

An einem Sonntag, kurz nach Sonnenaufgang, belud Carter sein Fahrrad mit den Flugkonstruktionen. Unter großen Mühen band er die überdimensionalen Schmetterlingsflügel auf beide Seiten und schob – für den Fahrer bot sich kein Platz mehr – das seltsam anmutende Gefährt unbemerkt aus dem Schuppen. Über die Wiesen, welche sich nach Norden ausdehnten und auf denen zu früher Stunde noch der Tau lag, gelangte er mit seiner kostbaren Fracht auf den schmalen Fuhrweg, der von Little Dunham nach Castle Acre führt. In der Ruine des Klosters fühlte er sich fürs erste sicher vor neugierigen Blicken und Fragen.

Für das Zusammenbauen seiner Flugkonstruktion hatte Howard vier bis fünf Stunden veranschlagt, doch zog der Aufbau sich endlos hin, was zum einen seine Ursache in der Kompliziertheit der Technik hatte, mit welcher der Riesenschmetterling zusammengesetzt wurde, zum anderen wuchs seine Aufregung mit jedem Teil, das er seiner Bestimmung zuführte. Das bremste seine Arbeit. An der Flugfähigkeit seines Schmetterlings zweifelte Carter keinen Augenblick, war er doch ein getreues Abbild der Natur – wenn man einmal von dem Fahrrad absah, das die sechs dünnen Beine des Insekts ersetzte. Nein, die einzige Frage, welche den Pionier jetzt noch beschäftigte, war die, ob sein Körpergewicht, das er in den vergangenen drei Wochen um ein Beträchtliches reduziert hatte, den Anforderungen des Fliegens entsprechen würde.

An der Längsstange des Fahrrades hatte er bereits die Flügel angebracht, nun folgte die komplizierteste Aufgabe: Mit Hilfe zweier zusätzlicher Pedale, die Howard an der Vorderachse des Fahrrades montiert hatte und die jeweils über eine Stange mit den Flügeln verbunden waren, mußte der Flügelschlag nachgeahmt werden – ein Vorhaben, das nicht nur in der Beschreibung umständlich und verwirrend anmutet. Jedenfalls strebte Carter das Ziel an, sich mit um so heftigerem Flügelschlag von der Erde abzuheben, je schneller er mit dem Fahrrad fuhr.

Um die Startgeschwindigkeit seines riesigen Schmetterlings zu erhöhen, wählte Carter die Anhöhe von Castle Acre aus, deren Bodenbeschaffenheit ihm nicht fremd war. Jetzt gab es kein Zurück mehr. Carter atmete tief durch und fuhr los.

Wie lautlos elegant bewegten sich doch Schmetterlinge durch die Natur! Carters Rieseninsekt rumpelte, hopste, wackelte und klapperte ungestüm zu Tal, und selbst wenn Howard gewollt hätte, es gab keine Gelegenheit mehr, das Unternehmen abzubrechen. Da sein Schmetterling jedoch noch immer nicht abheben wollte, trat Carter um so heftiger in die Pedale.

Eine Bodenwelle, so unscheinbar, daß sie ein Flugunkundiger überhaupt nicht wahrgenommen hätte, brachte Carter zum Verzücken, indem sie den Flieger anhob und, länger als es einem kurzen Luftsprung zukam, schweben ließ – welch ein Glücksgefühl für einen Pionier!

Doch Glück und Leid sind Weggefährten, und Carters Entzücken währte wenig mehr als eine Sekunde; denn als sein Riesenschmetterling den Gesetzen der Natur gehorchend wieder auf der Erde Fuß faßte, geschah dies mit solcher Heftigkeit, daß die Verspannungen der Flügel einknickten wie Streichhölzer, und auch die Antriebsstangen über den Pedalen hielten dem Aufprall nicht stand. Howard nahm gerade noch die Sonntagsspaziergänger wahr, welche schreiend auseinanderstoben, weil seine Bremsen versagten oder sein Verstand. Er schlug einen Salto über den Lenker und landete hart auf dem Rasen, aber mit dem Gefühl, daß noch alles an ihm heil sei. Dann senkte sich über ihn ein milchigweißer Schleier.

Als er wieder zu sich kam, blickte Howard Carter in Miss Jones' banges Gesicht. Neben ihr erkannte er Charles Chambers. Unbemerkt hatten beide während des Sonntagsspaziergangs seine Flugversuche beobachtet.

»Tut dir was weh?« fragte Miss Jones besorgt.

Obwohl es ihm vorkam, als habe sie ihn gerade ins Leben zurückgeholt, und obwohl er am ganzen Körper zitterte und sein Kopf hämmerte und pochte wie ein Dampfhammer, obwohl ihm zum Heulen zumute war, vielleicht aus Schmerz, vielleicht aus Wut, vielleicht traf aber auch beides zu, gab sich Carter Mühe, den Unfall herunterzuspielen. »Alles halb so schlimm!« erwiderte er und quälte sich ein Lächeln ab.

Ohne Zeugen hätte ihn das mißlungene Abenteuer weit weniger geschmerzt, aber daß ausgerechnet Miss Jones seine Niederlage beobachten mußte, noch dazu in Begleitung dieses Musikus, das tat weh.

Und als ihm gar Sarah Jones bei dem Versuch behilflich war, sich aus den Trümmern seines Flugapparates zu erheben, da knickten seine Beine ein und er sank in Sarahs Arme.

Das geschah völlig unbeabsichtigt, bewirkte bei Carter jedoch einen plötzlichen Umschwung der Gefühle: Empfand er seine Niederlage soeben noch als demütigend, so wandelte sich dieses Empfinden von einem Augenblick auf den anderen in wollüstiges Glück. Durch die gestärkten Rüschen ihrer Bluse spürte Howard Sarahs weiche Brüste, welche unter seinem Gewicht nachgaben. Instinktiv nutzte er seinen Anfall von Schwäche und genoß dieses wunderbare Gefühl länger, als es ihm in dieser Situation zukam. Carter konnte sich nicht erinnern, je von einer Frau in die Arme genommen worden zu sein, von seiner Mutter nicht und nicht von Fanny und Kate. Nun wußte er, daß es schön war, unbeschreiblich schön.

Schließlich gelang es Miss Jones, den Jungen aufzurichten. Sie schien den Umschwung seiner Gefühle nicht bemerkt zu haben, und Carter war froh darüber. Zum Glück war sein Fahrrad bis auf den verbogenen Lenker heil geblieben, und so begannen alle drei, Chambers, Carter und Miss Jones, die herumliegenden Teile des Flugobjektes aufzusammeln und auf dem Fahrrad zu verstauen.

Sarah Jones schien interessiert an der aberwitzigen Konstruktion, begutachtete das eine oder andere Teil und schüttelte immer wieder den Kopf, als wollte sie sagen: Was ist das doch für ein verrückter Kerl. Schließlich meinte sie: »Gar nicht schlecht für den Anfang. Du hast allerdings vergessen, daß der Mensch nur in der Lage ist, die Natur nachzuahmen, nicht aber, sie zu kopieren!«

Carter hielt inne und blickte Sarah Jones erstaunt an. Er hatte geglaubt, sie würde ihn tadeln, doch nun bestärkte sie ihn noch in seinen Fliegerplänen. Ungläubig fragte er: »Wie meinen Sie das, Miss Jones?«

Die Antwort stimmte Howard nachdenklich. »Du hast einen riesigen Schmetterling gebaut...«

»Ja, hundertmal größer als in der Natur!«

»Richtig. Aber nicht aus demselben Stoff, aus dem Schmetterlinge sind.«

Er schaute sie fragend an: »Sie meinen, mein Fluggerät war noch zu schwer?«

»Natürlich.«

»Ich dachte, ein Schmetterling in hunderfacher Größe könne auch das hundertfache Gewicht tragen. Ist es nicht so?«

Sarah lachte: »Das ist keineswegs erwiesen. Und selbst wenn es so wäre – rechne doch einmal nach. Ein Schmetterling wiegt kaum drei Gramm. Also dürftest du nicht mehr als dreihundert Gramm wiegen, gerade soviel wie eine Taube. Im übrigen verzichten Schmetterlinge beim Fliegen auf das Fahrrad.«

Howard schämte sich. Er kam sich albern und dumm vor.

»Ich glaube, Schmetterlinge sind ein schlechter Vergleich, wenn es ums Fliegen geht. Kluge Leute, die sich mit dem Thema beschäftigt haben, orientierten sich eher an den Vögeln. Deren Flug ist leichter nachzuahmen.«

»Sie meinen, ich habe mich ziemlich dumm angestellt.«

»Ach was. Fliegen ist eine unerforschte Wissenschaft. In der Bibliothek der *Dame-School* gibt es eine Reihe Bücher zu dem Thema. Die solltest du dir einmal ansehen.«

»Danke, Miss Jones!« meinte Carter, der sein Glück kaum fassen konnte, bot sich ihm doch damit die Gelegenheit, der Lehrerin nahe zu sein.

KAPITEL 5

Harold Sands, der Neffe von Howards Mutter Martha, war Zollkontorvorsteher in Harwich und eine außerordentliche Erscheinung. Als er am Tag nach Howards Flugversuch in Swaffham eintraf, trug er, obwohl das Wetter es kaum erforderte, einen langen, hellen Reisemantel und eine karierte Ballonmütze. Sein buschiger Oberlippenbart glänzte silbern und gab ihm jene Vornehmheit, welche sonst nur den Landadel in der Grafschaft Norfolk auszeichnete. Zweifellos lag in seinem Aussehen eine gewisse Autorität. Die schwand jedoch, sobald er den Mund auftat, denn er hatte eine ziemlich hohe Stimme.

Harold kam in Begleitung seiner Frau Nancy, die eher unscheinbar wirkte, nicht nur von der Körpergröße, auch wegen ihrer biederen Kleidung, die der ihres Mannes in jeder Beziehung nachstand.

So vornehme Leute wie Harold und Nancy Sands machten natürlich keine Anstalten, bei Carters in der Sporle-Road abzusteigen, sie mieteten vielmehr das schönste zum Marktplatz gelegene Zimmer im »George Commercial Hotel«, das Mr. Hazelford aufbieten konnte. Erst am Nachmittag fanden sie sich bei Kate und Fanny ein, um Howard zu begutachten, ob er denn als Zollkontorbotengänger geeignet sei.

Die beiden alten Damen hatten bewußt darauf verzichtet, Howard von der Ankunft seines Cousins in Kenntnis zu setzen, mußten sie doch befürchten, daß er der Begegnung, wie angekündigt, aus dem Wege ging. Als Howard aber endlich eintraf und Kate und Fanny auf das Schlimmste gefaßt waren, verlief die Zusammenkunft anders als erwartet.

Sands zeigte sich von Howards Tierbildern begeistert und stellte die Frage, ob ein Junge von solchem Können dem Beruf eines Zollkontorboten nachgehen, ob er nicht vielmehr Maler werden solle. Und selbst der Einwand von Fanny und Kate, aus der Familie seien bereits vier Maler hervorgegangen, ließ ihn unbeeindruckt, und er meinte, England sei groß genug, einen weiteren Maler zu ernähren, vor allem einen so hervorragenden.

Das unerwartete Lob aus dem Mund eines Mannes, den er insgeheim verflucht hatte, machte Carter sprachlos, und als Harold Sands ihn gar aufforderte, nach Harwich zu kommen und, so es seine Zeit erlaube, ihren Kater Gladstone zu malen, da kämpfte Howard mit den Tränen, und er drückte Sands die Hände. Der flüsterte ihm abschließend zu, so daß es die anderen nicht hören konnten, Zollkontorvorsteher sei zwar ein Beruf, der seinen Mann ernähre, aber keinesfalls die Erfüllung seiner Träume. Seit seiner Jugend habe er davon geträumt, ein berühmter Sänger zu werden, ein Countertenor der besonderen Art, der Bach und Händel gesungen hätte; aber er sei gezwungen worden, »etwas Anständiges zu lernen« – so hätten sich seine Eltern ausgedrückt. Er, Howard, solle ruhig darauf beharren, »etwas Unanständiges« zu lernen. Und so wäre der Besuch des Zollkontorvorstehers zur Zufriedenheit aller verlaufen, hätten nicht Sands und seine Frau bei ihrer Rückkehr ins Hotel eine peinliche Entdeckung gemacht. Das Gepäck war durchwühlt, ebenso der Kleiderschrank und die Kommode, deren Schubladen offenstanden. Man hatte den Eindruck, daß die Räuber bei ihrem Beutezug gestört worden waren und überstürzt das Weite gesucht hatten.

Nicht ohne Grund ging Harold Sands auf den Kleiderschrank zu, in dem er seinen dunkelroten Morgenmantel aufgehängt hatte, ohne den er nie auf Reisen ging. Ja, er hing an dem Kleidungsstück, obwohl die Seide schon etwas in die Jahre gekommen war, besonders an den breiten Stulpen, die jedoch ein Geheimnis bargen. In den Armstulpen pflegte Sands sein Reisegeld zu verstecken. Natürlich hätte sich Sands niemals des Ausdrucks Reisegeld bedient, denn der Zollkontorvorsteher wußte zu jeder Zeit die genaue Summe, welche er mit sich führte, an diesem unglückseligen Tag sechs Guineen und zwei Shilling. Das Geld war fort.

England ist kein übles Land für Kriminalisten, ja manche behaupten ernsthaft, dieser Berufsstand sei hier erfunden worden. Nun war ein Zollkontorvorsteher wie Sands zwar kein Kriminalist, aber durch seinen täglichen Umgang mit Schmugglern, Gaunern und Geschäftemachern so erfahren, daß er den Fall – und um einen solchen handelte es sich zweifellos – anders anging, als man erwarten durfte.

Sands rief keineswegs die Polizei, sondern er betrat mit seiner Frau, als wäre nichts geschehen, am Abend die Wirtsstube, um ein leichtes Mahl einzunehmen. Dabei schien jedoch sein Interesse mehr auf die wenigen Gäste als auf das frugale Essen gerichtet, und als er sich von Mr. Hazelford zur Nacht verabschiedete, bat er diesen ganz nebenbei, die zwanzig Shilling, welche er noch in der Tasche bei sich trug, in eine Pfundnote zu wechseln. Beflissen kam Mr. Hazelford der Bitte nach, und er bemerkte auch nicht, mit welcher Strenge sein Gast diesen Vorgang verfolgte.

Zum Frühstück am nächsten Morgen trug Hazelfords Sohn Owen den Tee auf. Überraschend legte Sands die am Vorabend eingetauschte Pfundnote auf den Tisch und sagte: »Ich glaube, diese Banknote ist eine Fälschung. Man hört so viel von gefälschten Scheinen. Haben Sie eine Pfundnote zum Vergleich?«

»Aber ja, Sir«, antwortete Owen höflich und fingerte ein Bündel Geldscheine aus der Hosentasche, von denen er fünf in einer Reihe vor Harold Sands ausbreitete.

Der Zollkontorvorsteher ordnete die Banknoten so, daß alle mit dem Bildnis Queen Victorias nach oben zeigten. Schließlich musterte er jeden einzelnen Geldschein mit zusammengekniffenen Augen, dann erhob er sich und rief mit seiner lauten, hohen Stimme: »Polizei! Bitte rufen Sie sofort die Polizei!«

In Sorge um den guten Ruf seines Hauses eilte Mr. Hazelford herbei und versuchte Sands zu beschwichtigen. »Was ist geschehen?« zischelte er atemlos. »Ich werde alles in Ordnung bringen, Sir.«

Sands zeigte mit dem Finger auf Owen: »Dieser junge Mann hat mich beraubt und um mein Reisegeld gebracht, sechs Guineen und zwei Shilling«, erwiderte er aufgebracht.

»Das ist eine Verleumdung, Sir. Das lasse ich mir nicht bieten!« erwiderte Owen und warf seinem Vater einen hilfesuchenden Blick zu.

Mr. Hazelford wirkte verunsichert: »Sir, Sie werden Ihre Behauptung beweisen müssen. Bei welcher Gelegenheit soll das passiert sein?«

»Gestern, als wir in unser Zimmer zurückkehrten, fanden wir Gepäck und Kleidung durchwühlt. Mein Reisegeld, das ich in einer Geheimtasche eines Kleidungsstückes aufbewahre, war geraubt.«

»Und das in meinem Haus!« Mr. Hazelford schlug beide Hände zusammen wie zum Gebet. »Wie konnte es dazu kommen! Einbrecher in meinem Haus!«

Sands schüttelte den Kopf. »Eher unwahrscheinlich. Die Türe zu unserer Kammer war versperrt und nicht beschädigt, als wir zurückkehrten. Einbrecher hätten Spuren hinterlassen.«

Hazelfords Miene verfinsterte sich. »Wenn ich Sie recht verstehe, Sir, dann bezichtigen Sie meinen Sohn Owen des Diebstahls.«

»Ganz recht, Mr. Hazelford, und ich kann es beweisen.«

Owen verschränkte die Arme vor der Brust, als wollte er sagen: Da bin ich aber gespannt. Als jedoch Sands mit seiner Erklärung begann, ließ er die Arme sinken, und sein Gesicht wurde lang und länger.

»Wie ich schon sagte, pflegt ein Zollkontorvorsteher von Berufs wegen mit allerlei Gaunern Umgang. Trotz ihrer verachtenswerten Haltung kann man aber auch von ihnen lernen. So ist es in diesen Kreisen üblich, Geldscheine, die man in der Tasche trägt, mit einem ganz bestimmten Tintenstrich, einer Zahl oder einem einzigen Buchstaben zu kennzeichnen. Auf diese Weise kann ein Geldschein aus persönlichem Besitz nie in der anonymen Masse namenloser Geldscheine verschwinden. Diese Gaunergepflogenheit habe ich mir zu eigen gemacht. Sehen Sie, Mr. Hazelford, diese sechs Pfundnoten hat Ihr Sohn Owen eben aus seiner Tasche gezogen. Alle sechs tragen an der unteren rechten Ecke ein Initial ›S‹. Bedarf es noch weiterer Erklärungen?«

Hazelford war gut einen Kopf kleiner als sein Sohn Owen; doch angesichts der Erklärung von Harold Sands schien es, als wüchse der untersetzte Mann dem Sohn über den Kopf. Sein Gesicht färbte sich bläulich, und an den Schläfen traten dunkle Adern hervor. Er faßte den Jungen beim Schopf, beutelte ihn wie einen Mehlsack und rief mit gepreßter Stimme: »Du Hund wagst es, den guten Ruf deines Vaters so in den Schmutz zu ziehen? Bestiehlst Gäste, als littest du Not?

Habe ich dir nicht jeden Wunsch erfüllt, der geeignet war, dir eine glückliche Kindheit zu bescheren? Lebst du nicht besser und sorgenfreier als andere deines Alters? Du verfluchter Hund!«

Nach jedem einzelnen Satz zerrte Hazelford den Kopf seines Sohnes zu sich herab, daß der vor Schmerz aufschrie, bis der Vater endlich von seinem Sohn abließ.

»Sir, ich bitte Sie aufrichtig um Vergebung!« stammelte er an Harold Sands gewandt. »Aber man kann sich seine Söhne nicht aussuchen.«

Plötzlich hielt Hazelford inne. Seinem Sohn, der zusammengesunken vor ihm stand, warf er einen verächtlichen Blick zu. Dann fragte er leise, aber in drohendem Tonfall: »Könnte es vielleicht sein, daß mein hoffnungsvoller Herr Sohn auch Miss Jones um ihr Vermögen gebracht hat?«

»Nein!« rief Owen, noch ehe Hazelford geendet hatte. »Nein, damit habe ich nichts zu tun, bestimmt nicht!«

Aber schon klatschte die Rechte des kleinen Mannes in das Gesicht des Jungen. Ein zweites, ein drittes Mal.

»Ja, ich war's«, rief dieser schließlich, »ich habe das Geld von Miss Jones genommen. Aber ich habe es nicht für mich getan!«

»Für wen dann?« Zum wiederholten Mal landete eine heftige Ohrfeige in Owens Gesicht. »Für wen dann?« wiederholte Hazelford wutentbrannt.

»Spink!« erwiderte Owen, er heulte wie ein kleiner Junge. »Robert Spink hat verlangt, daß ich für ihn Geld stehle.«

»Wofür? Seine Familie ist die reichste in ganz Swaffham!«

»Ich weiß es nicht. Gewiß nicht aus einem Bedürfnis. Spink betrachtet jede Gesetzesübertretung als Spaß, als eine Art Nervenkitzel.«

»Und du warst so dumm, den Anordnungen dieses Gauners zu folgen!«

Owen hob die Schulter. »Er beschimpfte mich als Waschlappen und drohte, mich vor allen anderen lächerlich zu machen. Ich hatte Angst.«

Hazelford sah Sands von der Seite an. »Was soll man dazu sagen? Eine Statur wie ein Kleiderschrank, aber ein Hirn wie ein Maikäfer.

Sir, Sie können jetzt natürlich Anzeige erstatten. Aber ich bitte Sie inständig zu bedenken, daß Sie mich damit ruinieren.« Dann nahm er Haltung an und verneigte sich vor dem Zollkontorvorsteher wie ein Diener im Buckingham Palace.

Sands begann die Scheine einzusammeln, sechs Pfundnoten mit einem »S« in der rechten unteren Ecke. »Fehlen noch zwei Shilling«, bemerkte er trocken und ohne aufzusehen.

Da bohrte Hazelford heftig in seiner Hosentasche und legte zwei Shilling auf den Tisch. Sands nahm sie und ließ sie zusammen mit den Pfundnoten in der Innentasche seiner Jacke verschwinden. Eher beiläufig bemerkte er: »Ich habe mein Geld zurück. Damit ist die Angelegenheit für mich erledigt.« Und weil Sands gewohnt war, einen kühlen Kopf zu behalten, wann immer es um Geld ging, fügte er hinzu: »Ich darf wohl annehmen, daß meine Frau und ich heute nacht Ihre Gäste waren.«

Hazelford verneigte sich noch zweimal und noch tiefer als beim erstenmal und erwiderte mit großer Höflichkeit: »Sir, es war mir eine Ehre!«

Also Spink, dieser gottverdammte Robert Spink!

Nachdem Howard Carter von dem Vorfall erfahren hatte und davon, daß Spink hinter dem Diebstahl von Miss Jones' erspartem Vermögen steckte, sann er auf Rache. Von dem Geld konnte Owen gerade noch sechzig Pfund herbeischaffen. Den Rest ersetzte Mr. Hazelford. Wie nicht anders zu erwarten, stritt Spink jede Beteiligung an dem verwerflichen Bubenstück ab. Er behauptete, Owen kaum zu kennen, im übrigen pflege er keinen Umgang mit Schankburschen und anderem Pöbel.

Der Unfall mit dem selbstkonstruierten Schmetterling hatte bei Howard keine Spuren hinterlassen, sah man einmal davon ab, daß er seither von dem Gedanken beseelt war, noch einmal so zu stürzen und in den Armen von Miss Jones zu erwachen. Während der Schulstunden dachte er an nichts als an ihre Brüste, an die Wärme, die von ihnen ausging, und daran, wie sie wohl aussehen würden unter der Rüschenbluse. Derlei weibliche Anatomie war ihm nur aus Abbildungen im *Geographic Magazine* geläufig, wo einmal Negerfrauen aus Sansibar,

bar jeder Kleidung, zu sehen waren, und aus einem Buch über den Louvre, welches nackte Frauengestalten zeigte, die aus dem 17. und 18. Jahrhundert stammten. Das war lange her, und bei Miss Jones war gewiß alles ganz anders.

Ihr Angebot, sich in der Bibliothek der *Dame-School* wissenschaftlichen Studien über die Aviation hinzugeben, kam Howard gerade recht, bot es doch die Möglichkeit, Miss Jones auch außerhalb der Schulstunden zu treffen.

Die Bibliothek im zweiten Stockwerk des Hauses hatte nur ein einziges hohes Fenster und war selbst zur Sommerzeit so düster, daß zum Lesen eine Lampe erforderlich war. Der Baron mußte ein rechter Abenteurer gewesen sein, denn er hatte Bücher aus allen Ländern und in vielen Sprachen zusammengetragen. Es gab Bücher für beinahe alle Wissensgebiete, sogar solche schlüpfrigen Inhalts, welche, wie Carter wußte, nur in gewissen Buchhandlungen und auch dort nur unter dem Ladentisch verkauft wurden.

Was das Thema der Fliegerei betraf, so fand er zahlreiche dicke Wälzer, die zum Teil zwanzig Jahre und älter waren, wie jenes von einem Mr. Springfellow, der einen Aeroplan oder Drachenschweber zusammengebaut hatte, welcher durch eine Propellerschraube eine schwachgeneigte Fläche vorwärtstrieb und auf diese Weise wie ein Drachen schwebend gehalten wurde. Ein Italiener namens Forlanini hatte einen Schraubenflieger konstruiert und behauptete, sein von einer winzigen Dampfmaschine betriebenes und von einem waagerechten Propeller in Bewegung gesetztes Fluggerät habe sich dreizehn Meter in die Lüfte erhoben. Und ein Deutscher, Otto Lilienthal, betrachtete den Vogelflug als Grundlage der Flugkunst und segelte wie ein gestutzter Pfau bergabwärts zwanzig Meter weit, aber es habe nur zwei Zeugen gegeben, die das bestätigten.

Fliegen, das wurde Howard beim Studium der klugen Bücher sehr schnell klar, war wirklich eine Wissenschaft, und je mehr er sich mit diesem Thema beschäftigte, desto mehr gelangte er zu der Einsicht, daß er die Flugkunst mit seinen bescheidenen Mitteln wohl nie erlernen würde und seine Pläne aufgeben sollte.

Miss Jones gegenüber hielt er diese Einsicht zurück, hätte sie ihn doch um die Möglichkeit gebracht, lange Nachmittage zwar nicht in ihrer Gesellschaft, aber im Bewußtsein ihrer Nähe zu verbringen. Auf Howard übten plötzlich Bücher eine eigenartige Faszination aus: er schlug sie auf, begann zu blättern, zu lesen und war gefangen. Bücher entführten ihn in eine unbekannte, fremde Welt, eine Welt, die weit hinter dem schnurgeraden Horizont des Breckland lag.

Zum Teil verursachten die Bücher, welche Carter aus Regalen nahm, die vom Boden bis unter die Decke reichten, Staubwolken und hätten jedem anderen die Leselust geraubt, doch Howard bereiteten gerade diese widrigen Umstände Vergnügen. Mehr noch, die zunächst flüchtige Gewohnheit entwickelte sich schnell zu einem regelrechten Verlangen. Das Verlangen wurde zur Sucht. Howard gierte nach dem Staubgeruch alter Bücher, suggerierte er doch Miss Jones' Nähe.

Bei seinen Streifzügen durch die Welt der Bücher, die in unserem Fall kaum mehr als drei mal sechs Meter maß, stieß Carter eines Tages in Kopfhöhe auf ein Buch, das sich nicht aus dem Fach entfernen ließ. Es schien schwer wie Blei, mehr noch, die Titelseite war an die Fachwand geleimt, so daß alle Versuche scheiterten, es näher zu betrachten. Der Buchrücken zeigte keinen Hinweis, weder auf den Titel noch auf den Autor des Werkes. Das weckte Howards Forschergeist.

Um sich ein Bild zu machen von der Kuriosität, entnahm er aus dem Fach einige Bücher. Nun stellte er fest, daß sich die Rückseite des wundersamen Buches aufklappen ließ. Aber statt bedruckter Seiten aus Papier enthielt das Buch einen Hohlraum, der jedoch keinen kostbaren Schatz verbarg, sondern einen kleinen Hebel aus Holz, kaum größer als eine Wäscheklammer und ebenso mit einer Feder eingespannt.

Behutsam, aber ohne Bedenken, welche Auswirkungen seine Neugierde haben könnte, spannte Carter den kleinen Hebel, was eine gewisse Kraft kostete. Er war von dem Vorgang gefangen und nahm zunächst gar nicht wahr, wie mit einem Mal Bewegung in das Bücherregal kam. Erst das Ächzen uralter eingetrockneter Scharniere machte ihn darauf aufmerksam, daß sich die Bücherwand wie ein wuchtiges Portal öffnete.

Er schickte sich an, den Vorgang abzubremsen, doch seine Neugierde hielt ihn nicht davon ab, einen Blick hinter das Bücherportal zu werfen. Howard wußte selbst nicht, was er dahinter erwartet hatte, aber er war enttäuscht, als er nur eine einfache, graugestrichene Holztüre erblickte. Jedenfalls drückte er die Bücherwand wieder in ihre ursprüngliche Position.

Ob Miss Jones von der geheimnisvollen Mechanik wußte?

Carter dachte nach. Was mochte die graue Tür hinter den Büchern verbergen? Gab es in dem alten Schulhaus einen Raum, von dem niemand wußte? Er öffnete das Fenster und blickte an der Außenmauer nach links. Es gab vier Fenster, aber Howard gelang es nicht, diese Fenster einzelnen Räumen zuzuordnen.

Als er sich umdrehte, stand Miss Jones vor ihm. Sie blickte verwundert.

»Miss Jones«, stammelte Howard verwirrt.

»Ich habe dich wohl erschreckt?«

»Erschreckt? Nein, das heißt ja. Ich habe nämlich gerade eine Entdeckung gemacht.«

»Du bist also dem Geheimnis des Fliegens auf der Spur.«

»Nein, damit hat das nichts zu tun.«

»Howard, du machst mich neugierig. Also, was ist es?«

Viel lieber hätte Carter sein Geheimnis für sich behalten, schließlich mußte er damit rechnen, daß Miss Jones ihn bezichtigte, in Sachen herumzuschnüffeln, die ihn nichts angingen, aber nun, da er sich schon einmal verplappert hatte, blieb ihm nichts anderes übrig, als ihr von seiner Entdeckung zu erzählen.

»Miss Jones«, begann er zögernd, »wissen Sie von der Geheimtür hier in der Bibliothek?«

»Eine Geheimtür, hier?« Sie lachte. »Mag sein, daß es in Oxburgh Hall oder in Didlington Hall so etwas gibt, aber doch nicht in der *Dame-School* der Baronin von Schell!«

»Aber wenn ich es Ihnen sage!« Howard trat auf die Bücherwand zu und hantierte an dem geheimnisvollen Mechanismus.

Sarah Jones machte einen Schritt zurück, als sich die Bücherwand geräuschvoll öffnete, und stieß einen leisen Schrei aus. »Howard!« Mehr sagte sie nicht.

Howard stemmte die Bücherwand zur Seite, und mit dem Blick

eines Eroberers meinte er, an Sarah gewandt: »Wünschen Sie, daß ich die Türe öffne?«

Miss Jones nickte stumm, ohne sich von der Stelle zu rühren.

Obwohl auch ihn atemlose Spannung erfaßt hatte, war Carter bemüht, Ruhe und Überlegenheit zu demonstrieren. Behutsam drückte er die Klinke nieder – die Türe war verschlossen. »Das war nicht anders zu erwarten«, meinte Howard scheinbar gelassen und strich sich die Haare zurück. »Wie lange lebte Baronin von Schell eigentlich schon allein?«

Sarah, die in der Aufregung den Hintersinn von Carters Frage nicht bemerkte, schüttelte den Kopf. »Ich weiß es nicht. Es klang immer wie eine Ewigkeit, wenn sie den Baron erwähnte.«

Während beide ratlos auf das Schloß starrten, das ihnen den Zugang zu dem Geheimnis verwehrte, genoß Howard die Unruhe, welche Sarah mehr als ihn erfaßt hatte. Er vernahm ihren lauten Atem und ahnte, wie sich ihr Busen hob und senkte. Hinzusehen wagte er nicht.

Plötzlich stotterte Sarah: »Der Schlüssel!«

»Ja?« Carter blickte Miss Jones ins Gesicht.

»Die Baronin hat mir alle Schlüssel des Hauses geordnet hinterlassen. Für einen einzigen fand ich bisher keine Verwendung.«

Rasch verschwand sie, und wenig später kehrte sie mit einem unscheinbaren Schlüssel zurück. Den reichte sie Howard: »Mach du das!«

Howard spürte, wie das Blut in seinen Schläfen pochte. Er war gewiß genauso aufgeregt wie Miss Jones, dennoch mühte er sich, Gelassenheit zu heucheln.

Auf Sarah Jones machte die scheinbare Ruhe, die von dem Jungen in dieser Situation ausging, einen tiefen Eindruck. Sie beobachtete jede seiner Bewegungen, wie er den Schlüssel in das uralte Schloß steckte, den Griff mit Daumen und abgeknicktem Zeigefinger hielt und ihn schließlich zweimal nach links drehte. Dann drückte er auf den geschwungenen Griff der Klinke.

Die Entdeckung der geheimnisvollen Türe hatte Sarah so überrascht, daß sie noch gar keine Zeit gefunden hatte, darüber zu mutmaßen, was sich dahinter verbergen könnte. Gertrude von Schell war von sonderlichem Charakter gewesen, ein Mensch, den man nicht mit normalen Maßstäben messen konnte. Aber was war schon normal – vor allem in Swaffham.

Als Carter die graue Türe öffnete, schlug ihnen eine muffige Wolke aus Staub, kaltem Rauch und alten, zerschlissenen Vorhängen entgegen. Das Zimmer war abgedunkelt. Erkennen konnte man nichts. Howard holte die Lampe aus der Bibliothek und hielt sie in die Türe.

»Was siehst du, Howard?« Miss Jones' Stimme klang aufgeregt.

Der Anblick, der sich ihm bot, verschlug Carter die Sprache. Er wollte das Gesehene beschreiben, aber es ging nicht, er war so überwältigt, daß er die Lampe stumm an Miss Jones weiterreichte und einen Schritt zurücktrat.

Sarah leuchtete in den Raum: Er maß etwa sechs Meter im Quadrat. Auf einem Teppich in der Mitte stand ein Schreibtisch, ein braunschwarzes Ungeheuer in Chippendale, dahinter ein Stuhl mit hoher Lehne. Auf dem Tisch lag eine Zeitung aufgeschlagen, daneben eine Petroleumlampe und ein kantiges Whiskyglas, linker Hand eine Schale mit einer gekrümmten Tabakspfeife und eine Vase mit vertrockneten Blumen. Über der Stuhllehne hing ein dunkles Sakko aus derbem Stoff. An der Wand dahinter erkannte Sarah ein überlebensgroßes Gemälde, das Bildnis eines jugendlichen Mannes in Abenteurerpose vor einer Wüstenlandschaft.

Es gab über das Haus verteilt mehrere Gemälde dieses Mannes. Sarah erkannte ihn sofort. »Das ist Baron von Schell!« bemerkte sie zu Howard, der mit offenem Mund neben ihr stand. Er nahm ihr die Lampe aus der Hand.

Wenn der Baron plötzlich in der Türe gestanden wäre und gefragt hätte: Was suchen Sie hier?, es hätte sie nicht gewundert. Denn rechts neben dem Schreibtisch stand ein benutzter Papierkorb aus Leder, dahinter verstaubte Hauspantoffeln.

Carter erschrak. »Miss Jones, sehen Sie nur!« Er leuchtete auf den Boden. Unter dem großen Gemälde lag, scheinbar schlafend, ein ausgestopftes Krokodil, knapp sechs Meter lang. In der rechten Ecke ein abgesägter Elefantenfuß mit einem Lederkissen als Sitzgelegenheit. Links von dem Bild stand ein hoher, runder Eisenofen.

Die gesamte linke Wand nahm ein dunkles Regal ein. Hier lagen

Bücher, Karten und Berge von Papier gestapelt, dazwischen Krüge, Schalen und Figuren, Funde und Ausgrabungen aus fernen Ländern, wie Carter sie nur aus Zeitschriften kannte.

Durch das Fenster gegenüber drang kaum Licht. Es war mit grauem Stoff verdunkelt. Rechter Hand, gegenüber dem Elefantenfuß, entdeckte Howard eine Standuhr, die ihn gewiß um zwei Köpfe überragte. Allein das Messingpendel hatte eine Länge von neunzig Zentimetern. Als Carter an die Glastüre klopfte, nahm das Uhrwerk wie von Geisterhand bewegt seinen Gang wieder auf, und im nächsten Augenblick erklangen vier Gongschläge von Westminster, dann war es wieder still.

Sarah Jones schüttelte den Kopf. »Das ist der Glockenschlag, den ich noch eine Woche nach dem Tod der Baronin zur Nachtzeit gehört habe. Ich hatte schon an meinem Verstand gezweifelt.«

Carter begriff nicht, was Miss Jones an dem Glockenschlag so bewegte. Er bekam kaum noch Luft in dem stickigen Zimmer. »Wenn Sie nichts dagegen haben, werde ich versuchen, das Fenster zu öffnen«, meinte er fragend, und ohne Sarahs Antwort abzuwarten, begann er, den Stoff vom Fensterrahmen zu reißen, an dem er mit Reißzwecken befestigt war. Das verursachte so viel Staub, daß Carter und Miss Jones sich beinahe die Lunge aus dem Leib husteten.

Das Fenster klemmte, als wäre es schon viele Jahre nicht mehr geöffnet worden, und Howard mußte alle Kraft aufbieten, bis der rechte Flügel endlich nachgab; danach gelang es ihm, auch den linken zu öffnen. Prustend und hustend sog er die frische Sommerluft tief in seine Lunge. Mit dem Ärmel wischte er sich die Augen trocken, dann wandte er sich um und fragte: »Miss Jones, was hat das zu bedeuten?«

Sarah umrundete zum zweiten Mal den Schreibtisch in der Mitte des Zimmers und musterte jede Einzelheit, ohne irgend etwas zu berühren. »Wenn ich das wüßte«, erwiderte sie endlich. »Aber es soll ja Menschen geben, die nach dem Tod eines geliebten Wesens alles so belassen, als wäre der oder die Betreffende noch am Leben. Die Pantoffeln des Barons, seine Pfeife, das Whiskyglas, all das könnte ein Hinweis darauf sein.«

»Vor allem die Zeitung!« Carter trat an den Schreibtisch und betrachtete die aufgeschlagene Seite. »Was glauben Sie, Miss Jones, welches Datum die Zeitung trägt?«

»Gewiß nicht das Datum von gestern!« scherzte sie. Allmählich begann sie sich von dem Schreck zu erholen.

»Nein!« Howard lachte. »Die Zeitung ist beinahe fünfzehn Jahre alt. Hier, 16. September 1875. Miss Jones, da war ich nicht viel älter als ein Jahr!« Dabei hielt er die flache Hand in Kniehöhe über den Boden.

»Vermutlich ist Baron von Schell im Jahre 1875 gestorben. Und das bedeutet...«

»...daß die Baronin tatsächlich alles so belassen hat. Sehen Sie nur!«

Jetzt erkannte auch Miss Jones, daß in dem Glas noch ein Rest Whisky funkelte. »Mein Gott«, murmelte sie und hielt die Hand vor den Mund. »Mir scheint, die Baronin brachte ihrem toten Mann sogar regelmäßig Whisky und frische Blumen. Und sie vergaß auch nicht, die Uhr aufzuziehen. Sonst hätte sie nicht noch eine Woche lang geschlagen und mich beinahe zum Wahnsinn getrieben.«

»Warum tut man so etwas?« Mit verschränkten Armen lehnte sich Carter ans Fensterbrett.

»Die Baronin ist mit dem Tod ihres Mannes einfach nicht fertig geworden.« Sarah blickte lange auf das Gemälde an der Wand. »Ich habe sogar den Eindruck, daß sich ihr Äußeres im Laufe der Jahre immer mehr dem Erscheinungsbild des Barons angeglichen hat.«

Howard musterte das Porträt. »Sie haben recht, Miss Jones. Man könnte in dem Gemälde wirklich die Gesichtszüge der Baronin erkennen. Seltsam.«

»Ja, es ist eine merkwürdige Erscheinungsform menschlichen Zusammenlebens: alternde Ehepaare, die ein Leben lang zusammen verbracht haben, gleichen sich nicht nur in ihren Gewohnheiten und Bewegungen an, nicht selten nimmt einer das Aussehen des anderen an. Hast du das noch nie beobachtet?«

»Ehrlich gesagt nein.«

Ein leichter Luftzug wehte zum Fenster herein, und Carter ging zur Türe, um sie zu schließen. »Haben Sie das schon gesehen, Miss Jones?« rief er aufgeregt.

Die offenstehende Türe hatte bisher den Blick auf eine Statue aus weißem Marmor verwehrt. Sie stand auf einem halbhohen Sockel, war kaum höher als neunzig Zentimeter und stellte eine nackte Göttin dar, die mit beiden Armen schamhaft ihre Blößen bedeckte. Carter hatte ein solches Kunstwerk noch nie aus der Nähe gesehen.

»Wie schön sie ist«, bemerkte Sarah, in den Anblick der Statue versunken.

»Wie alt sie wohl sein mag?«

Sarah Jones schob ihre Unterlippe vor, ein Zeichen, daß sie nachdachte, dann antwortete sie: »Vielleicht zwei- oder zweieinhalbtausend Jahre. Auf jeden Fall ist es eine griechische Liebesgöttin...«

»...Aphrodite!«

»Ganz recht, Schüler Howard Carter!« Beide lachten. »Lord Elgin«, fuhr Sarah fort, »hat zu Beginn des Jahrhunderts ganze Schiffsladungen klassischer Kunstwerke aus Athen nach England gebracht. Sie sind heute im Britischen Museum in London zu besichtigen.«

»Ich weiß«, konterte Carter selbstbewußt. »In Elgins Begleitung befand sich der Maler William Turner!«

»Du bist ein kluger Junge, Howard!« Sarah Jones zwinkerte mit dem rechten Auge. Das hatte sie noch nie getan, und es verwirrte den Jungen aufs äußerste, weil es ihm unmöglich schien, den tieferen Sinn dieses Zeichens zu deuten. Ein Augenzwinkern, dachte Carter bei sich, ist in jedem Fall ein Beweis von Zuneigung, und er überlegte, wann und durch wen er schon einmal in den Genuß eines vergleichbaren Augenzwinkerns gekommen war. Aber so lange er auch nachdachte, ihm kam kein ähnlich geartetes Erlebnis in den Sinn.

»Howard!« Sarahs Stimme holte ihn in die Wirklichkeit zurück. »Ich möchte nicht, daß irgend jemand von dieser Entdeckung erfährt, zumindest vorläufig nicht. Hast du mich verstanden?«

Miss Jones' heftiger Tonfall machte Carter verlegen, er verbeugte sich umständlich, indem er seinen Hals nach vorne streckte, und beteuerte: »Selbstverständlich, Miss Jones. Von mir soll niemand auch nur ein Sterbenswörtchen erfahren. Ich schwöre es!« Dabei hob er drei Finger seiner rechten Hand.

Sarah legte ihre Stirn in Falten, was Howard besonders gut gefiel, weil sich ihre Nasenspitze dabei leicht nach oben bewegte, dann meinte sie: »Wir beide sind die einzigen, die von diesem Zimmer Kenntnis haben. Wenn wir das Geheimnis für uns behalten, wird kein Mensch davon erfahren. Ich muß nachdenken, was mit dem seltsamen Zimmer geschehen soll, und vielleicht kannst du mir dabei behilflich sein. Schließlich bist du der eigentliche Entdecker!«

»Nicht der Rede wert!« entgegnete Carter großspurig und machte eine wegwerfende Handbewegung. »Aber die Bibliothek darf ich doch noch benutzen, Miss Jones?«

»Selbstverständlich. Du kannst auch dieses Zimmer jederzeit betreten und, wenn es deine Zeit erlaubt, eine Aufstellung aller vorhandenen Dinge anfertigen. Ich würde diese Aufgabe auch anständig honorieren. Du kannst es dir ja überlegen!«

Carter schloß das Fenster, was nicht weniger Umstände machte als das Öffnen. »Nein, nein!« erwiderte er. »Da gibt es nichts zu überlegen. Ich würde diese Aufgabe gern übernehmen.«

»Also gut.« Sarah Jones legte ihre Hand auf Howards Schulter und drängte den Jungen sanft aus dem Raum. Der sperrte die Türe ab und reichte Miss Jones den Schlüssel. Und während er das Bücherregal in seine ursprüngliche Position zurückschwenkte, meinte Sarah: »Du kannst den Schlüssel jederzeit bei mir abholen. Ich würde dich nur bitten, dich in der Bibliothek einzuschließen, damit du nicht unerwarteten Besuch bekommst.«

»Wird gemacht, Miss Jones!« Mit diesen Worten verabschiedete er sich.

Über St. Peter und Paul zogen dunkle Wolken hinweg, als Howard sich auf sein Fahrrad schwang. Wind kam auf und trieb den trockenen Staub des Sommers vor ihm her. Er fühlte sich wohl und trat übermütig in die Pedale. Teilte er doch mit Miss Jones ein Geheimnis, das nur sie beide kannten. Damit hatte er Macht über sie. Er, Howard Carter, hatte Macht über Miss Sarah Jones.

Dieser Gedanke verwirrte seine Sinne so sehr, daß Howard an der Abzweigung der Sporle-Road die zweispännige Kutsche übersah, welche ihm entgegenkam und beinahe die ganze Straße einnahm. Und ehe er sich versah, fuhr Howard mit seinem Fahrrad geradewegs zwischen die beiden Pferde, die der Kutsche vorgespannt waren. In seinem Schreck umklammerte er den linken Gaul und hielt sich an der Mähne fest, bis der Kutscher das Gespann mit lautem Schreien zum

Stehen gebracht hatte. Auf diese Weise blieben Carter größere Verletzungen erspart, aber sein Fahrrad war unter den Hufen der Pferde in ein wirres Knäuel Draht und Blech verwandelt worden.

»Dummer Kerl, kannst du nicht aufpassen?« Der Kutscher – er trug eine blaue Uniform mit Messingknöpfen – kletterte rückwärts vom Bock herab und stieß dabei ein paar wütende Flüche aus, welche Howard, weil er mit der Überprüfung seiner Gelenke beschäftigt war, zum Glück nicht wahrnahm.

Nein, Carter hatte keinen größeren Schaden genommen, sah man einmal davon ab, daß er mit dem linken Fuß nur unter Schmerzen auftreten konnte, und so humpelte er an den Straßenrand, um sich auf dem Treppeneingang eines schmalbrüstigen Reihenhauses niederzulassen.

»Hast wohl keine Augen im Kopf?« schimpfte der Kutscher nun in etwas moderaterem Tonfall, hinterher.

Da öffnete sich die Türe der Kutsche, und aus stieg ein vornehm gekleideter Herr, gefolgt von einem Mädchen, kaum älter als achtzehn Jahre. Beide machten ein besorgtes Gesicht, und der Mann rief den Kutscher, den er Albert nannte, zur Ordnung. Der junge Mann sei schuldlos, schließlich habe er, Albert, die Kutsche in der Mitte der Straße gelenkt. Und an Carter gewandt, fragte er, ob er, Howard, eine Verletzung davongetragen habe.

Carter verneinte. Ihm ging nur das zu Schrott gefahrene Fahrrad nahe, das in beklagenswertem Zustand unter den Vorderrädern der Kutsche hervorlugte.

»Amherst«, sagte der vornehme Herr und blickte auf Carter herab, »Lord William George Tyssen-Amherst. Selbstverständlich werde ich Ihnen das Fahrrad ersetzen. Wo ist Ihr Zuhause?«

Howard blickte zu Lord William auf. Mit so viel Entgegenkommen hatte er nicht gerechnet. »Nicht weit von hier, in der Sporle-Road«, antwortete er.

»Albert, kümmern Sie sich um das kaputte Fahrrad! Dann bringen wir den jungen Herrn nach Hause.«

»Ich bitte Sie, Mylord, machen Sie sich keine Umstände. Ich werde schon allein zurechtkommen.«

Der Kutscher schien Carters Worte ernst zu nehmen, zog das

schrottreife Fahrrad unter dem Wagen hervor und machte Anstalten, es am Straßenrand abzustellen. Da fuhr ihn der Lord an: »Hast du nicht verstanden, was ich gesagt habe. Ich wünsche, daß du das Fahrrad auflädst. Dann fahren wir zur Wohnung des jungen Herrn.«

Albert gehorchte. Der Lord und seine Tochter halfen Howard auf die Beine und geleiteten ihn zur Kutsche.

Fanny und Kate konnten sich nicht erinnern, daß jemals ein so vornehmer Zweispänner vor ihrem Haus vorgefahren war. Nachdem sie von Howard erfahren hatten, was geschehen war, und nachdem dieser beteuert hatte, er selbst habe keinen Schaden genommen und seine Lordschaft habe sich bereit erklärt, den Schaden am Fahrrad zu ersetzen, da baten sie Lord Amherst und seine Tochter auf eine Tasse Tee ins Haus.

Lord William wollte nicht unhöflich sein und kam der Einladung mit der Bemerkung nach, nur ganz kurz, sie seien durch den Unfall ohnehin in Verzug geraten.

Während sie Tee tranken, saß Albert starr wie eine Statue auf seinem Kutschbock und blickte gelangweilt stadtauswärts. Howard, der die Szene durchs Fenster beobachtete, begann allmählich, seinen Unfall liebzugewinnen, denn draußen sammelten sich immer mehr Menschen um die vornehme Kutsche herum, und dabei zeigten sie mit spitzen Fingern auf das schlichte Haus der Carters.

»Gestatten Sie mir eine Frage«, meinte Lord William zum Abschied an die beiden alten Damen gewandt: »Überall im Haus sehe ich vorzügliche Tierbilder. Wollen Sie mir den Namen des Malers nennen?«

»Howard Carter«, entgegnete Carter geistesgegenwärtig. »Ja, ich bin der Maler, Mylord.«

Lord Amherst zeigte sich überrascht. »Ach wirklich? Ganz vorzügliche Arbeiten!«

»Danke, Mylord.«

»Und Sie malen immer nur Tiere?«

Howard hob die Schultern. »Es macht Spaß und wird obendrein gut bezahlt.«

Während sein Blick über die Kranich-, Pferde- und Katzenbilder schweifte, welche die Wände des kleinen Salons zierten, fragte Lord

Amherst: »Sagen Sie, junger Herr, wären Sie bereit, in meine Dienste zu treten? Ich suche einen Mann wie Sie mit scharfem Auge und handwerklichem Können.« Und ohne Carters Antwort abzuwarten, und während er sich erhob und der Tür zuwandte, sagte der Lord: »Sie kennen Didlington Hall, nahe Brandon?«

»Nur dem Namen nach, Mylord. Es muß ein wunderschöner Landsitz sein.«

»Also gut. Melden Sie sich nächste Woche bei mir, sagen wir Mittwoch vormittag. Da können wir alles Nähere besprechen. Ach ja«, er griff in die Innentasche seines vornehmen Gehrocks und zog einige Geldscheine hervor: »Für ein neues Fahrrad. Das dürfte genügen.«

Ein flüchtiger Blick sagte Carter, für dieses Geld konnte er zwei Fahrräder kaufen. »Danke, Mylord«, stammelte er verwirrt, »Sie sind sehr großzügig.«

Als der Lord und seine Tochter sich entfernt hatten, begab Carter sich auf sein Zimmer im Obergeschoß des Hauses. Er hoffte, so den Fragen der alten Damen zu entgehen. Müde ließ sich Howard in den alten, zerschlissenen Sessel fallen, den er aus London mitgebracht hatte, und starrte in den matten Schein der Petroleumlampe. Er verschränkte die Hände hinter dem Kopf und dachte nach, genauer gesagt versuchte er seine Gedanken und Erlebnisse zu ordnen, und er fragte sich, warum in aller Welt es Tage gibt, an denen das Schicksal mehr von sich reden macht als sonst in einem Jahr?

Howard fühlte auf einmal eine unbändige Kraft in sich aufsteigen. Die Kraft, ein hohes Ziel zu erreichen. Er mußte nur die erste Stufe des Erfolges erklimmen, er brauchte jemanden, der ihm über die erste Klippe hinweghalf, dann würde sein Leben neuen Auftrieb erhalten. Jetzt kam es ihm vor, als strecke sich ihm eine Hand entgegen, die ihm die Fülle des Lebens darbot. Er mußte sie nur ergreifen.

Gedankenverloren schreckte er hoch, als es jetzt an der Türe klopfte.

»Howard?« Es war Kate, die seinen Namen endlos in die Länge zog.

»Ja, Tante Kate.«

»Das ist unhöflich. Warum versteckst du dich in deinem Zimmer?«

»Ich muß nachdenken, Tante Kate.«

»Du bist uns eine Erklärung schuldig, Howard. Findest du nicht auch?«

»Ich weiß, Tante Kate. Aber mir ist heute nicht nach Erklärungen zumute. Morgen, Tante Kate. Gute Nacht.«

»Das ist sehr unhöflich.«

»Ja, Tante Kate. Es ist unhöflich. Aber morgen werde ich euch alles erklären.«

Kapitel 6

Kurz nach zehn, auf dem Marktplatz von Swaffham stellten die Händler ihre Waren vor die Ladengeschäfte, schob Owen Hazelford seinen zweirädrigen Handkarren gen Norden in Richtung Bahnhof. Mit dem Morgenzug aus Norwich hatte sich Mr. James Marvin angekündigt, er wolle ein paar Tage in der Sommerfrische verbringen.

Um diese Zeit herrschte kaum Verkehr auf der Station Street, und Owen erkannte schon von weitem jenen Mann, der ihm im Hansom-Cabriolet entgegenkam: Robert Spink.

»Zu dir wollte ich gerade!« rief der über die Straße. Er brachte den Einspänner zum Stehen und kurbelte die Bremse fest.

»Keine Zeit!« erwiderte Owen abweisend. »Ich muß einen Gast vom Bahnhof abholen. Im übrigen will ich mit dir nichts mehr zu tun haben. Laß mich in Ruhe!«

»Holla, holla. Ich höre wohl nicht richtig?« Spink ging neben Owen her, der sich nicht aufhalten ließ. »Geht man so mit einem alten Freund um?«

»Freund?« Owen beschleunigte seine Schritte. »Daß ich nicht lache. Deine ›Freundschaft‹ hat mir nur Verdruß eingebracht.« Er spuckte in weitem Bogen auf das Pflaster. »Verschwinde!«

Spink riß Owen an der Schulter zurück, daß dieser strauchelte, und rief wutentbrannt: »Du hast deinem Vater wohl zuviel Gin geklaut. Solche Töne hört Robert Spink gar nicht gerne. Also was ist los? Es geht um eine wirklich große Sache!«

»So, um eine große Sache! Aber ich darf wohl annehmen, daß *du* dir dabei die Finger nicht schmutzig machst. Habe ich recht?«

Spink tat so, als habe er Owens Frage nicht gehört. »Du kennst die

Fabrik meines Vaters. In einem Tresor im Büro lagern vor der Lohnauszahlung am Sonnabend vier- bis fünfhundert Pfund...«

An der Ecke Spinners Lane blieb Owen stehen und stellte seinen Karren ab. »Bist du taub, Spink? Ich habe die Nase voll von deinen dunklen Machenschaften. Ich will nicht mehr, hörst du. Ich habe wegen dir schon genug Prügel bezogen!«

Da trat Spink vor Owen hin, packte ihn am Kragen und zog ihn so nahe an sich heran, daß ihre Nasenspitzen sich beinahe berührten. »Du willst doch nicht etwa aussteigen, he?«

Owen war ein kräftiger Bursche, aber es gelang ihm selten, seine Kraft zielgerecht einzusetzen, und so wirkte der Schubser, den er Robert gab, eher unbeholfen als einschüchternd. Dennoch nahm er all seinen Mut zusammen, und mit Wut im Bauch schrie er Spink an: »Ich sage dir zum letzten Mal, du sollst dir einen anderen Dummen suchen. Mit mir kannst du nicht mehr rechnen!« Owen packte die Deichsel seines Karrens und trabte weiter in Richtung Bahnhof.

Aber ein Spink ließ sich nicht so einfach abschütteln. Er lief neben Owen auf dem Bürgersteig her und schalt ihn einen Feigling, eine Memme und ein Vatersöhnchen. Und als auch dies keine Wirkung zeigte, da stieß Spink die Drohung aus: »Ich werde dich bei deinem Vater verpfeifen, Owen. Er wird überrascht sein, was sein ach so tugendhafter Sohn auf dem Kerbholz hat!«

Owen lachte zynisch. »Kannst du ruhig machen. Leider kommst du zu spät, um meinen Vater ernsthaft zu schockieren. Er weiß bereits alles.«

»Das glaube ich nicht!«

»Wenn ich's dir sage.«

»Was hast du deinem Vater erzählt? Heraus mit der Sprache!« Spink hielt Owen am Ärmel fest.

Der blieb stehen und musterte Spink mit festem Blick. »Nicht mehr als die Wahrheit – aber auch nicht weniger.«

»Dein Vater weiß, daß du Miss Jones beklaut hast?« fragte Robert Spink ungläubig.

Owen nickte stumm.

»Ich hoffe, du hast meinen Namen nie erwähnt!« polterte Spink los. »Sag die Wahrheit!«

Von Osten hörte man das Fauchen der Dampfeisenbahn. »Keine Zeit!« rief Owen und rannte mit seinem Karren weiter. Im Laufen drehte er sich noch einmal um und rief dem zurückgebliebenen Spink zu: »Um deine Frage zu beantworten, Spink – es ließ sich nicht vermeiden, deinen Namen zu erwähnen!«

Der Zug aus Norwich kam mit Quietschen und Kreischen zum Stehen. Die kleine Lokomotive, deren Schlot wie ein Leuchtturm in den Himmel ragte, schnaubte und stampfte und sprühte weiße Dampfwolken auf die Geleise. »Swaffham! Swaffham!« rief der Stationsvorsteher. Wegen seiner Uniform und der roten Mütze wurde er von allen Jungen des Ortes beneidet. Wollte man seine Ortsangaben verstehen, so mußte man schon sehr genau hinhören, denn zum einen drehte er sich, während er rief, um die eigene Achse, zum anderen verstand er es, die zwei Silben von Swaffham so einsilbig zu rufen, daß nur noch ein unverständliches »Swam« übrig blieb.

Trotz dieser widrigen Umstände fand Mr. James Marvin den Weg aus dem letzten Waggon dritter Klasse und wurde von Owen Hazelford höflich begrüßt. Marvins Gepäck bestand nur aus zwei kleinen Reisekoffern, welche entweder viele Länder oder bessere Zeiten gesehen hatten. Owen, der die Gäste des »George Commercial Hotel« nach ihrem Gepäck taxierte, tippte auf letzteres. Dafür sprach auch seine Reisekleidung, welche einen durchaus vornehmen, aber abgetragenen Eindruck machte.

Mr. Marvin war alles andere als redselig. Auf Owens freundliche Fragen antwortete er nur knapp mit einem »ja« oder »nein«, und auch die Frage, von wo er denn komme, beschied er nur mit einem Wort: »Norwich«.

Also beließ es Owen dabei, schob schweigend seinen Handkarren und musterte Mr. Marvin, der auf dem Bürgersteig neben ihm herging, von der Seite. Er mochte etwa vierzig sein, vielleicht auch älter, jedenfalls wirkten eine randlose Brille mit dicken Gläsern und der krause Backenbart nicht gerade jugendlich. Sein schleppender Gang legte die Vermutung nahe, daß er schwer an seinem Schicksal zu tragen hatte.

Vor dem Hotel angelangt, musterte Marvin das Haus mit kritischem Blick, wobei er seine Brille mit dem Zeigefinger auf die Nasenwurzel preßte – wohl um besser zu sehen. Und während Owen das

Gepäck vom Karren hob, begann Mr. Marvin plötzlich zu sprechen: »Wirklich ein entzückender Ort, dieses Swaffham. Ich werde ein paar Tage bleiben.«

»Sie werden sich bei uns wohl fühlen, Sir!« beeilte sich Owen zu antworten. »Um diese Jahreszeit ist das Wetter ideal.«

Mr. Hazelford komplimentierte den seltsamen Gast ins Haus. Und während er sich ins Fremdenbuch eintrug, musterte ihn der Wirt von oben bis unten, und mehr aus Verlegenheit denn aus Neugierde fragte er den Fremden: »Sie sind zur Sommerfrische hier oder geschäftlich, Sir?«

Es schien, als sei ihm die Frage unangenehm, jedenfalls schüttelte er unwillig den Kopf, als wollte er sagen: Das geht Sie nichts an, Mr. Hazelford. Statt dessen antwortete er ohne Zusammenhang: »Ich bleibe eine Woche und zahle im voraus.«

Gäste, die ihre Logis im voraus beglichen, waren Mr. Hazelford die liebsten. Und wer seine Rechnung im voraus bezahlte, entzog sich jeder kritischen Beurteilung. »Jedenfalls wünsche ich Ihnen einen angenehmen Aufenthalt in meinem Hause!« meinte er dienernd und reichte dem Fremden den Zimmerschlüssel. »Owen bringt das Gepäck auf Ihr Zimmer.«

Stumm verschwand Mr. Marvin nach oben.

»Hier!« sagte Owen, nachdem er die beiden Koffer abgeliefert hatte, und hielt seinem Vater die offene Hand hin. »Ein Pence. Reich werden kann ich davon nicht.«

Hazelford schmunzelte vor sich hin. »Wirklich, ein etwas seltsamer Zeitgenosse. Was er nur will? Er macht nicht gerade den Eindruck, als wollte er bei uns seine Ferien verbringen.«

Owen trat nahe an seinen Vater heran, und obwohl sich keine Menschenseele in der Gaststube befand, sagte er ihm leise ins Ohr: »Mr. Marvin hat sich nach dem Weg zur *Dame-School* erkundigt und wo Miss Jones wohne.«

»Ach«, erwiderte Hazelford und ging seiner Arbeit nach.

Das Schuljahr neigte sich dem Ende zu. Aber was bei Jungen seines Alters gemeinhin euphorische Stimmung hervorrief, versetzte Howard Carter in Panik. Nicht weil er fürchten mußte, ein schlechtes Zeugnis zu erhalten, nein, Howard konnte sich nicht mit dem Gedanken abfinden, Miss Jones nicht mehr jeden Tag zu sehen. Heimlich hatte er während des Unterrichts ihr Gesicht studiert, ihr streng frisiertes dunkles Haar, den leicht geschwungenen Hals und die Ohren, welche sich bei der geringsten Aufregung mit Blut füllten und leuchtendrote Farbe annahmen wie Blätter im Herbst. Howard hatte jede ihrer Gesten im Gedächtnis, und er hätte Sarah Jones an ihrem Gang erkannt, wäre sie ihm in stockfinsterer Nacht auf der gegenüberliegenden Straßenseite begegnet.

Obwohl ihm seine Auftragslage als Tiermaler kaum noch Zeit ließ, versäumte Howard keinen Nachmittag, um sich in das geheime Kabinett des seligen Barons zu begeben. Denn hier fühlte er Sarahs Nähe.

Gleich am ersten Tag, als er mit der Sichtung und Archivierung der Ansammlung von Dokumenten, Zeichnungen, Photographien, Funden und Ausgrabungen begann, machte er eine unerwartete Entdeckung. Im Begriff, die aufgeschlagene Zeitung beiseite zu räumen, fiel sein Blick eher zufällig auf eine Überschrift.

»Mein Gott!« stammelte er leise. Dann rannte er wie von Hunden gehetzt über die Treppe zum Direktionszimmer. »Miss Jones! Miss Jones!« rief er aufgeregt und stürmte ohne anzuklopfen in ihr Zimmer. Er fand Miss Jones jedoch nicht hinter ihrem Schreibtisch vor, sondern auf dem durchgesessenen Ledersofa, auf dem er sie noch nie sitzen gesehen hatte.

»Carter!« rief Sarah Jones streng, wie sie es sonst nur während des Unterrichts tat. Ärgerlich blickend sprang sie auf, und dabei ordnete sie hektisch ihre Kleider. Was die Situation für Howard jedoch unerträglich machte: neben Miss Jones saß Charles Chambers.

Howard stutzte und sah Miss Jones an, als sei die Welt vor seinen Augen aus den Fugen geraten. »Entschuldigen Sie, Miss Jones!« sagte er weinerlich, »es ist nur – ich habe da eine Entdeckung gemacht...«

»Eine Entdeckung?« fragte Chambers interessiert.

Sarah unterbrach ihn: »Das geht nur uns beide etwas an, nicht wahr, Howard?«

Carter nickte hilflos.

»Mr. Chambers wollte sich ohnehin gerade verabschieden«, fuhr Sarah fort, »ich danke für Ihren Besuch, Mr. Chambers!«

Chambers erhob sich und verabschiedete sich förmlich. Howard war wütend. Ihn ärgerte das peinliche Schauspiel, das sie ihm bot, als sei er zu jung und zu dumm, um nicht zu merken, was vorging. Wahrscheinlich trug sie nicht einmal ein Korsett unter ihren Kleidern, wahrscheinlich war sie überhaupt keine anständige Frau, wahrscheinlich hatte er sich einfach in ihr getäuscht. Ihm war zum Heulen zumute.

»Howard!« Sarahs Stimme holte Carter in die Realität zurück. Chambers war längst fort. »Was gibt es Aufregendes zu berichten? Nun sag schon!«

Er war viel zu stolz, um sich sein Leid anmerken zu lassen, seine Trauer, die ihn plötzlich befallen hatte. Deshalb gab er sich so, als hätte er diesen gottverdammten Chambers gar nicht gesehen. Für ihn war dieser kleinwüchsige Musikus einfach Luft.

In der Bibliothek angelangt, schloß Carter hinter sich ab und bedeutete, Sarah möge vorausgehen. Im Kabinett des Barons lag noch immer die Zeitung auf dem Schreibtisch.

»Ich glaube, Sie haben da ein Problem, Miss Jones«, sagte Carter, »hier, lesen Sie!« Dabei deutete er auf einen Artikel auf der ersten Seite.

Sarah Jones las halblaut, erst stockend, dann immer schneller werdend: »Einbruch in Didlington Hall. Bisher unbekannte Täter haben sich in der Nacht zum Montag Zutritt zu den Sammlungen Lord Amhersts verschafft und wertvolle Kunstgegenstände aus der griechischen und ägyptischen Epoche geraubt. Die Räuber seilten sich vom Dach des Landsitzes zu einem Fenster des Obergeschosses ab, durch welches sie in das Innere gelangten. Unter den entwendeten Kunstgegenständen befinden sich über 3000 Jahre alte ägyptische Grabbeigaben sowie eine etwa neunzig Zentimeter hohe griechische Statue aus dem 5. Jahrhundert vor Christus, bekannt als die Aphrodite von Samos. Die Figur hat ein Gewicht von annähernd fünfundvierzig Kilogramm und wurde im Jahre 1816 von dem Diplomaten und Kunstsammler Lord Thomas Elgin für das Museum erworben. Der Preis soll tausend Guineen betragen haben. Wie die bisher unbekannten Täter auf das Dach von Didlington Hall gelangten, ist bislang ungeklärt. Ebenso wie es den Räubern gelingen konnte, unbemerkt vom Personal ihre Tat zu vollenden.«

Sarah Jones warf einen Blick auf die weiße Statue, dann sah sie Carter mit fragenden Augen an. »Da habe ich in der Tat ein Problem«, meinte sie schließlich und ließ sich auf dem Schreibtischstuhl nieder. Und während ihre Finger nervös auf der Armlehne trommelten, warf sie den Kopf in den Nacken und starrte zur Decke, als stünde dort die Lösung des Problems geschrieben.

Howard stand am Fenster und verschlang ihre ungewohnte Haltung mit gierigem Blick. Wie konnte sie sich nur so vergessen und mit einem liederlichen Musikus einlassen, wo jeder weiß, wie Musiker sind: Sie brauchen nur ein paar Akkorde, um das Herz einer Frau zu erobern. Weil er aber Sarahs tiefe Ratlosigkeit erkannte, meinte er schließlich: »Ich glaube, Sie müssen zur Polizei gehen, Miss Jones!«

»Du bist verrückt, Howard!« Sarah schüttelte heftig den Kopf. »Was soll ich denn der Polizei sagen?«

»Die Wahrheit! Sie müssen berichten, was sich zugetragen hat!«

»Und du glaubst, auch nur ein Mensch würde mir diese Geschichte abnehmen? Daß Baronin von Schell in einem geheimen Kabinett, von dessen Existenz niemand wußte, einen regelrechten Totenkult für ihren verstorbenen Mann betrieb? Und das fünfzehn Jahre lang? Nein, Howard, kein Mensch würde diese Geschichte glauben!«

»Aber es ist die Wahrheit!«

»Die Wahrheit! Die Wahrheit ist oft so unglaubhaft, daß es handfester Lügen bedarf, um sie verständlich zu machen.«

»Mag sein. Dann müssen wir uns eben eine andere Geschichte einfallen lassen, wie und warum diese Statue gerade jetzt entdeckt wurde.«

»Es gäbe in jedem Fall einen Skandal. Und für den Ruf der *Dame-School* wäre das nicht gerade förderlich. Jedenfalls ist ein Skandal das allerletzte, was ich in der gegenwärtigen Situation gebrauchen kann.«

Sarahs Argumente erschienen einleuchtend. Eine private Schule, die seit fünfzehn Jahren als Versteck für das meistgesuchte Kunstwerk im Königreich diente, würde geächtet und zum Gespött der Leute werden. »Was gedenken Sie also zu tun, Miss Jones?«

»Gar nichts, Howard. Zumindest solange, bis mir eine Lösung eingefallen ist.«

Howard nickte zustimmend und bemerkte: »Man kann sich kaum vorstellen, daß der Baron ein Räuber gewesen sein soll. Ein seltsamer Mensch!«

»Das war er wohl. Aber nicht nur er, auch die Baronin hatte so ihre Eigenheiten.«

»Ob sie von dem Kunstraub wußte?«

Miss Jones hob die Schultern: »Eigentlich ist es schwer vorstellbar, daß sie sich nicht für die Herkunft der Statue interessierte. Im übrigen ist keineswegs erwiesen, daß Baron von Schell an dem Raub beteiligt war. Vielleicht wurde ihm die Statue zum Kauf angeboten, ohne daß er ihre Herkunft kannte.«

Howard trat an das dem Fenster gegenüberliegende Regal und zog einen Stapel loser Blätter hervor. »Ich habe da etwas gefunden, was Ihren Verdacht bestätigen könnte. Eine Rechnung des Auktionshauses Phillips in London über ein ausgestopftes Krokodil und eine weitere Rechnung von Samson-Antiques in Kensington über ein ägyptisches Kalkstein-Relief, ach, und hier noch eine über einen griechischen Krater, fünfundzwanzig Zentimeter hoch, zum Preis von fünfzig Guineen und zwölf Shilling.«

Miss Jones zeigte auf einen roten Tonkrug mit schwarzfigürigen Darstellungen in dem Regal. Dann sah sie Howard lange an. »Mir scheint, der Baron war gar nicht der große Abenteurer, als der er sich gerne sah. Ich glaube, Baron von Schell lebte in einer Traumwelt, und alle seine Abenteuer sind Gegenstand der Bücher in seiner Bibliothek. Vermutlich fanden seine Reisen in ferne Länder nur zwischen zwei Buchdeckeln statt. Es gibt Menschen, die betrügen sich um ihr eigenes Leben.«

»Warum tut ein Mensch so etwas?«

»Das könnte uns nur der Baron selbst erklären; aber der ist seit fünfzehn Jahren tot. Oder die Baronin. Aber...«

»Ja, ich weiß. Also wird es wohl immer ein Geheimnis bleiben.«

»Es sei denn, es gelänge uns, aus dem Wust seiner Hinterlassenschaft, ein Charakterbild zusammenzusetzen. Aber das erforderte einen hohen Aufwand an Zeit, und das Ergebnis wäre das sicher nicht wert.«

»Ich würde Sie gerne bei dieser Arbeit unterstützen, Miss Jones.

Die Sache hat ja keine Eile.« Der Gedanke faszinierte Howard. Denn auf diese Weise würde er gewiß noch über Monate Zutritt zur *Dame-School* haben.

Als Carter gegen sieben Uhr seine Arbeit einstellte und den Schlüssel zum Kabinett des Barons ins Direktionszimmer zurückbrachte, klopfte er und wartete lange, bis er eintrat. Er wollte Miss Jones nicht noch einmal in einer kompromittierenden Situation überraschen. Weniger aus Rücksicht auf Miss Jones, die in seinen Augen ihre Anständigkeit verloren hatte, als gegen sich selbst. Er wollte es sich einfach ersparen, noch einmal ein solches Fiasko, eine solche Niederlage zu erleben. Sarah Jones hatte ihn bitter enttäuscht, und insgeheim hatte er ihr bereits abgeschworen – zumindest versuchte er sich mit dem Gedanken vertraut zu machen.

Miss Jones bedankte sich und schüttelte – was sie noch nie getan hatte – seine Hand. Dann reichte sie ihm zwei Pfund-Noten und erklärte, dies sei ein Vorschuß auf die zu leistende Archivierungsarbeit.

Im ersten Augenblick wollte Howard das Geld zurückweisen, ja er fühlte sich gekränkt, daß sie ihn wie einen Dienstboten entlohnte; aber zum einen mußte er schon bald für sich selbst aufkommen und zwei Pfund waren kein schlechtes Honorar, zum anderen wollte er damit, daß er das Geld annahm, deutlich machen, daß ihr Verhältnis von nun an rein geschäftlicher Natur war.

Trotz vorgerückter Stunde stand die Sonne um diese Zeit noch schräg am Himmel. Und mit dem gespielten Gleichmut eines gescheiterten Liebhabers machte sich Carter auf den Nachhauseweg. Seine Gefühle waren verwirrt. Diese Miss Jones war um keinen Deut besser als die Mädchen auf den schmutzigen Postkarten, die man beim Tabakhändler für einen Shilling kaufen konnte. Er hätte nie geglaubt, daß er seine Meinung über Sarah Jones jemals ändern würde. Doch sie hatte es nicht anders verdient.

In solche Gedanken verstrickt, nahm Howard Carter den fremden Mann gar nicht wahr, der aus der Entfernung beobachtete, wie er das Schulhaus verließ und seinen Weg in Richtung Marktplatz nahm.

Zwei Tage vor dem Ende des Schuljahres betrat Charles Chambers unbemerkt die *Dame-School*. Er hatte den günstigen Augenblick abgepaßt, damit niemand ihn beobachtete, denn seine äußere Erscheinung war durchaus geeignet zu verraten, was er im Schilde führte. Chambers nutzte die Gunst der Stunde, daß um diese Zeit am frühen Nachmittag kaum jemand auf der Straße war. Trotz der Hitze des ersten richtigen Sommertages in diesem Jahr trug Charles Chambers wie gewohnt Kniehosen und einen samtenen Gehrock, an diesem Tag jedoch von der besseren Sorte, dazu ein weißgestärktes Hemd mit Rüschenrevers und weiße Strümpfe, als wäre er einem Gemälde von Gainsborough entsprungen. In der Linken hielt er einen in Zeitungspapier gehüllten Blumenstrauß, die Rechte benutzte der kleine Mann mit dem Silberhaar, um sich am Treppengeländer emporzuhangeln, denn Stufen versetzten ihn in Atemnot.

Wie nicht anders zu erwarten, wandte er sich dem Direktionszimmer zu, wo er höflich anklopfte und geduldig die Aufforderung abwartete einzutreten. Zuerst öffnete er die Türe einen Spalt und steckte, ohne einzutreten, den Blumenstrauß hindurch. Miss Jones mußte wissen, daß nur er hinter diesem Schabernack steckte, aber als er keine Reaktion hörte, trat er ein.

Chambers war von Natur aus leicht erregbar, wobei sein Gesicht eine rote Farbe annahm; aber als er nun unerwartet in der Türe stand, da färbte sich sein Gesicht bläulich, denn neben Sarah Jones saßen Mrs. Campbell und Miss Susan Meller, die beiden Aushilfslehrkräfte, und starrten ihn fragend an.

»Entschuldigen Sie mein Eindringen, meine Damen. Ich wußte nicht...«, stammelte er hilflos und machte Anstalten, sich rückwärts zu entfernen.

Doch Miss Jones beendete die etwas peinliche Situation, indem sie Chambers lachend zurief: »Aber Mr. Chambers, Sie glauben doch nicht, daß auch nur eine Frau auf der Welt einen Blumenkavalier zurückweist. Stellt sich nur die Frage, wem von uns dreien die Blumen zugedacht sind.«

Susan Meller und Mrs. Campbell schmunzelten und blickten verlegen zur Seite, und Miss Jones fügte hinzu: »Treten Sie ruhig näher, Charles, wir sind ohnehin am Ende unserer Besprechung.«

Die beiden Frauen verabschiedeten sich mit einem Kopfnicken. Und als Charles mit Sarah alleine war, meinte er: »Es tut mir wirklich leid, daß ich mich so ungeschickt benommen habe. Ich hätte meinen Besuch ankündigen sollen.«

»Ach was!« Miss Jones lachte. »Sie nehmen doch einen Tee mit mir?«

»Sehr gerne«, erwiderte Charles und fuhr mit gespreizten Fingern durch sein Kraushaar, was bei ihm ein Zeichen höchster Anspannung war. »Ich meine, es ist vielleicht nicht der passende Augenblick, aber mir erschien heute nacht im Traum meine selige Mutter, und sie sprach zu mir: Tu es, mein Junge. Du mußt es tun, und zwar noch heute.«

Sarah Jones war überfordert. »Noch heute?« Sie sah den Besucher ratlos an.

Da begann dieser hastig, die Blumen aus dem Zeitungspapier zu wickeln, und als ihm das endlich gelungen war, trat Chambers vor Sarah hin, beugte das rechte Knie wie ein Pfarrer vor dem Altar und hielt der Angebeteten die Blumen, rötliche Gladiolen, entgegen. Theatralisch schloß er die Augen und schluckte, dann sprach er: »Miss Jones, verehrte Sarah! Seit unserer ersten Begegnung bin ich fasziniert von Ihrer Erscheinung. Ich bin verwirrt, wenn ich Sie sehe, und verstört, wenn ich Sie nicht sehe. Reichtümer habe ich nicht vorzuweisen, aber eine gewisse Tugendhaftigkeit und ein Herz voll Musik. Wenn Sie das Ihre und ich das Meine zusammenlegten, hätten wir ein gutes Auskommen. Vielleicht ließe sich Ihre Lehranstalt in eine Musikschule umwandeln, in der höhere Töchter Gesang, Klavier- und Lautenspiel erlernten. Wäre das nicht wunderbar? Jedenfalls möchte ich mir erlauben, Sie hier und heute ganz offiziell –«

»Tun Sie's nicht, Charles, bitte!« unterbrach ihn Sarah. »Ich weiß, was Sie sagen wollen. Bitte tun Sie's nicht! Sie würden sich nur eine Abfuhr holen. Und so etwas schmerzt.«

Sarah Jones nahm Chambers die Blumen aus der Hand. Sie tat, als habe sie seine Worte nicht gehört. »Ich danke Ihnen für die schönen Blumen. Wie habe ich sie nur verdient.« Dann streckte sie ihre Hand aus und half Chambers auf die Beine.

»Nun stehen Sie nicht herum wie ein begossener Pudel!« rief Sarah nach einer Weile, in der Chambers regungslos mit hängendem Kopf und hängenden Armen vor ihr gestanden hatte. »Es ist doch nichts geschehen, was Anlaß zum Trauern böte. Sie haben nicht um meine Hand angehalten, und ich habe nicht nein gesagt. So ist es doch?«

Chambers nickte entmutigt. »Sie mögen mich nicht sehr, Miss Jones«, sagte er und hielt den Blick auf den Boden gerichtet.

»Charles!« Sarahs Stimme klang ziemlich heftig. »Bitte machen Sie daraus keine Affäre. Ich mag Sie wirklich sehr, Charles. Aber zwischen mögen und lieben ist ein Unterschied. Sind Sie sicher, daß Sie mich lieben, nicht nur mögen? Ich glaube, Sie lieben Ihre Musik über alles in der Welt. Das ist in Ordnung, aber keine ideale Voraussetzung für eine Heirat. Alle Musiker-Ehen enden in einer Katastrophe. Wenn man nicht hat, was man liebt, muß man lieben, was man hat. Sind Sie mir jetzt böse, Charles?«

Charles schüttelte nur den Kopf. Er antwortete nicht.

Als sie seine glänzenden Augen sah, trat Sarah auf Chambers zu und nahm ihn in ihre Arme.

Es war nicht seine Art, durch Schlüssellöcher zu gucken. Nicht einmal als Kind hatte er das getan. Jedenfalls konnte sich Howard Carter nicht erinnern. Aber das Erlebnis vom Vortag hatte ihn so durcheinandergebracht, daß er nun, als er den Schlüssel zum geheimen Kabinett des Barons abholen wollte, zuerst durch das Schlüsselloch der Türe zum Direktionszimmer lugte, damit es nicht wieder zu einer unangenehmen Begegnung käme wie gestern.

Er traute seinen Augen nicht. Als hätte er es geahnt, sah er diesen Musikus in den Armen von Miss Jones. Obwohl er Miss Jones, diesem liederlichen Frauenzimmer, längst abgeschworen hatte, machte ihn der Anblick wütend, so wütend, daß er, weil er Chambers diesen Augenblick neidete, heftig mit der Faust an die Türe pochte und rief: »Miss Jones, ich will ja nicht stören, aber ich brauche den Schlüssel, wenn ich meine Arbeit fortsetzen soll.«

Gleich darauf ging die Türe auf, und Sarah Jones reichte Howard den Schlüssel. Der nahm ihn schweigend in Empfang und verschwand.

Wie stets verriegelte er die Türe von innen, nachdem er die Bibliothek betreten hatte. Mit einer gewissen Routine, die er sich inzwischen angeeignet hatte, öffnete er die Bücherwand und begab sich in das Kabinett des Barons.

Howards Lust zu archivieren hielt sich an diesem heißen Sommertag in Grenzen. Deshalb ließ er sich in dem wuchtigen Schreibtischstuhl nieder, und sein Blick schweifte über das Sammelsurium, das Baron von Schell im Laufe eines Lebens zusammengetragen hatte. Manche von den Kunstgegenständen, wie die afrikanischen Masken oder Tonscherben aus römischer Zeit, gefielen ihm weniger, andere, wie ägyptische Gefäße und Statuetten, gefielen ihm mehr; aber immer wieder blieb sein Blick auf der Aphrodite-Statue aus weißem Marmor haften. Seine Augen verschlangen geradezu das Ebenmaß in den Körperformen der griechischen Göttin.

Schließlich nahm er ein Blatt Papier und einen Stift und begann die marmorne Statue zu zeichnen. Zu seinem Erstaunen geriet das Bild eher lebendig als statuenhaft, so als sei es nach einem lebenden Vorbild gezeichnet. Seine Phantasie führte den Zeichenstift und ließ in kurzer Zeit *sein* Idealbild einer Frau entstehen, so wie er es unzählige Male ersehnt und erträumt hatte, kein jungfräuliches Wesen, wie die Skulptur es darstellte, nein, ein aufregendes Frauenzimmer in sinnlicher Nacktheit, mit vollen Brüsten und dem Kopf von Miss Jones. Wie oft hatte Carter ihr Gesicht studiert! Er kannte jede Einzelheit, den breiten Haaransatz und die strenge Frisur, ihre kräftigen, geschwungenen Brauen, die langen Wimpern und die rätselhaften, dunklen Augen, welche die Pupillen kaum erkennen ließen. Links auf der Oberlippe befand sich ein winziges Muttermal, das sich beim Sprechen bewegte. Aber was das größte Können eines Malers erforderte, war Sarahs Mund, der in der Mitte breit und sinnlich war wie eine Kirsche und sich in einer Wellenlinie zu den Mundwinkeln hin verjüngte.

Howard erschrak, als es an der Bibliothekstür dreimal klopfte, das abgesprochene Erkennungszeichen, damit sie kein anderer überraschte.

»Und wie kommst du mit der Arbeit voran?« fragte Miss Jones, während Howard die Türe wieder verschloß.

»Es geht so, danke der Nachfrage«, erwiderte Howard mißmutig. Insgeheim hatte er bereits den Entschluß gefaßt, die Archivierungsarbeit zu beenden. Er wollte nur den passenden Augenblick abwarten, um Miss Jones davon in Kenntnis zu setzen. Sollte sich doch Chambers oder Gott weiß wer damit beschäftigen.

Sarah Jones schien guter Dinge, was Howards Laune noch abträglicher war, als ihr Blick mit einem Mal auf die Zeichnung fiel, die Howard auf dem Schreibtisch liegengelassen hatte. Und noch bevor dieser sie verschwinden lassen konnte, nahm Sarah Jones das Blatt in die Hand. Howard fühlte, wie das Blut in seinen Kopf schoß, und er suchte krampfhaft nach einer Ausrede oder Erklärung; aber Sarah ließ ihm dazu gar keine Zeit.

Sie hatte sich längst erkannt und sah Howard mit eisiger Miene an. Dann trat sie einen Schritt auf ihn zu und verabreichte ihm eine Ohrfeige.

Es war nicht der kurze Schmerz, den er verspürte, ja nicht einmal die Demütigung, welche Howard lähmte, viel mehr trug die Scham dazu bei, die er empfand. In seiner Hilflosigkeit war ihm zum Heulen zumute, und es gab keinen Grund, diese Tränen zu unterdrücken. Starr blickte er an Sarah Jones vorbei. Er ahnte nicht, daß auch sie mit den Tränen kämpfte. Allerdings waren diese von ganz anderer Natur. Sarah war wütend über sich selbst und ihr unkontrolliertes Verhalten; denn eigentlich gab es keinen Grund, Howard zu bestrafen, weil er sie nackt gezeichnet hatte. Das Bild schmeichelte ihr, und allein der Gedanke, ihr den Körper einer griechischen Göttin zu geben, bedeutete ein Kompliment. Im übrigen war der Junge einen Kopf größer als sie und eine Ohrfeige in jedem Falle unangebracht.

»Howard, sieh mich an!« sagte Sarah.

Nach langem Zögern kam Carter der Aufforderung nach. Sie bemerkte, wie der große Junge mit den Tränen kämpfte; da nahm sie seinen Kopf in beide Hände und preßte seine linke Wange gegen die ihre.

»Ich habe das nicht gewollt, Howard, verzeih mir!« flüsterte sie.

Carter hatte noch immer nicht zu sich gefunden, er ließ die Arme willenlos herabhängen, ohne Miss Jones zu berühren. Auf Sarah machte das den Eindruck, als ob ihm ihre zärtliche Geste gleichgültig wäre. Deshalb faßte sie seine Handgelenke und legte Carters Arme um ihren Leib, während ihr sinnlicher Mund sich dem seinen näherte.

Als sich jedoch ihre Lippen berührten und Sarah dabei leicht den Mund öffnete, da empfand Carter etwas, was er noch nie zuvor gefühlt hatte. Es schien, als zuckte elektrischer Strom durch seine Lippen und breitete sich in seinem ganzen Körper aus. Er fühlte eine seltsame Hitze, die von ihrem Mund ausging und sich in alle Glieder verbreitete, eine Hitze, die ihn taumeln ließ und ihm den Verstand raubte.

Gerade noch hatte er Sarah verwünscht und sich fest vorgenommen, aus ihrem Leben zu verschwinden, und nun wünschte er, ja, er beschwor den Augenblick, er möge nie enden. War das Liebe?

Er wußte keine Antwort, denn er hatte noch nie eine Frau geliebt, seine Mutter nicht und nicht Fanny und Kate – obwohl das ohnehin etwas anderes gewesen wäre. Was er in sich fühlte, machte ihn staunen. Ein mächtiges Verlangen nach ihrem Körper, ein Drang, der seine Männlichkeit schwellen ließ, und er schämte sich nicht im geringsten, dies zu zeigen, indem er sich gegen sie preßte. Und Sarah ihrerseits erwiderte seine Erregung mit sanftem Gegendruck.

Howard hatte geglaubt, Liebe mache sich in Träumereien und allerlei Zärtlichkeiten bemerkbar – so wie er es heimlich in den Romanen von Sir Francis Trolopp oder Charles Lever gelesen hatte, aber nun empfand er eine wilde Leidenschaft und übermächtige Verzückung. Und während Sarah kurz zuvor noch an einem Bild seiner Phantasie Anstoß genommen hatte, wehrte sie sich nun nicht einmal, als er ihre Brüste berührte, die Knöpfe ihrer Bluse öffnete und sein Gesicht in die Furche vergrub, welche das Mieder zwischen ihren weißen Hügeln formte.

Sarah ließ ein leises Stöhnen vernehmen, als empfände sie Schmerz, doch in Wahrheit war es die Lust, die ihr solche Laute entlockte. In ihrem Innersten hörte sie eine Stimme: Du bist verrückt, Sarah, das darf nicht sein, was tust du da? Aber Sarah weigerte sich nachzudenken oder Fragen zu beantworten, die ihr Gewissen ihr stellte – sie wollte diesen Jungen spüren, selbst auf die Gefahr, an diesem schwülen Nachmittag ihre Ehrbarkeit zu verlieren.

Oft genug hatte Sarah der Gedanke geplagt, sie könnte als alte Jungfer enden. Schließlich war sie bereits achtundzwanzig und hatte noch nie mit einem Mann geschlafen. Das war keine Schande, aber für eine Frau mit körperlichen Vorzügen und moderner Lebensführung auch kein erstrebenswertes Ziel. Es hatte sich bisher einfach nicht ergeben, und wenn sie an Sam, den Viktualienhändler aus Ipswich, oder Charles Chambers dachte, war sie sogar froh darum. Liebschaften aus Vernunft statt aus Leidenschaft endeten stets in einer Katastrophe.

Lächerliche Gedanken wie diese plagten Sarah, während sie sich rücklings auf den Schreibtisch des Barons gleiten ließ und Howard zu sich herabzog.

Dieser wußte längst nicht mehr, was er tat. Der große Junge ließ alles mit sich geschehen, er fühlte sich wie im Märchen, staunend und begierig zugleich. Übte er anfangs noch Zurückhaltung wie alle, die zum erstenmal lieben, so änderte sich sein Verhalten schnell. Er wußte, daß auch sie es wollte, er fühlte ihre Zärtlichkeit und ihre Begierde, die den Verstand längst besiegt hatte, und er fühlte sich so wohl wie noch nie in seinem Leben.

Fliegen, hatte er einmal geglaubt, sich wie ein Vogel in die Lüfte zu erheben und Kreisbahnen zu ziehen unter den Wolken, das, hatte er geglaubt, müsse die größte Lust sein im Leben. Nun wußte Howard, daß Liebe alle Phantasien in den Schatten stellte. Und hatte er anfangs Sarahs Berührungen gar nicht oder nur zaghaft erwidert, so waren seine Hilflosigkeit und Zurückhaltung bald verflogen.

Sein Atem ging schnell, und sein Hemd klebte am Körper. Sarah lag rücklings auf dem Schreibtisch des Barons, und Howard kniete breitbeinig über ihr. Beider Bewegungen waren fahrig und nervös, und es dauerte eine halbe Ewigkeit, bis es Sarah gelang, den Gürtel und die Knöpfe an Howards Hose zu lösen. Doch er wagte nicht, sie bei ihrem Tun zu unterstützen.

Dabei konnte er es gar nicht erwarten, bis Sarahs Rechte zwischen seine Beine glitt und ihn mit zärtlichem Griff umfaßte. Er schrie auf: »Miss Jones!«

»Ja!« erwiderte Sarah selbstsicher und liebkoste ihn mit den Fingern, daß er lustvoll aufstöhnte.

»Miss Jones!« wiederholte Howard hilflos und riß sich sein Hemd vom Leib. Er schloß die Augen, und als er sie wieder öffnete, warf er einen Blick aus dem Fenster, um festzustellen, daß er in Swaffham war, denn er glaubte, im Paradies zu sein.

Sarah kostete die Macht aus, die sie über diesen großen Jungen ausübte, aber gleichzeitig wuchs ihr eigenes Verlangen. Sie nestelte ungeduldig an ihren Röcken, schob sie bis zu den Brüsten hoch, und mit einem Tonfall, der wie die Bitte eines kleinen Mädchens klang, flüsterte sie: »Nimm mich, bitte!«

Diese drei Wörter genügten, Carters Gefühle so durcheinanderzubringen, daß er innehielt und ratlos auf Sarah Jones herabblickte. Er erschrak, wußte er doch nicht, wie er sich verhalten sollte. Angst schnürte seine Kehle zu. Er brachte keinen Laut hervor.

Sarah bemerkte seine Hilflosigkeit und daß sie zu weit gegangen war, und mit ausgestreckten Armen sagte sie lächelnd: »Komm, mein großer Junge!« Dann umarmte sie ihn und krallte sich mit ihren Fingern in Howards dunklen Haaren fest. Sie bedeckte sein Gesicht mit Küssen, bis beiden die Luft wegblieb. Dann ließ sie von ihm ab.

Vorsichtig wie ein Reiter, der zum ersten Mal im Sattel saß, kletterte Howard vom Schreibtisch.

»Miss Jones!« stammelte er, als er wieder festen Boden unter den Füßen hatte.

Sarah, die noch immer halb entblößt vor ihm lag, schien ihre Nacktheit zu gefallen, jedenfalls machte sie keine Anstalten, ihre Kleider in Ordnung zu bringen und sich zu bedecken. »Nenn mich nicht Miss Jones!« erwiderte sie heftig, aber mit einem Lächeln.

Als hätte er Sarahs Aufforderung überhört, wiederholte Carter: »Miss Jones! Ich liebe Sie.«

Sarah erhob sich. Auf ihre Ellenbogen gestützt, musterte sie den Jungen mit festem Blick, als wollte sie die Ernsthaftigkeit seiner Aussage prüfen. Dann aber blickte sie an Carter vorbei, und in ihrem Gesicht machte sich ein Lächeln breit.

»Sie lachen mich aus, Miss Jones. Ich liebe Sie wirklich.«

Sarah schüttelte den Kopf, daß sich ihr Haarknoten löste. »Aber nein«, meinte sie, »mir begegnete nur der strenge Blick des Barons hinter dir. Da mußte ich lachen.«

Howard drehte sich um, und Sarah nutzte den Augenblick, um sich vom Schreibtisch zu erheben und ihre Kleider zu ordnen. »Ich vermute, er hat sich in seinem Grab umgedreht«, antwortete Howard und wandte sich wieder Sarah zu.

Die legte ihre Arme um seinen Nacken und preßte erneut ihren Körper gegen den seinen. »Ich weiß auch nicht, was plötzlich über mich kam, Howard.«

»Also war das alles für Sie nur ein Spiel.«

»Ein Spiel? Du bist ein dummer Junge, Howard. Es war für mich nicht weniger aufregend als für dich. Das kannst du mir glauben.«

»Aber es war doch gar nichts. Ich meine ...«

»Pst!« Sarah legte einen Zeigefinger auf seinen Mund. »Das ist schon gut so. Wahrscheinlich hätte es uns schon morgen leid getan.«

Da wurde Howard zornig, er riß sich von Sarah los und rief: »Ihnen vielleicht, Miss Jones. Mir gewiß nicht.«

»Sag so etwas nie wieder«, mahnte Sarah Jones mit ernster Stimme.

Aber Howard ließ sich nicht aufhalten: »Glauben Sie, ich wüßte nicht, was sich zwischen Ihnen und Chambers abspielt? Sie halten mich vielleicht für einen dummen Jungen, aber auch dumme Jungen haben Augen im Kopf.«

Sarah konnte ein leichtes Schmunzeln nicht verbergen: »Howard, du bist kein dummer Junge, das hast du gerade bewiesen. Und was Chambers betrifft: Ja, er hat mir einen Antrag gemacht, ich habe ihn jedoch zurückgewiesen.«

»Warum? Der Musikus wäre doch eine gute Partie!« Howard war noch immer sehr aufgebracht.

»He!« Sarah streckte dem Jungen die Hand entgegen, »du bist ja eifersüchtig, Howard.«

»Ich könnte ihn umbringen!«

»Ach was! Charles Chambers ist ein richtig netter Kerl; aber ein netter Kerl ist kein Mann zum Heiraten. Ich weiß nicht, ob du verstehst, was ich meine.«

Howard war viel zu stolz einzugestehen, daß er keineswegs begriff, was Sarah damit sagen wollte, und deshalb nickte er verständnisvoll mit dem Kopf.

Sarah Jones hielt immer noch seine Hand. Die zog sie nun an sich heran und legte sie auf ihre Brust. Dabei blickte sie tief in Howards Augen, als sie sagte: »Was wir heute getan haben, habe ich noch nie mit einem Mann gemacht. Glaube mir, ich habe noch nie mit einem Mann geschlafen. Ich weiß nicht, warum ich dir das sage – es ist mir einfach ein Bedürfnis.«

Bei Howard löste diese Erklärung ein Feuerwerk an Gefühlen aus. Es kam ihm vor, als explodierten in seinem Innersten Feuerwerksraketen, als trügen sie ihn mit sich fort, und er herzte und küßte Sarah und war erfüllt von einer Sehnsucht, von der er ahnte, daß sie sein Herz mit unendlicher Wonne erfüllen würde.

Sarah genoß die stürmischen Zärtlichkeiten ihres jungen Liebhabers wie ein verbotenes Rauschgift. Als sie endlich voneinander ließen und in die Wirklichkeit zurückfanden, sagte sie: »Morgen ist der letzte Tag des Schuljahres. Es wäre gut, wenn wir uns dann ein paar Tage aus dem Wege gingen. Nur ein paar Tage, das verstehst du doch?«

»Ja, natürlich«, erwiderte Howard verstört. Er trat einen Schritt zurück und betrachtete Sarah, als wollte er sich für diese Tage jede Einzelheit ihres Körpers einprägen: ihr Gesicht, ihren Hals, die Wölbung ihres Busens, die Arme und ihre gesamte Erscheinung. Für Howard waren die Geheimnisse ihres Körpers keine Geheimnisse mehr.

Eher zufällig fiel sein Blick auf die Zeichnung, die unter ihren Liebesbezeugungen in Mitleidenschaft gezogen worden war. Er mußte lachen. Und als Sarah den Grund seiner Fröhlichkeit erkannte, da konnte auch sie sich nicht mehr zurückhalten, und sie lachten beide herzlich und übermütig.

»Ich hoffe«, meinte Sarah kichernd, »die Wirklichkeit hat deine Phantasie nicht zu sehr enttäuscht.«

Da wandte Howard den Blick verschämt zu Boden, und schüchtern entgegnete er: »Die Wirklichkeit hat meine Phantasie weit übertroffen, Miss Jones!«

Sarah küßte Howard zum Abschied auf die Stirn. Nacheinander verließen beide die Bibliothek, zuerst Howard, dann Sarah. Howard schwang sich auf sein neues Fahrrad, das er inzwischen erstanden hatte, und trat in die Pedale, als würde er vom Teufel gejagt. Aber die Hitze des Abends war nicht geeignet, seinen Körper abzukühlen. Er hätte jauchzen können vor Lust. Das also war Leidenschaft, jenes unkontrollierte Verhalten, das nur ein Ziel kennt – das Objekt der Begierde zu besitzen.

Als Howard in das Haus an der Sporle-Road zurückkehrte, war er ein anderer. Er war erwachsen geworden, ein Mann. Seit Kindertagen hatte er davon geträumt, von einer großen, schönen, dunkelhaarigen Frau geliebt zu werden. Genaue Vorstellungen, was das bedeutete, hatte er nie gehabt, aber er war bis zu diesem Tag unglücklich genug gewesen, um sich nach jenem unbekannten Gefühl von Liebe und Leidenschaft zu sehnen.

Fanny und Kate, denen die Veränderung ihres Neffen nicht verborgen blieb, stellten keine Fragen. Sie wußten, daß ein Junge dieses Alters Fragen nach seinem Seelenzustand nie wahrheitsgemäß beantwortet. Was hätte er auch antworten sollen? Etwa: Ich liebe meine Lehrerin? Oder gar: Ich habe mit ihr ein Verhältnis? Man hätte ihn nicht für voll genommen, und Howard hätte ihnen das nicht einmal verdenken können.

Es war nicht ungewöhnlich für einen Jungen seines Alters, sich in seine Lehrerin zu verlieben. Ungewöhnlich war nur, daß die Lehrerin seine Zuneigung erwiderte. Mehr noch, daß die Leidenschaft von ihr ausging. Jedenfalls empfand er es so, und Howard wünschte, die Zeit möge stillstehen.

Der Schuljahresschluß am folgenden Tag, einem Dienstag, schien kein Ende nehmen zu wollen. Miss Jones und Howard waren darauf bedacht, daß ihre Blicke sich nicht begegneten. Sogar als Howard sein Abschlußzeugnis entgegennahm, sahen sie aneinander vorbei, als plagte sie ein schlechtes Gewissen.

Aus der Entfernung konnte sich Howard jedoch nicht sattsehen an der Geliebten. Wie schön und wie verführerisch sie war! Zitternd versuchte Carter, seine Gefühle zu unterdrücken, und er dachte nach, wie viele Tage Trennung sie ihm auferlegt hatte. Ein paar Tage, hatte sie gesagt. Hatte sie daran gedacht, daß ein paar Tage eine Ewigkeit sein konnten?

Das hältst du nicht aus, sagte er bei sich, das kann sie mit mir nicht machen. Warum tut sie das? Sie wollte es doch genauso wie ich!

Allein mit seinen Gedanken streifte Howard am Nachmittag über die Weiden in Richtung Dereham, die um diese Zeit in voller Blüte standen. Aus den schönsten Blumen, die er finden konnte, band er einen Strauß; dann schlich er nach Hause. Er hatte noch nie Blumen gepflückt und kam sich mit Blumen in der Hand ziemlich albern vor. Deshalb legte er, bevor er das Haus betrat, den Strauß vor dem Eingang nieder. Unbemerkt erreichte er sein Zimmer und schnitt aus einem Zeichenblatt eine Briefkarte. Mit zierlicher Feder und in seiner schönsten Schreibschrift schrieb Howard darauf die Worte: *Der schönen Aphrodite – vormals Griechenland, jetzt Swaffham, Grafschaft Norfolk. Von Howard Carter.*

Dann fuhr er mit seinem Blumengebinde in Richtung Marktplatz zur *Dame-School*. Howard wollte nicht gesehen werden, schon gar nicht mit einem Blumenstrauß. Deshalb benutzte er den Hintereingang, schlich über das kühle Treppenhaus in das zweite Stockwerk, wo das kleine Zimmer lag, das Sarah Jones seit ihrer Ankunft in Swaffham bewohnte. Vor der Türe legte Howard Carter den Strauß mit der Karte nieder, und scheinbar unbemerkt verschwand er durch die Hintertür.

Liebe macht blind. Und so entging ihm auch diesmal der Mann mit der dicken Brille und dem krausen Backenbart, der sein Kommen und Gehen aus sicherer Entfernung beobachtet hatte.

Kaum hatte Howard das Haus verlassen, begab sich der Fremde auf demselben Weg in das Innere, fand zielsicher den Weg nach oben und nahm den Blumenstrauß an sich, der vor Miss Jones' Zimmer lag. Ein Stockwerk tiefer klopfte er an die Türe des Direktionszimmers und vernahm eine Stimme, die ihn zum Eintreten aufforderte.

»Mein Name ist Marvin, James Marvin«, stellte sich der Fremde vor und fügte hinzu: »Wir kennen uns nicht.«

In der Annahme, es sei eine Sache von Wichtigkeit, bot Miss Jones dem Fremden einen Stuhl an. »Was kann ich für Sie tun, Sir?« fragte sie freundlich.

Marvin setzte sich und drehte verlegen den Blumenstrauß in seinen Händen. Dabei fiel die Karte zu Boden. Sarah sah es und wunderte sich, warum der fremde Mann, der den Vorgang ebenfalls bemerkt hatte, sie nicht aufhob.

»Ich weiß nicht, wie ich beginnen soll«, meinte dieser umständlich, »aber es ist bekannt, daß Sie, Miss Jones, das Erbe der seligen Baronin von Schell angetreten haben, welche vor vielen Jahren das Geld in die Ehe gebracht hat.«

»Ja, natürlich, das ist kein Geheimnis«, antwortete Sarah. »Und was stört Sie daran, Mr. Marvin? Sind Sie ein entfernter Verwandter? Wollen Sie die Erbschaft anfechten?«

»Gott bewahre, Miss Jones!« Marvin hob beide Hände. »Der selige

Baron war mir jedoch kein Unbekannter, müssen Sie wissen. Meinem Vater war er sogar beinahe ein Freund.«

»Beinahe? Was heißt beinahe?« fragte Sarah schnippisch zurück.

»Nun ja, er half dem Baron, so zu leben, wie es seiner Vorstellung entsprach. Leider ist er im letzten Jahr gestorben. Nun führe ich seine Geschäfte.«

»Ich verstehe kein Wort, Mr. Marvin.« Miss Jones erhob sich hinter ihrem Schreibtisch und musterte den fremden Besucher mit kritischem Blick, so als zweifelte sie, ob sie seinen Worten glauben könne. »Wollen Sie sich nicht etwas genauer ausdrücken?«

»Wie Sie wünschen.« Marvin holte tief Luft. »Baron von Schell führte ein Doppelleben, was – wenn ich mir die Bemerkung erlauben darf – kein Wunder war angesichts des spröden Charakters der Baronin. In einer schwachen Stunde gestand er meinem Vater einmal, er habe die Baronin nur wegen ihres Geldes geheiratet. Und um dem Martyrium dieser Ehe zu entgehen, unternahm er Forschungsreisen in ferne Länder.«

»Ich verstehe.« Sarah Jones verschränkte die Arme und wartete amüsiert auf weitere Enthüllungen.

»Gar nichts verstehen Sie, Miss Jones!« erwiderte Marvin beinahe böse. »Die monatelangen Reisen des Barons in ferne Länder endeten nämlich alle in London. Genauer gesagt in der Abbey Road, wo eine Lady von zweifelhaftem Ruf, aber einnehmendem Äußeren, einen liederlichen Haushalt führte. Mit dieser Dame der – sagen wir einmal – nicht gerade besten Gesellschaft verbrachte Baron von Schell mehr Zeit im Jahr als mit seiner Ehefrau.«

Miss Jones schüttelte den Kopf. »Und damit kein Verdacht aufkam, kaufte er die Trophäen aus Afrika und die Ausgrabungen aus Ägypten, Rom und Griechenland auf Auktionen von Phillips und Christies oder bei Händlern in Kensington.«

»Richtig erraten, Miss Jones!«

»Das habe ich nicht erraten, Mr. Marvin. Ich fand Rechnungen in seinem Nachlaß, die einen gewissen Verdacht aufkommen ließen. Seltsam nur, daß die Baronin nicht dahintergekommen ist. Immerhin hatte sie fünfzehn Jahre Zeit!«

»Woher wollen Sie wissen, daß die Baronin keine Ahnung hatte vom Doppelleben ihres Mannes?«

»Sie redete nur gut über ihn. Sie verehrte seine Hinterlassenschaft, als wären es Reliquien. Sie –« Sarah hielt inne. Es gab keinen Grund, dem rätselhaften Mr. Marvin mehr zu erzählen. Statt dessen richtete sie an den Unbekannten die Frage: »Und welche Rolle spielte Ihr Vater bei dem Komplott gegen die Baronin?«

»Komplott ist ein starkes Wort, Miss Jones. Gewiß, Sie als Frau werden wenig Verständnis aufbringen für das Verhalten dieses Mannes. Aber was man so hörte...«

»Sie werden es vielleicht nicht für möglich halten, Mr. Marvin, aber ich kann Baron von Schell verstehen. Ich habe ihre Launen und Boshaftigkeiten erlebt und war nahe daran wegzulaufen, als die Sache mit ›Blümchen‹ passierte. Sie werden sicher davon gehört haben.«

Marvin nickte, und Sarah fuhr fort: »Aber Sie sind doch sicher nicht gekommen, um mir diese Geschichte zu erzählen. Deshalb noch einmal meine Frage: Welche Rolle spielte Ihr Vater in diesem Zusammenhang?«

»Er war Zuträger für den Baron. Er besorgte ihm all das, was ein Forscher von seinen Weltreisen und Ausgrabungen nach Hause bringt, vom ausgestopften Krokodil bis zum Goldbecher aus Mykene.« Marvin betrachtete den Blumenstrauß, den er noch immer in seinen Händen hielt.

»Das klingt so, als wäre bei diesem Geschäft nicht alles mit rechten Dingen zugegangen.«

»Ich bitte Sie, Miss Jones!« Marvin tat entrüstet. »Der Baron hat jede Lieferung korrekt bezahlt. Darunter befanden sich auch kostbare Stücke.«

»Ich weiß.« Die Worte rutschten Sarah heraus. Kaum hatte sie sie ausgesprochen, da war ihr bewußt, daß sie einen Fehler gemacht hatte.

»Also sind die Objekte noch vorhanden?« erkundigte sich James Marvin aufgeregt.

»Warum wollen Sie das wissen?«

»Nun ja, Baronin von Schell war nicht bereit, nach dem Tod ihres Mannes auch nur ein einziges Stück zu veräußern. Aber für Sie, Miss Jones, sind die Dinge doch ohne Bedeutung. Ich möchte sogar sagen, für Sie sind einige Objekte gefährlich.«

»Das müssen Sie mir erklären!«

Als sei er verlegen, zupfte Marvin an dem Blumenstrauß herum, und ohne Sarah Jones anzusehen, erwiderte er: »Wissen Sie, Madam, nicht alles, was Baron von Schell im Laufe der Jahre angehäuft hat, wurde ganz legal erworben.«

»Wußte der Baron davon?«

»Natürlich nicht. Aber er war der ideale Abnehmer! Man konnte sicher sein, daß die Kunstgegenstände in seiner Sammlung verschwanden und nie wieder auftauchten.«

»Auch die Statue der Aphrodite?«

Marvin schien wie elektrisiert. »Sie ist also noch hier?«

Sarah antwortete nicht.

»Es ist nämlich so«, begann der fremde Mann, »ich habe einen Interessenten für das Objekt. Bedenken Sie, geraubte Kunstgegenstände von dieser Bekanntheit sind praktisch nicht zu verkaufen, es sei denn an einen Verrückten. Selbst wenn Sie vorhätten, die Aphrodite dem rechtmäßigen Besitzer zurückzugeben, hätten Sie gewisse Probleme. Kein Mensch würde glauben, wie die Statue in ihren Besitz gelangt ist.«

»Wer sagt denn, daß ich die Statue überhaupt besitze?« Sarah schien sich ihrer Sache ziemlich sicher, und sie hatte nicht vor, sich in irgendwelche dunklen Geschäfte verwickeln zu lassen. Freilich hatte sie nicht mit der Hinterlist des fremden Mannes gerechnet.

Denn dieser reichte Sarah den Blumenstrauß, und als Sarah ihn fragend ansah, hob er die Karte vom Boden auf und reichte sie ihr ebenfalls. »Beides lag vor Ihrer Türe, Miss Jones. Sie scheinen einen glühenden Verehrer zu haben – wenn ich mir die Bemerkung erlauben darf.«

Sarah Jones las die Karte. Der Text rührte sie zutiefst. Aber gleichzeitig fühlte sie sich von dem Unbekannten ertappt. Sie spürte, wie sie errötete. »Ein guter Freund!« meinte sie beschwichtigend und schlug mit der Karte auf die flache Hand.

»Ich weiß«, erwiderte Mr. Marvin scheinbar verständnisvoll. »Ich beobachte ihn seit ein paar Tagen.« Und mit einem süffisanten Lächeln zog er ein messingfarbenes Fernglas aus der Tasche seines Sakkos. »Ist der junge Mann nicht etwas zu jung für eine Frau Ihres Alters, Miss Jones? Wie ich in Erfahrung bringen konnte, handelt es sich um einen Ihrer Schüler.«

»Was wollen Sie damit sagen?« Sarahs Aufregung wuchs.

»Nun ja, Sie sollten künftig die Fenster schließen, wenn Sie sich einem Ihrer Schüler hingeben – auch wenn es noch so heiß ist. Die Lärchen auf der Rückseite des Schulgebäudes bieten einen hervorragenden Einblick in alle Räume.«

»Hinaus! Verschwinden Sie auf der Stelle!« rief Sarah Jones aufs äußerste erregt. »Sie sind ein Schwein, Mr. Marvin, hinaus!«

Marvin kam der Aufforderung ohne Zögern nach. Es schien sogar, als habe er damit gerechnet. Doch im Gehen machte er noch die Bemerkung: »Verstehen Sie mich nicht falsch, Miss Jones, Ihr Privatleben geht mich nichts an, und warum sollen Sie nicht mit einem Ihrer Schüler schlafen. Aber die Gesellschaft hat nun einmal altmodische Moralvorstellungen. Von meiner Seite haben Sie jedenfalls nichts zu befürchten, wenn Sie sich in gewisser Weise erkenntlich zeigen.«

»Hinaus!« schrie Sarah noch einmal, und weil er das Zimmer noch immer nicht verlassen hatte, packte sie Marvin am Ärmel und zerrte ihn zur Türe. »Lassen Sie sich nie mehr hier blicken!« rief sie ihm wütend hinterher. Dann ging sie zum Schreibtisch, auf dem die Blumen lagen und Howards Karte, und sie schluchzte wie ein kleines Mädchen.

Kapitel 7

Für Mittwoch war Carter bei Lord Amherst in Didlington Hall einbestellt. Auch in der Nacht hatte es sich kaum abgekühlt, und Carter fürchtete die Hitze des Tages, zumal er für die Reise, um bei seiner Lordschaft guten Eindruck zu machen, seinen besten und einzigen Anzug angezogen hatte. Gegen sieben Uhr morgens bestieg Howard sein Fahrrad, auf dem Gepäckträger eine Mappe mit seinen besten Zeichnungen.

Der Weg nach Didlington Hall, zehn Meilen südlich von Swaffham nahe dem Dorf Brandon gelegen, war unter normalen Bedingungen schon beschwerlich genug, weil die Straße häufig bergauf-bergab ging; aber an diesem Tag trieb es Carter den Schweiß aus allen Poren. Als er bei Mundford den Thetford Forest erreichte, entledigte er sich seines Sakkos und hängte das naßgeschwitzte Hemd über die Lenkstange. Nur ein Verrückter, dachte er bei sich, strampelt bei dieser Gluthitze zehn Meilen durch Norfolk.

Im dichten Wald und mit nacktem Oberkörper wurde die Schwüle erträglicher. Howard hatte sich wohlgesetzte Worte bereitgelegt, um Lord Amherst für sich einzunehmen. Diese versuchte er jetzt zu rekapitulieren, aber alle seine Gedanken wurden überlagert von dem Ereignis der vergangenen Tage. Während die Bäume zu beiden Seiten der Straße wie Schemen an ihm vorbeiflogen, sah Carter das Bild von Sarah Jones vor sich. Er glaubte, während er in die Pedale trat, ihren Körper unter sich zu spüren. Dabei quälte ihn der Gedanke, daß er sie für mehrere Tage entbehren sollte.

Vor Didlington Hall angelangt, einem breitflächigen Landsitz aus Backstein umgeben von einer großzügigen Parklandschaft, lehnte er sein Fahrrad an einen Nußbaum, um sich in dem Weiher unmittelbar vor dem Eingang den Schweiß vom Körper zu waschen. Seerosen schwammen auf dem tiefgrünen Teich, und Howard schaufelte sich mit beiden Händen kühlendes Wasser ins Gesicht. Dann zog er sich seine Kleider über und schob sein Fahrrad bis zum Eingang.

Carter hatte kaum den Klingelzug betätigt, als ein livrierter Butler mit weißen Handschuhen und strenger Miene öffnete und mürrisch fragte: »Sie wünschen, Sir?«

»Mein Name ist Howard Carter. Ich bin mit Lord Amherst verabredet.« Er hatte die Worte kaum ausgesprochen, da erkannte er in dem Butler den Kutscher. »Sie kennen mich ja«, fügte er hinzu.

»Sehr wohl«, antwortete der Diener unbeeindruckt, »aber bitte durch den Dienstboteneingang.« Dabei machte er mit dem rechten Daumen eine flüchtige Bewegung, er solle sich hinter das Haus begeben.

Howard warf dem Butler einen verachtenden Blick zu, weil er ihn, noch bevor er sich mit dem Lord geeinigt hatte, wie einen Dienstboten behandelte, während Amherst ihn – daran erinnerte er sich gut, stets mit »junger Herr« angeredet hatte, aber dann kam er der unfreundlichen Aufforderung nach und begab sich mit der Zeichenmappe unter dem Arm zum Hintereingang.

Anders als der Vordereingang, der von Efeu eingerahmt war, das bis zum obersten Stockwerk reichte, führten am Hintereingang vier Stufen nach unten zum Küchengewölbe, wo Kisten und Flaschen und große Töpfe gestapelt standen. Eine dicke Köchin, die ihre Haare unter einem um die Stirn gebundenen Kopftuch verbarg, musterte ihn mit unverhohlenem Mißtrauen und hielt ihn wohl für einen neuen Diener, jedenfalls stemmte sie beide Fäuste in die Hüften und knurrte: »Mach dir bloß keine falschen Hoffnungen! Mehr als zehn Shilling sind in Didlington Hall nicht drin, auch nicht für so feine Leute wie dich!« Und während sie das sagte, wanderte ihr Blick von Howards Scheitel bis zu den Füßen und wieder zurück.

Carter nickte freundlich, denn er wollte es sich nicht gleich am ersten Tag mit dem Personal verderben, vor allem nicht mit der Köchin. Kate hatte ihn oft ermahnt, in einem fremden Haus dürfe man es sich mit jedem verderben, nur nicht mit der Köchin.

»Seine Lordschaft lassen bitten!« Carter vernahm Arthurs mahnende Stimme hinter sich und folgte dem Butler schweigend.

Die Kühle im Inneren des Herrenhauses tat wohl. Didlington Hall strahlte nicht die Unnahbarkeit eines Landsitzes wie Oxburgh Hall aus, das turmbewehrt und von einem Wassergraben umgeben war, nein, Didlington Hall hatte im Laufe seiner langen Geschichte zahlreiche Um- und Anbauten erfahren und war in seinem Inneren so verwinkelt, daß sich ein Fremder verlaufen konnte.

Was die Einrichtung des Hauses betraf, so stand das Anwesen der Amhersts vergleichbaren Landhäusern in keiner Weise nach. Die Wände der großen Räume waren walnußgetäfelt und mit kostbaren Gobelins und Gemälden behangen. Das Mobiliar stammte aus allen Epochen der englischen Geschichte und strahlte Gediegenheit und Tradition aus. Scheinbar unbeachtet standen riesige chinesische Vasen, Hunde und Fabeltiere aus Porzellan herum. Durch die hohen Fenster der Halle, die zu betreten ihm zuvor verweigert worden war, fiel grelles Sommerlicht und zeichnete leuchtende Flecken auf die roten und blauen Ornamente der orientalischen Teppiche. Howard konnte sich nur schwer vorstellen, daß in den wuchtigen Sesseln, die frei und ohne Tisch herumstanden, jemals ein Besucher Platz nehmen würde.

Von der großen Halle führte eine Tür zum Arbeitszimmer des Hausherrn. Der Butler klopfte an und meldete den Besucher.

Obwohl nicht gerade klein von Statur, kam sich Howard Carter klein vor, als er den Raum betrat. Er erinnerte ihn irgendwie an das Kabinett des Barons in Swaffham, nur daß dieses Kabinett viel größer war. Kunstgegenstände und Ausgrabungen, vorwiegend aus Ägypten, nahmen die Wände vom Boden bis zur Decke ein. Carter bemerkte einen merkwürdigen Geruch, und in dem Raum herrschte drückende Schwüle.

Lord Amherst und ein fremder Besucher standen über einen großen Tisch in der Mitte des Raumes gebeugt, vor sich haufenweise Karten, Zeichnungen und alte Dokumente.

Der Lord kam Carter freundlich entgegen und erkundigte sich: »Haben Sie die Folgen des bedauerlichen Unfalls überwunden?«

»Halb so schlimm!« Howard machte eine wegwerfende Handbewegung.

»Und Ihr Velociped?«

»Ich habe mir ein neues gekauft. Es hat mich hierher gebracht, Mylord.«

»Dann können wir also die Angelegenheit als erledigt betrachten«, erwiderte Amherst und wies auf den Unbekannten, einen jungen Mann von vielleicht fünfundzwanzig Jahren: »Mr. Newberry, darf ich Ihnen Mr. Howard Carter vorstellen, von dem ich Ihnen schon erzählt habe. Er ist ein sehr begabter Zeichner. Ich würde es gerne sehen, wenn er in meine Dienste träte.« Und an Howard gewandt, erklärte er: »Das ist Percy Edward Newberry, ein angehender Ägyptologe, meisterhafter Botaniker und exzellenter Gartenhistoriker.«

Newberry streckte Carter die Hand entgegen: »Lord Amherst hat schon berichtet, auf welch eigenartige Weise Sie seine Bekanntschaft gemacht haben. Wer weiß, wozu es gut war. Das Leben hält immer wieder die seltsamsten Zufälle bereit.«

Carter nickte freundlich und legte seine Zeichenmappe auf den Tisch. An den Lord gewandt meinte er: »Wenn Sie gestatten, ich habe ein paar Probearbeiten mitgebracht, Auftragszeichnungen von Pferden und Haustieren, aber auch ein paar Landschaftsaquarelle aus der Gegend.«

Mit Interesse begutachteten Lord Amherst und sein Besucher die Blätter, wobei Carter den Lord nicht aus den Augen ließ und jede seiner Regungen verfolgte.

Lord Amherst, ein stattlicher Mann von etwa sechzig Jahren, trug einen schmalen Oberlippenbart. Sein energischer Blick und die ernsthaften Gesichtszüge ließen kaum vermuten, daß sein Charakter weich und den schönen Dingen des Lebens zugetan war. Viertausend Hektar Heideland, Pferde, Kühe und Schafe in unüberschaubarer Anzahl erlaubten ihm und seiner Frau Margaret, mit der er fünf Töchter, aber keinen Sohn hatte, ein Leben ohne Einschränkungen, ja Seine Lordschaft konnte es sich leisten, ungewöhnlichen Leidenschaften nachzugehen, die sein Leben bestimmten und von denen noch die Rede sein wird. Zudem hegte Lord Amherst eine beinahe religiöse Verehrung für Queen Victoria, deren Bild mit den Königsinsignien überlebensgroß die Mitte der gegenüberliegenden Wand des Arbeitszimmers einnahm.

Nachdem Amherst und Newberry Howards Zeichnungen eingehend begutachtet und sich gegenseitig anerkennende Blicke zugeworfen hatten, bot der Lord Carter einen Stuhl an und fragte: »Mister Carter, welchen Beruf üben Sie derzeit aus? Wenn ich mich recht erinnere, sagten Sie, Sie betätigten sich als Tiermaler?«

»Ganz recht, Mylord. Ich habe gerade die Schule beendet und muß nun daran denken, auf eigenen Füßen zu stehen. Die Umstände und finanziellen Verhältnisse meines Vaters erlauben mir jedenfalls nicht, ein College zu besuchen. Aber ich bin guter Dinge. Es gibt Aufträge genug.«

An den Tisch gelehnt und mit beiden Daumen in den Taschen seiner Weste erwiderte Amherst: »Das mag ich gerne glauben, mein junger Freund, Ihre Arbeiten sind wirklich vorzüglich. Aber sind Sie sicher, daß Ihre Auftragslage anhält? Wir gehen unruhigen Zeiten entgegen. Aufgestachelt von kurzsichtigen Hitzköpfen, verweigern die Baumwollarbeiter die Arbeit. ›Streik‹ nennen sie das. Welch eine Zeit! Es wird noch soweit kommen, daß Frauen wählen wollen. Kurz und gut, ich biete Ihnen an, gegen festen Lohn als Zeichner für mich zu arbeiten. Für den Anfang biete ich Ihnen fünfzehn Shilling die Woche, später mehr. Dazu freie Kost und Logis.«

Fünfzehn Shilling die Woche? Das sind drei Pfund im Monat sicheres Einkommen! Kein schlechtes Angebot, dachte Carter bei sich. Schließlich hatte er gerade erst die Schule hinter sich. Da traf ihn der Gedanke wie ein Blitz: Das würde bedeuten, daß er Swaffham verlassen mußte! Nun war Swaffham nicht der Ort, der einen jungen Mann wie Howard ein Leben lang festhält, aber da war Sarah Jones, und die Vorstellung, zehn Meilen von ihr entfernt zu leben, erschien Howard unerträglich.

»Nein«, erwiderte Carter, ohne lange nachzudenken. »Ihr Angebot ist sehr großzügig, Mylord. Betrachten Sie es bitte nicht als undankbar, wenn ich es dennoch nicht annehme. Ich würde lieber in Swaffham bleiben – bei meinen Tanten«, fügte er noch hinzu.

Amherst und Newberry sahen sich verdutzt an. Sie hatten beide Carters Ablehnung nicht erwartet, schon gar nicht der Lord. Und Howard glaubte sogar eine senkrechte Zornesfalte auf seiner Stirn zu erkennen.

»Das ist sicher nicht Ihr letztes Wort«, meinte Lord Amherst, der Widerspruch nicht gewohnt war. »Also gut, junger Freund, ich erhöhe mein Angebot auf zwanzig Shilling die Woche. Das ist mein letztes Wort, mein allerletztes!«

Vier Pfund im Monat? Carter verstand die Welt nicht mehr. Das war beinahe soviel, wie sein Vater als Illustrator für die *Illustrated London News* verdiente, und der war ein Künstler. Der Gedanke an Sarah Jones, die dann zehn Meilen von ihm entfernt leben würde, verwirrte ihn so sehr, daß er nur hilflos den Kopf schüttelte. Schließlich meinte er, um Amherst nicht allzusehr zu enttäuschen: »Mylord, ich könnte Ihre Aufträge doch auch in Swaffham erledigen. Wenn ich Sie recht verstehe, geht es darum, Kunstobjekte und Inschriften zu kopieren oder zu vervielfältigen.«

Da lachte der Lord, aber sein Lachen klang künstlich und aufgesetzt, beinahe mitleidig. »Wie stellen Sie sich das vor, junger Freund? Wollen Sie meine Kunstschätze auf dem Fahrrad nach Swaffham und zurück transportieren? Sie scheinen den Wert dieser Dinge zu verkennen. Hier, dieser Papyrus« – er pochte mit der geballten Faust auf den Tisch – »ist über dreitausend Jahre alt, und ich habe tausend Pfund dafür ausgegeben. Tausend Pfund! Ich schlage vor, Sie lassen sich mein Angebot noch einmal durch den Kopf gehen. Dafür gebe ich Ihnen eine Woche Zeit.«

Lord Amherst reichte Howard die Mappe mit seinen Zeichnungen zurück, und Mr. Newberry gab ihm die Hand. Als hätte man ihn gerufen, tauchte Albert, der Butler, in der Tür auf, um Carter auf dem selben Weg, wie er gekommen war, hinauszugeleiten. Howard kam es vor, als habe Albert gelauscht, denn seine mürrische Miene schien nun noch mürrischer. Da wurde ihm klar, sollte er jemals für Lord Amherst arbeiten, würde ihm *ein* Feind sicher sein.

Draußen herrschte brütende Mittagshitze, und Howard entledigte sich seiner schweißtreibenden Oberkleidung, um sie auf dem Gepäckträger seines Fahrrades zu verstauen. An einem nahen Brunnen machte er halt, um aus der hohlen Hand Wasser zu trinken. Da nahm er einen Schatten wahr. Er drehte sich um und erkannte die Tochter Lord Amhersts, die bei dem Unfall mit ihrem Vater in der Kutsche gesessen hatte. Sie trug einen weiten Matrosenanzug, dessen Beinkleider an den Waden endeten, und eine große blaurote Schleife vor der Brust. Das Mädchen war barfuß.

»He, du bist doch der Junge, den unser Kutscher zusammengefahren hat. Ich bin Alicia!« Dabei streckte sie Howard ihre Hand entgegen.

Für den kam die Begegnung so unerwartet, daß es ihm die Sprache verschlug. Er drückte schweigend ihre Hand und nickte verlegen mit dem Kopf.

»Und?« fragte das Mädchen. »Hat dir mein Vater eine Stelle angeboten?«

»Ja«, erwiderte Carter kleinlaut.

»Und hast du zugesagt?«

»Nein.«

Da tauchte Alicia ihre Hand in den Brunnen, schöpfte Wasser und spritzte Howard ins Gesicht.

»Du redest wohl nicht gerne?« rief sie lachend, und mit Vergnügen beobachtete sie, wie sich Howard die Wassertropfen aus dem Gesicht wischte.

»Entschuldigen Sie, Miss Alicia, ich bin etwas durcheinander wegen der Unterredung mit Ihrem Vater.«

»Miss Alicia«, äffte sie Howard nach. »Ich möchte, daß du mich beim Vornamen nennst. Wie heißt du?«

»Howard.«

»Also gut, Howard. Zahlt mein Vater dir zu wenig? Er ist ein Geizhals, mußt du wissen. Alle reichen Leute sind geizig. Das ist der Grund ihres Reichtums. Du kannst darauf warten, bis er sein Angebot verdoppelt.«

Das zierliche Mädchen schien ganz schön vorlaut und naseweis für sein Alter. Wenn er Alicia so von der Seite ansah, war sie eher eigenwillig als hübsch, viel kleiner als Howard, aber von aufrechter Haltung, und ihre kräftigen rötlichblonden Haare, die an den Seiten aufgerollt waren, leuchteten in der Sonne.

»Es ist nicht wegen des Geldes«, meinte er schließlich, und erklärend fügte er hinzu: »Ich müßte mich hier am Ort niederlassen.«

Mit den Händen schaufelte sich Alicia Wasser ins Gesicht und genoß, wie das kühle Naß über ihren Hals herab in ihre Kleidung rann.

»Was ist so faszinierend an Swaffham?« fragte Alicia mit großen Augen. »Ich meine, wenn du aus Cambridge kämst oder aus London, könnte ich dich ja verstehen, aber aus Swaffham. Oder ist es eine kleine Freundin, die dich zurückhält, ja, ich hab's erraten!«

»Nein, nein!« beeilte sich Howard zu beteuern. »Das ist es nicht.« Und wie so oft in Augenblicken der Bedrängnis fiel ihm die passende Antwort ein: »Man hat eben nur eine Heimat. Würdest du von einem Tag auf den anderen Didlington Hall verlassen?«

Alicia faltete lachend die Hände, verdrehte die Augen gen Himmel und rief: »Lieber heute als morgen. Die Vorstellung, hier mein Leben zu beschließen, macht mich trübsinnig. Ich hasse diese Großfamilien auf englischen Landsitzen, wo sich Kinder, Eltern, Großeltern und manchmal noch die Urgroßeltern auf die Nerven gehen und sich gegenseitig die Erbschaft streitig machen. Bei den Menschen sollte es sein wie bei den Vögeln. Die werfen ihre Jungen, sobald sie flügge sind, einfach aus dem Nest.«

Carter hörte Alicia aufmerksam zu. »Und warum bist du dann noch hier?«

»Eine gute Frage, aber die Antwort ist ebenso einfach: Weil mich mein Vater nicht gehen läßt. Er vertritt die altmodische Ansicht, ein Mädchen von Stand dürfe das Haus nicht vor dem einundzwanzigsten Lebensjahr verlassen, es sei denn in den Armen eines Ehemannes. Jedenfalls weigert er sich, mir vor dem einundzwanzigsten Geburtstag meinen Erbteil auszuzahlen. Viel bleibt mir ohnehin nicht. Ich bin die jüngste von fünf Schwestern.«

»Soll ich dich bedauern, Alicia?«

»Aber nein! Ich wollte nur erklären, wie unterschiedlich Menschen an ihrer Heimat hängen. Trotzdem solltest du dir das Angebot meines Vaters noch einmal durch den Kopf gehen lassen. Was willst du einmal werden?«

»Ich bin Tiermaler«, erklärte Carter selbstbewußt.

»Ich dachte, du gingst noch zur Schule!«

»Stimmt. Bis gestern. Seit heute bin ich Tiermaler im Hauptberuf.« Er zog eine selbstgezeichnete Visitenkarte aus der Hosentasche und reichte sie Alicia. Darauf stand in edler Schreibschrift: *Howard Carter, Animal painter, Swaffham.*

Die Karte blieb bei Alicia nicht ohne Wirkung. Dennoch wagte sie die Frage: »Und davon kann man leben?«

Howard lachte verschmitzt und antwortete weltmännisch: »Ach Gott, wenn man sich einschränkt ...«

»Trotzdem fände ich es gut, wenn du nach Didlington Hall kämst. Weißt du, manchmal fühlt man sich hier wie in einem Altersheim, lauter Greise.«

»Und Newberry, der ist doch kein alter Mann!«

»Nein, ist er nicht; aber ich mag ihn nicht leiden.«

»Und aus welchem Grund?«

»Er ist fünfundzwanzig, gerade sieben Jahre älter als ich. Aber wenn er redet, glaubt man, einen Methusalem vor sich zu haben. Newberry hat nur seine Hieroglyphen im Kopf, genau wie mein Vater. Bloß ist der fast vierzig Jahre älter.«

»Du hast es nicht gerne, wenn dein Vater sich mit Ägyptologie beschäftigt?«

»Ach was, Papa kann tun, wozu er Lust hat, solange seine Familie dabei nicht zu kurz kommt.«

Howard hielt die Hand über die Augen und blinzelte in Richtung auf das alte Gemäuer von Didlington Hall. »Du fühlst dich vernachlässigt, habe ich recht?«

Alicia hob die Schultern. »Nicht nur ich, vor allem meine Mutter. Meine Eltern sind seit fünfunddreißig Jahren verheiratet. Kannst du dir das vorstellen, Howard? Mir kommt es so vor, als flüchtete sich Papa mit seiner Sammelleidenschaft in eine andere Welt. Didlington Hall ist vollgestopft mit altem Krempel aus den entlegensten Teilen der Welt. Ich sehe keinen Sinn darin, das Haus mit einem vertrockneten ägyptischen König zu teilen.«

»Was soll das heißen? Könntest du dich vielleicht etwas deutlicher ausdrücken?«

Alicia schmunzelte, aber in ihrem Schmunzeln lag eine gewisse Bitterkeit. »Früher gab es in Didlington Hall einen großen Weinkeller. Der mußte geräumt werden, als die Mumie einzog – wegen des günstigen Raumklimas. Da liegt sie nun und schläft, vermutlich noch einmal dreitausend Jahre. Ich kann sie dir zeigen, wenn du willst.«

Howard sah Alicia ungläubig an, als hätte sie gerade etwas Unglaubliches berichtet.

»Du glaubst mir nicht? Komm!« Alicia nahm Howard an der Hand und strebte einem Seiteneingang zu, der verschlossen war. Ein Landsitz wie Didlington Hall hat zwar nur einen Haupteingang, aber mehrere Hinter- und Seiteneingänge, die einen Gebäudekomplex wie diesen rätselhaft erscheinen lassen wie ein Labyrinth.

»Warte hier!« kommandierte Alicia und verschwand. Kurz darauf wurde von innen die Türe geöffnet.

Schweigend gingen beide einen langen Gang entlang, von dem rechter Hand zahlreiche Türen wegführten, die alle gleich aussahen, und Carter fragte sich, welcher Hilfsmittel sich die Bewohner wohl bedienten, um die richtige Türe zu finden und keine mit einer anderen zu verwechseln. Wie einfach war es da doch bei Fanny und Kate, wo er sogar in stockfinsterer Nacht und ohne Lampe die Türe zu seinem Zimmer fand.

Am Ende des Ganges stiegen sie eine Treppe nach unten bis zu einem Absatz, auf welchem zwei gegenüberliegende Türen aus rohem Holz in entgegengesetzte Richtungen führten.

»Hier wohnt er«, meinte Alicia ironisch und fügte hinzu: »Wir können uns ruhig laut unterhalten, hier sind wir ungestört. Denn außer Newberry und meinem Vater wagt sich niemand hier herunter.«

»Und du? Hast du keine Angst?«

Alicia, noch immer barfuß, öffnete die Tür, die noch nicht einmal verschlossen war, schließlich nahm sie eine Petroleumlampe von der Wand und entzündete sie. »Angst wovor?« fragte sie zurück.

Carter nickte verständnisvoll. Dann erwiderte er: »Mädchen deines Alters fürchten sich doch vor allem und jedem.«

Da hielt Alicia inne, drehte sich um und leuchtete Howard, der ihr dicht auf den Fersen folgte, ins Gesicht: »Woher willst du das wissen? Du kennst wohl viele Mädchen meines Alters?«

So ist es, wollte Carter antworten, aber das hätte ihn wohl in die unangenehme Lage versetzt einzugestehen, daß er eine *Dame-School* besucht hatte, in der er der einzige Junge war, und das wäre ihm peinlich gewesen. Deshalb zog er es vor zu antworten: »Viele ist übertrieben; aber von denen, die ich kenne, brächte keine einzige deinen Mut auf, wirklich.«

»Ph!« meinte Alicia schnippisch, drehte sich um und leuchtete mit der Lampe in das Gewölbe, das sich ein paar Stufen tiefer vor ihnen auftat. Wuchtige Säulen, die aussahen, als wären jeweils vier Baumstämme zu einem zusammengewachsen, trugen Rundbögen, die sich kreuzten und aus rauhem Stein gemauert waren. Soweit man das im schummrigen Licht erkennen konnte, maß das Gewölbe fünfzehn Meter in der Länge und zehn Meter in der Breite. Auffallend sauber war der Boden aus quadratischen Sandsteinplatten, jede so groß wie ein Wagenrad. Es gab keine Fenster- oder Luftöffnung, weshalb hier eine eisige Temperatur herrschte wie in Norfolk im Winter.

Am Ende des Gewölbes löste sich plötzlich ein seltsames Etwas aus der Dunkelheit, eine rundliche menschliche Gestalt auf zwei Holzböcken, goldglitzernd und mit blauroter Bemalung versehen.

»Das ist Mister Peabody!« lachte Alicia und hielt die Lampe in die Höhe, damit sie mehr Licht verbreitete.

Der Anblick machte Carter sprachlos. Vor ihm lag ein ägyptischer Mumiensarg. Er hatte die Form eines in goldene Leinentücher gewikkelten Menschen mit über der Brust gekreuzten Armen. Die glitzernde Hülle war mit Fabeltieren und Hieroglyphen bemalt. Der Kopf trug eine aufgemalte Frisur, aber das Faszinierendste waren seine schwarzumrandeten Augen, die starr nach oben blickten und den Eindruck vermittelten, als könnte niemand die Ruhe dieser Mumie stören.

Auf Howard übte sie eine seltsame Anziehungskraft aus. Einerseits tot, andererseits so lebendig, als könnte sich das menschliche Gebilde jeden Augenblick in Bewegung setzen, entfesselte sie seine Neugierde, und er mußte sich zurückhalten, daß er nicht ein Gespräch mit der Mumie begann: Wo kommst du her? Wie alt bist du? Wie ist dein Name?

Um das Mädchen nicht doch noch zu erschrecken, hielt Carter seine Fragen zurück. Statt dessen meinte er: »Wie kommst du auf den Namen ›Mister Peabody‹?«

Alicia kicherte in sich hinein: »Mein Vater darf nicht wissen, daß ich ihn Mr. Peabody nenne. Er fordert Respekt vor dem Alter der Mumie. Dabei sieht er wirklich aus wie eine getrocknete Erbse.«

Und als wäre es die selbstverständlichste Sache der Welt, trat Alicia hinzu, reichte Howard die Lampe und hob die Kopfseite des Sargdeckels hoch. Vorsichtig schob sie diesen zur Seite. Aus dem Innern blickte ihnen ein vertrockneter, mumifizierter Schädel entgegen. Weit weniger ansehnlich als die kunstvolle Sarghülle umspannte lederartige, schwarzbraune Haut den knochigen Schädel. Die Haare waren kraus und flachgequetscht, die Augen in den Höhlen eingetrocknet und tot.

»Mein Vater und Newberry rätseln seit Jahren herum, wie er wohl heißen könnte, aber die Hieroglyphen geben keine Auskunft. Newberry meint, es sei ein Beamter vom Hof eines Pharaos. Meinem Vater wäre es lieber, wenn er einen ägyptischen König im Keller hätte. Mir ist das egal, für mich ist es Mr. Peabody.«

Mit Howards Unterstützung rückte sie den Deckel zurecht, dann nahm sie ihm die Petroleumlampe aus der Hand. Schweigend machten sie sich auf den Rückweg.

Carter empfand die Hitze als wohltuend, als sie aus dem Haus ins Freie traten. »Sag mal«, erkundigte er sich nachdenklich, »wie kam Mr. Peabody eigentlich hierher?«

Alicia hob die Schultern: »Das kann ich dir auch nicht beantworten. Mr. Peabody weilte schon lange unter uns, als Papa meine Mutter und uns Kinder von ihm in Kenntnis setzte. Angeblich gelangte er auf dem Seeweg über Ipswich nach Didlington Hall. Über die näheren Umstände schweigt sich Papa aus. Ehrlich gesagt interessieren sie mich auch nicht besonders. Würdest du dir Mr. Peabody in den Keller stellen?«

»Nein!« erwiderte Howard ohne nachzudenken. Dabei verschwieg er, daß ihn der Gedanke, Mr. Peabodys Vergangenheit zu ergründen, ungemein faszinierte.

Längst hatte die Sonne den Zenit überschritten, als Carter sich von Alicia verabschiedete. Er hielt noch einmal den Kopf unter das Brunnenrohr und trank aus der hohlen Hand, dann schwang er sich auf sein Fahrrad.

Bevor er auf die Straße nach Brandon einbog, drehte er sich noch einmal um und sah, wie Alicia winkte. Aber Howard tat so, als hätte er es nicht bemerkt.

In dem Waldstück von Cockleycley, eine Meile südlich von Swaffham, wo die Straße leicht abfällt und Carter sich den warmen Fahrtwind um die Nase wehen ließ, kam ihm eine junge Frau auf dem Fahrrad entgegen. Ihr Fahrstil wirkte unsicher. Howard glaubte von weitem

Miss Jones zu erkennen, verwarf den Gedanken jedoch sofort wieder. Den ganzen langen Weg hatte er nur an Sarah gedacht, da war es nicht ungewöhnlich, wenn die Sinne verrückt spielten.

Beinahe wäre er an der Frau auf dem Fahrrad vorbeigefahren, als er Sarahs Stimme vernahm.

»Miss Jones?« rief Howard irritiert und schüttelte den Kopf.

»Wenn du mich so nennen willst«, lachte Sarah augenzwinkernd. »Ich sagte schon einmal, ich heiße Sarah.«

»Ja, Miss Jones«, erwiderte Carter, und nach einer Pause, in der beide sich staunend ansahen, fragte er: »Seit wann fahren Sie Velociped, Miss Jones?«

»Seit heute«, entgegnete Sarah, »ich glaube, man merkt das auch.«

»Ehrlich gesagt, ja«, Carter lachte, »aber das wird schon werden.«

Beide lehnten ihre Fahrräder an einen Nadelbaum am Waldrand, dann traten sie aufeinander zu und, als verspürten beide das gleiche Bedürfnis, fielen sie sich in die Arme.

»Miss Jones«, stammelte Carter leise, »ich habe den ganzen Weg nach Didlington Hall und zurück nur Sie im Kopf gehabt.«

Sarah nahm Howards Kopf in beide Hände und zog ihn zu sich herab, dann küßte sie ihn auf den Mund. »Mir ging es nicht anders, Howard. Ich hatte gehofft, ein paar Tage ohne dich würden mich wieder zu Verstand bringen; aber du siehst ja, was daraus geworden ist. Ich habe mir ein Fahrrad zugelegt.«

»Wegen mir?«

Sarah blickte verschämt zu Boden. »Ich dachte, wir könnten zusammen Ausflüge in die Umgebung machen, wo man uns nicht kennt. Seit vielen Jahren gab es keinen so schönen Sommer.«

»Sie meinen Sie und ich?«

»Es ist dir wohl unangenehm mit einer älteren Dame, noch dazu deiner ehemaligen Lehrerin, eine Tour auf dem Velociped zu unternehmen?«

Howard legte seine Hand auf Sarahs Mund, damit sie schwieg. »Ich wüßte nichts Angenehmeres«, sagte er und preßte sie an sich, bis Sarah leise aufschrie: »Howard, ich bekomme keine Luft mehr!«

Hand in Hand wie zwei Kinder und ziellos schlenderten sie einen schmalen Waldpfad entlang, der zu beiden Seiten von Farn bewachsen war. Gelber Ginster verbreitete betörenden Geruch. Wenn sie innehielten, vernahmen sie ein geheimnisvolles Rauschen. Längs des Weges lag ein entwurzelter Baumstamm, und Sarah und Howard nahmen Platz wie auf einem Pferderücken.

»Woher wußten Sie, daß wir uns hier begegnen würden?« fragte Howard.

Sarah lehnte sich zurück an Howards Brust und blickte in die Baumwipfel. »Ich wußte es nicht«, erwiderte sie, ohne ihn anzusehen, »ich fühlte es. Kannst du das nicht verstehen?«

Carter antwortete nicht. Genußvoll schnupperte er an ihrem dunklen Haar und legte von hinten seine Arme um Sarah. Er spürte sofort, daß sie nichts unter ihrer luftigen Kleidung trug, und in diesem erregenden Bewußtsein begann er, ihre Brüste zu streicheln. Sarah sank mit einem kleinen Seufzer in seine Arme.

Doch mit einem Mal versteifte sie sich. Howard drehte ihren Kopf zur Seite und sah sie fragend an.

»Ich muß dir etwas erklären«, begann sie vorsichtig.

»Sie wollen nicht, daß ich Sie so berühre, Miss Jones?«

»Nein, das ist es nicht. Im Gegenteil, ich habe mir in deiner Abwesenheit nichts sehnlicher gewünscht als deine zärtlichen Berührungen.«

»Was ist es dann?«

Sarah setzte sich auf. Sie hatte noch immer Howard den Rücken zugekehrt. Langsam und stockend begann sie zu erzählen. Dabei hielt sie den Blick in die Ferne gerichtet. »In deiner Abwesenheit erhielt ich Besuch von einem Mann, der...«

Das augenblickliche Unbehagen, von dem Carter befallen war, verwandelte sich im Bruchteil einer Sekunde in einen dumpfen Druck, der ihm alles Blut aus dem Gehirn zu pressen schien. Ihm wurde übel, und über seine Brust legte sich eine unsichtbare Klammer, die ihn hinderte zu atmen. Das also war das Ende, dachte er resigniert, und er hörte nur noch aus der Ferne, wie Sarah den Satz beendete. »Er stellte sich vor als James Marvin«, hörte er Sarah sagen, »und nach längerer Rede überraschte er mich mit der Feststellung, daß sein Vater den Baron mit Diebesgut beliefert habe. Auch die Aphrodite-Statue stammte von ihm.«

Langsam, ganz allmählich, begann Carter zu begreifen, daß Sarahs Bericht etwas anderes zum Inhalt hatte als erwartet. Er schämte sich und bemühte sich, seine wirren Gedanken zu verbergen, indem er scheinbar gelassen die Frage stellte: »Und was beunruhigt Sie dabei?«

»Er ist ein Gauner wie sein Vater und will die Statue zurückhaben.«

»Das ist lächerlich!« eiferte sich Carter. »Dieser Mr. Marvin soll froh sein, wenn Sie ihn nicht bei der Polizei anzeigen!«

»Howard!« Sarah drehte sich um und faßte Carter an den Oberarmen. »Der Mann erpreßt mich. Es ist eine ernste Angelegenheit.«

»Ein Erpresser? Das verstehe ich nicht. Womit will er Sie erpressen? *Sie* müssen zur Polizei gehen, Miss Jones!«

»Das würde alles nur noch schlimmer machen und eine Lawine lostreten. Howard, dieser Marvin hat uns bei unserem Liebesspiel beobachtet. Er weiß alles und kennt sogar deinen Namen.«

»Unmöglich!« Howard sprang auf und entfernte sich ein paar Schritte von dem Baumstamm, dann drehte er sich um und sagte leise, als fürchtete er, jemand könnte ihr Gespräch belauschen: »Das ist ganz und gar unmöglich, Miss Jones. Die Türe zur Bibliothek war verschlossen. Ich mußte aufsperren, bevor ich ging. Wie soll uns jemand beobachtet haben? Im übrigen gibt es kein Gesetz, das Ihnen verbieten könnte, sich einem Mann hinzugeben.«

Sarah lächelte dankbar. »Aber das Gesetz verbietet einer Lehrerin wie Miss Jones, einen minderjährigen Schüler wie Howard Carter zu verführen. Marvin hat uns durch das Fenster des Kabinetts mit einem Fernglas beobachtet.«

»Da müßte er schon auf einem der gegenüberliegenden Bäume gesessen haben!«

»So war es, Howard. Dieser Marvin hatte wohl so eine Ahnung. Jedenfalls hat er dich tagelang verfolgt. Er weiß auch von dem Blumenstrauß, den du mir gebracht hast, und von deiner Karte. Es ist die schönste Liebeserklärung, die ich mir vorstellen kann.« Howard fiel vor Sarah, die noch immer auf dem Baumstamm saß, auf die Knie und verbarg sein Gesicht in ihrem Schoß, als schämte er sich. Zärtlich legte Sarah die Hand auf seinen Hinterkopf. Ihre Lippen bebten, als Carter zu ihr aufblickte. »Dann geben Sie doch dem Gauner die Statue!«

Sarah Jones schob ihre Unterlippe nach vorn, und nach einer Pause entgegnete sie: »Erpresser sind maßlos. Erfüllst du nur einmal ihre Forderungen, stellen sie immer neue Bedingungen. Nein, es wäre töricht nachzugeben. Dieser Marvin ist in zu viele Machenschaften verstrickt. Er weiß genau, daß er sich selbst dem Richter ausliefert, wenn er mich anzeigt.«

»Das glaube ich gern!« meinte Carter, wohl mehr aus einem Wunschdenken heraus denn aus Überzeugung. Dann preßte er Sarahs Hände zwischen die seinen, und beinahe schüchtern erkundigte er sich: »Aber mit uns ändert sich doch deshalb nichts?«

Sarah blickte Howard tief in die Augen. Sie sah seine Unsicherheit und spürte die Hoffnung in seinem Blick, schließlich erwiderte sie mit einem aufgesetzten Lächeln: »Howard, was wir tun, ist unvernünftig und dumm, vielleicht sogar selbstzerstörerisch; dennoch fehlen mir der Mut und die Kraft zu sagen, das war's. Ich kann es nicht. Du siehst ja, es ist mir nicht einmal geglückt, mein selbstgestecktes Ziel zu erreichen und mich ein paar Tage von dir fernzuhalten. Ich kenne mich ja selbst nicht mehr, und ich frage mich: wie soll das enden?«

»Warum denken Sie über das Ende nach, wo doch alles erst begonnen hat?« rief Carter ungehalten. »Warum können Sie nicht dem Augenblick leben? Warum müssen wir Rücksicht nehmen auf andere? Warum können wir uns nicht einfach lieben? Warum?« Howard war den Tränen nahe. Und dann sagte er etwas, was er, kaum hatte er es ausgesprochen, bereute. Howard sagte: »Sie sind so furchtbar erwachsen, Miss Jones!«

Der Satz hing wie ein Menetekel in der Luft. Hart und gnadenlos beschrieb er die Auswegslosigkeit ihrer Situation: Sarah war eine erwachsene Frau, die mit beiden Beinen im Leben stand, und Howard war ein Junge, gerade den Kinderschuhen entwachsen.

Am liebsten hätte sich Carter die Zunge abgebissen wegen dieser Entgleisung, aber dann sah er ihr verzeihendes Lächeln und sagte: »Das war nicht so gemeint, entschuldigen Sie, Miss Jones!«

»Nein, nein«, wehrte Sarah ab, »du hast ja recht, Howard. Meine Schwächen sind mir nicht unbekannt. Aber ich komme nun mal aus bescheidenen Verhältnissen, da ist man früher erwachsen als anderswo. Manchmal glaube ich, ich bin schon erwachsen zur Welt gekommen.«

Carter verstand sehr wohl, was Sarah meinte, und erwiderte: »Miss Jones, könnten Sie nicht einfach vergessen, daß Sie erwachsen und Leiterin der *Dame-School* in Swaffham sind?«

Da lachte Sarah herzlich: »Howard, hätte ich das nicht längst getan, hätte ich nicht in den letzten Tagen allen Anstand, der einer Frau meines Alters zukommt, über Bord geworfen, hätte ich mich nicht benommen wie ein schwärmerischer Backfisch, ich glaube, ich wäre nicht hier! Nachts, wenn ich mich schlaflos im Bett herumwälze, frage ich mich ohnehin, ob ich noch richtig bin in meinem Kopf. Mir scheint, ich hole jetzt nach, was mir meine Jugend versagt hat. Und – ehrlich gesagt – ich genieße diese Unvernunft wie eine Droge.«

Sie streckte Howard ihre Hand entgegen, und der half ihr auf die Beine. So begaben sie sich wieder auf den schmalen Waldpfad, und ein jeder genoß die Nähe des anderen.

»Lord Amherst hat mir ein Angebot gemacht«, begann Carter, nachdem sie eine Weile schweigend, nur den Geräuschen des Waldes lauschend, nebeneinander hergegangen waren. »Er bietet mir vier Pfund im Monat als Zeichner. Aber ich habe abgelehnt.«

»Du hast was?« Sarah blieb stehen. »Bist du von Sinnen, Howard? Das sind beinahe fünfzig Pfund im Jahr. So viel Geld habe ich mit fünfundzwanzig nicht verdient!«

»Ja, gewiß, Lord Amherst ist großzügig und die Arbeit interessant, aber er stellt eine unannehmbare Bedingung.«

»Und die wäre?«

»Ich müßte mich in Didlington Hall niederlassen, auf dem Landsitz seiner Lordschaft.«

»Ich begreife dich nicht. Es gibt unangenehmere Begleitumstände, als auf einem Schloß im Breckland zu leben.«

»Aber Didlington Hall liegt zehn Meilen von Ihnen entfernt, Miss Jones, haben Sie daran gedacht?«

Sarah schwankte zwischen Lachen und Weinen. »Howard«, begann sie eindringlich auf den Jungen einzureden, »es ist wunderschön, dich in meiner Nähe zu wissen, aber du kannst dein berufliches Fortkommen nicht abhängig machen von der Entfernung zu mir. Bedenke doch, in einem halben Jahr ist das Strohfeuer zwischen dir und mir vielleicht schon erloschen.«

»Nie!« rief Carter entrüstet. »Jedenfalls nicht von meiner Seite.« Dabei funkelten seine Augen zornig.

»Du solltest froh sein, in diesen schlechten Zeiten eine gutbezahlte Arbeit zu haben, noch dazu eine, die dir Spaß macht. Oder willst du ein Leben lang die Hunde und Katzen fremder Leute malen?«

»Warum nicht?« antwortete Carter trotzig. »Auch Hunde und Katzen ernähren ihren Mann.«

Sarah hängte sich bei Howard ein, und sie setzten ihren Weg fort. »Was soll nur aus uns werden?« meinte sie, ohne eine Antwort zu erwarten.

In ihrem Seufzer lag so viel Niedergeschlagenheit, daß Carter beinahe geweint hätte. Natürlich waren ihre Bedenken berechtigt und ihr Verhältnis alles andere als einfach; aber mußte sie ständig an den nächsten Tag, den folgenden Monat denken und so ihre Liebe tropfenweise vergiften?

»Ich werde ja auch älter«, meinte Howard schließlich. Aber was als Trost oder Beschwichtigung gedacht war, erwies sich, kaum ausgesprochen, eher als unbeholfen und tölpelhaft.

»Du meinst, wir sollten uns hier voneinander verabschieden und in zehn Jahren an gleicher Stelle wiedertreffen?« meinte Sarah lachend.

Da mußte auch Carter lachen, und er zog Sarah Jones in seine Arme. Für ihn, dem dieses Gefühl bis vor kurzem versagt war, gab es nichts Schöneres, als ihren warmen, weichen Körper an dem seinen zu spüren. Das Glücksgefühl, das ihn dabei überkam, ließ ihn alles um sich herum vergessen, und er hatte nur den einen Wunsch, daß Sarah Jones ganz ihm gehöre.

Ihre dunkle, samtige Stimme holte Howard in die Wirklichkeit zurück. Er wußte nicht, wie lange er mit geschlossenen Augen in diesem Schwebezustand seiner Seele zugebracht hatte. »Howard«, hörte er sie sagen, »wir sollten uns auf den Rückweg machen. Es wäre besser, wenn ich mit dem Velociped vorausfahre und du etwas später nachkommst.«

»Ja, Miss Jones«, antwortete Carter.

Er sah ihr lange nach, bis sie hinter der nächsten Hügelkuppe verschwand.

Kapitel 8

Owen Hazelford, der Gastwirtssohn vom »George Commercial Hotel«, war von der Natur nicht gerade mit Klugheit bedacht worden, dafür verfügte er über einen Sinn, der Menschen von respektabler Intelligenz oft abgeht: Owen hatte eine ausgeprägte Beobachtungsgabe. In jenen Tagen berichtete der *Daily Telegraph*, ein Blatt, das sich mit Vorliebe solcher Themen annahm, von Einbrüchen in Landsitzen um Norwich. Aus Blickling Hall und Rainthorpe Hall waren wertvolle Gemälde entwendet worden. Bei dem Versuch, am hellichten Tag in Mannington Hall einzusteigen, wurden drei Männer von einem Gärtner beobachtet. Aber noch bevor die Polizei eintraf, konnten die drei unverrichteter Dinge fliehen. Der Gärtner gab eine brauchbare Beschreibung der Räuber ab, welche vom *Daily Telegraph* als Steckbrief veröffentlicht wurde. Für Hinweise war eine Belohnung von fünf Pfund ausgesetzt.

Eine der drei Beschreibungen paßte auf James Marvin, den seltsamen Gast, der seit beinahe einer Woche im »George« logierte, und dieser Umstand machte Owen neugierig. Seit seiner Ankunft vor sechs Tagen hatte Mr. Marvin es sich zur Gewohnheit gemacht, das Hotel nach dem Frühstück zu verlassen, bis er am späten Nachmittag, manchmal sogar erst gegen Abend, zurückkehrte, noch eine Kleinigkeit zu sich nahm und sich dann zu Bett begab. Dies geschah mit einer gewissen Regelmäßigkeit, und man hätte meinen können, der sonderbare Hotelgast, der im übrigen jedem Gespräch auswich, gehe seinen Geschäften nach.

Um so befremdender erschien Owen die Tatsache, die er längst in Erfahrung gebracht hatte: Mr. Marvin durchstreifte Swaffham wie ein deutscher Schäferhund, der, angezogen von einer Duftfährte, über abwegige Pfade schleicht, um erfolglos an seinen Ausgangspunkt zurückzukehren. Bisweilen zog Marvin es aber auch vor, wie ein Müßiggänger stundenlang auf einer Bank oder am Straßenrand zu verweilen.

Durch diese Beobachtungen und den Zeitungsbericht ermutigt, nützte Owen die Abwesenheit des Gastes, um mit Hilfe eines Nachschlüssels in Marvins Zimmer zu gelangen. Zunächst hatte er Bedenken, sein Vater könnte ihn dabei ertappen, aber dann überwog seine Neugier und die Aussicht auf fünf englische Pfund.

War es die Angst, sich zu verraten, wenn er das Gepäck Marvins genauer unter die Lupe nahm, oder hatte er sich in eine absurde Idee verrannt und der Hotelgast war ein unbescholtener Mann, der im Breckland nur Erholung suchte? Jedenfalls beendete Owen seine Suchaktion erfolglos und ohne jeden Hinweis auf dunkle Machenschaften.

Owen war gerade dabei, das Zimmer wieder abzuschließen, als ihn wie ein Blitz der Gedanke traf, daß Marvin heute morgen das Hotel wegen der großen Hitze ohne Jacke verlassen hatte. Flugs kehrte er noch einmal zurück, öffnete den Schrank und tastete die Taschen des Sakkos nach einem möglichen Inhalt ab. Von früheren ähnlichen Aktionen, bei denen er sich ungerechtfertigt bereichert hatte, wußte Owen, daß Männer kein sichereres Versteck kennen als die Innentasche ihres Sakkos. Bei Marvin war das nicht anders.

Auf diese Weise entdeckte Owen zwei Pässe, von denen der eine auf den Namen James Marvin, der andere auf den Namen Alex Yerby ausgestellt war, während beide offensichtlich ein und derselben Person gehörten. Noch bedeutsamer erschien Owen jedoch ein mehrfach gefaltetes Blatt, auf welchem drei Namen mit Anschrift verzeichnet waren, die der Junge gut kannte: Mr. Alfred McAllen, Mr. Kenneth Spink und Miss Sarah Jones.

Zählten McAllen und Spink zu den reichsten Männern von Swaffham – der eine verdiente sein Geld als Transportunternehmer, der andere besaß eine Fabrik für Dampfmaschinen –, so warf der Name Sarah Jones' in dieser Reihe eher Fragen auf. Dennoch entschied sich Owen, seine Beobachtungen der Polizei zu melden. Bewußt vermied er es, sich zuvor seinem Vater anzuvertrauen, denn dieser – mußte er befürchten – würde, aus Sorge um den Ruf seines Hauses, nie zulassen, daß ein Gast des »George Commercial Hotels« der Polizei ausgeliefert würde.

Die Polizeistation in der Spinners Lane war auf den Umgang mit Schwerverbrechern – und um einen solchen handelte es sich, sollten sich Owens Beobachtungen bewahrheiten – in keiner Weise eingerichtet, und so wurde erst Verstärkung angefordert, bevor am nächsten Morgen ein Trupp von fünf Mann das Hotel am Marktplatz stürmte und James Marvin alias Alex Yerby festnahm. Sein Abtransport in einem vergitterten Pferdewagen erregte viel Aufsehen in Swaffham. Eine Kinderschar folgte barfüßig und lärmend der Kutsche und machte dem gefangenen Verbrecher lange Nasen oder rieb die gekreuzten Zeigefinger gegeneinander zum Zeichen der Schadenfreude.

Nach langen Verhören gestand Marvin alias Yerby, an den Einbrüchen in Bickling Hall und Rainthorpe Hall insofern beteiligt gewesen zu sein, als er seinen Kumpanen entsprechende Tips gegeben habe und Schmiere stand. Über den Verbleib der Beute könne er nichts sagen, er sei aber bereit, die Namen der beiden anderen zu verraten, wenn man ihm eine mildere Strafe zubillige. Und was die Namensliste betreffe, so sei sie ihm von einem der beiden Kumpane zugesteckt worden, er, Marvin alias Yerby, habe davon keinen Gebrauch gemacht.

Am folgenden Tag wurde Inspektor Grenfell bei Miss Jones vorstellig.

Sarah erschrak zu Tode, als der Inspektor plötzlich im Direktionszimmer vor ihr stand. In solchen Situationen spult das schlechte Gewissen in einem kurzen Augenblick alle Sünden der Vergangenheit ab.

Grenfell, hochgewachsen und äußerst korrekt gekleidet, in Gehrock und passender Weste, aber wohl kurzsichtig, weil er, ohne Brille, die Lider so zusammenkniff, daß seine Pupillen dem Gegenüber verborgen blieben, sprach in starrer Haltung ohne jede Handbewegung: »Miss Jones, Sie können von Glück reden, daß Sie einem Verbrechen entgangen sind. Ihr Name stand auf der Liste einer Bande, die in Norfolk seit geraumer Zeit ihr Unwesen trieb und mit Vorliebe die Landsitze hochstehender Persönlichkeiten unseres Landes heimsuchte.«

Marvin!, schoß es Sarah Jones durch den Kopf. Das schlechte Gewissen hatte ihr Verhältnis zu Howard Carter an die erste Stelle aller Verdächtigungen gesetzt. So empfand sie Grenfells Einleitung beinahe als Erleichterung, und sie war bereit, sich dem Inspektor, was das Kabinett des Barons und seinen Inhalt betraf, zu offenbaren. Doch es kam anders.

»Mein Name auf der Liste von Verbrechern?« fragte Sarah Jones, scheinbar ahnungslos.

»Sorgen Sie sich nicht, Miss Jones!« fiel ihr Grenfell ins Wort, »wir haben den Kopf der Bande bereits festgesetzt. Es ist ein gewisser Yerby oder auch Marvin; wie er wirklich heißt, wissen wir nicht, noch nicht.«

Jetzt, dachte Sarah, würde Grenfell die Frage stellen, ob sie die Namen schon einmal gehört habe, ob ihr der Mann gar schon einmal begegnet sei, und sie überlegte, ob sie nicht besser ein Geständnis ablegen sollte; aber eine innere Stimme hielt sie davon ab. So erwiderte sie keck und beinahe gelangweilt: »Inspektor, wie kann ich Ihnen helfen bei einem Verbrechen, das nie begangen wurde?«

»Für mich«, erklärte Grenfell, »stellt sich natürlich die Frage, warum das Gaunertrio, und um ein solches handelt es sich, ausgerechnet Ihren Namen auf der Liste führte. Haben Sie dafür irgendeine Erklärung, Miss?«

Sarah Jones musterte den Inspektor mit prüfendem Blick, um in Erfahrung zu bringen, ob er in Wahrheit vielleicht mehr wußte als er vorgab; aber Grenfell war schwer zu durchschauen in seiner Bewegungslosigkeit und der undurchdringlichen Maske, hinter der er jede Mimik verbarg.

»Es ist nämlich so«, holte Grenfell weiter aus, »bei den anderen Adressen auf der Verbrecherliste handelt es sich um Mr. Alfred McAllen und Mr. Kenneth Spink aus Swaffham. Nicht gerade arme Leute. In Blickling Hall und Rainthorpe Hall, zwei Landsitzen in der Umgebung von Norwich, die für den Wohlstand ihrer Besitzer berühmt sind, wurde bereits eingebrochen. Anders gesagt: In Blickling Hall und Rainthorpe Hall war durchaus etwas zu holen. Auch bei McAllen und Spink wäre...«

»Ich verstehe«, erwiderte Sarah lachend, »Sie fragen sich, was in der *Dame-School* von Swaffham zu holen ist. Die Frage stelle ich mir auch, Inspektor. Sehen Sie sich doch um. Baronin von Schell hat im Laufe ihres langen Lebens allerlei Tand und Zierrat angesammelt, der mir als Erbe zugefallen ist. Ich zweifle jedoch, daß der Wert all dieser

Dinge einem Vergleich mit einem der genannten Landsitze standhält oder dem Besitz von Spink und McAllen.«

»Sie erlauben, daß ich mich hier etwas umsehe?« fragte Grenfell. »Es ist nur zu Ihrer eigenen Sicherheit!«

»Selbstverständlich, Inspektor!« erwiderte Sarah, aber dabei war ihr nicht besonders wohl zumute.

Wie eine Marionettenpuppe, die an unsichtbaren Fäden gezogen plötzlich zum Leben erwacht, begann Grenfell den Kopf nach links und rechts zu bewegen und mit zusammengekniffenen Augen und prüfendem Blick nach verborgenen Kostbarkeiten zu forschen. Und nachdem er sich im Direktionszimmer ausführlich umgesehen und den Vorgang mit keinem Wort kommentiert hatte, bat er höflich, den Tresor aufzuschließen und, nachdem er darin nichts Bemerkenswertes gefunden hatte, ihm die übrigen Räume des Hauses zu zeigen.

Hatte Sarah Jones sich schon in Sicherheit gewiegt, so wurde sie nun von großer Unruhe erfaßt. Hatte Marvin oder wie immer der Kerl heißen mochte, verraten, welche Schätze sich in diesem Haus befanden? Das war nicht ausgeschlossen, wenngleich unwahrscheinlich, weil der Gauner sich dadurch selbst verraten hätte. Ihre Nervosität wuchs, je näher sie dem Bibliothekszimmer kamen, und insgeheim legte Sarah sich schon passende Worte zurecht, wie sie dem Vorwurf begegnen könnte, das Versteck verschwiegen zu haben. Aber dann warf der Inspektor nur einen kurzen Blick durch die Türe und wandte sich schweigend dem nächsten Raum zu.

Nachdem sie an den Ausgangspunkt ihrer Erkundungsreise zurückgekehrt waren, fand Inspektor Grenfell die Sprache wieder. »Sie sind noch nicht lange hier in Swaffham, Miss Jones«, stellte er eher beiläufig fest.

»Das ist richtig«, engegnete Sarah, die sehr wohl den hinterlistigen Tonfall in seiner Stimme bemerkt hatte. »Ich komme aus Ipswich.«

»Und zu Baronin von Schell standen Sie in welcher Beziehung?«

»In gar keiner Beziehung, Mr. Grenfell.«

»Und trotzdem setzte sie Sie zum Erben ein. Ungewöhnlich, finden Sie nicht auch?«

»Durchaus, Mr. Grenfell. Aber das ganze Leben ist ungewöhnlich. Die Baronin hinterließ ein gültiges Testament!«

»Sie brauchen sich nicht zu rechtfertigen, Miss Jones! Mich interessiert nur der Fall Marvin, aber gestatten sie mir in diesem Zusammenhang die Frage: Ist Ihnen jemals aufgefallen, daß Baronin von Schell seltsamen Umgang pflegte? Ich meine, welche Leute gingen hier ein und aus? Hatte sie zweifelhafte Freunde, die einen gewissen Verdacht rechtfertigten?«

Die Fragerei verstimmte Sarah allmählich, und mit Nachdruck erwiderte sie: »Mr. Grenfell, die Baronin pflegte außerhalb ihrer schulischen Verpflichtungen überhaupt keinen Umgang, welcher irgendwelche Verdächtigungen rechtfertigte. Sie lebte äußerst zurückgezogen. Im übrigen lag es mir fern, die Baronin zu bespitzeln. Warum sollte ich? Sie genoß allseits hohes Ansehen in Swaffham.«

Grenfell nahm wieder dieselbe starre Haltung ein wie zu Beginn ihrer Unterredung, nur daß er diesmal die Hände auf dem Rücken verschränkt hielt wie ein vornehmer Lord. Und nach einer Weile des Schweigens begann er erneut: »Und Sie, Miss Jones? Ich meine, auch Sie haben eine Vergangenheit. Waren Sie nie verheiratet?«

»Nein«, antwortete Sarah knapp.

»Ungewöhnlich«, meinte Grenfell. »Bei Ihrer Erscheinung und Ihrem Alter – wenn ich mir die Bemerkung erlauben darf.«

»So, finden Sie, Mr. Grenfell? Aber meines Wissens gibt es kein Gesetz im Vereinigten Königreich, das einer Frau vorschreibt, vor Vollendung des dreißigsten Lebensjahres zu heiraten.«

»Selbstverständlich nicht!« meinte der Inspektor entschuldigend, »Ich wollte nicht taktlos erscheinen. Aber wollen Sie mir die Frage beantworten, warum Sie Ihr Weg von Ipswich ausgerechnet nach Swaffham führte?«

»Gewiß. Das hat persönliche Gründe. Ich war Lehrerin in Ipswich, aber nach dem Tod meines Vaters fühlte ich nicht mehr die geringste Bindung an diese Stadt. Ich wollte fort, um meine unliebsame Vergangenheit zu vergessen, welche mit Ipswich in Verbindung stand. Ein Reverend empfahl mich nach Swaffham. So kam ich an diese *Dame-School*.«

»Marvin alias Yerby stammt auch aus Ipswich«, sagte Grenfell unvermittelt.

»Ach«, entgegnete Sarah schnippisch. »Und was wollen Sie damit sagen?«

Ohne auf ihre Frage einzugehen, fuhr Grenfell fort: »Sind Sie diesem Marvin in Ipswich schon einmal begegnet?«

Sarah fühlte, wie ihr das Blut in den Kopf schoß. »Wie kommen Sie darauf, Mr. Grenfell. Ipswich ist groß, kein Marktflecken wie Swaffham, wo beinahe jeder jeden am Gesicht kennt.«

»Wäre doch möglich gewesen, zumindest hätte es die Tatsache erklärt, daß Ihr Name auf Marvins Liste stand. Trotzdem danke ich Ihnen für Ihre Auskünfte, Miss Jones.«

Grenfell machte eine Verbeugung und verschwand.

Die Unterredung mit dem Inspektor hinterließ bei Sarah Jones eine gewisse Verwirrung, ja Beklommenheit. Sie traute diesem Grenfell zu, daß er bluffte und sie an der Nase herumführte, jedenfalls nahmen ihre Gedanken eine ganz bestimmte Richtung. Sarah hatte Gewissensbisse, und in ihrer Hilflosigkeit begann sie mit sich selbst zu sprechen: Sarah, sagte sie in ruhigem Tonfall, du hast achtundzwanzig Jahre deines Lebens getreu den Gesetzen dieses Landes gelebt und dir nichts zuschulden kommen lassen. Was ist nur auf einmal in dich gefahren. Die Ordnung, in der du lebtest, ist auf den Kopf gestellt. Manchmal wünschte ich, du wärst in Ipswich geblieben in der düsteren Beschaulichkeit eines entbehrungsreichen Lebens, aber ohne Furcht vor elenden Erpressern und der Polizei, die jeden deiner Schritte beobachtet. – Aber willst du das wirklich? – Nein, antwortete Sarah sich selbst, ohne zu zögern. Und was dein Verhältnis zu Howard betrifft: Die Idee, daß eine Frau sich stets an einen älteren Mann bindet, taucht erst spät in der Menschheitsgeschichte auf. Und jeder Mensch hat eine Eigenart, die den anderen unverständlich ist. Und du selbst, verstehst du dich eigentlich selbst noch? – Nein, ich verstehe mich selbst nicht mehr, antwortete sich Sarah, während sie hinter ihrem Schreibtisch Platz nahm, den Kopf in die Hände stützte und ins Leere starrte.

Mit wem sollte sie darüber sprechen? Es war beinahe lachhaft: Der einzige, dem sie sich offenbaren konnte, war Howard, der Junge, den sie bis vor wenigen Tagen in englischer Literatur und Geschichte unterrichtet hatte. Dennoch wußte sie, ein Lächeln, eine einzige Berührung von ihm würde alle Angst vertreiben. Also machte sie sich auf den Weg zur Sporle-Road.

Fanny und Kate zeigten sich erfreut über den erneuten Besuch von Miss Jones und baten sie zum Tee. Howard, den sie zu sprechen wünschte, sei nach Dunham gefahren, wo er einem Auftrag nachkomme, er sei ja ein so tüchtiger Junge. Dennoch sähen sie es gerne, wenn Howard in Lord Amhersts Dienste träte. Ob sie den Jungen nicht überreden könnte.

Deshalb sei sie gekommen, entgegnete Sarah, und wie auf ein Stichwort erschien Howard Carter mit einer Zeichenmappe unter dem Arm.

»Ich möchte Howard allein sprechen«, sagte Miss Jones an die beiden alten Damen gewandt. In ihrer Ahnungslosigkeit hatten sie den Blick nicht bemerkt, den Sarah und Howard sich zuwarfen und der keiner weiteren Erklärung bedurft hätte. Deshalb weckte es auch nicht das geringste Mißtrauen, als Howard und Sarah sich auf sein Zimmer im Obergeschoß zurückzogen.

Kaum hatte Howard die Türe geschlossen, fielen sich beide lautlos in die Arme wie zwei Liebende, die einander wochenlang entbehrt hatten. Nur das Rascheln ihrer Kleider war zu hören.

»Miss Jones«, flüsterte Howard, während er die Wärme ihres Körpers spürte. Mehr sagte er nicht.

Sarah schwieg mit geschlossenen Augen. Als sie nach einer kleinen Unendlichkeit ihre Lider öffnete, blickte sie sich, noch immer Wange an Wange, um: Vor dem einzigen Fenster des Raumes stand ein schmaler Tisch, beladen mit Zeichnungen und Malutensilien, an der Wand daneben ein Bett auf einem hölzernen Sockel mit zwei Schubladen, ein wahres Ungetüm. Linker Hand ein alter Kleiderschrank, durch dessen rechte Türe sich ein senkrechter Riß zog, weswegen er wohl nicht mehr verschlossen werden konnte – jedenfalls standen die Schranktüren offen. Auf dem Fußboden aus breiten, rotbraun gestrichenen Holzbohlen, zwischen denen fingerdicke Spalten klafften, lagen Schuhe, ein Stoß Bücher und mehrere Zeichenmappen herum.

Als bemerkte er ihre kritischen Blicke hinter seinem Rücken, sagte Howard leise: »Hätte ich geahnt, daß Sie kommen, hätte ich natürlich aufgeräumt. Fanny und Kate, müssen Sie wissen, haben zu diesem Zimmer keinen Zutritt.«

»Schon gut«, bemerkte Sarah, und dabei konnte sie sich ein

Schmunzeln nicht verkneifen. Dann fügte sie ernst hinzu: »Ich muß mit dir reden, Howard!«

Carter schob Sarah den einzigen Stuhl hin, den es gab. Er selbst ließ sich auf dem Bett nieder. »Was ist geschehen?«, fragte er bang.

Mit leiser Stimme berichtete Sarah von Inspektor Grenfell und seinem undurchsichtigen Verhalten, das ihr Sorge bereite. Marvin sei verhaftet worden, aber nicht weil er versucht habe, sie zu erpressen, sondern weil er an mehreren Einbrüchen beteiligt gewesen sei. Angeblich hatte er eine Liste vornehmer Adressen bei sich, und auf dieser Liste stand auch der Name Sarah Jones.

Howard erschrak. »Und dieser Marvin hat den Raub der *Aphrodite-Statue* verraten?«

Sarah hob die Schultern. »Ich weiß es nicht. Man kann nur Vermutungen anstellen. Der Inspektor stellte so merkwürdige Fragen. Andererseits hätte Marvin seine Lage nur noch verschlimmert. Warum sollte er sich selbst anklagen, solange in dieser Angelegenheit kein Verdacht gegen ihn besteht? Mißtrauisch machte mich nur, daß Grenfell sich das ganze Schulhaus und meine privaten Räume zeigen ließ, als suche er etwas Bestimmtes.«

»Und? So reden Sie schon, Miss Jones!«

»Nichts. Er warf in alle Räume nur einen kurzen Blick, auch in die Bibliothek; dann verabschiedete er sich mit dem Hinweis, ich sollte mich bei ihm melden, falls mir etwas einfiele, was Marvin belasten könnte.«

Carter fuhr sich nervös durch sein Haar. »Sicher, das ist eigentümlich, aber Polizeiinspektoren sind nun einmal seltsame Leute. Man kann sie nicht mit unsereins vergleichen.«

»Wie dem auch sei, Howard, als Grenfell kam und sich vorstellte, wurde ich von der Furcht befallen, Marvin könnte unser Verhältnis verraten haben.«

»Marvin ist ein Gauner, Miss Jones. Kein Mensch würde ihm glauben!«

»O doch, Howard. Ein solcher Hinweis würde Anlaß geben, uns zu beobachten.«

»Eine entsetzliche Vorstellung!«

»Das finde ich auch, und deshalb gibt es nur eine Lösung: Wir dürfen uns nicht mehr sehen. Es ist einfach zu gefährlich.«

Da entstand eine lange Pause, in der jeder an dem anderen vorbeiblickte. Sarah kämpfte ebenso mit den Tränen wie Howard. Und beider Gedanken kreisten nur um die eine Frage: War das das Ende?

In seiner tiefen Verzweiflung, die kaum noch einem klaren Gedanken Raum gab, sagte Carter plötzlich: »Und wenn ich nach Didlington Hall ginge?«

Sarah war verblüfft. Noch gestern hatte er das Angebot von Lord Amherst entschieden abgelehnt. »Nach Didlington Hall?« erwiderte Sarah Jones ungläubig, als habe sie sich verhört.

»Nun ja. Didlington Hall ist nicht aus der Welt. Andererseits würde mein Weggang aus Swaffham allen Verdächtigungen den Wind aus den Segeln nehmen. Trotzdem könnten wir uns treffen. Nicht gerade in Swaffham, aber irgendwo auf halbem Weg, in Mundford, Thetford, Wittington oder Watton. Ich habe ein Velociped, und für Sie, Miss Jones, fahre ich bis ans Ende der Welt.«

Sarahs ernste Miene verwandelte sich von einem Augenblick auf den anderen in ein glückliches Lächeln. »Howard!« rief sie und bemühte sich, den Überschwang in ihrer Stimme zurückzuhalten, »du willst wirklich nach Didlington Hall gehen?«

»Es ist für uns beide die beste Lösung«, gab sich Carter selbstbewußt, »meinen Sie nicht auch?«

Sarah streckte Howard die Hand entgegen und zog den Jungen zu sich heran. Als sich ihre Gesichter ganz nahe waren und jeder den Atem des anderen spürte, als ihre Verzweiflung der Erleichterung wich, da blickte Howard der Geliebten tief in die Augen, als wollte er ihr Innerstes ergründen; aber weil dies mißlang und weil er seiner Sache nicht sicher war, stellte er ihr in beinahe rührender Schüchternheit die Frage: »Miss Jones, werden Sie mich noch genauso lieben, wenn ich in Didlington Hall wohne, zehn Meilen von Ihnen entfernt?«

»Mein dummer, großer Junge«, erwiderte Sarah und küßte ihn auf die Stirn, »wenn unsere Liebe an der Entfernung von zehn Meilen zerbricht, dann war es keine Liebe, sondern nur ein Strohfeuer. Vielleicht sind diese zehn Meilen gerade die rechte Bewährungsprobe.«

Carter wollte ungestüm antworten, aber Sarah preßte die Finger ihrer Rechten auf seinen Mund, und so blieb für ihn nur der Gedanke, daß er für Sarah nach Schottland, ja nach Irland reisen würde, nur um ihr nahe zu sein.

Bereits am folgenden Tag machte sich Howard Carter auf den Weg nach Didlington Hall, um Lord Amherst von seinem Entschluß zu unterrichten. Der zeigte sich erfreut und überrascht von Howards Entscheidung, waren ihm doch seine Bedenken nicht entgangen. Lord Amherst schickte sogar einen Wagen nach Swaffham, um die notwendigen Dinge des jungen Künstlers wie Malutensilien, Bücher und Kleidung nach Didlington Hall zu transportieren.

Howard bezog ein Zimmer im Hauptgebäude des Landsitzes unter dem Dach, neben dem des Butlers und Kutschers Albert, was Carters Rang über den der Dienstboten heraushob, die in einem Nebengebäude über den Ställen nächtigten. Was Albert betraf, so war sein Verhältnis zu dem aufgeblasenen Großmaul von vornherein gespannt. Mehr als der bei dem Unfall erlittene Schmerz ging Howard die Tatsache nahe, daß der Alte ihm den Haupteingang von Didlington Hall verweigert hatte. Sobald sich die Gelegenheit bot, wollte er ihm dies heimzahlen.

In Alicia, der jüngsten Tochter von Lord William und Lady Margaret, hatte Howard vom ersten Tag an eine Verbündete. Obwohl schon achtzehn, hatte sie das Alter, in dem Mädchen hübsch zu werden beginnen, noch vor sich, und sie war sich dessen auch bewußt. Jedenfalls gab es keine andere Erklärung für ihr burschikoses Verhalten, das bisweilen eher dem rauhen Benehmen eines Stallburschen glich als der vornehmen Zurückhaltung einer jungen Dame von Stand.

Trotzdem mangelte es Alicia nicht an jungen Verehrern, die ihre Nähe suchten; doch war das kleine rothaarige Mädchen nicht so dumm zu glauben, daß dies allein um ihretwillen geschah. So empfand sie es eher als wohltuend, daß der junge Künstler aus Swaffham ihr keine schönen Augen machte, ja daß es eher ihr zukam, seine Gunst zu erringen.

Die ungewohnte Arbeit verlangte von Carter große Anstrengung, und er fand kaum Zeit, an Sarah Jones zu denken. Sogar Alicias Angebot, ihm alle Räume von Didlington Hall zu zeigen, lehnte er ab und bat um Aufschub.

Zu seinen ersten Aufgaben gehörte es, zwei Tontafeln mit Hieroglyphenzeichen in verkleinerter Form auf Papier zu übertragen. Keine leichte Aufgabe für jemanden, dem die Orthographie des Wortes schon Schwierigkeiten bereitete – ganz zu schweigen von der Bedeutung der fremdartigen Schriftzeichen und Symbole. Die erschienen ihm so rätselhaft wie die Steinkreise von Stonehenge.

In dem großen Arbeitszimmer Seiner Lordschaft, wo Carter seiner Arbeit nachging, herrschte, trotz der Gluthitze, die über dem Breckland lag, angenehme Kühle, und so bereitete die Arbeit Howard Freude, wenngleich er unsicher war, ob er seinen Auftraggeber zufriedenstellen würde. Von Alicia hatte er erfahren, daß ihr Vater im Jahr zuvor einen Zeichner vom British Museum in London angeworben, nach einer Woche jedoch wieder entlassen hatte, weil er seinen Anforderungen nicht entsprochen habe.

Unterbrochen nur von einem kurzen Lunch, den er mit dem Hauspersonal im Untergeschoß des Hauses einnahm, wobei er von seiten der Dienerschaft deutliches Mißtrauen verspürte, verbrachte Howard den ganzen Tag allein mit seiner Arbeit. Gegen fünf betrat Lord Amherst das Kabinett, um sich nach dem Fortgang der Arbeit zu erkundigen.

Carter war unsicher und stammelte eine Entschuldigung, er müsse sich erst in das neue Metier einarbeiten.

Aber noch während er redete und der Lord seine Arbeit kritisch betrachtete, fiel ihm dieser ins Wort: »Nein, nein, Carter, das ist ganz ausgezeichnet. Gratuliere!«

Howard sah den Lord, dessen Rede nur allzuoft einen zynischen Tonfall annahm, von unten an, ob er es auch wirklich ernst meinte, aber dann erkannte er die Ernsthaftigkeit seiner Worte, und er atmete auf.

Erleichtert trat er wenig später vor das Herrenhaus, wo ihn die Schwüle des zu Ende gehenden Tages empfing. Vom Weiher her drang das Geschrei der Frösche. Es roch nach Heu und trockenem Schilf. Howard holte sein Fahrrad aus der Remise und wollte es gerade besteigen, als sich im Obergeschoß ein Fenster öffnete und Alicia den Kopf herausstreckte. »He«, rief sie, »warte!«

Kurz darauf erschien Alicia in ungewohnter Kleidung. Sie trug eine schneeweiße Bluse und einen halblangen Rock, der ihr bis über die Waden reichte. Darunter ragten rote Stiefeletten hervor. Am verblüffendsten aber war der breite Hut, den Alicia mit einem duftigen weißen Schal um das Kinn festgebunden hatte.

»Ich werde abgeholt«, lachte Alicia und verdrehte dabei die Augen, als wollte sie sagen: Wenn's denn sein muß.

Howard hatte sich schon in dem Glauben gewiegt, Alicia habe sich für ihn so herausgeputzt. Jetzt war er doch etwas enttäuscht, wenngleich es ihm kaum besondere Freude bereitet hätte. »Ich dachte schon, du wolltest mit mir einen Ausflug mit dem Fahrrad machen. Kannst du überhaupt Velociped fahren?«

Alicia hob die Schultern. »Albert wollte es mir einmal beibringen. Aber der Lehrgang endete an einem Meilenstein.« Dabei streifte sie ihren Rock über das rechte Knie und zeigte auf ihre Kniescheibe, die deutliche Spuren einer mehrere Jahre zurückliegenden Verletzung trug. »Seither habe ich mich nicht mehr auf so ein Teufelsgefährt gesetzt!« rief Alicia und ließ ihr Knie wieder unter dem Rock verschwinden.

Von der Einfahrt her näherte sich ein Hansom-Cabriolet in flotter Fahrt. Der Kutscher hielt den Gaul am strammen Zügel und bog, ohne seine Fahrt zu verlangsamen, auf den Kiesweg vor dem Haupteingang ein. Mit einem lauten Ruf brachte er sein Gefährt zum Stehen, wobei sich das gezügelte Pferd aufbäumte.

Carter traute seinen Augen nicht, als der Kutscher aus dem Wagen sprang: Es war Spink, Robert Spink, der Fabrikantensohn aus Swaffham.

Spink erschrak nicht weniger als Howard, und die Begegnung war ihm sichtlich peinlich. Und noch bevor Alicia in ihrer Unwissenheit die beiden Widersacher einander vorstellen konnte, rief Howard: »Spink, du tauchst aber auch immer an Orten auf, an denen man jeden erwarten würde, nur dich nicht!«

»Das gleiche könnte ich von dir behaupten, Carter!« erwiderte Spink verlegen.

»Dann tu's doch! Hast ja sonst keine Hemmungen, was dein loses Mundwerk betrifft.«

Alicia verfolgte die Auseinandersetzung der beiden Kampfhähne eher amüsiert, kannte sie diese Haltung doch bei keinem von beiden.

»Mir scheint, ihr seid euch nicht unbekannt«, bemerkte das Mädchen trocken, und nach einer Pause fügte es fragend hinzu: »Ihr mögt euch wohl nicht besonders?«

»Kann man sagen«, erwiderte Carter, ohne Spink aus den Augen zu lassen. »Wie konntest du nur an einen Fiesling wie diesen Spink geraten? Er ist ein Lügner und Betrüger und hinterhältig wie ein Luchs.«

Da griff Spink zu seiner Peitsche, und wäre Alicia nicht mit ausgebreiteten Armen dazwischengegangen, Spink hätte auf Carter eingeschlagen. So wütend war er.

»Seid ihr von allen guten Geistern verlassen?« rief Alicia aufgeregt. »Ihr werdet euch doch nicht prügeln wie zwei Dockarbeiter!«

Carter drehte sich verächtlich zur Seite und zeigte mit dem Daumen auf Spink: »Prügel sind die einzige Sprache, die er versteht. Das einzig Bemerkenswerte an dieser armseligen Kreatur ist das Geld seines Vaters.« Und an das Mädchen gewandt: »Du solltest dir zu schade sein, mit einem wie dem Umgang zu pflegen.«

»Aber mit diesem Taugenichts erst recht nicht!« rief Spink aufgeregt. »Wie kommt er überhaupt hierher, der Hungerleider. Nennt sich Künstler und pinselt Hunde, Katzen und Schmetterlinge und wasweißichwas. Sag ihm, er soll sich zum Teufel scheren und in das Mauseloch verkriechen, aus dem er herkommt.«

»Carter lebt auf Didlington Hall!« protestierte Alicia. »Er arbeitet für Lord Amherst, wenn du nichts dagegen hast.«

»Der da?« Spink zeigte mit dem Peitschengriff auf Carter.

»Ja, ich!« erwiderte dieser und setzte ein breites Grinsen auf, das seinen Gegner bis aufs Blut reizte. Und mit einem herausfordernden Lächeln fügte er hinzu: »Im Gegensatz zu dir, Spink, kann ich mir meinen Lebensunterhalt mit meiner Hände Arbeit verdienen.«

»Ach, wie schön! Dein Geschwätz rührt mich zu Tränen!«

»Ich habe es auch nicht nötig, mich mit fremden Federn zu schmücken und mich als Held feiern zu lassen, obwohl einem anderen der Ruhm zukommt, ein Mädchen vor dem Tode bewahrt zu haben. Wir verstehen uns, Spink.«

Spink sah sich von Carter in die Enge getrieben. Er mußte fürchten, daß Howard ihn vor Alicia bis auf die Knochen blamierte. Deshalb sah er keinen anderen Ausweg, als sich mit einem Satz auf seinen

Gegner zu stürzen, der immer noch sein Fahrrad hielt. Howard reagierte instinktiv, gab seinem Velociped einen Schubs, daß es ein paar Schritte davonfuhr, bevor es umstürzte, und streckte Spink beide Fäuste entgegen. Die trafen Spink ins Gesicht, und Carter war sicher, daß sie ihm gehörigen Schmerz verursacht hatten, aber Spink gab, um sich vor dem Mädchen nicht zu blamieren, keinen Laut von sich. Nun holte Howard aus, um Spink mit dem rechten Handrücken ins Gesicht zu schlagen, aber noch bevor er zum Zuge kam, warf Alicia sich erneut dazwischen, wobei sie einen gellenden Schrei ausstieß, als sei sie es, der der Angriff galt.

Sogleich ließen die Kampfhähne voneinander ab, vor allem auch deshalb, weil Alicias Schrei den Butler Albert und die Dienerschaft alarmierte. Die kamen von allen Seiten gelaufen, um der jungen Lady beizustehen. Schließlich bedurfte es längerer Erklärungen, bis Alicia dem zu Hilfe geeilten Personal die Umstände des Kampfes zwischen Spink und Carter klargemacht hatte und diese sich wieder zurückzogen.

»Ihr Dummköpfe solltet eure Feindseligkeit nicht mit den Fäusten austragen, sondern im sportlichen Wettkampf!« meinte Alicia. Inzwischen hatten sich die Gemüter etwas beruhigt, ohne daß der Haß abnahm, und Alicia fragte: »Könnt ihr fechten oder reiten?«

»Reiten!« erwiderte Spink, obwohl er kein besonders guter Reiter war. Aber er hegte die Hoffnung, daß Carter überhaupt nicht reiten konnte, und damit hatte er nicht Unrecht.

Howard schüttelte den Kopf: »Kann weder fechten noch reiten. Aber mit meinem Velociped bin ich auf jeden Fall schneller als er mit seinem Pferdewagen!«

»Daß ich nicht lache!« rief Spink hämisch, und er zeigte auf Howards Fahrrad, das abseits achtlos auf dem Boden lag: »Dieses Ding macht keine drei Meilen in der Stunde. Mit meinem Einspänner schaffe ich zehn Meilen mit Leichtigkeit!«

Alicia, die für jeden Spaß zu haben war, wenn er nur Abwechslung in das Einerlei von Didlington Hall brachte, klatschte in die Hände und rief begeistert: »Warum probiert ihr es nicht aus? Ich will sehen, wer von euch beiden der Schnellere ist.«

Während Robert Spink ohne zu zögern zustimmte, fand Carter

Alicias Vorschlag albern. Im übrigen war er sich nun seiner Sache gar nicht mehr so sicher. Er hatte keine Zweifel, daß Spink mit der Peitsche auf sein Pferd einschlagen würde, und damit schneller war als er. Aber wollte er sein Gesicht nicht verlieren, dann mußte er in den ungleichen Wettkampf einwilligen.

»Warum nicht«, meinte er schließlich, »aber ich stelle die Bedingungen!«

»Ah, der junge Herr hat die Hosen voll!« feixte Spink und blinzelte Alicia zu.

Carter überging die abfällige Bemerkung und sagte, ohne seinen Gegner eines Blickes zu würdigen: »Bis zu der Lärche an der Weggabelung ist es eine halbe Meile. Wir starten hier, umrunden den Baum, und wer als erster zurückkehrt und diese Linie überfährt, ist Sieger.« Dabei zog Howard mit dem Absatz eine Linie quer über die Einfahrt zum Herrenhaus.

»Abgemacht!« Spink wischte sich mit dem Ärmel seines Leinenhemdes den Schweiß von der Stirn. Zum Schutz vor der tiefstehenden Sonne hielt er die Hand über die Augen und musterte die wuchtige Lärche in einiger Entfernung. Dann begab er sich zu seinem zweirädrigen Wagen, tätschelte mit der Hand die Hinterbacken seines Pferdes, kontrollierte das Zaumzeug und führte den Gaul zu der Linie, die Carter über den Kiesboden gezogen hatte.

Inzwischen hatte Howard sein Fahrrad aufgehoben und alle Einzelteile wie Räder, Bremsen und Pedale auf einwandfreie Funktion überprüft, und dabei war er zu dem Ergebnis gekommen, daß er bedenkenlos den Wettkampf aufnehmen konnte. Er fand sogar Zeit, Miss Jones einen kurzen Gedanken zu widmen und sich die Frage zu stellen, wie sie das Vorhaben beurteilen würde, ob sie es ablehnen oder gutheißen würde, und augenblicklich erwachte in ihm das Bedürfnis, im Falle einer Niederlage von ihr getröstet zu werden, der Gedanke kam ihm zuerst –, oder aber bewundert zu werden, falls er einen Sieg einfuhr – dies war sein zweiter Gedanke.

Alicia bemerkte seine kurze Abwesenheit, sie hatte plötzlich kein gutes Gefühl mehr bei der Sache, und verunsichert trat sie vor Howard hin und fragte: »Ist alles in Ordnung? Du willst doch nicht etwa kneifen? Schließlich hast *du* Spink herausgefordert!«

»Ich kneifen?« Carter mühte sich ein überhebliches Grinsen ab. »Daß ich nicht lache. Von mir aus kann es losgehen.«

»Gut, seid ihr bereit?« Mit ausgebreiteten Armen stellte sich Alicia vor den Strich auf dem Boden. Spink kletterte auf seinen Wagen. Carter schwang sein linkes Bein über das Fahrrad und drehte sich das Pedal zurecht, daß es nach oben ragte.

»Ich wiederhole die Bedingungen«, begann Alicia mit erhobener Stimme. »Es gilt den Baum an der Weggabelung zu umrunden und auf schnellstmöglichem Weg die Ziellinie zu erreichen. Der Sieger wird von mir in aller Öffentlichkeit geküßt. Noch Fragen?«

Carter schüttelte den Kopf. Spink brummelte irgend etwas wie: Alles klar.

»Fertig! Los!« rief Alicia und rettete sich mit einem Sprung zur Seite; denn Spink schlug, kaum hatte das Mädchen das Startzeichen gegeben, mit der Peitsche auf sein Pferd ein, während er mit heftiger Stimme unverständliche Kommandos brüllte. Als wollte er sich des Gespanns entledigen, machte der Gaul einen gewaltigen Satz nach vorne, daß Carter, in Angst, niedergetrampelt zu werden, zur Seite wich, bevor er überhaupt in die Pedale seines Velocipeds treten konnte.

Er sah schon die Rückseite des Hansom, bevor er überhaupt Fahrt aufnahm, und merkte, wie der Abstand immer größer wurde. Doch nach etwa fünfzig Metern gewann Howard zunehmend an Geschwindigkeit, und wenn der Abstand auch nicht größer wurde, so nahm er auch nicht ab.

Da geschah etwas, was Carters letzte Kraftreserven freisetzte. Spink, der bisher sein Pferd in geduckter Haltung gezügelt hatte, richtete sich auf, wandte den Kopf nach hinten und rief Carter grinsend etwas zu, das er sein Leben lang nicht vergessen sollte: »Carter«, rief er, »du bist eben ein ewiger Verlierer!«

Der Spott traf Howard Carter in seinem Innersten. Spink hätte ihn nicht tiefer verletzen können. Während er Luft in seine Lunge preßte und seine Schenkel bei jedem Tritt in die Pedale schmerzten, fühlte Howard sich gedemütigt wie noch nie in seinem Leben. Doch dieses Gefühl, diese beleidigende Erniedrigung ließ Carter über sich hinauswachsen. Er merkte plötzlich, wie er sich Spink allmählich näherte. Spink sah sich um und drosch noch mehr auf sein armes Pferd ein.

Das wehrte sich mit heftigem Wiehern und Schnauben und zerrte an seinem Zaumzeug.

Der Baum an der Weggabelung kam immer näher, und Carter verringerte seine Geschwindigkeit, um die Wendemarke in möglichst engem Bogen zu umfahren. Spink handelte nicht anders, und so umrundeten sie die Lärche im Abstand einer Armspanne. Doch Howard nutzte die Gunst des Augenblicks, zog einen engeren Kreis um den Baum und war so, als beide den Rückweg einschlugen, seinem Gegner ein paar Meter voraus.

Wie vom Teufel gejagt trat Carter in die Pedale seines Velocipeds. Er spürte den Schweiß auf seinen Schenkeln und in den Handflächen. Um den Widerstand der Luft zu verringern, die ihm wie ein Wüstenwind entgegenströmte, machte er sich klein. Howard duckte sich über den Lenker und bemerkte viel zu spät, daß er dabei an Kraft in den Beinen verlor.

Spink kam näher und setzte zum Überholen an. Schon spürte Carter das Schnauben des Pferdes in seinem Rücken, ja er mußte, wollte er nicht überrannt werden, zur Seite weichen. Aber Howard wich nicht. Der unbefestigte Weg war schmal, zu schmal, um einen Radfahrer in weitem Bogen zu überholen. Er hatte keine andere Chance, das Rennen zu gewinnen. Unbeirrt blieb Carter in der Mitte des Weges.

Zum Ziel fehlten noch etwa dreihundert Meter, und Howard nahm in der Entfernung Alicia wahr, die aufgeregte Sprünge vollführte, als an seiner linken Schulter der Kopf von Spinks Gaul auftauchte. Spink lenkte das Pferd so, daß es Carter mit der Deichsel vom Weg abdrängte; aber der wehrte sich, schlug mit der linken Hand gegen den Kopf des Pferdes, das daraufhin einen Satz zur Seite machte.

Diese kurze Bewegung genügte, um den zweirädrigen Wagen ins Schleudern zu bringen. Das Gefährt brach über den Straßenrand aus, und dabei stürzte Spink kopfüber, sich mehrmals überschlagend, mit einem dumpfen Geräusch zu Boden. Es folgte ein Aufschrei, denn Spink geriet mit den Beinen unter das Geläuf des Pferdes. Schließlich rollte der Wagen über ihn hinweg.

Wie in Trance trat Carter, der das wahre Ausmaß des Geschehens gar nicht mitbekommen hatte, in die Pedale, zumal das herrenlose Gespann jetzt mit ihm gleichauf lag. Er wollte, er durfte nicht verlieren, und Alicias heftige Armbewegungen, mit denen sie ihn zum Anhalten aufforderte, deutete Howard als Anfeuerung.

Erst im Ziel, als er den mit dem Absatz gezogenen Strich mit knappem Vorsprung überfahren hatte, stemmte er sich mit gestrecktem Bein auf den Rücktritt des Pedals, daß das Hinterrad rauschend blockierte und eine dunkle Spur in den festgefahrenen Boden zog. Erschreckt von dem Geräusch, nahm das Pferd mit dem zweirädrigen Wagen Reißaus und galoppierte ungezügelt über die Wiese vor dem Herrenhaus auf eine Baumgruppe zu.

Als Howard sich umwandte, um nach Alicia zu sehen, nahm er sie am Straßenrand auf dem Boden kniend wahr. Sie rief um Hilfe.

Howard wuchtete sein Velociped in die entgegengesetzte Richtung, und als er bei Alicia anlangte, erkannte er, daß Spink schwer verletzt war. Bei seinem Anblick zitterte Alicia am ganzen Körper: Spinks Kleider waren zerfetzt. Das rechte Hosenbein gab den Blick frei auf den Oberschenkel, aus dem ein gebrochener Knochenstumpf ragte. Aus der Wunde quoll Blut und färbte den staubigen Boden schwarz.

Spink war bei Bewußtsein, aber er gab keinen Laut von sich. Er preßte die rechte Hand auf den Bauch, und seine Unterlippe zuckte in unregelmäßigen Abständen. Dabei bäumte er sich auf, als führen Stromstöße durch seinen Körper.

»Er stirbt«, jammerte Alicia leise, »so tu doch etwas!«

Howard begegnete der Situation hilflos, doch er wußte, daß die größte Gefahr bei schweren Verletzungen darin besteht zu verbluten. Deshalb löste er den Gürtel seiner Hose, wickelte ihn zweimal um Spinks Schenkel und war gerade dabei, das Ende des Gürtels durch die Schnalle zu ziehen, als Spink einen gurgelnden Schrei ausstieß, den Carter zuerst nicht verstand; erst als er ihn wiederholte, erfaßte er, was Spink rief: »Hau ab, Carter!«

»Du bist ein Idiot!« erwiderte Howard und ließ sich nicht von seinem Vorhaben, Spinks Bein abzubinden, abbringen. Erst als dieser vor Schmerz schreiend versuchte, Howard den Rücken zuzuwenden, ließ Carter von ihm ab. An Alicia gewandt, sagte er: »Er ist ein Idiot und bleibt ein Idiot. Versuch du, ihm das Bein abzubinden. Du mußt den Gürtel so fest zusammenziehen, daß kein Blut mehr aus der Wunde quillt. Inzwischen hole ich Hilfe.«

Alicia nickte und machte sich an die Arbeit.

Schon im Gehen vernahm Howard hinter sich Spinks gequälte Stimme: »Lieber krepiere ich, bevor ich deine Hilfe in Anspruch nehme, Carter!«

Carter drehte sich um und warf Spink einen verächtlichen Blick zu, dann machte er eine wegwerfende Handbewegung und rannte auf das Herrenhaus zu.

Aufgeschreckt von dem Lärm, den das durchgehende Pferd mit dem beschädigten Wagen verursachte, kam ihm Albert entgegen.

»Spink ist unter die Räder gekommen!« rief Carter von weitem, »er wird verbluten, wenn ihm nicht schnell Hilfe zuteil wird. Wir brauchen einen Arzt!«

»Doktor Mackenzie!« antwortete Albert knapp.

»Wo ist er?«

»Keine zehn Minuten von hier. Die Kutsche ist angespannt.«

Sprach's und rannte – für seine Verhältnisse hastig, für Carter eher bedächtig – in Richtung der Remisen.

So behutsam wie möglich hoben Albert, Alicia und Carter den Verletzten auf den offenen Wagen. Spink ließ es ohne Widerrede über sich ergehen. Als jedoch Howard neben Albert auf dem Kutschbock Platz nahm, richtete sich Spink auf der Sitzbank auf und rief wütend: »Er soll verschwinden. Ich brauche seine Hilfe nicht. Hau endlich ab, Carter! Ich hasse dich.«

Howard sprang vom Wagen, trat vor Alicia hin und murmelte, so daß Spink es nicht verstehen konnte: »Er ist verrückt oder er begreift nicht, in welcher Lage er sich befindet. Wenn er sich noch lange wehrt, hat er keine Hilfe mehr nötig. Könntest du nicht ...«

Alicia drängte Carter behutsam zur Seite, indem sie beide Hände gegen seine Brust stemmte. »Laß mich nur machen«, erwiderte sie und kletterte zu Spink auf den Wagen.

Dann gab Albert den Pferden die Zügel und preschte davon in Richtung Mildenhall.

Zwei Tage schwebte Robert Spink wegen des hohen Blutverlusts zwischen Leben und Tod, dann besserte sich sein Zustand. Aber im Hospital von Cambridge, wohin Vater Spink seinen Sohn zur Behandlung hatte bringen lassen, machte man ihm wenig Hoffnung, daß der

Unfall ohne Folgen bleiben würde. Das rechte Bein, meinten die Ärzte, würde wohl verkrüppelt und ein paar Zentimeter kürzer bleiben als das linke und eine Krücke oder ein Stock zum Gehen unverzichtbar sein. Kenneth Spink zog es vor, seinem Sohn diesen Umstand vorerst zu verschweigen.

Während sich diese schicksalhaften Ereignisse in Didlington Hall abspielten, wuchsen bei Sarah Jones die Zweifel, ob ihr Verhalten gegenüber Inspektor Grenfell richtig gewesen war, ob sie das Versteck der *Aphrodite-Statue* nicht besser preisgegeben und sich so ein ruhiges Gewissen verschafft hätte. Das Verhältnis zu Howard strapazierte ihre Nerven ohnehin über Gebühr.

Entgegen früherer Gewohnheit verbrachte sie Stunden vor dem Spiegel und betrachtete sich von allen Seiten, und dabei stellte sie sich die Frage, ob sie nicht zu alt sei für Howard. In solchen Augenblicken löste sie ihre strenge Frisur und bürstete ihr Haar, daß es offen herunterhing, oder flocht es zu Zöpfen, wie sie sie als junges Mädchen getragen hatte. Brauen und Wimpern schminkte sie mit schwarzer Farbe, und das Lippenrot ließ sie noch sinnlicher erscheinen. Mit einem Mal fand sie an sich selbst Gefallen. Und das alles wegen eines fünfzehnjährigen Jungen!

Hundertmal hatte sie Howards Karte mit der Aufschrift »Der schönen Aphrodite...« gelesen, ohne zu ahnen, daß die wenigen Zeilen für ihr Leben bestimmend werden könnten. Sarah trug sie gefaltet zwischen ihren Brüsten, und jedesmal, wenn die Zweifel an ihrem Verhalten übermächtig zu werden drohten, zog sie das Papier hervor und las es halblaut und Wort für Wort wie ein Schulkind.

Gewiß, der Schreiber der Zeilen war jung, viel zu jung für sie, aber war seine Sprache nicht die eines Erwachsenen? Kein Mann hatte bisher solche Worte für sie gefunden, und niemandem war es gelungen, derart heftige Gefühle in ihr zu wecken. Nein, Sarah fiel es nicht leicht, ihre Schneiderseele umzukrempeln; doch Schneiderseelen, sagte sie sich, gab es schon viel zu viele.

Längst hatte sie bereut, Howard gedrängt zu haben, nach Didlington Hall zu gehen. Jetzt fehlte er ihr mehr, als sie sich das hatte vorstellen können. Ein Wort, eine kurze Berührung hätte genügt, ihre ausufernde Sehnsucht zu stillen. Aber zwischen Swaffham und Didlington Hall lag die Unendlichkeit von zehn Meilen.

In einem solchen Anfall von Niedergeschlagenheit entsann sich Sarah Jones Charles Chambers', der ihr, wenngleich sie seinen Antrag abgewiesen hatte, mit Rat zur Seite stehen wollte. Der Sommer hatte seinen Zenit bereits überschritten; aber trotz vorgerückter Stunde war es noch hell, als Sarah sich auf den Weg machte.

Chambers lebte nicht weit entfernt in einem der schmalbrüstigen Häuser an der Mangate Street, deren zweistöckige Häßlichkeit sich hinter Efeu und Pflanzenranken, die bis zur Dachrinne reichten, versteckten. Sie waren sich nicht mehr begegnet, seit Chambers ihr den Antrag gemacht hatte, und Sarah kannte nicht einmal seine Hausnummer, so daß sie erwartet hatte, sich durchfragen zu müssen. Aber dann vernahm sie durch ein halb geöffnetes Fenster im Obergeschoß den wimmernden Klang eines Harmoniums.

Es gab keine Glocke, und vermutlich hätte diese Mühe gehabt, das selbstgetretene Instrument zu übertönen, deshalb stieg Sarah die kaltfeuchte Treppe hinauf bis zu einem düsteren Flur, wo es nach Bohnerwachs roch und verkochtem Gemüse.

Sarah klopfte und trat, da sie keine Antwort bekam, in das Zimmer, aus dem die Musik kam.

Chambers erschrak und drehte sich um, als er ein Geräusch vernahm.

»Sie, Miss Jones?« sagte er verwundert, während er sich von seinem Klavierhocker erhob und mit nervösen Fingern sein Silberhaar in Ordnung brachte. »Sie hätte ich zu allerletzt erwartet!«

»Also sind Sie enttäuscht?«

»Nein, nein, im Gegenteil, Miss Jones! *Ihr* Besuch, und dann noch zu später Stunde?«

»Daraus sollten Sie keine falschen Schlüsse ziehen, Charles.«

»Natürlich nicht«, erwiderte Chambers verschämt. »Wollen Sie sich nicht setzen?« Er nahm ein Notenbündel von einem Stuhl, der, wie die gesamte Einrichtung, schon bessere Tage gesehen hatte, und machte eine einladende Geste.

»Sie dürfen sich nicht näher umsehen«, meinte er und beschrieb mit dem Kopf einen Winkel von 180 Grad. »Aber ein Junggesellenhaushalt, noch dazu der eines Musikers, ist nun einmal nicht Windsor Castle.«

Sarah hob beschwichtigend die Hände und kam ohne Umschweife auf den Grund ihres unerwarteten Besuchs zu sprechen: »Sie sagten einmal, Charles, Sie seien immer für mich da, wenn ich einen Rat brauchte.«

»Ja, das sagte ich.« Chambers schob seinen Klavierhocker näher an die Besucherin heran. Es gab keine Sitzgelegenheit außer den Stuhl, auf dem Sarah Platz genommen hatte. Dann setzte er sich, und während er sich mit den Händen aufstützte, fragte er: »Es ist doch nichts Unangenehmes?«

Sarah Jones wiegte den Kopf hin und her. »Ich bin da ohne mein Zutun in eine Sache hineingeraten, die mich nicht mehr schlafen läßt. Bevor ich Ihnen jedoch sage, worum es sich handelt, müssen Sie mir Ihr Ehrenwort geben, niemandem auch nur ein Sterbenswörtchen zu erzählen!«

»Ich schwöre es, Miss Jones. Vertrauen Sie mir.«

Einen kurzen Augenblick zögerte sie, ob sie sich Chambers ohne Vorbehalte anvertrauen konnte. Aber dann brach es aus ihr heraus, und sie berichtete von der Entdeckung des Kabinetts hinter der Bibliothek und seinem wundersamen Inhalt. Als sie auf die *Aphrodite-Statue* zu sprechen kam, hielt sie kurz inne, als wollte sie es sich noch einmal überlegen. Aber dann berichtete sie die ganze Wahrheit, daß es sich bei dem Kunstwerk um Diebesgut handelte und daß ein gewisser Marvin, dessen Vater die Statue dem Baron einst verkauft hatte, versucht habe, sie wieder in seinen Besitz zu bringen. Er habe sie regelrecht erpreßt. Über die näheren Umstände der Erpressung schwieg sich Sarah jedoch aus. Marvin, so erzählte sie weiter, sei schließlich aufgrund eines anderen Verbrechens verhaftet worden. Darauf sei Inspektor Grenfell bei ihr erschienen und habe nach Reichtümern geforscht. Als er erfolglos blieb, habe er sich unverrrichteter Dinge zurückgezogen.

»Mit Verlaub!« Chambers schüttelte den Kopf, als könnte er das eben Gehörte nicht glauben: »Das klingt wie eine Geschichte von Conan Doyle, und der läßt keinen Zweifel, daß er jede Zeile seiner Romane erfunden hat. Ist das alles wahr?«

»So wie ich es erzählt habe. Warum sollte ich lügen?«

Chambers legte die gefalteten Hände vor den Mund und dachte nach. Dann stellte er Sarah die Frage: »Dieser Inspektor – wie war sein Name? –«

»Grenfell.«

»Dieser Inspektor Grenfell, hat er Sie nicht nach der Statue gefragt? Ich meine, er kam doch nicht zufällig vorbei. Sein Besuch mußte doch einen Grund haben, und wenn er wußte, daß die Statue sich in Ihrem Besitz befindet, dann wäre es doch seine Aufgabe gewesen, ihre Herausgabe zu fordern!«

Sarah Jones nickte stumm. Schließlich erwiderte sie: »Grenfell behauptete, mein Name sei auf einer Liste verzeichnet gewesen.« Sie drehte nervös am mittleren Knopf ihrer Bluse.

»Das wäre natürlich denkbar. Dann hätte Grenfells Besuch eine ganz einfache Erklärung. Jedenfalls haben Sie dem Inspektor keine Andeutung gemacht?«

»Nicht die geringste! Ich war in Panik und fürchtete, man könnte mir vorwerfen, mit dem Gauner gemeinsame Sache gemacht zu haben.«

»Der Gedanke ist nicht ganz falsch. Dennoch sollten Sie vor der Polizei ein Geständnis ablegen. Sie können doch nichts für das Erbe. Kein Mensch kann *Ihnen* zum Vorwurf machen, daß sich Diebesgut in Ihrem Erbe befindet. Jedenfalls dann nicht, wenn Sie es freiwillig herausgeben. Aber wenn Sie es wissentlich zurückhalten, wächst Ihre Schuld von Tag zu Tag.«

»Wenn Sie meinen, Charles.« Sarah blickte verschämt zu Boden. Chambers hatte recht. Das war auch ihre Meinung von Anfang an. Sie hatte nur nicht gewagt, sich das einzugestehen.

»Und von der Existenz dieses Kabinetts haben Sie nichts gewußt?« begann Chambers von neuem. »Wie haben Sie es entdeckt?«

»Das war nicht mein Verdienst! Howard Carter entdeckte die Geheimtüre in der Bibliothek. Um sie zu öffnen, bedarf es einiger Geschicklichkeit.«

»Carter? Dieser verhinderte Flugpionier?«

»Eben dieser«, sagte Sarah ernst. »Ich habe ihm erlaubt, nach Büchern über die Kunst des Fliegens zu suchen. Er verbrachte ganze Nachmittage mit den Büchern. Und eines Tages stieß er auf das Geheimnis.«

»Sie verhalten sich sehr großzügig gegenüber dem jungen Mann«, bemerkte Chambers mit einem höhnischen Unterton, den Sarah an Charles überhaupt nicht kannte. Sie wollte ihn deshalb maßregeln, doch es kam anders.

In ihrer Aufregung drehte sie am Perlmuttknopf ihrer Bluse so heftig, daß dieser absprang, auf den Boden kullerte und seinen Weg in Richtung des Harmoniums suchte. Peinlich berührt bückte sich Sarah, um nach dem runden Etwas Ausschau zu halten. Dabei rutschte unbemerkt ein Zettel aus ihrem Mieder. Chambers hob ihn auf, um ihn zurückzugeben. Aus Neugierde, eine Eigenschaft, welche für gewöhnlich nicht seinen Charakter bestimmte, warf er jedoch einen Blick auf die ungelenke Aufschrift: *Der schönen Aphrodite, vormals Griechenland, jetzt Swaffham, Grafschaft Norfolk. Von Howard Carter.*

Chambers war zutiefst verwirrt. Er kniete sich nieder und gab sich den Anschein, als fahndete er nach dem versprengten Perlmuttknopf von Sarahs Bluse. In Wahrheit suchte er jedoch nach einer einleuchtenden Erklärung für die ungewöhnlichen Zeilen, vor allem aber für die Tatsache, daß Sarah den Zettel in ihrem Mieder trug.

»Hier ist er, Gott sei Dank!« rief Sarah freudig und hielt Chambers den Fund mit spitzen Fingern entgegen.

Der half ihr auf, und nachdem sie wieder Platz genommen hatte, hielt er ihr den aufgefalteten Zettel hin und musterte sie mit festem, fragendem Blick.

Sarah schoß das Blut in den Kopf. Ihr war, als bemächtigte sich ihrer ein Dämon, der ihr den Atem raubte. Instinktiv preßte sie beide Fäuste zwischen ihre Brüste, genau auf die Stelle, an der sie seit Tagen den Zettel verborgen hatte. Sie tat dies mit solcher Heftigkeit, daß die Knöchel ihrer Finger weiß wurden. Ihre Augen flackerten unruhig, als sie schweigend Chambers' Blick erwiderte. Aber schon im nächsten Augenblick wandelte sich ihre Verunsicherung, das Gefühl, bei etwas Sündhaftem ertappt worden zu sein, in heftigen Zorn. Mit einer schnellen Bewegung riß sie Chambers das Papier aus der Hand und ließ es an derselben Stelle ihrer Kleidung verschwinden, aus der es sich auf verhängnisvolle Weise gelöst hatte.

In der Absicht, das Ereignis wortlos zu übergehen, kam sie, als wäre nichts geschehen, auf Chambers' Ratschlag zu sprechen, die Entdeckung der geraubten Statue der Polizei zu melden. Auf alle weiteren Fragen antwortete Chambers nur zurückhaltend und knapp, beinahe unwillig.

»Es wird schon dunkel«, meinte Sarah Jones übergangslos, »würden Sie die Freundlichkeit haben, mich nach Hause zu geleiten?«

Zuvorkommend, wie es seine Art war, erwiderte Chambers: »Selbstverständlich, Miss Jones.«

Auf dem Weg zur *Dame-School*, der über den Marktplatz, vorbei am Butter Cross-Pavillon führte, wo sich um diese Zeit die Liebespärchen trafen, wechselten Charles und Sarah kaum ein Wort. Sarah ahnte, daß Howards Liebesbrief der Grund für seine Schweigsamkeit war, aber in ihrer Verwirrung wagte sie zunächst nicht, sich zu erklären. So wurde der gemeinsame Weg zur Qual, und Sarah spürte das Verlangen, fortzulaufen und sich zu verstecken.

Kurz bevor sie ihr Ziel erreichten, platzte Sarah plötzlich heraus: »Charles, Sie stellen sich jetzt gewiß die Frage, was es mit dem Brief auf sich hat.«

Chambers antwortete in die Dunkelheit: »Das ist richtig, Sarah. Es scheint sich hierbei um einen sehr jungen Verehrer zu handeln, noch dazu um einen ehemaligen Schüler. Sie nehmen es mir sicher nicht übel, wenn ich darüber etwas verwundert bin.«

»Howard Carter ist fünfzehneinhalb. Rein rechnerisch trennen uns dreizehn Jahre, aber im Innersten sind wir keinen einzigen Tag voneinander entfernt.«

»Miss Jones!« Chambers' Stimme klang verärgert und heftig. »Ich hoffe, Sie wissen, was Sie da tun!«

»Nein«, erwiderte Sarah knapp. »Ich weiß nur, daß ich nicht anders kann. Und ich sage das, damit Sie sich keine falschen Hoffnungen machen, Charles. Betrachten Sie mein Geständnis als Vertrauensbeweis.«

Schweigend und im Schutze der Dunkelheit erreichten sie endlich das Schulgebäude. Vor dem Portal verabschiedete sich Chambers mit gewohnter Förmlichkeit, indem er Sarahs Hand nahm und sich tief verbeugte wie ein Diener in einem vornehmen Hause. Und noch bevor Sarah ihm für seine Begleitung danken konnte, war Chambers verschwunden.

Im Schutz einer Hauswand, keine fünfzig Meter entfernt, hatte

Howard Carter die Szene beobachtet. Die langen Abende in der muffigen Einsamkeit von Didlington Hall hatten seine Sehnsucht nach Sarah, seine Lust, sie zu berühren, so weit getrieben, daß er sich auf sein Fahrrad gesetzt und den Weg nach Swaffham in nicht viel mehr als einer Stunde zurückgelegt hatte.

Er wollte Sarah überraschen und hatte, als er die Türe verschlossen fand und im ganzen Haus kein Licht sah, in Sichtweite Posten bezogen und sich vorgenommen, auszuharren, bis die Geliebte zurückkehrte – und wenn es bis Mitternacht dauerte.

Liebende haben eine seltsame Ahnung, was das Verhalten des angebeteten Wesens betrifft, oder besser: sie glauben eine Ahnung zu haben, denn oft genug erweisen sich derartige Empfindungen als ein beklagenswerter Trugschluß. So auch diesmal, denn Carter zog aus der unerwarteten Begegnung falsche Schlüsse, eine verhängnisvolle Entscheidung – wie sich zeigen sollte.

Natürlich hatte er Chambers trotz der Dunkelheit sofort erkannt, und eine grenzenlose Wut erfaßte sein Innerstes. Er war wütend auf Chambers, aber mehr noch auf Sarah Jones, die mit ihm spielte, ihn wie einen kleinen Jungen behandelte. Er haßte sich, weil er ihr auf den Leim gegangen war. Wie konnte er! Wie konnte er zu der Auffassung gelangen, daß Miss Jones, eine stattliche Frau von bewundernswerter Schönheit, sich ausgerechnet in ihn verliebt haben sollte, in ihn, einen mittelmäßigen Zeichner, der gerade den Kinderschuhen entwachsen war!

Howard wartete, bis im oberen Stockwerk Licht entzündet wurde. Tränen der Wut rannen über sein Gesicht. Mit einem Feuerzeug setzte er die Petroleumlampe am Lenker seines Fahrrads in Betrieb. Dann stieg er auf und fuhr auf der London Street in Richtung Brandon. Es war dies eine jener Stunden, die ihm nicht zum ersten und nicht zum letzten Mal im Leben begegneten, in denen er lieber tot sein wollte.

Kapitel 9

Alljährlich, wenn der Sommer zu Ende ging, gab Lord William George Tyssen-Amherst in Didlington Hall ein großes Fest, das im Breckland seinesgleichen suchte. Was Rang und Namen hatte oder sich durch wirtschaftlichen Erfolg ins Gespräch gebracht hatte, wurde nach strengen Regeln, über die Lady Margaret mit Argusaugen wachte, zu diesem Fest geladen, und nicht selten spielten sich in Kreisen der besseren Gesellschaft oder jenen, die sich zugehörig fühlten, Dramen ab, weil an den einen eine Einladung erging, während man selbst, trotz beachtenswerter Meriten, unberücksichtigt blieb.

Hundert Fackeln flackerten an den Fenstern des Herrenhauses und zu beiden Seiten der langen Auffahrt, als die Gäste in ihren Phaetons, Landauern, Victorias und Coupés vorfuhren.

Zu einem Ereignis besonderer Art wurde die Anfahrt von Mr. Alfred McAllen, dem schwerreichen Transportunternehmer aus Swaffham, der, begleitet von seinen beiden Töchtern, in einem hustenden, spuckenden, heftige Explosionen erzeugenden Fahrzeug ohne Pferde des Weges kam, das, wie man später erfuhr, französischer Herkunft war und die Leistung von sechs Pferden erbrachte, obwohl man keines sehen konnte. Getreu den Gesetzen des Landes lief dem Automobil, so wurde das wundersame Fahrzeug bezeichnet, ein strammer Jüngling voraus, um entgegenkommende Pferdekutscher und anständige Straßenbenutzer zu warnen, und McAllen versicherte, der Junge sei dieser Aufgabe auf dem Weg von Swaffham nach Didlington Hall zur vollsten Zufriedenheit nachgekommen.

Nur wenige beherzte Männer wagten es, sich dem Ungetüm, welches zum Leidwesen englischer Patrioten in Deutschland erfunden worden sein sollte, auf mehr als fünf Schritte zu nähern, während die Maschine noch lief, die entgegen englischer Tradition nicht mit Dampf, sondern mit Petroleum oder anderen gefährlichen Essenzen betrieben wurde.

Während Alicia die McAllen-Töchter in Empfang nahm, deren vornehme Kleider von Ruß und Straßenstaub gezeichnet waren, agierte der Fuhrunternehmer wie ein Magier im Varieté, indem er die höllische Maschine mit einem kleinen Hebel zum Stillstand brachte, so daß man nur noch das Zischen der messingpolierten Kutscherlaternen vernahm, die mit einer Mischung aus Wasser und Karbid betrieben wurden und die Szene in ein seltsam fahles Licht tauchten.

McAllen, ein jugendlich wirkender Mittvierziger, stammte aus obskuren Verhältnissen, allein sein staunenswerter Reichtum machte ihn für die feine Gesellschaft des Breckland hoffähig. Doch seine ganze Reputation verspielte er an diesem einzigen Abend, als er in Gesellschaft mehrerer Lordschaften verkündete, das Pferd habe ausgedient und werde vom Automobil abgelöst werden. In fünfzig Jahren sei das Pferd ausgestorben. Das Automobil sei die wichtigste Erfindung des Jahrhunderts und die Ingenieursleistung der Deutschen Daimler und Benz bedeutsamer als die Konstruktion der Brücke über den Firth of Forth, oder des Turmes, den die verrückten Franzosen in Paris errichtet hätten.

Nein, eigentlich paßte dieser McAllen nicht so recht in die feine Gesellschaft, und er selbst gab das auch deutlich zu erkennen. Sein Karo-Anzug war ziemlich sportlich und eher seinem Automobil als dem feierlichen Anlaß angemessen. Daß er die Einladung annahm, obwohl sie ihm kaum Freude bereitete, hatte seinen Grund: McAllen, Witwer von Stand, seit seine Frau an der Schwindsucht, böse Zungen behaupteten aus Gram, verblichen war, hatte Mühe, seine heiratsfähigen Töchter Mary und Jane an den Mann zu bringen. Die beiden waren nun einmal keine Schönheiten, und der Kummerspeck hatte an ihren Hinterteilen – diese mit einem niedlicheren Ausdruck zu beschreiben wäre wirklich sehr gewagt gewesen – deutliche Spuren hinterlassen. So bedeutete eine respektable Mitgift für jede den einzigen Anreiz für mögliche Heiratskandidaten, und Vater McAllen ließ kaum eine Gelegenheit aus, auf diesen Umstand hinzuweisen. Schließlich tummelten sich in Adelskreisen nicht wenige Mannspersonen, deren Name von weit größerer Bedeutung war als ihr ererbter Besitz.

Der einzige inmitten der illustren Gesellschaft, der sich für den Automobilisten interessierte, war »Porchy«, wie ihn seine Freunde nannten – und davon gab es viele. »Porchy«, groß, schlank und sportlich, kurz ein Bild von einem Mann, war nicht nur äußerst attraktiv, er war auch gescheit und weltgewandt, trotz seiner fünfundzwanzig Jahre, und – er war der dritte Mann im Vereinigten Königreich, der ein Automobil sein eigen nannte.

George Edward Stanhope Molyneux Herbert, so sein richtiger Name, entstammte einem alten Geschlecht, das ihm schon von Kindesbeinen den Titel »Lord Porchester« sicherte, ein Umstand, der ihn alles andere als fröhlich stimmte, denn in Eton, wo jeder britische Lord ein paar Jahre zugebracht haben mußte, hänselten ihn seine Mitschüler, indem sie ihn »Porchy« nannten.

»Porchy« hatte seine Kindheit auf dem Familiensitz Highclere Castle nahe Newbury verbracht. Dort gab es weite Pferdekoppeln, Teiche und tausend Abenteuer. Noch bevor er zur Schule ging, jagte er mit seinem Pony durch die umliegenden Wälder, und aus den Teichen in der Umgebung zog er armdicke Hechte. Man hätte sich kaum eine glücklichere Kindheit vorstellen können, wäre nicht »Porchys« Mutter bei der Geburt des dritten Kindes gestorben. Da war der Junge neun.

Nach der Internatszeit in Eton besuchte »Porchy« das Trinity College in Cambridge; aber seine Ferien verbrachte er mit seinem Vater, dem vierten Earl of Carnarvon, regelmäßig an der italienischen Riviera, wo der Lord in Portofino eine prachtvolle Villa besaß und eine Segelyacht. Segeln wurde zur neuen Leidenschaft »Porchys«, und weder heftige Böen noch hoher Wellengang hinderten ihn, mit seiner Mannschaft auszulaufen.

Er war einundzwanzig und hatte das College gerade hinter sich gebracht, da setzte er sich in den Kopf, mit dem Schiff die Welt zu umrunden. Im ersten Anlauf erreichte er mit seiner Mannschaft Südamerika, dann kehrte er um. Im folgenden Jahr nahm er Kurs ostwärts und kam nach Australien und Japan. Kurz nach »Porchys« Rückkehr starb sein Vater. Jetzt war »Porchy« der fünfte Earl of Carnarvon, ein Mann von großem Reichtum und hohem Einfluß, aber in seinem Herzen das, was er seit seiner Kindheit war, ein Abenteurer, dem Yachten, Pferde und Automobile mehr bedeuteten als die Politik ihrer Majestät oder abgehobene Gespräche über Courbet und Monet und die Schule von Barbizon.

Nachdem der Lord und McAllen heftig über die Vorteile von Bürsten- und Verdampfungsvergasern gestritten hatten, jene wundersamen Geräte, welche den Kraftstoff lieferten, der den Motor eines Automobils zum Laufen brachte, und nachdem sie sich partout nicht einigen konnten, weil der eine diesen, der andere jenen Typ bevorzugte, trat Lady Margaret an »Porchy« heran, hakte sich bei ihm ein, und an McAllen gewandt sagte sie: »Wenn Sie erlauben, Sir, möchte ich Lord Carnarvon zum Dinner entführen. Die übrigen Gäste interessieren sich weniger für Höllenmaschinen als für das festliche Mahl, das Mrs. Cricklewood zubereitet hat. Ich bin überzeugt, ihre Kochkünste werden auch Sie begeistern. Entgegen landläufiger englischer Kochkunst achtet sie nämlich nicht nur darauf, daß das Essen gut aussieht, sondern auch darauf, daß es gut schmeckt. Kommen Sie, überzeugen Sie sich selbst.«

Als Lady Margaret und Lord Carnarvon die Halle betraten, die zu dem feierlichen Anlaß in ein elegantes Speisezimmer verwandelt und mit zahllosen Kerzen an den Wänden und auf der langen Tafel illuminiert worden war – ein Anblick, der manchen Gästen ein staunendes »Aah« und »Ooh« entlockte –, erklang im Hintergrund ein chinesischer Gong. Es war Tradition, daß dieser Gong von Albert, dem Butler, nur einmal im Jahr und nur zu diesem Anlaß geschlagen wurde.

Die große Halle, deren Wände mit warmem Holz getäfelt und sparsam, aber kostbar möbliert waren, strahlte vielleicht nicht die Eleganz von Oxburgh Hall oder die reiche Pracht von Highclere Castle aus, konnte es aber an Gemütlichkeit mit jedem anderen Landsitz aufnehmen. Die Ahnenporträts an den Wänden, von denen einige mehr als zweihundert Jahre alt waren, fielen auf durch die edlen Züge und ihre zeitlose Schönheit, die den Vorfahren der Amhersts zu eigen war und durch die hohe Kunst der Malerei. Obwohl die Gemälde von verschiedenen Malern stammten, wiesen alle eine Besonderheit auf, welche bei allen Gästen Bewunderung hervorrief: Wo immer man sich in der Halle aufhielt, die Ahnen verfolgten den Betrachter mit den Augen. Das galt auch für die Porträts von Lord William Amherst und Lady Margaret, die vor etwa zwanzig Jahren von einem bekannten Maler aus London im Stile von Gainsborough angefertigt worden waren. Vor allem das Bild Lady Margarets, das die Herrin von Didlington Hall in einer dunkelroten Robe vor einem Fenster des Herrenhauses mit Ausblick auf die sanfte Landschaft zeigte, fand großes Gefallen, und es gehörte wie in allen Ahnengalerien in England zur Höflichkeit, einen Augenblick davor zu verweilen und das Werk des Malers, vor allem aber sein Modell mit anerkennenden Worten zu bewundern.

Lord Carnarvon fand ohne Mühe die passenden Worte, und sie klangen nicht einmal schmeichlerisch oder abgeschmackt, wie oft in ähnlichen Situationen: »Mylady, ich weiß nicht, was ich mehr bewundern soll, die Kunst des Malers oder die Schönheit seines Modells. Wirklich, das schönste Porträt, das ich kenne!«

Das mochte »Porchys« Überzeugung sein oder auch nicht, jedenfalls war damit der Konvention genüge getan, und Lady Margaret bat Lord Carnarvon und die übrigen Gäste, an der langen Tafel Platz zu nehmen, so wie es die Tischkarten vorschrieben.

Es gibt kaum ein strengeres Gesetz in England als die Tischordnung bei einem Dinner. Allein die Aufreihung der Gäste vermittelt Gesprächsstoff für mehrere Tage und ist auf seltsame Weise geeignet, manch einen in Euphorie oder tiefe Depression zu versetzen.

Lord Amherst gab das Zeichen zum Platznehmen, indem er sich zur schmalen Stirnseite der Tafel begab, von welcher er die Gästereihe bis zu den letzten Plätzen übersehen konnte. Zu seiner Rechten saß Lady Margaret auf dem ersten Platz an der Längsseite. Sie trug ein langes, dunkles Kleid mit weitem Ausschnitt. Doch war es nicht das Dekolleté der Herrin von Didlington Hall, das Aufsehen erregte, sondern eine Kleinigkeit ihrer Garderobe, welche Uneingeweihten verborgen blieb, Kenner jedoch zu bewundernden Blicken herausforderte: Lady Margaret trug ein schwarzes Samtband um den Hals, was in diesen Tagen und in gebildeten Kreisen mehr Entzücken hervorrief als ein Strumpfband auf weißen Schenkeln. Erinnerte es doch an jene Lady Stutfield aus Oscar Wildes »Gespenst von Canterville«, ein gerade erschienenes Buch, welches man ob seiner Frivolität einfach gelesen haben mußte. Während Lady Stutfield das Halsband nur deshalb trug, damit es die fünf eingebrannten Finger eines Gespensts verdeckte, zeigten die Damen der vornehmen Gesellschaft mit ihrem Halsband, daß sie literarisch auf der Höhe und der Biederkeit des Jahrhunderts abgeneigt waren.

Lady Margaret gegenüber, also zur Linken Lord Amhersts, war Lord Carnarvon plaziert. Links von diesem Lady Wainwright, eine schwarzhaarige Schönheit indischer Herkunft, welche Admiral Wainwright aus der Kronkolonie ihrer Majestät nach England heimgeführt hatte. Ihr Gemahl, der erst vor kurzem zum Lord geadelte John Wainwright, war hager, groß und stark kurzsichtig. Er trug eine Brille mit dicken Gläsern, die seine Augen wie zwei Hemdenknöpfe erscheinen ließen. Wainwright war ein Beispiel dafür, daß sich die unansehnlichsten Männer mit den schönsten Frauen schmücken. Was jedoch seine Konversation betraf, so konnte Wainwright es mit jedem anderen Gast aufnehmen, und Lady Lampson an seiner Seite, zweite Frau des neben der schönen Inderin plazierten Lord Harold Lampson, genoß die Unterhaltung auf ihre Weise, indem sie, weil sie trotz ihrer jungen Jahre schlecht hörte, dezent ein kleines silbernes Hörrohr an ihr Ohr setzte.

Mr. und Mrs. Gordon, Nachbarn der Amhersts und mit diesen seit vielen Jahren befreundet, nahmen, sich gegenübersitzend, die folgenden Plätze ein; weniger weil es ihrer Rangordnung entsprach, sondern weil diese Plätze für Mr. und Mrs. Kenneth Spink vorgesehen waren, die aufgrund des Unfalls ihres Sohnes ihre Teilnahme in letzter Minute abgesagt hatten.

So reihten sich die Gäste, über dreißig an der Zahl, deren Namen aufzuzählen den Rahmen sprengen würde, bis ans Ende der langen Tafel, wo Amhersts älteste Tochter und der junge Lord William Cecil, ein Mann von der Melancholie eines Platzanweisers in Covent Garden, Alicia und Percy Newberry, die beiden McAllen-Töchter und Howard Carter Platz genommen hatten.

Howard empfand es als unerwartete Ehre, daß er zu dem Fest geladen war. Lady Margaret, die ihm seit seinem Eintreffen in Didlington Hall mit besonderer Liebenswürdigkeit begegnete, hatte ihm aus der Kleiderkammer des Hauses einen schwarzen Cutaway mit grauschwarzer Hose und ein silberfarbenes Seidenplastron verpaßt, das ihn außergewöhnlich gut kleidete. Wenngleich, wie sie zu bedenken gab, ein Cut nicht die angemessene Kleidung für ein festliches Dinner sei, verleihe es ihm doch eine gewisse Vornehmheit und Eleganz.

Diese und der festliche Rahmen der illustren Gesellschaft ließen Carter für kurze Zeit Wut und Trauer vergessen, die sich seiner bemächtigt hatten. Auch wenn es ihm schwerfiel, ja beinahe unmöglich erschien, er mußte sich mit dem Gedanken vertraut machen, daß Sarah Jones eine Frau wie jede andere war und daß er seine tiefsten Gefühle verschwendet hatte.

Carter hatte noch nie in so feiner Gesellschaft gespeist. Auch wenn er den letzten Platz an der Tafel einnahm, hätte ihn auch ein einfaches Essen in Begeisterung versetzt. So aber trugen die Diener des Hauses in schwarzer Kleidung silberne Schalen auf, deren breite Ränder im Kerzenlicht golden funkelten. Das Service, Teller, Schüsseln und Terrinen, stammte aus Worcester. Die Gläser aus St. Louis. Es gab glacierten Fasan, garniert mit Früchten und bunten Federn, Wildente in Orangensoße und Turkey mit Kastanienfüllung, dazu gedünstetes Gemüse aus eigenem Anbau. Man trank Rotwein aus Frankreich. Zum Nachtisch wurde Breadpudding mit Brandy Butter gereicht.

Howard aß schweigsam, beinahe andächtig, und in Gedanken wünschte er sich, es in seinem Leben so weit zu bringen, daß er jeden Tag speisen könnte wie ein Lord.

»He, Carter!« Es war die rauhe Stimme von Jane, der älteren McAllen-Tochter, die Howard in die Wirklichkeit zurückholte. »Du bist ja ein richtig vornehmer Pinkel geworden. Alle Achtung!«

Howard blickte betroffen zu Alicia, die ihm schräg gegenüber saß und die McAllens ebensowenig leiden konnte wie er. Zunächst zog er es vor, den Anruf des pummeligen Mädchens zu übergehen.

Aber Jane ließ nicht locker, und an ihre Schwester gewandt, aber so, daß es alle hören konnte, sagte sie: »Na ja, er sieht ja ganz passabel aus in seinem schwarzen Tuch, aber ein Cutaway macht noch lange keinen Lord. Meinst du nicht auch, Mary?«

Da platzte es aus Howard heraus: »Und ein Dekolleté noch lange keine Lady!«

Newberry und Alicia, die das Wortgeplänkel amüsiert verfolgten, indem sie die Augen in Richtung der beiden Schwestern rollten, schüttelten sich vor Lachen und hielten die Hand vor den Mund, damit sie nicht herausplatzten. Denn Jane trug ein Kleid mit einem gewagten Ausschnitt, welcher zwar einen voluminösen Brustkorb sehen ließ, jedoch ohne den bescheidendsten Ansatz von Weiblichkeit, genauer gesagt, eines Busens, zu zeigen.

»War nicht so gemeint«, bemerkte Jane, und um das Thema zu wechseln, fügte sie hinzu: »Stimmt es, daß Robert Spink bei einem Wettrennen mit dir verunglückt ist?«

Alicia nahm Howard die Antwort ab und erwiderte: »Spink hat Howard herausgefordert. Er hat behauptet, mit dem Pferdewagen schneller zu sein als Howard mit seinem Fahrrad.«

Mary, die Jüngere, hatte das Gespräch bis hierher schweigend verfolgt, aber nun griff sie mit ihrer Piepsstimme, die in schroffem Gegensatz zu der ihrer Schwester stand, in die Diskussion ein und rief: »Nie im Leben kann ein Mann auf einem Velociped mit einem Gespann mithalten!« Und dabei fuchtelte sie mit den Händen so wild in der Luft herum, daß die Kerzen auf der Tafel zu flackern begannen.

»Für kurze Zeit, etwa auf die Entfernung einer halben Meile, ist das sehr wohl möglich!« behauptete Carter und entfachte damit eine lebhafte Diskussion, an der sich nach und nach die gesamte Gesellschaft beteiligte. Als das Streitgespräch schließlich bei Lord Carnarvon angelangt war, zeigte dieser lebhaftes Interesse an dem Wettstreit, und er erkundigte sich bei seinem Gastgeber, wie denn das Rennen ausgegangen sei.

»Tragisch, mein lieber Carnarvon«, antwortete Lord Amherst. »Der junge Spink hätte sich das Genick brechen können. Er geriet unter Pferd und Wagen und verletzte sich so sehr, daß er sich wohl ein Leben lang hinkend fortbewegen muß. Wie man hört, wird sein rechtes Bein verkrüppelt bleiben.«

Lord Carnarvon zog die Lippen nach unten. »Sehen Sie, Gentlemen«, sagte er nach einer Weile, und dabei blickte er mit erhobenem Haupt in die Runde, »wem es vom Schicksal bestimmt ist, der begegnet dem Tod auf dem Weg zur Kirche, und ein Abenteurer wie ich trotzt ihm unter Seeräubern im Mittelmeer und unter Banditen in Südamerika. Ich konnte nie verstehen, wenn mein Vater sagte, sei vorsichtig, du hast nur das eine Leben. Warum, fragte ich und erntete damit den Unwillen meines Vaters. Ich glaube, daß das Leben eines jeden Menschen in einem großen Buch beschrieben steht. Daher ist es unsinnig, sein Wohl an die Spitze aller Überlegungen zu stellen. Das Leben wird erst angenehm, wenn man die Todesfurcht verloren hat. Glauben Sie mir, Gentlemen.«

Carnarvon prostete mit seinem Glas in die Runde, und Lady Margaret, die der Rede ihres Gegenübers mit Bewunderung gefolgt war, stellte die Frage: »Wenn ich Sie recht verstanden habe, dann hatte dieser Spink überhaupt keine Chance, seinem Schicksal zu entkommen? Es war ihm vorbestimmt, hinkend durchs Leben zu gehen?«

»Ohne Zweifel, ja. Wie wollten Sie sonst den Tod eines Menschen erklären, Mylady? Es gibt Seiltänzer, die fordern ihr Schicksal gleichsam heraus, indem sie Schluchten auf einem dünnen Seil überqueren – sie werden steinalt. Und ein Philosoph, der in seiner Bibliothek den Sinn des Lebens erforscht, fällt von der Bücherleiter und ist tot. Ich frage Sie, Mylady, welcher von beiden hat mit mehr Umsicht gehandelt, der Seiltänzer oder der Philosoph?«

»Der Philosoph vermutlich, weil er kein Risiko einging.«

»Und dennoch hat ihn der Seiltänzer überlebt, der unvernünftig genug war, beinahe jeden Tag sein Leben aufs Spiel zu setzen.«

An der Tafel war es still geworden. Vom offenen Kamin, dessen steinerne Verblendung beinahe die Ausmaße einer Toreinfahrt hatte, vernahm man das Prasseln des Feuers. Am unteren Ende des Tisches hatte Carter das Gespräch mit Interesse verfolgt. Carnarvon war ein kluger Kopf und verstand es vortrefflich, komplizierte Dinge in einfache Worte zu kleiden.

»Mir tut dieser Spink leid«, warf Lord Amherst ein, »obwohl ich nicht verhehle, daß seine ungehobelte Art eher mein Mißfallen fand.«

Lady Margaret fiel ihrem Gemahl ins Wort: »Immerhin hat er ein Mädchen aus einem brennenden Haus gerettet! Eine anerkennenswerte Leistung! Er ist ein Held!«

Da sprang Carter wütend von seinem Stuhl auf und rief: »Das ist nicht wahr! Dieser Spink ist ein gottverdammter Lügner!«

Carters zorniger Zwischenruf hatte ungeahnte Folgen: Über dreißig Augenpaare richteten sich gleichzeitig, als wären sie untereinander mit einem unsichtbaren Mechanismus verbunden, auf Howard Carter. Der trotzte den empörten Blicken mit rotem Kopf und kurzem Atem.

»Aber es stand im *Daily Telegraph*, Mr. Carter!« bemerkte Lady

Margaret ungehalten. »Wenn Spink es nicht war, wer soll das Mädchen dann aus dem brennenden Haus gerettet haben, Mr. Carter?«

»Ich.«

Howards kurze Antwort verursachte bei einem Teil der Gäste Empörung. Vor allem Admiral Wainwright, in dessen Ohren das Wort Held einen besonderen Klang besaß, reagierte verstimmt: »Junger Freund, ich glaube, Sie sind uns eine Erklärung schuldig.«

»Da gibt es nicht viel zu erklären, Mylord«, reagierte Carter keck. Lady Lampson an der Seite des Admirals hob indigniert die Augenbrauen und warf ihm einen strafenden Blick zu. Doch Carter ließ sich nicht einschüchtern und fuhr fort: »*Ich* habe Jane Hackleton aus dem Feuer geholt. Spink stand an der Türe und hat gewartet, bis ich mit dem bewußtlosen Mädchen auf den Armen zurückkehrte. Er riß mir Jane förmlich aus den Armen und rannte davon. Fragt sich, wer der wahre Held ist – wenn Sie schon dieses fragwürdige Wort gebrauchen wollen, Mylord.«

Carter fühlte die Augen aller wie stechende Pfeile auf sich gerichtet. Warum, dachte er bei sich, mußt du dich auch in das Gespräch der feinen Gesellschaft einmischen. Howard spürte das Mißtrauen, das ihm allseits entgegenschlug, ja, wenn er Lord William Cecil ihm schräg gegenüber oder Lord Lampson in einiger Entfernung ansah, dann spürte er sogar deren Verachtung.

Das Schweigen der zuvor so redseligen Gäste zog sich ungebührlich in die Länge und erreichte schließlich einen Grad von Peinlichkeit, der Howard keine andere Wahl ließ. Er verneigte sich kurz in Richtung der Gastgeber, stieß seinen Stuhl beiseite und stampfte mit kurzen Schritten, die seine Erregung deutlich machten, in Richtung des Ausgangs zum Treppenhaus, wo er wortlos verschwand.

»Ein merkwürdiger junger Mann ohne Benehmen«, entrüstete sich der Admiral.

Lord Amherst rang nach Worten und meinte entschuldigend: »Carter arbeitet erst seit kurzem für mich. Er ist ein hervorragender Zeichner, wirklich ein großes Talent. Aber von dieser Seite kenne ich ihn überhaupt nicht. Es tut mir leid, Ladys und Gentlemen.«

Carnarvon, der dem Zwischenfall weit weniger Bedeutung beimaß als die übrigen Gäste, was an seinen Mundwinkeln abzulesen war, die im Ansatz ein süffisantes Lächeln zeigten, Carnarvon gab zu bedenken: »Wer weiß denn, ob der Junge nicht recht hat? Oder war irgend jemand von den Ladys und Gentlemen dabei, als das Haus abbrannte?«

»Nein, nein, nein«, erregte sich Lady Lampson, die sich bisher eher zurückgehalten hatte, »ich habe den Artikel im *Daily Telegraph* mit eigenen Augen gelesen!«

Da brach Lord Carnarvon in künstliches Gelächter aus, daß der Gastgeber zu seiner Rechten mit dem Kopf zurückwich, und er rief: »Mylady, ich will Ihnen ja nicht zu nahe treten, aber glauben Sie wirklich alles, was in der Zeitung steht, noch dazu im *Daily Telegraph*? Ich halte die *Times* für das einzige Blatt, dem man vertrauen kann, weil es die Todesanzeigen auf Seite eins veröffentlicht. Aber auch da soll es schon zu Unstimmigkeiten gekommen sein.«

Lady Lampson war nicht die einzige, der Carnarvons Ironie verborgen blieb, welche bisweilen sogar in Zynismus umschlug, eine Charaktereigenschaft, die den Herren von Highclere Castle seit Generationen zu eigen war. In dieser heiklen Situation, in der niemand wagte, das Wort zu ergreifen, warfen sich Mary und Jane, die beiden McAllen-Töchter, verstohlene Blicke zu. Diese zu deuten, wäre ein leichtes gewesen, aber niemand nahm ihre Blicke wahr.

Endlich unterbrach Lady Margaret die unangenehme Stille, indem sie mit schnellen, kurzen Bewegungen in die Hände klatschte und Damen und Herren getrennt in ihre Salons bat. Der Rauchsalon von Lord Amherst lag linker Hand, während der Damensalon von Lady Margaret über einen Zugang rechts von der Halle verfügte. Und niemand, nicht einmal die ältesten Mitglieder des Hauspersonals, konnten sich daran erinnern, daß jemals Amherst den Salon der Lady oder diese jenes des Lords betreten hatte, obwohl es für diese Eigenheit keinen ersichtlichen Grund gab.

Der Salon Lady Margarets, der mit zierlichen Chippendale-Möbeln eingerichtet und mit freundlichen, hellen Stofftapeten ausgestattet war, hob sich wohltuend von der Düsterkeit der meisten anderen Räume in Didlington Hall ab, wobei Kristallspiegel an den gegenüberliegenden Wänden das Ihre dazu beitrugen. In diesem freundlichen Damenzimmer widmeten sich die einen ihrer Lieblingsbeschäftigung, dem Klatsch, während die anderen neugierig lauschend mit ihrer Verdauung beschäftigt waren. Für beide Verrichtungen erwies sich Orangenlikör als äußerst dienlich.

Beim Raucherkonvivium machten dicke Havannas und ein Kästchen »Star of India« die Runde, deren beißender, grauer Qualm den Raum vernebelte. Die Wände ringsum wurden von kostbaren alten Büchern eingenommen. Schottischer Whisky trug dazu bei, daß das Männergespräch, welches Lord Amherst mit seinem Lieblingsthema, dem britischen Imperialismus in Afrika, begann, sich bald dem Tagesgespräch zuwandte, der Eröffnung des Fernsprechdienstes von den Britischen Inseln zum Kontinent. Über das Kapitel Rennpferde gelangten die Herren zwangsläufig zum Thema Frauen, das, wie man weiß, unerschöpflich und dem Niveau einer Unterhaltung zwischen Männern nicht gerade förderlich ist. Jedenfalls gipfelte diese nach Preisgabe verschiedener Weibergeschichten nicht näher bezeichneter Herren in der Feststellung Lord Lampsons, man sollte, um Peinlichkeiten zu vermeiden, alle Frauen, denen man begegnete, Fanny nennen oder Amy. Das erspare vieles.

So traf es sich gut, daß in der Halle, wo die Tafel inzwischen beseitigt worden war, ein Streichquintett Walzermusik intonierte. Ganz England war verrückt nach den Walzern von Johann Strauß, seit »Die Fledermaus« im Londoner Westend Furore machte.

Zu fortgeschrittener Stunde traten die Damen und Herren der Gesellschaft aus ihren Salons, und Lord Amherst führte Lady Margaret zum Tanz. Andere Paare gesellten sich hinzu.

»Er tut mir irgendwie leid«, meinte Lady Margaret in den Armen ihres Gemahls.«

»Wer tut dir leid?«

»Der junge Carter! Wie er so dastand, von allen Seiten argwöhnisch betrachtet. Ich finde, Carnarvon hat recht, wenn er meinte, keiner von uns sei bei dem Brand dabeigewesen. Wer will also wissen, was damals wirklich geschah?«

»Ich empfand sein Benehmen äußerst ungeschickt. Selbst wenn seine Behauptung der Wahrheit entspricht, wäre mehr Zurückhaltung angebracht gewesen.«

»Findest du?« Lady Margaret wirkte nachdenklich.

Nach ein paar Takten, in denen sie sich geschickt um die eigene

Achse gedreht hatten, wobei Margaret den Blick ihren Gästen zuwandte, begann sie von neuem: »William?«

»Ja, mein Liebes?«

»Könntest du dir Lord Carnarvon als Schwiegersohn vorstellen? Gewiß, Alicia ist noch ein halbes Kind; aber in ein, zwei Jahren ist sie in dem Alter, wo sich diese Frage stellt. Und wenn du mich fragst, ich würde durchaus Carnarvon den Vorzug geben gegenüber – sagen wir – Newberry. Ich meine, nichts gegen Newberry, er ist ein gebildeter junger Mann, aber im Vergleich zu Carnarvon...«

Lady Margaret sprach ruhig, beinahe im Flüsterton; dennoch stand plötzlich Lord Carnarvon neben ihr und bat, an Lord Amherst gewandt, um den nächsten Tanz. »Ich hörte da eben meinen Namen«, lachte Carnarvon, »darf ich Mylady für einen Augenblick entführen?«

Pünktlich um Mitternacht erklang die Hymne Ihrer Majestät der Königin Victoria und beendete so nach alter Tradition das Fest auf Didlington Hall. Nur ein paar wenige Gäste aus der näheren Umgebung machten sich mit ihren beleuchteten Kutschen auf den Heimweg, die übrigen zogen sich in die Gästezimmer im Seitentrakt des Herrenhauses zurück.

Als auch der letzte Gast gegangen war, traten Lord und Lady Amherst vor den Eingang und blickten eng aneinandergeschmiegt in den wolkenverhangenen Himmel.

»Ein schönes Fest, nicht wahr, William?« Lady Margaret sog die Kühle der Nacht in sich auf.

»Durchaus«, knurrte der Lord, »wäre da nicht diese Sache mit Carter gewesen. Ich werde ihn wohl hinauswerfen. Er hat kein Benehmen.«

»Das darfst du nicht tun, William! Er ist jung und hat das Recht, Fehler zu machen. Tu das nicht, hörst du, William. Ich bitte dich!«

Lord Amherst sah seine Frau mit Verwunderung an: »Was liegt dir so an diesem Carter?«

»Du sagtest selbst, er sei ein begabter Künstler. Ich habe ihn liebgewonnen, seit er hier ist. Wo ist er überhaupt?«

Der Lord hob die Schultern, und dabei zeigte er eine gewisse Gleichgültigkeit. Lady Margaret blieb diese nicht verborgen, und sie rief nach Albert.

»Albert, wo ist Howard Carter?«

Der Butler, dem kaum ein Vorgang auf Didlington Hall entging, antwortete freundlich: »Mr. Carter hat sich auf sein Zimmer zurückgezogen. Soll ich ihn rufen?«

»Nein, lassen Sie nur«, antwortete Lord Amherst, »ich werde das selbst erledigen!« Und ohne seiner Frau eine Mitteilung zu machen, wandte er sich ins Haus.

Albert erschrak, als er Amherst die Treppe nach oben stürmen sah. Seine Lordschaft hatte sich noch nie in das oberste Stockwerk begeben, wo die Räume des Personals lagen. Das versprach nichts Gutes. Und weil er ahnte, daß Amherst das Zimmer Carters nicht kannte, rannte er dem Lord hinterher und zeigte ihm die richtige Tür.

Lord Amherst klopfte und trat, ohne eine Antwort abzuwarten, ein.

Carter lag voll bekleidet auf dem Bett und starrte im Schein einer Petroleumlampe zur Decke. Er hätte um diese Zeit beinahe mit jedem gerechnet, nur nicht mit Lord Amherst. Als er ihn erkannte, sprang er auf: »Entschuldigen Sie, Mylord, aber ich habe Sie nicht erwartet!« Carter glättete seine Kleidung und stellte sich aufrecht vor Amherst hin.

»Schon gut, Carter«, meinte dieser beschwichtigend und in freundlichem Tonfall. »Wir beide haben etwas zu besprechen!«

Carter nickte, und ohne abzuwarten, sagte er: »Mylord, es lag mir fern, Sie vor Ihren Gästen zu brüskieren. Aber was ich sagte, entspricht der Wahrheit. *Ich* war es, der das Mädchen aus dem Haus geholt hat, nicht Spink. Tut mir leid, daß ich mich so vergessen habe. Ich packe morgen meine Sachen und verschwinde von Didlington Hall.«

Lord Amherst musterte Carter mit prüfendem Blick. Er hielt seine Hände auf dem Rücken verschränkt. Schließlich meinte er ruhig: »Das werden Sie nicht tun, Mr. Carter. Ich schätze Ihre Begabung, und Ihr Verlust würde mich zuallererst treffen. Deshalb ersuche ich Sie zu bleiben. Ich meine, unsere Zusammenarbeit hat doch gerade erst angefangen. Und was die leidige Angelegenheit mit Spink betrifft...«

»Ich bin Ihnen zu großem Dank verpflichtet, Mylord«, unterbrach Carter Lord Amherst, »und ich will Ihren Wunsch gerne respektieren, aber ich bitte Sie, mich ein paar Tage zu entbehren. Ich verspreche, den Ausfall an Zeit wieder einzuarbeiten.«

Amherst legte seine Stirn in Falten, und Howard mußte befürchten, daß er seine Bitte zur unpassenden Zeit vorgebracht hatte; aber unerwartet antwortete der Lord: »In Ordnung, Mr. Carter; doch mich würde interessieren, wozu Sie die Tage nutzen wollen.«

Da holte Howard Carter tief Luft, als wollte er sich eine schwere Belastung von der Seele reden, und er sagte: »Mylord, die leidige Angelegenheit mit Spink – wie Sie sich ausgedrückt haben – ist eine große Belastung für mich. Mag sein, daß Sie mich nicht verstehen, aber ich kann schwer ertragen, in den Augen anderer Menschen als Prahler oder Lügner dazustehen. Deshalb möchte ich mich auf die Suche nach Zeugen machen, die *meine* Version des Ereignisses bestätigen.«

Carters Hartnäckigkeit forderte dem Lord Respekt ab. Er schätzte unbeirrbare Charaktere, und die Beharrlichkeit, mit der Howard vorging, war beinahe schon der Beweis dafür, daß er die Wahrheit sprach.

Es war spät geworden, und Lord Amherst reichte Carter die Hand, da fiel sein Blick auf eine Zeichnung an der Wand über dem Waschtisch, und ihm entfuhr ein staunendes: »Oh! Ein eigenes Werk?«

Carter erschrak. Er konnte doch nicht ahnen, daß der Lord sein Zimmer unter dem Dach jemals betreten würde. Aber nun stand er dem Bild der *Aphrodite-Statue* mit den Gesichtszügen Sarah Jones' gegenüber und konnte sich nicht sattsehen. Jedenfalls hatte Howard den Eindruck. Er mußte damit rechnen, daß Amherst die Haltung bekannt vorkam. Am liebsten hätte er das Licht seiner Petroleumlampe abgedreht.

In seiner Aufregung vergaß Carter, Amhersts Frage zu beantworten, was den Lord wiederum dazu bewog, seine Frage als Unhöflichkeit zu bewerten – schließlich hängen Künstler ausschließlich eigene Bilder an ihre Wände – und vorsichtig nachzufragen: »Mich würde interessieren, Mr. Carter, ist dieses Bild aus der Phantasie entstanden, oder gibt es ein lebendes Vorbild dieser Schönheit?«

Amhersts Neugierde, die vielleicht gar keine Neugierde, sondern bereits ein erstes Verhör war, versetzte Howard in große Unruhe. Er fühlte, daß sein Herz bis zum Hals schlug, und hatte sich gerade zu der Antwort durchgerungen, die Zeichnung sei ein Produkt endpubertärer Phantasie, da kam ihm der Lord zuvor, indem er sagte: »Sie tun gut daran, diese Frage nicht zu beantworten. Das ist das gute Recht eines Künstlers. Gute Nacht!«

Nachdem Lord Amherst gegangen war, zog Howard den geborgten Cutaway aus und hängte ihn über die Lehne des Stuhls, der unter dem halbgeöffneten Fenster stand. Über den Wiesen um Didlington Hall sammelten sich die ersten Nebelschwaden und kündeten den Herbst an. Eben war ihm noch warm gewesen, jetzt fröstelte ihn, als er das Licht löschte und unter seine Decke kroch.

Howard schloß die Augen; aber anstatt in Bewußtlosigkeit zu versinken, bemächtigte sich ein wilder Taumel seines Gehirns. Aus der Ferne drangen Klagelaute eines Käuzchens, und Howard öffnete die Augen und betrachtete die niedrige Decke seines Zimmers, auf der sich fahle Spuren von Licht abzeichneten. So starrte er lange Zeit ins Leere, bis er sich endlich erhob und aus dem Fenster blickte auf die schwarzen Umrisse der Bäume und die Mauern um Didlington Hall, welche geheimnisvolle Linien in die Dunkelheit zeichneten. Der Morgen schien nicht fern, denn von den umliegenden Gewässern, deren Oberfläche einem blinden, verstaubten Spiegel glich, drang vereinzelt stotterndes Krötengeschrei.

Ihm war bewußt, daß er in dieser Nacht keinen Schlaf mehr finden würde. Allzuviel hatte sich ereignet und lastete schwer auf seiner Seele. Aber wohin ihn seine Gedanken auch trieben, sie kehrten zurück zu Sarah Jones und dem unglückseligen Ende ihrer Beziehung. Nein, er würde nie über diesen Verrat hinwegkommen. In diesem Augenblick tiefer Trostlosigkeit wünschte er eine Mutter herbei, die ihn liebte wie eine Mutter und der er sich anvertrauen konnte; doch die lebte in London und hatte genug mit sich selbst zu tun. Wann, überlegte Howard, hatte er sie zuletzt gesehen? Es fiel ihm nicht ein, und er wollte es auch gar nicht wissen.

Zielsicher tastete Carter nach den Streichhölzern und entzündete die Lampe. Dann nahm er ein Zeichenpapier, faltete es in ein gefälliges Format, setzte sich an den kleinen ovalen Tisch in der Mitte des Raumes, tauchte den Federhalter in das bauchige Tintenglas und begann zu schreiben:

»Miss Jones, meine Geliebte!« – Er empfand die Anrede albern, zerknüllte das Papier und legte es beiseite.

»Geliebte Miss Jones!« – Die Anrede klang besser; aber je öfter er sie im stillen wiederholte, desto unpassender erschien sie ihm.

Howard befand sich in einer ausweglosen Situation. Er hatte Sarah noch nie bei ihrem Vornamen genannt. Ob aus Respekt oder weil er sie anbetete – er kannte den Grund selbst nicht. Er hatte es einfach nicht fertiggebracht. Nun fand auch diese Anrede sein Mißfallen.

Schließlich nahm er ein drittes Blatt und schrieb schnell, damit er es sich nicht noch einmal überlegte: »Meine geliebte Sarah!«

Diese Anrede erfüllte ihn beinahe mit Stolz, und er las sie immer wieder, bis er endlich zu schreiben begann: »Ich wünschte, ich wäre ein paar Jahre älter, dann fielen mir diese Zeilen leichter, ja vielleicht wären sie dann nicht einmal nötig. Es sind zwei Dinge, die mich bewegen und die ich Ihnen nahebringen muß, und ich bitte Sie inständig, daraus Ihre Schlüsse zu ziehen.

Jetzt muß ich befürchten, daß sich zu den Dummheiten, die ich in den letzten Wochen begangen habe, eine weitere dazugesellt. Heute betrat unerwartet und entgegen jeder Gewohnheit Lord Amherst mein Zimmer, das ich wie das übrige Personal von Didlington Hall im obersten Stockwerk bewohne, und betrachtete lange das Bild der Aphrodite, welches für uns beide so große Bedeutung erlangt hat. Noch heute spüre ich die Ohrfeige auf meiner Wange, die mich wenige Augenblicke später in höchste Verzückung versetzen sollte und die mir erlaubte, Ihr Liebhaber zu werden. Sie hatten etwas an sich, das mir bis dahin unbekannt war und mich in Raserei versetzte, ja jede Vernunft ausschaltete, die mir, trotz meiner jungen Jahre, mehr zu eigen ist als anderen Jungen meines Alters. Aber ich schweife ab.

Ich weiß nicht, ob Lord Amherst die Statue erkannt hat, die mir als Vorbild für meine Zeichnung diente, aber ich muß damit rechnen, denn er hielt sich lange und schweigend davor auf. Es ist schwer vorstellbar, daß ein Mann von solcher Klugheit das Aussehen einer Statue vergißt, die ihm entwendet wurde, auch wenn der Fall lange zurückliegt. Deshalb bitte ich Sie inständig, geben Sie ihm die Statue zurück. Es ist der einzige Ausweg, wollen Sie sich nicht noch mehr in widrige Umstände verstricken.

Was unser Verhältnis betrifft, bitte ich Sie, dieses als beendet zu betrachten. Sie ersparen sich damit viel Ärger und mir manche Demütigung. So können Sie Ihre Zeit bedenkenlos Mr. Chambers widmen, der zumindest an Jahren besser zu Ihnen paßt als ein dummer Junge wie ich. Ich will mir nichts vormachen, wer bin ich denn schon? Ein Zeichner von minderer Bedeutung und Begabung, dessen Hoffnungen sich vielleicht einmal erfüllen mögen, vielleicht auch nicht. Die einzige Sicherheit, die ich Ihnen hätte bieten können, wäre die Tatsache gewesen, daß auch ich einmal älter werde – so alt, daß ich für Sie ein ernstzunehmender Liebhaber wäre. Aber glauben Sie mir, meine Liebe zu Ihnen war trotz meiner Jugend tief und innig und hat mich mit unendlicher Wonne erfüllt, wie sie in reiferen Jahren nicht stärker sein kann. Das ist vorbei. Ich liebe Sie nicht mehr.

Immerhin hat meine Liebe zu Ihnen in meiner Seele die schönsten Spuren hinterlassen. Ich bereue nichts von dem, was geschehen ist, denn es geschah aus tiefsten Regungen und Gefühlen, auch wenn es mit großer Ungeschicklichkeit verbunden gewesen sein mag. Es bleibt mir in Erinnerung – ein Leben lang.

Gut hat es, wer niemanden liebt. Die Vorstellung, daß Sie mit einem anderen die gleichen Dinge tun, wird mir, trotz meiner Absage, bitttere Qualen verursachen. Versuchen Sie nicht, Ihr Verhältnis mit Chambers in Abrede zu stellen. <u>Ich weiß alles!</u> Es ist mein fester Entschluß, Sie nie wiederzusehen.

Ihr Howard Carter.

Postscriptum: Den Brief bitte ich Sie nach Kenntnisnahme zu vernichten. Er könnte Sie zu einem späteren Zeitpunkt kompromittieren.«

Was Carter nach Art eines Künstlers in gestochener Schrift zu Papier brachte, nahm zwei Seiten und den Rest der Nacht in Anspruch. Schon graute der Morgen, und durch das offene Fenster drangen die ersten Geräusche des beginnenden Tagwerks. Howard las den Brief noch einmal. Er war den Tränen nahe, und als er geendet hatte, nickte er stumm, faltete das Papier und steckte es in einen Umschlag.

Als er daran ging, ihren Namen auf den Umschlag zu schreiben, hielt er kurz inne, weil ihn die Erinnerung einholte. Aber dann schrieb er knapp und mit fahriger Schrift: Miss Sarah Jones, Swaffham, Grafschaft Norfolk.

Kapitel 10

Drei Tage waren vergangen, in denen das Leben in Didlington Hall seinen gewohnten Gang nahm. Carter hatte sich am Morgen nach dem Fest nach Swaffham begeben, um Zeugen zu suchen, und die Dienerschaft war noch immer damit beschäftigt, die letzten Spuren zu beseitigen, welche die Gäste von Lord Amherst und Lady Margaret hinterlassen hatten. So fiel es nicht weiter auf, als gegen Nachmittag ein mit zwei Pferden bespannter Wagen vor dem Eingang anhielt und eine Dame vom Kutschbock kletterte, deren Bewegungen verrieten, daß sie diesen Umgang nicht gewöhnt war. Sie trug ein dunkelgrünes Kostüm und hatte einen langen Schal um den gleichfarbigen Hut geschlungen und unter dem Kinn verknotet.

Als Albert, der Butler, den Kopf aus einem Fenster im Erdgeschoß steckte, was eher zufällig geschah, weil sich die fremde Dame noch gar nicht bemerkbar gemacht hatte, da rief sie ihm entgegen: »Entschuldigen Sie, bin ich hier in Didlington Hall gelandet?«

»Gewiß, Madam«, antwortete Albert in seiner leicht überheblichen Art, »darf ich Sie fragen, was Sie wünschen?«

»Ich möchte Lord Amherst sprechen.«

»Und wen darf ich melden, Madam?«

»Mein Name ist Miss Sarah Jones. Ich komme in einer äußerst delikaten Angelegenheit. Bitte sagen Sie das Seiner Lordschaft.«

Kaum war Alberts Kopf im Fenster verschwunden, da öffnete er die Eingangstüre und bat Miss Jones, in der Halle zu warten. Mit Andacht betrachtete Sarah die Ahnengalerie, da trat ihr Lord Amherst entgegen, und nachdem sie sich gegenseitig vorgestellt hatten, kam Sarah zur Sache: »Mylord, ich will nicht viele Worte machen. Darf ich Sie bitten, mir nach draußen zu folgen.«

Lord Amherst musterte die fremde Dame mit Mißtrauen, kam dann aber ihrem Wunsch nach.

Ohne eine Erklärung abzugeben, ging Sarah um den Wagen herum und zog eine Plane von der Ladefläche.

Der Lord blieb wie versteinert stehen. »Mein Gott, das ist doch nicht möglich!« stammelte er tonlos, und dabei wurde er totenblaß. Auf dem Wagen lag, abgepolstert mit Wolldecken, die Aphrodite-Statue. »Nein, das ist doch nicht möglich«, wiederholte er noch andächtiger als zuvor.

Ehrfürchtig näherte er sich der Figur und berührte sie zaghaft, als könnte er sie verletzen. »Miss Jones«, sagte er leise und sah ihr zum ersten Mal ins Gesicht, »können Sie mir erklären, wie Sie in den Besitz dieser Statue gelangt sind?«

»Das ist eine lange und ziemlich unglaubwürdige Geschichte, Mylord, aber ich glaube, Sie haben ein Recht darauf, sie zu erfahren. Schließlich ist die Statue Ihr rechtmäßiges Eigentum. Oder irre ich mich?«

»Nein, nein«, beeilte sich Amherst zu antworten. »Sie wurde mir vor zehn oder fünfzehn Jahren gestohlen und war seither verschollen, obwohl ich eine hohe Belohnung ausgesetzt hatte. Um so mehr bin ich verwundert, daß Sie mir nun das kostbare Stück gleichsam frei Haus liefern.«

»Das will ich Ihnen gerne erklären«, erwiderte Sarah Jones lachend, »doch möchte ich Sie bitten, das kostbare Stück zuerst ins Haus bringen zu lassen. Ich brauchte die Hilfe von drei kräftigen Männern, um sie auf diesen Wagen zu verladen.«

Albert rief die drei stärksten Diener zu Hilfe, welche die Marmorstatue mit großer Umsicht in das Herrenhaus trugen.

Inzwischen hatte auch Lady Margaret von dem unerwarteten Besuch erfahren und war in die Halle geeilt, wo sie beim Anblick der Marmorstatue beinahe in Ohnmacht fiel, was nicht viel bedeutet hätte, weil Lady Margaret zu Blutarmut neigte, aber in diesem Fall durchaus glaubhaft erschien, zählte doch die Aphrodite zu den Lieblingsstücken der Sammlung ihres Mannes.

»Es ist ein Wunder, es ist ein Wunder!« rief Margaret immer wieder und schlug dabei kopfschüttelnd beide Hände zusammen. Und an die fremde Besucherin gewandt: »Sie nehmen doch den Tee mit uns, während Sie uns Ihre Geschichte erzählen?«

Sarah Jones willigte ein: »Sehr gerne, Mylady, es darf nur nicht zu spät werden. Ich muß das Gespann vor Einbruch der Nacht zurückgeben, sonst wird sein Besitzer unruhig.«

Und dann begann Miss Jones zu erzählen, wie sie das Erbe der Baronin von Schell übernommen und eines Tages eine Kammer entdeckt habe, in der sich neben vielen anderen Kunstobjekten die Marmorstatue befand. Dabei sei ihr Howard Carter behilflich gewesen, einer ihrer ehemaligen Schüler. Carter habe aus den vorhandenen Dokumenten ermittelt, daß es sich bei der Statue um Diebesgut eines polizeilich gesuchten Hehlers handelte, und eine alte Zeitung, die sich unter den Dokumenten befand, habe ihn sogar auf die Spur des rechtmäßigen Besitzers gebracht.

»Ein Teufelskerl, dieser Carter!« bemerkte Lord Amherst anerkennend.

Und Lady Margaret pflichtete ihm bei: »Wirklich großartig, der junge Mann! Manchmal wünschte ich, wir hätten einen Sohn wie ihn.«

Sarah Jones brachte ihre Geschichte zu Ende und betonte, Carter habe ihr schon viel früher geraten, sich Lord Amherst anzuvertrauen. Aber sie habe Bedenken gehabt, man könnte sie in Verbindung mit dem Kunstraub bringen. Und dann fragte sie unverblümt: »Wo ist überhaupt Howard Carter? Er arbeitet doch für Sie?«

»Oh, das tut mir leid, Miss Jones«, antwortete Lord Amherst. »Mr. Carter ist nach Swaffham gefahren. Er ließ durchblicken, er habe dort eine wichtige Angelegenheit zu regeln.«

»Ein wichtige Angelegenheit?« Plötzlich fühlte Sarah, wie das Blut in ihren Schläfen pochte. Der Brief, den sie wenige Stunden zuvor von ihm erhalten hatte, machte sie besorgt. Wußte sie, was in dem Kopf des Jungen vorging?

Ihre scheinbare Ruhe und Gelassenheit, mit der sie noch kurz zuvor aufgetreten war und Lord und Lady Amherst für sich eingenommen hatte, war dahin. Unübersehbar begannen ihre Hände zu zittern, sie machte fahrige Bewegungen, stieß ihre Teetasse um und stammelte eine Entschuldigung. Abrupt meinte sie: »Damit darf ich mich verabschieden. Vor mir liegen noch zehn Meilen Landstraße.« Sie erhob sich.

»Aber wir haben uns noch gar nicht darüber unterhalten, wem die Belohnung zusteht«, bemerkte der Lord, während Sarah bereits Anstalten machte zu gehen. »Ihnen oder Howard Carter?«

Sarah Jones winkte ab. »Mir bestimmt nicht!« Sie lachte. Doch dieses Mal klang ihr Lachen aufgesetzt und anders als zuvor. Man merkte ihr die Unruhe an, die sie plötzlich erfaßt hatte.

Hastig bestieg sie ihren Wagen und preschte davon.

Lord und Lady Amherst sahen ihr mit Verwunderung nach.

Auf halbem Wege, nicht weit entfernt von jener Stelle im Thetford Forest, wo sie sich schon einmal, aber in entgegengesetzter Richtung begegnet waren, kam Howard Sarah Jones auf seinem Fahrrad entgegen.

Sarah mußte alle Kraft aufbieten, um die Pferde auf kurzem Weg zum Stehen zu bringen.

Entweder erkannte er Sarah nicht in ihrer ungewöhnlichen Haltung auf dem Kutschbock, oder er hatte vor, sich an dem entgegenkommenden Fuhrwerk vorbeizustehlen, als würde er sie nicht erkennen, jedenfalls hielt Carter den Blick starr geradeaus gerichtet, und er wäre vorbeigefahren, hätte Sarah sich ihm nicht nach einem waghalsigen Sprung vom Wagen mit ausgebreiteten Armen in den Weg gestellt.

Carter machte einen abwesenden Eindruck und stotterte verlegen:

»Miss Jones! Eigentlich wollte ich Sie nie mehr wiedersehen.« Seine Stimme klang zaghaft, und mit gesenktem Blick klammerte er sich an den Lenker seines Velocipeds.

Sarah schwieg und sah ihn nur an, in der Erwartung, er würde ihren Blick erwidern. Statt dessen machte Carter einen Satz, schwang sich auf sein Fahrrad und machte Anstalten, zu fliehen wie ein Lump, der bei einem Diebstahl ertappt wurde. Sarah bekam gerade noch seinen Rockschoß zu fassen und hielt ihn fest.

War es Wut oder sein lächerliches Verhalten, das Howard mit einem Mal zu Bewußtsein kam – als er von seinem Fahrrad abstieg, lächelte er verlegen. Sarah, noch immer schweigsam, nahm das Velociped und lehnte es an einen Baum am Straßenrand; dann kehrte sie zu Howard zurück und zog ihn in ihre Arme.

Schluchzend verbarg Carter sein Gesicht an ihrem Hals, während Sarah seinen Rücken streichelte. Zärtlich aneinandergeschmiegt standen sie endlos lange am Straßenrand, und keiner wagte das Wort zu ergreifen. Howard genierte sich, doch Sarah war eine kluge Frau, sie wußte, daß es Situationen gibt, in denen Schweigen mehr Heilung verspricht als tröstende Worte.

»Miss Jones«, begann Carter, nachdem er sich etwas beruhigt hatte, »haben Sie meinen Brief erhalten?«

»Ja, Howard, der Postmann brachte ihn heute morgen.«

»Aber warum respektieren Sie nicht, was ich Ihnen geschrieben habe?«

»Das tue ich doch, Howard!«

»Tun Sie nicht!«

»Doch, Howard. Ich komme gerade aus Didlington Hall.« Howard sah ihr zum ersten Mal ins Gesicht. »Ja, ich habe die Statue bei Lord Amherst abgeliefert. Ich ließ ihn im übrigen wissen, daß du es warst, der mich dazu aufgefordert hat.«

Sarahs Eröffnung machte Carter für einen Augenblick sprachlos. Schließlich meinte er ungläubig: »Sie waren wirklich in Didlington Hall. Ist das wahr?«

»Ich wüßte keinen Grund, dich zu belügen. Der Lord und Lady Amherst sind besorgt, wo du so lange bleibst.«

»Und wie hat der Lord reagiert? Ich meine, gab es ein Anzeichen, daß er die Figur auf meiner Zeichnung erkannt hat?«

»Ich glaube nicht. Lord Amherst war so überrascht, daß es ihm erst einmal die Sprache verschlug. Er war noch aufgeregter als ich, obwohl mein Herz bis zum Hals schlug. Ich konnte ja nicht wissen, wie er reagierte. Als er sich etwas beruhigt hatte, wiederholte er immerzu: ›Mein Gott, das ist doch nicht möglich!‹, und Lady Margaret rief: ›Ein Wunder, ein Wunder!‹ Ich hatte den Eindruck, die beiden hatten nicht mehr damit gerechnet, die Statue zurückzubekommen. Nein, hätte Amherst eine Ahnung gehabt, wäre seine Reaktion anders gewesen. Er war einfach überwältigt. Mir fällt jedenfalls ein Stein vom Herzen.« Und dann fragte sie ohne Zusammenhang: »Wo warst du, Howard?«

Carter löste sich aus ihrer Umarmung und ließ den Kopf hängen. Resigniert meinte er: »Ich habe in Sporle, Dunham und Swaffham nach Zeugen gesucht, die beim Brand damals dabei waren und die bestätigen könnten, daß nicht Spink Jane Hackleton gerettet hat, sondern daß ich es war.«

»Läßt dich die alte Geschichte noch immer nicht los? Du bist ein alter Sturkopf!«

»Dann bin ich eben ein Sturkopf! Ich hatte bei einem Fest in Didlington Hall einen peinlichen Auftritt. Das Gespräch ging um Spink und daß er ein Held sei, weil er das Mädchen aus den Flammen gerettet habe. Da sagte ich, nein, ich habe Jane Hackleton gerettet; aber niemand glaubte mir.«

»Und hattest du Erfolg?«

Howard schüttelte den Kopf. »Ich sprach mit mehreren Augenzeugen. Aber nicht einer will gesehen haben, wie *ich* das Mädchen herausholte. Der Seiler Hackleton ist mit seiner Familie in einen anderen Ort gezogen, nach Newburry angeblich. Jetzt stehe ich da wie ein Lügner.«

»Du leidest sehr darunter?« erkundigte sich Sarah vorsichtig.

Ohne auf ihre Frage einzugehen, begann Carter von neuem: »Miss Jones, ich habe Ihnen geschrieben, daß ich Sie nie mehr wiedersehen will. Warum respektieren Sie nicht meinen Wunsch?«

Sarah Jones machte einen Schritt auf Howard zu, daß dieser unwillkürlich zurückwich, als sei ihm ihre Nähe unangenehm. »Diese Begegnung war nicht von mir geplant«, entgegnete sie ernst. »Es ist wohl eher eine Fügung des Schicksals. Ich muß dir allerdings sagen, daß ich dich ohnehin in den nächsten Tagen aufgesucht hätte, um mit dir zu reden. Du bedeutest mir zuviel, als daß ich dich so einfach gehen ließe. Howard, ich liebe dich. Ich liebe dich wirklich!«

Da schoß Zornesröte in Carters Gesicht, und er rief, daß es durch den Wald von Thetford hallte: »Sie haben mich belogen und betrogen. Ich habe mit eigenen Augen gesehen, wie sich dieser Orgelspieler nachts von Ihnen verabschiedet hat. Man kann nur *einen* lieben, Miss Jones, ihn oder mich. Und ich habe nun einmal die schlechteren Karten. Deshalb bitte ich Sie, mich in Ruhe zu lassen!«

Howards verzweifelte Stimme klang wie ein Hilferuf. Auch wenn er etwas anderes sagte, klang es wie: Lieben Sie mich, Miss Jones. Ich brauche Sie so sehr! Und Sarah verstand seine abweisenden Worte durchaus richtig zu deuten.

Deshalb nahm sie seine Hände wie die eines Kindes und sah ihm tief in die Augen: »Du kannst dir wohl nicht vorstellen, daß auch ich in meinem Alleinsein manchmal nicht weiterweiß. Die *Dame-School* mit all ihren Problemen, die Sache mit Inspektor Grenfell und nicht zuletzt unsere Beziehung, all das raubt mir nachts den Schlaf. Ist es nicht verständlich, wenn ich einen Mann, der mir nahesteht, um Rat frage? Das und nichts anderes habe ich getan.«

»Und – was hat Chambers Ihnen geraten?« fragte Howard mit ironischem Unterton.

»Er meinte, ich solle zur Polizei gehen und erklären, wie ich zu der Statue gekommen bin.«

»Warum haben Sie dann seinen Rat nicht befolgt?«

»Ich wollte es tun; doch dann kam dein Brief, und ich habe *deinen* Rat befolgt.«

Sarah fühlte, daß Howard eine Frage auf den Nägeln brannte. Sie sah seinen unruhigen Blick, und um ihn nicht weiter zu quälen, sagte sie: »Du willst sicher wissen, ob ich Chambers von unserem Verhältnis erzählt habe. – Die Antwort ist ja. Chambers weiß es. Ich habe ihm gesagt, daß ich dich liebe. Nur dich, Howard!«

»Aber das ist doch...«

»Verrückt oder Wahnsinn, ich weiß. Aber es ist die Wahrheit und schien mir die einzige Möglichkeit, ihn mir künftig vom Leibe zu halten.«

Howard drehte den Kopf zur Seite. Er schämte sich, daß er den Brief geschrieben hatte – aus Eifersucht und weil er sich gekränkt und belogen fühlte. Jetzt wäre er am liebsten im Boden versunken. »Es war gelogen, als ich schrieb, ich liebe Sie nicht mehr«, stotterte er hilflos.

Sarah schmunzelte und erwiderte: »Und es wäre gelogen, wenn ich behauptete, ich hätte das geglaubt.«

Beide lachten befreit, und Howard küßte Sarah, bis sie ihn sanft zurückstieß: »Wir sollten besser verschwinden, bevor uns hier jemand sieht«, sagte sie atemlos.

Carter nickte und warf einen Blick nach beiden Seiten.

»Die Pferde!« rief er aufgeregt und zeigte nach Norden.

Jetzt bemerkte auch Sarah, was geschehen war: Unbemerkt hatte sich das Pferdegespann in Bewegung gesetzt und trottete gemächlich in Richtung Swaffham.

Howard überlegte nicht lange, er bestieg sein Velociped und holte die Pferde nach einer Viertelmeile ein.

»Ich möchte, daß du mit mir kommst«, sagte Sarah Jones, als Howard ihr die Zügel in die Hand gab.

Carter hatte diese Aufforderung erwartet. Ohne zu antworten, wuchtete er sein Fahrrad auf den Wagen. Gemeinsam legten sie die letzten Meilen nach Swaffham zurück.

Als Howard Carter am folgenden Tag gegen Mittag nach Didlington Hall zurückkehrte, herrschte große Aufregung. Zum einen war Howard länger als angekündigt fortgeblieben, und Lord und Lady Amherst hatten sich um seinen Verbleib gesorgt. Zum anderen hatte sich unerwarteter Besuch eingefunden, der Howard zu sprechen wünschte.

Carter erschrak, als ihm Lord Carnarvon in der Halle entgegentrat: »Die Sache mit Spink hat mir keine Ruhe gelassen, Mr. Carter, und so ließ ich meinen Sektretär Nachforschungen anstellen. Das Ergebnis wird Sie nicht überraschen.«

»Um ehrlich zu sein, Mylord«, Carter machte eine wegwerfende Handbewegung, »ich habe ebenfalls versucht, einen Zeugen zu finden, der meine Version des Geschehens bestätigt. Alle Mühe vergeblich! Der Seiler Hackleton ist mit seiner Familie weggezogen, angeblich nach Newburry.«

»Nicht weit entfernt von Highclere Castle. Dort verdingt er sich als Tagelöhner.«

»Mylord, ich befürchte nur, daß mir Mr. Hackleton in meiner Angelegenheit nicht von Nutzen sein wird.«

»Mr. Hackleton nicht«, unterbrach ihn Carnarvon, »aber seine Tochter Jane!«

»Mit der habe ich schon einmal gesprochen, Mylord. Sie kann sich angeblich an nichts mehr erinnern.«

Lord Carnarvon verzog sein Gesicht zu einer komischen Grimasse, die eines Lords eher unwürdig war, aber er genoß seinen Auftritt und winkte aus dem Hintergrund ein schüchternes Mädchen herbei – Jane Hackleton.

In der großen Halle des Herrenhauses wirkte das Mädchen noch kleiner und zerbrechlicher, als er es in Erinnerung hatte. Jane machte einen höflichen Knicks vor Carter – Howard konnte sich nicht erinnern, daß ihm so etwas schon einmal passiert war –, und Lord Carnarvon forderte sie auf zu sprechen.

Die Art und Weise, wie Carnarvon das verschüchterte Mädchen vorführte, mißfiel Carter. Aber als Jane zu reden begann, waren seine Bedenken schnell vergessen.

»Mr. Carter«, begann das Mädchen, »ich möchte mich bei Ihnen bedanken, daß Sie mir das Leben gerettet haben. Ich erinnere mich sehr wohl an die Ereignisse jener Nacht und daß Mr. Spink Ihnen erst vor dem Haus zu Hilfe kam. Aber Mr. Spink bot meinem Vater fünf Pfund, damit ich sagte, *er* habe mich aus dem Feuer gerettet.«

»Das ist nicht wahr«, bemerkte Carter leise. Um ihn herum hatten sich Lord und Lady Amherst, Percy Newberry, der Butler Albert und Mrs. Cricklewood versammelt. Sie klatschten, kaum hatte das Mädchen geendet, in die Hände und riefen: »Bravo!«

Dann trat Jane auf Carter zu und drückte ihm einen Kuß auf die Wange, was große Rührung hervorrief.

»Fünf Pfund«, sagte sie leise, beinahe verschämt, »sind viel Geld für unsere Familie. Aber mein Vater wird es zurückzahlen. Ganz gewiß!«

Vor dem Eingang wartete Carnarvons Landauer, und der Lord mahnte Jane Hackleton zur Eile.

Als er Carter zum Abschied die Hand drückte und dieser dem Lord seinen Dank aussprach, meinte Carnarvon: »Carter, Sie gefallen mir. Man muß für Ordnung und Gerechtigkeit kämpfen.«

Nachdem die Dinge für ihn eine so unerwartete Wendung genommen hatten, genoß Carter die schönste Zeit seines Lebens. Seine Beschäftigung mit kunstvollen Relikten aus der ägyptischen Vergangenheit nahm ihn ganz in Anspruch. Er verstand sich auf die äußerst diffizilen Aufgaben, die Lord Amherst ihm erteilte, kopierte Zeichnungen, Inschriften und Hieroglyphen, deren Bedeutung er nicht verstand, deren immer wiederkehrendes Schema er jedoch schnell erkannte.

So kam es, daß Amherst seinen Zeichner eines Tages in ein Geheimnis einweihte, das für Howard kein Geheimnis mehr war, weil

Alicia es ihm längst anvertraut hatte. Der Lord führte Carter in das klamme Gewölbe, in dem die Mumie aufgebahrt war, und nahm ihm das Versprechen ab, niemandem davon zu berichten. Carter versprach es; aber insgeheim amüsierte ihn die Geheimnistuerei Seiner Lordschaft angesichts der Geschwätzigkeit seiner jüngsten Tochter Alicia.

In der Gluthitze des Sommers war das kühle Gewölbe unter dem Seitenflügel von Didlington Hall ein weit angenehmerer Aufenthaltsort als jetzt zur Herbstzeit, wenn die Nebel über dem Breckland lagen. Carter fröstelte, und die Luft war so muffig, daß er es vermied, tief einzuatmen. Hinzu kam die schlechte Beleuchtung, welche nicht gerade dazu beitrug, die Arbeit angenehmer zu gestalten. Seine Aufgabe war es, verschiedene Ansichten des Mumiensarges zu erstellen und Detailzeichnungen, mit deren Hilfe Vergleiche mit anderen Ausgrabungen angestellt werden konnten.

Zehn Tage schloß sich Carter in das Gewölbe ein – so hatte es Amherst aufgetragen, damit ihn niemand überraschte –, zehn Tage allein mit Mr. Peabody, in denen er jede Einzelheit in sich aufnahm, um sie dann auf Papier wiederzugeben. Er arbeitete in Hut und Mantel und mit einem dicken Schal um den Hals, und bisweilen ertappte er sich dabei, daß er mit Mr. Peabody Zwiesprache hielt, indem er sich nach seinem Befinden erkundigte heute morgen und ob er wohl geruht habe. Manchmal glaubte er sogar, eine Antwort zu vernehmen: Danke der Nachfrage, Mr. Carter, man wird ja anspruchslos im Laufe der Jahrtausende. Oder: Ziemlich frisch heute morgen, finden Sie nicht auch? Ich habe mich noch immer nicht an das englische Klima gewöhnt.

Die einzige Abwechslung, die Howard in seiner Einsamkeit erfuhr, war ein Besuch Alicias. Sie hatte ihn vermißt und von Newberry seinen Aufenthaltsort erfahren. Jetzt klopfte sie plötzlich an die Türe des Gewölbes und rief leise: »Howard! Ich bin's, Alicia!«

Carter war nicht wohl bei Alicias Erscheinen. Wenn der Lord davon erfuhr, mußte es den Anschein haben, als habe er das Versteck verraten. Aber Alicia zerstreute seine Bedenken: »Papa ist zur Parlamentseröffnung nach London gefahren. Erfahrungsgemäß bleibt er drei Tage. Mach dir also keine Sorgen! Ich will auch gar nicht stören, nur bei der Arbeit zusehen. Das erlaubst du doch?«

Howard nickte. »Leider kann ich dir nicht einmal einen Stuhl anbieten. Was macht dein Vater bei der Parlamentseröffnung?«

»Amherst ist Member of Parliament. Wußtest du das nicht?«

»Nein, das wußte ich nicht.« Carter pfiff leise durch die Zähne.

»Weißt du«, begann Alicia, während Howard bereits zum zweiten Mal das Kopfprofil der Mumie skizzierte, »Papa zählt zu den Menschen, die nur eine Angst kennen im Leben, und die heißt Langeweile. Er hat sich so viele Ämter aufgeladen, daß für seine Familie kaum noch Zeit bleibt. Ich kenne Papa eigentlich nur in sitzender Haltung vor einem Teller. Jedenfalls erinnere ich mich nicht, ihm bei einer anderen Gelegenheit als beim gemeinsamen Abendessen begegnet zu sein. Dann erzählt er von seinen Aufgaben und Geschäften. Gefragt, ob ich Sorgen oder Kummer habe, hat er mich noch nie.«

Während Carter seinen Zeichenstift mal senkrecht, mal waagerecht vor die Augen hielt, um Maß zu nehmen, und sich von seiner Arbeit nicht abhalten ließ, fragte er Alicia: »Hast du denn Sorgen und Kummer?«

Da wurde das kleine rothaarige Mädchen, das immer zum Scherzen aufgelegt war, auf einmal ernst und wischte sich mit dem Ärmel ihres Kleides über die Nase. »Es gefällt mir nicht, daß meine Mutter es sich zur Lebensaufgabe gemacht hat, ihre fünf Töchter standesgemäß und ohne Rücksicht auf unsere Gefühle zu verheiraten. Viermal ist es ihr schon gelungen.«

»Dann bist du also die letzte«, stellte Carter fest, ohne von seiner Arbeit aufzusehen.

»So ist es. Manchmal könnte ich sie erwürgen. Warum, glaubst du, wurde Lord Carnarvon eingeladen?«

»Ich verstehe. Du magst Carnarvon wohl nicht?

»Ich kann den eitlen Gecken nicht ausstehen und hatte Streit mit meiner Mutter, weil sie mich beim Dinner neben ihm plazieren wollte. Ich drohte ihr mit einem Skandal. Zur Strafe wurde ich, wie du weißt, an das untere Tischende gesetzt. Das war auf jeden Fall amüsanter.«

»Aber Carnarvon ist kein uninteressanter Mann! Er ist jung und gebildet und hat schon viel erlebt.«

»Das ist noch lange kein Grund, ihn zu heiraten!« spottete Alicia. »Im übrigen sehe ich überhaupt keinen Anreiz, jemals zu heiraten.

Man sollte es, wenn es irgend geht, vermeiden. Für eine Frau bedeutet es doch nichts anderes, als ihre Rechte zu halbieren und ihre Pflichten zu verdoppeln.«

Carter lachte. »Deine Ansichten über Männer scheinen nicht die besten zu sein, Alicia. Hast du schlechte Erfahrungen gemacht? Das wäre bedauerlich.«

»Gott bewahre! Ich habe viel gelesen. Das reicht mir.«

»Dann warst du auch noch nie richtig verliebt!«

»Nein. Ich hatte noch nicht das Vergnügen.«

Carter schien in seine Zeichnung vertieft, aber in Wahrheit war er mit seinen Gedanken weit fort, und mit dem Zeichenstift zog er nur bereits vorhandene Konturen nach. Schließlich meinte er: »Das kann schneller passieren, als du glaubst. Vor allem kommt es plötzlich und trifft dich wie ein Blitz aus heiterem Himmel. Es hält dich gefangen, und du weißt nicht mehr ein noch aus. Du willst nichts anderes, als dieses geliebte Wesen besitzen. Dafür bist du bereit, dein letztes Hemd zu geben, dich zu erniedrigen, du machst dich zur lächerlichen Figur, aber es macht dir nichts aus. Du wirst blind für alles andere und siehst nur noch das, was du liebst. Bist du ein Kind, dann wirst du von einem Augenblick auf den anderen erwachsen, bist du erwachsen, wirst du wieder ein Kind. Alles verdreht sich, und du gerätst in einen Taumel, und es reißt dir den Boden unter den Füßen weg...«

»He, Carter!« Alicia faßte Howard an den Schultern und gab ihm einen Schubs, um ihn in die Wirklichkeit zurückzuholen. »Das klingt nicht gerade so, als hättest du es in einem Buch gelesen!«

»Habe ich auch nicht!« erwiderte Howard eigensinnig.

Und Alicia meinte spitz: »Ach?«

Howard brummelte irgendeine Entschuldigung und widmete sich seiner Zeichnung mit neuer Heftigkeit, während Alicia ihn interessiert beobachtete.

Nach einer Weile, nachdem beide unsicher vor sich hingeschwiegen hatten, sagte das Mädchen: »Das interessiert mich. Willst du mir nicht erzählen, was du erlebt hast?«

»Nein!« antwortete Howard kurz angebunden.

Aber Alicia ließ nicht locker: »Und warum nicht? Darf man vielleicht den Grund erfahren?«

»Nein!« wiederholte Carter.

»Dann eben nicht!« Trotzig wandte sich Alicia ab und machte Anstalten, das Gewölbe zu verlassen. Aber noch bevor sie die Türe erreichte, rief ihr Carter nach: »Bleib, Alicia. Ich wollte dich nicht kränken. Es fällt mir nur schwer, darüber zu sprechen. Liebe ist eine geheimnisvolle Sache, und wer ihr begegnet, dem raubt sie die Vernunft.«

Carters Worte steigerten Alicias Neugierde. Sie kehrte um und sah Howard fragend an. Aber der befand sich in einem Zwiespalt: Er hatte das Bedürfnis, sein Glück mitzuteilen, aber gleichzeitig plagten ihn Gewissensbisse, das Geständnis abzulegen, wem seine rasende Zuneigung galt. Während er also mit sich kämpfte, hörte er Alicia sagen: »Weißt du, ich kann da nicht mitreden. Ich habe mich noch nie verliebt, und manchmal gerate ich in Zweifel, ob es überhaupt je geschehen wird.«

»Unsinn!« fiel Howard Alicia ins Wort. Ihre Ehrlichkeit rührte ihn, und er versuchte sie zu trösten: »Ich hatte ähnliche Gedanken, aber dann packte mich unerwartet ein Fieber und zerstreute alle Bedenken. Seitdem ist mein Leben nur von dem einen Gedanken erfüllt, Sarah zu lieben.«

»Sarah heißt die Glückliche? Wo lebt sie? Wie sieht sie aus?«

Howard nahm ein neues Blatt und begann mit flüchtigen Strichen die Umrisse eines nackten Frauenkörpers zu skizzieren, der dieselbe Haltung einnahm wie die Statue der Aphrodite. Mit einem Rötel, den er mit flacher Hand wie einen Geigenbogen hielt, setzte er kräftige Akzente von Licht und Schatten. Dann wandte er sich den Einzelheiten zu.

»Sarah ist wunderschön«, begann er, ohne von seiner Arbeit aufzublicken, »sie hat dunkles, wallendes Haar, das sie jedoch wie du meist in einer strengen Frisur verbirgt. Auch ihre Augen sind dunkel und unergründlich. Und hier links auf der Oberlippe hat sie ein winziges Muttermal, so klein, daß man ihr sehr nahe sein muß, um es zu erkennen. Ihre Lippen sind sinnlich geschwungen wie eine Meereswoge. Und ihre Brüste, weich und geschmeidig, und ihr Ansatz wirft leichte Schatten!«

Staunend über das Blatt gebeugt, verfolgte Alicia, wie Howard vor ihren Augen Sarah lebendig werden ließ. »Sie muß wirklich sehr schön sein«, bemerkte Alicia und fügte nach einer Pause hinzu, »aber auch älter als du. Habe ich recht?«

Howard nickte.

»Wie alt ist sie? Sag es! Sie ist gewiß schon zwanzig. Zwanzig! Sie könnte deine Mutter sein.« Alicia lachte übermütig. Howard imponierte ihr ungemein.

»Versprich mir, mein Geheimnis für dich zu behalten!« sagte Carter, während er sich weiter seiner Zeichnung widmete. »Ich habe es noch niemandem anvertraut.«

»Ich verspreche es, Howard.«

Carters Striche wurden heftiger, so heftig, daß die Spitze seines Zeichenstifts abbrach. Da blickte er zu Alicia auf und sagte: »Sarah ist dreizehn Jahre älter als ich. Bis vor ein paar Monaten war sie meine Lehrerin ...«

»Neiiin!«

»Ihr Name ist Sarah Jones. Sie lebt in Swaffham, und wir lieben uns über alles.«

Alicia kniete sich neben Carter auf den Boden. Nach diesem Geständnis betrachtete sie die Zeichnung mit ganz anderen Augen. Schließlich sagte sie ernst: »Howard, du bist verrückt. Aber ich bewundere dich.«

Als wollte er sich für sein Geständnis entschuldigen, hob Carter die Schultern. »Jetzt kennst du den Grund, warum ich manchmal für ein paar Stunden von Didlington Hall verschwinde.«

»Es gibt in der Tat weniger komplizierte Verbindungen«, entgegnete Alicia und wiegte den Kopf hin und her. »Mein Gott, was soll aus euch werden?«

»Darüber haben wir uns auch schon den Kopf zerbrochen. Und wie du dir denken kannst, sind wir zu keinem Ergebnis gekommen. Jetzt leben wir einfach den Augenblick und sind glücklich. Glück und Regenbogen sieht man nicht alle Tage.«

Noch während Carter redete, öffnete sich die Türe an der Rückseite des kahlen Raumes, und Lady Margaret betrat das diffuse Gewölbe. Angelockt durch den Lichtschein und die Stimmen im Hintergrund, schlich Lady Margaret unbemerkt nach vorne. Dabei boten die

Stützpfeiler, die lange Schatten warfen, geeigneten Schutz. Sie hatte erwartet, Alicia hier zu finden, doch als sie ihre jüngste Tochter neben Carter knien sah, trat sie aus dem Lichtschatten hervor und rief entrüstet: »Alicia, was soll ich von dir denken!«

Alicia und Howard erschraken zu Tode, als die Lady plötzlich wie aus dem steinernen Boden gewachsen vor ihnen stand.

»Mutter!« rief Alicia aufgeregt und hilflos. »Ich habe Mr. Carter bei der Arbeit zugesehen. Was ist schon dabei?«

Im selben Augenblick bemerkte Lady Margaret die Zeichnung auf Howards Knieen. Sie warf einen kurzen Blick darauf, und ihre finstere Miene verfinsterte sich noch mehr. Im Kommandoton eines Wachsoldaten vom Buckingham Palace befahl sie: »Alicia, du gehst sofort auf dein Zimmer!«

Der Aufforderung kam das Mädchen nur widerwillig und mit Murren nach.

An Howard gewandt, redete Lady Margaret im Flüsterton, doch war das ein deutliches Zeichen für ihre Erregung: »Mr. Carter, ich habe Sie bisher für einen ehrenhaften Menschen gehalten, aber das enttäuscht mich sehr!« Dabei riß sie Howard das Zeichenblatt aus der Hand und schleuderte es verächtlich zur Seite. »Alicia ist noch ein Kind und im übrigen zu schade für Ihre Männerphantasien, mögen sie künstlerischer Natur sein oder auch nicht. Ich hoffe nur, Alicia hat dabei keinen seelischen Schaden genommen.«

Lady Margarets Auftritt machte Howard Carter sprachlos. Er wollte antworten, aber ihre Gedanken verblüfften ihn zu sehr, und als er sich endlich beruhigt und sich eine Erwiderung zurechtgelegt hatte, da war die Lady bereits auf dem Rückzug, und von der Türe rief sie, daß es durch das Gewölbe hallte: »Sie werden von Lord Amherst hören, Mr. Carter!«

Howard maß der Angelegenheit keine große Bedeutung bei. Sowohl er als auch Alicia würden den Irrtum aufklären, und was die Zeichnung betraf, würde ihm schon eine glaubhafte Erklärung einfallen. Allein mit sich und Mr. Peabody, setzte Carter seine Arbeit fort, und er begann auch wieder, mit der Mumie zu sprechen: Warum müssen Mütter immer glauben, jeder Mann, der sich ihrer Tochter mehr als zwei Schritte nähert, führe Böses im Schilde? Verstehen Sie das, Mr. Peabody?

Aber Mr. Peabody gab keine Antwort.

Als Lord Amherst am folgenden Tag aus London zurückkehrte, bat er Carter zu sich.

Howard hatte den peinlichen Auftritt der Lady im Mumiengewölbe beinahe vergessen, jedenfalls sammelte er alle Zeichnungen ein, die er angefertigt hatte, um sie Seiner Lordschaft vorzulegen.

Doch Amherst schien sich für die Zeichnungen überhaupt nicht zu interessieren. Er legte sie achtlos beiseite und begann umständlich, wie es sonst nicht seine Art war: »Mr. Carter, ich habe Sie kommen lassen...«

»Ist es wegen Alicia?« fragte Howard dazwischen.

Der Lord machte eine unwillige Handbewegung und erwiderte: »Gut, Mr. Carter, wenn Sie schon Bescheid wissen, kann ich mir eine lange Einleitung sparen. Kommen wir also zur Sache.«

»Mylord, bitte lassen Sie mich erklären!«

Da wurde Amherst böse, seine Miene verfinsterte sich, und laut und mit erhobener Stimme rief er: »Carter, ich lege keinen Wert auf eine Erklärung. Hören Sie gefälligst zu, was ich Ihnen zu sagen habe.«

»Sehr wohl, Mylord.«

Den Blick aus dem Fenster gerichtet, kehrte Lord Amherst Carter den Rücken zu. Dabei hielt er die reche Hand in der Knopfleiste seines Sakkos, während die linke in der Hosentasche verschwand. »Carter«, begann er aufs neue, »ich habe Sie als Zeichner engagiert, und ich bin mit ihren bisherigen Leistungen durchaus zufrieden. Ich habe Sie jedoch nicht angestellt, damit Sie meiner Tochter Alicia den Kopf verdrehen. Und schon gar nicht, damit Sie Alicia nackt malen. Mr. Carter! Alicia ist beinahe noch ein Kind und eignet sich nicht als Malermodell für erotische Darstellungen. Auf der Zeichnung, neulich in Ihrem Zimmer, habe ich natürlich Alicia sofort erkannt. Ich hatte gehofft, es handelte sich dabei um ein Werk aus der Phantasie. Aber wie ich von Lady Margaret erfahren mußte, ist Alicia Ihnen durchaus zugetan. Nehmen Sie meine Worte zur Kenntnis: Ich wünsche nicht, daß Sie mit meiner Tochter Alicia Umgang pflegen, der über das Alltägliche hinausgeht. Um falsche Hoffnungen Ihrerseits von vorneherein zu zerstreuen, muß ich Ihnen sagen, daß für Alicia nur eine standesgemäße Verbindung in Betracht kommt, und diese scheint in Ihrem Fall kaum gegeben. Entschuldigen Sie mich, Carter.«

Howard stand reglos da und fühlte, wie in seinem Innersten Wut hochkochte. Er hatte auf Amherst große Stücke gehalten, sogar Zutrauen zu ihm gefunden wie zu wenigen Menschen zuvor. Doch dieses Zutrauen verwandelte sich nun von einem Augenblick auf den anderen in Mißtrauen und Feindseligkeit. Warum hatte er ihn nicht zu Wort kommen lassen? Warum behandelte er ihn wie einen dummen Jungen, obwohl seine Verdächtigungen jeder Grundlage entbehrten? War es erforderlich, der Sohn eines Lords zu sein, damit seine Lordschaft ihm Glauben schenkte? Wie reich mußte man sein, um recht zu haben?

Wieder einmal fühlte sich Carter armselig und erbärmlich, jämmerlich und klein. O wie er diesen Zustand haßte! Howard haßte es, klein zu sein. Schon als Kind hatte er unter der Erbärmlichkeit der Verhältnisse gelitten, und er hatte davon geträumt, einmal groß und bedeutend zu werden.

Mit Wut im Bauch und ohne Widerrede entfernte er sich; aber anstatt in das Gewölbe zurückzukehren, begab sich Carter nach Swaffham. Sarah war der einzige Mensch, der ihn trösten konnte.

Auf dem Weg nach Swaffham, den er mit dem Fahrrad zurücklegte, wuchs die Empörung über das Verhalten von Lord und Lady Amherst, und er sagte sich: du darfst das nicht einfach hinnehmen. Nach allem, was vorgefallen war, trug er sich ernsthaft mit dem Gedanken, seine Anstellung aufzugeben – zu sehr war er enttäuscht worden.

Es war Abend geworden, als Howard in Swaffham eintraf, und das Schulhaus war bereits verschlossen. Unbeobachtet wählte Carter den Hintereingang und zog dreimal an der Glocke, ein geheimes Zeichen, das sie abgesprochen hatten.

Sarah war außer sich vor Freude und umarmte und küßte Howard. Da bemerkte sie seine finstere Miene. »Was hast du, Howard?«

Auf dem Weg nach oben begann Carter zu erzählen, was vorgefallen war und daß er beabsichtigte, Lord Amherst zu kündigen. Im obersten Stockwerk angelangt, wo Sarah inzwischen die Räume der Baronin für ihre Zwecke eingerichtet und mit neuem Mobiliar versehen hatte, ließen sich beide in einem gemütlichen Stübchen nieder, wo ein runder Eisenofen behagliche Wärme verbreitete.

Stumm verfolgte Sarah Jones Howards Bericht. Als er geendet hatte, zog sie den Jungen näher an sich heran, daß sein Kopf auf ihrem Schoß zu liegen kam, dann erwiderte sie: »Howard, die Deutschen haben ein Sprichwort, das lautet: Lehrjahre sind keine Herrenjahre!«

»Diese Deutschen haben für alles ein Sprichwort.«

»Und meistens haben sie recht. Jedenfalls mußt du noch viel lernen. Vor allem mußt du lernen zurückzustecken – und wenn du tausendmal im Recht bist. Du mußt lernen, dich selbst zu beherrschen! Sonst wirst du nie erwachsen.«

Sarahs Worte machten Carter wütend: »Sie reden wie eine richtige Lehrerin!«

»Wundert dich das?« entgegnete Sarah lächelnd. Und dieses Lächeln war es, das schönste Lächeln der Welt, wie Carter sagte, welches seine griesgrämige Stimmung veränderte. Er war froh, daß er Sarah aufgesucht hatte, denn im Grunde genommen hatte sie recht: er hatte gewisse Eigenheiten, die sein Leben unnötig erschwerten. Dazu gehörten sein Eigensinn und seine Unfähigkeit, die großen und kleinen Ungerechtigkeiten zu ertragen, welche einem tagein, tagaus begegnen.

In Gedanken vertieft, genoß Carter, wie Sarah ihm mit den Fingern durch die Haare fuhr. Er knurrte zufrieden, schließlich meinte er schüchtern: »Darf ich heute nacht hierbleiben, Miss Jones?«

Sarah senkte den Kopf und sah Howard in die Augen: »Unter einer Bedingung!«

»Ich bin bereit, jede Anordnung zu befolgen.«

»Du mußt morgen früh bei Tagesanbruch verschwunden sein und an deinen Arbeitsplatz zurückkehren.«

»Versprochen!« erwiderte Carter und schmiegte sich noch näher an Sarah. Während er mit geschlossenen Augen die Wärme ihres Körpers in sich aufsog, ging ihm durch den Kopf, ob er Sarah anvertrauen sollte, daß er Alicia in ihr Geheimnis eingeweiht hatte. Doch er zog es vor, die Angelegenheit, die er im übrigen längst bereute, erst einmal für sich zu behalten.

Silbriger Tau lag auf den Wiesen um Didlington Hall, und auf den Teichen quakten die Enten, als Howard Carter im Morgengrauen zurückkehrte. An der Weggabelung begegnete er Milky-John, der um diese

Zeit mit einem von einem Schimmel gezogenen grünen Kastenwagen unterwegs war und die Frühstücksmilch für Didlington Hall und die umliegenden Landsitze brachte. Dabei pfiff er munter vor sich hin.

»Morgen, Sir!« rief er schon von weitem. »Schon so früh unterwegs?«

Howard, außer Atem von der anstrengenden Fahrt, erwiderte gedankenlos: »Ja, ja, was bleibt einem anderes übrig.«

In der Küche unter dem Herrenhaus klapperte Mrs. Cricklewood bereits mit Kannen und Pfannen, um für das Personal das Frühstück zu bereiten. Ihre Scrambled Eggs waren berühmt und begehrt wie die britischen Kronjuwelen und ihre Zubereitung nicht weniger geheimnisvoll, beherrschte sie doch die Kunst, die Eier auf beiden Seiten zu braten. Seit dem Auftritt von Jane Hackleton hatte Mrs. Cricklewood Howard in ihr Herz geschlossen.

Howard nahm an dem langen, blankgescheuerten Küchentisch Platz, wo bereits Albert, der Butler und zwei Kammerzofen saßen.

»Sie sehen müde aus heute morgen, Mr. Carter«, stellte die Köchin befremdet fest.

»Hm«, erwiderte Howard, während sich die Kammerzofen verstohlene Blicke zuwarfen. Der Butler Albert hielt seine Tasse zwischen beiden Händen und blickte demonstrativ zur Decke, als wollte er zu so früher Stunde noch keine Konversation führen. Das Verhältnis zwischen Howard und Albert hatte zwar an Frostigkeit verloren, war jedoch von Freundlichkeit noch immer weit entfernt.

Während Mrs. Cricklewood die Silbertabletts mit dem Early-Morning-Tea für Seine Lordschaft und Lady Margaret bereitstellte und Albert sich erhob, um den Tee nach oben zu bringen, kicherte Emily, deren Schandmaul beim Personal gefürchtet war, hinter vorgehaltener Hand: »Ich glaube, in Didlington Hall ist heute nacht ein Bett kalt geblieben.«

Noch bevor Howard die vorlaute Kammerzofe zurechtweisen konnte, herrschte Mrs. Cricklewood Emily an: »Hüte dein vorlautes Mundwerk, dummes Ding, geh endlich an die Arbeit!«

Die beiden Zofen stoben wie aufgescheuchte Hühner, aber immer noch kichernd, auseinander.

Allein mit Howard, setzte sich Mrs. Cricklewood zu ihm an den

Küchentisch und legte die Hand auf seinen Unterarm: »Man sollte den Gören den Hintern versohlen. Gewiß haben Sie Ihren Tanten einen Besuch abgestattet, Mr. Carter!«

Howard nickte zufrieden: »Ja, Mrs. Cricklewood. Ab und zu muß ich doch nach dem Rechten sehen.«

Das Gespräch wäre ohne Bedeutung gewesen, hätte sich nicht gegen Mittag desselben Tages unerwarteter Besuch in Didlington Hall eingefunden. Vater und Mutter Carter kamen in Begleitung von Fanny und Kate, um sich nach dem Wohlbefinden Howards zu erkundigen, genauer gesagt, sie waren neugierig und mißtrauisch, ob das, was der Junge über seine Anstellung bei Seiner Lordschaft erzählt hatte, auch den Tatsachen entsprach. Vier Pfund Gehalt für einen Jungen von noch nicht einmal sechzehn Jahren, das erschien Samuel Carter höchst bedenklich, verdiente er doch als Zeichner der *Illustrated London News* kaum mehr, und dabei ging er auf die Sechzig zu.

Die überraschende Ankunft der Eltern und Tanten, für die der Ausflug nach Didlington Hall zum Ereignis wurde, weil sie Swaffham seit vielen Jahren nicht mehr verlassen hatten, erschien Howard peinlich genug, doch in der gegenwärtigen Situation beschwor er eine Katastrophe herauf. Gewiß, Fanny und Kate waren liebenswerte alte Damen und wußten sich im Alltag durchaus zu benehmen; aber in Didlington Hall herrschte nun einmal nicht der gleiche Alltag wie in Swaffham, und die Umgangsformen, an die Howard sich schnell gewöhnt hatte, übertrafen jene bloßer Höflichkeit.

Am liebsten wäre Howard im Boden versunken, als Fanny und Kate Lady Margaret baten, ihnen das Haus zu zeigen, in dem ihr Neffe tätig war. Auch Samuel Carters Einwand, Didlington Hall sei doch wohl über jede Kritik erhaben, konnte ihre Neugierde nicht zügeln. Sie beharrten darauf.

Vater Carters Verhalten gab sogar zu noch größerer Sorge Anlaß, weil dieser von Lord Amherst die Herausgabe der Arbeiten seines Sohnes zur Begutachtung forderte. Howard sei, ließ er wissen, zwar nicht unbegabt, aber seine Söhne William, Vernet und Samuel, ja sogar seine Tochter Amy, seien bessere Maler als er. Um die Nörgeleien seines Vaters an Howards Zeichnungen zu beenden, wobei dieser in der Hauptsache seinen kraftlosen Strich beklagte, sammelte Lord Amherst die vorgelegten Blätter ein und bemerkte, nicht ohne Ironie, ihm erscheine Howards Strich kraftvoll genug.

Howard verfolgte die Szene aus dem Hintergrund mit rotem Kopf und suchte krampfhaft, aber erfolglos nach einer Möglichkeit, den peinlichen Auftritt seiner Familie zu beenden. Er hatte sich oft vernachlässigt, als lästiges Anhängsel gefühlt und Zuneigung und Nähe gesucht, jetzt verwünschte er diese Anbiederung, und er hätte alles gegeben, wenn Vater, Mutter und Tanten sich in Luft aufgelöst hätten. Sie paßten nicht mehr in sein Leben.

Ratlos und um weiteren Bloßstellungen aus dem Wege zu gehen, drehte sich Howard um und stürmte ins Freie. Verzweifelt ließ er sich auf dem Bootssteg am Teich nieder und starrte auf den Wasserspiegel. Er hatte noch nie von seinem Vater ein Lob erfahren, also konnte er auch auf seine Kritik verzichten. Howard spuckte in weitem Bogen ins Wasser.

Wie lange er in tiefer Niedergeschlagenheit auf dem Bootssteg verharrt haben mochte, wußte er nicht; doch schreckte er plötzlich hoch, weil er hinter sich ein Geräusch wahrnahm. Als er sich umdrehte, bemerkte er seine Mutter. Howard sagte nichts, auch Martha Carter schwieg. Völlig unerwartet ließ sie sich jedoch neben Howard auf den Planken nieder.

»Wo sind nur die Jahre geblieben«, bemerkte sie, den Blick in die Ferne gerichtet.

Howard sah keine Notwendigkeit, auf die tiefgründige Bemerkung seiner Mutter zu reagieren. Er erwartete, daß sie jeden Augenblick damit beginnen würde, eine Arie zu trällern. Jedenfalls entsprach das ihrer Gewohnheit, um schleppende Gespräche oder andere Peinlichkeiten zu überbrücken.

Zu seiner Verblüffung fuhr seine Mutter jedoch fort: »Du bist ein großer Junge geworden, du wirst deinen Weg machen. Ich bin stolz auf dich. Manchmal mache ich mir Vorwürfe, daß ich so wenig Zeit für dich aufgebracht habe. Das tut mir leid, Howard. Aber du weißt ja, du warst der Elfte. Da schwinden die Vorsätze. Und als Frau kann man es sich nun einmal nicht aussuchen, wie viele Kinder man haben will. Wäre es nach mir gegangen, dann hätten wir heute drei Kinder. Aber dann wärst du nicht auf der Welt!«

Die Worte seiner Mutter versetzten Howard in Erstaunen. Noch nie hatte sie so mit ihm geredet. Im Zustand heftiger Gemütsbewegung wollte er sagen: Zum Teufel, warum kommst du erst heute damit? Warum hast du nicht früher einmal ein ernsthaftes Wort für mich gefunden? Das hätte mir mehr als alles andere geholfen. Zum ersten Mal in seinem Leben empfand er für seine Mutter ein Gefühl von Zuneigung.

Howard wollte antworten, doch noch ehe es dazu kam, erschallte aus dem Hintergrund Samuel Carters eindringliche Stimme: »Martha, wir fahren!«

Ohne ein Wort erhob sich die kleine, zierliche Frau. Sie warf Howard einen flüchtigen, beinahe sehnsüchtigen Blick zu; aber bevor sie sich abwandte, um sich zur Kutsche zu begeben, die vor dem Herrenhaus wartete, schloß sie Howard schweigend in die Arme.

Der wußte nicht, wie ihm geschah, woher dieser Anflug von Zärtlichkeit und Mutterliebe auf einmal kam. Entsprechend befremdet und zurückhaltend reagierte er. Howard wagte nicht, ihre Umarmung zu erwidern, er stand da mit herabhängenden Armen, als sei er ohne Bewußtsein.

»Martha, wir fahren!« wiederholte Samuel Carter, diesmal drohend wie ein General.

Da kletterte Mrs. Carter auf den Platz neben ihm in der Kutsche. Fanny und Kate winkten freundlich.

»Und daß mir keine Klagen kommen!« rief Samuel Carter zum Abschied, während er die Peitsche über dem Rücken der Pferde schwang. Howard, seinem Sohn, warf er nicht einmal einen Blick zu.

Nachdem die Kutsche aus der Auffahrt verschwunden war, blieb Howard eine Weile wie angewurzelt stehen. Der beschämende Auftritt von Vater, Mutter und den Tanten kam ihm vor wie ein böser Traum, aus dem er erwachte, um festzustellen, daß er Wirklichkeit war.

In dieser Befangenheit, die düstere Gedanken in ihm weckte, trat plötzlich Lord Amherst auf ihn zu. Howard befürchtete das Schlimmste. »Mylord«, begann er, noch bevor Amherst zu Wort kam, »ich muß mich für das Verhalten meines Vaters entschuldigen. Er ist bisweilen etwas seltsam, und dabei fehlt es ihm auch an Manieren. Ich hatte keine Ahnung, daß er in Didlington Hall aufkreuzen würde.«

Lord Amherst hob beschwichtigend beide Hände: »Sie brauchen sich nicht zu entschuldigen, Mr. Carter. Man kann sich nun einmal seine Eltern nicht aussuchen. Im übrigen wollte *ich* Sie um Nachsicht bitten wegen meiner harten Worte von gestern. Alicia hat ihrem Vater kräftig den Kopf gewaschen. Sie hat mir versichert, daß Ihre gegenseitigen Gefühle nur freundschaftlicher Natur sind und daß das Mädchen auf der Zeichnung nicht sie, sondern ein Phantasiegebilde ist, wie es Künstler nun einmal im Kopf haben. So ist es doch, Mr. Carter?«

Howard nickte dankbar zustimmend: »Gewiß, Mylord. Alicia ist ein reizendes Mädchen, aber – wenn Sie mir den Ausdruck gestatten – für mich ist sie eher ein Kumpel. Jedenfalls würde ich es nie wagen, mich ihr in unredlicher Absicht zu nähern. Mit Verlaub: Ich mag keine rothaarigen Frauen!«

Die Aussage überzeugte Lord Amherst vollends. Er nickte verständnisvoll und sagte: »Sie müssen meine gestrige Erregung verstehen, Mr. Carter! Alicia ist nunmal meine Jüngste und das Nesthäkchen in der Familie. Anders als ihre Schwestern ist sie wild und ungestüm und dabei etwas unbedarft. Ich muß sie ständig vor ihren eigenen Dummheiten schützen. Alicia hat tausend Dinge im Kopf. Mal will sie der Sozialistischen Partei beitreten, dann will sie unter einem männlichen Pseudonym Romane schreiben wie George Eliot. Neuerdings behauptet Alicia, sie verfüge über den sechsten Sinn, und sie besteht darauf, dies von einem leibhaftigen Professor aus Cambridge untersuchen zu lassen. Ich hätte mir bei Gott eine Tochter von einfacherem Charakter gewünscht.«

Gemeinsam betraten sie das Herrenhaus – durch den Haupteingang übrigens, wie Carter mit Befriedigung registrierte.

Kapitel 11

Es war Winter geworden, und in Norfolk waren die Tage so kurz, daß sich das Tageslicht kaum entfalten konnte. Tief und wolkenlos hing der Himmel über der Landschaft, und das milchige Grau von Himmel und Erde schmolz in der Ferne nahtlos zusammen. Mochte Swaffham inmitten des Breckland zur Sommerzeit noch einen gewissen Zauber verbreiten mit seinen alten Backsteinhäusern, an denen struppiges Efeu rankte, so machte sich nun in den einsamen Gassen, durch die ein eisiger Nordwind pfiff, Trostlosigkeit breit. In den Gleichmut seiner Bewohner mischte sich einsame Selbstbetrachtung, und wie überall in England versuchte man, diesen mißlichen Zustand, der Jahr für Jahr wiederkehrte, im Alkohol zu ertränken. Niemand regte sich auf, wenn schon zur Mittagszeit wankende Gestalten auf den Gassen gegen die Schwerkraft kämpften. Das ganze Leben war ein einziger Kampf gegen die Schwerkraft.

Gegen drei, kurz vor Einbruch der Dunkelheit, sah man Charles Chambers mit unsicherem Schritt den Marktplatz überqueren, von wo er den Weg zur *Dame-School* nahm. Sein weiter, schwarzer Mantel und der breitkrempige Hut verliehen ihm das Aussehen eines bösen Gesellen, mit dem man besser nichts zu tun haben will.

Vor dem Eingang zur *Dame-School* zog Chambers wie ein Zauberer unter dem Umhang einen Blumenstrauß hervor, brachte mit kurzen, hastigen Bewegungen den Sitz seiner Kleidung in Ordnung und betätigte den Glockenstrang, der über ein außen an der Mauer angebrachtes Winkeleisen in das Innere führte.

In einem Fenster des Treppenhauses erschien Sarahs Kopf. Als sie den unerwarteten Besucher erkannte, rief sie erstaunt: »Ach Sie sind es, Chambers!«

Der hielt Sarah Jones den Blumenstrauß entgegen, ohne ein Wort zu verlieren.

Zwischen ihr und Charles war eigentlich alles geklärt, jedenfalls vertrat Sarah diese Ansicht. Seit ihrer letzten Aussprache waren sie sich ein paarmal begegnet, aber mehr als unverbindliche Worte hatten sie nicht gewechselt. Daß er sie dabei mit einem Blick, den sie nicht deuten konnte, von unten herauf angesehen hatte, so als führte er etwas im Schilde, als wagte er jedoch nicht, sich zu erklären, dem hatte Sarah wenig Bedeutung beigemessen, zumal sich dieser Vorgang inzwischen mehrmals wiederholt hatte.

Als er ihr nun, kaum hatte sie die Türe hinter dem ungebetenen Gast geschlossen, die Blumen überreichte, die in der Kälte Schaden genommen hatten und die Köpfe hängen ließen, als wären sie geprügelt worden, da befiel sie eine plötzlich Angst vor diesem Mann. Angesichts der Tatsache, daß sie Chambers vor nicht allzulanger Zeit als Freund betrachtet und um Rat gefragt hatte, kam ihr sein Besuch seltsam vor, und sie konnte ihn sich überhaupt nicht erklären.

Charles Chambers begnügte sich mit einer knappen Begrüßung. Ein paar Augenblicke standen sie sich ratlos schweigend gegenüber, und Sarah sah sich genötigt, Charles zu einer Tasse Tee einzuladen.

In der Düsterkeit des Winters barg das alte Schulhaus seine eigenen Geheimnisse, doch Sarah hatte noch nie Furcht empfunden, wenn sie die langen Abende allein verbrachte. Jetzt aber, da sie auf dem Weg zu ihrer Wohnung im Obergeschoß vorausging, lauschte sie auf jeden von Chambers' Schritten. Oben angelangt, versuchte sie, ihr Unbehagen zu verdrängen. Es gab wirklich keinen Grund.

Obwohl Sarah bemüht war, ein Gespräch in Gang zu bringen, zog sich die Zeit endlos hin, und allmählich wurde ihr klar, daß Charles ein Problem mit sich herumschleppte, über das er nicht zu sprechen wagte, und dieses Problem war sie.

»Warum sind Sie gekommen, Charles?« fragte sie plötzlich. »Sie haben doch etwas? Hängt es mit meiner Absage zusammen?«

Chambers wandte den Blick zur Seite. Dabei machte er einen erbärmlichen Eindruck. Howard war nur halb so alt wie Charles, aber Sarah konnte sich nicht erinnern, ihn jemals in einem so jämmerlichen Zustand gesehen zu haben.

»Ja«, antwortete Chambers unerwartet, »Ihre Absage hat mich schwer getroffen. Seither bin ich ein anderer geworden. Manchmal kenne ich mich selbst nicht mehr. Und daran sind Sie schuld, Miss Jones!« Chambers redete mit erhobener Stimme. Plötzlich sah er sie zum ersten Mal an.

»Ich?« Sarah legte ihre rechte Hand auf die Brust. »Charles, Sie können mir doch nicht vorwerfen, daß ich Sie nicht heiraten will. Ich habe Ihnen schon einmal gesagt, daß Sie mir ein liebenswerter Freund sind, aber mehr nicht! Muß ich deshalb ein schlechtes Gewissen haben?«

Es schien, als habe Chambers Sarahs Worte überhaupt nicht gehört, denn er fuhr mit aufgeregter Stimme fort: »Sarah, ich habe in den letzten Wochen alle Qualen eines liebenden Mannes durchlitten, ich habe geheult und getobt und mich dem Suff hingegeben wie ein Dockarbeiter. Schändlich habe ich meine Musik vernachlässigt, die bis dahin meine einzige Geliebte war. Und was hat es gebracht? Nichts! Sie haben einen Jammerlappen aus mir gemacht, jawohl, einen Jammerlappen!«

»Das war alles andere als meine Absicht. Wie können Sie überhaupt auf den Gedanken kommen, Sie sind doch kein Jammerlappen, Charles. Sie sind ein gutaussehender Mann in den besten Jahren und ein großer Künstler.«

Da wurde Chambers richtig böse, er sprang auf und ging mit kurzen, heftigen Schritten hin und her wie ein wildes Tier in einem Käfig, und seine Stimme überschlug sich, als er rief: »Jetzt machen Sie sich auch noch lustig über mich! Sarah, das dürfen Sie nicht tun! Glauben Sie, ich sehe nicht, welche Kreatur mir aus dem Spiegel entgegenblickt? Ich kann nicht gerade behaupten, daß Frauen vor meiner Türe Schlange stehen. Und meine Musik ist nichts anderes als eine Flucht in ein bißchen Anerkennung, aber auch die hält sich bei einem Organisten von St. Peter und Paul in Swaffham in Grenzen.«

Sein Atem ging heftig, als hätte er zehn Stockwerke erklommen. Schließlich hielt Chambers inne und ließ seinen gedrungenen Körper in den Sessel fallen, aus dem er sich kurz zuvor erhoben hatte. Er streckte die Beine gerade von sich und ließ die Arme seitlich über die Lehnen hängen. Schweiß stand auf seiner Stirn, und er starrte verbissen auf die Knopfleiste seiner braunen Schuhe, die bis zu den Waden reichten und im Gegensatz zu seiner abgetragenen Kleidung ziemlich neu waren.

»Charles!« Sarah versuchte nach seinem Arm zu greifen, um ihn zu beruhigen, doch Chambers zog ihn zurück, als wollte er sagen: Fassen Sie mich nicht an, doch er sagte: »Früher haben Sie sich mir gegenüber anders verhalten!«

Sarah schüttelte den Kopf. »Wir waren Freunde, nicht mehr und nicht weniger. Ich habe Ihnen nie Hoffnungen gemacht.«

Chambers blickte auf. Seine Augen waren gerötet. Plötzlich stieß er hervor: »Was hat er, was ich nicht habe – abgesehen davon, daß er gerade fünfzehn Jahre alt ist?«

»Er wird sechzehn!« entgegnete Sarah heftig. Und weil sie die Dummheit ihres Einwands bemerkte, fügte sie eilends hinzu: »Es ist nun einmal passiert. Liebe trifft einen immer, wenn man sie am allerwenigsten erwartet.«

»Das hätten Sie nicht tun dürfen!« bemerkte Chambers abwesend. Er schien auf einmal weit weg mit seinen Gedanken.

»Was hätte ich nicht tun dürfen?« fragte Sarah zurück.

Chambers lockerte seinen Kragen. »Die Sache mit dem Fünfzehnjährigen.«

»Er ist erwachsener als mancher Dreißigjähriger!« rief Sarah zornig.

»Aber die Gesetze verbieten es. So etwas nennt man Unzucht. Unzucht, Miss Jones!« Seine Augen, die gerade noch wie die eines getretenen Hundes geblickt hatten, schienen auf einmal zu triumphieren.

Sarah richtete sich auf und erwiderte mit strengem Blick: »Chambers, das ist mein ganz privates, kleines Glück, und dieses Glück lasse ich mir nicht nehmen. Niemand weiß davon, und niemand nimmt dabei Schaden. Denn wo kein Kläger ist, da ist kein Richter.«

»Doch!« ereiferte sich Chambers, »*ich* weiß davon, und *ich* nehme dabei Schaden.«

»Charles!« rief Sarah Jones entsetzt und verließ überstürzt das Zimmer.

Chambers hörte, wie sie im Nebenraum mit dem Teegeschirr hantierte, und folgte ihr.

Sarah tat so, als bemerkte sie nicht, daß Charles hinter ihr war. Sie bereitete Tee, und irgendwie ahnte sie, was folgen würde. Deshalb schrie sie auch nicht, als sie spürte, wie Chambers von hinten die Arme um sie legte, sich eng an sie preßte und mit den Händen ihre Brüste umfaßte. Sie fühlte und hörte seine Erregtheit, doch sie wagte nicht, sich aus der Umklammerung zu befreien. Mit gespielter Ruhe sagte sie: »Charles, was soll das!«

Es schien, als träfen ihre Worte Chambers wie ein Keulenschlag, denn plötzlich ließ er von ihr ab. Sarah wandte sich um. Auge in Auge standen sich beide gegenüber. »Was soll das?« wiederholte Sarah, diesmal eindringlicher als zuvor.

»Ich will mit dir schlafen!« entgegnete Chambers trotzig und mit blitzenden Augen. Und fordernd fügte er hinzu: »Ich will dich nackt sehen!«

Er hatte wohl erwartet, daß Sarah bestürzt, eingeschüchtert oder verängstigt reagieren würde, jedenfalls fühlte er sich zum ersten Mal überlegen, und er genoß diesen Triumph wie ein Sieger nach gewonnenem Kampf. Doch der Triumph währte nicht lange; denn Sarah antwortete, scheinbar gelassen: »Und wenn ich mich weigere?«

Damit hatte Chambers nicht gerechnet. Sein eben noch fester Blick wurde unsicher. Betont kühl antwortete er: »Diesen Entschluß sollten Sie sich noch einmal gründlich überlegen, Miss Jones. Schließlich könnte eine Anzeige wegen Unzucht Ihr ganzes Leben zerstören.«

Während Sarah sprachlos die Arme über der Brust verschränkte, wurde ihr bewußt, daß Chambers diesen Schachzug von langer Hand geplant hatte. Sie traute ihm auch zu, daß er seine Drohung wahr machen würde. Chambers war mehr als ein Jammerlappen, er war ein Schwein. Verzweifelt versuchte Sarah, sich mit der Situation vertraut zu machen, aber es gelang ihr nicht.

Wie aus weiter Ferne hörte sie Chambers' Stimme: »Ich gebe Ihnen bis morgen Bedenkzeit, Miss Jones, und erwarte Sie gegen sieben in meiner Wohnung. Es wäre doch zu bedauerlich, wenn Ihr Verhältnis mit dem jungen Bengel zu Ende gehen müßte.« Er verneigte sich mit einem teuflischen Grinsen: »Guten Abend, Miss Jones. Ich finde den Weg allein.«

Mit klopfendem Herzen lauschte Sarah seinen schweren Schritten im Treppenhaus. Nachdem die Türe ins Schloß gefallen war, atmete sie erst einmal tief durch. Doch schien es ihr, als laste ein schwerer Felsblock auf ihrer Brust.

Howard! Endlich sah Sarah sich imstande, einen klaren Gedanken zu fassen: Du mußt Howard davon berichten!, sagte sie zu sich. Aber je länger sie darüber nachdachte, desto mehr kam sie von dieser Idee wieder ab. Sie durfte Howard da nicht hineinziehen, das würde die Lage nur noch verschlimmern. Howard würde Chambers verprügeln oder Gottweißwas unternehmen, und dadurch würde ihr Verhältnis erst recht öffentlich.

Geld! Sarah dachte sogar daran, Chambers zu bestechen, damit er den Mund hielte. Gewiß, Chambers war ein armer Musikus, aber sie kannte ihn gut genug, um zu wissen, daß Geld ihm wenig bedeutete, bestimmt weniger als ein Beischlaf mit ihr.

Sie hätte sich ohrfeigen können, weil sie Chambers ihr Geheimnis verraten hatte; aber es war nun einmal geschehen. Was also tun?

In ihrer Ausweglosigkeit beschäftigte sich Sarah in der folgenden Nacht ernsthaft mit dem Gedanken, Chambers zu töten. Trunken vom Halbschlaf, der sich bisweilen für kurze Zeit über ihr Bewußtsein legte, erhob sie sich, tastete sich im Dunkeln in die Küche, zog aus einer Schublade ein Messer hervor und prüfte mit dem Daumen der rechten Hand seine Schärfe. Das Messer in ihrer Hand und der Plan in ihrem Kopf versetzten Sarah in eigenartige Erregung. Sie verspürte eine Art Wollust, ein Gefühl, das sie in diesem Zusammenhang nie erwartet hätte.

Vor ihrem Daumen, den sie geistesabwesend über die Schneide bewegte, ging plötzlich eine unerklärliche Wärme aus. Es schien, als klebte der Finger an dem kalten, blanken Metall, und sie erschrak. Hastig entzündete sie die Lampe mit einem Streichholz. Im zaghaften Flackern des Lichts entdeckte Sarah, was sie angerichtet hatte: Ihre Hand war mit Blut verklebt, und überall auf dem Boden sah man Blutspritzer – wie die ersten Regentropfen im Straßenstaub vor einem heranziehenden Gewitter. Aus der Kuppe ihres Daumens, in der ein tiefer Schnitt klaffte, rann noch immer Blut.

Sie hatte den Schnitt nicht gespürt, doch der unerwartete Anblick versetzte ihr einen Schock. Sarah stieß einen gellenden Schrei aus, so als hätte sie die Tat, die sie in Gedanken mit sich herumtrug, bereits begangen. »Nein!« rief sie, »nein, nein!«, und schleuderte das Messer von sich. Dann brach sie in Tränen aus.

In einer Schüssel mit Wasser wusch sie das Blut von ihren Händen, dann wickelte sie einen Stoffetzen um ihren Daumen. Sarah wußte nun, daß sie niemals in der Lage sein würde, einen Menschen zu töten. Mein Gott, sagte sie zu sich, wie weit ist es mit dir gekommen! Schluchzend sank sie in sich zusammen. Ihr ganzes Leben erschien ihr auf einmal aussichtslos, verkettet in einer Aneinanderreihung unglücklicher Umstände, vergiftet von der krankhaften Begierde eines Mannes, für den sie nur noch Verachtung empfand.

In diesem Augenblick wütender Ohnmacht wünschte Sarah Jones, sie wäre in Ipswich geblieben und den geraden, bescheidenen Weg einer schlecht bezahlten Lehrkraft gegangen. Damals hatte sie geglaubt, in East Suffolk klebte das Unglück an ihren Fersen, und sie war vor diesem Unglück nach Norfolk geflohen. Inzwischen wußte sie, daß es unmöglich war, vor seinem Schicksal davonzulaufen. Es holte einen immer wieder ein.

Von St. Peter und Paul hörte man die Turmuhr schlagen, und Sarah öffnete das Fenster. Sie trug nur ein Nachthemd aus Leinen, und die Winterkälte kroch an ihrem nackten Körper hoch. Für ein paar Augenblicke genoß sie die Abkühlung auf ihrer erhitzten Haut, aber schon bald begann sie zu frösteln, und sie fühlte, wie ihr Körper schmerzte, steif und unbeweglich wurde wie ein Stück Holz. Da faßte sie einen Plan. Sie schloß das Fenster und kleidete sich an.

Später konnte sich Sarah nicht mehr erinnern, wie sie den Schultag hinter sich gebracht hatte; denn ihre Gedanken kreisten nur um den Abend bei Chambers.

Bereits am Nachmittag begann sie, kaum hatten Mrs. Campbell und Susan Meller das Schulhaus verlassen, ihr Haar mit Hilfe einer Brennschere in Form zu bringen. Dann schnürte sie sich in ein schwarzes Korsett, das sie sich für diesen Zweck gekauft hatte. Die hautfarbenen Strümpfe befestigte sie dicht über dem Knie mit Strumpfbändern, und danach schlüpfte sie in halbhohe Stiefeletten, die zu schnüren sogar in Unterkleidung Mühe machte. Als Sarah sich endlich einen mit Rüschen besetzten Unterrock über den Kopf gezogen hatte, konnte sie daran gehen, ein zweiteiliges rotes Kostüm, das ihre Figur vorteilhaft zur Geltung brachte, anzulegen. Eine ganze Stunde vor dem genannten Termin stand Sarah Jones fertig gekleidet vor dem Spiegel.

Mit demselben Automatismus, mit dem sie ihre Kleidung angelegt hatte, begann Sarah sich zu schminken. Sie puderte ihr Gesicht, bis ihre Haut hell schimmerte. Augen und Brauen versah sie mit einem dunklen Schatten, und ihren Mund bedeckte sie dick und breit mit einem kräftigen Rot. Dann trat sie einen Schritt zurück, um ihr Spiegelbild zu betrachten.

Wenn Howard mich so sähe, dachte Sarah, was er wohl sagen würde? Sie zog eine Grimasse und schob die Unterlippe vor, daß ihr Mund noch breiter wurde. Aus dem Spiegel blickte ihr eine Fremde entgegen, eine von den käuflichen Frauen, die sie im Hafen von Ipswich gesehen hatte. Mit ihrer Maskerade verfolgte sie keinen anderen Zweck. Sie wollte Chambers als das gegenübertreten, was er von ihr forderte, als eine Frau, die ihm zu Willen sein mußte.

Chambers hatte die Macht, dies von ihr zu fordern, aber er konnte sie nicht zwingen, ihm mit ehrlicher Zuneigung zu begegnen.

Wie von ihm gefordert, stand Sarah pünktlich um sieben vor Chambers' Haus in der Mangate Street. Als hätte er nicht mit ihrem Kommen gerechnet, dauerte es lange, bis er öffnete. Chambers hatte getrunken und war bemüht, seinen zerrissenen Zustand zu verbergen. Vielleicht hatte er erwartet, Sarah würde aufgelöst und lamentierend bei ihm aufkreuzen – nichts hätte ihm mehr Lust bereitet. Zu seiner Überraschung mußte er jedoch feststellen, daß die Angebetete dem Ereignis eher geschäftsmäßig, beinahe gleichgültig begegnete. Das verunsicherte ihn sehr.

Ohne große Worte zu verlieren, betrat Sarah den Raum, in dem vor Wochen alles angefangen hatte, und begann sich ihres Kostüms zu entledigen. Verblüfft von der Selbstverständlichkeit, mit der sie ihrer Aufgabe nachkam, verfolgte Chambers jede ihrer Bewegungen. Er hatte auf dem Sofa neben dem Harmonium Platz genommen und gab in kurzen Abständen lüsterne Laute von sich. Dazu wiederholte er immer wieder ihren Namen.

Als Sarah ihren Unterrock zu Boden gleiten ließ und als sie in

Strümpfen, nur mit ihrem Korsett bekleidet, auf ihn zutrat, da wurde Chambers von Erregung übermannt. Er riß sich, so schnell er konnte, die Kleider vom Leibe und stand plötzlich nackt und mit erhobener Männlichkeit vor ihr.

»Bitte, bedienen Sie sich, Mr. Chambers«, sagte Sarah Jones mit Eiseskälte. »Ich hoffe, Sie nicht zu enttäuschen.«

Die geschäftsmäßigen Worte und die steife Haltung, mit der Sarah vor ihn hintrat, wobei sie ihre Fäuste in die Taille bohrte und das Gehabe eines Polizeibeamten einnahm, wirkten auf Chambers ernüchternd. Mit schützenden Händen versuchte er seinen Penis, der eben noch Anlaß zu Selbstvertrauen gegeben und sich unerwartet schnell in ein beklagenswertes Anhängsel verwandelt hatte, zu verbergen.

»Also?« meinte Sarah fordernd, als habe sie das Geschehen nicht bemerkt. »Ich warte, Mr. Chambers. *Sie* haben mich hierher bestellt!«

Sarahs Härte traf Chambers mit der Wucht eines Donnerschlages. Der nackte Mann ging vor der Frau im Korsett auf die Knie und schlug die Hände vors Gesicht. Er schämte sich, aber er war nicht bereit, dies einzugestehen.

»Und nun?« Sarah kannte keine Gnade. »Sie haben für Ihr Schweigen einen Preis verlangt, und ich bin hier, um diesen Preis zu bezahlen!«

Da brach es aus Chambers heraus: »Scheren Sie sich zum Teufel, Miss Jones, und werden Sie glücklich mit diesem Jüngling!«

Darauf hatte Sarah im stillen gehofft. Gelassen sammelte sie ihre Kleider ein und zog sich an.

Bevor sie Chambers verließ, der immer noch auf dem Boden kniete, drehte sie sich noch einmal um und sagte: »Ich hatte mir mehr versprochen von diesem Abend. Was soll's.«

Die erzwungene Begegnung mit Chambers hatte in Sarahs Seele tiefere Spuren hinterlassen, als es den Anschein haben mochte. Nach Hause zurückgekehrt, zog sie sich hastig aus und wusch sich die Schminke aus dem Gesicht. Erst jetzt fiel die Belastung von ihr ab, und sie begann leise zu schluchzen. Sie hatte das Bedürfnis, sich jemandem mitzuteilen. Doch der einzige Mensch, der dafür in Frage kam, gerade der durfte es nicht wissen.

Bisweilen liefen in Didlington Hall geheimnisvolle Dinge ab; dann wurde Howard Zeuge seltsamer Herrenrunden, bei denen es um Unerforschtes und Unerklärliches ging. An solchen Abenden suchte oft ein Dutzend gelehrter Männer bei Kerzenlicht und Brandy nach Antworten auf Fragen, die sich kein vernüftiger Mensch stellte. Die Tatsache, daß Lord Amherst ihn von Anfang an an diesen Herrenrunden teilnehmen ließ, erfüllte Howard mit Stolz, und er wünschte, daß Sarah ihn bei einem dieser Ereignisse sehen könnte.

Unter den zahlreichen Ämtern, die Amherst wahrnahm, ragten zwei besonders hervor: William George Tyssen-Amherst war ein einflußreiches Mitglied des *Egypt Exploration Fund* und Großmeister der Freimaurer von England, Wales und allen Hoheitsgebieten des Britischen Königreichs.

Im März, als der Frühling Einzug hielt im Breckland und das öde Braun der Heide in frisches Grün verwandelte, traf sich eine illustre Runde, die sich aus Mitgliedern des genannten Clubs zusammensetzte, in der Bibliothek von Didlington Hall. Unter den Gästen, die in rauchgeschwängerter Luft um einen großen runden Tisch saßen, sah man Percy Newberry, den Forscher Flinders Petrie, Mr. Francis Allen, einen reichen Geschäftsmann aus Cockley Cley, das ein paar Meilen nördlich von Didlington Hall lag, den jungen Francis Llewellyn Griffith, einen selbsternannten Archäologen mit besonderer Vorliebe für das alte Ägypten, und Professor Walter B. Painswick, Professor für Geheimlehren der Physik an der Universität Cambridge.

Obwohl die Erklärung physikalischer Geheimnisse sein Beruf war, tat er selbst sehr geheimnisvoll, redete leise und orakelhaft, und sein Aussehen – Painswick war groß, dürr und hatte tiefliegende dunkle Augen – trug nicht gerade dazu bei, diesen Eindruck zu zerstreuen. Amherst hatte den Professor eingeladen, um zu erfahren, wie ernst die Behauptungen seiner Tochter Alicia zu nehmen seien, sie habe bisweilen das zweite Gesicht.

Viele Mädchen in Alicias Alter behaupteten damals, über seherische Gaben zu verfügen, und es gab nicht wenige Forscher, die daran glaubten. Amherst war den dunklen Seiten des Lebens durchaus zugetan, aber im Falle Alicias glaubte er nicht an derlei Hokuspokus, zumal ihre bisherigen Vorhersagen allesamt die ferne Zukunft betrafen und nicht nachprüfbar waren.

In der Herrenrunde in Didlington Hall stieß das Thema auf größeres Interesse, und auch Howard Carter konnte sich der Magie der Zukunftsdeuterei nicht entziehen, und so stellte er dem Professor die Frage, welche Gründe verantwortlich seien, daß der eine angeblich die Fähigkeit, in die Zukunft zu sehen, beherrsche, während dem anderen jeder Sinn dafür fehle.

Das, meinte Painswick, sei die schwierigste Frage von allen, denn könnte er sie beantworten, so wäre das Rätsel der Weissagungen im ganzen gelöst. Dennoch vertrat der Professor die Ansicht, die Wissenschaft werde auch dieses Rätsel in nicht allzuferner Zukunft lösen.

Flinders Petrie, ein Mann mit markantem dreieckigem Schädel, krausem Backenbart und dunklen, stechenden Augen, hatte die Diskussion bis dahin schweigend verfolgt, doch seine nervösen Finger, mit denen er unablässig auf die Tischplatte trommelte, verrieten nur allzu deutlich, daß er der Wahrsagerei und Zukunftsdeutung keinesfalls gleichgültig gegenüberstand. Schließlich sprang Petrie auf, schlug mit der Faust auf den Tisch und rief, an Painswick gewandt: »Professor, glauben Sie nicht, daß sich hinter der angeblichen Fähigkeit, die Zukunft vorherzusagen, und der Forschung auf diesem Gebiet nichts weiter als Scharlatanerie verbirgt?«

Die um den großen runden Tisch versammelten Männer starrten Painswick an. Wie würde der Professor auf diese Beleidigung reagieren?

Anscheinend sah Painswick sich solchen Vorwürfen nicht zum ersten Mal ausgesetzt, denn er antwortete gelassen: »Sir, Sie haben sicher in vielen Fällen recht. Doch es läßt sich nicht leugnen, es gibt eindeutige Beweise für Weissagung. Vor allem unter Hypnose, wenn der Mensch willenlos und nicht in der Lage ist zu lügen.«

Lord Amherst sah den Professor erwartungsvoll an: »Beherrschen Sie die Kunst der Hypnose, Painswick?«

Painswick lachte: »Ich wäre ein schlechter Professor für Geheimlehren der Physik und ein noch schlechterer Untertan Ihrer Majestät, wenn ich die Hypnose nicht beherrsche, Mylord. Schließlich war es ein Schotte, der diese Wissenschaft zur Blüte gebracht hat!«

»Dann könnten Sie auch mich in Hypnose versetzen, Professor?« Amherst hob herausfordernd die Augenbrauen.

»Das käme auf den Versuch an, Mylord. Noch besser eignete sich allerdings Ihre Tochter Alicia. Sie ist jung, und junge Mädchen haben die besten Voraussetzungen für derartige Experimente. In Trance könnte Alicia uns beweisen, ob sie in der Lage ist, in die Zukunft zu sehen.«

Plötzlich sah Amherst alle Augen auf sich gerichtet. »Aber ist es nicht gefährlich?« fragte er vorsichtig.

»In keiner Weise!« entgegnete der Professor. »Was sollte daran gefährlich sein? Nein, Hypnose ist nicht gefährlicher als ein Mittagsschlaf. Im Gegenteil, während des Mittagsschlafes können Sie unter Umständen vom Sofa fallen, in Trance stehen Sie jedoch unter Aufsicht.«

Da erhob sich Lord Amherst und verließ nachdenklich den Raum. Augenblicklich verbreitete sich große Spannung. Würde Amherst seine Tochter Alicia überreden, sich von Painswick in Hypnose versetzen zu lassen?

Howard Carter hegte keinen Zweifel. Er kannte Alicia nur zu gut und wußte, daß das Mädchen für jedes Abenteuer zu haben war. Howard täuschte sich nicht: Lord Amherst kehrte nach kurzer Zeit, in der die Männer heftig diskutiert hatten, mit Alicia zurück.

Im Salon herrschte eine Atmosphäre gespannter Erwartung. Dicke Rauchschwaden durchzogen den Raum, und die Lampe über dem Tisch verlieh dem Ganzen etwas Gespenstisches. Sie erinnerte an die Tage im Herbst, wenn über den Teich vor Didlington Hall die Nebel wallten.

Es wurde still, als das Mädchen am Tisch neben dem Professor Platz nahm. Alicias Gesicht verriet ein gewisses Mißtrauen gegenüber dem Experiment; anders war ihr Schmunzeln kaum zu deuten.

Painswick drückte seine Zigarre aus und fingerte eine kastaniengroße, blitzende Kristallkugel aus der Westentasche. Dann begann er mit ruhiger, aber eindringlicher Stimme zu sprechen: »Alicia, richten Sie Ihre Augen auf die Kugel in meiner Hand!«

Das Mädchen kam der Aufforderung nach, doch schien es, als machte Alicia sich eher lustig über den Ablauf des Geschehens.

Unbeirrt fuhr Painswick fort: »Sie sehen das Licht in der Kugel, und Ihre Augen werden müde, und Ihre Glieder werden schwer. Sie wollen schlafen, schlafen, schlafen... Und erst auf mein Händeklatschen werden Sie wieder erwachen.« Bei diesen Worten wurde die sanfte Stimme des Professors noch leiser, nur die Lampe über dem Tisch verbreitete ein gedämpftes Fauchen.

In Alicias Augen machte sich zuerst ein leichtes Flackern bemerkbar, so als wehrte sie sich gegen eine unsichtbare Kraft. Aber schon nach wenigen Augenblicken bemächtigte sich eine geheimnisvolle Gewalt des Mädchens und versetzte Alicia in einen Zustand totaler Willenlosigkeit. Kopf und Arme hingen leblos an ihr herab. Painswick drückte sie sanft gegen die Stuhllehne, damit sie nicht vornüberkippte. Dann blickte er beifallheischend in die Runde.

Keiner von den Männern, die gerade noch lautstark diskutiert hatten, ob Weissagung und Hypnose nicht purer Humbug seien, keiner wagte ein Wort zu sprechen. Sie starrten auf das entrückte Mädchen.

Painswick beugte sich zu Alicia hinüber und näherte sich ihrem Gesicht auf eine Handspanne. »Alicia«, flüsterte er mit hohler Stimme, »kannst du in die Zukunft blicken? Antworte!«

Zuerst geschah nichts, und der Professor wiederholte seine Frage, diesmal eindringlicher und mit erhobener Stimme.

Da machte sich um Alicias Mundwinkel ein Zucken bemerkbar, und deutlich, daß jeder es verstehen konnte, antwortete sie: »Ja, ich sehe die Zukunft.«

»Was siehst du, Alicia?«

»Ich sehe – meine – Hochzeit«, erwiderte das Mädchen stockend.

Lord Amherst richtete sich auf. »Fragen Sie, wer ihr Gemahl ist!« flüsterte er Painswick zu.

»Wie heißt dein Gemahl, Alicia?«

Nach einer Pause, in der ihr Gesicht von Unruhe gezeichnet war, als fürchte sie die Donnerschläge eines Frühlingsgewitters, antwortete Alicia: »Er will nicht, daß ich seinen Namen nenne, aber er hat einen roten Backenbart.«

Die Antwort erzeugte Unsicherheit, Lord Amherst musterte mit prüfendem Blick jeden in der Runde. Auch Carter blieb nicht verschont. Schließlich zischte Amherst verärgert: »Humbug, alles Humbug.«

»Und was siehst du noch in der Zukunft, Alicia?«

»Oh, wundervolle Dinge«, erwiderte Alicia, ohne zu zögern, »ich sehe Gold und Edelsteine und unsagbaren Reichtum.«

»Gold und Edelsteine?«

»Ja.«

»Und wem gehört das alles? Sag es uns, Alicia!«

»Weiß nicht. Aber einer von den Anwesenden wird den größten Schatz der Menschheit heben.«

Carter warf Newberry einen erstaunten Blick zu. Der blickte zu Francis Griffith. Dieser zog eine Grimasse und musterte Flinders Petrie von der Seite. Petrie hob die Schultern, als wollte er sagen, ich, warum nicht?, dann sah er Amherst an. Amherst schien wie elektrisiert.

»Wo?« wandte er sich flüsternd dem Professor zu.

»Wo?« wiederholte Painswick, »wo liegt dieser Schatz verborgen?«

»Weiß nicht«, kam die Antwort, »ich sehe Felsgestein und Wüstensand. Ich sehe Mister Peabody.«

»Mister Peabody? Wer ist Mister Peabody?«

Die Herren am Tisch machten erstaunte Gesichter. Francis Griffith meinte andächtig, eine Tante seiner Mutter heiße Peabody, doch Mr. Peabody sei schon seit Jahren tot, während Lord Amherst sich zu erinnern glaubte, daß der Feuerwehrhauptmann von Brandon ein gewisser Peabody sei. In Wahrheit gab es nur einen im Raum, der die Bedeutung des Namens kannte, Howard Carter. Aber Carter schwieg.

Auf Alicias Stirn bildeten sich Schweißtropfen, und Painswick kündigte an, das Experiment zu beenden; vor allem mahnte er, Alicia nach ihrem Erwachen keine Fragen zu stellen. Sie selbst habe von dem Geschehen nichts mitbekommen, und Fragen würden sie in tiefe Verwirrung stürzen. Dann klatschte er einmal kurz in die Hände. Alicia erwachte.

Lord Amherst führte das Mädchen aus dem Salon. Als er zurückkehrte, war bereits eine heftige Diskussion darüber im Gange, wer von den Anwesenden wohl den größten Schatz der Menschheit entdecken könnte. Und während die Männer noch vor kurzem an der Möglichkeit zweifelten, die Zukunft vorherzusehen, stand dies nun nicht mehr zur Debatte. Griffith und Petrie gerieten sich in die Haare, wer von beiden der erfolgreichere Archäologe und vom Schicksal bestimmt sei, einen Jahrtausend-Fund, wie Alicia ihn angekündigt hatte, zu entdekken. Lord Amherst fühlte sich gekränkt, weil ihm von niemandem die Möglichkeit eingeräumt wurde, das Abenteuer für sich zu entscheiden. Nur Francis Allen, der sich bis dahin kaum zu Wort gemeldet hatte, lachte schadenfroh und rief: »Seit hundert Jahren treiben sich Franzosen, Italiener, Deutsche und Engländer in Ägypten herum in der Hoffnung, den Schatz des Jahrtausends zu entdecken. Und was haben sie gefunden? Ein paar Obelisken und Steinsärge, Tonscherben und Alabasterkrüge! Ich befürchte, die wahren Schätze wurden längst außer Landes gebracht.«

Allen wußte, wovon er sprach, er war ein halber Ägypter, denn er verbrachte die kalte Jahreszeit in seinem Haus in Ramla, einem Vorort von Alexandria, nur im Frühling und Sommer lebte er mit seiner Familie in Cockley Cley Hall, einem italienisch anmutenden Landsitz.

»Mr. Petrie«, meinte er an den Archäologen gewandt, »Sie sind der Fachmann. Warum sagen Sie nichts?«

Petrie, von Natur aus in sich gekehrt und zurückhaltend, zuckte mit den Schultern. Er mochte Allen nicht besonders. Menschen mit Geld, vor allem solche, die es zeigten, waren ihm ein Greuel. Schließlich raffte er sich zu einer Antwort auf: »Ach wissen Sie, Sir, was Sie möglicherweise als Plunder bezeichnen, ist der Wissenschaft oft mehr dienlich als ein Geschmeide aus Gold – wobei ich – im Vertrauen – gegen einen Goldschatz nichts einzuwenden hätte.«

Die Männer am Tisch lachten, und Lord Amherst leerte sein Brandyglas auf einen Zug. Und während Albert, der Butler, nachschenkte, meinte er nachdenklich: »Angenommen, meine Tochter Alicia hätte wirklich die Gabe, in die Zukunft zu blicken, dann hätten wir hier in diesem Raum gegenüber dem Rest der Menschheit einen unbezahlbaren Vorteil: wir wüßten, daß es einen Schatz gibt, und wir wüßten, daß einer von uns, Gentlemen, diesen Schatz finden würde.«

Am Tisch wurde es still, so still, daß Amherst dem Professor aus Cambridge einen strafenden Blick zuwarf, weil er beim Rauchen seiner Zigarre die Luft ausstieß wie eine Eisenbahnlokomotive. Doch hellte sich seine Miene wieder auf, als Painswick bemerkte: »Mylord, ich habe keinen Zweifel, daß Alicia diese Fähigkeit besitzt. Sie sollten sie ernst nehmen.«

Da erhob sich Lord Amherst von seinem Platz. Als Großmeister des Freimaurerordens hatte er durchaus Sinn für bedeutungsschwere Zeremonien. Nun sprach er mit lauter Stimme: »Gentlemen, in Anbetracht der Bedeutung dieses Augenblicks darf ich Sie bitten, einen heiligen Eid zu leisten und niemandem unser Wissen weiterzugeben. Schwören Sie, Gentlemen.«

Die Männer erhoben sich, und einer nach dem anderen sprach: »Ich schwöre.«

Als Carter an die Reihe kam, bemerkte er, wie seine Hand, die er zum Schwur heben sollte, zitterte. Ob Amherst seine Aufregung bemerkte oder ob der Lord ihn einfach nicht für voll nahm, jedenfalls sagte Amherst, noch ehe Howard den Eid geleistet hatte: »Gentlemen, damit sind wir eine verschworene Gemeinschaft. Wir sollten eine Expedition ausrichten mit dem Ziel, den größten Schatz der Menschheit zu finden!«

Selbst jene, die dem Gedanken bisher nur Mißtrauen entgegengebracht hatten, wurden von Amhersts Begeisterung angesteckt. Francis Allen, durch und durch Geschäftsmann, schlug vor, einen Fonds zu gründen, in den jeder nach Belieben einzahlen könne und im Erfolgsfall prozentual entschädigt werden solle. Das jedoch mißfiel den meisten Anwesenden. Insbesondere Griffith wetterte dagegen und meinte, Allen wolle mit diesem Vorschlag für sich persönlich die größten Vorteile herausholen, während jene, denen die eigentliche Arbeit zufiele, dabei auf der Strecke blieben.

Noch heftigeren Streit entfachte die Frage, wer die Leitung der Expedition übernehmen solle. Flinders Petrie machte seine Teilnahme an dem Unternehmen von der Zusage abhängig, daß ihm die Leitung anvertraut werde. Schließlich bringe er genug Erfahrung mit. Francis Griffith weigerte sich, unter Petrie zu arbeiten. Dies sei ihm als anerkanntem Wissenschaftler nicht zuzumuten. Allen sprach beiden die Fähigkeit ab, eine Expedition zu leiten. Eine derartige Expedition müsse unter wirtschaftlichen Aspekten geleitet werden, und dafür sei *er* zuständig. Im übrigen verfüge nur er über die notwendigen Kontakte in Ägypten, ohne die ein solches Unternehmen nicht durchführbar sei. Darüber waren Griffith und Petrie gemeinsam empört.

Nach kurzer Zeit stritten alle Anwesenden so heftig, daß Amherst

Mühe hatte, die Parteien voneinander zu trennen. Gegen Mitternacht vertagte sich die Versammlung auf Mittwoch nach Ostern. Griffith machte seine Teilnahme jedoch von der Abwesenheit Petries abhängig, Allen versprach nur dann zu kommen, wenn zuerst die Finanzierungsfrage diskutiert würde, und Professor Painswick aus Cambridge wollte mit der Geschichte überhaupt nichts mehr zu tun haben.

So endete der Abend höchst unerfreulich, und Carter, der das skurrile Geschehen mit Staunen und Neugierde verfolgt hatte, war der festen Überzeugung, die Pläne Lord Amhersts würden sich wie die Wirkung des Brandys verflüchtigen und schon am folgenden Tag kaum noch Gesprächsstoff bieten. Aber fixe Ideen haben nun einmal den Überlebenswillen von Kakerlaken, und so bat Seine Lordschaft am Morgen Percy Newberry und Howard Carter erneut in die Bibliothek zu einer Besprechung.

Obwohl frische Frühlingsluft durch die geöffneten Fenster hereinströmte, hing noch immer der beißende Geruch von kaltem Zigarrenrauch in dem Raum, was Amherst zu der Bemerkung veranlaßte, Ihre Majestät, Queen Victoria, habe schon recht, wenn sie verkünde, Rauchen sei nur dazu gut, die Mücken zu vertreiben.

Schließlich kam Amherst zur Sache: »Mr. Newberry, wie stehen Sie zu der Prophezeiung meiner Tochter Alicia?«

Newberry grinste verlegen. »Wenn ich ehrlich sein soll, Sir...«

»Seien Sie ehrlich, Newberry!«

»Nun, ehrlich gesagt, kann ich mir nicht vorstellen, Alicia zu heiraten, Mylord. Nicht, daß wir eine besondere Abneigung gegeneinander entwickelt hätten; aber unsere Zuneigung hält sich doch in Grenzen.«

Lord Amherst lachte vergnügt: »Mr. Newberry, meine Frage galt eigentlich der zweiten Prophezeiung, ich meine den Schatz, dessen Auffindung Alicia vorhergesagt hat!«

Da bekam Newberry einen roten Kopf, und er stammelte eine Entschuldigung, er sei wohl noch nicht ganz wach heute morgen. Schließlich kam er auf Amhersts Frage zurück und antwortete: »Mylord, ich vermag die Wahrscheinlichkeit nicht zu beurteilen, daß einer der Anwesenden einen Jahrtausendschatz findet. Im Gegensatz zu Mr. Allen bin ich jedoch der Ansicht, daß in dem Land am Nil sehr wohl noch Schätze von ungeheurem Reichtum verborgen liegen. Das Land ist groß, größer als England, Schottland und Irland zusammen, aber alle bisherigen Ausgrabungen beschränken sich auf ein Gebiet so groß wie die Grafschaft Norfolk. Die Frage ist nur, wo soll man anfangen zu graben?«

»Wo würden *Sie* beginnen?«

Newberry blickte zur Decke. »Am besten dort, wo bisher am wenigsten gegraben wurde, in Mittelägypten.«

»Hätten Sie Lust, das zu tun?«

»Ich?« Newberry blickte ungläubig.

»Warum nicht? Ich bin bereit, eine zweijährige Forschungsreise zu finanzieren. In dieser Zeit sollten Sie Vorarbeit leisten und Testgrabungen veranstalten für eine großangelegte Grabung unter meiner Leitung mit hundert oder mehr einheimischen Hilfskräften. Sie haben sicher von diesem Schliemann gehört, der im vergangenen Jahr elend umkam. Schliemann fand einen Schatz, an den niemand glaubte, an einem Ort, den es nicht gab, und zu einer Zeit, in der niemand mehr damit gerechnet hatte. Und heute reisen Menschen aus aller Welt nach Berlin, um diesen Schatz zu bewundern. Newberry, ich möchte auch so ein Schliemann werden. Was halten Sie von meinem Vorschlag?«

Das unerwartete Angebot machte Newberry sprachlos. So etwas bekam man nicht alle Tage. Aber zwei Jahre im fernen Ägypten?

Der Lord bemerkte, daß Newberry zögerte. Deshalb ergänzte er: »Mister Carter wird Sie als Assistent begleiten. Nicht wahr, Mr. Carter?«

Howard erschrak. Er war so verwirrt, daß er Amhersts fragenden Blick mit einem Kopfnicken beantwortete.

»Sie können sich dank William Gladstone in Ägypten wie zu Hause fühlen. Das Land ist nichts anderes als eine Kolonie der britischen Krone. Sie müssen sich nicht heute entscheiden, Mr. Newberry, aber Sie sollten sich auch nicht allzulange Zeit lassen mit Ihrer Entscheidung. Sagen wir, nächste Woche. Einverstanden?« Und an Howard gewandt: »Das gilt auch für Sie, Carter.«

Kapitel 12

Lange war der Frühling im Breckland nicht mehr so zeitig gekommen, und nirgends zeigte er sich schöner als um Castle Acre herum. Die Luft war seidig und mild, und die Sonne zeichnete helle Flächen und lange dunkle Schatten in das alte Gemäuer.

Seit sie sich hier zum ersten Mal begegnet waren, zog es Howard Carter und Sarah Jones immer wieder an diesen Ort, von dem man weit über das Land blicken konnte. Das hatte verschiedene Ursachen, aber zu den wichtigsten gehörte zweifellos die Tatsache, daß sie hier ungestört waren und daß man jeden, der sich Castle Acre näherte, schon von weitem sehen konnte.

Auf einem Mauervorsprung, den viele Regen und Winterstürme glattgeschliffen hatten wie aneinandergereihte Brotlaibe, machten Sarah und Howard es sich bequem. Howard hockte an die Wand gelehnt mit angewinkelten, gespreizten Beinen, und Sarah benützte diese Haltung als eine Art Lehnstuhl, indem sie zwischen seinen Beinen saß und seine Knie als Armstütze benutzte.

Die Nachmittagssonne verbreitete angenehme Wärme und Müdigkeit, und Sarah hielt das auch für den Grund, warum Howard, der für gewöhnlich nicht auf den Mund gefallen war, so sprachlos und träge erschien.

»Erinnerst du dich an die ersten Flugversuche, dort unten?« Sarah streckte den Arm aus und zeigte nach Süden, wo sich der River Nar durch die Landschaft schlängelte, ein Rinnsal, so schmal, daß die Dorfjungen es dazu benutzten, sich im Weitsprung zu messen.

»Natürlich«, antwortete Howard belustigt, »ich erinnere mich, als wäre es gestern gewesen. Dabei ist es eine Ewigkeit her!«

»Eine Ewigkeit? Du bist verrückt, Howard. Seither ist noch nicht einmal ein Jahr vergangen!«

»Schon, schon«, wandte Howard ein. »Ich meine nur, wenn man bedenkt, was seitdem passiert ist, könnte man meinen, es sei eine Ewigkeit.«

Damit gab sich Sarah fürs erste zufrieden. Dann fuhr sie fort: »Als ich dich damals mit deinem Fluggerät auf mich zukommen sah, dachte ich zuerst an einen Drachen aus dem Märchen oder an irgendein Fabelwesen, aber im Näherkommen erschienen mir die Bewegungen doch eher wie die eines Radfahrers. Du hast nie wieder einen Versuch unternommen. Warum nicht, Howard?«

»Ich habe mich damals geschämt wie noch nie in meinem Leben. Und wenn ich daran denke, schäme ich mich noch heute. Es war schon schlimm genug, daß ich ausgerechnet vor *Ihren* Füßen eine Bruchlandung machte; aber dann waren Sie auch noch in Begleitung dieses Chambers. Miss Jones, mußten Sie mir das antun?«

Sarah drehte den Kopf nach hinten und küßte Howard: »Mein armer Junge, habe ich dich damals so verletzt?«

»Wirklich, Miss Jones«, eiferte sich Carter, »die körperlichen Schmerzen, die ich damals verspürte, waren harmlos im Vergleich zu der Demütigung, die ich empfand. Seit Wochen bemühte ich mich damals, von Ihnen als Mann wahrgenommen zu werden, und um das zu erreichen, wollte ich möglichst erwachsen erscheinen. Und dann passierte diese dumme Geschichte.«

»Du willst doch nicht etwa behaupten, daß du schon lange vorher ein Auge auf mich geworfen hattest!«

»Doch, hatte ich.«

»Wüstling!«

Howard lachte. »Jetzt kann ich es ja sagen. Schon während der Schulstunden gab ich mir allergrößte Mühe, einen Blick zwischen die Knöpfe Ihrer Bluse zu werfen. Aufgrund sorgfältiger Beobachtungen konnte ich nämlich in Erfahrung bringen, daß sich dort, sobald Sie sich vornüber neigten, aufregende Einblicke boten. Und um Sie zu dieser Haltung zu bringen, mußte ich, wenn Sie neben mir standen, nur einen Fehler machen und eine Ihrer Fragen falsch beantworten. Ich brauchte also nur zu sagen, ›Die Frau in Weiß‹ habe Charles Dickens geschrieben oder ›Die Schatzinsel‹ sei ein Werk von Wilkie Collins, und schon beugten Sie sich teilnahmsvoll zu mir herab und erklärten mir, was ich längst wußte, daß ›Die Schatzinsel‹ Louis Stevenson geschrieben hat und ›Die Frau in Weiß‹ von Wilkie Collins stammt. In diesen Sekunden vermeintlicher Wissensbildung erkundete ich mit gesenktem Blick den Inhalt Ihrer Bluse, und was ich dabei entdeckte, bedeutete mir mehr als alles Wissen, das Sie mir vermittelt haben.«

Sarah löste sich aus ihrer Haltung, und während sie vor Howard kniete, sah sie den Jungen lange staunend an. Für Howard gab es keinen Anlaß zur Verlegenheit oder sich gar zu schämen. Seine Zuneigung für Sarah war so stark, daß er ihr jeden seiner Gedanken anvertraute. Nur ihr.

Doch seit dem gestrigen Tag schleppte er ein Problem mit sich herum, für das er keine Lösung fand. Ursprünglich und ohne lange nachzudenken hatte er Amhersts Vorschlag, mit Newberry auf Forschungsreise zu gehen, abgelehnt, aber nachdem er die Sache überschlafen und sich mit dem Plan vertraut gemacht hatte, war ihm bewußt geworden, welche Chance das Angebot Seiner Lordschaft bedeutete. Vielleicht würde er, der Hilfszeichner von Didlington Hall, eines Tages ein berühmter Archäologe?

Aber dann hatte der Gedanke an Sarah Jones alle Überlegungen im Keim erstickt. Howard konnte sich ein Leben ohne Sarah nicht mehr vorstellen. Undenkbar, daß dreitausend Meilen sie von einander trennten. Nein, er wollte ihr Amhersts Pläne ganz verschweigen, damit diese nicht auch noch für Sarah zur Belastung würden.

»Howard, was hast du?« unterbrach Sarah plötzlich das Schweigen.

»Es ist nichts«, erwiderte Carter, »wirklich!« Als Lügner war Howard Carter unbegabt. Er wußte das. Howard zählte zu den Menschen, die beim Lügen ihr Verhalten verändern und schon äußerlich kundtun, daß sie nicht die Wahrheit sagen. Seine fahrigen, ruckartigen Bewegungen und sein abgewandter Blick waren für Sarah ein deutlicher Hinweis.

»Du verschweigst mir etwas«, sagte sie. »Sieh mich an!«

»Nichts!« entgegnete Howard unwillig und blickte in die Ferne.

»Sieh mich an!« beharrte Sarah. »Hat es mit uns zu tun? Ich will es wissen!«

Plötzlich fuhr er herum und sah Sarah ins Gesicht: »Der Lord will mich auf eine Expedition nach Ägypten schicken. Auf Schatzsuche.«

»Aber das ist doch großartig, Howard!«

»Großartig nennen Sie das? Wissen Sie, wie lange die Expedition dauern soll? – Zwei Jahre! Und wissen Sie, wie weit Ägypten von Didlington Hall entfernt ist? – Dreitausend Meilen! Und wissen Sie, was das bedeuten würde? – Das Ende unserer Beziehung, Miss Jones. Wollen Sie das?«

Sarah fühlte sich schwach in ihrem Innersten. Sie war gespalten, zutiefst verunsichert, nicht weniger bedrückt als Howard. Was sollte sie antworten? Zwei Jahre waren eine lange Zeit. Zeit genug, um das Feuer ihrer verbotenen Beziehung zu ersticken. Würde sie Howards Weggang verkraften? Sarah zweifelte. Nie hatte sie mehr Glück empfunden als in der Zeit, die sie mit Howard verbrachte. Und jetzt sollte damit auf einmal Schluß sein? Sie liebte diesen Jungen, mochte es tausendmal unvernünftig und einer Frau ihres Alters unangemessen sein.

»Wann?« fragte sie, nur um etwas zu sagen. Schließlich war es unerheblich, ob sie sich in einer Woche oder einem Monat trennen müßten.

»Amherst gibt mir eine Woche Bedenkzeit. Es soll bald losgehen. Aber ich tue es nicht!«

»Du mußt es tun, Howard!« hörte Sarah sich plötzlich sagen. Dabei standen ihre Worte ganz im Widerspruch zu ihren Gefühlen. Trotzdem wiederholte sie: »Du mußt es tun! Ich glaube, wir würden uns beide ein Leben lang den Vorwurf machen, diese Gelegenheit nicht genutzt zu haben. Wolltest du nicht schon immer mehr sein als dein Vater und deine Brüder? Mehr als ein unbekannter Zeichner? Mehr als einer von vielen?«

»Ja, aber muß es denn gleich sein? Und muß es unsere Liebe zerstören?«

»Eine Gelegenheit wie diese bietet sich nur einmal. Sie nimmt keine Rücksicht auf die Umstände deines Lebens. Sie kommt, und du mußt sie ergreifen. Und was unsere Liebe betrifft, Howard, sie wird dauern oder vergehen, egal ob zehn Meilen zwischen uns liegen oder dreitausend. Erinnere dich, welche Bedenken du hattest, nach Didlington zu gehen. Und heute? Heute lachst du darüber. Habe ich recht?«

»Ja. Nur, Didlington ist nicht Ägypten. Und der River Nar ist nicht der Nil.« Zornig rief er aus, daß es von den alten Mauern hallte: »Ich will nicht, so verstehen Sie doch, Miss Jones!«

Sarah kletterte von dem Mauervorsprung herab. Unten angelangt, ging sie unsicher und mit verschränkten Armen auf und ab. Schließlich hielt sie inne und blickte zu Howard nach oben. »Ich würde stolz sein, einen weitgereisten Mann an meiner Seite zu haben, vielleicht sogar einen berühmten Forscher, über den die Zeitungen schreiben. Laß ein paar Jahre vergehen, dann bist du bald zwanzig und unser Verhältnis ist weniger anstößig als heute.«

»Und in der Zwischenzeit?« rief Carter nach unten.

Der Junge hatte recht. Auch Sarah konnte sich nicht vorstellen, ihre zarte Liebe für ein paar Jahre auf Eis zu legen. Dennoch beharrte sie unbeirrbar und selbstquälerisch auf ihrem Standpunkt. »Wir können uns schreiben, zweimal die Woche, vielleicht sogar jeden Tag. Ich werde dich besuchen, wenn du es willst. Wie lange ist ein Schiff nach Ägypten unterwegs?«

Howard hob die Schultern. »Zehn Tage vielleicht. – Sie vergessen nur, Miss Jones, daß die Reise nicht nach Alexandria geht oder Kairo, sondern irgendwo in die Wüste, wo es nur Sand gibt und Felsengestein. Oft besteht nicht einmal eine Übernachtungsmöglichkeit. Ich glaube, Sie haben da eine falsche Vorstellung.«

Sarah schwieg, und Howard ließ sich von der Mauer nach unten gleiten. Als sie sich gegenüberstanden, erkannte Howard die Trauer in ihren Augen, und er ahnte, daß sie gegen ihre Überzeugung gesprochen hatte. Dennoch oder gerade deshalb blieben ihre Worte nicht ohne Wirkung.

Howard trat auf Sarah zu und schloß sie in die Arme. Er glaubte ihren Herzschlag zu spüren, während er sie schweigend an sich drückte. Wange an Wange blickten beide in entgegengesetzte Richtungen. Auf diese Weise gelang es beiden, ihre Tränen voreinander zu verbergen.

»Das Leben ist eine Narretei«, sagte Sarah, »es geht nie gerade Wege, und wenn gar Liebe im Spiel ist, gleicht es einem Labyrinth mit Irrungen und Wirrungen, und niemand weiß, welches der richtige Weg ist.«

Da wurde Howard heftig: »Es ist mir gleichgültig, ob der Weg richtig oder falsch ist. Ich gehe nicht nach Ägypten. Und wenn Amherst mich rauswirft, zeichne ich eben wieder Hunde und Katzen. Das ist ja keine Schande.«

Sarah schob Howard von sich, damit sie ihm ins Gesicht sehen konnte, und mit tadelndem Unterton sagte sie: »Du bist störrisch wie ein kleiner Junge. Warum nimmst du unser Gespräch nicht zum Anlaß, dir die Angelegenheit noch einmal durch den Kopf gehen zu lassen?«

»Ich will nicht! Im übrigen sollten Sie mich nicht immer bevormunden. Ich bin nicht mehr Ihr Schüler.«

Der barsche Ton stimmte Sarah traurig. Sie blickte betroffen zu Boden. Zum ersten Mal hatte Howard sie gemaßregelt. »Ich glaube«, meinte sie schließlich, »das ist heute nicht unser Tag.«

Während Carter in Gedanken an einer Entschuldigung formulierte und Sarah sich mit dem Ellbogen vor dem Kopf an die Mauer lehnte, entging den beiden, daß sich von Süden her ein Gespann näherte, ein Hansom-Cabriolet mit einem Pferd und einem Kutscher. Und als sie auf den ungebetenen Fremdling aufmerksam wurden, war es zu spät. Der Mann hielt einen Steinwurf entfernt und kletterte umständlich vom Kutschbock. Mit rudernden Bewegungen, was seine Ursache darin hatte, daß er ein Bein nachzog, kam er die Anhöhe emporgelaufen und rief schon von weitem: »He, Carter!«

»Mein Gott, das ist Spink!« bemerkte Howard leise. »Der hätte uns besser nicht zusammen gesehen.«

Sarah erfaßte die Situation blitzschnell, und als Spink sich ihnen genähert hatte, gab sie Howard die Hand und sagte laut vernehmlich: »Leb wohl, Howard, es war schön, dich wieder einmal getroffen zu haben.« Dann verschwand sie hinter der Mauer, wo sie ihr Velociped abgestellt hatte.

»Was willst du von mir, Spink?« fragte Carter in einem Tonfall, der ihm beinahe selbst Angst machte.

Spink setzte sein breites, unverschämtes Grinsen auf, das alle Schneidezähne sehen ließ. Auf Howards Frage ging er gar nicht ein, statt dessen sagte er: »Du siehst, ich kann wieder laufen, Carter!«

»Ich bin ja nicht blind, Spink!« gab Howard zurück. »Was willst du?«

»Wir beide haben noch eine Rechnung offen, Carter.«

Howard warf dem anderen einen verächtlichen Blick zu. »Nicht daß ich wüßte, Spink!«

»Du glaubst doch nicht etwa, zwischen uns ist alles erledigt?«

»Doch, das glaube ich. Jedenfalls will ich mit dir nichts mehr zu tun haben, hörst du!«

Da trat Spink ganz nahe an Carter heran und sah ihn von unten an. Seine Augen sprühten vor Wut, als er zischte: »Carter, du hast mich zum Krüppel gefahren. Ich fordere Revanche.«

Howard lachte gekünstelt: »War es *dein* Gespann oder meines, das über dich hinweg ist?«

Mit einem Satz fuhr Spink Carter an die Gurgel, und er geiferte mit krächzender Stimme: »Du warst es, du hast mein Pferd von der Straße gedrängt. Du bist schuld, daß ich ein Krüppel bin!«

Mit einer heftigen Bewegung schüttelte Carter Spink von sich ab, daß dieser strauchelte und an der Mauer, vor der sich die Szene abspielte, Halt suchte. »Rühr mich nicht an!« rief Carter heftig. »Ich will mich nicht mit einem Krüppel schlagen. Und jetzt verschwinde, bevor ich mich vergesse.«

Spink gab nicht auf. »Ich fordere Revanche!« wiederholte er ein um das andere Mal. Dabei hüpfte er aufgeregt von einem auf den anderen Fuß, was in Anbetracht der Tatsache, daß ein Bein kürzer war als das andere, seinen Oberkörper auf skurrile Weise ins Wanken brachte.

Entnervt von dem seltsamen Gehabe seines Gegenübers stellte Howard die Frage: »Wie hast du dir eigentlich die Revanche vorgestellt, Spink?«

Da hellte sich Spinks Miene auf. »Es gelten die gleichen Bedingungen wie beim letzten Mal: Pferdegespann gegen Fahrrad.«

Was führte dieser Spink im Schilde? Für Carter gab es keinen Zweifel, daß er einen hinterhältigen Plan verfolgte. Howard mußte mit dem Schlimmsten rechnen. Wie sollte er sich verhalten?

Spink drängte: »Carter, um eine Revanche kommst du nicht herum.« Er streckte die flache Hand aus: »Also, wann?«

Howard schüttelte den Kopf. »Ich könnte mir nie verzeihen, einen Krüppel wie dich in die Knie zu zwingen. Oder glaubst du ernsthaft, du könntest mich mit deinem Invaliden-Fuhrwerk besiegen? Nicht unter regulären Bedingungen!«

»Warum zögerst du dann noch?«

»Ich habe mir geschworen, mich nie mehr mit dir einzulassen. Aber da wir uns nun schon einmal begegnet sind, sollst du wissen, daß Jane Hackleton inzwischen vor Zeugen ein Geständnis abgelegt hat: Du hast dir deine angebliche Heldentat für fünf Pfund erkauft.«

»Jane Hackleton? Wer ist Jane Hackleton? – Ach du meinst die kleine Seilerstochter. Das war ein Riesenspaß. Immerhin ist es mir gelungen, für fünf Pfund in den *Daily Telegraph* zu kommen, ohne mir die Finger schmutzig zu machen.«

Carter kochte vor Wut. Er mußte an sich halten. Einen Menschen wie Spink konnte man nur verachten. Er räusperte sich und spuckte Spink vor die Füße. Dann wandte er sich um und ging.

Er hatte gehofft, die Auseinandersetzung wäre damit beendet, und nahm sich vor, um Spink in Zukunft einen großen Bogen zu machen, da hörte er erneut dessen krächzende Stimme: »He Carter, wie ist sie eigentlich im Bett, deine Lehrerin?«

Howard hielt inne. Ihm war, als hätte ihn ein Blitz getroffen. Durch seinen Kopf schossen wirre Gedanken: Sollte er weglaufen oder diesen Kerl totschlagen? Doch dann drehte er sich langsam um, ging ein paar Schritte zurück auf Spink zu und fragte drohend: »Was willst du damit sagen, Spink?«

»Ach nichts. Die Leute in Swaffham reden nur. Diese Miss Jones ist ja keine schlechte Partie, obendrein ist sie nicht häßlich, kein Wunder, daß ihr viele Männer den Hof machen. Es geht micht ja nichts an, aber bist du nicht etwas zu jung für sie?«

Carter war verwirrt. Er glaubte, sein Kopf müßte zerspringen. Niemand kannte ihr Geheimnis. Warum gerade Spink? Um seine Ratlosigkeit zu überspielen, entgegnete Howard: »Ich weiß nicht, wovon du redest. Wir sind uns zufällig hier begegnet.«

»Daß ich nicht lache! Das sieht doch ein Blinder, was mit euch los ist. In den Ruinen von Castle Acre treffen sich nur Landstreicher oder Liebespaare, jedenfalls Leute, die etwas zu verheimlichen haben. Und ihr habt in der Tat etwas zu verheimlichen, Carter. Ich kann mir nicht vorstellen, daß es in Einklang mit den Gesetzen dieses Landes steht, wenn eine Lehrerin ihren Schüler verführt.«

»Aber ich bin nicht mehr ihr Schüler!«

»Ah!« rief Spink schadenfroh. »Jetzt hast du dich verraten!«

In die Enge getrieben wie ein gehetztes Tier, ballte Howard die Fäuste und machte Anstalten, auf Spink einzuschlagen, da rief dieser: »Du wirst doch nicht gegen einen Krüppel die Fäuste erheben?« und reckte ihm provozierend seinen Kopf entgegen.

»Nein«, entgegnete Carter, »das werde ich nicht.« Er drehte sich auf der Stelle um und lief davon. Zwar hörte er noch, daß Spink ihm etwas nachrief, doch er ließ sich nicht aufhalten.

Howard fühlte sich unfähig, einen klaren Gedanken zu fassen, während er kraftvoll in die Pedale seines Velocipeds trat. Als wäre der Teufel hinter ihm her, nahm er nicht den direkten Weg in Richtung Swaffham, sondern er fuhr auf dem Peddars Way über South Acre, in der Hoffnung, auf diese Weise Spink abzuschütteln. Er war sich bewußt, daß es zur Katastrophe kommen würde, wenn sie sich noch einmal begegneten.

In der Talmulde von Bartholomew's Hills, von wo die Straße langsam, aber stetig bergauf geht, wagte Carter es zum ersten Mal, sich umzudrehen. Sein Atem kochte, Schweiß rann über seinen Rücken. Von Spink keine Spur. In seiner verwirrenden Ungewißheit kannte Howard nur den einen Gedanken: fort von hier.

In Didlington Hall nahmen die Dinge inzwischen einen unerwarteten Verlauf. Lord Amherst hatte Samuel Carter von den Plänen unterrichtet, seinen Sohn Howard auf Forschungsreise nach Ägypten zu schikken, aber eine Antwort stand bisher noch aus. Weil aber Howard nicht volljährig war, bedurfte es der Einwilligung seines Vaters.

Percy Newberry hatte zugestimmt, zumal Amherst und der *Egypt Exploration Fund* ihm ein großzügiges Gehalt versprachen. Auch Howards in Aussicht gestellte Entlohnung, fünfzig Pfund im Jahr, konnte sich sehen lassen und wurde je zur Hälfte von Seiner Lordschaft und dem *Exploration Fund* übernommen.

In einem Gespräch mit Newberry hatte Howard Carter seine Entscheidung von der Zustimmung seines Vaters abhängig gemacht. Das war natürlich gelogen, denn in Wirklichkeit hatte Howard längst beschlossen, nicht nach Ägypten zu gehen. Die Vorstellung, sich aus freien Stücken von Sarah Jones zu trennen, war einfach zu schmerzlich.

Im Gegensatz zu Howard war Newberry voller Begeisterung. Er buchte zwei Schiffspassagen auf der *Prince of Wales*, die in Southampton Richtung Port Said in See stach, und begann damit, seine Habe in zwei riesigen Überseekoffern zu verstauen.

Als fünf Tage vor dem Ablegen des Schiffes noch immer keine Antwort in Didlington Hall eingetroffen war, schickte Lord Amherst Carter nach London, um – wie er sagte – seinen Vater von der Richtigkeit seiner Pläne zu überzeugen.

Zum Schein kam Howard der Aufforderung Seiner Lordschaft nach, doch in seiner Verwirrung und Ratlosigkeit begab er sich nach Swaffham zu Sarah Jones.

Howard bemerkte sofort, daß etwas vorgefallen sein mußte, ja es schien, als habe ihn Sarah erwartet. Jedenfalls empfing sie ihn mit den Worten: »Gut, daß du kommst, Howard. Wir müssen dringend miteinander reden.«

»Ja, dringend«, erwiderte Carter, während sie nach oben, in Sarahs Wohnung stiegen. Das Wissen Spinks um ihr Verhältnis und Amhersts Brief an seinen Vater, Howard hatte ihr so viel zu erzählen; doch noch ehe er begann, kam ihm Sarah zuvor: »Howard«, meinte sie unsicher, »du weißt, wie sehr ich dich liebe.«

»Ja, Miss Jones«, antwortete Carter artig.

»Und weil ich dich so liebe«, nahm sie ihre Rede auf, »muß ich dir die Wahrheit sagen. Auch wenn ich dir damit großen Schmerz zufüge.«

Howard sah Sarah Jones mit großen Augen an. Er hatte nicht die geringste Vorstellung, worauf sie hinauswollte. »Schmerz zufügen? – Was soll das heißen, Miss Jones?«

»Du darfst mir glauben, daß das, was ich dir zu sagen habe, mir ebenso weh tut wie dir. Denn die Zeit, die wir zusammen verbracht haben, war die schönste meines Lebens. Ich möchte keine Minute missen.«

Allmählich begann Howard zu ahnen, was Sarah ihm sagen wollte, und er rief aufgeregt: »Sie sprechen in der Vergangenheit, Miss Jones, das klingt, als ob alles vorbei wäre!« Dabei nahm er wahr, wie ihre Gesichtszüge, die sonst soviel Anmut und Liebenswürdigkeit ausstrahlten, eine gewisse Härte annahmen. Selbst als sie ihm ihre Hand freundschaftlich auf die Schulter legte, entbehrte die Geste jener Zärtlichkeit und Wärme, die ihn von Anfang an für sie eingenommen hatte.

»Ich glaube«, sagte sie leise und zurückhaltend, »das Angebot von Lord Amherst ist die Chance deines Lebens. Du wirst Swaffham verlassen und eines Tages als ein berühmter Forscher zurückkehren, und an deinem Geburtshaus in der Sporle-Road wird man ein Schild anbringen: ›Hier wurde Howard Carter geboren, der große Forscher‹. Und ich werde an dem Haus vorbeigehen und ein bißchen stolz sein und ein wenig traurig ...«

»Aber ich gehe nicht nach Ägypten, Miss Jones!« unterbrach Howard Sarahs Rede.

»Du wirst!« entgegnete Sarah unnachgiebig.

»Nein! Dreimal nein!« rief Howard zornig. »Ich bleibe hier. Ich liebe Sie doch, Miss Jones!«

»Ich weiß, Howard, ich liebe dich auch. Aber Liebe währt nicht ewig – vor allem, wenn sie unter so ungünstigen Vorzeichen steht. Es wird die Zeit kommen, da werde ich mich unendlich alt fühlen, und du wirst immer noch jung sein. Es wird die Zeit kommen, da werden Falten mein Gesicht verändern, und meine Brüste, die dich heute so erregen, werden schlaff sein, und du wirst dich nach Mädchen deines Alters umblicken. Nein, Howard, wir sollten einsehen, daß die Zukunft für uns ein unbesiegbarer Feind ist.«

»Warum dieser plötzliche Sinneswandel? Was ist nur in Sie gefahren, Miss Jones? Habe ich Sie verletzt?«

Sarah Jones nahm Howards Kopf zwischen ihre Hände. Das hatte sie schon viele Male getan, und er hatte es genossen. Doch dieses Mal war alles anders. Denn was sie sagte, konnte er einfach nicht glauben: »Howard«, sagte sie leise, »ich werde Chambers heiraten. Es ist das Beste für uns alle.«

Howard wand seinen Kopf aus ihren Händen. »Nein!« rief er. »Das ist nicht wahr! Sagen Sie, daß es nicht wahr ist!«

»Doch, Howard, es ist wahr!«

»Aber Sie lieben diesen Chambers doch gar nicht!«

Sarah schüttelte den Kopf: »Heutzutage heiraten die meisten, ohne sich zu lieben. Und seltsamerweise sind diese Ehen sogar die dauerhaftesten.«

Für Howard brach eine Welt zusammen. Warum tat sie ihm das an? War er für sie nur ein Zeitvertreib gewesen? Eine willkommene Abwechslung im täglichen Einerlei?

»Was kann ich tun, um Sie umzustimmen?« flehte Howard.

»Nichts«, entgegnete Sarah knapp. »Meine Entscheidung steht fest.«

Die kühle Entschlossenheit, mit der sie ihm begegnete, schockierte Howard. Was war in sie gefahren? Das war nicht mehr seine Sarah, die Frau, die er anbetete.

Sarah hatte sich abgewandt. Sie blickte durch das Fenster nach draußen. Plötzlich drehte sie sich um. Howard hatte geglaubt, sie würde weinen. Doch er hatte sich getäuscht. Eine abweisende Härte entstellte ihr schönes Gesicht, daß er es kaum wiedererkannte. Es war weniger der Inhalt ihrer Worte, der ihn erschreckte, als dieser Gesichtsausdruck.

»Sarah?« sagte er unbeholfen, und dabei war er sich der Einzigartigkeit seiner Anrede bewußt.

Sarah hörte es, aber sie reagierte nicht.

Da wußte Howard, daß alles zu Ende war.

Verzweifelt, wütend und nicht mehr Herr seiner Sinne, kehrte Howard nach Didlington Hall zurück. Er kannte nur noch den einen Gedanken: Fort von hier, wo ihn alles, jeder Weg, jeder Baum, jedes Vogelzwitschern an Sarah Jones erinnerte. Es war Sommer, und bis vor kurzem hatten die Wiesen betörender geduftet, die Vögel schöner gezwitschert und die Sonne heller geleuchtet als je in einem Sommer zuvor. Aber mit einem Mal war diese heitere Welt entschwunden, und in seinem Innersten hatte sich tiefer Schmerz ausgebreitet. Was blieb ihm übrig? Howard mußte sich in das Unabänderliche fügen.

In Didlington Hall war inzwischen die Antwort Samuel Carters eingetroffen. Er zeigte sich von den Plänen Lord Amhersts keineswegs begeistert, wolle aber, so schrieb er, dem Glück seines Sohnes nicht im Wege stehen, so denn ein solches von einer Forschungsreise nach Ägypten zu erwarten sei.

Für Amherst gab es keinen Zweifel, daß Howard unter diesen Umständen zusagen würde. Dennoch zog er Lady Margaret hinzu, als er am nächsten Morgen den jungen Carter zu einem Gespräch in die Bibliothek bat.

»Mr. Carter, die Zeit wird knapp«, begann der Lord ohne Umschweife, »wie haben Sie sich entschieden?«

Lady Margaret, die weit weniger sicher war als ihr Gemahl und die Howards ablehnende Haltung mitbekommen hatte, fügte hinzu: »Howard, Sie sind jung, und Ihnen steht die Welt offen. Es wäre töricht, wenn Sie das Angebot ablehnten.«

Howard kam es so vor, als hätte er die Worte schon einmal gehört. Schließlich antwortete er mit wohlgesetzter Rede: »Mylady, Mylord, ich nehme Ihr Angebot an und hoffe, Sie mit meiner Arbeit nicht zu enttäuschen.«

Für Lord und Lady Amherst blieb unübersehbar, daß Howard mit seinen Gedanken abwesend war. Es schien, als berührte ihn das Geschehen wenig; dabei betraf es seine Zukunft.

»Sie sollten schleunigst mit dem Packen beginnen!« rief Lady Margaret aufgeregt, als wäre sie es, die nach Ägypten aufbräche. »Albert wird Ihnen einen Überseekoffer bereitstellen. Mr. Newberry ist bereits reisefertig. Oh, wie ich Sie beneide!«

»Das Schiff sticht übermorgen in See, Mr. Carter«, ergänzte der Lord ebenso aufgeregt. »Sie sollten morgen den Mittagszug nehmen.«

Nachdem sich Lady Margaret entfernt hatte, nahm der Lord Howard beiseite und sagte: »Ich danke Ihnen für Ihren Entschluß, Mr. Carter. Und was den Schatz betrifft, so biete ich jedem von Ihnen fünf Prozent des Wertes für den Fall, daß Sie erfolgreich sind. Aber – ich erwarte äußerste Diskretion. Die Ägypter haben Gesetze, welche die Ausfuhr von einmaligen archäologischen Funden verbieten. Aber was bedeuten schon ägyptische Gesetze! Dort kennt man nur *ein* Gesetz: Geld. Sie verstehen, was ich meine, Mr. Carter?«

Howard nickte abwesend.

»Ich bin sicher, Sie werden mich nicht enttäuschen.«

»Ganz bestimmt nicht, Mylord.«

Die plötzliche Eile kam Carter nicht ungelegen. Sie verkürzte seine Leidenszeit. Er ging auf sein Zimmer unter dem Dach, wo Albert, der Butler, ihm bereits einen Koffer bereitgestellt hatte, ein schmutzigbraunes Ungetüm, welches, wie verschiedene Aufkleber verrieten, schon weit in der Welt herumgekommen war. Als er ihn öffnete, schlug ihm ein fremder Geruch entgegen, und Howard schloß die Augen. So, dachte er, müsse es wohl in Indien riechen. Und er fragte sich, ob auch Ägypten einen eigenen Geruch verströmte.

Bisher war Ägypten ein weites, fremdes Land für Carter, ein gelber Fleck auf dem großen Globus in der Bibliothek Seiner Lordschaft. Obwohl er sich seit langem mit der Kultur dieses Landes beschäftigte, hatte er nie daran geglaubt, jemals dorthin zu reisen. Selbst sein Vater Samuel war in seinem langen Leben nicht weiter als bis nach Brighton gekommen. Kein Wunder, wenn er wenig Begeisterung zeigte, daß sein Jüngster sich anschickte, ferne Länder zu bereisen.

Die Ausmaße des Koffers waren fast zu groß für Carters bescheidenen Besitz, als Lady Margaret mit einem Bündel Kleidung erschien. Ein Forscher, meinte sie, brauche einen Tropenanzug samt Helm, Hosen aus Leinen und eine mit Filz bezogene Trinkflasche zum Anfeuchten bei großer Hitze.

Nachdem sie alles verstaut hatten, blickte sich Lady Margaret in dem leergeräumten Zimmer um. Dabei fiel ihr Blick auf die Zeichnung an der Wand. Howard hatte sie in der Eile übersehen. Jetzt nahm er sie von der Wand und zerriß sie in tausend Fetzen.

Lady Margaret beobachtete den Vorgang mit einem Schmunzeln. Schließlich sah sie Howard fragend an.

Der preßte die Lippen zusammen, als fürchtete er, etwas Falsches zu sagen. Aber dann sagte er kaum hörbar und knapp: »Vorbei.«

Um die Mittagszeit herrschte auf dem Bahnhof von Swaffham für gewöhnlich große Leere. Meist lag das dunkle Backsteingebäude verlassen, und nicht einmal der Wartesaal, von dessen Wänden der Putz abblätterte und der in den Morgen- und Abendstunden den Färbereiarbeitern und Landstreichern Unterschlupf bot, fand Zuspruch.

Doch an diesem Tag war alles anders. Die Zeiger der Bahnhofsuhr zeigten auf 11 Uhr 40, und Mr. Killroy, Bahnhofsvorsteher, Kartenverkäufer, Weichensteller und Kondukteur in einer Person, rückte die Schulterstücke seiner blauen Uniform zurecht und klemmte die rote Kelle unter den Arm, um den Mittagszug abzufertigen, der jeden Augenblick eintreffen mußte.

Ein Blick aus dem vergitterten Fenster seines Amtsraumes ließ ihn staunen über den Andrang, der auf dem Bahnsteig herrschte und der seiner Bedeutung als leitender Beamter der *Great Eastern* Flügel verlieh.

Es hatte zu regnen begonnen, nicht heftig, aber ein Zeichen dafür, daß der Sommer sich langsam dem Ende zuneigte.

Zur Verabschiedung der Forschungsreisenden Newberry und Carter hatten sich Lord und Lady Amherst, die Tochter Alicia und mehr als ein halbes Dutzend Bedienstete aus Didlington Hall eingefunden. Percy Newberrys Eltern waren erschienen und seine halbe Verwandtschaft. Und natürlich ließen es sich Howards Tanten Fanny und Kate nicht nehmen, ihren Jungen mit guten Ratschlägen und kleinen Tränen zu verabschieden. Bisweilen schien es, als küßte jeder jeden, obwohl sich doch eigentlich nur zwei in die Fremde begaben.

Howard kämpfte mit zwiespältigen Gefühlen. Für ihn war es ein Abschied von der Jugend, er war mit einem Mal erwachsen und für sich selbst verantwortlich. Hatte er, der Einzelgänger, sich das nicht immer gewünscht? Wollte er nicht immer frei sein und Herr seiner selbst? Gleichzeitig überkam ihn die bange Erwartung, ob er, der Siebzehnjährige, der gestellten Aufgabe gerecht werden würde? Er, Howard Carter, Hilfszeichner aus Swaffham?

Überlagert wurden alle seine Gefühle von dem Schmerz, den Sarah Jones in seinem Innersten entfacht hatte. Er fühlte sich niedergeschlagen und kraftlos und zweifelte, ob er jemals wieder zu seiner alten Stärke zurückfinden würde. Die anfängliche Wut und Trauer waren einer großen Leere gewichen, und in seinem Gehirn hämmerte, sich ständig wiederholend, die Frage: Warum? Warum? Warum? Wahrscheinlich, dachte er, würde er nie begreifen, warum Sarah ihre Liebe der Vernunft geopfert hatte.

Von Osten, wo die Geleise die Station Street kreuzten, ertönte ein schriller Signalton, und zischend und fauchend näherte sich die Dampfeisenbahn. Obwohl die kleine, stampfende Lokomotive mit ihrem hochragenden Schlot nur drei Waggons zog, wurde der Bremsvorgang zu einem ohrenbetäubenden Kraftakt. Die Bremsen kreischten, quietschten und schnarrten wie eine Herde wilder Tiere, und als der Zug endlich zum Stillstand gekommen war, hüllte sich die Lokomotive wie ein Magier in eine weiße Dampfwolke. Mr. Killroy trat auf den Bahnsteig und rief zweimal hintereinander: »Swaffham! Swaffham!«, was jedoch keiner verstand außer jenen, die den Ort ohnehin kannten.

Die große Bahnhofsuhr zeigte 11 Uhr 45, und Mr. Killroy mahnte zur Eile: »Bitte einsteigen, Türen schließen, der Zug fährt ab!«

Die Bediensteten wuchteten die Gepäckstücke von Carter und Newberry auf die Plattform des mittleren Waggons, und die beiden Reisenden nahmen ihre Fensterplätze ein.

»Glückauf und viel Erfolg!« rief Lord Amherst seinen Forschungsreisenden durch die herabgelassenen Fenster zu.

Da erschallte Mr. Killroys Stimme: »Zurücktreten. Der Zug fährt ab.«

In diesem Augenblick erkannte Carter abseits der Menge unter dem Vordach des Bahnhofsgebäudes Sarah Jones. Sie trug jenes grüne Kostüm, das er so liebte, und winkte ihm zaghaft zu. Die kleine Geste traf Howard mit Wucht, und ohne einen Gedanken zu verschwenden, stürmte er aus dem Abteil, sprang von der Plattform auf den Bahnsteig und lief Sarah mit ausgestreckten Armen entgegen.

Mr. Killroy bediente sich seiner Trillerpfeife und hob die rote Kelle zum Zeichen der Abfahrt. Von der Lokomotive ertönte ein kurzer Pfiff.

Zur selben Zeit fielen sich Howard und Sarah in die Arme. Sie küßten sich heftig, während dicke Regentropfen in ihre Gesichter klatschten.

»Sarah«, hauchte Howard atemlos, »ich wünsche dir alles Glück der Erde. Werde glücklich!« Die letzten Worte gingen beinahe unter, weil Tränen seine Stimme erstickten, aber Sarah verstand sie.

Und während sie, wie sie es oft getan hatte, Howards Kopf zwischen beide Hände nahm und sein Gesicht mit Küssen bedeckte, rang sie nach Luft. Dabei flüsterte sie: »Ich liebe dich, Howard, ich liebe dich mehr als alles auf der Welt. Die Zeit wird kommen, da du das alles begreifen wirst. Behalte mich in guter Erinnerung.«

Mit Getöse setzte sich der Zug in Bewegung. Die Zurückbleibenden, vor allem Fanny und Kate, riefen aufgeregt durcheinander und mahnten Carter zur Eile. Da riß sich Howard los, ja, er empfand den Augenblick, als würde sein Innerstes in zwei Teile zerrissen. Mit einer raschen Bewegung steckte Sarah ihm ein schmales, handtellergroßes Päckchen in die Jackentasche.

»Leb wohl!« rief er mit ausgestrecktem Arm, während er mit dem anderen gerade noch die Türe des Waggons zu fassen bekam. Howard gebrauchte den Ärmel, um sich Regen und Tränen aus dem Gesicht zu wischen. Er hatte kein Auge für die übrige Gesellschaft, die Tücher schwenkend auf dem Bahnsteig zurückblieb. Howard sah nur den grünen Fleck, der langsam kleiner wurde, bis er schließlich in seinen Tränen zerrann.

Carters heftiger Abschied von Miss Jones ließ die Menschen auf dem Bahnsteig verwirrt zurück. Fanny und Kate murmelten Unverständliches. Unwillig schüttelten sie die Köpfe und warfen Miss Jones, die noch immer regungslos dastand, mißtrauische Blick zu. Auch Lord Amherst schien überrascht. Doch seine Verwunderung legte sich schnell, weil seine Gedanken von der Idee gefangen waren, einen Jahrtausendschatz zu entdecken.

Allmählich zerstreute sich die Gesellschaft. Nur Sarah Jones blickte noch immer in die Richtung, wo der Zug in der Ferne verschwunden war. Der Regen hatte ihre Kleidung bis auf die Haut durchnäßt; doch Sarah schenkte dem keine Beachtung. Die äußeren Umstände entsprachen dem Zustand ihrer Seele.

Sarah wußte nicht, wie ihr geschah, als der Regen plötzlich abbrach. Sie wandte sich um. Vor ihr stand Lady Margaret und hielt ihren Schirm schützend über sie.

»Ich kann nachfühlen, wie Ihnen zumute ist«, sagte die Lady teilnahmsvoll.

Miss Jones zog ein Spitzentaschentuch hervor und versuchte ihr Gesicht zu trocknen. Dabei gab sie sich den Anschein großer Gefaßtheit. Als ihr jedoch Lady Margaret das Tuch aus der Hand nahm, um Sarahs Tränen zu trocknen, brach sie in Schluchzen aus, und sie rief leise: »Ich habe ihn wirklich geliebt!«

Lady Margaret legte einen Arm um Sarahs Schulter und drängte sie behutsam zum Ausgang. »Ich verstehe Sie ja, Miss Jones«, sagte sie mit gedämpfter Stimme, »aber glauben Sie mir, so ist es für alle das Beste.«

Die Zeiger der Bahnhofsuhr zeigten 11 Uhr 54. Auf dem Bahnhof kehrte wieder Ruhe ein. Mr. Killroy zog sich in seine Amtsstube zurück.

Zweites Buch

Kapitel 13

Über dem Niltal hing eine undurchsichtige, graugelbe Glocke aus feinem Sandstaub und stickiger Luft. Man konnte die Sonne nur ahnen, wenn sie frühmorgens und gegen Abend helle Schwaden in das triste Einerlei zeichnete.

Es war heiß, so heiß, daß selbst alte Fellachen, die ihre Köpfe in Tücher hüllten und nur einen schmalen Sehschlitz freiließen, sich nicht an solche Temperaturen erinnern konnten. In dem halbkreisförmigen Talkessel von Tell el-Amarna, halbwegs zwischen Luxor und Kairo gelegen, wo der Nil am Rande eines Gebirges einen langgestreckten Bogen beschreibt und an seinem Ufer ein frisches Wadi gedeihen läßt, lag heller Pulversand in der Luft. Es roch nach Staub und glühenden Steinen. Man wagte kaum zu atmen.

Howard Carter hatte sich bis auf eine zerschlissene Hose, deren Beine an den Knieen ausgefranst waren, seiner Kleider entledigt, und seine dunklen Haare trugen ein übriges dazu bei, daß man ihn kaum von den Einheimischen Grabungsarbeitern unterscheiden konnte. Hinzu kam, daß er in dem halben Jahr seit seiner Ankunft in Ägypten erstaunlich schnell Arabisch gelernt hatte, jedenfalls so viel, um sich mit den Fellachen, die sie als Grabungsarbeiter angeworben hatten, verständigen zu können. Das verschaffte ihm gegenüber den zahlreichen anderen Ausgräbern, die das Niltal zwischen Giseh und Assuan bevölkerten und die sich nur mit Hilfe eines Dragoman, eines Dolmetschers, verständigen konnten, eine besondere Stellung und gewisse Beliebtheit.

Das Ausgräberdasein hatte sich Carter ganz anders vorgestellt. Weniger anstrengend und etwas komfortabler, vor allem von mehr Erfolg gekrönt.

Die Arbeit begann frühmorgens bei Sonnenaufgang, wenn die Hitze noch erträglich war, und endete gegen Mittag. Carter blieb es nicht erspart, selbst zu Schaufel und Hacke zu greifen. Daneben kam er in den Nachmittags- und Abendstunden seiner Aufgabe als Zeichner nach. Mit Wehmut dachte er an die Zeit in Didlington Hall zurück, wo er nicht halb soviel gefordert gewesen war. Als Komfort betrachtete es Howard schon, daß er nicht mehr wie zu Beginn der Arbeit auf dem Steinboden eines Felsengrabes nächtigen mußte, aufgeschreckt von Fledermäusen, Mungos und Skorpionen. Seit kurzem teilte sich Howard mit Newberry einen Raum im Hause von Flinders Petrie und seiner Frau Hilda, einem ebenerdigen Gebäude aus getrockneten Nilschlammziegeln. Ein starker Regenguß oder der Versuch, einen Nagel in die Wand zu schlagen, hätte genügt, das Gebäude zum Einsturz zu bringen.

Was den Erfolg seiner Arbeit betraf, so war der in den ersten drei Tagen nach seiner Ankunft in Amarna am größten gewesen. Obwohl Flinders Petrie, der alte Fuchs, Carter eine Parzelle zugewiesen hatte, die von seinen Leuten längst durchsucht worden war, zog Howard noch ein halbes Dutzend Bruchstücke von Statuen aus dem Sand. Doch bald darauf schien seine Erfolgssträhne wie abgerissen. Wochenlang kein einziger Fund, für den es sich gelohnt hätte, Lord Amherst zu benachrichtigen.

Howards Laune war auf dem Nullpunkt. Und auch Newberry, der bereits Erfahrung hatte als Ausgräber und wußte, daß jeder Fund ein Glücksfall war, vermochte Carter nicht aufzuheitern. Carter redete kaum noch, und wenn gab er nur Bosheiten oder Gemeinheiten von sich. Wüstenkoller nannten die Ausgräber diese Erscheinung, eine Art Krankheit, die sich mit ziemlicher Regelmäßigkeit nach einem halben Jahr Aufenthalt einstellte.

So wunderte sich Percy Newberry auch nicht, als Howard Carter eines Tages kurz vor der Mittagspause in einiger Entfernung mit seinem Spaten auf das brüchige Erdreich einschlug und dabei wütende Schimpflaute ausstieß.

»He, bist du verrückt geworden!« rief Newberry Howard zu; aber als der nicht nachließ, rannte er zu ihm hinüber. »Was ist los, Howard?«

Carter schien wie von Sinnen und hackte, ohne Newberry zu beachten, weiter in den Boden.

Da trat Newberry auf Carter zu, um ihm die Schaufel zu entreißen, als er vor sich vier oder fünf Königskobras sah – die genaue Anzahl konnte er nicht erkennen. Einige hatte Carter bereits mit dem Spaten zerteilt, zwei andere standen senkrecht mit geblähten Hälsen und drohten jeden Augenblick zuzustoßen.

Unsicher, wie er sich in dieser Situation verhalten sollte, wich Newberry einen Schritt zurück und tat instinktiv das Richtige: Er griff in den Sand und schleuderte eine Handvoll gegen die gefährlichen Biester.

Howard stieß einen Schrei aus. Mit dem Mut der Verzweiflung zerteilte er zuerst die eine, dann die andere Schlange, die gerade im Begriff waren, die Flucht anzutreten. Während die einzelnen Schlangenhälften im Todeskampf den Sand aufpeitschten, trat Newberry von hinten an Carter heran und zog ihn behutsam aus dem Gefahrenfeld.

»Da hast du noch mal Glück gehabt«, meinte er, nachdem er Carter in Sicherheit gebracht hatte.

Aber der gab keine Antwort. Er tat ein paar Schritte, dann sackte er bewußtlos zusammen.

»Wasser!« brüllte Newberry die Arbeiter an, die den Vorgang aus der Entfernung beobachtet hatten. »*Kullah!*« wiederholte er, als er merkte, daß die Fellachen ihn nicht verstanden hatten.

Zwei Männer eilten zum Grabungshaus und schleppten einen Kullah genannten Tonkrug mit Wasser herbei. Ohne zu zögern, goß Newberry den Inhalt über Carters Kopf aus, bis dieser prustend und spukkend zu sich kam.

Howards Versuch, sich zu erheben, mißlang, er knickte ein, und Percy Newberry konnte ihn gerade nocht auffangen und verhindern, daß er mit dem Kopf auf dem Boden aufschlug.

»Bringt ihn zum Grabungshaus!« bedeutete Newberry den Arbeitern.

Die beiden Männer hoben Carter hoch, legten seine Arme über ihre Schultern und schleppten ihn so zum Haus der Ausgräber.

Inzwischen hatte auch Flinders Petrie, der mit einer vielköpfigen

Mannschaft weiter nördlich damit beschäftigt war, den Palast von Amarna auszugraben, von dem Unglück erfahren.

»Es sieht nicht gut aus«, bemerkte Newberry, als Petrie eintraf, »er ist bei Bewußtsein, aber er macht einen verwirrten Eindruck.«

Petrie trat in den düsteren Raum, der nur von einem runden Guckloch unter dem Dach erhellt wurde. Carter lag regungslos auf dem Rücken. Seine Augen starrten zur Decke.

»Carter, können Sie mich hören?« rief Petrie mit lauter Stimme.

Howard nickte zaghaft.

»Was ist passiert, Carter?« Petrie trat näher.

Howard gab keine Antwort. Es schien, als formulierte er mit den Lippen eine Rede.

»Erkennen Sie mich, Carter? Nennen Sie meinen Namen!«

Der Junge auf der Holzpritsche nickte abermals, doch er fand keine Antwort.

Hilda, eine Frau von herber Schönheit und energischem Charakter, steckte den Kopf durch den türlosen Rahmen und erkundigte sich, was geschehen sei. Sie trug wie immer an den Hüften ausladende Reithosen, die manches Rätsel aufgaben, und einen Tropenhelm.

»Ein Hitzschlag vermutlich«, erwiderte Petrie, und Newberry ergänzte: »Howard kämpfte mit mehreren Kobras gleichzeitig. Dann brach er plötzlich zusammen.« Mit einem Taschentuch fächelte er Carter Luft zu.

»Hat jemand von euch schon einmal daran gedacht, daß Howard von einer Kobra gebissen worden sein könnte?«

Die beiden Männer wandten sich Hilda zu.

»Nein«, meinte Newberry, »ich sah nur, wie er mit seinem Spaten auf die Biester einschlug.«

Mrs. Petrie zischte etwas wie »Dummköpfe«, kniete sich neben Howards Pritsche und begann seinen starren Körper näher zu betrachten. »Hier!« sagte sie plötzlich und deutete auf eine kleine rötliche Pustel an Carters linker Wade.

»Um Himmels willen, was sollen wir tun?« flüsterte Petrie. »Einer von den Arbeitern soll nach el-Hadsch Kandil laufen und den Doktor verständigen!«

»Dummköpfe!« wiederholte Hilda, diesmal deutlich verständlich.

Und an Flinders gewandt: »Schaff mir ein Glas und einen Krug Wasser herbei.« Dann sprang sie auf und verschwand.

Nach wenigen Sekunden kehrte sie mit einem blitzenden Messer und einem Handtuch aus ihrer Küche zurück. »Percy, Sie halten seine Beine.« Und als Flinders mit dem Wasser zurückkehrte: »Und du hältst seinen Oberkörper fest. Verstanden?«

Ohne zu zögern, kniete Hilda nieder, packte Carters linkes Bein mit festem Griff und zog mit dem Messer einen Längsschnitt durch die gerötete Pustel.

Sofort quoll dunkles Blut hervor, und Mrs. Petrie half nach, indem sie noch mehr Blut aus der Wunde quetschte. Das Handtuch, mit dem sie das Blut wegwischte, färbte sich rot. Als der Blutfluß zu versiegen drohte, beugte sie sich über Carters Bein und saugte die Wunde aus. Hastig sprang sie auf und lief nach draußen, um auszuspucken. Dann nahm sie ein paar kräftige Schluck Wasser und spuckte wieder aus. Das Ganze wiederholte sie zweimal.

Erwartungsvoll standen Petrie, seine Frau Hilda und Newberry um Carter herum.

»Ich hoffe, meine Hilfe kam nicht zu spät«, bemerkte Hilda mit gedämpfter Stimme und wischte sich mit dem Handtuch das Blut von den Lippen.

Petrie reichte ihr erneut das Wasserglas zum Nachspülen und meinte: »Das war nicht ungefährlich, was du getan hast.«

Da wurde Hilda heftig: »Sollte ich Carter krepieren lassen?«

Howard, der bis dahin regungslos dagelegen hatte, zuckte zusammen.

»Er kommt zu sich!« rief Newberry aufgeregt.

In starrer Haltung und ohne einen Schlag seiner Lider begann Howard Carter langsam, stockend und ohne Betonung, aber deutlich vernehmbar zu sprechen: »Dein Aufleuchten ist schön am Rande des Himmels, du lebender Aton, der zuerst lebte. – Du erfüllst jedes Land mit deiner Schönheit, wenn du dich erhebst am östlichen Rande des Himmels. Denn du bist schön, groß und funkelnd, du bist hoch über der Erde. – Deine Strahlen umarmen die Länder, ja alles, was du geschaffen hast ...«

Als stünde sein Körper unter einer gewaltigen Spannung, bäumte

Carter sich kurz auf, dann sank er langsam und zitternd in sich zusammen.

Hilda sah ihren Mann fragend an: »Weißt du, was seine Worte bedeuten?«

Petrie nickte. »Es ist die Sonnenhymne des Pharaos Echnaton.«

»Sir, wenn ich mir die Bemerkung erlauben darf« – Newberry stockte –, »von dieser Hymne sind nur Bruchstücke bekannt, zum Teil nur einzelne Wörter ohne Zusammenhang.«

»Eben«, erwiderte Petrie und wischte sich mit der Hand den Schweiß von der Stirn, »ich begreife das auch nicht.«

»Ist er tot?« fragte Hilda zögernd.

Newberry faßte Carters Handgelenk und fühlte seinen Puls. »Sein Herz schlägt langsam, extrem langsam, aber es schlägt!«

Nach einer bangen Stunde traf endlich Doktor Ghazal aus dem Nachbardorf ein. »Der Esel«, entschuldigte er sich, als ihm Petries vorwurfsvoller Blick begegnete, »er blieb auf halbem Wege einfach stehen. Ich mußte ihn halb totprügeln, bis er sich zum Weiterlaufen bequemte.« Und nachdem er Carters Puls gefühlt hatte: »Er wird es überleben. Wann, sagten Sie, wurde er von der Kobra gebissen?«

»Ich sagte gar nichts«, erwiderte Petrie unwillig, »aber der Biß erfolgte vor etwa zwei Stunden. Meine Frau hat die Wunde ausgesaugt.«

»Sie ist eben nach draußen gegangen.«

Doktor Ghazal, einem Eingeborenen mit einer Drahtbrille, olivfarbener Haut und grauem Kraushaar, ging der Ruf voraus, die Schulmedizin, die er in London und Berlin studiert hatte, zu verachten. Statt dessen wußte er für jede Krankheit ein Kräutlein, und er war mit dieser Methode durchaus erfolgreich.

Nachdem er Carters Augenlider hochgezogen und seine Pupillen eingehend begutachtet hatte, fingerte er eine kleine Phiole mit braungelbem Inhalt aus seiner Ledertasche. Energisch öffnete er Howards Mund, indem er Zeige- und Mittelfinger seiner linken Hand hineinschob und Carters Zunge herauszog. Mit der Rechten träufelte er den Inhalt des Glasröhrchens auf seine Zunge. Dann preßte er das Kinn gegen den Oberkiefer und wartete vergeblich auf eine Reaktion seines Patienten. Danach legte er einen Verband um die Wade.

»Er hat phantasiert«, bemerkte Petrie, während er wie der Doktor auf Carters Gesicht starrte.

»Das ist typisch in so einem Fall«, antwortete Ghazal.

Zögernd fragte Flinders Petrie nach: »Würden Sie es auch als typisch bezeichnen, wenn der Patient Dinge von sich gibt, die er gar nicht wissen kann?«

Doktor Ghazal rückte seine Drahtbrille zurecht und blickte Petrie von der Seite an. Ohne zu antworten, holte er einen Schreibblock aus der Tasche und begann etwas aufzuschreiben.

Petrie wurde neugierig, und Newberry blickte ihm nicht weniger aufmerksam über die Schulter.

Schließlich riß der Doktor einen Zettel ab und reichte ihn Petrie. In der Ansicht, Ghazal habe ihm, aus welchen Gründen auch immer, seine ungewöhnliche Frage schriftlich beantwortet, las Petrie gierig: »To regain one's health – jemanden gesund gemacht. 50 Piasters oder 10 English Shillings.«

Petrie verschwand sprachlos in sein Arbeitszimmer, wo er ein Regal beiseite rückte, unter dem ein Eisendeckel mit einem Schloß zum Vorschein kam. In den gestampften Boden eingelassen war eine Art Tresor, in dem der Ausgräber die Löhne für die Arbeiter aufbewahrte. Petrie entnahm 50 Piaster und rückte das Regal wieder an seinen alten Platz.

Als er den Doktor mit dem Geldschein entlohnte, drehte Ghazal diesen angewidert um und fragte: »Sir, Sie sind Engländer, und der Patient ist ebenfalls englischer Herkunft. Können Sie mich nicht in englischer Währung bezahlen? Sie wissen doch, die ägyptischen Lappen sind kaum etwas wert.«

»Nein«, log Petrie, dem das Problem durchaus bekannt war. »Sind Sie sicher, daß Sie den Patienten geheilt haben?«

Ghazal blickte beleidigt über den Rand seiner Brille. »Damit habe ich schon Tote ins Leben zurückgeholt. In spätestens einer Stunde springt der junge Mann wieder über jeden Stein.« Als der Doktor Petries ungläubiges Gesicht sah, fuhr er fort: »Ein Geheimmittel aus eigener Herstellung. Ich gewinne es aus Pferdeblut.«

»Aus Pferdeblut?«

Der eigenwillige Doktor nickte. »Ich habe da einen Gaul, der ist beinahe zwanzig Jahre alt. Ihm würden zehn Kobra-Bisse auf einmal nichts ausmachen. Und wissen Sie, warum? – Er ist immun gegen das Gift. Seit seinem fünften Lebensjahr habe ich dem Gaul das Schlangengift in winzigen Dosen gespritzt. Und das Pferd reagierte, indem es in seinem Blut ein Gegengift bildete. Inzwischen ist das Gegengift so stark, daß es in winziger Dosierung auf den Menschen wirkt. Übrigens, was meinten Sie, als Sie sagten, der Patient habe Dinge von sich gegeben, die er gar nicht wissen kann?«

Petrie warf Newberry einen fragenden Blick zu, ob er sich dem Doktor wirklich anvertrauen solle, dann erklärte er umständlich: »Nun ja, ich würde es ja nicht glauben, hätte ich es nicht mit eigenen Ohren gehört. In seinen Phantasien begann Carter plötzlich die Sonnenhymne des Pharaos Echnaton zu deklamieren.«

»Fieberphantasien sind nicht ungewöhnlich bei Schlangenbissen, Sir. Das Gift verursacht Bewußtseinsstörungen.«

»Das mag schon sein, Doktor. Nur, Carter redete zusammenhängende Sätze eines Textes, von dem wir bisher nur Hieroglyphenbruchstücke gefunden haben. Und der Junge beherrscht die Hieroglyphen nicht einmal.«

»Das ist in der Tat merkwürdig!« Doktor Ghazal hob die Schultern. »Inschallah – wenn es Gott gefällt. Sie sollten ihn auf jeden Fall danach fragen, wenn er wieder zu sich kommt.«

Der Doktor bestieg seinen Esel und trabte flußwärts nach Hause.

»Ein merkwürdiger Mensch«, bemerkte Percy Newberry, als sie in den düsteren Raum zurückkehrten.

Petrie wollte Newberry beipflichten, da bemerkte er, daß Leben in Carters Glieder zurückkehrte. »Sehen Sie nur«, sagte er erstaunt.

Carter erhob sich, er verzog das Gesicht, und mit trockener Stimme krächzte er: »In mir brennt es wie Feuer. Kann ich ein Glas Wasser haben?«

Newberry verschwand und kehrte mit einem Glas zurück.

Carter kippte den Inhalt mit einem Zug hinunter. »Was ist passiert«, fragte er und deutete auf den Verband an seinem linken Bein.

Petrie machte ein ernstes Gesicht: »Ich glaube, Carter, meine Frau hat Ihnen das Leben gerettet. Sie wurden von einer Kobra gebissen. Hilda hat die Bißwunde ausgesaugt. Der Arzt gab Ihnen ein Gegengift.«

»Ach«, erwiderte Howard Carter ungläubig. »Ich dachte, ich hätte geträumt. Ich befand mich plötzlich am Hofe Echnatons und Nofretetes, in einem Palast mit tausend Zimmern, umgeben von Teichen, in denen Enten schwammen. Es gab Bassins mit blühenden Lotusblumen. Über allem spannte sich ein tiefblauer Himmel, und die Sonne verbreitete angenehme Wärme. Wie schade, daß ich plötzlich erwachte.«

Petrie und Newberry warfen sich vielsagende Blicke zu, aber keiner wagte eine Frage zu stellen.

Inzwischen war Petries Frau mit einem Korb zurückgekehrt und machte sich in der Küche zu schaffen. Während der Archäologe zu seinem Grabungsfeld zurückging, blieb Newberry bei Carter.

»Mir ist schwindelig«, meinte dieser und ließ sich wieder auf seiner Pritsche nieder. »Es kommt mir vor, als würde alles vor meinen Augen zerfließen.«

Newberry nickte verständnisvoll. »Howard, ich glaube, du bist heute dem Tod von der Schippe gesprungen. Petries Frau hat sich großartig verhalten. Der Alte und ich waren starr vor Schreck, als sie dir mit dem Küchenmesser ins Bein schnitt und die Wunde aussaugte. Ich weiß nicht, ob wir noch miteinander plaudern könnten, wenn sie das nicht getan hätte.«

»Ich mag sie trotzdem nicht besonders«, erwiderte Carter, »auch wenn sie mir das Leben gerettet hat.«

»Niemand mag sie, Howard, jedenfalls habe ich noch niemanden getroffen, der gute Worte für sie fand. Aber das schmälert nicht ihre Leistung. Manche Frauen verbergen unter einer harten Schale einen weichen Kern.«

»Sie behandelt mich von oben herab, als wäre ich ein kleiner Junge. Außerdem habe ich gehört, wie sie mich bei Petrie anschwärzte, weil ich mich über das Essen beklagt habe. ›Seiner Lordschaft‹, geiferte sie, könne man nichts recht machen. Ich solle erst einmal etwas leisten.«

»Aber du kennst sie doch«, versuchte Newberry Carter zu beschwichtigen, »sie meint das nicht so.«

Ohne Newberry anzusehen, sagte Carter: »Percy, du brauchst mich nicht zu trösten. Sei ehrlich, was haben wir bisher schon gefunden? Ein paar Figuren ohne Kopf und sackweise Scherben. Und das in einem halben Jahr. Es würde mich nicht wundern, wenn Amherst uns eines Tages nach England zurückbeorderte und sagte, danke, Jungs, das war's.«

»Unsinn!« erwiderte Newberry. »Archäologie besteht zu zehn Prozent aus Wissen und Können, zu neunzig Prozent aus Zufall und Glück. Das weiß auch Amherst.«

»Aber Amherst hat uns nicht als Archäologen hierher geschickt, sondern als Schatzsucher. Hast du das vergessen?«

»Natürlich nicht. Aber gerade deshalb muß er Verständnis aufbringen, daß wir nicht schon nach einem halben Jahr *den* großen Fund gemacht haben.«

Howard dachte lange nach, schließlich sagte er: »Percy, sei ehrlich, glaubst du, daß wir hier in Amarna den großen Schatz finden werden, auf den Amherst hofft?«

Die Luft in dem düsteren Raum war so stickig, daß man kaum atmen konnte. Percy Newberry preßte ein Taschentuch vor den Mund und holte Luft. Dann antwortete er: »Meine Hoffnungen schwinden von Woche zu Woche. Anfangs war ich mir sicher, daß, wenn überhaupt noch ein bedeutender Schatz zu finden sei, er hier vergraben sein müsse. Amarna hat eine riesige Ausdehnung und war für kurze Zeit die Hauptstadt des Neuen Reiches. Hinzu kommt, daß seit hundert Jahren überall in Ägypten gegraben wurde, nur hier nicht. Aber obwohl wir die letzten Monate nicht auf der faulen Haut gelegen haben, ist das Ergebnis mehr als dürftig.«

»Warum, Percy, ich frage dich, warum?«

Newberry schüttelte den Kopf. »Wenn ich das wüßte, könnten wir uns danach richten. Es mag viele Gründe geben: Amarna wurde von einem Revolutionär gegründet, dessen Herrschaft nur von kurzer Dauer war. Vermutlich wurde die Stadt nach Echnatons Tod geplündert. Die Häuser waren aus Nilschlammziegeln gebaut und zerfielen schnell. Nur der Königspalast war aus Sand- und Kalkstein. Aber den hat sich ja Flinders Petrie für seine Grabungen vorbehalten. Der alte Fuchs weiß ganz genau: Wenn hier überhaupt etwas zu holen ist, dann in den Ruinen des Palastes.«

»Und uns läßt er im Nilschlamm-Dreck herumwühlen!«

»So ist es.« Newberry nickte resigniert und reichte Howard ein

Glas Wasser. »Du mußt jetzt möglichst viel trinken. Ich werde Mrs. Petrie bitten, dir einen starken Kaffee zu kochen.« Mit diesen Worten verschwand er.

Während Howard zur Decke starrte, die aus dürren Holzbalken und Schilfrohr bestand, ging ihm durch den Kopf, ob es nicht besser gewesen wäre, wenn Mrs. Petrie ihre medizinische Kunst nicht zur Anwendung gebracht hätte. Seine anfängliche Euphorie, in einem fernen Land nach Schätzen zu graben, war verflogen. Seit einem halben Jahr lebte er ein elendes Maulwurfsdasein. Dreck, Staub und Hitze waren das tägliche Einerlei. Sein Traum, eine große Entdeckung zu machen, hatte sich nicht erfüllt.

Carter setzte sich auf und zog unter seiner Pritsche den Koffer hervor, in dem er noch immer alle Kleider aufbewahrte. Obenauf lag ein Päckchen. Sarah Jones hatte es ihm beim Abschied in Swaffham in die Tasche gesteckt. Howard hatte so getan, als bemerkte er Sarahs Heimlichkeit nicht, aber im Zug hatte er sich sofort darüber hergemacht und Sarahs gerahmte Photographie entdeckt.

Die Photographie war sein kostbarster Besitz, aber keinesfalls dazu geeignet, sich Sarah aus dem Kopf zu schlagen. Manchmal, wenn er sich unbeobachtet fühlte wie jetzt, zog er sie hervor und ließ seinen Erinnerungen freien Lauf. Sicher hatte sie längst diesen Chambers geheiratet. Vielleicht blickte auch sie mit Wehmut auf ihre gemeinsame Zeit zurück.

Als er Schritte hörte, ließ Carter das Bild in seinem Koffer und diesen unter der Pritsche verschwinden. Newberry brachte Kaffee in einem Kupferkännchen. Er roch angebrannt, wie es sich für ägyptischen Kaffee gehört, und trug eine Schaumkrone.

»Der wird dich wieder ins Leben zurückbringen«, meinte Newberry, während er das schwarze Gebräu in ein dickes Zahnputzglas kippte.

Howard schlürfte den Kaffee. Er tat ihm gut.

Es dämmerte schon, als Mrs. Petrie mit ihrem Küchengong zum Dinner rief. Der Gong bestand aus dem Deckel eines Marmeladeneimers und war mit zwei Schnüren am Türrahmen zur Küche aufgehängt.

Seit über einer Stunde hatte ein scharfer, nicht unangenehmer Geruch das Grabungshaus durchzogen. Gerüche dieser Art waren eine

Seltenheit, denn Mrs. Petries Kochkünste waren gefürchtet zwischen Kairo und Luxor. Nur Flinders lobte ihre Fähigkeiten. Der Gedanke, daß sein Magengeschwür von Hildas Kochkunst verursacht worden sein könnte, war ihm noch nicht gekommen.

Die Ursache der köstlichen Düfte an diesem Abend lag in einer Art Gulasch begründet, welches Mrs. Petrie in großen Stücken wie Ochsenschwanz und mit einer scharfen, roten Sauce servierte. Howard fand während des Essens, an dem neben Flinders und Hilda Petrie auch Percy Newberry teilnahm, Gelegenheit, sich bei Mrs. Petrie für ihren Einsatz zu bedanken.

Schließlich brachte Flinders Petrie die Rede auf Carters seltsame Phantasien während seiner Bewußtlosigkeit, und er stellte die Frage, ob ihm davon irgend etwas im Gedächtnis geblieben sei.

Howard beteuerte, er habe zwar traumartige Bilder in der Erinnerung, doch könne er sich nicht vorstellen, im Traum geredet zu haben.

Percy Newberry lobte das Essen und fragte Mrs. Petrie, welche Köstlichkeit sie da auf den Tisch gebracht habe.

»Ich bin sicher, Sie erraten es nicht«, schmunzelte Mrs. Petrie, »ich habe mir die getöteten Schlangen geholt, damit die Biester wenigstens für etwas gut sind. Es ist noch mehr da!«

Newberry schluckte.

Carter rannte ins Freie und übergab sich.

Die nächsten drei Tage verweigerte er jede Nahrung.

Während Percy Newberry und Howard Carter als Schatzsucher erfolglos blieben, während ihr Durchhaltevermögen von Tag zu Tag, von Woche zu Woche, von Monat zu Monat abnahm und beide sich ernsthaft mit dem Gedanken trugen, ihre Arbeiten einzustellen, setzte Flinders Petrie aus einzelnen Fundstücken die ägyptische Vergangenheit zusammen.

Tell el-Amarna war zu jener Zeit noch Wüste – nicht nur was seine Bodenbeschaffenheit betraf, auch die historische Bedeutung der Gegend lag verschüttet unter Sand und Gestein. Bruchstücke von Kalkstein und beschriebene Tonscherben, vor allem aber die steinernen Grenzpfähle, welche die Grenzen der Stadt markierten, legten die Vermutung nahe, daß hier mehr als 1360 Jahre vor der Zeitenwende ein Pharao namens Echnaton mit seiner Königin Nofretete Hof hielt.

Carter verfolgte Petrie auf Schritt und Tritt. Er war fasziniert vom Wissen dieses Mannes, aber beinahe noch mehr bewunderte er Petries Vorstellungsvermögen, die Art und Weise, wie er aus einem scheinbar wertlosen Tonscherben, den die Arbeiter aus dem Sand bargen, beeindruckende Schlüsse zog.

Eines Nachts, er konnte wegen der drückenden Hitze keinen Schlaf finden, schlich Howard aus dem Grabungshaus zu einem abgezäunten Areal, keine fünfzig Schritte entfernt. Der Mond hing wie eine diffuse, gelbe Scheibe über dem Flußtal. Aus der Ferne drang Hundegebell, und von den Felshängen hörte man das Gurren der schwarzen Vögel, die bei Tag über der Ebene kreisten.

In dem Gehege, dessen Gatter offenstand, bewahrte Petrie über dreihundert Fundstücke auf, die kleinsten gerade handtellergroß, die größten sechzig bis neunzig Zentimeter im Durchmesser. Keiner dieser Bruchsteine stellte eine Kostbarkeit dar, die es gelohnt hätte zu entwenden, aber jedes einzelne Objekt trug einen winzigen Hinweis auf die Geschichte dieses Landstrichs. Das jedenfalls behauptete Flinders Petrie.

Nur mit einer Hose bekleidet, wanderte Carter durch die Reihen der Gesteinsreste. Hier und da tauchte ein in den Stein gehauenes Gesicht auf, eine Hand oder Gliedmaßen, seltsam in die Länge gezogen wie die Figuren in einem Spiegelkabinett. Auf einem Steinblock, der auf der Vorderseite eine Sonnenscheibe zeigte, von welcher strahlenförmige Hände ausgingen, ließ Howard sich nieder. Da vernahm er Schritte im Sand. »Sir!« grüßte Howard höflich. Es war Petrie. »Sie können wohl auch nicht schlafen, Sir?«

Petrie nickte geistesabwesend und ließ den Blick über die Steinsammlung schweifen. »Der Mensch verbringt ohnehin viel zu viel Zeit im Schlaf«, meinte er schließlich und nahm neben Carter Platz. »Habe ich recht, Mr. Carter, es gefällt Ihnen hier nicht besonders?«

»Ich bitte Sie, Sir!« tat Howard entrüstet, »wie kommen Sie zu ihrer Behauptung?«

»Mein Freund, ich habe doch Augen im Kopf. Mir können Sie nichts vormachen. Im übrigen mache ich Ihnen keinen Vorwurf, Carter, Sie wären nicht der erste und nicht der einzige, der nach einem Jahr Ausgräberdasein aufgibt. Das ist keine Schande. Im günstigsten Fall ist es die Einsicht, daß man für diesen Beruf nicht geschaffen ist.«

Howards Herz schlug unruhig. Petries Worte klangen, als wollte er ihn in den nächsten Tagen nach England zurückbeordern. Das machte ihn zornig. Zornig vor allem deshalb, weil er es als Demütigung empfunden hätte, wenn Petrie ihn zurückschickte.

Deshalb antwortete Carter in etwas rüdem Ton: »Sir, Sie sollten nicht vergessen, warum ich für Lord Amherst nach Ägypten gekommen bin.«

Flinders Petrie winkte ab. »Lord Amherst ist ein Phantast. Mit Verlaub und in der Annahme, daß uns niemand belauscht: er ist ein Spinner. Nur weil seine überkandidelte Tochter geweissagt hat, irgendwo in diesem Land liege ein Jahrtausendschatz verborgen, muß es noch lange nicht stimmen. Wenn Amherst von den seherischen Fähigkeiten seiner Tochter überzeugt ist, soll er sie fragen, wo er suchen soll. Alles andere ist Humbug.«

Carter holte tief Luft und blickte zum Himmel. »Zu dieser Erkenntnis bin ich auch gelangt, Sir. Ich kann mir einfach nicht vorstellen, hier den Schatz zu finden, auf den Lord Amherst hofft, Gold und Edelsteine und andere Kostbarkeiten.«

»Ach, wissen Sie, Carter«, begann Petrie mit einer ausholenden Armbewegung, »die wahren Schätze sind diese Steine, kostbarer als alles Gold. Ich werde diese Steine zum Reden bringen. Ich werde mit diesen Steinen Geschichte machen.«

»Sir, wie meinen Sie das?«

»Nun, wir wissen über diesen Pharao Echnaton so gut wie gar nichts. Die offiziellen Königslisten verschweigen seinen Namen, als hätte es ihn nie gegeben.«

»Was macht Sie so sicher, daß dieser Pharao Echnaton wirklich existiert hat?«

Petrie bückte sich und hob eine kleine Steinplatte auf. Im fahlen Mondlicht war das Oval eines Königsrings mit zahlreichen Hieroglyphen zu erkennen. »Das hier«, erwiderte Petrie und fuhr mit dem Zeigefinger den steinernen Ring nach, »die Hieroglyphen bedeuten nichts anderes als Echnaton. Und der Ring weist darauf hin, daß es sich dabei um einen König handelt.«

»Aber es muß doch einen Grund geben, warum gerade dieser Pharao von der alten Geschichtsschreibung verheimlicht wurde!«

»Ja natürlich!« antwortete Petrie lachend. »Es gibt viele Beispiele in der Geschichte, wo Ähnliches geschah. Denken Sie nur an die Kirchenspaltung im 14. Jahrhundert, als es zwei Päpste gab und einer den anderen ignorierte und bemüht war, seinen Namen auszulöschen.«

»Also gab es damals zwei Könige, die den Namen Pharao für sich beanspruchten?«

»Das wäre durchaus denkbar. Ich glaube es aber nicht. Nach meiner Überzeugung beging Pharao Echnaton einen unverzeihlichen Frevel. Er schaffte die tierköpfigen Götter ab und behauptete, es gebe nur *einen* Gott: Aton, die Sonne.«

Petrie legte den Stein an seinen Platz zurück und hob einen anderen auf. »Sehen Sie, hier, diese Scheibe ist das Symbol für den einzigen Gott Aton. Das war natürlich etwas Ungeheueres. Stellen Sie sich vor, Ihre Majestät, Queen Victoria, würde plötzlich verkünden, der Gott, an den ihr bisher geglaubt habt, existiert überhaupt nicht. Er war nur eine Ausgeburt eurer Phantasie. Der neue Gott ist die Sonne. Ab heute sind Gebete nur noch an diese Adresse zu richten, und alle Pfarrer sind ihrer Ämter enthoben.«

»Ich glaube, unsere Queen stünde ziemlich allein da.«

»Echnaton ging es nicht anders. Ihm blieb nichts anderes übrig, als sich in der Mitte zwischen den Hauptstädten des Alten und des Neuen Reiches anzusiedeln, hier in Amarna. Er muß eine starke Persönlichkeit gewesen sein, denn Echnaton veränderte so ziemlich alles, was den Ägyptern bis dahin bedeutsam war: nicht nur die Religion, auch die Kunst, sogar die Dichtung. Es muß ein Schock für die Menschen gewesen sein, als der Pharao, der bisher als Gott galt, auf Wandtafeln Einblick in sein Privatleben gab. Sehen Sie den Steinblock dort drüben, Mr. Carter? Was sehen Sie?«

»Ein Liebespaar, Sir. Zwei, die sich küssen.«

»Ganz recht. Eine ähnliche Darstellung finden Sie in der ganzen ägyptischen Geschichte nicht mehr: Der Pharao liebkost seine Frau Nofretete in aller Öffentlichkeit!«

»Die beiden müssen sich sehr geliebt haben.«

»Scheint so. Da gibt es nur ein Problem. Auf manchen Scherben, die wir ausgegraben haben, wird Nofretete als Ehefrau Echnatons bezeichnet, auf anderen ist sie die Gemahlin Amenophis' IV.«

»Wo ist das Problem, Sir? Der eine starb. Der andere heiratete die Witwe.«

»Möglich, aber falsch; denn beide Männer führten denselben Thronnamen, und mit beiden Männern hatte Nofretete dieselben Kinder.«

»Das läßt nur einen Schluß zu«, ereiferte sich Carter, »Amenophis und Echnaton sind ein und dieselbe Person, und diese Person hat irgendwann den Namen gewechselt wie zum Beispiel Lord Cromer, der früher Evelyn Baring hieß. Habe ich recht, Sir?«

»Sie begreifen schneller als mancher meiner Kollegen, Mr. Carter. Bisher stehe ich nämlich mit meiner Theorie ziemlich allein da. Die meisten glauben mir nicht. Dabei habe ich handfeste Beweise. Ich fand eine Reihe Vorratskrüge, die mit Jahreszahlen zwischen 1 und 17 und dem Namen des Pharaos beschriftet waren. Wie Sie wissen, datierten die alten Ägypter die Zeit nicht nach fortlaufenden Jahren. Dazu fehlte ihnen die Bezugszahl, wie bei uns Christi Geburt. Die Ägypter begannen bei jedem Regierungsantritt eines Pharaos wieder bei 1. Das macht die Geschichtsschreibung im nachhinein nicht gerade einfach.

Carter dachte nach. In der Ferne vernahm man ein seltsames Brummen, nicht unähnlich einem Gewittergrollen, wie er es von zu Hause in Norfolk kannte. Er blickte irritiert nach allen Seiten, aber außer ein paar fliegenden Heuschrecken, die verloren durch die Nacht schwirrten, konnte Howard nichts wahrnehmen. Schließlich sagte er: »Daraus könnte man den Beweis erbringen, daß Amenophis und Echnaton ein und derselbe sind.«

Flinders Petrie sah Howard von der Seite an und erwiderte: »Mr. Carter, Sie hätten das Zeug zum Archäologen. In Ihnen steckt mehr als ein Schatzsucher. Was Sie sagen, ist vollkommen richtig, und Ihre Schlußfolgerung entspricht exakt dem Ergebnis meiner Forschungen. Die Zahlenangaben für Amenophis beginnen mit 1 und enden im 5. Jahr seiner Regentschaft. Vom 6. bis 17. Jahr ist auf allen Inschriften nur noch von Echnaton die Rede.«

»Dann ist das Rätsel von Amarna also gelöst?« rief Howard halblaut.

Petrie lachte. »*Ein* Rätsel, mein lieber Carter, ein einziges Rätsel! Hier an meinem Finger steckt schon das nächste!« Er hielt seine rechte Hand mit gespreizten Fingern vor Carters Gesicht. An seinem Ringfinger steckte ein breiter Ring aus Gold. Einer seiner Arbeiter hatte ihn vor wenigen Wochen im Schutt entdeckt. Seither trug Petrie den Ring an seiner rechten Hand.

»Sehen Sie«, sagte er und zeigte mit der Linken auf den Ring, »hier haben wir es unter Umständen mit dem gleichen Problem zu tun. Auf dem Ring ist ein Königsname eingraviert. Er lautet: Tut-ench-Aton, was soviel heißt wie: Vollkommen an Leben ist Aton. Ich glaube, dieser Tut-ench-Aton war ein Sohn Echnatons.«

»Mit Verlaub, Sir, wo ist das Problem?«

»Ein paar hundert Kilometer nilaufwärts, im Tal der Könige, haben Ausgräber Schmuckstücke und Täfelchen mit dem Namen Tut-ench-Amun gefunden, was nichts anderes heißt als: Vollkommen an Leben ist Amun.«

»Wenn ich das richtig zu deuten vermag«, kombinierte Carter, »dann machte dieser Pharao Echnaton die Revolution wieder rückgängig!«

»Gut gedacht«, erklärte Petrie, »aber so einfach ist die Sache leider nicht. Während wir von Echnaton dort oben auf den Felsklippen ein – wenn auch ausgeraubtes – Grab entdeckt haben, hat dieser Tut-ench-Amun oder Tut-ench-Aton keine weiteren Spuren hinterlassen. Und da sein Name auch in den Königslisten nicht aufgeführt wird, darf man zweifeln, ob es einen Pharao dieses Namens überhaupt gegeben hat. Alle Pharaonengräber im Tal der Könige sind gefunden, und hier« – Petrie hob den Arm und machte eine kreisende Bewegung – »hier gibt es auch kein Pharaonengrab mehr zu entdecken. Glauben Sie mir.«

Howard, der immer noch auf dem Stein saß, zog sein linkes Bein hoch und stützte das Kinn auf sein Knie, während er das Schienbein mit beiden Händen umfaßte. Er starrte auf die Steine, welche Petrie wie Figuren eines Schachbretts in strenger Geometrie aufgereiht hatte. Nach einer Weile fragte er gedankenverloren: »Wie, sagten Sie, ist der Name dieses rätselhaften Pharaos?«

»Tut-ench-Aton. Vollkommen an Leben ist Aton.«

»Und er war ein Sohn Echnatons und Nofretetes?«

»Das ist so gut wie sicher. Warum fragen Sie, Mr. Carter?«

»Ich mache mir nur meine Gedanken, Sir. Eigentlich gibt es doch nur zwei Möglichkeiten. Es gab diesen Tut-ench-Aton wirklich, oder es gab ihn nicht. Gab es ihn nicht, so stellt sich die Frage, was hat die Menschen damals veranlaßt, einem Phantom diesen Namen zu geben. Existierte der Pharao aber wirklich, so muß er doch mehr Spuren hinterlassen haben als einen Ring und ein paar Täfelchen.«

In der Dunkelheit bemerkte Carter nicht, daß Flinders Petrie schmunzelte. Petrie schmunzelte, weil er merkte, welche Begeisterung er in dem jungen Ausgräber geweckt hatte. »Manchmal«, meinte er schließlich und blickte geradeaus in Richtung des Nils, »manchmal fühle ich mich trotz meiner vierzig Jahre alt wie ein Greis. Sie, Carter, haben noch das Feuer, das ein Mann braucht, um eine schier unlösbare Aufgabe zu erledigen. Warum suchen nicht Sie nach dem gottverdammten Tut-ench-Aton? Sie sind jung und haben Ihr Leben noch vor sich. Aber täuschen Sie sich nicht, Sie werden Ihr ganzes Leben brauchen, um diesen vergessenen Pharao zu finden.«

Howard traute seinen Ohren nicht. Er zweifelte, ob Petrie seine Worte ernst meinte. Machte er sich etwa über ihn lustig?

Der zog sich schließlich wieder ins Grabungshaus zurück.

Es ging auf vier Uhr morgens zu, und Carter überlegte, ob er sich überhaupt noch niederlegen sollte; die Hitze war immer noch zu groß. Deshalb zog er es vor, nilwärts zu schlendern. Über den Bergen im Osten graute der Tag, und von Norden her hörte man die ersten Hähne krähen.

An der Stelle, wo der sandige Wüstenboden in die fruchtbare Ebene überging, wo wie durch ein Wunder plötzlich Palmen und Büsche wuchsen, hielt Howard inne. Aus dem Dämmerlicht löste sich eine kleine, schmale Gestalt, beinahe ein Kind. Sie kam gerade auf ihn zu. Zehn Schritte entfernt blieb sie stehen. Howard erkannte ein dunkelhäutiges Mädchen. Es hatte einen groben Sack mit einer Schnur um die Hüften gebunden. Sein Oberkörper war nackt.

Eine Weile standen sich die beiden schweigend gegenüber, Howard ratlos, das Mädchen lauernd.

»Was suchst du hier?« fragte Carter in seinem bescheidenen Arabisch.

Das Mädchen schien seine Frage nicht zu verstehen, denn es fuchtelte mit den Händen in der Luft herum und zeigte nur auf seinen Mund.

»Du – el-Hadsch-Kandill?« Carter deutete in Richtung auf das Dorf.

»Nein.« Das Mädchen schüttelte den Kopf. »Ich – Dahabija – Nilufer. Ich geflohen. Mein Name Selima.«

Howard trat näher auf das Mädchen zu, dessen Aussprache von einem schwerverständlichen Dialekt gefärbt war; aber nach kurzer Zeit hatte Carter in Erfahrung gebracht, daß Selima aus Nubien stammte, wo sie ihr Vater an einen Sklavenhändler verkauft hatte. Eine halbe Meile entfernt, am Nilufer, ankerte eine Dahabija mit über dreißig Sklavenmädchen, die zum Verkauf stünden. Selima hatte sich schwimmend ans Ufer geflüchtet. Jetzt litt sie Hunger und Durst, denn auf der achttägigen Schiffsreise von Assuan hierher habe es kaum etwas zu trinken und noch weniger zu essen gegeben.

Das Nubiermädchen tat ihm leid, und er forderte Selima auf, ihm zum Grabungshaus zu folgen.

Auf dem Weg dorthin erkundigte sich das Mädchen schüchtern, ob er, Howard, keine Sklavin benötige, sie sei zwar nicht kräftig, aber flink und in der Lage, alle in einem Haus anfallenden Arbeiten zu erledigen. Sie scheue keine Mühe. Aber an einen gewalttätigen Herrn verkauft werden wolle sie nicht. Sie sei schon zu oft geschlagen worden in ihrem Leben.

Inzwischen war es hell geworden, und das Grabungshaus der Engländer erwachte zum Leben. Newberry, der Frühaufsteher im Camp, stand bereits unter der Dusche, einer Eigenkonstruktion neben dem Hauseingang. Sie bestand aus einer Gießkanne, die an einem Balken zwischen zwei mannshohen Pfählen aufgehängt war. Man brauchte nur an der Schnur, die an dem Gießer der Kanne befestigt war, zu ziehen, und schon spritzte Wasser von oben herab.

»He, was hast du dir da an Land gezogen?« rief Newberry und schlang sich sein Handtuch um die Hüften, als er Carter und das Mädchen erblickte.

Howard fuchtelte mit den Händen, als wollte er sagen: Sei bloß ruhig. Es ist ganz anders, als du denkst, dann erwiderte er: »Sie ist eine Nubierin und heute nacht von einem Sklavenschiff geflohen. Jetzt hat sie Hunger und Durst. Ist Mrs. Petrie schon wach?«

Percy blickte ungläubig. »Von einem Sklavenschiff? Da hat sie dir wohl einen Bären aufgebunden. Die Sklaverei ist in Ägypten offiziell abgeschafft!«

»Aber warum sollte sie mich anlügen? Angeblich ankert drüben am Nil ein Schiff mit dreißig Sklavenmädchen am Bord.«

Selima nickte heftig und zeigte nach Westen in Richtung des Flusses.

Angelockt von dem Lärm vor dem Haus, trat Flinders Petrie, ebenfalls nur mit einem Handtuch bekleidet, ins Freie und erkundigte sich, was los sei.

Carter schilderte die Situation in kurzen Worten und meinte, die Nubierin mache wirklich einen geschwächten Eindruck, und die christliche Nächstenliebe gebiete es, ihr etwas zu trinken und zu essen zu geben.

Newberry blieb skeptisch. »Was sagen Sie, Sir, die Sklaverei in diesem Land ist doch längst abgeschafft. Habe ich recht?«

Petrie betrachtete das nubische Mädchen, das ängstlich seinen Blick erwiderte, dann antwortete er: »Nach den Gesetzen des Landes ist die Sklaverei abgeschafft, aber ich frage Sie, wer hält sich in diesem Land an Gesetze?«

In diesem Augenblick erschien Mrs. Petrie in ihrer gewohnten Verkleidung in Reithosen und Tropenhelm. Sie musterte abwechselnd das halbnackte Mädchen und die Mienen der drei Männer, dann setzte sie ihr süßsaures Lächeln auf, das nichts Gutes verhieß, und sagte: »Kann mir vielleicht jemand sagen, was das hier zu bedeuten hat?«

Petrie wiederholte die Erklärung, die Carter kurz zuvor abgegeben hatte, und forderte Hilda auf, dem fremden Mädchen zu essen und zu trinken und einen Fetzen zum Anziehen zu geben.

Widerwillig kam Hilda der Aufforderung nach, indem sie das Mädchen mit dem Zeigefinger in das Innere des Hauses winkte und ihm in der Küche einen Krug Wasser und übriggebliebenes Fladenbrot vorsetzte. Während Selima gierig aß und trank, trat Mrs. Petrie erneut vor das Haus, wo Petrie, Newberry und Carter beratschlagten, ob ihnen das Mädchen nicht dienlich sein könnte.

Kaum hatte Mrs. Petrie vernommen, worum es ging, da begann sie zu toben. Sie drohte, das Camp zu verlassen und nach England abzureisen, falls Petrie sich mit dem Gedanken trüge, das junge Ding – so drückte sie sich aus – im Hause aufzunehmen. Ihre Geschichte sei erstunken und erlogen. Selima wolle nur Mitleid erregen und aus ihrem angeblichen Schicksal Nutzen ziehen.

Plötzlich stand Selima in der Türe. Sie verfolgte die Auseinandersetzung mit ängstlichem Gesicht. Auch wenn sie die fremde Sprache nicht verstand, so war es nicht schwer, Mrs. Petries ablehnende Haltung herauszuhören. Sie hatte wohl selbst nicht daran geglaubt, bei den Ausgräbern Aufnahme zu finden. Schließlich trat sie vor Carter hin und sagte: »Selima dankt dem Effendi. Selima geht.«

»Was meint sie?« erkundigte sich Petrie.

»Sie bedankt sich und will fort.«

»Sage ihr, sie soll bleiben!« rief Petrie drohend.

Noch während Carter der Aufforderung nachkam, verschwand Mrs. Petrie ins Haus. Kurz darauf tauchte sie wieder auf, und ohne ein Wort zu sagen und mit stampfenden Schritten entfernte sie sich in westlicher Richtung.

Flinders Petrie rannte hinter ihr her und rief: »Hilda, was hast du vor? Du weißt, du sollst nicht allein fortgehen!«

Im Gehen drehte sich Hilda um und erwiderte: »Ich will wissen, ob sie gelogen hat. Ich will sehen, was es mit diesem Sklavenschiff auf sich hat. Stimmt es, darf sie bleiben. Wenn nicht, jage ich sie mit der Peitsche davon.«

»Tu, was du nicht lassen kannst«, rief Petrie seiner Frau wütend hinterher. Dann kehrte er zum Haus zurück.

Seit Stunden lag ein merkwürdiges Geräusch in der Luft, dessen Ursache niemand zu deuten vermochte. Es war ein an- und abschwellendes Brummen, als näherte sich ein riesiger Hummelschwarm.

Auch das Nubiermädchen schien beunruhigt. Mit zusammengekniffenen Augen blickte es zum Himmel, und dabei drehte sich Selima um die eigene Achse. Nach Osten gerichtet, wo die Bergkette das Niltal einschloß, meinte sie: »Effendi, sehen Sie nur!«

Carter blickte zum östlichen Horizont, der sich dunkel und drohend auftürmte.

Selima rief ein Wort, das er nicht verstand. Sie wiederholte es immer wieder, aber das trug auch nicht zur Verständigung bei. Schließlich deutete sie auf eine der fliegenden Heuschrecken, die schon seit Tagen die Ebene von Tell el-Amarna bevölkerten. Das Mädchen schien äußerst beunruhigt und deutete an, sie sollten die glaslosen Fensteröffnungen des Gebäudes verbarrikadieren.

Seit biblischen Zeiten wurde Ägypten von Heuschreckenplagen heimgesucht. Aber nachdem es niemanden gab, der ein solches Ereignis selbst erlebt hatte, herrschte die Meinung vor, daß diese Plage ausgestorben sei. Nur in Nubien, wo die Natur mit dem Menschen grausamer umgeht als anderswo auf der Welt, tauchten bisweilen noch Heuschreckenschwärme auf, die das Land nach einigen Tagen noch kahler zurückließen, als es ohnehin war.

Petrie bezweifelte, ob von Heuschrecken eine Gefahr ausgehen könnte. Auch Newberry machte sich über die Befürchtungen des Mädchens eher lustig. Doch im selben Augenblick stürzten drei oder vier fingergroße Insekten auf ihn nieder, so daß Percy sein Gesicht hinter dem Ellenbogen verbarg.

Carter zeigte nach Osten, wo der Himmel sich zusehends verdunkelte. Die schwarzen Wolken kamen immer näher. »Wenn das alles Heuschrecken sind«, rief er an Flinders Petrie gewandt, »dann gnade uns Gott!«

Jetzt bekam es auch Petrie mit der Angst zu tun – zumal das Brummen über dem Tal immer stärker wurde. »Mr. Newberry, Mr. Carter, verrammeln Sie das Haus, alle Fensteröffnungen und Dachluken. Nehmen Sie Bretter, Kisten und Decken zu Hilfe. Das Mädchen soll ihnen behilflich sein. Ich selbst mache mich auf die Suche nach meiner Frau.«

Während Flinders Petrie sich im Laufschritt entfernte, suchten Carter und Newberry Material, das geeignet schien, die Öffnungen des Grabungshauses zu verschließen. Das war nicht einfach; denn zum Schutz vor Sonne und Hitze hatte das Haus viele kleine Lichtöffnungen ohne Verglasung, und selbst die Haustüre bestand nur aus einem Holzgatter.

»Hol Steine herbei, Selima!« befahl Carter dem Mädchen und deutete an, daß er diese zum Verschließen der Fensteröffnungen benötigte.

Selima nickte und lief in nördlicher Richtung, wo die Grundmauern des Aton-Tempels zu erkennen waren. Wenig später kehrte sie mit zwei dünnen Steinplatten zurück, und Carter paßte sie vorsichtig in zwei Fensternischen ein. In die noch klaffenden Lücken preßte er Zeitungspapier, das hier kostbarer war als Seide – nicht nur, weil es sich zum Feuerentfachen eignete, selbst drei Monate alte englische Zeitungen fanden in dieser Wildnis noch dankbare Leser. Bretter und Pappe, die für diesen Zweck besonders geeignet gewesen wären, waren rar, und so begannen Carter und Newberry, den Türverschlag mit alten Kleidungsstücken zu vernageln.

In der Zwischenzeit klatschten immer mehr Heuschrecken vom Himmel. Trunken oder ermattet vom weiten Flug über die leblose Wüste, prallten die Tiere gegen alles, was ihnen im Wege stand. Zappelnd und zuckend blieben sie auf dem Boden liegen. Das Rumoren am Himmel wurde immer lauter. Und obwohl der Talkessel vom beginnenden Tag eben noch erhellt worden war, senkte sich erneut Dämmerung über Tell el-Amarna.

Selima schleppte weitere Bruchsteine herbei und lud sie vor der Türe ab. Sie zitterte.

»Hast du Angst?« fragte Carter.

Selima hielt die Augen gesenkt. Offenbar schämte sie sich, ihre Angst einzugestehen.

»Du hast so etwas schon einmal mitgemacht?« erkundigte sich Howard vorsichtig.

Selima nickte stumm. Schließlich sah sie Carter an und sagte: »Es war schrecklich, Effendi. Selima kann es nicht beschreiben.«

»Verdammt, wo bleibt Petrie?« rief Newberry, der vor der Türe stand und in die Richtung blickte, in der der Ausgräber verschwunden war. Es schien, als kehre die Nacht zurück. Das Brummen und Summen verwandelte sich zu einem widerwärtigen Schnarren und Dröhnen. Ganze Knäuel braungrüner Insekten fielen flirrend vom Himmel. Andere flogen in Schwaden und zeichneten bizarre Linien in die stikkige Luft.

Howard stieß das Mädchen ins Haus und schloß von außen die

Türe. Wie Pfeilgeschosse klatschten die Heuschrecken gegen seinen Körper. Schützend hielt er die Hand über die Augen. Die Sicht betrug kaum fünfzehn Meter.

»Ich gehe Petrie entgegen!« schrie Carter zu Newberry. Der stand keine drei Meter entfernt, aber gegen das tausendfache Summen und Brummen konnte man sich nur schreiend verständlich machen.

Newberry wollte etwas erwidern. Aber noch ehe es dazu kam, sah er, wie Carter einen Stock zwischen die Beine nahm und, während er sich durch das flirrende Inferno kämpfte, einen Strich in den sandigen Boden zog.

»Mister Petrie! Mister Petrie!« rief Howard in den brodelnden, dröhnenden Hexenkessel. »Hierher, Mister Petrie! Hierher!« Er spie und spuckte, weil ihm beim Rufen Heuschrecken in den Mund flogen. Trotzdem wiederholte er sein Rufen.

Als Kind, wenn Fanny oder Kate ihm aus dem Alten Testament über die ägyptischen Plagen vorgelesen hatten, hatte er sich oft vorgestellt, wie das gewesen sein mochte mit den Heuschreckenschwärmen, die über das Land herfielen. Jetzt mußte er erkennen, daß diese Plage alle seine Vorstellungen weit übertraf.

»Mister Petrie! Hierher!« rief er noch einmal und trug sich schon mit dem Gedanken umzukehren, als plötzlich die beiden Petries vor ihm auftauchten. Mrs. Petrie schien völlig entkräftet. Sie umklammerte mit beiden Händen Petries linken Arm und schluchzte. Petrie gab sich den Anschein, als sei er Herr der Lage, und rief: »Kommen Sie, Carter, hier entlang!«

»Unsinn!« brüllte Carter und zeigte auf den unregelmäßigen Strich im Sand. Er lief in die entgegengesetzte Richtung. Howard wußte, wie rechthaberisch Petrie sein konnte. Deshalb packte er Mrs. Petrie und zerrte sie mit sich fort, ohne auf Flinders Petrie zu achten.

Die Frau hinter sich herziehend, ließ Carter den Strich auf dem Boden nicht aus den Augen. Manchmal blieb er stehen, unsicher, welche Richtung die Sandspur nahm. Dann wedelte er mit den Armen, um die Heuschrecken in die Flucht zu schlagen und bessere Sicht zu haben. Mit dem Stock tastend, setzte er seinen Weg fort. Er war sicher, daß Petrie ihnen folgte.

Inzwischen herrschte beinahe finstere Nacht, und es wurde immer mühevoller, die Spur zu erkennen. Howard bekam Zweifel, ob er nicht doch sein Ziel verfehlt hatte. In hilfloser Wut gebrauchte er seinen Stock und schlug damit um sich. Dabei traf er ein paar der flirrenden Insekten. Sie stürzten tot zu Boden. »Newberry!« rief er so laut er konnte und spuckte die Heuschrecke aus, welche ihm dabei zwischen die Zähne geraten war. »Newberry!«

Es war zwecklos, auf eine Antwort zu warten. Dazu war das Dröhnen der tollwütigen Heuschrecken zu stark. Für einen Augenblick konnte Carter plötzlich die Richtung seiner in den Sand gezeichneten Spur erkennen.

»Wir sind auf dem richtigen Weg!« wandte er sich zu Mrs. Petrie um. »Kommen Sie!«

Mit Genugtuung stellte Howard fest, daß Petrie an der Hand seiner Frau hinter ihnen hertrottete. Carter war am Ende seiner Kräfte. Vor allem die Unsicherheit, ob er sich nicht geirrt hatte, ob sie nicht eine falsche Richtung eingeschlagen hatten, raubte ihm den Mut. Sein halbnackter Körper war übersät von klebrigen Exkrementen der fliegenden Heuschrecken. Howard wagte nicht an sich hinabzublicken. Die Haut juckte und brannte. In der Luft lag ein eigenartiger Geruch, eine Mischung aus verfaulten Äpfeln und feuchten Zeitungen.

Nach Howards Einschätzung mußten sie, falls sie sich in dem dröhnenden, surrenden, angsteinflößenden Chaos nicht verlaufen hatten, das Grabungshaus längst erreicht haben. Längst war die Spur, die er hinter sich in den Sand gezogen hatte, unkenntlich geworden. Überall krabbelten die Tiere auf Nahrungssuche herum. Sie *mußten* umkehren. Aber welche Richtung sollten sie nehmen?

»Carter!« rief Mrs. Petrie plötzlich und zog an seinem Arm, den sie noch immer in panischer Angst umklammerte. Sie deutete nach rechts. Aber dort sah es nicht anders aus als links oder vor ihnen: überall nur ein undurchdringlicher Schwarm aufgebrachter, bösartiger Heuschrecken. Sie hingen in Trauben an Mrs. Petries Kleidern. Hilda hatte es aufgegeben, sie abzuschlagen. Statt dessen stocherte sie mit dem Arm nach rechts in die Luft, und sie schien sich ihrer Sache ziemlich sicher, denn sie drängte Howard in diese Richtung.

Wie aus dem Boden gewachsen stand plötzlich das Grabungshaus vor ihnen. Das heißt, in seiner Niedergeschlagenheit glaubte Carter zunächst an eine Erscheinung, ein Wunschbild; denn kaum hatte er das rettende Haus schemenhaft erkannt, verschwand es auch schon wieder aus seinem Gesichtsfeld. Aber schon nach wenigen Augenblicken tauchte es wieder auf.

Petrie, dem er so etwas am allerwenigsten zugetraut hätte, stieß einen Freudenschrei aus. Er wirkte erleichtert. Jetzt begannen auch Mrs. Petrie und Carter laut zu rufen: »Geschafft! – Wir sind am Ziel!«

Petrie und seine Frau klopften sich gegenseitig die Heuschrecken von ihrer Kleidung. Angewidert zupfte Howard die Tiere aus seinen Haaren.

Durch das Freudengeschrei aufgeschreckt, öffnete Newberry vorsichtig die mit Kleidungsstücken abgedichtete Türe. Carter, Flinders und Hilda Petrie schlüpften, während sie wild um sich schlugen, hinein.

Im Aufenthaltsraum, dessen spartanische Einrichtung sich aus einem Holztisch, einem abgewetzten Ohrensessel und zwei Ottomanen zusammensetzte, die sich im rechten Winkel gegenüberstanden, hatte Newberry eine Petroleumlampe entzündet. Aus dem Glaszylinder entwich eine schwarze Rußwolke. Ihr beißender Gestank wirkte angenehm im Vergleich zu dem modrigen, morbiden Geruch außerhalb des Hauses. In einer Ecke kauerte Selima mit angewinkelten Beinen. Sie war noch immer halbnackt.

Als Mrs. Petrie auf sie zutrat, senkte Selima ängstlich den Kopf. Hildas Anblick war nicht gerade angenehm. Dunkle, schmierige Flecken bedeckten ihre Kleidung. An ihrem Tropenhelm klebten zerquetschte Heuschrecken und Teile der Tiere. Mrs. Petrie streckte die Hand aus, tätschelte Selimas Wange und sagte: »Keine Angst, du kannst bleiben.« Und an die anderen gewandt, die neugierig Hildas Verhalten beobachteten, meinte sie: »Ich glaube, wir verdanken dem Mädchen viel.«

Selima verstand zwar die Worte nicht, aber sie spürte den Wandel in Mrs. Petries Verhalten. Über ihr Gesicht huschte ein schüchternes Lächeln.

Flinders Petrie sah sich um. »Gut gemacht!« meinte er im Hinblick auf die verstopften Fensteröffnungen des Hauses. »Die Heuschrecken hätten uns wohl alle aufgefressen.«

»Heuschrecken sind Pflanzenfresser, Sir!« bemerkte Newberry.

Carter antwortete sarkastisch: »Ich hatte nicht den Eindruck, daß dies den Tieren bekannt ist.« Dabei streckte er Newberry seinen rechten Unterarm entgegen, an dem deutlich Blutspuren zu erkennen waren.

Erschöpft ließen sich alle drei auf den Ottomanen nieder. Carter schloß die Augen. Es kam ihm vor, als senkte sich vor ihm der Theatervorhang in einem Stück, das er nicht sehen wollte, in das er nur durch widrige Umstände geraten war. Wahrheit oder Traum? Howard stellte sich ernsthaft die Frage, ob er träumte.

Plötzlich drangen von irgendwoher Heuschrecken in das Haus ein. Sie klatschten blindwütig gegen die Wände. Andere flogen gegen den Glaszylinder der Petroleumlampe. Newberry sprang auf und rannte zur Haustüre, wo er eine undichte Stelle vermutete. Tatsächlich krochen unter dem Türspalt ein paar Tiere in das Innere des Hauses. Percy zertrampelte sie mit heftigen Tritten.

Howard trat mit der Lampe hinzu und leuchtete in jeden Winkel. Doch es wurden immer mehr.

»Mister Carter!« rief Hilda Petrie aus dem Hintergrund. »Das Ofenrohr in der Küche!«

Gemeinsam begaben sich Newberry und Carter in den Küchenraum. Aus dem offenen gemauerten Herd, der ein einfaches Eisenrohr als Rauchabzug hatte, krochen überall Heuschrecken hervor.

»Mein Gott!« rief Newberry. »Wie sollen wir dieser Menge Herr werden?«

»Das Ofenrohr zustopfen!« erwiderte Carter, ohne lange zu überlegen. »Aber dazu müssen wir das Rohr aus dem Mauerwerk reißen, und bei dieser Gelegenheit fallen noch mehr über uns her.«

»Wir müssen Feuer machen«, meinte Newberry, »Insekten scheuen den Rauch.«

»Gute Idee!« Carter knüllte das Papier einer alten *Times* zusammen und entzündete es an seiner Petroleumlampe. Das brennende Papier schob er in die Feuerstelle, dann legte er, um die Flammen am Brennen zu halten, getrocknete Kuhfladen und Kamelmist nach, mit denen Mrs. Petrie nach Art der Fellachen ihren Herd schürte. Das von Mist und Heuschrecken genährte Feuer qualmte und stank ekelerregend, aber es blieb nicht ohne Wirkung. Der Zustrom versiegte. Mit Handtüchern bewaffnet, machten sich Carter und Newberry daran, die übrigen Heuschrecken, die noch immer das Innere des Hauses bevölkerten, zu erschlagen.

Bisher hatte Howard an Heuschrecken nichts Ekelerregendes gefunden – im Gegenteil. Bei seinen Streifzügen in Castle Acre hatte er besonders schöne Exemplare gezeichnet. Aber nun in der Masse empfand er Abscheu vor den Tieren. Ihr millionenfaches Auftreten machte ihm sogar angst. Er fürchtete, die Tiere könnten ihn zudecken und unter einer meterhohen Schicht ihrer Körper begraben.

Es gab keine Waschgelegenheit im Innern des Hauses, aber in der Küche stand ein altes Holzfaß mit Wasser. Mit Hilfe eines Wurzelbesens versuchte Carter, die klebrigen Relikte auf seinem Körper wenigstens oberflächlich zu entfernen. Dann begab er sich zu den anderen in den Aufenthaltsraum.

Flinders Petrie saß völlig verängstigt in seinem Lehnstuhl, während Mrs. Petrie sich von ihrem Schrecken erholt zu haben schien. Newberry klopfte nervös mit den Fingern auf die Polsterung der Ottomane. Selima befand sich noch immer an der gleichen Stelle, auf dem Fußboden, und starrte vor sich hin.

Zum ersten Mal bot sich Howard Gelegenheit, das Mädchen näher zu betrachten. Seine dunkle Haut war von matter Farbe. Die langgestreckten Arme und Beine verrieten, daß es zweifellos viel jünger war, als es beim ersten Hinsehen schien. Kaum älter als fünfzehn oder sechzehn. Ihr Kopf mit dem kurzen schwarzen Kraushaar hatte ein edles Profil, wozu ihre hohe Stirn und die leichte Krümmung ihrer Nase beitrugen. Ihr fehlten die wulstigen Lippen, die für gewöhnlich nubischen Frauen zu eigen sind. Selimas Brüste – sie trug noch immer nur einen Fetzen Sackleinen um die Hüften – waren klein, rund und fest.

Mrs. Petrie mußte wohl Howards musternde Blicke bemerkt haben, denn sie erhob sich und verschwand. Kurz darauf kehrte sie mit einem verwaschenen Kittel zurück. Den warf sie Selima zu. »Da, zieh das an!« meinte sie und versuchte dabei zu lächeln. Selima kam der Aufforderung nach und nickte zum Dank mehrmals mit dem Kopf.

So saßen sie lange schweigend in der Runde. Jedesmal, wenn das Brummen und Dröhnen für ein paar Sekunden schwächer wurde, hoben alle die Köpfe in der Erwartung, daß es ganz versiege. Aber schon im nächsten Augenblick begann der unerträgliche Lärm von neuem.

Es war längst Nachmittag, und Mrs. Petrie, die wie die anderen tatenlos vor sich hindöste, sagte, während sie in die flackernde Flamme der Petroleumlampe starrte: »Das Mädchen hatte recht. Am Nilufer ankert eine Dahabija mit Sklavinnen an Bord. Es war ein schrecklicher Anblick. Sie haben die Mädchen bis zum Hals in Säcke gesteckt und zugeschnürt. Sie können sich nicht bewegen. Ich hätte nicht geglaubt, daß es so etwas noch gibt.«

Selima schien zu bemerken, daß das Gespräch um sie ging, denn sie warf Howard einen hilflosen Blick zu. Der beruhigte sie und berichtete, daß die Frau des Ausgräbers nur ihre Aussage bestätigte.

»Selima sagt Wahrheit!« radebrechte das Mädchen und nickte mit dem Kopf.

»Deine Neugierde«, meinte Flinders Petrie an seine Frau gewandt, »hätte uns das Leben kosten können.«

Da brauste Hilda Petrie auf: »Konnte ich ahnen, was da auf uns zukam? Hätte gestern jemand gesagt, heute würden Millionen von Heuschrecken über uns herfallen, man hätte ihn ausgelacht!«

»Das stimmt, Sir«, bemerkte Newberry, »auch ich hätte ein solches Ereignis nicht für möglich gehalten. Wir können dem Mädchen nur dankbar sein, daß es uns gewarnt hat. Ich weiß nicht, wie es hier aussehen würde, wenn wir uns nicht verbarrikadiert hätten. Wie lange kann das noch dauern?«

»Ich weiß es auch nicht«, brummte Flinders Petrie unwillig, »ich weiß nur, daß das Alte Testament durch ein solches Ereignis mit einem Mal ein ganz anderes Gewicht erhält.«

»Sie denken an die Ägyptischen Plagen?« fragte Newberry.

»Ja, in der Tat. Ich denke an die Ägyptischen Plagen.«

Darauf meinte Hilda Petrie spöttisch: »Flinders, du wirst doch nicht etwa auf deine alten Tage fromm werden!«

Petrie warf seiner Frau einen mißbilligenden Blick zu. »Mit Frömmigkeit, meine Liebe, hat das nichts zu tun. Eher mit Geschichtsschreibung. Die Tatsache, daß sich ein biblisches Ereignis in unserer Zeit wiederholt, beweist nur, daß das Alte Testament auf historischen

Fakten beruht.« Und an Newberry gewandt: »Ich frage Sie, Mr. Newberry, ist es nicht lachhaft? Da graben Heerscharen von Archäologen mühsam nach jedem Wort der Bibel, und dann verfinstert sich plötzlich der Himmel, und die Natur beschert uns das gleiche Schauspiel, wie es im Alten Testament beschrieben ist!« Petrie schüttelte den Kopf.

»Wenn ich mir die Frage erlauben darf, Sir«, begann Newberry, der Petrie aufmerksam gefolgt war, »wie soll ich Ihre Worte verstehen, das Alte Testament habe mit Frömmigkeit nichts zu tun?«

»Nun ja, das ist doch ganz einfach: Wenn Sie an diesem oder jenem zweifeln, wovon im Alten Testament die Rede ist, dann sind Sie ein Wissenschaftler; zweifeln Sie aber an diesem oder jenem im Neuen Testament, dann sind Sie ein Ketzer. Jedenfalls in den Augen der Kirche.«

Newberry lachte höflich.

Inzwischen hatte sich Selima auf dem blanken Boden zum Schlafen gelegt. Sie schlief tief und fest, ja es schien, als fühlte sich das nubische Mädchen wohlbehütet in seiner neuen Umgebung.

»Wer weiß, was sie durchgemacht hat in den letzten Tagen«, bemerkte Carter. »Man sollte die Sklaventreiber zur Anzeige bringen.«

»Das steht Ihnen frei, Mr. Carter«, antwortete Petrie. »Doch Sie sind noch nicht lange genug in Ägypten, um den Erfolg einer solchen Anzeige einschätzen zu können. Wissen Sie, Mr. Carter, dieses Land wird nicht von den Engländern regiert, schon gar nicht vom Khediven, in diesem Land gibt es nur *eine* Macht, und die heißt *Bakschisch*. Bakschisch hier, Bakschisch dort, Bakschisch für jede Gefälligkeit und Bakschisch, wenn es darum geht, das Unmögliche möglich zu machen. Ohne Bakschisch könnte ich hier meiner Arbeit nicht nachgehen. Ich glaube, das erste Wort, das ein ägyptisches Baby sagt, ist nicht Mama oder Papa, sondern Bakschisch. Natürlich können Sie sich auf die Gesetze des Landes berufen und beim Mudir von Minia Anklage erheben. Aber ich bin sicher, die Sache wird mit Unterstützung eines anständigen Bakschisch der Beschuldigten im Sande verlaufen.«

»Mir tut das Mädchen leid«, erwiderte Howard.

Flinders Petrie hob die Schultern. »Mitleid ist ein Wort, das man nicht kennt in diesem Land, Mr. Carter. Daran sollten Sie immer denken. Und wenn die Sklaverei zehnmal abgeschafft ist, ich bin überzeugt, es wird sie noch in hundert Jahren geben. Erinnerst du dich, Hilda, als wir auf dem Bahnhof in Kairo ankamen, trat uns ein wohlgenährter, dicker Mann in einer blütenweißen Galabija entgegen und bot uns zwei Esel und drei Sklaven an. Die Esel waren teurer als die Sklaven. Nubische Sklaven sind im übrigen die billigsten. Sie haben meist Plattfüße und schlechte Zähne und finden in der Hauptsache beim Wäschewaschen und im Küchendienst Verwendung. Übrigens – nach dem Gesetz steht ihnen nach sieben Jahren Arbeit die Freiheit zu.«

»Wie großzügig!« bemerkte Carter.

Und Newberry erwiderte: »Du vergißt, wir sind im Orient.«

»Ganz recht, Mr. Newberry, wir sind allzuleicht geneigt, bei der Beurteilung ägyptischer Sitten und Gebräuche englische Maßstäbe anzulegen. Das ist falsch, ja sogar gefährlich, weil wir dabei das Glück dieser Menschen außer acht lassen. Das Glück eines Ägypters ist ein ganz anderes als das Glück eines Engländers. Was mich betrifft, so macht mich ein Grabungsfund glücklich, während ich einem Hundert-Piaster-Schein gleichgültig gegenüberstehe. Einen Fellachen machen hundert Piaster glücklich, während er einem Grabungsfund gleichgültig begegnet.«

Und Percy Newberry, der seine hervorragende Bildung nur selten zeigte, bemerkte: »Sir, Ihre Worte erinnern mich an den griechischen Geschichtsschreiber Herodot, der ein halbes Jahrtausend vor der Zeitenwende die Sitten und Gebräuche der Ägypter beschrieben und gesagt hat, bei den Ägyptern sei alles anders, der Himmel, die Flußläufe und die Menschen. Sogar beim Wasserlassen verhielten sich die Ägypter anders als alle anderen Menschen, indem sich die Männer hinkauerten, während die Frauen ihr Geschäft im Stehen verrichteten. Entschuldigen Sie, Mrs. Petrie.«

»Schon gut!« rief Hilda Petrie aus dem Hintergrund. »Auf mich brauchen Sie keine Rücksicht zu nehmen.«

Sie hatte den Satz kaum beendet, da stieß Mrs. Petrie einen Schrei aus, daß Selima hochschreckte und Carter aufsprang. Sie deutete stumm zur Decke. Jetzt sah es auch Carter: Die aus Schilfrohrbündeln gefertigte Decke des Hauses schien zu leben. Heuschrecken nagten an den Halmen und hatten bereits die ersten Löcher in das Geflecht gebissen.

»Heiliger Echnaton«, stammelte Flinders Petrie, »das ist das Ende.« Er warf Carter einen hilfesuchenden Blick zu, als wollte er sagen: Sie haben uns schon einmal geholfen. Was sollen wir jetzt tun?

Doch Howard Carter wußte selbst keinen Rat.

An manchen Stellen fielen bereits Heuschrecken von der Decke, und Petrie und Newberry versuchten die Tiere zu zertreten. Das gelang nicht immer, und bald schon schwirrten zahlreiche Insekten durch den Raum.

»In Nubien«, erklärte Selima, »verwendet man Feuer gegen Heuschrecken.«

Carter sah das schwarze Mädchen ratlos an. »Sollen wir etwa das Haus anzünden?«

Selima nickte und bedeutete, er solle auf dem Fußboden ein Feuer machen.

»Sir?« Howard wandte sich Flinders Petrie zu.

Petrie überlegte kurz. Unschlüssig erwiderte er: »Vielleicht ist es wirklich die letzte Rettung. Jedenfalls können wir nicht tatenlos zusehen, wie die Heuschrecken über uns herfallen. Ich schlage vor, wir ziehen uns in die Küche zurück, und Sie machen hier Feuer, Mr. Carter.«

Aus dem Küchenherd holte Howard mit einer Schaufel Glut und schüttete sie behutsam auf den Boden. Dann suchte er nach Brennbarem, um dem Feuer Nahrung zu geben. Und weil das Holz knapp und obendrein an der Außenwand des Hauses gestapelt war, holte Carter einen hölzernen Stuhl aus seinem Zimmer und zertrümmerte ihn neben der Feuerstelle. Die Scheite legte er übereinander auf die Glut.

Es dauerte nicht lange, und das Feuer verströmte heftigen Qualm. Mit einem nassen Handtuch, das er über Mund und Nase band und im Nacken verknotete, versuchte Howard, sich beim Atmen Erleichterung zu verschaffen. Der Rauch war kaum zu ertragen, aber er zeigte die beabsichtigte Wirkung. Die Heuschrecken ließen von der Decke ab.

Im Küchenraum des Hauses, der mit einer aus Lehmziegeln gemauerten Kuppel gedeckt war, dämmerten die Fünf, auf dem nackten Boden liegend, dem Morgen entgegen, als plötzlich, von einem Augenblick auf den anderen, das Brummen, Dröhnen und Flirren nachließ.

Sie hatten die letzten Stunden hustend, prustend und stumm verbracht, um Luft zu sparen, und Mrs. Petrie hatte dabei mehrmals das Bewußtsein verloren. Nun mißtrauten alle der plötzlichen Stille. Sie hatten achtzehn Stunden ausgeharrt, achtzehn Stunden in Todesangst, achtzehn Stunden, in denen sie mehrmals geglaubt hatten, daß alles zu Ende sei. Und nun? Die plötzliche Stille wirkte unheimlich, beängstigend, sogar drohend, als hätten sie nun noch Schlimmeres zu erwarten. Keiner wagte es, nach dem Rechten zu sehen, denn keiner wußte, was einen draußen erwartete.

»Hilda!« Petrie versuchte, seine Frau, die schon seit geraumer Zeit kein Lebenszeichen mehr von sich gab, wachzurütteln. »Hilda!« rief er ein um das andere Mal.

Howard beobachtete die Szene angstvoll aus nächster Nähe. Er saß wie Petrie mit gekreuzten Beinen auf dem Boden. Plötzlich sprang Flinders Petrie auf und lief zur Haustür. Dabei rief er aufgelöst: »Sie stirbt, sie stirbt, wenn sie nicht augenblicklich frische Luft kriegt.«

Und noch ehe ihn jemand hindern konnte, riß Petrie die vernagelte Haustüre auf. Starr vor Schreck, sahen Carter und Newberry zu, wie Petrie seine Frau unter den Achseln packte und rücklings ins Freie schleifte.

Vorsichtig folgte Howard Mr. Petrie nach draußen.

»Wasser!« schrie Flinders Petrie, »holen Sie einen Eimer Wasser aus der Küche.«

Howard kam der Aufforderung nach. Ohne zu zögern, nahm Petrie den Eimer und schüttete den Inhalt über Hildas Gesicht. Die Roßkur zeigte Wirkung. Mrs. Petrie schüttelte sich und öffnete die Augen.

»Hilda!« rief Petrie aufgeregt und hüpfte um seine auf dem Boden liegende Frau herum. »Hilda! Wir haben alles überstanden.«

Zögernd kamen auch Newberry und Selima aus dem Haus. Erst jetzt hatte Carter Gelegenheit, die Umgebung zu betrachten. »O mein Gott!« stammelte er. »O mein Gott.«

Die Sonne, die sich seit Tagen hinter Staubwolken in stickig heißer Luft verborgen hatte, stand sichtbar über den Bergen im Osten und warf grelle Schatten in die Ebene von Tell el-Amarna. Das ließ den Anblick noch unwirklicher erscheinen, absurd und phantastisch wie eine Theaterdekoration: Millionen von Heuschrecken hatten das

Land kahlgefressen. Palmen, Bäume und Büsche waren kaum zu erkennen, weil nur Stämme und dickere Äste übriggeblieben waren. Selbst an dem Schilfrohr auf dem Dach des Grabungshauses hatten sich die gefräßigen Insekten gütlich getan und nur ein poröses Gitterwerk zurückgelassen.

Tausende toter Insekten lagen im Sand, tot, starr oder zappelnd. Und über allem schwebte der penetrante Geruch, der sie seit eineinhalb Tagen verfolgte.

Carter hielt die flache Hand über die Augen und suchte die Ebene ab. Nichts regte sich. Es war still. Nicht einmal die großen schwarzen Vögel, die für gewöhnlich um diese Zeit über Amarna kreisten, ließen sich blicken.

Flinders Petrie half seiner Frau auf die Beine. Hilda blickte in die Ferne, wo vorgestern noch ein grüner Landstreifen das Nilufer eingerahmt hatte. Jetzt war auch hier kahle Wüste. Ungläubig schüttelte Hilda immer wieder den Kopf. Dann sagte sie leise: »So habe ich mir als Kind den Jüngsten Tag vorgestellt.«

Kapitel 14

Es dauerte Wochen, bis alle Spuren der Heuschreckenplage beseitigt waren, und noch länger gerieten die Menschen in Panik, sobald zwei oder drei der fliegenden Insekten auftauchten. Überall in der Ebene lagen tote Tiere herum, Hunde, Katzen, sogar Esel und Kühe. Besonders nachts, wenn ein warmer Wind über den Talkessel strich, verbreitete sich ein unerträglicher Gestank. Doch das wahre Grauen wurde jeden Morgen sichtbar, wenn die Sonne aufging und die kahlgefressenen Bäume und die Palmenstümpfe bizarre Schatten warfen, als wären es die abgenagten Skelette von Walfischen.

Mais-, Zuckerrohr- und Baumwollernte waren vernichtet. Die Plantagenbesitzer entließen ihre Arbeiter, denn es gab nichts zu tun. In Mittelägypten ging die Angst um, die Angst vor einer Hungersnot.

Eines Morgens erwachte Carter von dumpfem Gebrummel. Sein erster Gedanke war: Heuschrecken! Aber als er näher hinhörte, vernahm er ein hundertfaches Stimmengewirr.

Howard blinzelte aus dem Fenster. Vor dem Grabungshaus hatten sich etwa dreihundert Männer versammelt. Sie trugen Schaufeln, Hakken und Keulen und schienen äußerst aufgebracht. Carter weckte Newberry. Der verständigte Petrie.

Zu dritt spähten die Männer nach draußen.

»Was hat das zu bedeuten?« fragte Flinders Petrie.

»Keine Ahnung«, erwiderte Newberry, »freundlich sehen die Kerle jedenfalls nicht aus.«

Mrs. Petrie, die sich inzwischen angezogen und die Menschenansammlung beobachtet hatte, holte die Flinte aus Petries Arbeitszimmer, steckte eine Patrone in die Waffe und lud durch. Eine Handvoll weiterer Patronen steckte sie in die Tasche ihrer Reithose. Mrs. Petrie,

Tochter eines britischen Colonel, hatte ihre Treffsicherheit schon oft unter Beweis gestellt.

»Flinders!« kommandierte sie in der ihr eigenen Art, »du gehst jetzt raus und fragst, was die Leute wollen. Und sollte dir nur einer ein Haar krümmen, dann knalle ich ihn ab wie ein Kaninchen.« Hilda nahm ihr Gewehr in Anschlag.

Der Lärm vor dem Haus wurde lauter. Mißtrauisch blickend, wagte sich Petrie ins Freie, Mrs. Petrie dicht hinter ihm.

Beim Erscheinen des Ausgräbers verstummten die Männer.

»Was wollt ihr zu so früher Stunde?« rief Petrie mit lauter Stimme.

Ein fremder Mann mit schwarzem Haar und grauem Kinnbart trat vor. Er war etwa fünfzig Jahre alt und trug eine Keule in der Hand. Hilda riß das Gewehr hoch.

»Um Himmels willen«, meinte Carter im Hintergrund an Newberry gewandt, »wenn Mrs. Petrie jetzt abdrückt, ist unser Leben keinen Pfifferling mehr wert.«

Für einen Augenblick standen sich Petrie und der Unbekannte Auge in Auge gegenüber, dann sagte dieser in gut verständlichem Englisch: »Effendi, Sie sind sehr großzügig und beschäftigen siebzig Arbeiter und entlohnen sie mit zehn Piaster am Tag. Aber fünfmal so viele Arbeiter aus El Hadsch Kandil und Umgebung haben jetzt überhaupt keine Arbeit. Es gibt nichts zu tun, die Felder sind kahl wie das Haupt des Khediven. Keine Arbeit, kein Geld. Unsere Frauen und Kinder müssen verhungern, während siebzig von uns entlohnt werden wie ein Mudir.«

»Wie ist dein Name?« erkundigte sich Flinders Petrie.

»Ich bin der Rais Mehmed Zaki.«

»Nun gut, Mehmed Zaki, was du sagst, ist durchaus richtig. Und daß die Heuschrecken alle Felder kahlgefressen haben, ist bedauerlich. Noch bedauerlicher ist, daß es für euch keine Arbeit gibt. Aber ich brauche nun einmal nicht mehr als siebzig Arbeiter.«

»Es ist ungerecht, siebzig von uns wie einen Mudir zu entlohnen, während dreihundertfünfzig ganz ohne Arbeit sind. Effendi, alle Männer, die Ihr hier seht, würden für zwei Piaster am Tag arbeiten. Mehr haben sie auf den Baumwollfeldern auch nicht bekommen. Geben Sie uns Arbeit, Effendi. Sie werden es nicht bereuen.«

Mrs. Petrie hielt noch immer das Gewehr im Anschlag. Newberry trat hinzu und nahm Hilda die Waffe aus der Hand.

»Was sagen Sie dazu, Mr. Newberry?« Petrie wandte sich um.

Newberry dachte nach. Schließlich meinte er: »Die Vorstellung, mit über vierhundert Arbeitern zu graben, ist verlockend, Sir. Vor allem, wenn man bedenkt, daß die Mehrkosten nicht viel mehr als hundert Piaster betragen.«

»Ich habe schon immer gesagt, daß unsere Löhne zu hoch sind. Aber als ich hier anfing, meinte Maspero, der damals Chef der Altertümerverwaltung war, ich müßte zehn Piaster pro Mann und Tag zahlen. Der alte Gauner! Jetzt ist mir klar, warum wir noch nie Mangel an Arbeitern hatten.«

Newberry nickte zustimmend: »Sir, die Saison dauert ohnehin nur noch vier bis sechs Wochen. Ich finde, Sie sollten es versuchen. Vielleicht gelingt es uns mit vierhundert Arbeiter ganz Amarna auszugraben.«

»Und wenn ich mich weigere?«

Percy Newberry blickte in die Gesichter der Arbeiter. Sie hatten das Grabungshaus in einem Halbkreis umstellt und warteten gespannt auf die Antwort. »Sehen Sie sich die Leute doch einmal an, Sir. Möchten Sie alle diese Männer zum Feind haben?«

Flinders Petrie verzog das Gesicht und hob die Augenbrauen, dann warf er Hilda einen fragenden Blick zu. Aber als die nur ratlos mit den Schultern zuckte, wandte sich Petrie wieder dem Rais zu und sagte: »Also gut, Mehmed, ich bin bereit, euch alle zu übernehmen, wenn du dich mit den übrigen Arbeitern arrangierst und die gesamte Organisation übernimmst! Ihr könnt noch heute beginnen. Mr. Newberry wird euch in verschiedene Claims einweisen.«

Mehmed Zaki wandte sich um, um den Arbeitern den Erfolg mitzuteilen; aber schon nach wenigen Worten brachen die Männer in wildes Geschrei aus. Sie bildeten einen Kreis um das Grabungshaus und begannen stampfend zu tanzen, unterbrochen von Freudenschreien, die den Effendi hochleben ließen.

In den folgenden Tagen und Wochen legten die Ausgräber so viele Mauerreste frei, daß allmählich der Grundriß einer ganzen Stadt sichtbar wurde, Straßen und Paläste, Tortürme und Innenhöfe, Anlagen und Säulenhallen, sogar ein von Mauern umgebenes Becken.

Eines Abends, nach Beendigung der Arbeiten, nahm Petrie Carter beiseite und forderte ihn auf, neben sich auf einer Mauer Platz zu nehmen. »Mr. Carter«, begann Petrie, »wir sitzen hier am Straßenrand der Hauptstraße von Achetaton. Weil wir den Namen der Straße nicht kennen, nennen wir sie einfach Königsstraße. Und mit etwas Phantasie können Sie sich vielleicht vorstellen, daß dies hier ein Straßencafé ist. Wir beobachten den abendlichen Verkehr und sehen den vornehmen Leuten in feinen Gewändern hinterher, die auf dem Boulevard flanieren. Werfen Sie doch einen Blick hinüber zu der Brücke, die sich über die Königsstraße spannt! Um diese Zeit versammeln sich dort die Bewohner der Hauptstadt und warten darauf, daß Pharao Echnaton mit seiner schönen Frau Nofretete auf der Brücke erscheint, um die Huldigungen seiner Untertanen entgegenzunehmen. Links von der Brücke sehen wir die Privaträume des Königs, rechts im Hintergrund die große Säulenhalle, in der Echnaton die Großen des Reiches empfängt. Hier uns gegenüber sind die Magazine, in denen Vorräte für mehrere Jahre gestapelt sind, Getreide und getrocknete Früchte. Und dort drüben, die große Mauer umschließt den Tempel des Aton. Seine Tore werden um diese Zeit geschlossen. Die kahlköpfigen Priester eilen in ihre nahen Wohnungen. Sehen Sie das, Mr. Carter, sehen Sie das?«

»Ja, ich sehe es«, antwortete Howard Carter andächtig.

»Dann ist es gut«, meinte Petrie voller Stolz. »Ich habe nämlich eine Aufgabe für Sie, ich möchte, daß Sie einen Stadtplan von Achetaton zeichnen, mit allen Straßen, Plätzen und Gebäuden. Das ist gewiß keine einfache Angelegenheit, aber Sie wären der erste, dem es gelingt, einen Plan einer über dreitausend Jahre alten Stadt zu erstellen. Trauen Sie sich das zu, Mr. Carter?«

Howard zögerte angesichts der zahllosen Mauerreste, die zum Teil so unscheinbar und unregelmäßig aus dem Sand ragten, daß es großer Phantasie bedurfte, um darin die Umrissse eines Gebäudes zu erkennen. Aber dann erwiderte er kurz: »Ich versuche es, Sir.«

Und Petrie bekräftigte: »Nichts anderes habe ich von Ihnen erwartet, Mr. Carter.«

Mit Maßband und Zeichenbrett ausgestattet, machte sich Carter am folgenden Tag an die Arbeit. Zunächst skizzierte er mit freier

Hand eine Übersicht der Stadt, bevor er daran ging, die einzelnen Straßen und Gebäude zu vermessen. Howard begann im Zentrum, wo die größten Mauerreste erhalten waren. Das erleichterte die Arbeit.

Gegen Mittag, die Arbeiter hatten ihre Tätigkeit gerade eingestellt, näherte sich der Rais Mehmed Zaki und rief schon von weitem: »Ein Telegramm, Carter-Effendi!«

Carter riß den braunen Umschlag auf, faltete das derbe Papier auseinander und las: »Vater Samuel Carter gestern gestorben + stop + Beerdigung Putney Freitag + stop + Fanny und Kate + stop +.«

»Etwas Unangenehmes?« erkundigte sich Mehmed Zaki.

»Nein, nein«, erwiderte Howard, »welchen Tag haben wir heute?«

»Heute Donnerstag, Carter-Effendi.«

»Ist gut.«

Der Rais entfernte sich.

Samuel Carters Tod – er wurde nur siebenundfünfzig Jahre alt – traf Howard unvorbereitet; aber er bereitete ihm keinen Schmerz. Er hatte seinen Vater zeitlebens verehrt, geliebt hatte er ihn nicht. Für ihn war der Vater als Maler ein Vorbild gewesen. Als Maler hatte er ihn bewundert, als Vater eher verachtet. Nein, er empfand keine Trauer. Was ihn in diesem Augenblick bewegte, war eher die Zukunft seiner Mutter. Sie war Samuel Carters starken Arm gewöhnt, und Howard machte sich Gedanken, wie sie ohne diesen starken Arm leben würde.

Auf dem Heimweg bemerkte Carter, daß er weinte. Hatte er seinen Vater doch mehr geliebt, als er sich eingestand? Oder war es nur die Erkenntnis der Unabänderlichkeit des Schicksals? Howard wischte sich mit der Hand die Tränen aus den Augen. Irritiert schüttelte er den Kopf und setzte seinen Weg fort.

Das karge Mittagessen, das aus gurkenartigen panierten Gemüsescheiben bestand und dank Selimas Kochkünsten durchaus schmackhaft war, verlief schweigsam. Angesichts der Mittagshitze war das nicht ungewöhnlich. Unterhaltung wurde von den Ausgräbern erst nach dem Abendessen gepflegt. Nicht selten dauerte sie die halbe Nacht. Aber an diesem Tag lag eine seltsame Spannung in der Luft. Das spürte Howard sofort. Zunächst glaubte er, das Schweigen habe mit dem Tod seines Vaters zu tun; doch woher sollten Petrie und Newberry den Inhalt des Telegramms kennen?

Wortlos zog Carter das Papier aus der Tasche und reichte es Petrie über den Tisch.

Der las, und bevor er das Telegramm an seine Frau Hilda weitergab, sagte Petrie: »Es tut mir aufrichtig leid, Mr. Carter. Ich kann mir vorstellen, wie Ihnen zumute ist.«

»Schon gut«, meinte Howard, nachdem auch Hilda Petrie und Newberry ihm ihr Mitgefühl ausgesprochen hatten, »aber erwarten Sie von mir keine allzutiefe Trauer. Sie wissen ja, daß ich zwar Eltern hatte, aber weder einen Vater noch eine Mutter.«

Wieder entstand ein lang anhaltendes Schweigen. Endlich begann Percy Newberry zu reden. »Nein, heute ist wahrlich kein Glückstag für uns alle.«

Jetzt sah Carter den Briefumschlag, der neben der Pfanne auf dem Tisch lag. Absender: *The Egypt Exploration Fund, Oxford House, London.*

»Laß mich raten, was in dem Brief steht!« sagte Howard an Newberry gewandt. »Lord Amherst will, daß wir die Schatzsuche aufgeben.«

»Gut geraten«, erwiderte Newberry bitter. »Amherst bezahlt uns noch vier Wochen bis zum Ende der Saison. Außerdem kommt er für die Schiffspassage nach England auf.«

»Wie großzügig«, rutschte es Howard Carter heraus, »aber man kann es Lord Amherst nicht verdenken. Was haben wir schon gefunden! Wenn wir ehrlich sind, nichts. Jedenfalls nichts, was Seine Lordschaft in Begeisterung versetzen könnte. Warum läßt er uns nicht noch ein oder zwei Jahre Zeit?«

»Das ist es nicht, Howard! Lord Amherst hatte für die Schatzsuche zwei Jahre eingeplant. Aber nun ist etwas dazwischengekommen, was unsere Arbeit sinnlos macht. Die ägyptische Regierung hat ein neues, strenges Gesetz erlassen, das jede Ausfuhr von Grabungsfunden verbietet. Und das bedeutet...«

»...daß Lord Amherst, selbst wenn wir erfolgreich wären und eine bedeutsame Entdeckung machten, kaum eine Chance hätte, in den Besitz dieses Schatzes zu kommen.«

»Ganz recht!« bekräftigte Newberry. »Und da der *Exploration Fund* nicht bereit ist, Amhersts Anteil an unserem Gehalt zu übernehmen, müssen wir wohl oder übel im kommenden Monat nach England zurückkehren.«

Carter sprang auf und rief wütend: »Nie im Leben! Ich gehe nicht nach England zurück. Und wenn ich mein Geld als Kameltreiber verdienen muß – ich bleibe!« Dabei warf er Petrie einen hilfesuchenden Blick zu.

Howard hatte erwartet, Petrie würde in irgendeiner Weise für ihn Partei ergreifen. Doch der blickte verlegen zur Seite und schwieg. Endlich begann er: »Wenn es nach mir ginge, würde ich Sie beide behalten. Sie, Mr. Newberry, sind ein ausgezeichneter Ägyptologe. Und Sie, Mr. Carter, sind ein hervorragender Ausgräber und Zeichner, eine Kombination, die nicht so häufig ist in unserem Gewerbe. Aber nach mir geht es nun einmal nicht...«

Flinders Petrie griff nach dem Umschlag, der auf dem Tisch lag, zog einen Brief heraus und begann zu lesen: »...und möchten wir Ihnen mitteilen, daß sich der *Egypt Exploration Fund* in Absprache mit der Kairoer Altertümerverwaltung entschieden hat, die Grabungen in Tell el-Amarna zum Ende der laufenden Saison einzustellen. Gerne würden wir jedoch Ihre geschätzten Dienste in Der-el-Bahari in Anspruch nehmen, wo Edouard Naville, der Chef-Archäologe des *Egypt Exploration Fund*, seit geraumer Zeit tätig ist...«

Den letzten Satz hatte Petrie mit zunehmender Lautstärke und vor Wut funkelnden Augen vorgelesen. Nun zerriß er den Brief in tausend kleine Fetzen, warf sie auf den Boden, und mit sich überschlagender Stimme schrie er: »Ein Flinders Petrie läßt sich nicht herumkommandieren wie ein Zirkuspferd. Nicht vom *Egypt Exploration Fund* und nicht von der Altertümerverwaltung. Ein Flinders Petrie gräbt dort, wo *er* es für richtig hält. Und wenn die hohen Herren anderer Auffassung sind, sollen sie selbst die Schaufel in die Hand nehmen.«

So hatte Howard den Archäologen noch nie erlebt. Er hatte Petrie als einen Menschen kennengelernt, den kaum etwas aus der Ruhe brachte und dem nicht einmal die Eigenarten seiner Frau Hilda etwas anhaben konnten. Wie er nun auf den Papierfetzen auf dem Boden herumtrampelte, schien er ein anderer. Petrie war außer sich. Und selbst Hilda, die in dieser Ehe das Heft in der Hand hielt, zog es vor, sich zurückzuziehen.

Während Petrie, die Hände auf dem Rücken verschränkt, mit kurzen, heftigen Schritten in dem karg möblierten Aufenthaltsraum hin- und herstapfte, blickten Carter und Newberry betroffen auf die Tischplatte, wo noch immer das Geschirr des Mittagessens herumstand.

»Um Sie, Mr. Carter, tut es mir leid«, meinte Petrie, nachdem er sich etwas beruhigt hatte. »Ich hatte gehofft, einen großen Ausgräber aus Ihnen zu machen. Aber Sie sehen ja, wie diese Schreibtischhengste mit einem umspringen. Das einzige, was sie können, ist, einen Stoß Akten von einem Schreibtisch zum anderen zu schieben. Und genauso gehen sie auch mit Menschen um. Glauben Sie mir, Carter, Schreibtische sind der Tod jeder Forschung. Hier« – er klopfte mit dem Zeigefinger auf den Tisch – »hier wird Wissenschaft betrieben, nicht in irgendwelchen Amtsstuben in Kairo oder London.«

Die letzten Wochen vor dem Ende der Grabungssaison schleppten sich träge und trostlos dahin. Und das, obwohl Petrie mit Hilfe der vierhundertköpfigen Arbeiterkolonne mehr Fundstücke aus dem Sand zog als alle Ausgräber vor ihm, in der Hauptsache Reliefsteine mit Inschriften und Darstellungen aus dem Leben der alten Hauptstadt Achetaton.

Unterdessen versuchte Howard Carter seine Aufgabe zu Ende zu bringen und zeichnete weiter am Stadtplan von Achetaton. An manchen Tagen legte er zwanzig Meilen zurück, und innerhalb kurzer Zeit entwickelte er ein so genaues Augenmaß, daß er Abstände und Entfernungen mit höchster Genauigkeit abschätzen konnte und das Bandmaß nur noch zur Kontrolle gebrauchte.

Zugleich mit dem Übersichtsplan fertigte Howard Detailzeichnungen einzelner Gebäude bis auf wenige Zoll genau. Anhand der Funde, die von den Grabungsarbeitern innerhalb der Grundmauern eines Gebäudes gemacht wurden, und nach Rücksprache mit Flinders Petrie wagte Carter sogar, den einzelnen Gebäuden Namen zu geben.

Carters Pläne hatten inzwischen in Umfang und Format eine Größe erreicht, daß er Mühe hatte, alle Blätter in einer Mappe zu tragen. Selima erbot sich, bei Howards langen Fußmärschen behilflich zu sein. Das nubische Mädchen hatte sich bei den Engländern gut eingelebt, und natürlich war ihm nicht verborgen geblieben, daß das Abenteuer von Tell el-Amarna in wenigen Tagen zu Ende sein sollte.

»Carter-Effendi«, sagte Selima auf dem Heimweg nach einem langen, arbeitsreichen Tag, »gehst du auch zurück nach England?«

Howard lächelte verlegen. »Nein, Selima, für mich ist in England kein Platz mehr. Ich bleibe in Ägypten.«

Eine Weile stapften beide schweigend nebeneinander her. Dann meinte Selima: »Du liebst dieses Land, nicht wahr, Carter-Effendi? Liebst du Ägypten mehr als England?«

»Das ist nicht die Frage, Selima. Ich habe meine Gründe, warum ich nicht nach England zurückkehren will.«

Selima hob den Zeigefinger und rief: »Ah, ich verstehe, du hast Angst vor Polizei!«

»Du glaubst, ich hätte etwas ausgefressen? Nein, da kann ich dich beruhigen. Das ist nicht der Grund, warum ich nicht nach England zurück will.«

»Dann ich weiß!« Selima stach erneut mit dem Zeigefinger in die Luft.

»Nichts weißt du!«

»Bestimmt steckt eine Frau dahinter. Stimmt's, Carter-Effendi?«

Zuerst schwieg Howard; aber weil er ahnte, daß Selima nicht lockerlassen würde, erwiderte er schließlich: »Ja, eine Frau ist der Grund, warum ich nicht nach England zurückkehren möchte. Bist du jetzt zufrieden?«

Selima nickte verständnisvoll, ja ihr Gesichtsausdruck verriet sogar etwas von Traurigkeit. »Oje«, meinte sie schließlich, »oje, oje.«

Als das Grabungshaus in Sichtweite kam, blieb das Mädchen plötzlich stehen und sah Howard von der Seite an. »War sie nicht untertänig?«

»Untertänig?«

»Nun ja, Frau muß sein dem Mann untertänig, sonst...« Dabei machte sie eine Handbewegung, als schwinge sie eine Peitsche. »Mußt aber nicht traurig sein, Carter-Effendi! Gibt genug Frauen auf der Welt.«

Carter lachte und setzte den Weg fort, als Selima erneut innehielt. »Carter-Effendi, ist England ein schönes Land?«

»O ja«, erwiderte Howard, »ein sehr, sehr schönes Land.«

»Schöner als Nubien?«

»Ich kenne Nubien nicht, Selima. Aber sicher ist England ganz anders als Nubien. Es gibt keine Wüsten, alles ist grün. Manche Städte haben mehr Einwohner als ganz Nubien. Sie sprechen eine fremde Sprache. Und im Winter ist es so kalt, daß die Menschen mehrere Kleidungsstücke übereinander tragen. Kannst du dir das vorstellen?«

Selima verzog das Gesicht. »Nein!« erwiderte sie knapp.

Am nächsten Morgen war Selima verschwunden. Percy Newberry, dem Frühaufsteher, war ihre Abwesenheit zuerst aufgefallen; denn Selima verbrachte die Nächte auf einer Küchenbank. Keine Macht der Welt hatte sie dazu gebracht, sich in einem bettähnlichen Mobiliar zur Ruhe zu legen.

Mrs. Petrie reagierte aufgebracht: »Man kann diesen Eingeborenen einfach nicht trauen! Ich würde mich nicht wundern, wenn sie uns bestohlen hätte. Flinders, Percy, Howard! Seht nach, ob irgend etwas fehlt. Wir müssen die Polizei verständigen.«

Es bedurfte großer Anstrengungen und einer Durchsuchung des ganzen Hauses, um Mrs. Petrie zu besänftigen. Es fehlte nichts.

»Undankbares Ding!« schimpfte Hilda Petrie, »ich hatte ihr versprochen, sie nach England mitzunehmen. Sie hätte sich im Haushalt nützlich machen können. So eine Chance bietet sich dem Mädchen nie mehr!«

Flinders Petrie, den Selimas Verschwinden weit weniger verstimmte als seine Frau, hob die Schultern und sagte: »Ach weißt du, Hilda, vielleicht betrachtete sie das gar nicht als Chance. Vielleicht hatte sie Angst vor einem Leben in einem unbekannten, fernen Land.«

Carter nickte zustimmend. »Ja, vielleicht hatte sie Angst.«

Am nächsten Tag zahlte Petrie die Arbeiter aus. Rais Mehmed Zaki hielt nur ein paar von ihnen zurück, welche die wichtigsten Grabungsfunde in Holzkisten verpackten. Petrie hatte sie in Minia anfertigen lassen. Zaki wurde mit der Aufgabe betraut, das Grabungshaus mit den Kisten zu bewachen, bevor diese nach Kairo transportiert wurden.

»Und Sie, Mr. Carter?« fragte Petrie an einem der letzten Tage, »Sie wollen wirklich in Ägypten bleiben? Haben Sie sich das auch gründlich überlegt?«

»Ja, Sir«, antwortete Howard. »Ich werde mich schon irgendwie durchschlagen. Vielleicht wird irgendwo ein Postkartenmaler gesucht, in Luxor oder Assuan, wo die reichen Leute Ferien machen.«

»Sie wollen nach Luxor reisen?«

»Hier bleiben kann ich jedenfalls nicht, Sir. Hier müßte ich glattweg verhungern.«

»Da mache ich mir eigentlich keine Sorgen, Mr. Carter. Sie sind jung und geschickt. Sie werden sicher Ihren Weg machen. Ich habe da eine Idee. Gehen Sie, wenn Sie in Luxor sind, mit Ihren Plänen von Achetaton zu Edouard Naville.«

»Sir, Sie wollten die Pläne mit nach England nehmen!«

»Ja, das wollte ich. Aber ich glaube, die Pläne sind im Augenblick für Sie wichtiger. Wenn Naville die Pläne sieht und nur einen Funken Verstand hat, dann wird er Sie als Zeichner engagieren.«

»Sie meinen wirklich?«

»Ich sagte ja: wenn er einen Funken Verstand hat. Damit meine ich Sinn für die Realität. Naville, müssen Sie wissen, schwebt immer ein bißchen über den Wolken. Er ist eingebildet wie ein Pfau und stolziert stets korrekt gekleidet und gebürstet über die Grabungsfelder. Das einzig Akzeptable an ihm ist seine junge Frau Marguerite, eine Gräfin Sowieso, bildhübsch.«

»Sie mögen Naville nicht besonders?«

»Keiner kann den eitlen Laffen leiden. Er tut so, als hätte er die ägyptische Geschichte erfunden. Auf seinem Briefkopf stehen drei Doktortitel vor dem Namen, in Philologie, Literatur und Theologie. Ägyptologie hat er bei Lepsius in Berlin studiert. Er stammt aus Genf. Bevor er als Chef-Ausgräber des *Exploration Fund* berufen wurde, war er am King's College tätig. Ein von seiner Arbeit Besessener.«

»Und Sie meinen, ich hätte bei Naville eine Chance?«

»Warum nicht. Soweit ich weiß, hat Naville bereits zwei Assistenten. Aber ein guter Zeichner wird immer gebraucht, Mr. Carter. Versuchen Sie's!«

Der Abschied fiel Carter nicht leicht. Mrs. Petrie kämpfte mit den Tränen, und Flinders Petrie steckte ihm so, daß es seine Frau nicht sehen konnte, 50 Piaster zu. Augenzwinkernd bemerkte er dabei, wenn er einmal reich sei, könne er es ihm ja zurückgeben. Percy Newberry versprach, Howard über die Ereignisse in Swaffham auf dem laufenden zu halten und ihm ab und zu eine englische Zeitung zu schicken, postlagernd Luxor.

Gegen Mittag machte sich Howard Carter mit Mehmed, dem Rais, und zwei Eseln auf den Weg nach Minia, wo gegen fünf der Postdampfer in Richtung Luxor ablegte. Sein Gepäck bestand aus dem Koffer, der ihn seit England begleitete, und der Mappe mit den Plänen von Achetaton. In einer Ledertasche, die an einem Riemen vor der Brust baumelte, steckte sein gesamtes Geld, sein Paß und ein Bild mit silbernem Rahmen.

Wenn er ehrlich war, hatte seine Flucht nach Ägypten ihren Zweck verfehlt. Jedenfalls war der Vesuch, sich Sarah, weit weg von Swaffham in einem anderen Kontinent, aus dem Kopf zu schlagen, gescheitert. Es verging kaum ein Tag, an dem er nicht an sie dachte, und jedesmal verursachte ihm der Gedanke eine Unbehaglichkeit in seinem Innersten. Im stillen hoffte Howard, es könnte irgendein Umstand eintreten, der ihn wieder mit Sarah Jones zusammenbrächte.

Entgegen aller Gewohnheit war der Postdampfer pünktlich und lag zur Abfahrt nilaufwärts bereit. Carter gab dem Rais fünf Piaster, und der reichte ihm einen Zettel mit einer Adresse und sagte, falls er jemals in Schwierigkeiten gerate, solle er sich an diesen Mann wenden mit einer Empfehlung von Zaki, dem Rais.

Nach der unerträglichen Hitze des Frühsommers herrschten nun angenehme Temperaturen. Ein leichter Wind strich über den Fluß. Carter trat auf eine kleine quadratische Bretterbude zu, die als Fahrkartenschalter diente.

Für drei Piaster löste er eine Passage dritter Klasse nach Luxor, welche keine Kabine, ja nicht einmal einen Sitzplatz einschloß. Irgendwie mußte er die vierzig Stunden bis Luxor überstehen. Aus dem Schlot des Steamers mit Namen »Ramses« quoll eine schwarze Rauchwolke und hüllte das Schiff mit den gewaltigen Schaufelrädern auf beiden Seiten in geheimnisvolles Dunkel. Vielleicht wollte es auf diese Weise verbergen, daß der alte Kahn gefährlich überladen war. Jedenfalls hielten sich auf dem offenen Achterdeck, das kaum zwanzig Sitzgelegenheiten bot, über hundert drängende, lärmende Menschen auf, die zwischen zwei Kühen, einer Ansammlung von Käfigen mit Enten und Hühnern und einem Berg von Kisten und Koffern, der sich gewiß drei Meter hoch auftürmte, einen Platz für die Nacht suchten.

Carters größte Sorge galt seiner Zeichenmappe, die ihm in Luxor zu einer neuen Anstellung verhelfen sollte. Da traf es sich gut, daß plötzlich auf dem schwankenden Bootssteg, der aus rohen Brettern gezimmert war, ein Mann von europäischem Aussehen neben ihm stand. Er trug einen schmuddeligen, ehemals weißen Anzug und darüber hinaus einen gelangweilten Gesichtsausdruck zur Schau, als machte er diese Reise nicht zum ersten Mal.

»Entschuldigen Sie, Sir«, begann Carter, »Sie verfügen gewiß über eine eigene Kabine auf diesem Schiff.«

Der Fremde musterte Carter abschätzend, ob er so einem wie ihm überhaupt antworten solle, schließlich bequemte er sich zu der Gegenfrage: »Was wollen Sie? Wer sind Sie? Sind wir uns schon einmal begegnet?«

Seine Aussprache legte den Verdacht nahe, daß es sich um einen Amerikaner oder einen sehr gut Englisch sprechenden Europäer handelte. Selbstbewußt erwiderte Howard: »Mein Name ist Carter, Howard Carter, ich bin Engländer und Ausgräber. Und was Ihre letzte Frage betrifft, Sir, meines Wissens sind wir uns noch nie begegnet.«

»So, Ausgräber sind Sie, Mister! Kommen Sie etwa aus Amarna?«

»Ganz recht, Sir. Sind Sie etwa vom Fach?«

Der andere überging die Bemerkung, denn er fragte zurück: »Und, waren Sie erfolgreich?«

Carter verzog sein Gesicht. »Wie man's nimmt, Sir. Große Schätze haben wir nicht gefunden; aber mein Chef, Flinders Petrie, meinte, für die Wissenschaft hätten wir durchaus Fortschritte gemacht.«

Der Mann im weißen Anzug lächelte gequält: »So, so, das meint Mr. Petrie.«

»Sie kennen ihn, Sir?«

»Flüchtig, flüchtig. Ich bin Kurator am Museum in Kairo. Übrigens – Brugsch ist mein Name, Emil Brugsch. Nicht zu verwechseln mit meinem großen Bruder Heinrich Brugsch.«

»Dann sind Sie Deuscher?«

»Muß ich mich dafür entschuldigen?«

»Nein, ganz im Gegenteil. Sie sprechen hervorragend Englisch, wenn ich mir die Bemerkung erlauben darf.«

»Ich habe längere Zeit in Kalifornien gelebt, wissen Sie.«

Am Eingang des Schiffes trennte ein Matrose in Phantasieuniform und mit einem wilhelminischen Schnauzbart im Gesicht die Spreu vom Weizen, indem er die Dritte-Klasse-Passagiere in Richtung Achterdeck schickte und Leute wie Brugsch in den vorderen Teil des Schiffes einwies.

»Warum ich mir erlaubte, Sie anzusprechen«, sagte Carter hastig, bevor sich ihre Wege trennten, »ich habe hier eine Mappe mit einem Stadtplan von Achetaton und Zeichnungen der einzelnen Gebäude. Die Mappe hat für mich einen hohen Wert. Ich möchte mich mit meinen Arbeiten bei Naville in Luxor vorstellen. Dürfte ich Sie bitten, die Mappe bis Luxor an sich zu nehmen? Das Achterdeck ist nicht gerade der ideale Aufbewahrungsort. Sie reisen doch auch nach Luxor?«

Brugsch brummelte unwillig, meinte dann aber: »In Ordnung, Mister, geben Sie her.«

Der Matrose forderte dazu auf, den Eingang freizumachen. Carter bedankte sich bei Brugsch und drängte sich mit seinem Koffer in Richtung des Achterdecks.

Auf dem Schiff und am Ufer wuchs die Unruhe, nachdem der Kapitän die Schiffsglocke geläutet und das Kommando zum Ablegen gegeben hatte. Behäbig und gegen den Strom begannen sich die gewaltigen Schaufelräder zu drehen. Von der Strömung getrieben, neigte sich der Bug der »Ramses« zur Mitte des Flusses. Das Schiff schien flußabwärts zu treiben, und es dauerte bange Sekunden, bis die Schaufeln des Dampfers genug Kraft erzeugten und das Schiff stromaufwärts bewegten.

Howard fand einen Platz neben einem Käfig mit vier Wildkatzen, die bei jeder Annäherung fauchten wie gefährliche Tiger. Sein Koffer diente ihm als komfortable Sitzbank und eignete sich sogar für die Nacht zum Schlafen.

Auf dem Achterdeck reisten nur Männer. Carter war der einzige Europäer. Während er sich nicht scheute, mit den Händlern und Geschäftemachern ins Gespräch zu kommen, von denen manche dreinblickten, als reisten sie zu ihrer eigenen Hinrichtung, herrschte zunächst gedrückte Stimmung. Da begann ein junger Mann mit buschigen, dunklen Brauen, die über der Nasenwurzel zusammengewachsen waren, was ihm ein wildes Aussehen verlieh, zwei kleine, mit Fell bezogene Trommeln zu schlagen, ein zweiter entlockte einer seltsam geformten Flöte, welche am unteren Ende eine Ausbuchtung aufwies wie der Hals einer Kobra, klagende Töne, und ein Dritter gesellte sich mit einem Streichinstrument dazu, das nur zwei Saiten hatte und einen Resonanzkörper, der in seinem früheren Leben wohl eine riesige Wassernuß gewesen war. Zusammen machten die drei einen Höllenlärm, der die zahlreichen Tiere in den Käfigen zur Freude der Männer in Unruhe versetzte.

Zwei Stunden mochten vergangen sein, als die »Ramses« Amarna passierte. Howard warf einen wehmütigen Blick hinüber zu dem Talkessel, wo er die letzten zwei Jahre seines Lebens verbracht hatte. Das Felsengebirge im Osten lag um diese Zeit in rötlichgoldenem Licht. Zu seinen Füßen die Stadt Echnatons und die des Tut-ench-Aton. Dort kannte er jede Mauer, die die Zeit überdauert hatte, jedes Haus, jede Straße.

Während der Lärm um ihn herum in den Ohren schmerzte, wurde Howard bewußt, daß die vergangenen Jahre Jahre der Stille gewesen waren, Jahre des Schweigens und Nachdenkens. Manchmal hatte er einen ganzen Tag lang kein einziges Wort gesprochen, und wenn, dann hatte er mit sich selbst geredet, als stünde ein anderer neben ihm. Er war, dachte er, auf dem besten Weg, ein Eigenbrötler zu werden, ein Einzelgänger und Sonderling, ein Kauz. Vielleicht war er es schon?

Vom Oberdeck, wo sich, abgeschirmt vom lärmenden Pöbel, die feinen Leute aufhielten, vernahm Howard eine Stimme: »He, Mister Carter! Kommt Ihnen wohl bekannt vor?« Es war Brugsch, dem er seine Mappe mit den Zeichnungen anvertraut hatte.

Carter nickte lachend.

»Kommen Sie doch auf einen Sprung herauf!« rief Brugsch nach unten.

»Aber ich bin Passagier dritter Klasse!« rief Howard nach oben.

»Das geht schon in Ordnung. Kommen Sie!«

Die Freundlichkeit, mit der ihm der Deutsche begegnete, verwunderte Carter; doch er folgte der Aufforderung und stieg, unbehelligt von dem Wächter, der um strenge Teilung der Klassen bemüht war, die schmale Holztreppe hinauf zum Oberdeck.

Brugsch saß in einem Korbsessel an der Reling und paffte eine dicke Zigarre. Von unten herauf drang die exotische Musik der Eingeborenen.

»Nehmen Sie Platz, Mr. Carter!« Brugsch schob Howard einen Sessel hin und machte eine einladende Handbewegung. »Scotch Whisky?« fragte er mit einem unsympathischen Grinsen.

»Gern«, erwiderte Carter, obwohl er Whisky nicht ausstehen konnte, weil ein einziges Glas genügte, um ihn betrunken zu machen. Aber er wollte sich gegenüber dem Deutschen keine Blöße geben.

Brugsch winkte einen Diener in weißer Galabija herbei und gab die Bestellung auf. Dann blickte er zum linksseitigen Ufer und fragte, ohne Howard anzusehen: »Was meinen Sie, Mr. Carter, liegen in Tell el-Amarna noch Schätze aus der Zeit Echnatons verborgen? Oder ist es sinnlos, dort weiterzugraben?«

Howard war irritiert, daß ausgerechnet der Kurator des Kairoer Museums ihm diese Frage stellte. Was sollte er antworten? Welche Absicht verfolgte Brugsch? Schließlich entgegnete er: »Mister Brugsch, Sie sind erfahren genug, um zu wissen, daß diese Frage nicht zu beantworten ist. Nirgends liegen Erfolg und Mißerfolg so nahe zusammen wie in der Archäologie. Aber vielleicht genügt Ihnen der Hinweis, daß der *Egypt Exploration Fund* die Grabungen eingestellt und Flinders Petrie zurückbeordert hat.«

Der Diener servierte den Whisky, und Carter nahm einen kräftigen Schluck. Vom Ufer, über das sich langsam die Dämmerung senkte, drangen seltsame Laute herüber, ein heftiges Trillern: »Lilililili«, dem aber weder Carter noch irgend jemand auf dem Schiff eine Bedeutung beimaß.

»Ich kann mir einfach nicht vorstellen«, begann Brugsch erneut, »daß die alten Ägypter in einer so großen Stadt wie Achetaton keine Schätze hinterlassen haben.«

»Da sind Sie nicht der einzige, Mr. Brugsch! Die Frage ist nur wo!«

Der Deutsche zog unruhig an seiner Zigarre und stieß in kurzen

Abständen kleine Rauchwölkchen aus, die sich im Fahrtwind schnell verflüchtigten. Dann sagte er, während er gedankenverloren auf das jenseitige Flußufer blickte: »Wenn Sie von der alten Stadt einen Plan erstellt haben, Mr. Carter, dann kennen Sie doch Achetaton besser als jeder andere. Ich meine, dann müßten Sie doch auch gewisse Vermutungen haben, wo noch etwas zu holen ist.«

Carter wiegte den Kopf hin und her. Dieser Brugsch war ihm nicht geheuer. Er schien sich für nichts anderes als Schätze zu interessieren. Das war nicht ehrenrührig oder verwerflich, schließlich hatte ihn auch Lord Amherst ursprünglich als Schatzsucher nach Ägypten geschickt. Aber daß ein Museumskurator nur Schätze im Kopf hatte, das kam ihm seltsam vor.

»Wenn ich Sie richtig verstanden habe«, begann der Deutsche aufs neue, »dann sind Sie zur Zeit ohne Arbeit. Kein sehr erfreulicher Zustand.«

»Sie sagen es, Mr. Brugsch! Aber ich bin zuversichtlich, in Luxor etwas Neues zu finden.«

Brugsch schnippte den Stummel seiner Zigarre über die Reling und beugte sich zu Carter hinüber: »Auch wenn Sie Engländer sind, Mr. Carter, Sie sind ein Mann nach meinem Geschmack! Wollen Sie für *mich* arbeiten?«

Howard reagierte verblüfft: »Für die Altertümerverwaltung? Oder wie soll ich das verstehen?«

»Ich sagte, für *mich*, Mr. Carter!«

»Für Sie persönlich? Das verstehe ich nicht. Das müssen Sie mir erklären.«

»Die Erklärung ist ganz einfach. Was haben Sie bisher verdient, Mr. Carter?«

»Fünfzig Pfund im Jahr«, stammelte Howard, ohne nachzudenken.

»In Ordnung. Ich zahle Ihnen das Gleiche plus einer Beteiligung an allen Verkäufen von fünf Prozent.«

Howard sah den Deutschen fragend an. »Entschuldigen Sie, Mr. Brugsch, aber ich verstehe nicht, was Sie meinen. Woran wollen Sie mich beteiligen?«

Da wurde der Mann richtig zornig, und er fauchte Carter mit gepreßter Stimme an: »Nun stellen Sie sich nicht dumm! Jedes Kind in

Ägypten weiß, was zwischen Assuan und Alexandria abläuft. Überall sind Schatzsucher unterwegs, in allen Hotels lungern Agenten herum auf der Suche nach Ausgrabungen, für die Sammler in aller Welt horrende Summen zahlen. Sehen Sie sich doch hier auf dem Deck einmal um! Die Herrschaften reisen doch nicht zu ihrem Vergnügen, die suchen alle nur das eine, das Gold der Pharaonen!«

Carter musterte die Passagiere auf dem Oberdeck, in der Hauptsache Männer und Einzelreisende in vornehmer weißer Kleidung. Nur wenige Paare waren darunter. Im Hintergrund stand eine stattliche Dame an der Reling und blickte auf die sanften Flußwellen hinab. Sie trug dunkle Kleidung und hatte ihr Gesicht in einen Schleier gehüllt.

»Oder hatten Sie geglaubt«, nahm Brugsch seine Rede wieder auf, »die Archäologen, die hier mit Erlaubnis der Regierung tätig sind, sind die einzigen, die sich wie Maulwürfe durch die Erde wühlen?« Er lachte hämisch, daß die anderen Passagiere auf ihn aufmerksam wurden, und fuhr dann leise fort: »Nein, Mr. Carter, was hier stattfindet, ist ein Wettlauf mit der Zeit. Wer zuerst kommt, hat die größten Chancen, das große Geld zu machen. In Luxor begegnen Sie Männern in Maßanzügen und mit eigener Yacht, die hatten vor ein paar Jahren kein einziges Paar Schuhe zum Anziehen. Woher, glauben Sie, kommt der plötzliche Reichtum? Und was mich betrifft: Von meinem Gehalt als Kurator könnte ich nicht leben...«

»Sie meinen...«

»Das ist doch kein Geheimnis! Die meisten Ausgräber haben eine zweite Einnahmequelle. Ich könnte Ihnen durchaus honorige Namen nennen.«

»Das ist eine Frage des Charakters, Mr. Brugsch!«

»Ausgräber haben keinen Charakter, Mr. Carter. Wer in den Gräbern seiner Ahnen wühlt, darf keine Skrupel kennen.«

Brugschs Kaltschnäuzigkeit, sein näselnder Tonfall und die arrogante Haltung, die er dabei an den Tag legte, empfand Howard als abstoßend. Am liebsten wäre er aufgesprungen und hätte den Mann alleingelassen. Ihn hielt nur der Gedanke ab, daß Brugsch ihm eines Tages noch von Nutzen sein könnte. Deshalb schwieg er und leerte sein Whiskyglas in einem Zug.

»Habe ich Sie erschreckt?« erkundigte sich Brugsch vorsichtig.

Carter hob die Schultern. »Ich wußte nicht, welches Ausmaß der Schwarze Markt erreicht hat.«

»Lililililili«, tönte es, diesmal vom östlichen Ufer, schrill und durchdringend aus hundert Kehlen.

Brugsch, der vorzüglich arabisch sprach, was er seiner Frau verdankte, einer ehemaligen Haremsdame des Khediven, zitierte den Diener herbei, um sich nach der Ursache des seltsamen Geschreis zu erkundigen. Aber auch dieser, Kaschef mit Namen, wußte nicht Bescheid. Nur soviel sagte er, es sei das Klagegeschrei der Weiber, die jemandes Tod betrauerten.

»Also, was sagen Sie zu meinem Vorschlag?« Brugsch ließ nicht locker. Zwar mußte er feststellen, daß der junge Engländer nicht so einfach zu kaufen war; doch Fälle wie dieser übten auf Brugsch einen besonderen Reiz aus. »Sie können sich die Sache ja noch überlegen«, meinte er schließlich, »bis Luxor ist es noch weit.«

Die Worte seines Gegenübers gingen an Carter vorbei, denn er konnte sich des Eindrucks nicht erwehren, daß die verschleierte Dame ihn seit geraumer Zeit beobachtete. Wenn er ihren Blick erwiderte, gab sie sich den Anschein, als würde sie über ihn hinwegsehen. Doch hinter ihm lag nichts als die Dunkelheit des Nils.

Inzwischen wurde das Oberdeck von grell flackernden Ampeln erleuchtet, und Brugsch plauderte noch immer über die Untugenden der Ausgräber. Da faßte sich Carter ein Herz und stellte Brugsch die Frage: »Verzeihen Sie, Sir, kennen Sie den Namen der verschleierten Dame dort an der Reling?«

Brugsch reagierte verärgert, mußte er doch erkennen, daß der junge Engländer seiner Rede wenig Interesse entgegenbrachte. Trotzdem entgegnete er mit gespielter Höflichkeit: »Bedaure, nein. Aber sie ist wirklich eine außerordentliche Frau. Noch dazu alleinreisend. Ich werde mich umgehend erkundigen. Einen Augenblick.«

Brugsch erhob sich und ging, ohne den Blick von der fremden Dame zu lassen, zu einer Treppe, die steuerbord auf die Brücke führte. Wie es schien, war Brugsch auf dem Nildampfer nicht unbekannt; denn als er das obere Ende der Treppe erreicht hatte, öffnete sich eine Tür wie von selbst, und der Deutsche trat ein. Carter konnte beobachten, wie er auf der Brücke mit dem Kapitän, einem hochgewachsenen Ägypter mittleren Alters, ein lebhaftes Gespräch führte.

Zurückgekehrt, berichtete Brugsch, was er über die fremde Frau in Erfahrung gebracht hatte. Nach Aussage des Kapitäns handelte es sich um eine alleinreisende Engländerin. Die junge Lady habe vor kurzem ihren Mann verloren. Nun versuche sie auf einer Ägyptenreise über den Schmerz hinwegzukommen. Sie scheine vermögend zu sein. Jedenfalls habe sie die Suite auf dem Vorderdeck des Dampfers bis Luxor gebucht und im voraus bezahlt, ohne einen Namen anzugeben.

»Soll ich die Lady zu uns bitten?«

Howard starrte unentwegt auf die Unbekannte, deren Schleier bisweilen vom Fahrtwind erfaßt wurde und wie der weite Flügelschlag eines Ibis zu flattern begann. Er antwortete nicht, er sah nur, wie Brugsch auf die fremde Dame zutrat, sich höflich verbeugte und mit einer Handbewegung zu ihm hin eine Einladung aussprach.

Carter war aufgeregt. Er spürte seinen Herzschlag im Hals. Seine Aufregung wurde so stark, daß er daran dachte fortzulaufen, hinunter zum Achterdeck, wo er hingehörte. Aber als er gerade aufspringen wollte, sah er, wie die Unbekannte den Kopf schüttelte, sich umwandte und dem Vorderdeck zustrebte.

»Eine etwas spröde Dame«, näselte Emil Brugsch, »wunderschön, aber spröde. Sie lehnte dankend ab. Vermutlich eine von der Sorte, die erobert werden will.«

Howard schwieg. Aber an seinen unruhigen Augen konnte Brugsch erkennen, wie sehr diese Frau ihn faszinierte. Carter hielt noch immer den Blick auf die Reling gerichtet, wo die Fremde sich aufgehalten hatte.

»Sie hatte dunkle Augen!« bemerkte Carter tonlos.

»Ja. Pechschwarz!«

»Und geschwungene, kräftige Brauen.«

»Genau so!«

»Und eine samtige Stimme.« Carter sah Brugsch fragend an.

»Eine samtige Stimme? – Ich weiß nicht. Auf ihre Stimme habe ich am allerwenigsten geachtet. Kann sein.«

Howard öffnete seine lederne Brusttasche und holte die Photographie hervor. »Könnte es diese Frau gewesen sein?«

Brugsch betrachtete das Bild längere Zeit, für Howards Empfinden viel zu lange, so daß er seine Frage eindringlich wiederholte: »Könnte es diese Frau gewesen sein, Mr. Brugsch?«

Brugsch gab sich unentschlossen, verzog das Gesicht und antwortete, nachdem er das Bild von allen Seiten betrachtet hatte, als würde es sich dadurch verändern: »Schwer zu sagen. Mit Photographien ist das so eine Sache. Sie wissen das, Mr. Carter. Man setzt im Atelier sein Sonntagsgesicht auf. Doch die meisten Menschen kennt man nur von Montag bis Sonnabend. Nein, ich glaube nicht, daß das die englische Witwe ist. Aber gestatten Sie mir die Frage: Welche Bewandtnis hat es mit dieser Photographie?«

Carter ließ das Bild in seiner Brusttasche verschwinden und blickte schweigend auf die rauhen Planken des Schiffes. Dieser Brugsch war ihm viel zu unsympathisch, und außerdem kannte er ihn zu wenig, um ihn in sein Geheimnis einzuweihen. Howard war sich plötzlich sicher, daß es sich bei der rätselhaften Dame um Sarah handelte. Schließlich kannte er ihre Art, sich zu bewegen, und ihm war jede Geste, jeder Blick von ihr gegenwärtig. Was Brugsch über sie in Erfahrung gebracht hatte, stimmte durchaus mit Sarah überein. Beunruhigt zeigte sich Carter nur, daß Sarah Jones sich ihm nicht zu erkennen gab. Was in aller Welt mochte sie zu diesem Theater bewegen? Seine Sinne spielten verrückt. Er fühlte Schwindel. Sein Magen rebellierte.

»Entschuldigen Sie«, unterbrach der Deutsche Carters Gedankenflut, »Sie nehmen doch noch einen Whisky?«

Carter nickte zustimmend, und die beiden Männer vertieften sich erneut in eine ziemlich einseitige Unterhaltung über die Machenschaften der Ausgräber. Längst hatte Howard das Interesse daran verloren, doch er wartete darauf, daß sich die rätselhafte Dame noch einmal blicken ließe. Er hatte den Entschluß gefaßt, einfach auf sie zuzugehen und sie anzusprechen. Unentwegt starrte er auf die Stelle, wo sie gestanden hatte, als habe sie dort ihren Schatten zurückgelassen.

Vom Achterdeck herauf drang noch immer der Lärm der Dritte-Klasse-Passagiere. Carter hatte seinen Koffer so abgestellt, daß er ihn als Schlafstätte unter freiem Himmel benutzen konnte. Doch in Anbetracht der Musik und des lauten Geschrei zog er es vor, bei Brugsch auf dem Oberdeck zu bleiben.

Der Steamer nutzte die mondhelle Nacht und dampfte mit voller Kraft nilaufwärts. Bisweilen wirbelten beißende Rauchschwaden auf das Deck. Gegen Mitternacht erreichte er Assiut. Schon von weitem hörte man das durchdringende »Lililililili« der Klageweiber, und noch während der Dampfer an der Anlegestelle vertäut wurde, erschallten vom Ufer die Rufe: »Der Khedive ist tot! Mahschallah! – Wie Gott will! Der Khedive ist tot!«

Mit Morsedepeschen war das Ereignis von Kairo in alle Provinzhauptstädte Ägyptens gemeldet worden. Von dort hatte sich die Nachricht wie ein Lauffeuer über das ganze Land verbreitet. Das also war die Ursache für das tausendfache »Lililililili« der Klageweiber am Nilufer, von dem sie seit Stunden verfolgt wurden.

»O weh«, bemerkte Emil Brugsch in leicht ironischem Tonfall.

Carter warf einen Blick hinab auf die Menschen, die im Halbdunkel auf das ohnehin überladene Dampfschiff drängten. »Der Tod des Khediven bedeutet wohl nichts Gutes für das Land?« erkundigte sich Howard vorsichtig.

»Ach, wissen Sie, Mr. Carter«, entgegnete Brugsch, »ich lebe so lange in diesem Land, daß mich eigentlich nichts mehr erschüttert. Ich habe schon zwei ägyptische Vizekönige überlebt, und beim Tod eines jeden heißt es, schlimmer kann es nicht mehr kommen. Aber diese Behauptung erweist sich jedesmal als Irrtum. Es wäre bereits bemerkenswert, wenn Taufik Pascha eines natürlichen Todes gestorben wäre. Selbstverständlich ist das hierzulande nämlich nicht, und auch Taufik war längst nicht so alt, wie er aussah.«

»Ich hoffe, Sie geben nicht uns Engländern die Schuld an der Misere, Mr. Brugsch! Ich weiß, wir Engländer sind nicht sehr beliebt in Ägypten. Aber ohne uns wäre das Chaos in diesem Land noch viel größer. Sie wissen doch, Ägpten war bankrott, und wir haben zusammen mit den Franzosen die Schulden des maroden Landes übernommen.«

»Ja, aber um welchen Preis, Mr. Carter! Ägpten hat doch praktisch aufgehört zu existieren. Lord Cromer trägt zwar offiziell nur den Titel eines britischen Generalkonsuls, aber in Wahrheit ist *er* der König von Ägypten, und dem Khediven kommt nicht mehr als eine peinliche Statistenrolle zu. Außerdem wird der wichtigste Posten in der Regierung, das Finanzressort, von Sir Rivers Wilson, einem Engländer, eingenommen. Das sagt doch wohl alles.«

Brugschs Worte gingen an Howard vorbei wie das Plätschern eines Gewässers. Er vernahm seine Stimme, aber in Gedanken war er bei der geheimnisvollen Dame. »Sie ist es. Sie *muß* es sein!« sagte er halblaut vor sich hin.

»Wie meinen Sie, Mr. Carter?« Brugsch hielt die Hand an sein Ohr.

Carter blickte irritiert. »Ach, nichts.«

Der Schaufelraddampfer legte ab und nahm wieder Fahrt auf. Von den Ufern des Nils, die südlich von Assiut näher zusammenrücken als anderswo, schallten die Lililili-Rufe schriller als zuvor.

Der Whisky blieb nicht ohne Wirkung. Howard fühlte, wie seine Glieder schwer wurden. Er mußte befürchten, daß er den Weg zurück zum Achterdeck nicht mehr mit eigener Kraft bewältigen würde. Deshalb erhob er sich mühsam, und ohne ein Wort zu verlieren, wankte er der schmalen Treppe entgegen, die nach unten führte.

Auf dem Achterdeck war Ruhe eingekehrt. Umständlich kletterte Carter auf seinen Koffer und legte sich zur Seite, wobei er seine Tasche als Kopfkissen gebrauchte. Sein letzter Gedanke galt Sarah. Dann übermannte ihn der Schlaf.

Ein gellender Hahnenschrei aus einem der Käfige riß Howard aus seinen Träumen. Es war heller Tag, und der Postdampfer stampfte träge flußaufwärts. Howard fühlte sich elend. In seinen Knochen steckte noch die Müdigkeit. Aber an Schlaf war nicht mehr zu denken, denn das Achterdeck wurde von Lärm erfüllt wie auf einem Basar.

Ein Mann mit einem verbeulten Blechkanister auf dem Rücken drängte sich über das Achterdeck und rief unverständliche Worte. »Qahwa« stand auf dem Kanister zu lesen, was soviel bedeutet wie Kaffeehaus. Wer wie Carter der lautstarken Einladung des Verkäufers nachkam, dem ließ dieser ein schäumendes, schwarzgefärbtes, heißes Gebräu aus einem seitlich angebrachten Hahn in eine Art Zahnputzglas laufen. Geduldig lächelnd wartete er, bis Howard ausgetrunken hatte, denn er verfügte nur über das eine Glas.

Im Laufe des Vormittags hielt Carter Ausschau nach Brugsch, dem einzigen, der ihm Zutritt zum Oberdeck verschaffen konnte. Als er um die Mittagszeit noch immer nicht aufgetaucht war, wandte er sich an den Türsteher vor der Treppe, der mit Argusaugen über die Klassentrennung wachte, und bat, er möge Mr. Brugsch an Deck holen.

Der Wächter schob ein Gitter vor den Eingang und verschwand. Es dauerte lange, bis er mit der Antwort zurückkam, Mr. Brugsch bedaure.

Er hatte ihn wohl mit seinem plötzlichen Abschied beleidigt, ging es Carter durch den Kopf; aber wie sollte er sich entschuldigen, wenn er Brugsch nicht zu Gesicht bekam? Mehr als Brugsch interessierte ihn freilich die rätselhafte Dame vom Oberdeck. Aber auch sie ließ sich den ganzen Tag nicht blicken. Hatte der Alkohol, so fragte er sich, seine Sinne so sehr verwirrt, daß er ein Phantom verfolgte? Hatte er in seiner Einbildung eine Wahrnehmung gehabt, die er herbeisehnte, die aber fernab jeder Realität war? Gewiß, es gab merkwürdige Zufälle im Leben. Doch ihr Aussehen, die Art ihrer Bewegungen, ihre Herkunft und die verstohlenen Blicke, die sie ihm zugeworfen hatte, ließen kaum Zweifel zu.

Beim Abschied in Swaffham hatte Sarah ihm versichert, daß sie ihn liebe. Warum hatte sie dann Chambers geheiratet? Frauen sind eben manchmal unergründlich. Ebenso schwer zu verstehen war ihr derzeitiges Verhalten. Es gab keinen Grund für dieses Versteckspiel. Oder war es doch nicht Sarah?

Howard ärgerte sich über sich selbst. Warum hatte er nicht den Mut aufgebracht, sie anzusprechen – wenn er sich seiner Sache sicher war?

Eingepfercht auf dem Achterdeck zwischen Kisten, Säcken und Tierkäfigen, zog sich der Tag unerträglich in die Länge. Howard verbrachte ihn in einem rauschhaften Zustand, süchtig nach der Frau, die er verzweifelt liebte, und verunsichert durch die Umstände, die ihn daran hinderten, mit Sarah Kontakt aufzunehmen.

Stundenlang, wie ein Krokodil, das auf Beute lauert, hielt Howard den Blick auf die Reling des Oberdecks gerichtet – mehr war von unten nicht zu sehen. Er stellte sich vor, wie er mit Sarah leben würde, und die Bilder in seinem Kopf überschlugen sich. Er ertappte sich dabei, wie er in Gedanken ihre Brüste streichelte, wie er sie von hinten umfangen hielt, wie er sein Knie zwischen ihre Schenkel schob und sie mit Wollust erfüllte. Mag sein, daß er vor zwei Jahren noch ein Jüngling war, jetzt war er ein Mann und in der Lage, Sarah mit seiner Leidenschaft ganz für sich einzunehmen. Kämpfen würde er um sie und nicht nachgeben, bis sie ihm gehören würde.

Eine weitere Nacht senkte sich über das Niltal. Auf dem Achterdeck herrschte keine Ausgelassenheit wie am Vortag. Die Ägypter betrauerten den Tod ihres Vizekönigs. Kniend neigten sie ihre Köpfe gen Osten, einige schlugen sie sogar auf den Boden. Abseits auf seinem Koffer hockend beobachtete Carter, wie die Männer, die noch gestern die halbe Nacht gelärmt, musiziert und getanzt hatten, sich ihrer stillen Trauer hingaben. Nur vom Oberdeck konnte man gedämpfte Unterhaltung vernehmen und hier und da vom Ufer das bekannte »Lililili«.

Die Nacht verbrachte Howard halb schlafend, halb wachend, und dabei faßte er einen Plan. Gegen sechs Uhr morgens sollte das Dampfschiff in Luxor anlegen. Carter wollte als einer der ersten von Bord gehen. Weder Sarah noch Mr. Brugsch konnten ihm auf diese Weise entkommen. Schon beim ersten Morgengrauen plazierte sich Howard mit seinem Koffer steuerbord in der Nähe des Ausgangs.

Howard hatte viel von Luxor gehört, von der eleganten Uferpromenade, den mondänen Hotels und eleganten Geschäften, welche Berühmtheiten und reiche Leute aus aller Welt anzogen wie die Motten das Licht. Doch so früh am Morgen, als sich der Steamer der Anlegestelle näherte, wirkte Luxor ein bißchen schäbig und seine Menschen eher ärmlich. Das hatte natürlich seinen Grund. Zu so früher Stunde waren nur bettelnde Kinder, Kofferträger und Eseltreiber unterwegs.

Wie geplant verließ Carter als einer der ersten das Schiff und suchte nach einer Stelle, von der aus er den Bootssteg im Auge behalten konnte. Keine leichte Aufgabe angesichts der zahlreichen Passagiere, Träger und Diener, die sich schiebend, schubsend und stoßend vorwärts bewegten, während vom Ufer bereits die ersten aufs Schiff drängten.

Zwanzig Minuten mochten vergangen sein, als der Menschenstrom seine Richtung änderte. Weder Sarah noch Mr. Brugsch waren erschienen. In seiner Ratlosigkeit ließ Carter den Koffer stehen und begab sich auf den Dampfer zurück, um nach dem Verbleib der Gesuchten zu forschen.

Auf seine Frage reagierte der Matrose, dem er während der Reise mehrmals begegnet war, mit einem Achselzucken. Erst nachdem er ihm einen Piaster zugesteckt hatte, wollte er sich daran erinnern, daß der Deutsche und die feine Lady den Dampfer in der Nacht bei einem Zwischenstop in Kena verlassen hatten.

»Und meine Mappe mit den Zeichnungen?« rief Carter aufgebracht. »Ich habe sie Brugsch zur Aufbewahrung gegeben.«

Der Matrose schüttelte den Kopf und hob beide Hände: »*Inschallah*, Mister, wenn es Gott gefällt.«

Kapitel 15

Der Eseltreiber, den Carter an der Nilländae anheuerte und nach einer billigen Pension fragte, dachte nicht lange nach und sagte: »Maamura Palace, Mister!«

»Hör zu«, wiederholte Howard, »ich suche die billigste Absteige in Luxor. Eine teure kann ich mir nicht leisten. Ich bin zwar ein Europäer, aber ein Mann ohne Arbeit. Verstehst du?«

»Mister ohne Arbeit«, nickte der Eseltreiber mitfühlend, »Maamura Palace.«

Das Hotel in einer Seitenstraße der Sharia al-Mahatta, die zum Bahnhof führt, erwies sich als weit weniger pompös, als der prunkvolle Name vermuten ließ. Jedenfalls hatte es nur zwei Fenster zur Straße hin in jedem Stockwerk und ebenso wenig Zimmer. Immerhin war das Haus vier Stockwerke hoch, eingezwängt zwischen einer Lederwarenfabrik und einem Geschäftshaus; auf jeden Fall bezahlbar, auch für einen Mann in bescheidenen Verhältnissen.

Von Amarna war Howard an Genügsamkeit gewöhnt, und so konnte ihn die karge Möblierung des Zimmers, ein Bett aus verrostetem Eisen mit einer muffigen Matratze, ein Stuhl und ein Tisch mit einer Porzellanschüssel und eine hölzerne Kleiderstange, die von einer Wand zur anderen reichte, nicht schrecken. Befremdend wirkte dagegen die Zimmertüre, die knapp einen Meter hoch und in Rumpfhöhe angebracht war, so daß man selbst in geschlossenem Zustand unten hindurchkriechen oder oben darübersteigen konnte. Wie sich herausstellen sollte, nicht gerade ein Vorteil.

Noch am Tag seiner Ankunft machte sich Howard Carter auf den Weg zum westlichen Nilufer. Dort wartete eine Herde Eseltreiber mit ihren Tieren, und als Carter fragte, wer ihn zu Edouard Naville bringen könnte, begann eine wilde Keilerei, weil jeder in eine andere Richtung zeigte und beteuerte, *er* sei mit dem Doktor persönlich bekannt, nur *er* wisse, wo Naville sich gerade aufhalte, im übrigen sei *er* der Billigste von allen. Ein junger Eseltreiber, der ein lustiges Englisch sprach, das er von einer Französin gelernt hatte, der sonst aber einen vertrauenswürdigen Eindruck machte, erhielt schließlich den Zuschlag. Mohammed, so hieß der Eseltreiber, trieb das Tier mit Howard auf dem Rücken im Laufschritt durch das fruchtbare Grünland, überquerte einen Kanal auf einem Baumstamm, der als Brücke diente, und gelangte nach einer Stunde in das Dorf Kurna, eine Ansammlung von etwa dreißig bunten Häusern inmitten welliger Sand- und Gesteinshügel. Wie überall in der Gegend hatten die Fenster kein Glas, sondern nur hölzerne Läden von grüner oder brauner Farbe. Die Eingänge waren mit Lumpen verhängt.

Etwas abseits der alten Häuser des Dorfes hatte Naville ein Grabungshaus erbauen lassen, ein stattliches Gebäude aus festem Ziegelwerk und einer Mauer zum Schutz vor unerwünschten Eindringlingen.

Carter machte sich durch Rufen bemerkbar, und nach kurzer Zeit trat eine junge Frau aus der Türe. Sie trug eine graue Galabija, aber ihr Gesicht ließ keinen Zweifel aufkommen, daß es sich um eine Europäerin handelte. Und weil sie zudem ausnehmend schön war, und weil Petrie sie gerade so beschrieben hatte, sagte Howard: »Mein Name ist Carter. Und Sie sind gewiß Mrs. Naville.«

»So ist es, Marguerite Naville.« Sie streckte ihm ihre Hand entgegen. »Sie sind Engländer, Mr. Carter? Willkommen in Kurna!«

Jetzt wußte er, wo Mohammed die englische Sprache gelernt hatte. Mrs. Naville sprach im gleichen Tonfall wie Mohammed.

»Ich komme aus Amarna«, antwortete Carter, »ich habe die letzten zwei Jahre bei Flinders Petrie gearbeitet, und jetzt suche ich nach einer neuen Beschäftigung. Wo finde ich Mr. Naville?«

Marguerite hob den linken Arm und zeigte nach Westen in Richtung der Bergkette. Lachend sagte sie: »Wo wird er schon sein um diese Zeit, in Der-el-Bahari! Mohammed wird Sie hinbringen, Mr. Carter.«

Howard bedankte sich für die Auskunft, bestieg seinen Esel, und der Treiber schlug die westliche Richtung ein.

»Aber machen Sie sich nicht allzugroße Hoffnungen, Mr. Carter!« rief ihm Mrs. Naville hinterher. »Am besten, Sie verschweigen, von wem Sie kommen!«

Carter nickte und winkte zurück: »Danke für den Tip. Ich weiß Bescheid, Mrs. Naville!«

Nach ein paar hundert Metern durch sandigen Boden stießen sie auf schmale Geleise, die schnurgerade auf die Felswand zuführten.

»Hat Mr. Naville bauen lassen!« bemerkte Mohammed voll Stolz. »Damit wird Schutt weggebracht von Mr. Navilles Tempel. Hat keine Lokomotive, aber jede Menge Menschen zum Schieben.« Dabei lachte der Eseltreiber und freute sich wie ein Kind.

Im Näherkommen sah Howard, wie viele Arbeiter an der Grabungsstelle beschäftigt waren. Es mochten fünfhundert sein. Mindestens zehn Helfer bewegten die Loren, mit denen der Schutt abtransportiert wurde. Am Fuße der gewaltigen Geröllhalde – viel mehr war von der Grabungsstätte nicht zu sehen – war ein großes Sonnensegel gespannt. Darunter saß Naville vor einem Tisch mit Plänen und Karten wie in einer Kommandozentrale. Als er Howard kommen sah, kam er ihm aus dem Schatten seines Arbeitsplatzes entgegen.

Naville trug einen weißen Anzug und einen Stehkragen mit Schleife, als könnte ihm die Hitze nichts anhaben. Von mittelgroßer Statur und affektierten Bewegungen, war er im Wüstensand eine allzu elegante Erscheinung. Sein rötlich-blondes Haar und die fliehende Stirn verliehen ihm etwas Unnahbares. Nein, von einer sympathischen Erscheinung konnte man wirklich nicht sprechen, und damit stand er im krassen Gegensatz zu Flinders Petrie.

Nachdem Howard sich vorgestellt und sein Anliegen vorgetragen hatte, nahm Navilles Gesicht noch strengere Züge an, und mit überheblichem Tonfall, so als sei ihm der ungebetene Besucher lästig, sagte er, während er die Arme vor der Brust verschränkte: »Und womit haben Sie bisher Ihre Zeit totgeschlagen, Mr. Carter?«

Howard schluckte. Er zweifelte, ob er jemals mit diesem Mann warm werden könnte. Im selben Augenblick ging ihm durch den Kopf, ob er unter diesen Umständen seinen Lehrmeister nennen sollte. Aber früher oder später würde Naville es ohnehin erfahren. Deshalb erwiderte er: »Sir, ich habe zwei Jahre mit Flinders Petrie in Amarna gegraben.«

»Ah, dann sind Sie der Protegé von Lord Amherst.«

»Wenn Sie es so nennen wollen, Sir.«

»Er nennt eine respektable Sammlung sein eigen, aber für die Wissenschaft hat er nichts übrig. Und was Petrie betrifft: Er hat durchaus seine Meriten, aber ich kann nun einmal Wissenschaftler in Hemdsärmeln und Sandalen nicht ausstehen.«

Carter blickte an sich herab. Seine abgetragene Kleidung war in der Tat wenig geeignet, bei Naville Eindruck zu machen.

Naville bohrte weiter: »Und worin bestand Ihre Aufgabe bei Petrie, Mr. Carter?«

»Ich habe einen Stadtplan von Achetaton erstellt. Eigentlich wollte ich Ihnen meine Arbeit zeigen. Aber man hat mich auf dem Schiff bestohlen. Ein Mann namens Brugsch, dem ich sie zur Aufbewahrung gab, hat sie mir gestohlen.«

»Emil Brugsch?«

»Genau dieser, Sir!«

»Gratuliere, dann haben Sie Ihre Pläne dem größten Antiquitätenschieber in die Hände gespielt. Ich hoffe nur, Ihre Pläne sind nicht allzu genau, sonst hat der Gauner ein leichtes Spiel.«

»Sie meinen, Brugsch läßt in Amarna gezielt und auf eigene Rechnung graben?«

»Es wäre nicht das erste Mal, Mr. Carter. Jedenfalls war es keine sehr gute Idee, Ihre Pläne ausgerechnet Brugsch anzuvertrauen.«

In den letzten Tagen, dachte Carter, ging aber auch alles schief. Seine Hoffnung, bei Naville eine Anstellung zu finden, war nun gleich null. Und so überraschte es ihn in keiner Weise, als Edouard Naville emotionslos verkündete: »Es tut mir leid für Sie, Mr. Carter, aber zur Zeit habe ich keine Stelle frei, die ich Ihnen anbieten könnte. Vielleicht später einmal, Sie verstehen. Haben Sie schon eine Unterkunft?«

»In einer Pension nahe dem Bahnhof«, antwortete Howard, »sie heißt Maamura Palace.«

Naville ging zu seinem schattigen Schreibtisch und machte sich eine Notiz.

»Sir«, fragte Carter aus dem Hintergrund, »darf ich mir die Ausgrabungen einmal näher ansehen?«

»Ja, natürlich.« Mit einem Mal erhellte sich das strenge Gesicht des Ausgräbers. Er griff nach einem Strohhut mit breiter Krempe und setzte ihn auf den Kopf. »Kommen Sie, Mr. Carter!«

Naville glich, während sie eine schräge Rampe hinaufschritten, die zur ersten Terrasse des in die Felswand gebauten Tempels führte, einem Triumphator. Er hielt den Kopf im Nacken und die Lider beinahe geschlossen. Dabei ging sein Blick von einer Seite zur anderen und machte hier und da bei einer Gruppe von Arbeitern halt, wobei sich seine Miene jedesmal verfinsterte. Auf seiner Stirn erschienen dann stets zwei senkrechte Falten, die sich jedoch einen Augenblick später verflüchtigten.

Auf der Galerie angelangt, breitete der Ausgräber beide Arme aus wie ein Prediger, und mit einem ganz und gar unerwarteten Lächeln und mit bebender Stimme sagte Naville: »Willkommen im Tempel der Königin Hatschepsut, der Schönsten unter allen!« Für einen Moment hielt er dabei die Augen geschlossen, so als genieße er den Nachklang seiner eigenen Worte.

Während zweier Jahre in Amarna hatte Howard mit Petrie keinen so feierlichen Augenblick erlebt, und die Situation erschien ihm keineswegs übertrieben oder unangebracht. Dieser Naville war schon ein seltsamer Mensch, aufregend und faszinierend. Und so reagierte Carter auf ebenso ungewöhnliche Weise, indem er Haltung annahm, beide Arme herunterhängen ließ und den Kopf bis in Kniehöhe neigte, so wie man es auf alten Reliefs sehen konnte, und erwiderte: »Das Herz des Dieners Ihrer Majestät, der Herrin beider Länder, ist erfreut!«

Naville blickte irritiert, weil der Bursche seinen Spielball aufnahm. Er hätte diese Reaktion von Carter nicht erwartet, und um seine Verblüffung zu überspielen, begann er: »Es gibt drei Gründe, warum dieser grandiose Tempel mehr als dreitausend Jahre überdauert hat: In frühchristlicher Zeit wurde auf dem obersten Stockwerk des Tempels eine Kirche eingerichtet. Die Wände mit den alten Götterbildern wurden verputzt und mit christlichen Fresken übermalt. Später kamen die Araber und bauten das Ganze zu einer Befestigungsanlage um. Noch vor wenigen Jahren ragte dort drüben ein wuchtiger Wachturm empor, gebaut aus den Steinen des Tempels. Und der dritte Grund ist die natürliche Umgebung der Anlage. Seit Jahrtausenden purzelten Gesteinsbrocken und Geröll von den Felsklippen herab, und da es niemanden gab, der sie beseitigte, verschwand der Tempel allmählich unter einer riesigen Geröllhalde.«

Howard nickte andächtig.

»Mariette«, fuhr Naville fort, »vermutete noch ein kleines Tempelchen unter den Schuttmassen. Doch dann begann er systematisch zu graben, und es kam immer mehr zum Vorschein. Vor allem die Wandreliefs gaben Aufschluß über die ungeheure Bedeutung, die dieser Frau auf dem Pharaonenthron zukam. Sie war die Tochter Thutmosis' I. und mit ihrem Stiefbruder Thutmosis II. verheiratet. In dieser Ehe gab es Konflikte, aus denen Hatschepsut als Sieger hervorging. Hatschepsut wurde Pharao, der erste weibliche Pharao in der Geschichte des Reiches. Folgen Sie mir, Mr. Carter!«

Sie gingen zu den Resten einer Säulenhalle, und Naville wurde immer aufgeregter. Seine Augen, die sonst kaum eine Regung verrieten, begannen zu funkeln. »Sehen Sie nur, Mr. Carter, das ist Makare-Hatschepsut, die Herrin beider Länder!« Er zeigte mit dem Finger auf ein Relief, kaum drei Fuß hoch. Die Königin trat wie ein Mann auf, im Lendenschurz und mit nacktem Oberkörper. Am Kinn hatte sie eine Bartperücke befestigt.

»Welch geheimnisvolle Frau«, bemerkte Howard und schüttelte den Kopf.

»Wie alle Frauen«, meinte Naville. »Und wie alle Frauen war Hatschepsut äußerst mitteilsam. Aber anders als heute ließ sie alles Erwähnenswerte in Stein schlagen. Ich bin überzeugt, wenn dieser Tempel erst einmal ausgegraben ist, wissen wir über die Pharaonin Hatschepsut beinahe ebenso viel wie über Queen Victoria.«

»Und wieviel Zeit haben Sie für dieses Unternehmen veranschlagt?«

»Das ist vor allem eine Frage des Geldes, Mr. Carter. Ich bin nicht sicher, ob es mir zu Lebzeiten vergönnt sein wird, dieses Werk zu vollenden.«

Von der anderen Seite des Tempels hörte man Navilles Assistenten rufen. Zur Verstärkung seiner Stimme gebrauchte er eine Flüstertüte, einen länglichen Blechtrichter mit einem Haltegriff. Naville wurde zu einer Fundstelle gerufen: »Ich darf mich entschuldigen«, sagte er knapp, als sei er soeben in die Wirklichkeit zurückgekehrt. »Wie gesagt, sollte sich irgend etwas ergeben, würde ich Ihnen eine Nachricht zukommen lassen. Wie hieß doch Ihr feudales Hotel?«

»Maamura Palace, Sir.«

»Ach ja, Maamura Palace. Also dann!«

Naville entfernte sich ohne einen Händedruck, und obwohl sein Verhalten gegenüber Carter nicht gerade zuvorkommend gewesen war, konnte Howard sich der Faszination des Ausgräbers nicht entziehen. Naville trug das Feuer der Begeisterung in sich, das einen guten Ausgräber ausmacht. Damit ähnelte er Petrie, Howards Lehrmeister. Aber auch wenn dies die einzige Ähnlichkeit sein mochte und wenn sein Charakter alles andere als einnehmend war, bewunderte er ihn ohne Vorbehalt.

Auf dem Rückweg zur Nilfähre, den er schweigend auf Mohammeds Esel zurücklegte, kreisten seine Gedanken um Brugschs Verschwinden und das der geheimnisvollen Frau. Warum hatte er ihn belogen, warum hatte er ihm verheimlicht, daß er die Frau kannte? Machte Sarah mit einem Gauner gemeinsame Sache? Warum ließ sie sich zu einem so hinterhältigen Versteckspiel hinreißen? Carter zweifelte, er zweifelte an sich, an Sarah und daran, ob sie ihn überhaupt je geliebt hatte.

Am nächsten Tag – die Nacht hatte er nur im Halbschlaf verbracht, weil der Lärm von der nahen Bahnhofsstraße nicht enden wollte – zog Howard den Tropenanzug an, den Lady Margaret ihm mitgegeben hatte. Er paßte mehr schlecht als recht, aber für sein Vorhaben war das Kleidungsstück unumgänglich.

Carter hatte ein Dutzend Visitenkarten gezeichnet mit der Aufschrift: *Howard Carter, Animal painter, Hotel Maamura Palace, Luxor.* Morgens begab er sich zum Hotel »Winter Palace« an der Corniche. Die Fassade des ockerfarbenen Gebäudes lag um diese Zeit im Schatten und verbreitete zur Straße hin angenehme Kühle. In den dem Hotel vorgelagerten Geschäften erwachte das Leben. Auf der Hotelterrasse darüber wurde den feinen Gästen das Frühstück serviert. Mit seinen Malutensilien unter dem Arm nahm Howard die einundzwanzig Stufen zum höher gelegenen Hoteleingang und verschwand in der Drehtüre.

Ein Palast konnte nicht schöner sein, und beinahe hätte Carter auf dem Absatz kehrt gemacht vor so viel Vornehmheit, aber dann betrachtete er sich in einem der blinkenden Wandspiegel, und er befand sein Äußeres durchaus der zur Schau getragenen Noblesse angemessen. Sechs quadratische Säulen markierten die Mitte des Saales, wo im Schnittpunkt der Diagonalen ein runder marmorner Tisch stand, getragen von vier geschwungenen Fischleibern. Auf der dem Eingang gegenüberliegenden Seite ging linker Hand eine Treppe nach oben zu einer Empore, von der ein mit elektrischem Strom betriebener Kristallüster hing. Noch nie hatte Howard eine so prachtvolle Beleuchtung gesehen. Durch eine Drehtüre unter der Empore blickte man in den Park. Sechs Stufen in der Mitte der linken Seite der Halle führten zu den Zimmern 122 bis 140. So stand es auf einem Schild zu lesen, das rechts neben der verglasten Schwingtüre angebracht war. Die Portiersloge auf der rechten Seite war aus kostbaren afrikanischen Hölzern gezimmert und ähnelte der Einrichtung vornehmer Londoner Clubs. Der Empfangschef trug einen schwarzen Anzug und einen roten Fes auf dem Kopf und machte vor Howard eine artige Verbeugung.

Mit der blasierten Selbstverständlichkeit eines Hotelgastes passierte Howard die Portiersloge, nahm rechter Hand ein paar Stufen und gelangte in einen langen Gang, von dem mehrere Glastüren in das Restaurant führten. Carter wehte der Duft von Kaffee und gebratenem Speck entgegen. Im Restaurant hielten sich nur drei alleinreisende alte Damen auf, die übrigen Hotelgäste zogen es vor, das Frühstück im Freien einzunehmen. Also begab sich Howard auf die Terrasse, von der man eine prächtige Aussicht auf den Nil und das jenseitige Ufer hatte.

Carters Erscheinen fiel nicht weiter auf. In seinem weißen Tropenanzug unterschied er sich kaum von den übrigen Herren in diesem Hotel. Er musterte die Gäste mit kritischem Blick, vor allem die Damen, die aussahen, als reisten sie nie ohne Hündchen oder Katze. Zielgerichtet näherte er sich denen, die er sich für seine Zwecke ausgeguckt hatte, stellte sich als Tiermaler von Rang vor und erbot sich, die kleinen Lieblinge zu porträtieren.

Für seine Arbeit fand Carter durchaus Interesse, und er hinterließ jeweils seine Visitenkarte. Nach kurzer Zeit hatte er bis auf eine alle Karten verteilt, und er dachte daran, die letzte samt einem Bakschisch beim Portier des Hotels zu hinterlassen, als sich an einem der Tische ein Mann umdrehte, der ihm bisher den Rücken zugekehrt hatte.

»Mister Brugsch!« rief Howard erstaunt.

Und der meinte nicht weniger verwundert: »Mister Carter, Sie hier? Ich habe Sie nicht erkannt.«

In der Tat war Howard kaum wiederzuerkennen. Sein weißer Anzug verlieh ihm das Aussehen eines Herrn aus besseren Kreisen. Aber auch Brugsch hatte sich verändert: Er trug eine weiße Galabija und einen Fes, unter dem er seine blonden Haare versteckte.

»Ich habe Sie auf dem Schiff gesucht wie eine Stecknadel«, begann Carter ohne Umschweife. »Warum ließen Sie sich verleugnen? Warum haben Sie in Kena den Dampfer verlassen, ohne ein Wort zu sagen, Mr. Brugsch?«

Brugsch setzte ein falsches Lächeln auf. »Mister Carter, ich bin doch wohl nicht verpflichtet, Sie über jedes Vorhaben zu informieren. Aber wenn Sie es genau wissen wollen, wichtige Geschäfte riefen mich nach Kena – wenn Sie nichts dagegen haben.«

»Es ist mir einerlei, wo und wann Sie welches Schiff verlassen«, erwiderte Carter wütend, »mir ging es nur um meine Mappe mit den Zeichnungen von Amarna.«

»Haben Sie sie etwa nicht gefunden?« Brugsch legte die Stirn in Falten, als wollte er zeigen, wie ernst er die Angelegenheit nahm.

»Bedauere nein, Mr. Brugsch. Sie muß noch in Ihrem Besitz sein. Ich fordere Sie auf, mir die Mappe zurückzugeben!«

»Holla, holla!« rief da der verkleidete Deutsche. »Ich habe Ihre Zeichnungen in meiner Kabine zurückgelassen und den Kapitän gebeten, sie Ihnen auf Verlangen auszuhändigen. Hat er es etwa nicht getan?«

»Nein, Mister Brugsch. Ich glaube Ihnen die Geschichte auch nicht. Ich bin überzeugt, Sie haben die Pläne noch immer in Ihrem Besitz.«

»Wollen Sie damit sagen, daß ich ein Lügner bin?«

Howard verschränkte die Arme vor der Brust. »Die Umstände lassen keinen anderen Schluß zu, Mister Brugsch. Gerade Ihnen brauche ich nicht zu sagen, daß die Pläne für Grabräuber einen unschätzbaren Wert darstellen.«

Brugsch knallte seine Teetasse auf den Unterteller, daß die anderen Hotelgäste aufschreckten, und mit rotem Kopf und in heftiger Erregung rief er: »Das ist eine Unverschämtheit! Ich bin Kurator des Ägyptischen Museums, ich habe es nicht nötig, Ausgrabungspläne zu stehlen. Merken Sie sich das, und jetzt verschwinden Sie auf der Stelle. Sonst lasse ich Sie hinauswerfen!«

Carter wußte inzwischen zuviel über diesen Mann, um sich von seiner forschen Art einschüchtern zu lassen. Er ging nun seinerseits zum Angriff über und drohte dem Deutschen: »Mr. Brugsch, wenn Sie die Pläne bis morgen nicht beigebracht haben, erstatte ich Anzeige und übergebe den Fall der Polizei.«

Das brachte den Mann so sehr in Rage, daß er zwei Lakaien, die sich aus unersichtlichem Grund wie zufällig in seiner Nähe aufhielten, zu Hilfe rief: »Schafft mir den Engländer vom Hals. Er hat hier im Hotel nichts zu suchen. Sein Name ist Carter, er ist ein Gauner und Dieb. Meine Damen und Herren, achten Sie auf Ihre Wertsachen!«

Plötzlich brach auf der Terrasse des Hotels Panik aus. Männer sprangen auf, um sich in Sicherheit zu bringen, vornehme Damen tasteten vorsichtig nach ihrem Schmuck, im Nu war Carter von Hoteldienern umstellt. Ein Kerl wie ein Kleiderschrank bog Howards Arme auf den Rücken und rief, obwohl der vermeintliche Delinquent keine Gegenwehr leistete, erst um Hilfe und darauf nach der Polizei. Innerhalb von fünf Minuten befand sich das ganze Hotel in Aufruhr, als ob der Mudir einem Mordanschlag zum Opfer gefallen wäre. Nur Brugsch, der den Tumult angezettelt hatte, war verschwunden.

Hamdi-Bey, der Polizeivorsteher von Luxor, machte ein ernstes Gesicht, als er nach einer halben Stunde am Tatort eintraf. Kaum hatte er die Hotelterrasse betreten und sich nach dem Tatbestand erkundigt, da begann der Aufruhr, der sich schon weitgehend beruhigt hatte, von neuem. Hotelgäste, Ober und Lakaien zeigten mit Fingern auf Howard Carter und riefen: »Das ist er!« Und ehe er sich versah, wurde Howard in Handschellen aus dem Hotel zu einem geschlossenen Polizeiwagen mit einem Maultier davor gebracht, der vor dem Eingang an der Uferstraße wartete.

Howard glaubte zu träumen, als er in der Polizeistation, deren kahle Räume viel höher als gewöhnlich und türkis gestrichen waren, wie ein Verbrecher verhört wurde. Der Polizeivorsteher trug schwer an seiner Würde, und er verlieh dieser Tatsache Ausdruck, indem er den

Kopf über seinen Schreibtisch geneigt hielt und sein Gegenüber kein einziges Mal ansah.

Nach Aufnahme der Personalien, die nicht ohne Komplikationen ablief, weil sich die englische Rechtschreibung von der arabischen deutlich unterscheidet, nahm Hamdi-Bey Howard die Handschellen ab und stellte ihm die Frage: »Geben Sie das Ihnen zur Last gelegte Verbrechen zu, Mister Carter?«

»Welches Verbrechen?« rief Howard entsetzt.

»Den Diebstahl!«

»Welchen Diebstahl?«

»Hotelgäste im ›Winter Palace‹ behaupten, bestohlen worden zu sein.«

»Wer behauptet das, Hamdi-Bey?«

»Herr Brugsch, Mister Carter.«

»So, behauptet er das. Und was soll ich gestohlen haben, wenn Sie die Frage gestatten?«

Der Polizeivorsteher hob die Schultern. »Herr Brugsch wird es uns morgen sagen. Solange muß ich Sie hier festhalten, Mister.« Dabei deutete er auf eine Art Gefängniszelle, die man durch die offene Tür jenseits des Ganges sehen konnte. Hinter einem Gitter glotzten fünfzehn bis zwanzig Gefangene hervor, Männer, Frauen, sogar einige Kinder, nicht älter als zwölf Jahre. Sie lauschten neugierig dem Verhör. Dies war fraglos die einzige Abwechslung in ihrem tristen Alltag.

Bemüht, die Ruhe zu bewahren, sagte Howard: »Hamdi-Bey, ich bin Engländer, und Sie haben kein Recht, mich hier festzuhalten!«

»Auch Engländer haben sich an die Gesetze unseres Landes zu halten«, erwiderte der Polizeivorsteher kühl und eher nebenbei, weil er mit der Niederschrift des Protokolls beschäftigt war. »Und sollte sich Ihre Unschuld herausstellen, werden Sie umgehend freigelassen. Vorläufig muß ich Mister Brugsch glauben. Er ist ein ehrenwerter Mann und ein Kurator aus Kairo.«

Er schnippte mit dem Finger, und aus dem Hintergrund traten zwei uniformierte Polizisten hervor. Mit einer kurzen Kopfbewegung gab Hamdi-Bey den Männern ein Zeichen. Die packten Howard an den Armen und schoben ihn vor sich her zu der vergitterten Gefängniszelle.

Die Gefangenen applaudierten, als Carter in seinem vornehmen weißen Tropenanzug eintrat. Zwei zahnlose Bettelweiber mit dunkler Haut und grauweißen Haaren prüften an Ärmeln und Hosenbeinen die Qualität seines Anzugs, indem sie den Stoff zwischen Daumen und Zeigefinger rieben, und ernteten damit Gelächter von allen Seiten. »Oh, welch vornehmer Effendi«, kreischte die eine, »was mag er nur verbrochen haben, daß man ihn mit uns zusammen ins Loch steckt?«

Howard versetzte den beiden Alten einen heftigen Stoß und hielt nach einem Platz Ausschau. Mit Bestürzung mußte er feststellen, daß es im ganzen Raum keine Sitzgelegenheit gab, keine Bank, keinen Stuhl, nichts. Das einzige Zugeständnis an den täglichen Komfort war ein Loch im Boden in der rechten hinteren Ecke zur Verrichtung der Notdurft.

Fassungslos ließ sich Howard an der dem Gitter gegenüberliegenden Wand auf dem Steinfußboden nieder. Er fühlte alle Augen auf sich gerichtet. Doch als er aufblickte, senkten sich die Blicke der Gefangenen. Die meisten klammerten sich an die Gitterstäbe und starrten nach draußen in den langen Gang, wo der Alltag einer oberägyptischen Polizeistation ablief.

Nach einer Weile wandte sich Carter an einen Mithäftling, einen Ägypter von etwa dreißig Jahren, der eine graue Galabija trug und keinen so verwahrlosten Eindruck machte wie die übrigen und fragte, warum er hier sei. Aber dem war nicht zum Reden zumute, jedenfalls schüttelte er unwillig den Kopf, und dazu machte er eine abwehrende Handbewegung, als wollte er sagen: Laß mich in Ruhe.

Die einzige, die sich für Howard zu interessieren schien, war ein hübsches, aber schmuddeliges Mädchen mit halblangen, krausen Haaren, das nicht weit entfernt auf dem Boden hockte und sich mit seinem weiten, langen Rock Kühle zufächelte, indem es ihn bis zum Kopf hochzog und dann auf den Boden flattern ließ. Dazu schnalzte es gekonnt mit der Zunge. Die widrigen Umstände der Gefängniszelle waren jedoch wenig geeignet, bei den Insassen irgendwelche Bedürfnisse zu wecken. Und als das Mädchen gar den Rock hob, um Carter zu zeigen, daß es wirklich nichts darunter trug, wandte er sich angewidert ab.

Ein Junge von kleinem Wuchs, aber vermutlich älter, als er aussah, machte sich an den vornehmen Mithäftling heran und sagte in mühevollem, beinahe unverständlichem Englisch: »Wie sind Sie hier hereingeraten, Mister?«

Howard hatte keine Lust mehr auf ein Gespräch, aber dann blickte er in ein so offenes, ehrliches Gesicht, daß er antwortete: »Du kannst ruhig in deiner Sprache mit mir reden. Wie heißt du?«

»Sayyed«, entgegnete der Junge, »ich bin schon vierzehn!«

»Vierzehn?« wiederholte Carter überrascht. »Du solltest deine Zeit besser in der Schule verbringen als im Gefängnis. Was hast *du* angestellt?«

Sayyed rollte mit seinen dunklen Augen und grinste verschmitzt. Er hatte wohl Hemmungen einzugestehen, daß er geklaut hatte. Deshalb machte er eine umständliche Bewegung, indem er die rechte Hand zu einer Schaufel formte und im Handgelenk drehte. »Die Handtasche einer vornehmen Lady aus Europa. Es war nicht das erste Mal. Man hat mich nur zum ersten Mal erwischt.«

»Wo und bei welcher Gelegenheit?«

»Unten an der Schiffslände. Hassan, der mein Lehrmeister ist und der beste Taschendieb zwischen Assuan und Alexandria, Hassan sagt, die beste Gelegenheit zum Klauen ist, wenn die Leute ein Schiff verlassen. Keiner achtet auf seine Sachen. Alle gucken nur geradeaus auf das, was sie erwartet – sagt Hassan.«

»So – sagt Hassan.«

»Sagt Hassan, und Hassan ist klug. Er kann die erste Sure des Koran auswendig hersagen, auswendig! Können Sie das auch, Mister?«

»Nein.«

»Sehen Sie.«

»Und wer hat dich erwischt?«

Sayyed schob seine Unterlippe vor und zeigte mit dem Kinn zum Büro des Polizeivorstehers. »Hamdi-Bey persönlich.« Er beugte sich zu Howard herüber, und hinter vorgehaltener Hand fuhr er fort: »Er ist auch der einzige, der mir das Wasser reichen kann. Die anderen hier sind alle Dummköpfe und Schlappschwänze und das Geld nicht wert, das sie verdienen.«

Howard mußte lachen; der kleine Gauner gefiel ihm.

Eine Weile starrten beide schweigend auf den Boden, als Sayyed plötzlich halblaut vor sich hinsagte: »Eigentlich mag ich die Engländer nicht...«

Carter sah den Jungen an: »Und warum nicht, wenn ich fragen darf?«

»Hassan sagt, die Engländer hätten Ägypten gekauft. Einfach so, wie man ein Kamel kauft oder einen Sack Zucker. Aber, sagt Hassan, dazu haben die Engländer kein Recht. Wir Ägypter wollen leben, wie es *uns* paßt. Wir sind auch Menschen, sagt Hassan.«

»Ich verstehe, dieser Hassan ist ein Nationalist, und du willst auch einer werden, stimmt's?«

Sayyed nickte heftig.

»Im Vertrauen gesagt«, bemerkte Howard leise, »ich bin ganz auf deiner Seite. Was die Engländer vor über zehn Jahren in Alexandria angerichtet haben, ist eine Schande für das britische Empire.«

»Hassan hat mit eigenen Augen gesehen, wie eure Flotte Alexandria vom Hafen aus beschossen und den Basar, den Mohammed-Ali-Platz und die Straße der Konsulate in Schutt und Asche gelegt hat. Dabei wollte sich unser Anführer Arabi Pascha nur gegen die Einmischung der Engländer in unsere Angelegenheiten wehren. Aber, sagt Hassan, selbst dem Küken im Ei gibt Allah die Kraft, die Schale zu sprengen.«

»Soviel ich weiß, hat Arabi Pascha überlebt?«

»Er wurde nach Ceylon in die Verbannung geschickt und darf nicht mehr nach Hause. Jetzt ist Hassan unser...« Sayyed stockte.

»Euer was?« erkundigte sich Howard.

»Ach nichts. Ich habe schon viel zu viel ausgeplaudert, Mister.«

»Carter«, ergänzte Howard. »Du kannst mir wirklich vertrauen. Mit Politik habe ich nichts am Hut. Ich bin Ausgräber, und mein Interesse gilt Menschen, die vor dreitausend Jahren gelebt haben. So gesehen bin ich ein schlechter Untertan Ihrer Majestät, der Queen Victoria.«

Sayyed rümpfte die Nase. »Hassan sagt, wer einmal von einer Schlange gebissen wurde, der fürchtet sich selbst vor einem geringelten Seil.«

»Ein kluger Mann, dieser Hassan. Wo lebt er?«

Der Junge schwieg. Schließlich meinte er: »Hassan holt mich hier heraus. Und wenn Sie wollen, kann ich ja ein gutes Wort für Sie einlegen.«

»Wie soll das gehen?«

Sayyed lachte übermütig, als sei er sich seiner Sache ganz sicher. Ja, es schien, als nähme er den Aufenthalt in der Gefängniszelle überhaupt nicht ernst. »Effendi«, meinte er schließlich, »Sie sind noch nicht lange in Ägypten? Mir scheint, Sie kennen die Sitten und Gebräuche unseres Landes noch zu wenig.«

»Beinahe drei Jahre«, erwiderte Carter, »allerdings lebte ich fast zwei Jahre in der Wüste, weit entfernt von einer Stadt, in Mittelägypten.«

»Ach so«, schmunzelte Sayyed. »Wissen Sie, eigentlich gibt es nur einen Gott, Allah. Aber in Wirklichkeit haben wir neben Allah noch zwei andere Götter. Sie heißen Bakschisch und Beziehung. Hast du eines von beiden, ist es gut. Hast du beides, ist es besser.«

»Sagt Hassan.«

»Nein, sagt Sayyed. Das können Sie mir glauben. Länger als einen Tag werde ich hier nicht schmachten. Haben Sie Geld bei sich?«

»Ja«, erwiderte Howard zögernd.

»Wieviel?«

»Warum fragst du?«

»Nun ja, ich würde mal sagen, mit einer Pfundnote wären Sie frei.«

Carter warf dem Burschen einen ungläubigen Blick zu. »Und ein weiteres Pfund für mich«, beeilte sich Sayyed hinzuzufügen. »Mir gefällt es nämlich hier ebensowenig.« Dabei beobachtete er angewidert, wie ein dicker Ägypter in hockender Stellung über dem Loch im Boden der Verrichtung seiner Notdurft nachkam.

Howard war skeptisch. Der Junge schien ihm einfach zu raffiniert. Andererseits trieb ihm die Vorstellung, in dieser Umgebung ein oder zwei Tage und Nächte verbringen zu müssen, den Angstschweiß in den Nacken. Unter seinem Hemd trug Carter die Tasche mit seiner gesamten Barschaft bei sich. Beinahe sechzig englische Pfund. Das war ein Vermögen, und er mußte mit allem rechnen. Wenn die Mitgefangenen – unter ihnen befanden sich ein paar finstere Gestalten – nachts über ihn herfielen, würde er alles verlieren. Vielleicht hatte er wirklich nur diese eine Chance, indem er sein Schicksal dem Jungen anvertraute.

Ohne Aufsehen zu erregen, rückte Carter näher an Sayyed heran. Der begriff sofort, drehte sich etwas zur Seite und bot mit dem Rücken

Sichtschutz. Vorsichtig knöpfte Howard sein Hemd auf und zog die Tasche hervor. Er nahm Sarahs Bild aus der Tasche und fingerte nach zwei einzelnen Pfundnoten, die er schnell in seiner Faust verschwinden ließ.

Gerade wollte er das Bild wieder einstecken, da warf Sayyed einen neugierigen Blick darauf. Über sein Gesicht huschte ein Schmunzeln, und er fragte: »Ihre Frau, Mister Carter?«

»Geht dich nichts an!« knurrte Howard leise und ließ das Bild in der Tasche verschwinden. Unauffällig knöpfte er sein Hemd zu.

»Mister«, begann Sayyed zögernd. »Wo ist Ihre Frau jetzt?«

»In England«, erwiderte Carter unwillig. »Warum fragst du?«

Sayyed blickte verlegen zur Seite. »Das ist eine peinliche Situation«, bemerkte er verlegen. »Aber ich könnte schwören, die Frau auf dem Bild ist dieselbe Dame, der ich die Handtasche geklaut habe. Tut mir leid, Mister Carter.«

Es dauerte längere Zeit, bis Howard seine Gedanken geordnet hatte. Irgendwie war ihm dieser Sayyed unheimlich. Noch einmal zog Howard Sarahs Bild aus seinem Hemd und hielt es dem Burschen vors Gesicht.

»Ja, das ist die Frau! Sie hat an der Nilländen Postdampfer verlassen. Ihr Gepäck wurde zum ›Luxor‹-Hotel gebracht. Während sie über den Bootssteg an Land ging, habe ich – na, Sie wissen schon. Es tut mir wirklich leid, Mister Carter. Ich bin untröstlich. Wie kann ich es nur wiedergutmachen?«

Sayyeds Worte klangen sogar ehrlich. »Diese Frau ist *hier* von Bord gegangen?« fragte Howard ungläubig und fuchtelte mit dem Bild vor Sayyeds Nase herum. Auch wenn er sich Mühe gab, er konnte seine Aufregung nur schwer verbergen.

»Wenn ich es Ihnen sage! Sie ist doch der Grund, warum ich hier sitze!«

Hastig ließ Howard das Bild unter seinem Hemd verschwinden. »Ich muß hier raus!« stammelte er tonlos. »Ich muß hier raus!«

Sayyed deutete auf Carters Faust, in der er noch immer die zwei Pfundnoten verborgen hielt. »Wenn Sie jetzt so freundlich wären ...«

Er machte sich nicht allzugroße Hoffnung, aber jetzt war Howard schon alles egal. So, daß niemand es bemerkte, steckte er Sayyed das

Geld zu. Aber nicht ohne dem Jungen zu drohen: »Wenn du mich betrügst, schlag ich dich tot. Das kannst du mir glauben!«

»Schon recht«, erwiderte dieser gelassen, und Carter fragte sich, ob dieser junge Kerl ein so ausgekochter Betrüger oder ob er sich seiner Sache nur sicher war. Jedenfalls ließ er ihn nicht aus den Augen, als er an das Gitter trat und einen Wächter, der auf einem Stuhl am Ende des langen Flurs vor sich hindöste, mit einem heftigen »Pst« herbeirief.

Der Wächter kam Sayyeds Aufforderung mit deutlichem Unwillen nach. Er murmelte einen unverständlichen Fluch und schleifte mit seinen abgetretenen Latschen über den steinernen Boden. Man konnte hören, daß Sayyed ihm etwas zuflüsterte, aber verstehen konnte man es nicht. Schließlich entfernte sich der Wächter ebenso geräuschvoll, wie er gekommen war.

Nach ein paar Minuten erschien Hamdi-Bey am Gitter, und zwischen ihm und Sayyed kam es zu einer längeren Flüsterunterhaltung, in deren Verlauf Sayyed sich des öfteren umdrehte und mit dem Finger auf Carter zeigte. Nach kurzem Disput entfernte sich der Polizeivorsteher.

Sayyed schlug wütend mit der Faust gegen das Gitter und kehrte mit zusammengepreßten Lippen zu Carter zurück. Solange die Mitgefangenen die Augen auf sie gerichtet hielten, zog der Junge es vor zu schweigen. Erst als diese das Interesse an dem Vorfall verloren zu haben schienen, raunte er Howard zu, wobei er ihm die Hand mit gespreizten Fingern entgegenstreckte: »Der Hundesohn gibt sich damit nicht zufrieden. Er will fünf Pfund!«

Howard hatte sich schon kurz vor seiner Freilassung gesehen. Sollte alles vergeblich gewesen sein? Wenn er jetzt lange hin und her überlegte, mußte er damit rechnen, daß man ihm sein gesamtes Vermögen abnahm. Immerhin wußte nun Hamdi-Bey, daß er Geld bei sich hatte. Deshalb zog er weitere drei Pfund unter seinem Hemd hervor und gab sie Sayyed.

Das Spiel begann von neuem. Erst kam der Wächter, dann Hamdi-Bey, und blitzschnell wechselten fünf englische Pfund ihren Besitzer. Hamdi-Bey verschwand.

»Alles in Ordnung, Mister Carter«, meinte Sayyed, als er zurückkehrte.

»Nichts ist in Ordnung«, zischte Howard zurück, »ich habe fünf Pfund bezahlt, und ich will hier raus!«

Beschwichtigend hob der Bursche beide Hände: »Warten Sie's ab! Hamdi-Bey ist zwar ein Gauner, aber er ist kein Betrüger.«

»Wo ist da der Unterschied?« rief Howard leise und verbittert. Seine Wut steigerte sich ins Unermeßliche. Aber was sollte er tun? Sollte er schreien, toben, um sich schlagen? Während er mit unruhigen Augen nach einem Ausweg aus dieser ausweglosen Situation suchte, während er sich ernsthaft mit dem Gedanken trug, eine Ohnmacht zu simulieren und die erhoffte Behandlung zur Flucht zu nutzen, öffnete der Wächter das Gitter und zeigte auf Carter und Sayyed und rief: »Zum Verhör!«

Die beiden warfen sich einen verstohlenen Blick zu und kamen der Aufforderung nach, und ehe sie sich versahen, standen sie vor der Polizeistation auf der Straße.

»Habe ich es nicht gesagt«, meinte Sayyed, »Hamdi-Bey ist zwar ein Gauner, aber kein Betrüger.«

Howards erster Weg führte ihn zum Hotel »Luxor«, das nicht weit entfernt von der Polizeistation an der Uferpromenade lag. Er war aufgeregt wie damals vor Jahren in Swaffham und legte sich die passenden Worte zurecht, mit denen er Sarah begegnen wollte. Halblaute Sätze deklamierend, betrat er das Hotel und erkundigte sich beim Portier nach Mrs. Sarah Chambers.

»Bedaure«, meinte der kleine, freundliche Ägypter am Empfang, »eine Dame dieses Namens logiert nicht bei uns!«

»Vielleicht eine Mrs. Sarah Jones?« Howard sah den Portier beinahe flehend an.

»Auch keine Mrs. Sarah Johnes, Sir!«

»Aber gewiß ist eine Engländerin in Ihrem Hotel abgestiegen!«

Da wurde der kleinwüchsige Portier ungehalten, er blickte entnervt gen Himmel und entgegnete: »Sir, wir sind ein großes Hotel und beherbergen nicht nur eine Engländerin. Wenn Sie mich jetzt bitte entschuldigen wollen.«

Bakschisch!, schoß es Howard durch den Kopf, und er erinnerte sich, was Sayyed in der Gefängniszelle gesagt hatte. Also steckte er dem Ägypter am Tresen zwei Piaster zu und fragte: »Dürfte ich einen Blick auf Ihre Gästeliste werfen?«

Das war dem Portier gar nicht recht, und er lugte besorgt nach allen Seiten, bevor er Howard die Liste hinüberschob. Als alleinreisende Engländerinnen waren vermerkt: Mrs. Showkey aus Gloucester, Miss Evans aus Manchester, Mrs. Jane Cullen mit Tochter Mary aus Brighton und Lady Elizabeth Collingham aus London South Kensington.

Enttäuscht gab Carter die Gästeliste zurück. Sollte Sarah unter falschem Namen reisen? Obwohl er darin keinen Sinn erkennen konnte, war dies seine letzte Hoffnung. Inzwischen war es Abend geworden, und Howard ging vor dem Hotel »Luxor« auf und ab. Von der gegenüberliegenden Straßenseite beobachtete er jedes Fenster, in der Hoffnung, Sarah würde irgendwo erscheinen und ihm zuwinken. Aber nichts geschah. Nach zwei Stunden, Howard war hundemüde, gab er auf und machte sich auf den Weg zu seiner Pension.

Die Nacht verbrachte Carter in unruhigem Schlaf und verwirrenden Träumen. Er sah Sarah in einer Gefängniszelle der Polizeistation. Bei dem Versuch, sie zu befreien, wurde er von den Wächtern überwältigt und in eine andere Zelle gesteckt. Rufend versuchte er sich mit Sarah zu verständigen, aber in den kahlen Gängen und Verliesen verhallten ihre Stimmen. Keiner konnte die Rufe des anderen verstehen.

Kurz nach Sonnenaufgang begab Carter sich erneut zum Hotel »Luxor«, um den Eingang und die Fenster zur Straße hin zu beobachten. So früh am Tag wurde der Eingang zum Schauplatz emsiger Geschäftigkeit. Droschken und Maultierkarren fuhren vor, um Reisende und ihr Gepäck zum Bahnhof zu bringen. Händler lieferten ihre Waren an, und ein Heer halbnackter Lakaien war singend damit beschäftigt, die Straße vor dem Hotel zu kehren. Die dabei erzeugten Staubwolken hüllten das Gebäude vorübergehend in eine graue Wolke, die jede Sicht verwehrte.

Nach drei Stunden erfolglosen Aufundabgehens ließ sich Howard auf einer Bank an der Uferpromenade nieder und starrte vor sich hin ins Leere. Da vernahm er hinter sich eine unbekannte weibliche Stimme: »Entschuldigen Sie, Sir, aber ich habe seit Tagen das Gefühl, als würde ich von Ihnen beobachtet. Wollen Sie mir nicht den Grund für Ihr Verhalten nennen?«

Howard erschrak, er erschrak zu Tode, als er sich umdrehte. Vor ihm stand die rätselhafte Dame vom Schiff. Sie sah Sarah zum Verwechseln ähnlich, aber ihre Stimme verriet, daß sie es nicht sein konnte. Im Augenblick wähnte sich Carter als Opfer einer Sinnestäuschung. Spielten seine Ohren oder seine Augen verrückt?

»Ich dachte – ich glaubte – Miss Jones?« Howard sprang auf. Er musterte die Fremde auf beinahe unverschämte Weise. »Miss Jones?« wiederholte er hilflos.

»Ich bin Lady Elizabeth Collingham«, erwiderte die fremde Dame, die Sarah aufs Haar glich.

»Lady Collingham«, wiederholte Carter tonlos und nickte aus unerfindlichen Gründen. Schließlich stotterte er: »Mein Name ist Howard Carter. Ich bin Ausgräber.«

»Sie haben noch immer nicht meine Frage beantwortet, Mister Carter!« beharrte die fremde Dame.

»Nein«, antwortete Howard. Er hatte Schwierigkeiten, seinen Verstand mit den Gefühlen in Einklang zu bringen. Sein Verstand sagte, daß diese Frau eine andere war; aber seine Gefühle zweifelten daran. »Es ist wohl eine Verwechslung«, bemerkte Carter schüchtern, »ich hätte nie gewagt ...«

»Eine ziemlich plumpe Art, Ihr Verhalten zu rechtfertigen. Finden Sie nicht auch, Mister Carter?«

Howard hob die Schultern. »So mag es vielleicht aussehen, Mylady, aber ich kann Ihnen versichern, daß es nicht meine Absicht war, Sie zu kompromittieren. Bitte glauben Sie mir.«

Lady Collingham schmunzelte. Es schien, als wollte sie dem jungen Engländer nicht so recht glauben. Gleichzeitig konnte sie nicht verhehlen, daß ihr die schüchterne Art des Ausgräbers gefiel.

Als Carter das ungläubige Lächeln der Lady bemerkte, wurde er wütend. Er zog seine Brusttasche unter dem Jackett hervor und hielt ihr Sarahs Bild unter die Nase. »Das ist sie!« sagte er triumphierend.

»Hübsch, wirklich sehr hübsch«, bemerkte die Lady schnippisch, »aber erklärt das Ihre Handlungsweise?«

»Sie haben recht. Die Ähnlichkeit zwischen Ihnen und Miss Jones allein wäre kein Grund, Ihnen nachzustellen. Aber wissen Sie, als unsere Wege sich vor zwei Jahren trennten, da geschah das nicht deshalb, weil unsere Liebe erloschen war, sondern allein aus Gründen des

Verstandes. Miss Jones heiratete einen anderen, obwohl sie nur mich liebte. Können Sie das begreifen? Seither verbringe ich meine Zeit als ziemlich erfolgloser Ausgräber und versuche, Sarah Jones zu vergessen. Aber Sie sehen ja, was dabei herauskommt. Entschuldigen Sie mein Verhalten, Mylady.«

»Entschuldigung angenommen!« Lady Collingham sah Howard lange an. »Unter einer Bedingung. Sie erzählen mir mehr von sich und dieser Miss Jones.«

Carter wollte nicht so recht glauben, daß sich die schöne fremde Lady ernsthaft für sein Schicksal interessierte. Auch wußte er nicht recht, ob er bereit war, sein Leben vor ihr auszubreiten. Unschlüssig sah er ihre dunklen Augen, die ihn an Sarah erinnerten, und er antwortete: »Lady Collingham, sind Sie sicher, daß Sie das auch wirklich interessiert?«

»Ganz sicher!« erwiderte die fremde Dame. Sie trug ein langes gelbes Kleid mit schwarzen Biesen und Spitzen und einen Sonnenschirm von gleicher Farbe. Den spannte sie auf, dann hakte sie sich bei Carter unter. »Kommen Sie, begleiten Sie mich auf meinem Morgenspaziergang!«

Howard wußte nicht, wie ihm geschah. Den Tag zuvor hatte er noch in einer stickigen Gefängniszelle verbracht. Jetzt promenierte er am Arm einer vornehmen Lady, die verdammte Ähnlichkeit mit Sarah Jones hatte, am Nil entlang. Er war verunsichert, verwirrt, verstört. In seinem Innersten kämpften wechselnde Gefühle. Irgend etwas sträubte sich, die Vertrautheit der schönen Lady zu erwidern, doch schon im nächsten Augenblick verursachte eben diese Vertrautheit ein wohliges Gefühl, wie es Sarah Jones in ihm hinterlassen hatte.

In dieser verwirrenden Ungewißheit gingen sie eine Weile schweigend nebeneinander her. Vom jenseitigen Nilufer wehte ein heißer Wüstenwind, und Lady Collingham hatte zu tun, ihren Sonnenschirm festzuhalten. Howard suchte verzweifelt nach Worten; er wußte nicht, wie er beginnen sollte. Was sollte er dieser Frau, die er überhaupt nicht kannte, erzählen? Glaubte sie ernsthaft, er würde ihr seine tiefsten Gefühle preisgeben?

Carter hielt plötzlich inne. Er löste sich von ihrem Arm und sagte mit steifer Höflichkeit: »Mylady, bitte entschuldigen Sie.«

Und noch ehe Lady Collingham irgend etwas erwidern konnte, ergriff Howard die Flucht. Wie von reißenden Hunden verfolgt, hetzte Carter die Nilpromenade entlang bis zum »Savoy«-Hotel. Dort bog er nach links ab, und als er sicher sein konnte, daß die Lady ihn nicht verfolgte, verlangsamte er seine Schritte. Sein Anzug klebte am Körper, als er in seiner Pension eintraf.

»Effendi!« rief MahMond Habila, der stets listig lächelnde Besitzer des »Maamura Palace«. Er schwenkte ein Papier in der Hand. »Eine Nachricht für Sie, von Mister Naville!«

Howard las: »Erbitte dringend Ihren Besuch in Der-el-Baharia. Edouard Naville.«

Wieder einmal nahm Howard Carters Leben eine unerwartete Wendung. Denn als Howard bei Naville am jenseitigen Nilufer eintraf, erfuhr er, daß sein Assistent Percy Brown einen schweren Unfall erlitten hatte. Brown, der sich in der Hauptsache mit dem Kopieren von Inschriften und Wandreliefs beschäftigte, war von einem Gerüst gestürzt und hatte sich den rechten Oberschenkel und beide Arme gebrochen.

»Sind Sie bereit, Mister Browns Aufgabe zu übernehmen?« fragte Naville in der ihm eigenen forschen Art.

»Warum nicht«, erwiderte Carter zögernd. Er wußte nun, daß Naville ihn brauchte, und fuhr fort: »Das kommt ganz auf die Bedingungen an, Sir.«

Eigentlich war Naville nicht der Mann, mit dem man handeln konnte, aber in dieser Notsituation war er auf den jungen Engländer angewiesen. Deshalb wandte er Howard sein gequältes Gesicht zu, und als empfände er Schmerz bei seinen Worten, sagte er: »Nennen Sie Ihre Bedingungen, Mister Carter!«

Howard glaubte zu träumen. Der große Naville sagte zu ihm: Nennen Sie Ihre Bedingungen. Er überlegte kurz, ob er sich mit dem Ausgräber in ein Pokerspiel einlassen sollte, und dann riskierte er alles.

»Doktor«, sagte er selbstsicher, »ich möchte die doppelte Bezahlung wie bei Flinders Petrie in Amarna. Hundert Pfund.«

»In Ordnung.«

»Und darüber hinaus –«

»Ja?« Naville sah Carter erwartungsvoll an.

»Darüber hinaus möchte ich, daß Sie mir eine Ausbildung als Ausgräber zukommen lassen.« Howard staunte über seinen eigenen Mut.

»Sonst noch etwas?« fragte Naville provozierend.

»Nein, Sir. Das ist alles.«

Mit einem Mal wich der gequälte Ausdruck aus Navilles Gesicht. »Was den letzten Punkt anbelangt, ist er eher lobenswert«, bemerkte er zufrieden, »zeigt er doch, daß Sie mit Begeisterung bei der Sache sind. Das gefällt mir, Mr. Carter. Also gut!« Er streckte Howard die Hand hin. »Willkommen in Der-el-Bahari. Wann können Sie anfangen?«

»Sagen wir, übermorgen.«

»Gut, übermorgen um sechs Uhr an dieser Stelle!«

Während der Fährmann das Segel setzte und der Abendwind knatternd in das ockerfarbene Dreieck fuhr, überkam Howard eine stille Wut wegen seines Verhaltens gegenüber Lady Collingham. Er hatte sich ziemlich dumm benommen, und sicher lachte sie über ihn. Plötzlich erinnerte er sich, daß er auch vor Sarah Jones davongelaufen war, als sie sich zum ersten Mal begegneten.

Der Wind trieb das Boot ungewöhnlich schnell dem anderen Ufer entgegen, und der Fährmann, mit einem fürstlichen Bakschisch entlohnt, wünschte Howard den Segen Allahs. Warum, überlegte Howard, als er den Weg zum »Maamura Palace« nahm, lief er in Situationen, die sein Kopf nicht bewältigte, immer davon?

Gewiß, damals in Swaffham, war er ein paar Jahre jünger, ein verschüchterter Junge, der eine *Dame-School* besuchte – aber heute? War er nicht ein gefragter Zeichner mit einem Salär von hundert Pfund im Jahr? Das war mehr, als sein Vater je verdient hatte! Warum verhielt er sich wie ein Tölpel?

Allein in seinem Pensionszimmer, in dem man nie ganz allein war, weil durch die scheibenlosen Fenster Tag und Nacht der Straßenlärm drang und weil selbst die geschlossene Türe das Zimmer nur andeutungsweise verschloß, in dieser beschränkten Einsamkeit drängte es Howard, der schönen Lady einen Entschuldigungsbrief zu schreiben. Aber noch ehe er mühsam an seinem Zeichenstift kauend den ersten Satz zu Papier gebracht hatte, faßte er den Entschluß, Lady Collingham persönlich aufzusuchen.

Am nächsten Morgen machte sich Howard auf den Weg zum Hotel

»Luxor«, und er fand Lady Collingham beim Frühstück im Garten. Auf den ersten Blick hätte er sie beinahe nicht wiedererkannt, dabei konnte er nicht einmal sagen, was sich an ihr verändert hatte. In dieser Erkenntnis kam Howard der Gedanke, ob Lady Collingham nicht nur ein Wunschbild seiner Phantasie war.

Die Lady bot Carter an, mit ihr zu frühstücken. Der peinliche Vorfall des vergangenen Tages hatte sie offenbar wenig beeindruckt. Jedenfalls redete sie, während sie schwarzen Kaffee trank und aus einem Schüsselchen Joghurt löffelte, über das Wetter und die Nilschwemme, die, nach Aussagen der Einheimischen, schon eine ganze Woche überfällig war. Doch dann sagte sie plötzlich, ganz unvermittelt: »Mr. Carter, warum sind Sie gestern vor mir davongelaufen?«

Howard würgte ein Stück Käse, das er gerade im Mund hatte, hinunter, wobei er heftig mit dem Kopf nickte, als wollte er sagen: Das ist eigentlich der Grund meines Kommens. Dann erwiderte er: »Mylady, ich wollte mich für mein Verhalten entschuldigen. Aber ich brachte es einfach nicht fertig, mich einem wildfremden Menschen so ohne weiteres anzuvertrauen. Ich meine, wir kennen uns doch überhaupt nicht. Und – ehrlich gesagt –, hatte ich Angst, verlacht zu werden...«

»Vielleicht«, entgegnete Lady Collingham, »fällt es Ihnen leichter, wenn ich Ihnen zuerst etwas von mir erzähle. Auch ich brauche Mut dazu, und deshalb kann ich Sie sehr gut verstehen. Sie fragen sich vielleicht, warum ich allein auf Reisen gehe, noch dazu in ein so fernes Land.«

»Aber ich bitte Sie, Mylady!« heuchelte Carter.

»Nein, nein, Sie brauchen sich nicht zu verstellen!« Die Lady ließ ihren Blick über die anderen Hotelgäste schweifen, die im Garten des Hotels frühstückten. »Alle fragen sich das, und manche tuscheln sogar. Daran habe ich mich gewöhnt.«

»Sie sind nicht verheiratet?«

»Ich war es bis vor einem Jahr. Wie das so ist in unseren Kreisen: Vor vier Jahren – ich war damals zwanzig – wurde ich mit Lord Collingham verheiratet. Niemand hat mich gefragt, ob ich das wollte, schon gar nicht, ob ich den Lord liebte. Ich sollte die Verbindung wohl als eine Art Ehre betrachten. Was als Ehre gedacht war, erwies sich jedoch bald als Schande, weil Seine Lordschaft neben einem respektablen Besitz eine bemerkenswerte Eigenschaft in die Ehe brachte: Lord

Collingham war, was keiner wußte, Trinker, einer von jener Art, die ohne Rausch zu keiner Handlung fähig sind. Und da ich kein schwachsinniges oder verblödetes Kind zur Welt bringen wollte, verweigerte ich mich ihm. Ich stellte ihm ein Ultimatum: ich oder der Absinth. Vier Tage versagte er sich jeden Tropfen, am fünften sprang er im Bahnhof *Victoria Station* vor einen einfahrenden Zug.«

Auf den mit Distanz vorgetragenen Redefluß der Lady folgte ein langes Schweigen. Howard wagte kaum ein Wort zu erwidern, und in seiner Verlegenheit bemerkte er: »Das tut mir leid, Lady Collingham.«

»Das muß es nicht«, erwiderte die Lady kühl. »Und jetzt erzählen Sie mir Ihre Geschichte, Mr. Carter!«

Nachdem sich Lady Collingham ihm so ohne Vorbehalte offenbart hatte, waren seine Bedenken verflogen. Die Frau tat ihm leid. Trotz aller Unterschiede ihrer Vergangenheit fand Howard sogar eine Gemeinsamkeit. Hielt sich nicht die Lady aus demselben Grund in Ägypten auf wie er – um zu vergessen?

Also begann Carter sein Leben in Swaffham zu beschreiben und seine Liebe zu Sarah Jones, an die sie ihn erinnerte. Und als er vom Abschied auf dem Bahnhof erzählte, der immerhin beinahe drei Jahre zurücklag, da blickte Carter verschämt in die Wipfel der Palmen, denn die Lady sollte nicht sehen, daß er mit den Tränen kämpfte.

»Sie müssen sie sehr geliebt haben«, meinte Lady Collingham, nachdem Howard geendet hatte.

Carter lächelte bitter: »Es ist vielleicht eine Dummheit, aber ich liebe sie noch immer – auch wenn sie einen anderen geheiratet hat.«

»Irgendwie beneide ich Sie, Mr. Carter. Denn hinter Ihrem Unglücklichsein verbergen sich tiefe Gefühle. Wo Gefühle sind, ist auch viel Leid. Aber Leid währt nicht immer, es wandelt sich irgendwann zum Lachen. Ich hingegen mit meinem verkümmerten Gefühlsleben...«

Howard hatte den Eindruck, als pirschte sich die schöne Lady an ihn heran, mitleidheischend oder indem sie seine Gefühle aufwühlte. Nicht daß es ihm unangenehm gewesen wäre – er wunderte sich nur, daß Lady Collingham ausgerechnet ihm ihr Herz ausschüttete. Gab es nicht stattlichere Männer, die ihr den Hof machten, Männer von vornehmer Abstammung und hohem Ansehen?

Hätte man ihm vor ein paar Tagen die Frage gestellt, ob er sich eine andere Frau als Sarah Jones in seinem Leben vorstellen könnte, er hätte diese Möglichkeit empört zurückgewiesen. Jetzt warf er seinem Gegenüber einen fragenden Blick zu: Könnte sie es vielleicht sein?

Als erwachte er aus einem unzüchtigen Traum, der den Bogen der Realität weit überspannte, schreckte Carter hoch. Er sprang auf und machte Anstalten, sich zu verabschieden. »Ich hoffe, ich habe Sie nicht gelangweilt«, bemerkte er geflissentlich, »gestatten Sie mir, daß ich mich zurückziehe.«

»Und Sie haben heute keine Zeit, mich auf meiner Morgenpromenade zu begleiten?«

»Bedauere, nein, Mylady. Ich habe unerwartet eine Anstellung erhalten, ich werde mit Dr. Naville den Tempel von Der-el-Bahari ausgraben. Vielleicht ein andermal. Bleiben Sie noch länger?«

»Sollte ich das?« Lady Collingham reichte Carter die Hand und hielt die seine länger fest, als es für einen flüchtigen Abschied angemessen war.

Howard fühlte, wie er errötete. Aber dann nahm er all seinen Mut zusammen und antwortete: »Ich würde Sie gerne wiedersehen, Lady Elizabeth.«

Sie sah zu ihm auf, und Howard kam es vor, als blickte er in Sarahs Augen – auf seltsame Weise fühlte er sich zu dieser Frau hingezogen.

Kapitel 16

Der monotone Singsang der Arbeiter schallte durch das Felsental von Der-el-Bahari und tötete den Europäern den letzten Nerv. Er begann morgens um sechs Uhr und endete erst gegen Mittag, wenn die Arbeiten eingestellt wurden. Naville behauptete, die Arbeit ginge besser vonstatten, wenn die Fellachen ihre Gesänge anstimmten. Dann schwangen über vierhundert Männer in einer endlosen Menschenkette unzählige flache, mit Schutt gefüllte Weidenkörbe von der oberen Terrasse des Hatschepsut-Tempels ins Tal und leerten sie in die rostigbraunen Loren der kleinen Wüstenbahn. Naville hatte die schmalen Geleise bis zum Dorf legen lassen, und unter den Arbeitern galt es als Auszeichnung, Lokomotive zu spielen.

Trotz gewisser Eigenheiten des Ausgräbers – dazu gehörte das gemeinsame Morgen- und Abendgebet wie in der Schule – verstand sich Howard Carter mit Naville immer besser. Allein auf sich gestellt, kam er seiner Aufgabe nach, die wichtigsten Reliefs und Wandmalereien zu kopieren. Anders als sein verunglückter Vorgänger begnügte sich Howard jedoch nicht damit, die Vorbilder im Maßstab 1:1 zu übertragen, sondern schuf Abbildungen in gängigeren Formaten und aquarellierte diese mit Farben. Das Ergebnis versetzte Naville in Begeisterung.

Daneben fand Howard noch Zeit, Naville bei den Grabungen auf die Finger zu schauen. Der unterschied sich von Flinders Petrie, seinem ersten Lehrmeister, nicht nur in Wesen und Charakter, auch seine Arbeitsweise war eine ganz andere. Petrie hatte es immer als seine Aufgabe betrachtet, der Erde neue Geheimnisse zu entreißen. Naville hingegen gab sich mit dem Entdecken zufrieden und trachtete danach, das Vorhandene wissenschaftlich aufzuarbeiten. Naville konnte sich tagelang in ein winziges Detail, eine scheinbar unbedeutende Hieroglyphe vertiefen. Während Petrie nach immer neuen Funden schürfte und unglücklich war über jeden erfolglosen Tag, betrachtete Naville neue Funde beinahe als Behinderung seiner Arbeit. Er sah seine Aufgabe nicht im Entdecken, sondern im Bewahren, und darin unterschied er sich von Carter.

Eines Abends stand Howard am Fuße des Felsentempels und hielt den Kopf im Nacken. Sein Blick ging hinauf zu den schroffen, ockerfarbenen Gesteinswänden, die zu jeder Tageszeit anders aussahen. Es war still, aber bisweilen wurde die Stille von abbröckelnden Steinen unterbrochen, die von oben auf die Geröllhalde prasselten – so, wie das seit Jahrtausenden geschah.

Um diese Zeit warfen die Vorsprünge in der Felswand dunkle Schatten, und an manchen Stellen formten sie riesige Fratzen oder die Leiber von Fabelwesen so groß wie ein vierstöckiges Haus. Howards Blick ging von einer Seite zur anderen, von unten nach oben. Jede Spalte, jede Welle, jeder einzelne Vorsprung fand sein Interesse und regte seine Phantasie an.

Naville hatte Carter schon seit geraumer Zeit beobachtet und trat nun von hinten an ihn heran: »Ich glaube zu wissen, wonach Sie suchen, Mr. Carter. Aber wenn ich Ihnen einen Rat geben darf, vergessen Sie's!«

Howard wandte sich um. »Seit ich hier bin, beschäftigt mich der Gedanke, ob nicht die Königin Hatschepsut irgendwo in den Felsen ein Grab anlegen ließ. Das wäre doch naheliegend. Finden Sie nicht auch?«

»Dachte ich mir's doch«, erwiderte Naville mit einem Schmunzeln. »Haben Sie einen Anhaltspunkt, der Ihre Vermutung rechtfertigt, einen Hinweis?«

»Nein.« Howard hielt den Kopf noch immer nach oben gerichtet. »Ist meine Vermutung denn wirklich so absurd?«

»Absurd? Keineswegs. Die ganze Archäologie ist eine Aneinanderreihung von Absurditäten. Und dieser Tempel ist der beste Beweis dafür. Natürlich bleibt es Ihnen unbelassen, die ganze Felswand nach einem geheimen Zugang abzusuchen, aber glauben Sie mir, Carter, das ist ebenso gefährlich wie sinnlos.«

»Man müßte sich an einem Seil von oben herunterlassen und den Fels auf Hohlräume abklopfen.«

»Und Sie glauben, Sie sind der erste, der diese Idee hat? Vor über zwanzig Jahren entdeckten die Brüder Abd-er-Rassul auf diese Weise den bisher größten archäologischen Schatz.

»Hier in dieser Felswand?« rief Howard ungläubig.

Naville streckte den Arm aus: »Dort auf dieser Felsnase, etwa zwölf Meter von oben, stieß Ahmed, der älteste der drei Brüder, eines Tages auf ein mit losen Steinen verbarrikadiertes Loch. Man kann es weder von hier unten noch von oben einsehen. Ahmed fand es nur, weil er sich abseilte. Nachdem er die Steine, mit denen das Loch verschlossen war, entfernt hatte, tat sich vor ihm ein Gang auf, der in einer Linksbiegung siebzig Meter in den Fels führte bis zu einer Grabkammer. Und in dieser Kammer lagen die Mumien von vierzig Pharaonen aufgereiht. Unter ihnen Ramses, Sethos und der dritte Thutmosis, jeder mit einem Namensschild gekennzeichnet.«

»Mein Gott!« stammelte Carter andächtig.

»Ein ganzes Jahr«, fuhr Naville fort, »verschwiegen die drei Brüder ihre Entdeckung. Dann faßten sie den Entschluß, sie zu Geld zu machen. Sie weihten den Konsul Mustafa Aga Ayat, den größten Antikenschieber in Oberägypten, in ihre Entdeckung ein und verkauften mit seiner Hilfe über Jahre Grabbeigaben, Goldschmuck und Ringe, die sie den Königsmumien von den Fingern rissen.«

Carter war von Navilles Erzählung so beeindruckt, daß er keine Worte fand. Mit zusammengekniffenen Augen blickte er auf die dunkle Felswand, wo sich das Unfaßbare abgespielt haben sollte. »Eines verstehe ich nicht«, meinte er kleinlaut, »wie kamen die verschiedenen Könige alle in dieses Versteck, wo doch jeder von ihnen sein eigenes mit großem Pomp ausgestattetes Grab hatte?«

»Kommen Sie!« Naville und Carter machten sich auf den Heimweg. Im Gehen beantwortete Naville Howards Frage: »Zum Glück fand man in dem Mumienversteck eine Nachricht. Demnach war das einsam gelegene Tal der Könige schon um 1200 vor Christus Ziel von Räuberbanden. Während der Regierung Ramses' III. faßten deshalb die Amun-Priester einen Plan. Unter strenger Geheimhaltung ließen sie in jahrelanger Arbeit jenes unzugängliche Labyrinth in den Fels schlagen, und in einer perfekt organisierten Nacht-und-Nebel-Aktion trugen sie alle Pharaonen-Mumien hinauf auf die Klippen von Der-el-

Bahari, seilten sie einzeln ab und schafften sie in das Versteck, wo sie über dreitausend Jahre unentdeckt blieben.«

»Und wer kam ihnen schließlich auf die Schliche? Wer hat ihnen endlich das Handwerk gelegt?«

Naville blieb stehen. Er sah Carter an. In der Dämmerung konnte Howard deutlich das Grinsen in seinem Gesicht sehen. »Sie werden es nicht glauben«, meinte er feixend, »das war Emil Brugsch.«

Nun hätte Howard vieles für möglich gehalten, aber daß ausgerechnet Brugsch, dieser Gauner, andere Gauner dingfest gemacht haben sollte, das war schwer zu begreifen. Während sie ihren Weg in Richtung des Grabungshauses fortsetzten, erklärte Naville, wie es dazu kam: »Vor etwa fünfzehn Jahren tauchten immer mehr kostbare Funde auf dem schwarzen Markt auf, Schätze, wie man sie bisher noch nie gesehen hatte. Viele von ihnen trugen Königsnamen aus der Zeit des Neues Reiches, so daß man annehmen mußte, daß irgendwelche Gangster nicht nur *ein* Königsgrab, sondern mehrere entdeckt hatten. Schon damals war Brugsch in Hehlerkreisen kein Unbekannter. Er verfügte über Kontakte zur Unterwelt und erhielt deshalb den Auftrag, Scheinkäufe zu tätigen. Brugsch fragte in einschlägigen Kreisen, wo er wertvolle Funde erstehen könne, und gelangte so nach Luxor. Der Konsul Mustafa Aga Ayat und die Brüder Abd-er-Rassul boten ihm so ziemlich alles an, was auf dem internationalen Schiebermarkt gut und teuer war. Über die Herkunft der Ware schwiegen sie allerdings. Brugsch ließ nicht locker, verfolgte die Brüder auf Schritt und Tritt. Schließlich verlor Soliman, der jüngste der drei Brüder, die Nerven und legte ein Geständnis ab. Die Altertümerverwaltung in Kairo zahlte ihm sogar 500 englische Pfund. Übrigens – wie ich hörte, hält sich Brugsch wieder in Luxor auf!«

»Ich weiß«, erwiderte Carter, »ich hatte bereits das zweifelhafte Vergnügen.«

»Haben Sie ihn auf Ihre Pläne von Amarna angesprochen?«

»Gewiß habe ich das. Der Versuch endete allerdings anders als erwartet.«

Naville sah Howard fragend an.

»Ja, Brugsch rief nach der Polizei und behauptete, ich hätte ihn bestohlen. Ich wurde verhaftet und verbrachte einen halben Tag in einer

Gefängniszelle mit Räubern und Prostituierten, und nur mit Hilfe eines Bakschischs konnte ich mich freikaufen.«

»Dieser Brugsch ist und bleibt ein Gauner. Sie dürfen sich von diesem Mann nicht einschüchtern lassen, Carter. Stellen Sie ihn zur Rede!«

Howard nickte mutlos. Am Grabungshaus angekommen, fragte er: »Was ist eigentlich aus den Brüdern Abd-er-Rassul geworden?«

»Sie sind nie verurteilt worden. Die beiden Jüngeren führen das beschauliche Dasein wohlhabender Privatiers, und Ahmed, der Entdecker des Mumienverstecks, wurde zum Oberaufseher im Tal der Könige ernannt. Seine Aufgabe ist es, Grabräubern das Handwerk zu legen.«

»Sie scherzen!«

»Keineswegs. Vergessen Sie nicht, Carter, wir sind hier in Ägypten!«

Die Verbindung zu Lord Amherst und Lady Margaret war seit dem Ende der Arbeiten in Tell el-Amarna abgerissen. Carter hatte sich in einem Brief für die Erfolglosigkeit seiner Arbeit entschuldigt und den Verlust der Pläne von Amarna gemeldet, aber Seine Lordschaft hatte es, wohl aus Enttäuschung, nicht für nötig gefunden, darauf zu antworten.

Deshalb konnte er nicht wissen, daß Lord Amherst am Tag zuvor in Ägypten eingetroffen war. Der Lord reiste mit Lady Margaret, Tochter Alicia und deren Verlobtem Lord Rockley sowie dem Butler Albert und Emily, der Kammerzofe. Kein Wunder also, daß die Reisenden, als sie in Alexandria an Land gingen, vier Doppelphaetons benötigten, welche sie samt Personal und umfangreichem Gepäck zum Bahnhof transportierten.

Bis auf wenige Ausnahmen waren die Spuren der Zerstörung beseitigt, die die britische Flotte in die Stadt geschlagen hatte. Auf dem Mohammed-Ali-Platz und in der Straße der europäischen Konsulate sah man neue, prachtvolle Bauten. Und wie in früheren Zeiten wurde das Stadtbild weitgehend von Europäern beherrscht.

»Sieh nur, Mama!« rief Alicia und zupfte Lady Margaret am Ärmel. Die Kutsche bog auf den Bahnhofsvorplatz ein. Vor ihnen wuchs ein Märchenschloß aus dem Boden mit Erkern und Türmchen, blau und rot gefliesten Wänden und spitzbogigen bunten Glasfenstern. Schlanke Säulen umrahmten das Eingangsportal. Victoria Station in London wirkte gegen diese Pracht wie ein Armenhaus.

Lord Rockley half Alicia galant aus der Kutsche, und Lady Margaret kamen Zweifel, ob ihre schlichte Reisekleidung dem vornehmen Ereignis einer Bahnreise durch das Nildelta angemessen sei. Noblesse, wohin man schaute. Fahrkartenverkäufer in goldverzierter Livree kamen ihrer Aufgabe an Schaltern nach, wie man sie nur in der Bank of England kannte, und ihr würdevoller Gesichtsausdruck stand dem der Bankbeamten in keiner Weise nach. Ein Gepäckmeister mit weißen Handschuhen kümmerte sich um die Koffer der Reisenden, wobei es unter seiner Würde gewesen wäre, selbst Hand anzulegen. Er kommandierte eine Schar wichtelnder Lakaien in weißer Galabija.

Obwohl niemand den Grund kannte, herrschte große Aufregung. Verkäufer schoben Buffets auf Rädern durch die Halle und kündeten mit lauten Rufen von der Einmaligkeit ihrer Waren, Nüsse, Honigkuchen und Kringelgebäck. Ein einziger hätte genügt, den bescheidenen Andrang der Reisenden zu befriedigen, doch es gab mindestens fünf, die sich um die Gunst der Fremden bemühten, indem einer die Stimme des anderen zu übertönen versuchte.

Für sich und seine Familie hatte Lord Amherst ein Coupé erster Klasse, für Emily, Albert und das Gepäck ein solches dritter Klasse reserviert. Dort warteten Bänke aus Holz, während die Herrschaften sich auf samtigem Plüsch niederließen. Nur Europäer genossen den Vorzug, in gemischten Abteilen untergebracht zu werden, also Männer und Frauen gemeinsam. Ägypter reisten getrenntgeschlechtig, für Frauen gab es einen eigenen Waggon.

Überhaupt glich die Fahrt durch das vielarmige Nildelta bis Kairo, die für gewöhnlich einen halben Tag in Anspruch nahm, noch immer einem Abenteuer, weil nicht selten die Geleise unterspült, vom Wüstensand zugeweht oder durch die Gluthitze der Sonne verbogen waren.

Etwa in der Mitte zwischen Alexandria und Kairo, nahe dem Ort Kafr el Zayat, wo die Bahnlinie den breiten westlichen Nilarm kreuzte, begegnete den Reisenden ein Schauspiel besonderer Art. Die Geleise endeten abrupt am Ufer des Flusses. Aber nachdem zwei Schiffe die

Stelle flußaufwärts passiert hatten, schwenkte von der Mitte des Nilarmes die Fortsetzung der Geleise ein, und die Eisenbahn konnte den Fluß überqueren.

Die von einem Engländer konstruierte Drehbrücke hatte unter dem Khediven Said Pascha fragwürdige Berühmtheit erlangt, und das kam so: Die Brüder Ahmed und Ismail, Neffen des Khediven Said, standen an erster und zweiter Stelle in der Thronfolge des Vizekönigs. Nach einem Familienfest in Alexandria machte sich die gesamte Verwandtschaft des Khediven mit einem Sonderzug auf die Heimreise nach Kairo, unter ihnen Ahmed, der Thronfolger. Nur einer fehlte: Ismail. Als sich die Eisenbahn der Drehbrücke näherte, öffnete sich diese wie von Geisterhand, und der Zug mit der vizeköniglichen Verwandtschaft versank im Nil. So wurde Ismail Khedive von Ägypten.

Wohlbehalten erreichten Lord Amherst und seine Familie Kairo, wo sie im »Shepheards« eine Zimmerflucht von fünf Räumen belegten, mit Blick auf den Nil und die Flußinsel Gesira. Nach dem abendlichen Dinner auf der Hotelterrasse, die von elektrischen Lampen in zauberhaftes Licht getaucht wurde, brachte der Ober auf einem Silbertablett eine Visitenkarte. Lord Amherst nahm sie entgegen und las: J. M. Cook – Thomas Cook, travel agents – Shepheards, Cairo.

»Ich lasse bitten!« erwiderte der Lord, und im nächsten Augenblick stellte sich ein vornehm englisch gekleideter Mann vor.

»Ich hörte von Ihrer Ankunft, Mylord, und daß Sie beabsichtigen, mit Ihrer Begleitung nach Oberägypten zu reisen. Es wäre die vornehmste Aufgabe meines Unternehmens, Ihre Reise bis in alle Einzelheiten zu organisieren.«

Lady Margaret blickte indigniert wie auf einen fliegenden Händler, der unverlangt seine Waren anbot, aber der Lord zeigte Interesse und stellte dem Engländer die Frage: »Sind Sie ein Nachfahre des berühmten Thomas Cook?«

»Um genau zu sein, ich bin sein Sohn. Mein Vater Thomas starb vor vier Jahren.«

»Ich weiß«, erwiderte Amherst, »alle Zeitungen waren voll davon. Ihr Vater hat, mit Verlaub, ja das Reisen erfunden.«

»Mylord sind sehr freundlich. Aber Ihre Bemerkung ist nicht verkehrt. Sogar Könige und Potentaten reisen heute mit Gutscheinen von Thomas Cook. Taufik Pascha machte da keine Ausnahme.«

Alicia, die das Gespräch gespannt verfolgte, sah Ihren Vater fragend an: »Kann mir vielleicht jemand erklären, was das bedeutet, mit Gutscheinen zu reisen?«

»Ganz einfach, Mylady!« Cook wandte sich Alicia zu. »Seit Menschengedenken mußte jemand, der sich in ein fernes Land begab, das gesamte Geld, das für eine solche Reise nötig war, mit sich führen. Das war beschwerlich, vor allem nicht ungefährlich, gibt es doch genug Halunken und zwielichtige Gestalten, die sich an die Fersen eines Reisenden heften. Thomas Cook bietet die Möglichkeit, Ihre Reisekosten im eigenen Land zu begleichen. Unsere Agentur übernimmt die Buchung aller Billetts für Schiff und Eisenbahn und die Reservierung der Hotels. Wohin Sie auch kommen, Ihre Ankunft ist avisiert.«

»Aber das ist ja großartig!« rief Alicia begeistert, und auch Lady Margaret nickte jetzt zustimmend.

Lord Amherst neigte den Kopf zur Seite. »Wir haben vor, die kalte Jahreszeit in Oberägypten zu verbringen, fern vom Nebel um Didlington Hall. Gewiß können Sie uns angemessene Hotels vermitteln.«

»Kein Problem, Mylord. Unsere Agentur befindet sich hier im Hotel. Wenn ich mir die Frage erlauben darf: Wie lange gedenken Sie in Ägypten zu bleiben?«

Nach einem Blick auf Lady Margaret erwiderte Amherst: »Wir gedenken das Weihnachtsfest in Luxor zu verbringen. Wir haben aber auch einen Aufenthalt in Amarna, Edfu und in Assuan vorgesehen.«

Cook nickte verständnisvoll. »In Amarna und Edfu wird es schwer sein, ein standesgemäßes Hotel zu finden. Um der Wahrheit die Ehre zu geben – es ist unmöglich. Es sei denn, Sie fänden sich mit einem Etablissement ab, in welchem nachts die Ratten tanzen...«

»William!« rief Lady Margaret und faßte den Arm ihres Mannes, »lieber bleibe ich hier.«

Der Lord fand Cooks Bemerkung äußerst unpassend, denn er mußte befürchten, daß Margaret ihre Drohung wahrmachte. Deshalb warf er Cook einen hilfesuchenden Blick zu.

Cook schien Amherst zu verstehen. Er sagte: »In Ihrem Fall würde ich eine Dahabija empfehlen, ein Hausboot mit Salon, Bibliothek und sechs Kabinen, in denen es kaum an Komfort mangelt. Wir vermieten diese Schiffe mit kompletter Mannschaft, also mit Kapitän, Matrosen und Koch.«

»Oh, wie romantisch!« rief Alicia begeistert. Und Lady Margaret bemerkte hingerissen: »William, William, das wäre ja wie im Märchen.«

»Es ist in der Tat wie im Märchen, wenn Ägypten an Ihnen vorübergleitet. Denn der Eindruck, den eine Schiffsreise auf dem Nil vermittelt, ist wirklich, als zöge die Landschaft am Schiff vorbei und nicht umgekehrt.«

Doch Amherst hob die Augenbrauen. »Nun gut, Mr. Cook, und was kostet dieses Vergnügen?«

»Hundert englische Pfund«, antwortete Cook gelassen. Und mit noch größerer Gelassenheit fügte er hinzu: »Im Monat.«

Der Lord, Lady Margaret, Alicia und Lord Rockley sahen sich einer nach dem anderen ins Gesicht. »Das ist viel Geld«, meinte Amherst schließlich, »ich möchte sogar sagen: sehr viel Geld, Mr. Cook.«

»Gewiß, Mylord. Aber wenn ich mir die Bemerkung erlauben darf: Sie sparen jegliche Transportkosten, benötigen kein Hotel, leben in größerer Sicherheit als auf dem Lande, und was den Komfort betrifft, so können unsere Schiffe mit jeder Hotel-Suite konkurrieren. Ich mache den Herrschaften einen Vorschlag: Morgen früh, gegen zehn, macht die ›Nefertari‹ vor dem Hotel fest. Sehen Sie sich die Dahabija in aller Ruhe an und fällen Sie dann Ihre Entscheidung.«

Die Entscheidung, mit einem Hausboot nilaufwärts zu reisen, war längst gefallen, als die Amhersts zusammen mit Lord Rockley am nächsten Morgen das Schiff in Augenschein nahmen. Die Dahabija hatte zwei Masten, den Hauptmast im Bug, einen kleineren im Heck. Die Quermasten mit den weißen Segeln ragten schräg in den Himmel und gaben dem Schiff ein bizarres Aussehen. Ein Drittel des etwa dreißig Meter langen Hausbootes nahm das offene Vorderdeck mit dem Ruder, der Takelage und allerlei Gerätschaften ein. Dahinter schloß sich der weiß gestrichene Aufbau an mit schmalen, hohen Kabinenfenstern. Ein Sonnendeck über dem Aufbau lud mit Korbmöbeln zum Verweilen und Betrachten der Landschaft ein.

Die Kabinen im Inneren atmeten die Gediegenheit englischer

Salons. Dunkle afrikanische Hölzer zierten die Wände. Messingbeschläge überall. Der Salon im Heck hatte sieben Fenster, die vom Boden bis zur Decke reichten, und erinnerte an die Rückfront mittelalterlicher Galeeren. Die typischen Schiffsmöbel aus Mahagoni vermittelten Behaglichkeit.

»Habe ich Ihnen zuviel versprochen?« erkundigte sich Cook, nachdem die Amhersts und Lord Rockley die ›Nefertari‹ eingehend inspiziert hatten.

Lord Amherst nahm den Agenten beiseite: »Ich miete das Schiff samt Mannschaft für drei Monate.«

»Es wird Thomas Cook und Söhnen eine Ehre sein, Seine Lordschaft zufriedenzustellen. Dann darf ich Sie in unser Büro bitten. Wann gedenken Sie abzureisen, Mylord?«

»Wenn es die Lage erlaubt, noch heute.«

»Dem steht nichts im Wege.«

Es war spät im Jahr, die Hitze des Sommers hatte angenehmeren Temperaturen Platz gemacht. Vor allem vormittags wehten kräftige Winde, welche der »Nefertari« eine günstige Reisegeschwindigkeit verliehen. Nachts wurde am Ufer festgemacht. Dann knarrten die Planken, und die Mastbäume ächzten wie Zugtiere an einem arbeitsreichen Tag. In den ersten Nächten fiel es allen schwer Schlaf zu finden.

Am vierten Tag machte die »Nefertari« in der Nähe des Dorfes et-Till, südlich von Mallawi, fest. Vom östlichen Nilufer bot sich ein atemberaubender Blick auf die Wüstenebene von Tell el-Amarna und das Felsengebirge in eineinhalb Meilen Entfernung.

Die Landung einer so vornehmen Dahabija war nicht alltäglich. Für gewöhnlich sahen die Dorfbewohner die Hausboote der reichen Europäer nur in der Ferne vorüberziehen. Im Nu war die Landestelle von Einheimischen umringt, welche an Bord des Schiffes den neuen Khediven Abbas Hilmi vermuteten oder Sir Herbert Kitchener, seit kurzem Sirdar, Oberbefehlshaber der ägyptischen Armee. Weder den einen noch den anderen hatte man bisher in Mittelägypten zu Gesicht bekommen. Und so kam es, daß der Nasir von et-Till, ein alter bärtiger Scheich, und ein baumlanger Rais, die der »Nefertari« mit den übrigen Dorfbewohnern am Ufer gefolgt waren, sich in den Sand warfen und mit den Köpfen den Boden berührten, als Lord Amherst, gefolgt von Lord Rockley, Lady Margaret und Alicia, über einen schaukelnden Steg an Land ging.

Der Kapitän, er hieß Nagib Afifi und beherrschte neben der englischen und französischen Sprache auch die Sangeskunst, welche er allabendlich nach dem Festmachen mit Unterstützung einer Ukulele zum besten gab, hatte alle Mühe, den Einheimischen zu erklären, daß es sich bei den fremden Besuchern um Reisende handelte, die sich ausschließlich für die Ruinen von Achetaton interessierten.

Kaum hatte Nagib seine Erklärung beendet, sah Amherst, wie der lange Rais sich heimlich entfernte und auf seinem Esel in Richtung des Felsengebirges trabte. Mit knappen Worten wies der Lord Afifi an, auf schnellstem Weg für ihn und Rockley zwei Esel zu mieten. Ein ansehnliches Bakschisch beschleunigte den Vorgang, und die beiden Männer folgten dem Wächter.

»Was sehen Sie, Rockley?« Amherst deutete in die Ferne.

»Eine Horde Arbeiter! Hundert mögen es wohl sein, Sir. Sieht so aus, als wären es Ausgräber.« Rockley hatte alle Mühe, seinen störrischen Esel zu zügeln.

»Ja«, erwiderte Amherst, »genau so sieht es aus. »Irgendwie habe ich es geahnt.« Er gab ein paar gutturale Laute von sich und beschleunigte auf diese Weise den Trab der beiden Esel.

»Ich verstehe nicht, Sir.«

»Sie werden es noch begreifen, Rockley, kommen Sie!«

Kaum hatte der Rais die Ausgräber auf dem Ruinenfeld erreicht, da stoben die Männer auseinander und flohen, ihre Werkzeuge, Hakken, Schaufeln und Körbe zurücklassend, in alle Himmelsrichtungen. Amherst und Rockley trafen nur noch auf eine Handvoll von ihnen.

»Warum laufen die Kerle alle weg?« rief Amherst, während er von seinem Esel herunterstieg.

Ein Mann von europäischem Aussehen, er trug einen heruntergekommenen Anzug und einen Strohhut auf dem Kopf, kam näher und antwortete: »Es ist Feierabend, Sir. Da werden sogar die Faulen fleißig und beginnen zu laufen.«

Amherst zog seine Taschenuhr aus der Weste, warf einen Blick darauf und entgegnete: »Um elf Uhr Feierabend?«

Der Mann mit dem Strohhut hob die Schultern.

Neben einer Mauer standen zwei Körbe mit Bruchstücken kleiner Statuen und beschrifteten Tonscherben. Lord Amherst musterte die Funde mit kritischem Blick, dann erklomm er die brusthohe Mauer und musterte die Umgebung, wo soeben noch hundert Männer gegraben hatten. »Und?« fragte er von oben herab, »wie geht das Geschäft?«

Der Gefragte verfolgte das seltsame Auftreten des Fremden mit Mißtrauen. Schließlich antwortete er unsicher: »Was meinen Sie damit?«

»Sie wollen mir doch nicht weismachen, daß Sie aus Liebe zur Wissenschaft tätig sind?«

»Sir, ich bin Ausgräber!«

»Das sehe ich, mein Freund, aber Ausgräber für die eigene Tasche.«

Da brauste der Mann im Strohhut auf: »Sir, ich bin Kurator am Museum in Kairo. Mein Name ist Emil Brugsch. Sie werden sich für Ihre Rede entschuldigen müssen.«

»Und mein Name ist Lord William George Tyssen-Amherst, ich bin Inhaber der Grabungslizenz für dieses Gebiet, und Sie schulden mir eine Erklärung für Ihr Verhalten.«

Es dauerte eine ganze Weile, bis Emil Brugsch den Schock dieser unerwarteten Begegnung verdaut hatte. Um Zeit zu gewinnen, klopfte er den Staub von seinem Anzug, und als er die peinliche Säuberungsaktion endlich beendet hatte, trat er an die Mauer heran und streckte dem Lord die Hand entgegen: »Mylord, ich bin untröstlich. Seien Sie versichert, es wird sich alles als ein Irrtum herausstellen.«

Amherst ließ Brugschs Hand unbeachtet. »Irrtum? Daß ich nicht lache, Mister Brugsch! Sie sind doch bekannt für Ihre zweifelhaften Machenschaften. Wollen Sie mich ernsthaft glauben machen, Sie wüßten nicht Bescheid über die Lizenz der Altertümerverwaltung? Herr Brugsch, ich habe viel Geld bezahlt für die Erlaubnis, in Amarna graben zu dürfen, und auch wenn ich meine Lizenz augenblicklich nicht wahrnehme, haben Sie noch lange nicht das Recht, an meiner Stelle zu graben. Ich werde Sie und die Altertümerverwaltung auf Schadenersatz verklagen.«

Da begann Brugsch zu lamentieren, und sein Wehgeschrei klang übertrieben wie das eines Ägypters. »Mylord«, winselte er, »ich gebe ja zu, unrechtmäßig gehandelt zu haben, aber glauben Sie mir, das geschah nicht aus Profitgier oder um Sie zu betrügen. Ich befinde mich in einer ausweglosen Lage und brauche Geld. Ich besitze keinen Penny. Nicht zum ersten Mal hat mich eine Frau ruiniert. Nicht zum ersten Mal ist mir ein bescheidener Wohlstand zwischen den Fingern zerronnen. Ich habe eine Haremsdame des Khediven Ismail geheiratet, eine bildschöne Frau mit allen äußeren Vorzügen des Orients. Emine, so ihr Name, machte ihre Zustimmung davon abhängig, daß ich ihr mein Haus in Kairo überschrieb und einen großen Batzen Geld dazu. Das, sagte sie, habe ihrem Lebensstandard im Harem des Khediven entsprochen. Blind vor Leidenschaft, kam ich Emines Forderungen nach und hoffte auf ein unvergleichbares Liebesglück. Doch kaum hatte ich die letzte Unterschrift geleistet, warf mich das hinterhältige Frauenzimmer aus dem Haus. Mein Geld war verschwunden. Mylord, glauben Sie mir, ich bin mittellos und habe nicht einmal ein Dach über dem Kopf. Ich bin bereit, den Schaden, so einer entstanden sein sollte, wiedergutzumachen. Aber verraten Sie mich nicht. Mein Posten bei der Altertümerverwaltung ist das einzige, was mir geblieben ist.«

Lord Amherst kletterte von der Mauer hinab und sah Rockley lange fragend an. Der erwiderte seinen Blick mit der gleichen Ratlosigkeit. Durfte man diesem Jammerlappen glauben?

Als Emil Brugsch die zögernde Haltung der beiden Fremden bemerkte, als er befürchten mußte, daß sie sein Schicksal kalt ließ, legte er nach: »Mylord, ich habe ein paar kostbare Statuen ausgegraben und beim Mudir von Minia deponiert. Es handelt sich um Echnaton und Nofretete. Ich werde sie Ihnen selbstverständlich zurückgeben und Stillschweigen bewahren gegenüber der Altertümerverwaltung. Zu den Zollbehörden habe ich gute Verbindungen. Das wäre doch ein Handel auf Gegenseitigkeit!«

»Brugsch, Sie sind ein raffinierter Hund!« erwiderte Amherst und schüttelte den Kopf. »Sie verstehen sogar aus Niederlagen ein Geschäft zu machen.«

»Wenn ich mir die Bemerkung erlauben darf, Mylord, ich habe in Berlin Kaufmann gelernt.« Brugsch grinste hinterhältig.

»So, so. In Berlin lernt man so etwas. Sei's drum. Aber wollen Sie mir verraten, wo Sie die Funde gemacht haben?«

Brugsch breitete die Arme aus. »Exakt hier an dieser Stelle!«

»Hier?« Lord Amherst scharrte ungläubig im Sand. »Sie wissen, daß Flinders Petrie beinahe zwei Jahre hier gegraben hat, ohne etwas Spektakuläres zu finden. Was hat Sie bewogen, gerade an dieser Stelle den Spaten anzusetzen?«

Auch Brugsch begann im Sand zu scharren, aber aus Verlegenheit. »Ich glaube«, meinte er endlich, »sie tun Mr. Petrie unrecht. Flinders Petrie suchte weniger nach Schätzen, die auf dem Kunstmarkt verkäuflich sind. Ihm kam es mehr auf Funde an, die etwas aussagen über die Amarna-Zeit. Und davon hat er, mit Verlaub, mehr als genug zutage gefördert.« Brugsch zeigte zu dem verlassenen Grabungshaus, das etwa eine halbe Meile entfernt lag. »Dort lagen ein paar hundert Steinreliefs, zum Teil riesige Blöcke mit Texten und Darstellungen aus dieser Zeit. Sie geben Aufschluß über das Leben des Pharaos Echnaton. Verkäuflich sind sie allerdings nicht, schon wegen des Gewichts und ihrer Größe.«

Amherst nickte einsichtig. »Aber Sie haben noch nicht meine Frage beantwortet. Warum graben Sie gerade hier?«

»Intuition«, entgegnete der Deutsche listig, »vielleicht auch Glück. Wie es scheint, bin ich durch Zufall auf die 3000 Jahre alte Werkstatt eines Bildhauers gestoßen. Nur so ist zu erklären, warum gerade hier so bedeutende Skulpturen ans Tageslicht gekommen sind.«

Dieser Brugsch, dachte Amherst, ist wirklich mit allen Wassern gewaschen. Es war beinahe unmöglich, ihm beizukommen, und er mußte froh sein, wenn Brugsch die Funde wirklich ablieferte. Um jedes Risiko zu vermeiden, sagte er: »Mr. Brugsch, Sie werden micht jetzt zu meiner Dahabija begleiten. Wir werden gemeinsam nach Minia segeln und beim Mudir die Statuen abholen, die Sie ausgegraben haben. Einverstanden?«

Brugsch zögerte, denn vermutlich hatte er längst einen anderen Plan gefaßt, wie er Lord Amherst trotz allem betrügen konnte. Aber als er die unnachgiebige Haltung Seiner Lordschaft erkannte, erwiderte er blasiert: »Wenn es denn sein muß.«

Die Antwort machte Amherst wütend. »Hören Sie, Brugsch, ich kann Sie auch verklagen! Dann erwartet Sie eine gehörige Strafe, und Ihren Posten in Kairo sind Sie obendrein los.«

»Nur das nicht!« entgegnete Brugsch. »Also gehen wir!«

So gelangte Lord Amherst unerwartet und ohne sein Zutun in den Besitz einiger außergewöhnlicher Funde, darunter zwei Statuen von Echnaton und Nofretete. Sie wurden die Prunkstücke seiner Sammlung.

Seit ein paar Tagen hatte Howard Carter ein Maultier, Sir Henry mit Namen. Natürlich war das nicht sein ursprünglicher Name, aber der klang so unverständlich und unaussprechlich für einen Engländer, daß Howard das Grautier kurzentschlossen umtaufte, nachdem er es auf dem Viehmarkt in Luxor erstanden hatte.

Sir Henry hatte einen Stall nahe der Anlegestelle am westlichen Nilufer und war Carter auf dem langen Weg nach Der-el-Bahari dienlich und trug ihn tagsüber, wenn Howard die Arbeiter an den verschiedenen Grabungsstellen einteilte, von Ort zu Ort. Wie alle Maultiere zeichnete sich Sir Henry durch die Schnelligkeit eines Pferdes, gepaart mit der Ausdauer eines Esels, aus, ohne dessen sprichwörtlichen Starrsinn für sich in Anspruch zu nehmen.

Wie an jedem Morgen trabte Carter auf »Sir Henrys« Rücken vom Nil landeinwärts in Richtung des Grabungshauses und von dort wieder zum Tempel der Hatschepsut, als das Maultier plötzlich, keine halbe Meile vor dem Ziel, mit den Vorderläufen einknickte und zu Boden ging. Carter schlug einen Purzelbaum und landete, zum Glück unverletzt, im Sand.

»He, wohl noch nicht ganz wach heute, Sir Henry«, rief Howard und klopfte sich den Staub aus der Kleidung. Da entdeckte er im Boden ein schwarzes Loch, etwa zwei Handteller im Durchmesser. Sand, den er mit dem Fuß in das Loch schaufelte, verschwand lautlos. Ebenso ein faustgroßer Stein.

»Mein Gott«, stammelte Howard und tätschelte Sir Henrys Hals, »mir scheint, du bist von uns beiden der bessere Ausgräber.«

Howard war aufgeregt, er schwang sich auf den Rücken des Maultiers und nahm den Weg zurück zum Grabungshaus. Dort kam ihm Naville entgegen. »Sir«, rief Howard von weitem, »ich glaube, ich habe eine Entdeckung gemacht. Kommen Sie mit!«

Nachdem Naville das Erdloch auf den Knien in Augenschein genommen und seine Lage nach allen Seiten hin geprüft hatte, sagte er zunächst einmal nichts. Unschlüssig und stumm starrte er in die Öffnung, dann schüttelte er den Kopf und erhob sich.

»Was meinen Sie, Sir?« fragte Howard ungeduldig.

»Das Leben steckt voller Überraschungen«, erwiderte Naville. »Ich habe diese Stelle gewiß hundertmal überquert. Dabei ist mir nie etwas aufgefallen. Gratuliere, Mr. Carter! Wir sollten die Stelle markieren und das Loch wieder verschließen.«

»Wie bitte?« Carters Stimme hallte durch den Talkessel. »Sagten Sie verschließen, Sir?«

»Ja, verschließen. Irgendwann werden wir sicher Gelegenheit finden, der Sache nachzugehen.«

Navilles Gelassenheit brachte Carter in Rage: »Sir, vielleicht habe ich einen bedeutsamen Schatz entdeckt. Vielleicht stehen wir über dem Grabeingang des vergessenen Pharaos Tut-ench-Aton. Vielleicht ist das die Entdeckung des Jahrhunderts! Und da sagen Sie, wir sollten das Loch verschließen?«

Naville verschränkte die Arme vor der Brust, als wollte er die Attacke seines Assistenten abwehren. So hatte er den jungen Carter noch nie erlebt. Aber es war dessen erste Entdeckung, und deshalb versuchte Naville, Verständnis aufzubringen für Howards Ausbruch, wenngleich er sein Verhalten ungebührlich fand. Um Carter zu beschwichtigen, meinte Naville: »Also, was Ihre Vermutung betrifft, Sie könnten auf ein Pharaonengrab gestoßen sein, so kann ich Sie beruhigen, Mr. Carter. An dieser Stelle wurde kein Pharao bestattet. Vermutlich haben wir es mit der letzten Ruhestätte eines Adligen zu tun, die hier zu Hunderten begraben liegen.«

Dieser Naville gönnt dir deinen Erfolg nicht, dachte Carter und wurde wütend. Er vernahm eine innere Stimme, die sagte: Howard, das ist deine Chance! Nutze sie! Obgleich er äußerst erregt war, trat er nahe an Naville heran und sagte mit erstaunlich fester Stimme: »Sir, ich möchte meine Entdeckung selbst ausgraben. Bitte schlagen Sie mir diesen Wunsch nicht ab. Ich brauche zwanzig Arbeiter für drei Tage.«

Naville reagierte so, wie Carter es befürchtet hatte, er drehte sich auf dem Absatz um und ging, ohne ein Wort zu sagen, davon. Mit langer Miene sah ihm Howard nach. Doch plötzlich, in einiger Entfernung, blieb Naville stehen und rief Carter zu: »Meinetwegen, tun Sie, was Sie nicht lassen können. Aber rechnen Sie nicht mit meiner Unterstützung, Mr. Carter!«

Howard stand da wie angewurzelt. Er fühlte, wie das Blut in seinem Kopf pulsierte, ihn erhitzte und verwirrende Gedanken transportierte: Er, Howard Carter aus Swaffham/Norfolk, würde als Entdecker gefeiert in die Geschichtsbücher eingehen. Wenn nur sein Vater Samuel das erlebt hätte, er, der nichts, aber auch gar nichts von ihm gehalten hatte. Man würde ihn feiern, sein untrügliches Gespür bewundern, und die zuständigen Stellen würden ihm einen neuen, verantwortungsvollen Posten anbieten. Dies alles ging ihm durch den Kopf.

Fröhlich wie ein kleiner Junge, der endlich das herbeigewünschte Spielzeug bekommen hat, tanzte Carter um das unscheinbare Loch im sandigen Boden von Der-el-Bahari, schaufelte mit bloßen Händen Sand in die Öffnung und freute sich, wenn dieser auf Nimmerwiedersehen verschwand. Dann sprang er auf, klatschte mit der flachen Hand auf das Hinterteil seines Maultieres, daß es einen Satz tat und mit den Hinterläufen ausschlug, und rief: »Gut gemacht, Sir Henry! Sind wir nicht ein großartiges Gespann?«

Noch am Vormittag sammelte Carter eine Handvoll der besten Grabungsarbeiter, die auf der oberen Terrasse des Felsentempels beschäftigt waren. Mit dem Hinweis, es handle sich um ein Pharaonengrab, versetzt Howard die Mannschaft in einen Taumel der Begeisterung.

Bis zum Abend hatten die Männer ein Gewölbe von zehn mal zwanzig Fuß abgetragen, unter dem Steinstufen zum Vorschein kamen, die steil nach unten führten und mit Sand und Geröll zugeschüttet waren.

Die Kunde, nahe dem Tempel der Hatschepsut sei ein Pharaonengrab entdeckt worden, verbreitete sich wie ein Lauffeuer. Reisende, die in den Hotels von Luxor den Winter verbrachten und für jede Abwechslung dankbar waren, die sich bot, pilgerten in Scharen hinüber nach Der-el-Bahari, um Zeugen einer spektakulären Schatzsuche zu werden.

Dem Ereignis angemessen, trug Howard Carter seinen Tropenanzug und einen Strohhut. Es kränkte ihn, daß Naville sich kein einziges Mal sehen ließ; schließlich gab sich Howard zufrieden und dachte, daß er unter diesen Umständen wenigstens den Ruhm nicht zu teilen brauchte.

Die Spannung wuchs, als am Ende des zweiten Grabungstages, nachdem sie zwanzig steile Stufen freigelegt hatten, ein vermauertes Eingangsportal zum Vorschein kam. Hinter der Absperrung, zwischen Pfählen waren Seile gespannt, herrschte spannungsgeladene Unruhe, und nicht einmal Carters Hinweis, an eine Öffnung des Grabes sei in den nächsten Tagen nicht zu denken, zeigte Wirkung. Irgend jemand hatte das Gerücht in die Welt gesetzt, Pharaonengräber dürften nur nachts und in Anwesenheit des Khediven oder einer hochrangigen Persönlichkeit geöffnet werden. Also hielten Scharen von Neugierigen Wache, und vornehme Reisende, die sich im »Winter Palace« über jedes Stäubchen mokierten, scheuten sich nicht, die kühle Nacht unter freiem Himmel auf Decken im Sand zu verbringen.

Am Morgen glich das Grabungsareal einem Feldlager. Diener und Lakaien aus den Hotels am anderen Nilufer brachten in Körben und Kannen das Frühstück für ihre Gäste. Esel schafften Fässer mit Wasser herbei. Mit Leinentüchern wurden Wände gespannt, um den vornehmen Herrschaften die Morgentoilette samt anstehender Bedürfnisse zu ermöglichen. An einen ernsthaften Fortgang der Arbeiten war nicht mehr zu denken.

Carter überlegte, was zu tun sei, und faßte einen ungewöhnlichen Entschluß. Er kletterte auf ein Wasserfaß und hielt eine Ansprache: »Ladys and Gentlemen! Das Interesse, welches Sie unserer Arbeit entgegenbringen, ehrt uns und wird uns Ansporn sein für unsere weiteren Aufgaben. Obwohl wir alle keine Ahnung haben, was uns hinter diesem steinernen Portal erwartet, dürfen wir guter Hoffnung sein, eine bedeutsame Entdeckung gemacht zu haben!«

Die Umstehenden applaudierten, einige riefen: »Bravo!« und warfen ihre Kopfbedeckungen in die Luft. Ein paar Engländer, die trotz früher Morgenstunde bereits dem Alkohol zugesprochen hatten, versuchten unter Aufbietung ihrer verrosteten Stimmen »God save the Queen« zu intonieren, aber das Vorhaben mißlang kläglich.

»Aber gerade weil es sich um eine bedeutsame Entdeckung handelt«, fuhr Carter in seiner Rede fort, »dürfen wir diese Mauer nicht einfach einreißen und uns wie Räuber in einer Schatzkammer bedienen. Es bedarf der Zeugenschaft wichtiger Fachleute aus Kairo. Bis diese hier eintreffen, werden wir den Zugang aus Sicherheitsgründen wieder aufschütten. Die Öffnung wird in der nächsten Woche erfolgen und in den Hotels durch Anschlag bekanntgegeben.«

Auf sein Zeichen begannen die Arbeiter mit dem Zuschütten des Eingangs. Über hundert Schaulustige zogen sich enttäuscht zurück.

Mit Briefen und Telegrammen lud Carter den zuständigen Kulturminister, die Herren der Altertümerverwaltung, den Mudir der Provinz, den Nasir von Luxor und eine Reihe Ausgräber aus England, Frankreich und Deutschland, die sich in der Gegend aufhielten, zur Öffnung des Grabes ein. Eine besondere Einladung erging an Lady Elizabeth Collingham, Hotel Luxor, Luxor.

Als Carter am folgenden Tag in seine Pension zurückkehrte, fand er eine Nachricht von Lady Elizabeth vor, die ihn bat, mit ihr gegen sieben im »Luxor« zu dinieren. Er sah keinen Grund, die Bitte der schönen Lady abzuschlagen, und nachdem er sich im Badezimmer des »Maamura Palace«, es gab nur eines für alle Zimmer, und das lag im Hinterhof unter freiem Himmel, nachdem er sich dort gereinigt und seinen Anzug vom Staub befreit hatte, begab er sich gutgelaunt zum Hotel an der Uferstraße, wo ihn die Lady in der plüschigen Eingangshalle erwartete.

»Ich wußte, daß Sie meine Bitte nicht abschlagen würden«, empfing ihn Elizabeth.

Ein wenig schämte er sich, wie er der äußerst geschmackvoll gekleideten Dame gegenübertrat. In seinem abgetragenen Anzug konnte er wirklich keinen Staat mehr machen; aber die Herrenausstatter in den Kolonnaden des Hotels »Winter Palace« verlangten fünf bis zehn Pfund für einen Anzug. Das war ein Monatsgehalt. In Anbetracht der bevorstehenden Ereignisse faßte Howard jedoch den Entschluß, sich neu und dem Ansehen eines Entdeckers angemessen einzukleiden.

»Man hört erstaunliche Dinge über Sie«, begann Lady Elizabeth, während sie sich dem vorzüglichen Lammbraten zuwandten. Er duftete herb nach Knoblauch und Rosmarin.

»So, erzählt man das?« erwiderte Carter, und sein Bemühen, die Sache herunterzuspielen, blieb Elizabeth nicht verborgen.

»Stimmt es, daß Sie den Eingang wieder zugeschüttet haben?« fragte sie interessiert. »Das ist doch verrückt, wenn Sie ihn in ein paar Tagen wieder öffnen wollen. Oder nicht?«

Carter lachte. »Lady Collingham ...«

»Elizabeth!«

»Lady Elizabeth ...«

»Elizabeth!«

»Elizabeth, natürlich ist es verrückt; aber es war die einzige Möglichkeit, den Ansturm der Neugierigen zu bändigen. Sie können sich das nicht vorstellen. Es gab Leute, die haben vor dem Grabeingang ihr Nachtquartier aufgeschlagen und Essen und Trinken aus den Hotels jenseits des Nils kommen lassen!«

»Und Sie sind sicher, das Grab eines Pharaos gefunden zu haben?«

»Ziemlich sicher, auch wenn Dr. Naville anderer Ansicht ist.« Er neigte sich zu Elizabeth hinüber. »Ich glaube, er gönnt mir meinen Erfolg nicht. Aber das kennt man ja. Ausgräber verhalten sich wie Hund und Katze. Mein früherer Lehrmeister Flinders Petrie ließ an Naville kein gutes Haar. Dabei ist er gar nicht so übel, ein bißchen zu fromm, ein wenig zu überheblich – aber wer hat keine Fehler!«

»Und dieses Pharaonengrab ist ganz allein Ihre Entdeckung?«

Elizabeth sah Howard in die Augen. Da konnte er einfach nicht anders, er mußte die Wahrheit sagen. »Wenn Sie niemandem davon erzählen, hören Sie, Elizabeth, *niemandem*, dann will ich Ihnen verraten, wie der wahre Entdecker heißt.« Er schaute mit gesenktem Blick nach beiden Seiten. »Sein Name ist Sir Henry.«

»Sir Henry?«

Carter nickte bedeutungsvoll mit geschlossenen Augen. »Sir Henry, mein Maultier.«

Elizabeth lachte laut. »Howard, Sie machen sich lustig über meine Neugierde!«

»Keineswegs. Sir Henry trabte über ein Loch im Boden, und dabei kamen Maultier und Reiter zu Fall. Als ich nach der Ursache für den Unfall forschte, entdeckte ich den Zugang zu dem Grab.«

»Und Sie hoffen, dort unten Schätze zu finden? Die meisten Pharaonengräber wurden doch ausgeraubt, manche schon vor dreitausend Jahren. Jedenfalls behaupten das die Fremdenführer im Tal der Könige!«

»Die meisten? – Bisher fand man nicht eines, das nicht von Grabräubern heimgesucht wurde.«

»Was macht Sie also so sicher, Howard?«

»Das Eingangsportal, das wir bereits freigeschaufelt hatten, ist zugemauert. Normalerweise suchen Grabräuber das Weite, nachdem sie sich an den Schätzen schadlos gehalten haben. Oder können Sie sich vorstellen, daß solche Schurken nach einem Einbruch die Türe zumauern?«

»Da haben Sie recht. Ich bin schon heute aufgeregt und wünsche Ihnen alles Gute.«

»Ich darf also mit Ihrer Anwesenheit in Der-el-Bahari rechnen, Elizabeth?«

»Aber gewiß, Howard. Das heißt, unter einer Bedingung!«

»Ich akzeptiere jede Bedingung von Ihrer Seite. Nennen Sie Ihre Forderung, Mylady!«

»Ich möchte, daß Sie mich morgen zur ›Fantasia‹ des Konsuls Mustafa Aga Ayat begleiten. Die Feste des Agas sind berühmt, und ich wurde eingeladen.«

»Sagten Sie Mustafa Aga Ayat?«

»Das sagte ich.«

»Wissen Sie, daß Mustafa Aga Ayat der größte Antikenschieber von Luxor ist, vielleicht sogar von ganz Ägypten? Er war am Mumien-Raub der Brüder Abd-er-Rassul beteiligt, und Emil Brugsch, der ihm mit seinen Gaunereien nur wenig nachsteht, geht bei ihm ein und aus. Elizabeth, wissen Sie, was Sie da von mir verlangen?«

»Das mag ja alles stimmen, Howard, aber Ayat ist auch Konsul von England, Rußland und Belgien. Er ist ein gebildeter Mann und spricht neben Arabisch fließend Englisch, Französisch und Italienisch. Er kennt Gott und die Welt, und, wie man hört, ist es eine besondere Auszeichnung, zu einem seiner Feste geladen zu werden. Ich bitte Sie, schlagen Sie mir meinen Wunsch nicht ab!«

Howard schüttelte unwillig den Kopf, und die Lady fügte hinzu:

»Mich würde nicht wundern, wenn auch Dr. Naville mit seiner schönen Frau zu dem Fest geladen wäre.«

»Sie kennen Naville?«

»Ihn nicht. Aber seiner Frau Marguerite bin ich einmal begegnet.

Sie ist wirklich wunderschön. Es heißt, der Aga habe ein Faible für schöne Frauen.«

»Das ist wohl auch der Grund, warum er Sie eingeladen hat, Elizabeth!«

Lady Collingham lächelte verlegen, dann meinte sie: »Auf so einer ›Fantasia‹ trifft sich alles, was Rang und Namen hat. Ich könnte mir vorstellen, daß es dem Konsul eine Ehre wäre, einen Entdecker wie Sie als Gast zu haben.«

Howard hörte in sich hinein. Er fühlte einen Kampf in sich. Anstand gegen Eitelkeit. Und es kam, wie es kommen mußte. Die Eitelkeit siegte.

Mitternacht war längst vorüber, und Carter lag nach einem angenehmen Abend mit der Lady in tiefem Schlaf, als er plötzlich hochschreckte. Der einzige Stuhl in seinem Pensionszimmer war in Bewegung geraten und verursachte auf dem Steinfußboden ein kreischendes Geräusch. Noch bevor er in der Dunkelheit etwas erkennen konnte, sprang ein Schatten auf ihn zu, und eine verschwitzte Hand preßte sich auf seinen Mund.

»Pst, Carter Effendi!« hörte er eine Stimme. »Ich bin es, Sayyed. Keine Angst!«

Howard hatte schon geglaubt, sein letztes Stündlein habe geschlagen, nun atmetete er erst einmal tief durch. Dann sagte er, während er mit zitternden Händen versuchte, seine Lampe zu entzünden: »Du bist verrückt, Sayyed. Ich hätte tot sein können vor Schreck! Was willst du mitten in der Nacht?«

Im Schein der Lampe erkannte Carter, daß Sayyed sehr aufgeregt war. Er atmete kurz und heftig und rief leise: »Mr. Carter, das Grab in Der-el-Bahari!«

Howard fuhr aus dem Bett und schlüpfte in seine Hose. »Was ist damit, nun sag schon, verdammt noch mal!«

»Vier Männer sind dabei, in das Grab einzubrechen.«

»Unmöglich«, erwiderte Carter, »ich habe zwei Wachen aufgestellt.«

»Die sind geflüchtet, Effendi. Die Räuber waren in der Überzahl.«
»Das ist nicht wahr!«

»So wahr ich Sayyed heiße.«

»Wir müssen die Polizei einschalten, komm!« Carter warf sich Hemd und Jacke über und machte Anstalten, sein Zimmer zu verlassen.

»Das können Sie vergessen, Effendi!« Sayyed machte eine wegwerfende Handbewegung. »Vor morgen früh wagt sich kein Polizist auf das jenseitige Nilufer.«

»Aber wir müssen doch etwas tun!«

Der Junge blickte treuherzig, so wie er ihn im Polizeigefängnis kennengelernt hatte. Dann meinte er: »Hassan sagt, dem klügsten Mann nützt seine Weisheit nicht, wenn er keine Freunde hat. Sayyed ist doch Ihr Freund, oder?«

»Ja, selbstverständlich«, erwiderte Howard irritiert.

»Also. Ich habe zehn Männer mit Gewehren zusammengetrommelt. Sie warten in einem Boot an der Nillände. Natürlich ist ihr Einsatz nicht kostenlos. Nur der Tod...«

»...ist umsonst. Ich weiß, Sayyed. Über Geld laß uns später reden. Einverstanden? Ich werde mich schon erkenntlich zeigen.«

Im Laufschritt legten beide den Weg zum Nilufer zurück. Wie angekündigt, wartete im Dunkeln eine Barke mit zehn bewaffneten Männern an Bord. Sie trugen schwarze Gewänder und kauerten, ihre Gewehre senkrecht zwischen den Schenkeln haltend, auf den Planken des Schiffes. Nach einem kurzen Disput mit dem Anführer der Truppe meinte Sayyed: »Er fordert fünf Pfund für seine Leute.«

»Fünf Pfund?« rief Howard aufgeregt, und er weigerte sich, das Schiff zu besteigen.

»Der Auftrag ist mit Gefahren verbunden, Effendi«, meinte Sayyed, »entscheiden Sie sich! In dieser Situation ist jede Minute kostbar.«

Howard zog zwei Pfundnoten aus der Tasche und zischte: »Zwei Pfund, und keinen Shilling mehr. Sag ihnen das!«

Der Anführer nickte, und Carter sprang in die Barke.

»Wie hast du von der Sache erfahren?« erkundigte sich Howard während der lautlosen Überfahrt.

Sayyed schnalzte mit der Zunge. »Habe ich Ihnen doch gesagt, Mr. Carter, Sayyed weiß immer alles. Sayyed hat viele Freunde auf beiden Seiten des Nils!«

Kaum hatte die Barke angelegt, da sprangen die bewaffneten Männer heraus und schlugen im Laufschritt die Richtung nach Der-el-Bahari ein. Von den Felsen hallte das Jaulen der Schakale. Und als sie sich Navilles Grabungshaus näherten, entdeckte Howard in einiger Entfernung einen schwachen Lichtschein. »Da!« rief er leise und deutete in die Richtung.

Der Anführer breitete die Arme aus zum Zeichen, daß die bewaffneten Männer ihre Schritte verlangsamten. Behutsam und in geduckter Haltung setzten sie ihren Weg fort. Je näher sie der Lichtquelle kamen, desto bedächtiger wurden ihre Schritte.

»Pst!« machte der Anführer und bedeutete Carter und Sayyed, sie sollten zurückbleiben.

Schon hörte man leise Stimmen und Schaufelgeräusche. Howard und Sayyed knieten sich in den Sand und starrten auf den zitternden hellen Fleck, dem sich die Männer, ihre Gewehre im Anschlag, lautlos näherten. Keine dreißig Schritte von ihrem Ziel entfernt strauchelte plötzlich einer der Männer. Sein entsichertes Gewehr fiel zu Boden, und dabei löste sich ein Schuß. Carter sah das Mündungsfeuer aufblitzen, es gab einen Knall, und von den Felswänden kam ein dreifaches, immer schwächer werdendes Echo zurück.

Kaum hatte sich das Echo verflüchtigt, da vernahm man ein weiteres Geschrei, und aus dem beleuchteten Schacht sprangen vier Gestalten, auffallend kleinwüchsig und, soweit man das erkennen konnte, kaum bekleidet. Es hörte sich an, als stießen sie Flüche aus, während jeder der vier in eine andere Richtung flüchtete.

Der Anführer hob seine Flinte und gab einen Schuß in die Luft ab. Für die anderen war dies das Zeichen zum Angriff. Blindwütig, als ginge es um ihr Leben, feuerten die Männer in alle Richtungen; doch geschah dies wohl eher, um ihren Einsatz und die damit verbundene Entlohnung zu rechtfertigen, als in der Absicht, die Grabräuber niederzustrecken.

Als der letzte Schuß verhallt war, erhob sich Carter, der das Gefecht auf dem Bauch liegend abgewartet hatte, um den Schaden am Grabeingang zu begutachten. Der Schutt, welcher um den Schacht aufgehäuft lag, ließ Schlimmes befürchten. War es den Gangstern gelungen, sich Zugang zum Inneren des Grabes zu verschaffen?

Auf der obersten Stufe flackerte eine große Petroleumlampe, eine zweite hüllte die unteren Stufen in diffuses Licht. Tatsächlich hatten die Grabräuber sich bis an das zugemauerte Portal vorgearbeitet. Doch die Lampe warf so ungünstige Schatten auf die Wand, daß Howard nicht in der Lage war zu erkennen, ob die Gangster ein Loch in die Mauer geschlagen hatten.

Mit gemischten Gefühlen stieg er die Stufen hinab. Ihm war nicht wohl in seiner Haut, denn als er auf halbem Weg nach oben blickte, sah er in die verwegenen Gesichter der Männer, die jeden Tritt argwöhnisch verfolgten. In ihrem Eifer hielten einige den Lauf ihrer Gewehre auf ihn gerichtet.

»Was sehen Sie, Mr. Carter?« rief Sayyed von oben in den Schacht.

Howard betastete das Mauerwerk mit beiden Händen, um sich zu vergewissern, daß der Eingang keinen Schaden genommen hatte. Dann rief er: »Wir haben noch einmal Glück gehabt, Sayyed. Alles in Ordnung!«

Von Kurna herüber hörte man, ausgelöst durch die Schießerei, hundertfaches Hundegebell. Aber obwohl die Schießerei gewiß Meilen weit zu hören gewesen war, schien sich niemand aus dem Dorf dafür zu interessieren.

Aus der Dunkelheit tauchte plötzlich Naville auf. Er war nur halb bekleidet und rief, weil er Howard nicht sehen konnte: »Carter! Wo ist Mr. Carter?«

Sayyed deutete auf den Schacht, aus dem der Lichtschein kam.

»Was ist passiert? Ist jemand verletzt?« rief Naville aufgeregt.

Carter kam nach oben und hob beschwichtigend die Hände. Im Schein der Petroleumlampe, die ihr Licht von unten auf ihn warf, sah Howard aus wie ein Gespenst. »Noch einmal gutgegangen«, antwortete er militärisch knapp. »Glück gehabt.«

Naville wischte sich den Schlaf aus den Augen, trat an den Schachtrand und blickte in die Tiefe. Dann schüttelte er den Kopf und sprach: »Unglaublich. Und das alles in *einer* Nacht! Wie lange haben Sie gebraucht, um den Eingang freizulegen, Mr. Carter?«

»Beinahe drei Tage, Sir! Und ich hatte zwanzig Männer. Soweit wir sehen konnten, waren das hier nur vier. Wirklich unglaublich!« Er warf einen Blick auf die herumliegenden Körbe, welche die Gangster zurückgelassen hatten.

»Ich dachte, Sie hätten Wachen aufgestellt?«

Howard hob die Schultern. »Das hatte ich auch; aber Sie sehen ja, Sir!«

»Und wer hat Ihnen den Coup gemeldet?«

Carter deutete auf Sayyed, der abseits bei seinen Männern stand. »Mein Freund Sayyed«, antwortete er. »Er stand mitten in der Nacht vor meinem Bett. Seine Männer warteten schon. Der Einsatz hat mich zwei Pfund gekostet.«

»Ein angemessener Preis für ein Unternehmen dieser Art. Vorausgesetzt...«

»Ich weiß, was Sie sagen wollen, Sir! Vorausgesetzt, hinter dieser Mauer da unten liegt tatsächlich ein Pharaonengrab verborgen – stimmt's?«

»Stimmt.«

»Sie sind also noch immer skeptisch?«

Naville gab keine Antwort. Wortlos entfernte er sich.

Über dem Nil im Osten graute der Tag, und allmählich wurden die Spuren sichtbar, welche die Grabräuber hinterlassen hatten. Schaufeln, Hacken, Eimer und Körbe lagen im Sand verstreut; doch sie gaben keinen Hinweis auf die Täter.

Sayyed schickte seine Männer nach Hause und erbot sich, bis zur Öffnung des Grabes eine bewaffnete Wachmannschaft zu stellen. In diesem Fall, so beteuerte er, seien die Schätze sicher wie in der Bank von England.

Während Carter und Sayyed um die Kosten des Unternehmens feilschten, fiel sein Blick auf ein kleines, blitzendes Etwas, halb von Sand bedeckt. Howard hob es auf: Es war ein Taschenmesser. Im Durcheinander mußte es einer der Räuber verloren haben. Auf der einen Seite trug das Messer ein Markenzeichen, auf der anderen Seite eine Gravierung: »E.«

Howard schüttelte den Kopf.

Kapitel 17

Das Haus des Agas, unweit des Luxor-Tempels, glich einem Märchenschloß. Ayat hatte es erst vor wenigen Jahren erbaut, weil sein altes Haus abgerissen werden mußte. Wie eine Trutzburg thronte es einst auf dem Dach des Tempels, der damals noch unter Schuttmauern begraben lag. Die Aussicht soll atemberaubend gewesen sein.

Für sein neues Haus hatte es Mustafa Aga Ayat, den der Reichtum verfolgte wie andere die Armut, an nichts fehlen lassen. Es gab elektrisch betriebene Beleuchtung, mehrere Badestuben mit fließendem Wasser und Springbrunnen im Inneren wie auch im Park des Hauses.

Neben dreißig Domestiken, in der Hauptsache Männer, verfügte der Konsul über eine eigene Wachtruppe, die in weiße Uniformen gekleidet und mit blitzenden Gewehren ausgerüstet war. Bei festlichen Anlässen wie einer »Fantasia«, zu der der Konsul zweimal im Jahr illustre Gäste lud, um sich mit ihnen bei Musik, Tanz, gutem Essen und mehr oder weniger geistreichen Gesprächen zu ergötzen, standen die uniformierten Wachen vor dem Eingang Spalier.

Zur Begrüßung hoher Gäste, etwa des preußischen Konsuls, der mit Ehefrau und Tochter seine Aufwartung machte, pflegte die Wachmannschaft beim Eintreffen auf ein geheimes Zeichen drei Ehrensalven abzufeuern, woraufhin die übrigen Gäste, die in langer Reihe anstanden, um dem Hausherrn die Hand zu schütteln, jedesmal in Hochrufe ausbrachen.

Nun hatte das geheime Zeichen beim Eintreffen des Mudirs von Kena und des Direktors der Altertümerverwaltung, ja sogar als der Direktor des Telegraphenamtes von Luxor mit der ansehnlichsten seiner drei Frauen erschien, die rechte Wirkung gezeigt; aber als der Konsul aus Berlin den roten Teppich betrat, der vom Park bis zu den Marmorstufen des Eingangs ausgelegt war, da blieben die Uniformierten steif und ohne Regung.

Der Zufall wollte es, daß Lady Elizabeth Collingham und Howard Carter just hinter dem preußischen Konsul das Eingangstor passierten. Und auch wenn sie ein schönes Paar waren, hätte ihre Anwesenheit nicht mehr Aufmerksamkeit erregt als die vieler anderer Gäste. Doch eine unerklärliche Verspätung des Geheimzeichens bewirkte, daß die Soldaten ihr Ehrensalut erst in dem Augenblick abfeuerten, als Howard und Lady Elizabeth eintraten. Sogleich entstand eine heftige Diskussion über die Identität und den gesellschaftlichen Rang des jungen Paares. Wilde Gerüchte kursierten, bis sich schließlich die einhellige Meinung verbreitete, bei dem jungen Mann handle es sich um einen berühmten Ausgräber, der jenseits des Nils ein Pharaonengrab entdeckt habe. Nächste Woche wolle er es öffnen. Die Dame sei seine Geliebte, eine vornehme Lady der Londoner Gesellschaft.

Bis Howard und Elizabeth, die das Getuschel mehr genoß als ihr Begleiter, an der Reihe waren, um dem Aga die Hand zu schütteln, war das Gerücht längst bis zu Ayat vorgedrungen. Und so begrüßte Mustafa, eine große, stattliche Erscheinung mit dunklen Haaren und listigen kleinen Augen, dazu vornehm gekleidet wie ein Pascha, Howard mit den Worten: »Sir, es ist mir eine Ehre, daß Sie meiner Einladung Folge leisten. Sie müssen mir unbedingt von Ihrer Entdeckung erzählen.« Der Handkuß, den Mustafa Aga Ayat Lady Collingham zukommen ließ, mißlang, weil seine Nase ziemlich ausladend und für derlei Gunstbezeugungen ungeeignet war.

Zum Glück hatte Howard einen neuen Anzug erstanden, weiß und nach neuestem Schnitt, so daß er sich neben Lady Elizabeth durchaus sehen lassen konnte. Nicht einmal in englischen Adelskreisen hatte Howard so prächtige Garderoben gesehen wie an diesem Abend. Die meisten Damen trugen luftige Kleider mit weiten Röcken und großzügigen Dekolletés. Einige Herren waren im Frack erschienen, nach Landessitte mit einem roten Fes auf dem Kopf. Es gab aber auch Herren – und das waren keineswegs nur Ägypter –, die eine weiße Galabija bevorzugten, und mit der artfremden Kleidung machten sie durchaus keine schlechte Figur.

Im Empfangsraum des Hauses, der von zahllosen elektrisch beleuchteten Glaskugeln in gelbes Licht getaucht wurde, herrschte großes Gedränge. Es mochten wohl hundert Gäste sein oder mehr, die sich hier aufhielten und lautstark bemüht waren, eine Unterhaltung in Gang zu bringen. Denn die fünf Musikanten, welche ihren zwei Geigen, einer Flöte, einer Darrabonka und einem Tamburin klagende Töne und wilde Rhythmen entlockten, legten sich so heftig ins Zeug, daß man ernsthaft befürchten mußte, die kostbaren Gläser und das feine Porzellan, welches in offenen Vitrinen herumstand, könnten zerspringen.

Der Boden aus ockerfarbenem Marmor war mit rot-blau gemusterten Teppichen belegt, und pralle Sitzkissen aus Seide, mit Quasten und Troddeln verziert, luden dazu ein, Platz zu nehmen. Wasserpfeifen aus Messing und Elfenbein, die größten beinahe mannshoch, standen zu Dutzenden herum und warteten glimmend auf ihren Einsatz. Holzkohle, Tabak und Hanf und das Rosenwasser, durch das der Rauch der Nagile gefiltert wurde, verbreiteten einen betörenden Geruch. Doch war dies nur eine von mehreren Duftquellen. Zur Freude von Augen und Nase hatte der Aga Schalen mit getrockneten Blüten, groß wie ein Wagenrad, im Haus verteilt. Wer sich ihnen auf mehr als drei Schritte näherte, wurde gefangen von dem Anblick bunter Blütenblätter und einem Duft, der, wenn man sich länger in der Nähe aufhielt, den gierigen Schnüffler in einen rauschhaften Zustand versetzte. Dem nicht genug, drängte sich eine Waschkolonne durch die Reihen, bestehend aus drei Lakaien in gelb-grünen Pluderhosen und mit einem Turban auf dem Kopf, von denen der erste den Gästen, die das wünschten, parfümiertes Wasser aus einer Kupferkanne über die Hände goß, das der zweite mit einer Schale auffing, während der dritte die gereinigten Hände trocknete.

»Beinahe so vornehm wie in meiner Pension, im ›Maamura Palace‹«, raunte Carter Lady Elizabeth zu und ließ die Waschung über sich ergehen, als sei es die größte Selbstverständlichkeit. Der Geruch, der ihm dabei in die Nase stieg, jagte ihm einen wohligen Schauer über den Rücken.

Lady Collingham lachte. »Ob so eine Waschung Sinn macht, darüber kann man streiten. Vermutlich wäre Seife für manchen nützlicher als Parfüm. Aber etwas muß man dem Aga lassen – er hat Stil.«

»Und Geld!« fügte Howard hinzu.

Und Elizabeth ergänzte: »Wobei das eine meist der erklärte Feind des anderen ist.«

Wie auf sein Stichwort näherte sich Mustafa Aga Ayat aus dem Hintergrund. Nachdem er Lady Elizabeth mit Komplimenten überhäuft hatte, wobei er weder ihr entzückendes Kleid noch die gepflegte Frisur ausließ, wandte er sich Carter zu: »Ich habe viel von Ihnen gehört, mein Freund«, log er in der Art eines Teppichhändlers im Basar, »wieso sind wir uns nicht schon früher begegnet? Sie wissen, ich bin ein großer Sammler von Ausgrabungen und Kunstschätzen der alten Ägypter.«

Carter hob die Schultern und erwiderte: »Exzellenz, hochverehrter Aga, das liegt zum einen an meiner Jugend, die mir bisher noch keine größeren Erfolge als Ausgräber beschieden hat, zum anderen arbeite ich noch nicht so lange hier in Luxor.«

»Und das Pharaonengrab in Der-el-Bahari?«

»Das wäre beinahe Grabräubern zum Opfer gefallen. In der vergangenen Nacht haben sich vier Gangster bis an den Eingang herangearbeitet. Ich mußte eine Truppe von zehn bewaffneten Männern einsetzen, um sie zu verjagen.«

»Und? Haben Sie die Räuber gefaßt?« Ayat tat entrüstet.

»Nein«, erwiderte Howard.

»Haben Sie Spuren gefunden oder gibt es einen Verdacht?«

»Den gibt es allerdings. Aber ich möchte nicht darüber sprechen, solange ich über keinen Beweis verfüge.«

Mustafa Aga Ayat schien verblüfft. Dann meinte er: »Sie werden mich doch zu der Graböffnung einladen, Mr. Carter? Die ersten Gäste haben sich ja, wie Sie sehen, bereits eingefunden. An welchem Tag soll der große Augenblick stattfinden?«

»Mittwoch!« antwortete Howard gelassen. »Und natürlich sind Sie eingeladen, Sir!«

Plötzlich klatschte der Aga in die Hände, und Howard glaubte zuerst, er freue sich über die eben ausgesprochene Einladung, doch dann bemerkte er, daß dies das Zeichen war, das Essen aufzutragen. Aber wie das geschah, das machte nicht nur Howard und Lady Collingham staunen.

»Sehen Sie nur, Howard!« rief Elizabeth entzückt und drückte seine

Hand, als käme ihr unheimlich vor, was sich vor ihren Augen abspielte: Die Lakaien hatten in der Mitte des Raumes einen Kreis gebildet. Wie von Geisterhand gesteuert, öffnete sich der Boden, und aus der Tiefe kam ein mit bunten, duftenden Speisen beladener runder Tisch empor, mindestens drei Meter im Durchmesser und mit einer Glasplatte, die von unten beleuchtet wurde. Möglich machte dieses Wunder elektrischer Strom, eine zweifellos nützliche, aber kostspielige Erfindung, die sonst nur in großen Hotels bewundert werden konnte.

Unter den festlich illuminierten Speisen ragte in der Mitte ein knusprig gebratener Truthahn hervor, dem zur Garnierung sein altes Federkleid und ein roter Porzellankopf aufgesetzt worden war. Darum herum reihten sich edle Fische, fett und manche zwei Ellen lang, Seewolf und Lachse, gekocht und gebraten, Küken und fremdländische Singvögel, am Feuer gegrillt und zu Pyramiden aufgehäuft, Lammkeulen, auf Silber drapiert, und gebratenes Rindfleisch als Zugeständnis an die europäischen Gäste, in dünne Scheiben geschnitten. Rote, gelbe und lila Blüten wirkten wie Farbtupfer auf einem zum Verzehr bestimmten Gemälde.

Abermals klatschte der Aga in die Hände, und die Lakaien begannen, den Gästen weiße, fein bestickte Servietten um den Hals zu binden. Da half kein Zieren und Zaudern, alle Anwesenden mußten die Prozedur über sich ergehen lassen. Erst dann wurde ihnen ein Tellerchen ausgehändigt. Messer und Gabeln gab es nicht. Man bediente sich mit den Fingern und benutzte sie auch, um die Speisen vom Teller in den Mund zu bringen.

Carter kam mit dem seltsamen Brauch eher zurecht als Lady Collingham. Die wandte sich mehrmals hilfesuchend an ihren Begleiter, wenn es darum ging, Fischstückchen, Reis oder eine der feurigen Soßen zum Mund zu führen.

Während die Europäer im Stehen aßen, machten es sich die Ägypter mit gekreuzten Beinen auf den Teppichen bequem. Das bot die Gelegenheit, sie beim Essen unbemerkt zu beobachten. »Ich wußte nicht, daß man Brot als Löffel gebrauchen kann«, meinte Lady Collingham und wies mit dem Kopf auf einen großwüchsigen Ägypter, der ein Stück Fladenbrot in handliche Teile zerriß, sie zu einer Art Kelle formte und so die Soße aus dem Teller schlürfte.

»Alles nur Übung«, bemerkte Carter, der die Geschicklichkeit des finster dreinblickenden Mannes staunend verfolgte. »Eines weiß ich«, fuhr Howard fort, »sollte ich noch einmal zu einem Fest wie diesem eingeladen werden, bringe ich einen Löffel mit oder besser zwei – einen für Sie, einen für mich.«

Es schien, als habe der Ägypter bemerkt, daß er beobachtet wurde, denn kaum hatte er den letzten Bissen verschlungen, da erhob er sich und trat auf die beiden zu. »Sie dürfen nicht glauben, daß alle Ägypter so essen wie ich. Ich bin nun mal ein Bauer und habe keine anständige Erziehung genossen. Meine Brüder und ich konnten froh sein, wenn wir überhaupt etwas zum Essen hatten. Gestatten Sie, daß ich mich vorstelle, mein Name ist Ahmed Abd-er-Rassul.«

»Howard Carter«, entgegnete Carter, »und das ist Lady Collingham.«

»Ich weiß.« Der Mann mit dem finsteren Blick versuchte ein freundliches Lächeln. »In Luxor kennt jeder jeden. Und selbst ein Fremder ist nach zwei Tagen hier kein Fremder mehr. Ein Wunder, daß wir uns noch nicht begegnet sind.«

»Sie sind Aufseher im Tal der Könige?« fragte Howard, obwohl er die Biographie Abd-er-Rassuls genau kannte.

»Oberaufseher!« korrigierte der Ägypter. »Können wir uns einen Augenblick unterhalten? Ich meine unter vier Augen, von Mann zu Mann.«

»Ich wüßte nicht, was Lady Collingham nicht hören dürfte. Worum geht es?«

Ahmed Abd-er-Rassul verdrehte die Augen, als litte er Höllenqualen. Elizabeth sah es und zog sich zurück. Zufrieden trat Ahmed neben Carter hin, und ohne ihn anzusehen, aber so, daß er die Gesellschaft im Blickfeld hatte, begann er: »Es geht um Ihre Entdeckung, Mister. Gratulation. Haben Sie sich schon Gedanken gemacht, was Sie hinter der Mauer erwartet? Ich meine, haben Sie irgendwelche Hinweise gefunden?«

»Nicht einen einzigen, leider. Aber warum interessiert Sie das, Mr. Abd-er-Rassul?«

»Nun ja, es könnte ja sein, daß Sie auf kostbare Schätze stoßen, für die sich sonst niemand interessiert. Ich hätte durchaus interessierte Abnehmer. Und für Sie wäre es ein einträgliches Geschäft.«

Carter glaubte, er habe sich verhört. Dieser Abd-er-Rassul, der von der Altertümerverwaltung bezahlt wurde, um den Schwarzhandel mit Ausgrabungen zu unterbinden, forderte ihn zum Schwarzhandel auf.

»Wie stellen Sie sich das vor?« zischte Carter entrüstet. »Ich habe für Mittwoch dreißig Leute eingeladen, darunter den Aga Ayat. Sie werden Augenzeugen sein, wenn ich das Grab öffne!«

»Was den Aga betrifft, kann ich Sie beruhigen, Mr. Carter, wir arbeiten beide Hand in Hand. Sie dürfen nicht glauben, Ayat habe das alles hier in seinem Amt als Konsul verdient. Nein, Mr. Carter, da drüben am anderen Nilufer sind Geldschränke vergraben. Die meisten sind schon leergeräumt, aber es werden immer neue entdeckt. Vermutlich hatten Sie das Glück, einen solchen Geldschrank zu finden. Der Aga hat mich ermächtigt, Ihnen ein Angebot zu machen: Zweihundert englische Pfund, wenn Sie die Wachposten bis Mittwoch abziehen und uns bis dahin das Grab überlassen.«

»Zweihundert Pfund?« rief Carter mit gedämpfter Stimme.

»Nun gut, sagen wir dreihundert Pfund. Aber das ist mein letztes Wort.«

Carter schossen tausend Gedanken durch den Kopf. Daran, daß er in Ägypten reich werden könnte, hatte er noch nie gedacht. Die Aussicht, auf einen Schlag dreihundert Pfund zu verdienen, verwirrte ihn. Dreihundert Pfund, das war der Grundstock für ein kleines Vermögen.

»Vierhundert Pfund, das allerletzte Angebot!« hörte er Ahmed Abd-er-Rassul sagen. Aber er war in Gedanken weit fort. Unvorstellbar, die Summe für einen jungen Mann von bescheidener Herkunft. Unvorstellbar, welche Möglichkeiten ihm dieses Geld eröffnete: Unabhängigkeit, Freiheit. »Wie stellen Sie sich das vor, Mister«, sagte Howard abwesend, »Dr. Naville und andere haben gesehen, daß der Zugang zu dem Grab unversehrt ist.«

Da verdrehte der lange Ägypter erneut die Augen, daß man befürchten mußte, sie würden aus ihren Höhlen kullern, und er entgegnete: »Mister Carter, lassen Sie das getrost *meine* Sorge sein. Sie werden die Mauer vor dem Grab ohne Spuren eines Einbruchs vorfinden. Ich darf also mit Ihrer Zustimmung rechnen?«

Unvermittelt kehrte Lady Collingham zurück. »Ich hoffe, meine Anwesenheit wird wieder geduldet.«

Carter entschuldigte sich für die Unhöflichkeit. Sie hätten ein wichtiges Gespräch geführt, das auf einem Fest wie diesem eher unpassend sei. »Haben Sie sich gelangweilt?«

»Keineswegs. Man trifft hier so viele Leute, daß man sich beinahe wie zu Hause fühlen kann. Lord Amherst ist hier mit seiner Familie. Sie haben mir von ihrem Hausboot erzählt und mich und Sie, Howard, zum Dinner gebeten. Natürlich habe ich erzählt, daß ich in Ihrer Begleitung hier bin. Die Amhersts brennen darauf, Sie zu sehen.«

Plötzlich stand Alicia vor ihm. Howard hätte sie beinahe nicht erkannt. Der rotblonde Wildfang von einst hatte sich zu einer ansehnlichen jungen Dame gewandelt. Alicia trug das Haar nicht mehr kurz, sondern lang und zu einer kunstvollen Frisur aufgesteckt. Ihr Kleid aus hellblauer Seide war eng geschnitten und bis zum Hals geknöpft. Die fließenden Linien ließen das kleine Persönchen größer erscheinen.

»Howard!« rief Alicia und fiel Carter in die Arme. Sie küßte ihn so heftig, daß Howard die Luft wegblieb.

»Ich hatte ja keine Ahnung«, meinte Howard verlegen. »Aus dir ist ja eine richtige Schönheit geworden!«

Alicia ließ von Howard ab. »Daran ist *er* schuld.« Dabei zeigte sie mit dem Daumen auf einen rotbärtigen Mann, der sprachlos neben ihr stand. »Lord Rockley, mein Verlobter.«

Carter reichte Rockley die Hand. »Mylord, ich kann Sie zu Ihrer Wahl nur beglückwünschen. Alicia ist eine wunderbare Frau.«

Unerwartet fiel sein Blick auf Ahmed Abd-er-Rassul, der, etwas abseits, das unerwartete Zusammentreffen beobachtete. Und plötzlich war die Unsicherheit, ob er sich an den Ägypter verkaufen sollte, verflogen. »Übrigens, Mr. Abd-er-Rassul«, rief er ihm zu, »meine Antwort ist nein. Und damit Sie Bescheid wissen, ich werde die Wachen in Der-el-Bahari noch verstärken.«

Da verfinsterte sich das finstere Gesicht des Mannes noch mehr, er verneigte sich linkisch, indem er den Kopf steif hielt, aber in der Hüfte einknickte, und erwiderte: »Wie Sie meinen, Mister. Ich hoffe nur, es wird Ihnen nicht leid tun!« Sprach's und verschwand.

»Ein unangenehmer Mensch«, bemerkte Carter, »aber er soll uns die Laune nicht verderben.« Und an Alicia gewandt: »Du bist mit deinen Eltern hier?«

Alicia nickte. »Sie laden dich und Lady Collingham zum Dinner ein. Wir haben unser eigenes Hotel mitgebracht. Es schwimmt unten auf dem Nil. Übrigens, ich soll Grüße von Mr. Peabody ausrichten!«

Da lachten beide herzlich, und Elizabeth und Rockley sahen sich fragend an. »Ich glaube«, meinte der Lord an Elizabeth gewandt, »wir sollten uns für kurze Zeit zurückziehen. Die beiden haben sich gewiß viel zu erzählen. Es ist euch doch recht?«

Alicia und Howard nickten zustimmend, während sie sich ansahen. Arm in Arm mischten sich Lord Rockley und Lady Collingham unter die Gäste. Howard sah ihnen schmunzelnd hinterher.

»Ich erinnere mich noch gut an eine junge Dame in Didlington Hall«, bemerkte er in Gedanken verloren, »die bezweifelte allen Ernstes, ob sie sich je verlieben könnte. So lange ist das noch gar nicht her! Und nun stellt sie mir ihren Verlobten vor...«

»Ja, ich liebe diesen Rockley wirklich, obwohl er nicht meine eigene, sondern die Wahl meiner Eltern ist. Du kennst ja ihre Standesdünkel. Aber ich mag ihn, auch wenn er nicht der Schönste ist. Dafür sorgt er sich rührend um mich, wie es noch nie zuvor jemand getan hat. Wir werden im nächsten Jahr heiraten. Und du?«

Howard hob die Schultern und blickte über die Köpfe der Gäste hinweg.

»Diese Lady Collingham«, begann Alicia zurückhaltend, »ich meine, ist das eine ernste Sache?«

»Ach was. Ich kenne sie kaum! Wir sind mehr oder weniger durch Zufall aneinandergeraten. Ja, sie gefällt mir, sehr sogar. Aber...«

»Aber?«

»Irgendwie sehe ich in Lady Elizabeth ein Abbild von Sarah Jones.«

»Sarah Jones? Du hast diese Frau immer noch nicht vergessen? Mein Gott, Howard!«

»Ich weiß, ich bin verrückt; aber was soll ich machen? Je mehr Zeit vergeht, desto mehr gelange ich zu der Erkenntnis, daß Sarah die einzig richtige Frau für mich gewesen wäre. Inzwischen sehe ich schon Gespenster. Auf dem Schiff nach Luxor dachte ich, Lady Elizabeth sei Sarah. Aber das klärte sich dann als Irrtum auf. So haben wir uns kennengelernt. Wie geht es Sarah Jones? Hast du sie gesehen oder etwas von ihr gehört?«

Alicia blickte verlegen zu Boden. Dann antwortete sie: »Nein, Howard. Du hast ihr nie geschrieben? Oder sie dir?«

»Nie. Wir wissen beide, daß Briefe unsere Lage nur verschlimmern würden. Damals, beim Abschied auf dem Bahnhof in Swaffham, sagte Sarah, sie liebe mich mehr als alles auf der Welt, und die Zeit werde kommen, da würde ich das alles begreifen. Das ist nun bald eine Ewigkeit her, aber ich habe noch immer nicht begriffen, warum sie diesen Organisten heiraten mußte.«

»Howard...«

»Haben Sie Kinder?«

»Howard, ich wollte es dir eigentlich nicht sagen. Aber ich glaube, du hast ein Recht darauf, die Wahrheit zu erfahren.«

»Die Wahrheit? Welche Wahrheit?«

Alicia zog Howard in eine stille Ecke des Hauses, wo sie sicher sein konnten, daß sie niemand störte. »Damals«, begann sie, »als mein Vater den Entschluß faßte, dich mit Newberry nach Ägypten zu schicken, da wurde ihm sehr schnell klar, daß eine Frau der Grund für deine ablehnende Haltung war. Mein Vater hielt große Stücke auf dich und sagte, der Junge läßt die Chance seines Lebens ungenutzt verstreichen. Als er mich fragte, ob ich von einer Liebschaft wüßte, erzählte ich, was du mir anvertraut hattest. Ja, ich gestehe, das hätte ich nicht tun dürfen; aber ich ahnte nicht, wie tief deine Liebe zu Miss Jones war. Vor allem wußte ich nicht, was meine Eltern im Schilde führten. Jedenfalls suchte meine Mutter Miss Jones auf und schilderte ihr deine Situation und die Chance, die sich dir bot. Angeblich dauerte das Gespräch keine halbe Stunde, dann waren sich die beiden Frauen einig, und gemeinsam schmiedeten sie den Plan: Miss Jones sollte dich mit ihrer Absicht konfrontieren, Charles Chambers zu heiraten.«

»Dann hat Sarah Jones überhaupt nicht geheiratet?«

Alicia schüttelte den Kopf und sah Howard von unten an. »Zumindest nicht diesen Organisten. In Swaffham erzählt man sich, die beiden hätten eine Auseinandersetzung gehabt. Bald darauf verließ Sarah Jones Swaffham. Die *Dame-School* wurde verkauft. Angeblich lebt Miss Jones jetzt in London. Andere behaupten, sie sei nach Ipswich zurückgegangen, in ihre Heimatstadt.«

Howard brachte kein Wort hervor. Warum hatte sich Sarah auf dieses falsche Spiel eingelassen? Obwohl ihm noch jedes ihrer Worte im Gedächtnis war, hatte er nichts davon bemerkt, wollte es heute noch nicht glauben: Sarah hatte Charles Chambers gar nicht geheiratet! Für Howard kam die Nachricht zu überraschend, um sie einfach so zu glauben. Doch Alicia hätte ihn niemals in einer so wichtigen Sache belogen.

Er mußte Sarah ein Telegramm schicken. Noch besser, die nächste Schiffspassage buchen, nach Genua, weiter mit der Eisenbahn nach Paris-Calais-Dover. Aber wo sollte er sie suchen? Hatte sie mit Absicht alle Brücken abgebrochen?

»Wer weiß, wozu es gut war«, bemerkte Alicia floskelhaft, »Miss Jones war ja doch viel älter als du. Und meine Mutter meinte damals: Solche Liebschaften können nicht gutgehen.«

»So, meinte sie das«, erwiderte Howard bitter, und während er sich mit der Faust gegen die Brust klopfte, rief er leise: »Aber es ist *mein* Leben, Alicia, und ich habe das Recht, eigene Erfahrungen zu machen. Und hätte deine Mutter recht, dann wäre ich heute um jene Erfahrung reicher und würde nicht meinen verlorenen Jahren nachtrauern. Liebe ist eine Sache zwischen zwei Menschen, schon ein Dritter stört nur. Und es gibt genug Beispiele dafür, daß die unmöglichsten Verbindungen die dauerhaftesten sind.«

»Entschuldige, Howard, ich wollte dich nicht verletzen. Aber ich habe, ehrlich gesagt, geglaubt, die Affäre sei vergessen – nach so langer Zeit.«

»Vergessen?« Carters Stimme wurde so laut, daß die ersten bereits auf ihn aufmerksam wurden. »Vergessen? Ich werde Sarah nie vergessen, nie!« rief er aufgeregt.

Alicia versuchte Howard zu beschwichtigen: »Du mußt mir glauben, meine Mutter meinte es gut, als sie die Intrige einfädelte. Sie wollte nur dein Bestes. Und so ganz unrecht hatte sie ja nicht. Du bist auf dem Weg, ein bedeutender Ausgräber zu werden. Jedenfalls hört man große Dinge über dich. Du sollst ein Pharaonengrab entdeckt haben?«

Howard verzog die Mundwinkel, und mit einem gequälten Lächeln erwiderte er: »Zum einen ist noch nicht erwiesen, daß es sich um ein

Pharaonengrab handelt, und zum anderen wäre ich heute lieber Tiermaler in Swaffham, wenn ich dafür Sarah Jones an meiner Seite wüßte.«

Da blies Alicia die Luft durch die Lippen, wie sie es früher immer getan hatte, was einer jungen Lady jedoch in keiner Weise zukam, und sie sagte resigniert: »Ich hätte wohl besser den Mund gehalten. Jetzt habe ich dir das ganze Fest verdorben.«

Howard machte eine wegwerfende Handbewegung: »Früher oder später hätte ich es ohnehin erfahren. Laß uns Lady Collingham und Lord Rockley suchen!«

Elizabeth merkte sofort, daß etwas vorgefallen sein mußte. Howard war verändert. In sich gekehrt und mit ernster Miene, schien er mit seinen Gedanken weit fort. Sie hatte eine Ahnung, aber Lady Collingham war eine erfahrene Frau, und sie hielt es für angebracht, keine Fragen zu stellen.

Kein Wunder, daß die Begegnung mit Lord und Lady Amherst eher kühl und sachlich ausfiel. Der Lord beglückwünschte Carter zu seiner Entdeckung in Der-el-Bahari und sprach die Hoffnung aus, an dem Ereignis teilnehmen zu dürfen. Howard antwortete höflich, es sei ihm eine Ehre. Dabei sah er Amherst an, aber er nahm ihn kaum wahr. Wie aus weiter Ferne hörte er die Stimme des Lords, die beteuerte, daß er von Anfang an vom Talent seines Schützlings überzeugt gewesen sei, doch Howard sah nur die Mauern von Castle Acre vor sich und Sarah, wie sie mit offenen Armen auf ihn zu lief.

Sie würden sich freuen, hörte er jetzt Lady Margaret sagen, ihn und seine Begleiterin demnächst auf ihrem Hausboot zu sehen, zum Dinner. Die »Nefertari« ankere nur ein paar Schritte vom Hotel »Winter Palace« entfernt. Der ägyptische Schiffskoch würde bestimmt allen Ehrgeiz dareinsetzen, ein unübertreffliches Mahl zu bereiten.

Elizabeth pufftte Howard in die Seite und erwiderte: »Wir nehmen die Einladung dankend an.«

Aus seinen Gedanken gerissen, fügte Carter hinzu: »Selbstverständlich, Mylady, wir kommen gerne.«

Inzwischen war der riesige Tisch, auf welchem das köstliche Buffet präsentiert wurde, wieder im Boden verschwunden. An seiner Stelle fuhr aus der geheimnisvollen Unterwelt des Märchenpalastes eine Spiegelfläche empor, auf der eine üppige Bauchtänzerin, behangen mit glitzernden Pailletten und durchsichtigen Tüchern, ihre Kunst zeigte. Zur aufpeitschenden Musik der Kapelle stellte die schwarzhaarige Ägypterin mit gewagten Bewegungen ihre Reize zur Schau. Während sich ihr Mund hinter einem Schleier verbarg, trug das übrige Kostüm eher zur Betonung dessen bei, was es eigentlich verhüllen sollte. Mit ausgestreckten Armen brachte die glutäugige Schöne kleine Metallplättchen an ihren Fingern rhythmisch zum Klingen. Als sie gar ihre ausladenden Hüften zum Zucken brachte, gerieten die Männer, vor allem die Ägypter, in Ekstase und riefen ihr anzügliche Wörter zu, welche die Europäer zum Glück nicht verstanden.

Es schien, als fühlte sich die Tänzerin dadurch geschmeichelt, denn sie lachte, je lauter die Rufe wurden, und steigerte die Heftigkeit ihrer Bewegungen. Längst hatte sich ihre kunstvolle Frisur aufgelöst. Ihre langen Haare hingen ihr wild ins Gesicht und klebten an ihrem verschwitzten Körper, als sie sich tanzend Howard Carter näherte und ihre schweren Brüste vor seinen Augen zum Kreisen brachte.

Die Männer johlten; aber Carter, im Blickpunkt der ganzen Gesellschaft, fühlte sich bedrängt, genarrt und der Lächerlichkeit preisgegeben. Sogar Elizabeth und Alicia lachten und klatschten mit den anderen in die Hände. Dabei war ihm nicht im geringsten zum Scherzen zumute. Er fühlte, wie das Blut in seinen Kopf schoß, wie seine Ohren glühten, und gleich einem Wild, das von der Meute in die Enge getrieben wird, suchte Howard nach einen Fluchtweg, um dem demütigenden Schauspiel zu entgehen. Vergeblich. Die halbnackte Tänzerin umgarnte ihn mit geöffneten Armen. Und als sie gar vor ihm breitbeinig in die Knie ging und ihren zuckenden Körper nach hinten neigte, da gab ihr Carter einen Stoß, daß sie hintüberkippte und unsanft auf dem Rücken zum Liegen kam.

Augenblicklich setzte die Musik aus, und die ausgelassene, übermütige Stimmung schlug um in Unmut und Empörung. In Unkenntnis des Geschehens drängte sich Mustafa Aga Ayat durch die dichtgedrängten Reihen der Gäste, und als er die Tänzerin auf dem Boden liegen sah, gab er zwei Lakaien ein Zeichen, ihr auf die Beine zu helfen.

Howard, der diesen Ausgang nicht voraussehen konnte, warf Lady Collingham einen hilfesuchenden Blick zu. Die hatte die bedrohliche

Situation bereits erfaßt. Energisch packte sie Carter am Arm, und so, daß es alle Umstehenden hören konnten, sagte sie: »Kommen Sie, Howard, ich halte es für besser zu gehen.«

Während die Kapelle erneut zu spielen begann, drängte Elizabeth Howard nach draußen.

»Warum hat sich diese Schlampe ausgerechnet an mich herangemacht mit ihren Spielchen«, knurrte Carter ungehalten.

Sie waren gerade dabei, das Haus zu verlassen, als der Aga aus dem Hintergrund auftauchte und, als wäre nichts geschehen, hinter ihnen herrief: »Mylady, Mr. Carter, Sie wollen mich schon verlassen?«

Elizabeth wandte sich um: »Ja, wir wollten ohnehin gehen, Mr. Ayat. Und in Anbetracht des bedauerlichen Vorfalls...«

»Entschuldigen Sie mein Verhalten!« fiel ihr Carter ins Wort. »Das Ganze ist etwas unglücklich abgelaufen.«

Der Aga trat näher hinzu und sagte leise: »Wissen Sie, Mr. Carter, wäre es irgendeine zweitklassige Tänzerin, die Sie zu Boden gestoßen hätten, dann würde kein Hahn danach krähen. Aber bei der Tänzerin handelt es sich um Leila. Und Leila wird in Ägypten verehrt wie eine Heilige. Bei uns sind manche Huren Heilige, und Leila ist die größte von allen. Ich befürchte, Sie haben sich alle Männer Ägyptens zum Feind gemacht.«

»Schicksal«, erwiderte Carter trocken; aber der Tonfall seiner Stimme verriet große Unsicherheit.

»Jedenfalls werde ich Ihre Entschuldigung weitergeben«, bemerkte Ayat und reichte erst Lady Collingham, dann Carter die Hand. Aus dem Inneren des Hauses drangen wilde Musik und übermütiges Gelächter.

Zur Öffnung des Grabes hatte Carter dreißig Gäste geladen, aber seit Tagen wußte er, daß es mehr sein würden. Mit diesem Andrang allerdings hatte er nicht gerechnet. Dreihundert mochten es wohl sein, die den Pfad von der Nillände hinauf nach Der-el-Bahari stapften, mit Klappstühlen, Sonnenschirmen und Picknickkörben ausgerüstet. Die meisten dem feierlichen Anlaß angemessen in feiner Kleidung und erwartungsfroh gestimmt.

Carter hatte Wort gehalten und den Termin in den Hotels in Luxor angeschlagen. Natürlich gab es kaum jemanden, der sich das einzigartige Ereignis entgehen lassen wollte, außer er war bettlägerig oder über neunzig. Von Wally Buck, der Witwe eines Fabrikbesitzers aus Chicago, die den Winter seit zwei Jahrzehnten regelmäßig in Luxor verbrachte, erzählte man sich allerdings, sie sei jenseits der neunzig; aber genau wußte das niemand zu sagen. Miss Buck jedenfalls wurde von zwei stämmigen Fellachen in einem Korbstuhl, an welchem seitlich zwei Tragestangen befestigt waren, wie in einer venezianischen Sänfte, nach Der-el-Bahari geschleppt – für die meisten keine Besonderheit, weil sich die alte Dame während ihres Aufenthaltes tagtäglich so fortzubewegen pflegte. Und weil sie es gerne bequem hatte, trugen zwei weitere Lakaien einen zum Sitzmöbel passenden Tisch voraus und einen Reisekoffer mit Wäsche zum Wechseln.

Bereits in der Nacht hatten Arbeiter den Zugang freigeschaufelt und ein Geländer um die Grube angebracht. Für die geladenen Gäste waren Stühle aufgestellt und weiß gedeckte Tische mit kalten Getränken gebracht worden. Der Kulturminister erschien europäisch gekleidet und in Begleitung von zwei ranghohen Beamten mit Fes auf dem Kopf, ebenso die Herren der Altertümerverwaltung. Von je vier Leibwächtern in langen weißen Gewändern wurden der Mudir aus Kena und der Nasir von Luxor begleitet. Das konsularische Korps erschien mit Damen, die sich kaum voneinander unterschieden, weil alle breitkrempige Hüte trugen und lange weiße Kleider. Als Carter gegen acht Uhr die Szene betrat – er trug einen hellen Anzug und Fliege –, wurde er mit Beifall empfangen. Höflich zog er seinen Panama-Hut und schwenkte ihn nach allen Seiten. In seiner Begleitung befanden sich sechs der besten Grabungsarbeiter Navilles. Sie waren mit Körben, Vorschlaghämmern, Meißeln, Hacken und schweren, gespitzten Eisenstangen ausgerüstet.

»Viel Glück!« raunte ihm Lady Collingham zu, als Carter sich durch die Reihen drängte, und der Aga rief leise: »Allah möge Ihre Hand führen, Mr. Carter!«

Howard bedankte sich zurückhaltend mit einem Kopfnicken, und dabei blieb ihm nicht verborgen, daß hinter Ayats mächtigem Rücken Emil Brugsch hervorlugte. Carter hatte beinahe sein Ziel erreicht, als ihn jemand energisch am Ärmel festhielt. »He, Mr. Carter, gratuliere zu Ihrem Erfolg!«

Als er sich umdrehte, stand vor ihm »Porchy«, Lord Carnarvon.

»Mylord!« rief Howard freudig erregt. »Sie hätte ich heute zuallerletzt erwartet!«

»Sollte eine Überraschung sein«, meinte Carnarvon augenzwinkernd. Und an eine hübsche Dame neben ihm gewandt: »Almina, darf ich dir Mr. Carter vorstellen. Als wir uns zuletzt begegneten – es war in Didlington Hall –, half er noch, Amhersts Sammlung zu kopieren. Heute ist er ein berühmter Ausgräber. Und das, Mr. Carter, ist meine Frau Almina.«

Howard begrüßte Lady Almina: »Es ist mir eine große Ehre, Mylady, Sie an diesem großen Tag hier zu wissen.«

»Gut, gut«, wehrte Carnarvon ab, »lassen Sie sich von uns nicht stören. Und toi, toi, toi.«

Ein paar Schritte weiter traf Carter auf die Amhersts. Lord Rockley fehlte. »Wo ist dein Verlobter?« fragte Howard Alicia.

Alicia winkte ab. »Er wollte lieber auf Kaninchenjagd gehen. Nein, das hier ist nichts für Rockley.«

An Seine Lordschaft gewandt, meinte Carter: »Wußten Sie von der Ankunft Lord Carnarvons in Luxor?«

»Mir war bekannt, daß er mit seiner jungen Frau Ägypten bereisen wollte. Aber daß er ausgerechnet an diesem bedeutsamen Tag hier anwesend sein würde, das wußte ich nicht.«

Lady Margaret trat näher an Carter heran, und beinahe im Flüsterton bemerkte sie: »Wie finden Sie seine Frau Almina Wombwell?«

»Sie ist wirklich sehr schön – wenn ich mir die Bemerkung erlauben darf.«

»Na ja«, entgegnete Lady Margaret argwöhnisch, und dabei blickte sie verschnupft zur Seite, »ihr Vater ist keineswegs Sir Frederic Wombwell, sondern Baron Alfred de Rothschild.«

»Ach«, erwiderte Carter nur aus Höflichkeit; denn in Gedanken war er längst bei seiner Arbeit.

»Ja, in der Tat«, zischte Lady Margaret, »Rothschild hat Almina zur Hochzeit 250 000 Pfund geschenkt! Können Sie sich das vorstellen, Mr. Carter?«

»Margaret«, fuhr Lord Amherst dazwischen, »Mr. Carter interessiert sich im Augenblick gewiß für andere Dinge als die Familienverhältnisse der Carnarvons.«

Howard nickte dankbar. Als er endlich am Schacht angelangt war, wurde es ruhig. Bedächtig wie ein altägyptischer Priester stieg Carter die Stufen hinab, nahm noch einmal das Mauerwerk in Augenschein und rief die zwei kräftigsten seiner Helfer mit ihren Eisenstangen nach unten. Dann deutete er auf eine Stelle in halber Höhe der Gesteinswand und gab den beiden ein Zeichen.

Die beiden Männer hielten ihre Eisenstangen wie Seiltänzer. Schließlich begannen sie, jeder für sich, in seitlicher Haltung die schweren Stangen in Pendelbewegungen zu versetzen, so daß die Spitzen gegen das Mauerwerk krachten. Das dabei verursachte Geräusch entlockte den Zuschauern, die den eigentlichen Vorgang im Schacht nur hören konnten, ein vielfaches »Oh!« und »Ah!«, das sich steigerte, je heftiger die Stöße aus der Tiefe nach oben drangen.

Was mochte Naville bewogen haben, dem Ereignis fernzubleiben, dachte Carter, während er, auf den Stufen sitzend, jeden einzelnen Schlag verfolgte. Das morsche, brüchige Gestein setzte den schweren Werkzeugen keinen nennenswerten Widerstand entgegen, und es dauerte nur eine halbe Stunde, bis die kräftigen Männer ein Loch, so tief wie ein Unterarm, in die Wand geschlagen hatten.

Carter beorderte die beiden Männer nach oben und beauftragte zwei andere, die mit Körben bereitstanden, den Mauerschutt zu beseitigen. Nachdem diese Arbeit verrichtet war, kamen zwei weitere Helfer mit Spitzhacken zum Einsatz, die das Mauerloch auf Armlänge verbreiterten, worauf wiederum die Schutträumer in Aktion traten.

Die Angelegenheit ging schweigsam vonstatten, so als wäre sie von allen Beteiligten mehrmals geprobt worden. Die Ruhe und Präzision, mit der die Arbeit ablief, versetzte die Zuschauer – sogar die Herren der Altertümerverwaltung und einige ausländische Ausgräber – in Erstaunen. Die Spannung wuchs.

Nach etwa einer Stunde hörte man aus dem Schacht eine Stimme: »Carter Effendi, Carter Effendi!«

Howard, der gerade noch damit beschäftigt war, die Zuschauer hinter die Absperrung zu drängen, verschwand in der Tiefe. Wie gebannt starrten die Menschen auf die oberste Stufe, wo jeden Augenblick sein Kopf wieder erscheinen mußte. Die Gäste erhoben sich von den Stühlen. Eine Frau in der ersten Reihe sank ohnmächtig zu Boden, worauf eine zweite, die sich bis zu diesem Augenblick durch einen nicht enden wollenden Redeschwall ausgezeichnet hatte, ihre Fäuste gegen die Stirn preßte und rief: »Der Pharao, der Pharao!«

Von der Schachtsohle drangen erneut heftige Schläge herauf. Als sie abrupt abbrachen, machte sich im weiten Rund andächtige Stille breit. Plötzlich tauchte Carter auf. »Ich brauche Licht!« rief er aufgeregt, ohne von den Umstehenden Notiz zu nehmen.

Zwei Männer entzündeten die bereitstehenden Petroleumlampen. Carter nahm zwei mit in die Tiefe.

»Der Pharao, der Pharao!« rief die redselige Dame – es war die Ehefrau des französischen Konsuls –, und sie wand sich, als wäre sie in den Wehen.

Die Absperrung um den Schacht drohte zusammenzubrechen, und die Hilfskräfte hatten alle Mühe, die aufgeregten Besucher vom Schachtrand zurückzuhalten. Dem Mudir aus Kena, einem kleinen, rundlichen Mann in einem elegant geschnittenen grauen Anzug, stand der Schweiß auf der Stirn. Erregt sprang er auf, stieß seine Leibwächter, die sofort zur Stelle waren, zur Seite und rief, während er sich mit verschränkten Armen an der obersten Stufe des Schachtes postierte: »Ich bin der Mudir, ich habe das Recht, als erster einen Blick auf die Schätze des Pharaos zu werfen.«

Das aber versetzte den Nasir von Luxor in Wut. Er war ebenso kleinwüchsig wie der Mudir, aber eher schmächtig. Nun plusterte er sich auf wie ein Pfau, und mit Zornesröte im Gesicht stürzte er sich auf den Mudir, der bekanntermaßen nicht zu seinen Freunden zählte, und machte ihm deutlich, daß er, der Mudir, hier überhaupt nichts zu sagen habe. Ein heftiges Wort gab das andere, der Disput wurde zum Handgemenge und setzte sich schließlich unter den Leibwächtern fort, bis der Polizeivorsteher Hamdi-Bey, der plötzlich unter den Zuschauern auftauchte, zweimal hintereinander mit kräftiger Stimme rief: »Ruhe, oder ich lasse euch alle festnehmen!« Darauf zogen sich die Streithähne zurück. Es wurde wieder still, unheimlich still.

Als nach einer Viertelstunde noch immer nichts passiert war, machte sich unter den geladenen Gästen Unruhe breit. Der Kulturminister erhob sich und verschwand in dem Schacht. Nach wenigen Augenblicken kehrte er zurück und verkündete, was er gesehen hatte:

»Ein Loch in der Mauer, so groß, daß ein Mann bequem hineinschlüpfen kann. Wir müssen Geduld haben.«

»Und Carter? Was macht Carter?«

Der Kulturminister hob die Schultern. »Sie müssen Geduld haben, Ladys und Gentlemen.«

Eine halbe Stunde mochte vergangen sein, die Unruhe wuchs und drohte zum Tumult auszuarten, da erschien Edouard Naville mit ernstem Gesicht. Seine starre Haltung schien der besonderen Lage angemessen. Er blieb stumm.

Ohne ein Wort zu sagen, ließ er sich eine Petroleumlampe reichen; dann stieg er in den Schacht hinab. »Mr. Carter!« rief er leise und leuchtete in das Mauerloch, »Mr. Carter?«

Als er keine Antwort bekam, zwängte er sich durch die Öffnung. Es dauerte eine Weile, bis seine Augen sich an die Dunkelheit gewöhnt hatten. Dann hob er die Lampe über den Kopf.

Vor ihm tat sich ein Raum auf, zwanzig Schritte in der Länge, kaum zehn Schritte breit, gerade so hoch, daß man mit ausgestrecktem Arm die Decke berühren konnte. Die Wände waren roh aus dem Fels geschlagen. Es gab keine Türe, keinen Durchgang, der in einen weiteren Raum führte. Es roch nach Staub. Eine Lampe auf dem Boden verbreitete diffuses Licht.

»Carter?« rief Naville in die Dämmerung. »Verdammt, wo sind Sie?«

Naville leuchtete die nackten Wände ab: keine Verzierung, keine Malerei, nichts, nur roher Fels. Das Grab war leer.

Was er bisher in der linken hinteren Ecke für einen Steinblock gehalten hatte, geriet plötzlich in Bewegung. »Carter!« rief Naville erschreckt.

Howard kauerte in der Ecke, die Unterarme auf den Knien, die Stirn auf die Unterarme gepreßt.

»Es tut mir leid«, sagte Naville leise.

Carter hob den Kopf. Seine Augen waren gerötet. »Sie haben das alles geahnt. Habe ich recht?«

Naville nickte. »Solche unvollendeten oder unbedeutenden Gräber gibt es in dieser Gegend zuhauf. Es hätte genügt, irgendwann einmal nachzusehen, was sich dahinter verbirgt. Die Aussicht auf eine größere Entdeckung war eher gering oder sagen wir gleich null.«

Howard schüttelte den Kopf, er schüttelte ihn heftig, als wollte er das alles nicht wahrhaben. »Sie haben mich in mein Unglück rennen lassen!« klagte er verbittert.

»Was heißt Unglück, Mr. Carter! Alle großen Karrieren begannen mit einer Niederlage. Merken Sie sich das. Mir erging es nicht anders.«

»Das hier ist mehr als eine Niederlage. Ich bin erledigt.«

»Ach was. Sie haben nur den Mund etwas zu voll genommen. Wer so jung an Jahren ist wie Sie, Carter, darf das. Kommen Sie, wir gehen jetzt raus und erklären den Leuten, was geschehen ist. Oder besser, was nicht geschehen ist.«

»Niemals«, beharrte Carter, »ich bleibe hier.«

Naville sah Howard lange an, und je länger er ihn musterte, desto mehr wuchs in ihm die Erkenntnis, daß der junge Mann es ernst meinte. »Sind Sie einverstanden, wenn ich die Leute nach Hause schicke, Mr. Carter? Es ist Ihre Veranstaltung. Sie müsssen entscheiden.«

Howard gab keine Antwort. Er starrte vor sich hin ins Leere.

»Carter«, wiederholte Naville, »soll ich die Leute nach Hause schikken?«

»Machen Sie, was sie wollen!« rief Howard.

Naville verschwand durch das Mauerloch.

Aus der Ferne vernahm Carter die Stimme Navilles; aber er verstand nicht, was er sagte. Er hörte nur, daß plötzlich lautes Geschrei ausbrach. Hämisches Gelächter drang an sein Ohr. Rufe wurden laut: »Der Pharao, der Pharao!« Am liebsten hätte Howard das Mauerloch von innen zugemauert. Wie er sich schämte!

Nach etwa einer Stunde, nachdem der Lärm von draußen etwas abgeebbt war, erschien in der Maueröffnung ein Schatten, und Carter vernahm eine Stimme: »Howard, ich bin es, Elizabeth. Seien Sie doch nicht kindisch. Kommen Sie heraus!«

Howard schwieg. Ausgerechnet Lady Elizabeth! Mußte sie ihm das antun? Mußte sie ihn so demütigen? Er wollte allein sein, niemanden sehen, niemanden hören, ungesehen bleiben.

»Warum lassen Sie mich nicht in Ruhe!« brüllte Carter, ohne sich von seinem Platz in der Ecke zu erheben.

Da entfernte sich der Schatten, und allmählich wurde es still. Howard wußte nicht, wie lange er vor sich hingestarrt hatte. Die Petroleumlampe war längst erloschen. Nur durch das Mauerloch fiel ein schwacher Lichtschein. Krampfhaft versuchte er, Ordnung in das Chaos seiner Gedanken zu bringen, sich einen Plan zurechtzulegen, wie er einer noch größeren Blamage entgehen konnte.

Von den Wänden der Grabkammer tönte ein bitteres Lachen. Es war sein eigenes, weil er daran dachte, wie Sarah Jones einmal gesagt hatte, sie wäre stolz, wenn er eines Tages als ein berühmter Ausgräber nach Swaffham zurückkehrte. Ein berühmter Ausgräber? Ein berühmter Versager! Wie grausam das Leben sein konnte.

Gegen Abend, ja es mußte schon Abend sein, weil kaum noch Licht durch das Mauerloch drang, wagte sich Howard zum ersten Mal in die Nähe der Öffnung. Er schnappte nach Luft wie ein sterbender Fisch, und einen Augenblick dachte er sogar daran, sein freiwilliges Gefängnis zu verlassen. Aber dann glaubte er Stimmen zu hören, und er tastete sich zurück in seine Ecke, wo er bereits den ganzen Tag verbracht hatte. Dort fühlte er sich sicher, sicher vor Hohn und Spott und vor Mitleid, der unliebsamsten aller Gefühlsbezeugungen.

Allmählich wurde die Stille, die ihn wie ein unsichtbarer Mantel einhüllte, unheimlich. Manchmal war ihm, als hörte er Mäuse huschen oder Käfer krabbeln, oder er glaubte, dünne Sandrinnsale rieseln zu hören. Morgen, dachte er, würde er sein Versteck verlassen – als wenn *ein* Tag seine Situation veränderte. Zu Naville wollte er gehen, um seine Entlassung bitten und zurückkehren nach England. Darüber schlief er ein.

Kapitel 18

Das Quietschen der Räder riß Howard aus dem Schlaf. Ermüdet von der langen Reise – er hatte seit fünf Tagen kaum geschlafen –, war er, nachdem die Eisenbahn Dover verlassen hatte, eingenickt. Endlich kam der Zug zum Stehen.

»London, Victoria Station; London, Victoria Station!« rief ein Uniformierter mit kräftiger Stimme.

Carter empfand den heimischen Tonfall als angenehm. Und auch die vornehme Zurückhaltung, mit der die Reisenden ausstiegen, erfüllte ihn mit Genugtuung. England hatte ihn wieder. In einem Telegramm hatte Howard seine Mutter von seiner Ankunft unterrichtet, und er hoffte, sie würde ihn abholen.

Nachdem er seinen Koffer und ein verschnürtes Paket mit orientalischen Mitbringseln auf den Bahnsteig gewuchtet hatte, suchte er in der Menge nach seiner Mutter. Um ihn herum küssende, freudig erregte Menschen, Menschen in Umarmung, Hände schüttelnd. Gut zehn Minuten hielt er vergeblich Ausschau nach einem bekannten Gesicht, dann rief er einen Kofferträger herbei: »Zu den Droschken!«

London empfing ihn mit einem strahlend blauen Frühlingshimmel. Es kam ihm vor, als habe sich die Stadt extra für ihn herausgeputzt. Staub und Schmutz, die ständigen Begleiter der vergangenen Jahre, schienen wie weggefegt. Und selbst die Pferde der Droschkenkutscher, denen in Luxor und Kairo stets ein bestialischer, beißender Gestank anhaftete, verbreiteten hier angenehme Gerüche wie auf dem Rennplatz von Ascot.

»Rich Terrace 10, bitte!« Carter entlohnte den Kofferträger und bestieg einen schwarzen Phaeton.

Der Kutscher wiederholte die Adresse, nickte freundlich und gab seinen Pferden die Zügel. Nachdem er von der Buckingham Palace Road in die Grosvenor Gardens abgebogen war, drehte er sich auf dem Kutschbock um und fragte freundlich: »Waren auf Reisen, der Herr?«

Carter nickte. »Ägypten. Luxor, Kairo, Alexandria.«

»Großer Gott!« rief der Kutscher. »In den Kolonien! Afrika!«

»Na ja!« Howard lachte. »Eigentlich ist Ägypten keine britische Kolonie.«

»Nein?« Der Kutscher war erstaunt. »Aber die Zeitungen sind voll von den Erfolgsmeldungen Lord Kitcheners. Es heißt, er kommandiert die ägyptische Armee.«

»Schon richtig«, antwortete Carter, »trotzdem sollten Sie nicht alles glauben, was in der Zeitung steht. Achten Sie lieber auf den Verkehr, Mister.«

Wohlbehalten erreichten sie Rich Terrace. Obwohl mitten in Kensington, einem der vornehmsten Stadtteile Londons gelegen, machte die Gegend einen eher provinziellen Eindruck. Schmale zweistöckige Häuser waren an- und ineinandergeschachtelt, und wie nicht selten in dieser Stadt, glich ein Gebäude dem anderen zum Verwechseln. Nummer 10 machte da keine Ausnahme, sah man davon ab, daß die ursprünglich weiße Farbe sich längst in ein trübes Grau verwandelt hatte.

Howard betätigte die Hausglocke, und nachdem niemand öffnete, machte er sich durch heftiges Klopfen bemerkbar. Lange Zeit geschah nichts. Endlich erschien Martha Carter in der Türe. Howard erschrak. Es war gegen Mittag, aber seine Mutter trug einen abgetragenen Schlafrock. Offensichtlich hatte sie noch keine Zeit gefunden, sich anzuziehen. »Ach, du bist's«, sagte sie ohne größere Anteilnahme, »ach, du bist's«, als hätten sie sich gestern zuletzt gesehen.

Immerhin fragte sie, nachdem Howards Versuch, seine Mutter zu umarmen, mißlungen war: »Hattest du eine gute Reise, mein Junge?«

»Ja«, antwortete Howard, »wenn man von den Strapazen absieht, die eine viertägige Schiffsreise von Alexandria nach Genua, eine Eisenbahnfahrt durch Frankreich und die Überfahrt von Calais nach Dover verursacht. Ehrlich gesagt bin ich hundemüde.«

Darüber hinaus verspürte er Hunger, weil er sich auf der beschwerlichen Reise nur von Reiseproviant und Kleinigkeiten ernährt hatte, die von fliegenden Händlern angeboten wurden. Aber Martha Carter bot ihm nur einen Tee an. Howard hatte erwartet, daß seine Mutter ihn mit Fragen bestürmen würde, wie es denn gewesen sei in Ägypten. Aber dies unterblieb, und eigentlich war er ganz froh darüber, denn er hatte nicht vor, den wahren Grund seiner Rückkehr preiszugeben.

In dem Haus, das er seit vielen Jahren nicht mehr betreten hatte, schien alles unverändert, und doch machte sich ein seltsames Gefühl breit, als würde es von fremden Menschen bewohnt. Howard hatte gerade sein Gepäck in das Zimmer im oberen Stockwerk gebracht, wo schon die älteren Brüder Samuel, Vernet und William ihre Kindheit verbracht hatten, da vernahm er die Stimme seiner Mutter. Sie war seit geraumer Zeit in der Küche im Erdgeschoß mit dem Teekochen beschäftigt.

Zuerst glaubte er, seine Mutter führe eine angeregte Unterhaltung, aber dann erschrak er, weil er hörte, wie Martha Carter nach seinem Vater rief: »Dein Sohn ist hier, Samuel, willst du nicht herunterkommen?« Und nach einer kurzen Pause: »Er ist aus Ägypten zurück. Du mußt ihn dir anschauen.«

Howard hielt sich am Geländer fest. Er wagte nicht, nach unten zu gehen. Sein Vater Samuel war seit drei Jahren tot.

»Samuel!« hörte er seine Mutter rufen. »Du nimmst doch mit uns den Tee? Wie immer mit Milch, ohne Zucker. Wie geht es dir heute morgen, Samuel? Endlich wird es doch noch Frühling. Hast du schon einen Blick aus dem Fenster geworfen? Die Forsythien auf der anderen Straßenseite tragen schon die ersten Knospen. Du solltest sie einmal malen, wenn es dir wieder besser geht. Hörst du, Samuel?«

Nachdem es längere Zeit ruhig geblieben war, wagte sich Howard nach unten. Mit Bestürzung stellte er fest, daß seine Mutter auf dem schmalen Küchentisch drei Teetassen gedeckt hatte. Wie sollte er sich verhalten?

Martha Carter nahm ihm die Antwort ab, indem sie, weil sie seinen unsicheren Blick wahrnahm, erklärte: »Deinem Vater geht es heute nicht besonders gut. Er hat es auf der Lunge. Aber er wird schon noch herunterkommen.«

Verständnisvoll nickte Howard mit dem Kopf. »Und Fanny und Kate, wie geht es denen? Sie sind doch gesund?«

Die Mutter lachte. »Ach die! Denen geht es besser als jedem Stadtbewohner. Ich habe das Weihnachtsfest bei ihnen in Swaffham verbracht. Dein Vater schickte mich zu ihnen, damit ich wieder einmal ein bißchen rauskomme.«

»Ich will sie gleich in den nächsten Tagen aufsuchen. Fanny und Kate werden überrascht sein. Sie wissen nicht von meiner Rückkehr.«

Ziellos irrte Howard zwei Tage durch London. Von seiner Schwester Amy, die den Verleger John Walker geheiratet hatte, erfuhr er, daß die Mutter unter temporärem Realitätsverlust litt, einem der häufigsten Gebrechen jener Tage, daß sie aber die meiste Zeit völlig normal war und kein Anlaß zur Sorge bestand. Im übrigen hielt er auf seinen Streifzügen durch London nach Sarah Jones Ausschau.

Das war natürlich wie die sprichwörtliche Suche nach der Nadel im Heuhaufen. Und schon bald wurde Howard eines klar: Wenn es eine kleine Hoffnung für ihn geben sollte, Sarah jemals zu finden, dann mußte er an den Ort zurückkehren, wo sie zuletzt gelebt hatte – nach Swaffham.

Fanny und Kate nahmen Howard mit großer Herzlichkeit auf. Für sie war er noch immer ihr großer Junge. Anders als seine Mutter zeigten sie reges Interesse für sein berufliches Fortkommen, und Howard mußte ihnen stundenlang von seinen ägyptischen Abenteuern in Luxor und Tell el-Amarna erzählen. Fürs erste gaben sie sich mit dem Bescheid zufrieden, er wolle nur einen längeren Urlaub in England verbringen.

Auf der Suche nach Sarah Jones begab sich Carter zur *Dame-School* und traf dort auf ein älteres Ehepaar, dem man den verarmten Adel ansah. Lady Langton und ihr Mann Lord Horatio hatten sich in Schulden gestürzt und das Schulhaus von Miss Jones übernommen – zu einem honorigen Preis, wie sich die Lady ausdrückte. Auf Howards Frage nach Miss Jones' Familienstand antwortete sie, nein, verheiratet sei Sarah Jones nicht gewesen – höchst erstaunlich bei ihrem einnehmenden Wesen. Aber es habe da eine unglückliche Liebschaft gegeben, und Miss Jones habe dies zum Anlaß genommen, Swaffham den Rükken zu kehren. Soviel ihnen bekannt sei, habe sie sich in London angesiedelt. Warum er das alles wissen wolle?

Er sei, antwortete Carter, diese unglückliche Liebschaft. Mit Absicht verschwieg er, daß er Sarahs Schüler gewesen war.

In seiner Verfassung war Swaffham wirklich nicht der ideale Aufenthaltsort. Die Erinnerung an Sarah lebte in jeder Straße, in jedem alten Gebäude auf. Wohin er auch blickte, alles verursachte jenen ziehenden Schmerz in seinem Herzen, den man Sehnsucht nennt. Diese Sehnsucht war es auch, die ihn wie einen streunenden Hund durch die Straßen trieb, mutlos, verzweifelt und der Lächerlichkeit preisgegeben. Nach zwei Tagen, die sich ereignislos dahinschleppten, kam ihm der Gedanke, bei Mr. Hazelford im »George Commercial Hotel« ein Ale zu trinken und, eher beiläufig, Erkundigungen einzuziehen nach Miss Jones' Verbleib.

Das Ale gab dem Fall insofern eine Wendung, als Mr. Hazelford, der Howard mit großer Freundlichkeit begegnete, ihm erzählte, Chambers habe mit Miss Jones Swaffham verlassen, um in London zu heiraten. Aber vielleicht wisse Chambers' Nachfolger, der neue Organist von St. Peter und Paul, ein gewisser Mr. Spurell, mehr.

Carter fand Spurell in einem heruntergekommenen Haus an der Norwich Road nahe dem Manor House, wo er unter dem Dach ein kleines Zimmer bewohnte. Er war jung, gerade halb so alt wie Chambers, und im Gegensatz zu diesem eine sympathische Erscheinung. Seinem anfänglichen Mißtrauen begegnete Carter mit dem Hinweis, Chambers sei ein ernsthafter Nebenbuhler gewesen, und er wolle in Erfahrung bringen, ob er seine Jugendliebe, Miss Sarah Jones, geehelicht habe.

Darauf gab Spurell seine Zurückhaltung auf, bedauerte jedoch, wenig über Chambers sagen zu können, weil er ihm nur ein einziges Mal, und das eher zufällig, begegnet sei. Bei dieser Gelegenheit habe Chambers erwähnt, er habe eine Anstellung als Organist in einem Londoner Kinematographentheater gefunden, einer Art Panoptikum, wo bewegte Bilder auf eine weiße Leinwand gespiegelt würden. Der leise Spott in Spurells Stimme war nicht zu überhören.

Eigentlich hätte Howard Carter länger in Swaffham bleiben wollen, aber das, was er erfahren hatte, versetzte ihn in große Unruhe und trieb ihn wieder fort aus der kleinen Stadt, die einst seine Heimat gewesen war.

Wieder in London, brachte Howard nicht den Mut auf, zu seiner Mutter zurückzukehren. Ein billiges Hotel, von denen es in Lambeth und Soho viele gab, wäre durchaus im Bereich seiner Möglichkeiten gewesen, aber Carter zog es vor, ziellos durch die Stadt zu irren. Er aß in einer der asiatischen Garküchen in Soho, nächtigte in der U-Bahn-Station Piccadilly Circus, am Tag darauf unter Pennern am Trafalgar Square, und machte sich lustlos auf die Suche nach einem Kinematographentheater in Chelsea. In einer Seitenstraße der Kings Road wurde er fündig.

Die auf Plakaten wie ein Theaterstück angekündigte Vorstellung trug den Titel »Die Rache der Lady Cora« und versprach »ein Eifersuchtsdrama in Adelskreisen, mit Musik untermalt«. Howard interessierte sich weniger für das Eifersuchtsdrama als für die Frage, ob die Musikuntermalung von einem gewissen Charles Chambers besorgt wurde. Zu diesem Zweck löste er für zwei Shilling ein Billett und betrat ein schummrig beleuchtetes, plüschiges Etablissement mit gepolsterten Stühlen und orientalischen Teppichen. Statt einer Bühne wie im Theater war eine weiße Leinwand gespannt, und zu beiden Seiten standen struppige Zimmerpalmen. An einem Piano links von der Leinwand nahm ein Musikus im Gehrock Platz – es war nicht Chambers.

Während der Vorstellung zitternder, flimmernder Bilder, die darin gipfelten, daß ein gehörnter Ehemann seinen Nebenbuhler erschoß, wobei der Klavierspieler zur Lautuntermalung mit einem Lineal auf sein Instrument schlug, applaudierten die Zuschauer heftig – weniger, weil sie das Drama so rührte, als in dem Bewußtsein, Augenzeugen einer bedeutsamen Erfindung geworden zu sein.

Auch Carter war plötzlich beeindruckt von dem Lichtspiel. Aber als die Zuschauer das Theater nach zwanzig Minuten wie benommen verließen, machte er sich an den Pianisten heran und fragte, ob ihm der Name eines gewissen Chambers geläufig sei, er sei Organist in einem Kinematographentheater.

Der Klavierspieler, nicht viel älter als Howard, erwiderte, es gebe in London nur ein einziges Lichtspieltheater mit Orgelbegleitung, das »Trocadero« am Piccadilly. Also begab er sich zu dem beschriebenen Etablissement und erkundigte sich nach einem Organisten namens Chambers.

Eine freundliche Dame in einer Art Kapitänsuniform und mit einer runden Kappe auf dem Kopf, also ziemlich gewagt gekleidet, verkaufte im Foyer, dessen Boden und Wände mit grauem Marmor verkleidet waren, Programme. Ja, ein gewisser Charles Chambers spiele die Kinematographenorgel, sagte sie, und es gebe drei Vorstellungen am Tag.

Um an Chambers heranzukommen – bei dem Film handelte es sich um eine Geschichte aus dem alten Rom, und rote Plakate versprachen einen Gladiatorenkampf mit lebendigen Löwen –, löste Howard ein Billett für die Vorstellung.

Das »Trocadero« bot über zweihundert Zuschauern Platz und verfügte über kleine Seitenlogen für jeweils vier Personen. Auf einer Empore an der Rückseite war die Orgel installiert, ein bizarres Ungeheuer mit goldblitzenden Pfeifen und ebensolchen Putten.

Howard hatte den äußersten Platz in der letzten Sitzreihe belegt und lauschte der kessen Orgelmusik, mit der das Publikum vor Beginn der Vorführung unterhalten wurde. Dann verlosch das Licht, und die Vorführung begann.

Im Schutze der Dunkelheit schlich sich Carter auf die Orgelempore. Der Spieltisch wurde von einer tiefhängenden Lampe matt erleuchtet. Er hätte Chambers beinahe nicht erkannt, so hatte der ehemalige Organist von St. Peter und Paul sein Aussehen verändert. Seine einst wirren Haare waren kurz geschoren. Auf der Oberlippe trug Chambers ein Monjou-Bärtchen, und gekleidet war er in einen schicken roten Gehrock, der seiner Erscheinung etwas dandyhaft Vornehmes verlieh wie einem Zirkusdirektor.

Chambers war zu sehr damit beschäftigt, den Aufmarsch der Gladiatoren zu intonieren, er war mit Händen und Füßen zu Gange, so daß er im Schummerlicht nicht bemerkte, wie sich Carter von der Seite her näherte. Zudem hielt er ständig den Blick auf die Leinwand gerichtet, um seine Musik mit den Bewegungen der Schauspieler in Einklang zu bringen.

Er erschrak, als Carter plötzlich neben ihm stand, und im Gegensatz zu diesem erkannte er ihn sofort. »Sie?« fragte er in gedehntem Tonfall. »Was wollen Sie hier?«

»Ich suche Sarah Jones«, flüsterte Howard leise, um die Vorstellung nicht zu stören.

Chambers hob die Hand; doch galt die Bewegung nicht ihm, sondern sie war nur Auftakt für einen neuen Einsatz, bei dem sich der Organist mit großer Heftigkeit auf die Tasten stemmte. Howard vermutete, daß er seine Frage nicht verstanden hatte, und nachdem das Fortissimo verklungen war, sagte er erneut: »Ich suche Sarah Jones!«

Darauf zischte Chambers, den Kopf zur Seite gewandt: »Ich bin ja nicht taub. Lassen Sie mich in Ruhe. Merken Sie nicht, daß Sie stören?«

Carter blieb hartnäckig. »Sie müssen doch wissen, wo sie steckt! Warum sagen Sie es nicht?«

»Nichts weiß ich«, zischte Chambers zurück, »und selbst wenn ich es wüßte, Ihnen würde ich es zuallerletzt sagen!«

Einen Augenblick hatte Chambers Pause, weil der Gladiator auf der Leinwand unhörbar redete, was den Zuschauern auf einer eingeblendeten Texttafel vermittelt wurde.

»Was habe ich Ihnen eigentlich getan?« flüsterte Howard.

Chambers ließ die Leinwand nicht aus den Augen. »Das fragen Sie noch?« fauchte er verbittert. »Sie haben mir Sarah Jones weggenommen.«

»Weggenommen? Wegnehmen kann man nur etwas, was dem anderen gehört. Miss Jones hat Ihnen nie gehört!«

»Aber Ihnen, Ihnen hat Sarah gehört?«

»Das habe ich nie behauptet. Wir haben uns nur geliebt.«

»Pah, lächerlich. Sie waren ein dummer Schuljunge, noch grün hinter den Ohren. Wollen Sie ernsthaft behaupten, Sie wußten damals, was Liebe ist?«

»Ja, das behaupte ich. Wir haben uns wirklich geliebt – oder hat Sarah Ihnen jemals gesagt, daß sie Sie liebt?«

Chambers blieb die Antwort schuldig, weil die Kinematographenvorführung einen neuen Orgeleinsatz verlangte. Und Carter hatte den Eindruck, als ließe Chambers seine Wut und Verbitterung an den Tasten aus. Denn obwohl sich der Gladiator auf der Leinwand einer schönen Sklavin näherte, drosch der Organist ungestüm auf die Tasten ein, als fände ein heftiger Kampf statt.

Nachdem seine Wut abgeflaut war und er in eine angemessene Tonlage zurückgefunden hatte, knurrte Chambers halblaut und in der

Hoffnung, Carter endlich loszuwerden: »Das letzte, was ich von Sarah Jones weiß: Sie ist vorletzten Sommer nach Amerika ausgewandert.«

»Nach Amerika? Warum ausgerechnet nach Amerika?«

Chambers verzog sein Gesicht. »Weiß ich doch nicht. Mich hat sie ja nicht geliebt. Und jetzt verschwinden Sie, sonst lasse ich Sie hinauswerfen.«

Ohne ein weiteres Wort zu verlieren, kam Howard der Aufforderung nach und entfernte sich. Draußen, am Piccadilly, pulsierte das Leben. Im abendlichen Verkehr stauten sich die Droschken, welche festlich gekleidete Menschen zu den Theatern im Westend und nach Soho brachten. Carter nahm alles wie durch einen Schleier wahr, die schummrigen Straßenlaternen, die hell erleuchteten Auslagen und die Fußgänger, die den lauen Frühlingsabend zu einer Promenade nutzten.

Sollte Chambers die Wahrheit gesagt haben, gab es keine Chance mehr. Sollte Sarah England den Rücken gekehrt und in Amerika eine neue Zukunft gesucht haben, dann mußte er sich mit dem Gedanken abfinden, daß er sie nie mehr wiedersehen würde. Es sollte wohl nicht sein.

Am Zugang zur Untergrund-Station Piccadilly Circus blieb Howard stehen und beobachtete die Liebespaare. Der neue Brunnen mit dem Liebesgott Eros in der Mitte des Platzes war ein beliebter Treffpunkt.

Die Zeitungsverkäufer brüllten ihre Neuigkeiten heraus. In London herrschte Zeitungskrieg, seit im Vorjahr die *Daily Mail* erschienen war, ein Massenblatt, welches auf der Straße verkauft wurde und in heftigem Konkurrenzkampf zum *Daily Telegraph* stand, dem ersten Penny-Paper. Seither war es beinahe unmöglich, sich den täglichen Schlagzeilen zu entziehen.

An Howard gingen die Rufe vorbei, denn er versuchte zu ergründen, ob Chambers ihn nicht doch belogen hatte. Vielleicht um ihn loszuwerden; vielleicht wollte er aber auch nur, daß er seine Suche einstellte. Aber wie sollte er das jemals erfahren?

Gewiß eine Stunde oder länger lungerte Howard am Piccadilly Circus herum, deprimiert und verzweifelt. Schließlich beschloß er, den Standort zu wechseln, und begab sich Richtung Trafalgar Square, wo es mehr Männer gab von seiner Sorte, entwurzelt und ratlos. Weil aber seine Stimmung auf dem absoluten Nullpunkt angelangt war, suchte er auf dem Weg ein Pub auf, keines von der üblen Sorte, sondern wohlanständig und mit geschliffenen Scheiben in der Eingangstüre.

Er bestellte Hochprozentiges in der Hoffnung, seinen Schmerz zu vergessen. Doch es bedurfte dreier Gins, bis dies auch nur oberflächlich gelang, und selbst dabei fügte es sich, daß Howard urplötzlich zu seinen alten Problemen zurückfand. Denn nach einer halben Stunde, nachdem er, die Ellbogen auf die Theke gestützt, sein Spiegelbild im Flaschenregal gegenüber betrachtet hatte, meinte sein Nachbar in ähnlicher Haltung und ohne ihn anzusehen: »Kummer?«

Verunsichert, ob er wirklich ihn meinte, gab Carter keine Antwort, bis der eine zweite Frage, ebenso kurz formuliert, nachschob: »Weiber?«

»Hm«, gab Howard zurück und musterte den anderen im Spiegel. Er war mittleren Alters und im Gegensatz zu ihm gepflegt gekleidet. Nichts schweißt Männer mehr zusammen als gemeinsames Leid. »Ich will nicht darüber reden.«

»Macht nichts«, antwortete der Fremde verständnisvoll. »Ich kann Sie verstehen.« Und nach einer Weile, während einer den anderen im Spiegel musterte: »John Gallagher.« Er streckte ihm die Hand hin.

Howard ergriff das dargereichte Vertrauen ziemlich unwillig, und nicht gerade begeistert erwiderte er: »Howard Carter.« Dann herrschte wieder Schweigen zwischen den beiden.

»Meine Mutter«, begann Gallagher schließlich, »meine Mutter, ach ist ja egal...«

»Nun erzählen Sie schon!« brauste Carter auf. »Was ist mit Ihrer Mutter?«

»Meine Mutter hat mir abgeraten zu heiraten. John, sagte sie, John, ein Mann wie du darf niemals heiraten. Monatelang weg von zu Hause. Das kann nicht gutgehen, sagte sie.«

»Sagte sie. Und hat sie recht behalten?«

»Hat sie. Als ich letzte Woche nach Hause kam, hatte meine Frau die Wohnung verlassen und war mit meinem besten Freund durchgebrannt.«

»Und wie lange waren Sie fort?« fragte Howard mit schwerer Zunge.

»Vier Wochen. Dreißig Tage. Ich bin sicher, sie hat mich schon früher nach Strich und Faden betrogen. So sind sie, die Weiber. Und Sie? Ist Ihre Frau auch davon?«

»So kann man sagen. Auch wenn die Umstände ganz andere sind.«

»Was soll das heißen?«

»Das soll heißen, daß sie mir nicht untreu geworden ist, sondern nur, daß sie unserer Verbindung keine Chance gab.«

»Verstehe ich nicht, Mr. Carter.«

»Sie ist dreizehn Jahre älter als ich, meine ehemalige Lehrerin, und meinte, das könne nicht gutgehen mit uns.«

Gallagher pfiff durch die Zähne.

»Heute habe ich erfahren, daß sie vermutlich nach Amerika ausgewandert ist. Aber ich bin nicht sicher. Ich war für ein paar Jahre in Ägypten. Die Nachricht stammt von einem Mann, der selbst ein Auge auf sie geworfen hat. Es könnte also durchaus sein, daß er mir einen Bären aufgebunden hat, damit ich meine Nachforschungen einstelle.«

»Es geht mich ja nichts an«, wandte Gallagher ein, »aber mir scheint, Sie leiden ziemlich unter dieser Ungewißheit.«

Carter nickte. »Sollte es sich bewahrheiten, daß Sarah Jones – so heißt sie – nach Amerika ausgewandert ist, dann wäre das für mich ein Zeichen, daß sie endgültig mit mir abgeschlossen hat. Dann müßte ich mich damit abfinden. Andererseits ist mir der Gedanke unerträglich, sie könnte sich noch hier in London aufhalten. Können Sie das verstehen, Mr. Gallagher?«

Gallagher schwieg und machte den Eindruck, als denke er nach – soweit das sein angetrunkener Zustand erlaubte. »Sie trinken doch mit mir einen Port«, meinte er schließlich und gab, ohne Carters Antwort abzuwarten, die Bestellung auf. Dann sagte er: »Es ist doch nicht schwer festzustellen, ob diese Miss Jones nach Amerika ausgewandert ist.«

Howard sah Gallagher ungläubig an. »Wie wollen Sie das feststellen? Angeblich soll es im vorletzten Sommer gewesen sein.«

»Nichts leichter als das. In diesem Fall kommt doch wohl nur eine Schiffspassage Southampton – New York in Frage, die klassische Auswanderungsroute. Und die wird von ›Cunard‹ und ›White Star‹ befahren. Für jede Überfahrt gibt es eine Passagierliste, alphabetisch geordnet von A bis Z. Man müßte also fünf oder zehn Passagierlisten im fraglichen Zeitraum durchgehen. Dann hätten Sie Gewißheit. Besuchen Sie mich morgen in meinem Büro bei ›White Star‹. Will sehen, was ich für Sie tun kann.«

Carter sah Gallagher von der Seite an, als wollte er sagen: Müssen Sie mich in dieser Situation auch noch auf den Arm nehmen?

Als er sich wegdrehte, meinte Gallagher eher beiläufig: »Ich bin Zahlmeister bei ›White Star‹. Vor meiner nächsten Indienreise mache ich gerade zwei Wochen Bürodienst.«

Von einem Augenblick auf den anderen wurde Carter wieder nüchtern, jedenfalls glaubte er das. Morgen, dachte er, würde sich alles aufklären.

»Junge, wie siehst du denn aus!« rief Martha Carter entsetzt, als Howard spät in der Nacht nach Hause zurückkehrte. Seine Mutter schien wie verwandelt, das Haus war aufgeräumt, auf dem Tisch in dem kleinen Salon stand ein Strauß Frühlingsblumen.

Ein Blick in den Spiegel neben der Haustüre vermittelte wirklich nicht den besten Eindruck. Howard schämte sich, daß er es so weit hatte kommen lassen. Wenn er ehrlich war, unterschied sich sein Äußeres kaum von dem der Bettler am Trafalgar Square, bei denen er die letzten Nächte verbracht hatte.

Im Badezimmer des uralten Hauses gab es zwar noch kein fließendes Wasser, aber zwei Waschschüsseln aus Porzellan genügten, um bescheidenen Ansprüchen der Säuberung gerecht zu werden. Danach fiel Howard todmüde ins Bett.

Gleich am Morgen des nächsten Tages begab er sich mit schwerem Kopf zur Londoner Niederlassung von ›White Star‹. Das klotzige Gebäude war hoch wie ein Ocean-Liner, und die Eingangshalle glich dem Inneren einer Kathedrale mit Marmorsäulen und Seitenaltären, auf denen hinter Glas riesige Schiffsmodelle gezeigt wurden. Vergleichsweise klein erschien der Hochaltar an der Stirnseite, vor dem ein schwarz gekleideter Portier Wache hielt. Dahinter eine Weltkarte, auf der alle Übersee-Linien der Company eingezeichnet waren.

John Gallagher empfing Carter mit freundlichen Worten. Gemeinsam erklommen sie vier Treppen und gelangten am Ende eines langen

Ganges in ein Kontor, das von zwei ältlichen Damen in langen dunklen Röcken und weißen Blusen verwaltet wurde. Nachdem Gallagher erklärt hatte, worum es ging, begannen die Bürodamen die Ablage zu durchforsten, und in kurzer Zeit türmten sich auf einem Tisch zwei Aktenstapel, die Passagierlisten aller Atlantik-Steamer in dem genannten Zeitraum.

»Wie war der Name der gesuchten Person?« fragte Gallagher förmlich.

»Miss Sarah Jones«, antwortete Howard.

Gallagher nahm sich den einen Stoß vor, den zweiten schob er Carter hin.

Carters Passagierlisten stammten von dem Dampfer »Oceanic«, einem Schiff, das seit seinem Stapellauf 1870 die Linie Liverpool – New York und Southampton – New York befuhr und viele tausend, vorwiegend ärmere Engländer in die Neue Welt gebracht hatte.

»Mein Gott!« rief Carter plötzlich, er hatte gerade zwei Passagierlisten durchforstet und war in die dritte vertieft, »Miss Sarah Jones, London.« Er deutete mit dem Finger auf einen mit schwarzer Tinte geschriebenen Eintrag. »Das ist sie!«

Gallagher stellte seine Arbeit ein und beugte sich über das mehrfach gefaltete Papier. Dann sah er Howard fragend an.

Der kämpfte mit den Tränen, als er sagte: »Eine unscheinbare Eintragung; aber für mich ist es der Schlußstrich unter die große Liebe meines Lebens.«

»Tut mir leid, Mr. Carter, ich kann nachfühlen, was in Ihnen vorgeht.«

Howard fuhr mit der Hand über das Papier, als wollte er die Falten glätten, doch in Wahrheit streichelte er zärtlich Sarahs Namen. Er wußte, das war ein Abschied für immer.

Aus der Ferne vernahm er Sarahs Stimme wie damals beim Abschied auf dem Bahnhof von Swaffham: Ich liebe dich, Howard, ich liebe dich mehr als alles auf der Welt. Die Zeit wird kommen, da du das alles begreifen wirst. Behalte mich in guter Erinnerung.

»Nein«, sagte er halblaut, »ich werde es wohl nie begreifen.« Behutsam faltete Howard die Passagierliste zusammen. Dabei ließ er den Blick über die Namen schweifen, hinter denen sich manch eigenwilliges Schicksal verbergen mochte. Plötzlich blieb sein Auge an einer Eintragung haften: Mr. C. Chambers, London.

Carter stutzte, las den Namen ein zweites Mal, schüttelte verständnislos den Kopf und stammelte verwirrt: »Chambers. Das kann nicht sein!«

Gallagher verstand ihn nicht und fragte nach: »Was meinen Sie, Mr. Carter.«

»Nichts, nichts«, erwiderte Howard, »ich habe nur laut gedacht. Jedenfalls danke ich Ihnen für Ihr Entgegenkommen. Ich will Sie nicht länger aufhalten.«

Verwundert sah Gallagher Carter nach. Er hatte keine Erklärung für dessen abrupten Aufbruch. Aber aus eigener Erfahrung wußte er, in welche Verwirrung eine Frau einen Mann stürzen konnte.

In der Tat war Howard so durcheinander, daß er ohne Ziel durch die Straßen trabte wie ein Hund auf der Suche nach einer unbekannten Fährte. Ohne auf den Verkehr zu achten, überquerte er Piccadilly Circus, lief ein Stück die Regent Street hinunter, machte kehrt und stand plötzlich vor dem Kinematographentheater.

Der Kerl hat dich in jedem Fall schamlos belogen, dachte er bei sich, während er den Eingang nicht aus den Augen ließ. Aber was sollte er tun? Chambers erneut zur Rede stellen? Sicher würde er alles abstreiten. Nein, er mußte diesen Chambers in die Enge treiben, damit er mit der Wahrheit herausrückte – auch wenn diese Wahrheit bitter sein würde. Und während er unschlüssig vor dem »Trocadero« auf- und abging, während er sich den Kopf zermarterte, warum Chambers in London war, wo doch sein Name auf der Passagierliste nach Amerika stand, während ihm die abenteuerlichsten Geschichten einfielen, faßte Howard einen Plan.

Es war gegen Mittag. Die erste Vorstellung im Kinematographentheater begann um fünf. Um halb zehn war die letzte zu Ende. Howard zog sich zurück.

Kurz vor halb zehn war er wieder zur Stelle und bezog seinen Beobachtungsposten auf der gegenüberliegenden Straßenseite. Es hatte leicht zu regnen begonnen, der erste warme Frühlingsregen, der der Gegend um Piccadilly Circus einen unwiderstehlichen Charme verleiht.

Carter brauchte nicht lange zu warten, und Chambers erschien im Ausgang des Theaters. Howard drückte seinen Hut ins Gesicht, schlug den Kragen seines Sommermantels hoch und heftete sich an Chambers' Fersen. Der entfernte sich nordwärts in Richtung Soho, bog in die Brewer Street ab mit ihren dunklen, schmalbrüstigen Häusern und beschleunigte seine Schritte in eine kleine, namenlose Seitenstraße. Howard hatte Mühe, ihm zu folgen.

In einem der Häuser, das sich von den anderen in der Straße nur dadurch unterschied, daß es noch mehr heruntergekommen war, weil der Putz abbröckelte und rohes Mauerwerk zum Vorschein kam, verschwand er. Wenig später ging im obersten Stockwerk das Licht an.

Howard ließ einige Minuten verstreichen, dann drückte er die Klinke der Haustür nieder. Zu seiner Verwunderung war die Türe nicht versperrt. Im Treppenhaus herrschte Dunkelheit. Behutsam tastete sich Carter über die Treppen nach oben. An einer Türe, durch deren trübe Verglasung matter Lichtschein fiel, klopfte Howard heftig.

»Wer ist da?« hörte er eine Stimme von innen.

»Howard Carter.«

»Was wollen Sie? Wissen Sie überhaupt, wie spät es ist?«

»Weiß ich«, entgegnete Carter, »bitte öffnen Sie. Ich muß mit Ihnen reden!« Dabei klopfte er noch ungestümer an die Türe. Schließlich öffnete Chambers mit den Worten: »Sie machen ja das ganze Haus rebellisch. Ich habe Ihnen alles gesagt, was ich weiß.«

Da geriet Howard in Rage. »O nein, Mr. Chambers, Sie haben mir das Wesentliche verschwiegen, und dafür hatten Sie natürlich einen Grund!« Er stieß Chambers zur Seite, und noch ehe dieser protestieren konnte, betrat Carter die Wohnung.

Chambers war entsetzt und Howard auf alles gefaßt. »Sie müssen mich für einen ziemlichen Idioten halten«, bemerkte er, während er sich in der Wohnung umsah. Es roch ein wenig nach Armut und sah so aus, als habe noch nie eine Frau diese Bleibe betreten. Unvorstellbar, daß Sarah Jones sich hier je aufgehalten hatte. »Nur weil ich jünger bin als Sie, bedeutet das noch lange nicht, daß ich auch dümmer bin, Mr. Chambers.«

»Verlassen Sie sofort meine Wohnung!« geiferte der Organist, »sonst...«

»Sonst?« fragte Carter zurück. Als Chambers die Antwort schuldig blieb, fuhr Howard fort: »Haben Sie eine Erklärung dafür, daß sich auf der Passagierliste der ›Oceanic‹ sowohl der Name Sarah Jones als auch Ihr Name befindet?«

»Wie kommen Sie darauf?« Chambers konnte sein Erstaunen nicht verbergen.

Howard hob die Schultern. »Ich sagte doch, Sie müssen mich für einen ziemlichen Idioten halten. Tatsache ist: Sie sind mit Sarah Jones nach Amerika gereist. Das können Sie ja wohl nicht abstreiten.«

Chambers grinste überlegen. »Was macht Sie so sicher, Mr. Carter?«

»Die Passagierliste! Ich habe sie mit eigenen Augen gesehen.«

Mit einem Mal wechselte Chambers den Gesichtsausdruck, er bot Carter einen Stuhl an und fragte gelassen: »Wollen Sie etwas trinken?«

»Ich bin nicht hergekommen, um mit Ihnen zu trinken, Chambers, ich möchte endlich wissen, welches Spiel Sie spielen.«

Chambers füllte zwei klobige Gläser mit Port, eines schob er Carter hin, dann sagte er: »Und in dieser seltsamen Passagierliste soll *mein* Name aufgeführt sein?«

»Ja.«

»Mr. Carter, ich war noch nie in meinem Leben in Amerika. Folglich muß es sich wohl um einen Irrtum handeln.«

Carter sah Chambers von der Seite an. Natürlich glaubte er ihm nicht. Dieser Chambers war ein Lump, durchtrieben und verschlagen. »Mr. Chambers, wer sollte Interesse haben, Ihren Namen auf eine Passagierliste zu setzen, auf der *zufällig* auch der Name Sarah Jones verzeichnet ist?«

Da begab sich Chambers zu seinem Harmonium, auf dem mehrere gerahmte Photographien aufgereiht standen. Eine nahm er in die Hand, betrachtete sie kurz, dann hielt er sie Carter unter die Nase. Das Bild zeigte den jugendlichen Chambers zusammen mit einem anderen jungen Mann.

»Mein Bruder Christopher«, sagte er. »Er ist im Sommer vor zwei Jahren nach Amerika ausgewandert. Ich verabschiedete ihn am Kai in Southampton. Und wie es der Zufall wollte, entdeckte ich unter den Reisenden Sarah Jones. Sie hatte wie mein Bruder auf der ›Oceanic‹

eine Passage nach New York gebucht. Ihrem umfangreichen Gepäck nach zu schließen, wanderte sie aus, um ein neues Leben zu beginnen. Vergeblich versuchte ich mit ihr ein paar Worte zu wechseln, aber sie ging mir aus dem Weg. Leider. Auch meinem Bruder gegenüber, dem ich mein Leid klagte, blieb sie während der ganzen Reise verschlossen.« Chambers nahm sein Glas und kippte den Inhalt in einem Zug hinunter.

Nun war auch Carter nach einem kräftigen Schluck zumute. »Wie, sagten Sie, ist der Name Ihres Bruders?«

»Christopher.«

»Das erklärt in der Tat alles. Der Name in der Passagierliste lautet nämlich Mr. C. Chambers. Tut mir leid, Mr. Chambers.«

Chambers lachte, aber sein Lachen klang bitter.

»Was finden Sie so komisch an dieser Situation?« erkundigte sich Carter.

»Eigentlich sind wir ja Feinde. Jetzt stehen wir beide auf der Verliererseite, und ich befürchte, wir müssen uns damit abfinden.«

Howard leerte den Rest seines Glases, während Chambers an seinem Harmonium Platz nahm und eine traurige Melodie intonierte. So merkte er nicht, daß Carter ohne ein Wort zu sagen die Wohnung verließ.

Die Ereignisse der letzten Tage hatten bei Carter Zweifel aufkommen lassen, ob sein Platz noch in England war. Dachte er an Swaffham, so kam ihm seine traurige Jugendzeit in den Sinn, London schien ihm fremd und abweisend, hier wie da fühlte er sich als Außenseiter.

Howard hatte gehofft, bei Lord Amherst eine Anstellung zu finden, und zweifellos hätte der Lord ihn auch genommen, aber nun schauerte er bei dem Gedanken, in Didlington Hall eine Dachkammer zu bewohnen und die Tage mit dem Kopieren von irgendwelchen Inschriften zu verbringen. Carter war ein anderer geworden. Er brauchte den Staub der Wüste, die brennende Sonne auf nacktem Gestein; sogar der Lärm in der Nacht und der Gestank allerorten fehlten ihm.

Planlos, aber in der Absicht, sein restliches Geld abzuholen, suchte Howard das Oxford Mansion auf, ein Gebäude von gigantischen Ausmaßen, in welchem Behörden und Verbände angesiedelt waren, darunter der *Egypt Exploration Fund*. Carter hatte sich nur einen Teil seines Gehalts in Ägypten auszahlen lassen, den größeren Teil, immerhin beinahe zweihundert Pfund, hatte der *Fund* in London zurückbehalten.

An der Spitze des *Egypt Exploration Fund* stand seit kurzer Zeit eine resolute Dame, Emily Paterson, einst Sekretärin der legendären Amelia Edwards, die in Männerkleidern durch Ägypten gezogen war und über Jahre die Geschicke des *Fund* gelenkt hatte.

Carter und Miss Paterson waren sich noch nie im Leben begegnet, aber als Howard den Vorraum der berühmten Gesellschaft betrat, der mit Skulpturen, Fundstücken und lebensgroßen Wandzeichnungen ausgestattet war, da kam ihm Emily entgegen und umarmte ihn wie einen verlorenen Sohn. Howard wußte nicht, wie ihm geschah.

»Madam, ich bin hier, um mein Geld abzuholen«, konnte er gerade noch sagen, dann überfiel ihn Miss Paterson mit einem Redeschwall: »Gewiß, Mr. Carter, ich werde sogleich alles veranlassen. Im übrigen schickt sie der Himmel. Dr. Naville schickt jeden Tag ein Telegramm, er droht, seine Arbeit in Der-el-Bahari abzubrechen und fordert dringend Ihre Rückkehr nach Ägypten. Ich bitte Sie, Mr. Carter, schlagen Sie Naville diesen Wunsch nicht ab. Ich bin sicher, er macht seine Drohung wahr. Das können wir uns einfach nicht erlauben. Der-el-Bahari ist unser größtes Projekt, ein Prestigeobjekt sozusagen. Der *Egypt Exploration Fund* ist auf dieses Projekt angewiesen. Naville schreibt, ihm liefen alle Arbeiter davon, er habe kaum noch Leute. Sie seien der einzige, der die Arbeiter zur Rückkehr bewegen könnte.«

»Das verstehe ich nicht«, erwiderte Howard, der sich durch diesen Antrag geschmeichelt fühlte. Er hatte eher Mitleid erwartet oder Vorwürfe, weil er sein ägyptisches Abenteuer so abrupt beendet hatte. Nun kam ihm Miss Patersons Angebot nicht einmal ungelegen. »Das verstehe ich nicht«, wiederholte Carter, »Dr. Naville ist bei den Arbeitern keineswegs unbeliebt, wenn es ihm auch an Sprachkenntnissen mangelt, um sich direkt mit ihnen zu unterhalten.«

Miss Paterson zeigte auf eine Ägypten-Karte an der Wand und deutete mit dem Finger auf Assuan. »Die Ägypter bauen einen zwei Kilometer breiten Staudamm, die größte Talsperre der Welt. Dazu brauchen sie zehntausend Arbeiter. Offenbar können die Leute dort mehr Geld verdienen als in Der-el-Bahari.«

»Davon bin ich überzeugt«, antwortete Carter, »aber dann sehe ich nur eine Möglichkeit, Miss Paterson, wir müssen den Arbeitern in Der-el-Bahari denselben Lohn zahlen wie in Assuan. Jeder Ägypter geht seiner Arbeit lieber an seinem Wohnort nach als in ein paar hundert Kilometern Entfernung, wo er, fern von seiner Familie, die Nächte in einem Camp verbringen muß. Freiwillig macht das keiner. Das einzige, was diese Männer nach Assuan treibt, ist das Geld. Diese Leute sind keine Idealisten, die stolz darauf sind, den Tempel der Hatschepsut auszugraben. Sie wollen Geld verdienen, sonst nichts. Sie würden im Tal der Könige auch dann graben, wenn man ihnen sagte, dort gibt es Petroleum.«

Miss Paterson war eine vornehme Dame, und Howards offene Worte wirkten auf sie schockierend. Aber vermutlich war dies genau der rauhe Ton, den man brauchte, um mit den Fellachen in Mittelägypten auszukommen. »Sie lassen mich doch nicht im Stich?« fragte sie unsicher.

Carter tat so, als müßte er sich die Sache noch einmal gründlich überlegen. In Wahrheit hatte er sich längst entschieden. »Also gut«, erwiderte er, »wenn Sie mir die Vollmacht geben, den Arbeitern denselben Lohn zu zahlen, den sie in Assuan verdienen können, will ich sehen, was ich tun kann.«

Schon am folgenden Tag machte sich Howard Carter von Victoria Station auf den Weg nach Ägypten.

Kapitel 19

»Achtung! Der *Egypt Exploration Fund* sucht Arbeitskräfte für die Ausgrabungen in Der-el-Bahari. Bezahlung zu denselben Bedingungen wie bei den Bauarbeiten in Assuan.«

Ein gutes Dutzend dieser Schilder in arabischer Sprache brachte Howard Carter in Kurna, Luxor und an den Schiffsanlegestellen an. Der Erfolg ließ nicht lange auf sich warten. Eine Woche nach seiner Rückkehr hatte er zweihundert neue Arbeiter gewonnen, und es wurden täglich mehr. Naville übertrug Howard alle organisatorischen Aufgaben, und weil Carter es war, der die Arbeiter entlohnte, genoß er bald höheres Ansehen als Edouard Naville.

Howard bewohnte wieder sein bescheidenes Zimmer im »Maamura Palace«, auch Sir Henry, sein Maultier, das er Hals über Kopf verkauft hatte, war ihm wieder zu Diensten. Allerdings hatte er dem Tier gleich am ersten Tag gut zugeredet, nie mehr in ein Loch zu treten, das sich irgendwo in der Erde auftat.

Auf dem Ritt von Der-el-Bahari zur Nilfähre holte ihn eines Abends, es war Herbst geworden und dunkelte früh, Sayyed ein, der Junge, der ihn aus dem Gefängnis befreit hatte.

»Carter-Effendi!« rief er von weitem. »Sensation, Sensation!«

Howard brachte Sir Henry zum Stehen und wandte sich um. Der Junge auf seinem Esel schwenkte eine Laterne in der Hand. »Ich darf es niemandem sagen«, rief er leise im Näherkommen, »aber Carter-Effendi ist mein Freund, und Freunde kennen keine Geheimnisse voreinander, nicht wahr, Carter-Effendi?«

Howard mußte lachen. »Also laß hören!« sagte er mit einem Augenzwinkern.

»Sie kennen den Franzosen im Tal der Könige?«

»Du meinst Victor Loret?«

»Ich glaube, so heißt er.«

»Er ist Direktor der Altertümerverwaltung in Kairo und hat hier eigentlich nichts zu suchen. Was ist mit Loret?«

»Es ist ein Geheimnis, Carter-Effendi, niemand darf es wissen. Mr. Loret hat im Tal der Könige das Grab eines Pharaos gefunden.«

»Unsinn«, knurrte Carter, »Loret ist gar kein Ausgräber, er ist so etwas wie Beamter einer Behörde. Seit Wochen treibt er sich hier herum und faselt von irgendwelchen Entdeckungen. Dabei hat er von unserem Geschäft keine Ahnung. Naville sagt, er versteht mehr von Musik als von Archäologie.«

Sayyed hob ratlos die Schultern: »Wenn ich es Ihnen aber sage, Carter-Effendi, Mr. Loret hat einen Pharao gefunden.«

»Woher willst du das wissen? Sicher sind das wieder irgendwelche Gerüchte!«

»Nein, Carter-Effendi, keine Gerüchte. Kommen Sie mit!«

Sayyeds Beharrlichkeit verunsicherte Howard und machte ihn neugierig. Was hinderte ihn, sich die Sache einmal anzusehen. »Also gut«, meinte er, »machen wir uns auf den Weg.«

Wie nicht anders zu erwarten, hielt sich im Tal der Könige um diese Zeit keine Menschenseele auf, und Carter kamen Zweifel, ob ihn der Junge nicht in einen Hinterhalt locken wollte. Irgendwie hegte er gegenüber Sayyed noch immer ein gewisses Mißtrauen. Am liebsten wäre er umgekehrt, aber plötzlich sprang Sayyed von seinem Esel und zeigte mit seiner Laterne auf einen Trichter im brüchigen Geröll, nicht viel mehr als zehn Schritte im Durchmesser, aber zwanzig Fuß tief.

Carter verknotete Sir Henrys Zügel mit dem von Sayyeds Esel, was im übrigen eine sichere Sache war, weil es keinem Maultier einfiel, zusammen mit einem Esel die Flucht zu ergreifen – dann folgte er dem Jungen, der, sich behutsam mit einer Hand abstützend, nach unten gleiten ließ, wo ein Loch im Erdreich klaffte, gerade so groß, daß man in gebückter Haltung hineinschlüpfen konnte.

Howard richtete sich auf und versuchte im Dämmerlicht etwas zu erkennen. »Gib mir die Laterne!« herrschte er Sayyed an.

Sayyed reichte ihm die Lichtquelle, ohne zu murren.

Von ihrem Standpunkt, einem in den Fels geschlagenen Absatz, der knöcheltief mit Sand, Staub und Bruchsteinen bedeckt war, führten steile Stufen in die Tiefe. Im schwachen Lichtschein der Laterne war das Ende der Treppe nicht zu erkennen. Aus Erfahrung wußte Carter genau, daß es lebensgefährlich war, ungesichert in ein Grab einzudringen. Die alten Ägypter hatten die Gräber ihrer Könige mit Fallgruben, Trittfallen und mannshohen Quadersteinen ausgestattet, die von der Decke stürzten und jeden Eindringling zermalmten. Aber Howard verdrängte solche Gedanken, er war vom Jagdfieber gepackt.

»Du bleibst immer zehn Schritte hinter mir!« kommandierte er mit leiser Stimme, und als Sayyed keine Antwort gab: »Verstanden?«

»Ja, Carter-Effendi.«

Behutsam darauf bedacht, den feinen Staub nicht aufzuwühlen, der die Stufen zentimeterhoch bedeckte und nach kurzer Zeit die Lungen verstopfte, suchte Howard den Weg nach unten. An manchen Stellen waren deutliche Fußspuren zu erkennen. Mit jedem Schritt wurde die Luft stickiger. Es roch seltsam süßlich. Die Stufen wollten kein Ende nehmen.

Endlich erreichte Howard einen zweiten Absatz, von dem ein Korridor, mehr hoch als breit, in leichter Schräge weiterführte. Sein Ende verlor sich in der Dunkelheit.

Howard schwenkte seine Laterne, um Sayyed ein Zeichen zu geben, er solle ihm nach unten folgen. »Aber vorsichtig und langsam«, rief er leise, »damit möglichst wenig Staub aufgewirbelt wird. Sonst ersticken wir hier unten!«

Sayyed tat, wie ihm geheißen. Unten angelangt, blieb er stehen, während Carter, magisch angezogen von einer unbekannten Kraft, seinen Weg fortsetzte. Er hatte kein Auge für die kunstvollen Reliefs an den Wänden, wo tierköpfige Götter gespenstische Riten vollführten und endlose Bänder mit Hieroglyphen vom Leben eines Pharaos erzählten. Mit der Laterne den Boden absuchend, setzte Howard einen Fuß vor den anderen, bis sich plötzlich in der pechschwarzen Nacht vor ihm ein senkrechter Schacht auftat, so tief, daß der Lichtschein seiner Laterne den Grund nicht erreichte. Der Schacht maß drei mal drei Meter im Quadrat. »Großer Gott!« stammelte Carter; im selben Augenblick hatte Sayyed ihn eingeholt. Gemeinsam knieten sie nieder und starrten in die unergründliche Tiefe.

Carter preßte die Lippen zusammen und schüttelte den Kopf. Er blickte auf die andere Seite jenseits des Schachtes, wo der Korridor seine Fortsetzung fand. »Unmöglich, da hinüberzukommen.«

Da zupfte Sayyed Howard am Ärmel und deutete auf die rechte Schachtwand. Jetzt sah es auch Carter. In der Aufregung war ihm entgangen, daß dicht an der Wand ein Holzbalken über den Schacht gelegt war. »Unmöglich«, wiederholte Carter, nachdem er die abenteuerliche Konstruktion eine Weile begutachtet hatte.

Sayyed prüfte den Balken mit kritischem Blick, dann sah er Carter an und meinte: »Allah streckt dem die Hand entgegen, der ihm vertraut. Halten Sie die Lampe hoch, Carter-Effendi!« Und noch ehe Howard ihn zurückhalten konnte, begann Sayyed, mit den Händen an der Wand Halt suchend, sich seitlich über den Balken zu bewegen.

Der Balken gab unter dem Gewicht des Jungen nach, er knarrte und ächzte und begann, als Sayyed die Mitte erreicht hatte, leicht zu schwanken. Ein paar kurze, schnelle Schritte, und Sayyed hatte sein Ziel erreicht. »Und jetzt Sie, Carter-Effendi!« rief er herüber, als sei dies die selbstverständlichste Sache der Welt.

An Mut hatte es Howard noch nie gemangelt. Bedenkenlos hatte er Jane Hackleton aus dem brennenden Haus gerettet, und seine Flugversuche wären ohne Verwegenheit auch nicht denkbar gewesen. Also überlegte er nicht lange, fädelte seinen Hosengürtel durch den Henkel der Laterne und suchte auf die gleiche Weise wie Sayyed seinen Weg. Der Balken knarrte angsteinflößend und bog sich durch, aber nach wenigen Sekunden, die ihm endlos erschienen, erreichte Howard sein Ziel.

Auf der anderen Seite erkannte er, daß der Korridor abrupt endete. Doch linker Hand zweigte ein Gang ab, ziemlich schmal und auch nicht so hoch wie der Korridor. Howard erstarrte, als er einen Blick hineinwarf: Am Ende des Ganges war ein schwacher Lichtschein zu erkennen. Er wagte kaum zu atmen.

Sayyed gab Howard ein Zeichen, er möge vorausgehen. Howard nickte stumm. Etwa zehn Schritte trennten sie noch von der Stelle, an welcher der schmale Gang in eine größere Kammer mündete. Man konnte, wenn auch undeutlich, schemenhafte Umrisse erkennen. Howard war zu aufgewühlt, um einen klaren Gedanken zu fassen, zu verwirrt, um Vermutungen darüber anzustellen, was ihn erwartete.

Er hätte sich in jedem Falle geirrt.

Denn kaum hatte er das Ende des Ganges erreicht, da tat sich vor ihm ein Saal auf mit vier Pfeilern, in der Mitte ein mannshoher Sarkophag. Der schwere Deckel war etwas zur Seite geschoben. Eine Petroleumlampe auf dem Deckel verbreitete matten Lichtschein.

Zögernd und leise rief Howard: »Ist da jemand?« Im selben Augenblick erschrak er zu Tode, denn erst jetzt fiel sein Blick auf den Boden. Dort lagen aufgereiht an einer Wand acht, neun, zehn oder noch mehr Mumien, menschliche Körper, eingenäht in derbe braune Sackleinwand.

Sayyed, den für gewöhnlich nichts, aber auch gar nichts erschüttern konnte und der jeder Situation gewachsen war, Sayyed ergriff Carters Arm und flüsterte stockend: »Carter-Effendi, mir ist unheimlich. Ist das das Jenseits?«

Howard schnappte nach Luft. Er glaubte zu ersticken. Sein Herzschlag dröhnte in den Ohren. Bei Isis und Osiris, bei allen Göttern der Unterwelt, wer hatte die Petroleumlampe auf dem Sarkophag entzündet? Wo war Loret?

Kaum hatte er den Gedanken zu Ende gedacht, da erhob sich in der hinteren Ecke eine Gestalt, die Howard für eine hockende Mumie gehalten hatte. Sayyed preßte seinen Arm, daß es schmerzte. Howard stieß ihn beiseite, mit der Linken hielt er seine Laterne in die Höhe.

»Sind Sie es, Carter?« sagte der Mann im Näherkommen. Es war Victor Loret. »Sie halten mich wohl für verrückt«, meinte er, »und vielleicht bin ich es auch. Aber ich wollte hier einfach ein paar Stunden allein sein.«

»Das verstehe ich gut«, erwiderte Howard, »aber sagen Sie, Mr. Loret, wo befinden wir uns hier eigentlich?«

Loret nahm die Petroleumlampe und leuchtete auf die Seitenwand des Sarkophags. Mit dem Finger zeigte er auf einen Königsring.

»Der zweite Amenophis!« rief Carter erstaunt.

»Der zweite Amenophis!« wiederholte Loret und hielt die Lampe an den schmalen Spalt, durch den man in das Innere des Sarkophags spähen konnte. »Ich wage es nicht auszusprechen«, bemerkte er leise, »aber wie es scheint, liegt hier noch die Mumie von Amenophis.«

»Und was ist mit diesen Mumien?« Carter zeigte auf die Mumien an der Wand.

»Sehen Sie selbst, Mr. Carter!« Er tat einen Schritt zu der Wand hin. Jede der Mumien trug ein kleines, kunstvoll gefertigtes Amulett auf der Brust, und auf jedem war der Name eines Pharaos verzeichnet: Thutmosis, Amenophis, Merenptah, Siptah, Sethos. Dreizehn Namen von dreizehn Königen des Neuen Reiches. »Sie sagen ja gar nichts, Mr. Carter«, unterbrach Loret das lange Schweigen.

Howard blickte zur Decke der Grabkammer, die in dunklem Blau ausgemalt war. Darauf leuchteten gelbe Sterne, gerade so sah es aus, wenn die Nacht über dem Tal der Könige hereinbrach. »Ich versuche«, entgegnete Carter, »mir einen Reim auf all das zu machen.«

»Und zu welchem Ergebnis kommen Sie?«

»Es gab nicht nur *ein* Mumienversteck im Tal der Könige, sondern zwei. Vermutlich wurden beide bereits tausend Jahre vor unserer Zeitrechnung angelegt, weil es schon damals Leute wie Ahmed Abd-er-Rassul gab, die skrupellos in die Gräber eindrangen und alles forttrugen, was einen Wert besaß. Stellt sich nur die Frage, warum den Grabräubern ausgerechnet dieses Versteck verborgen blieb.«

»Darüber habe ich auch schon nachgedacht«, erwiderte Loret, »und ich habe sogar eine Erklärung. Vermutlich wurden beim Bau eines über dem Eingang liegenden Grabes Berge von Schutt aufgehäuft, und kein vernünftiger Mensch konnte davon ausgehen, daß ausgerechnet darunter ein weiteres Grab verborgen lag.«

»Ja, so muß es gewesen sein. Aber verraten Sie mir, Mr. Loret, wie sind Sie auf den Eingang zu diesem Grab gestoßen?«

Loret lachte in sich hinein. »Ganz einfach. Ich begann dort zu graben, wo mir der Erfolg am unwahrscheinlichsten erschien. Seit Jahren heißt es, im Tal der Könige gibt es nichts mehr zu entdecken, und es sind die erfahrensten Ausgräber, die das behaupten. Bei klarem Verstand hätte ich nie gewagt, ausgerechnet an dieser Stelle zu graben; aber ich stand wie unter einem Zwang. Eine Stimme in mir sagte: Victor, da und nirgends anders!«

»Und was wollen Sie jetzt tun?«

»Darüber zerbreche ich mir den Kopf, seit ich vor zehn Tagen zum ersten Mal in diesem Raum stand.«

»Vor zehn Tagen? Warum haben Sie Ihre Entdeckung noch nicht bekanntgemacht?«

Der Ausgräber hob beide Hände: »Wo denken Sie hin, Mr. Carter. Nichts wäre törichter, als dieses Versteck zu verraten. Glauben Sie einem alten Archäologen. Verschwiegenheit ist in unserem Gewerbe die Hälfte des Erfolges.«

Howard verstand Lorets Andeutung sehr wohl, aber er tat so, als habe er nicht begriffen, was er meinte, und widmete sich der Betrachtung der Mumien, die auf dem Boden lagen.

Da hörte er Lorets Stimme: »Woher wußten Sie eigentlich von meiner Entdeckung, und wie sind Sie hierher gekommen?«

Carter wandte sich um. »Sayyed«, sagte er, weiter kam er nicht. Er suchte den Raum ab, warf einen Blick in den Gang, der bis zum Schacht führte – der Junge war mitsamt seiner Laterne verschwunden. »Ein gewitzter Kerl, dieser Sayyed, und manchmal etwas rätselhaft. Er weiß oft Dinge, die kein anderer weiß. So auch in diesem Fall.«

»Merkwürdig«, meinte Loret, »ich kenne diesen Sayyed überhaupt nicht, und außer meinem Rais und dem Vorarbeiter weiß bisher niemand, was sich in dem Erdloch befindet. Ich kann mich doch auf Ihre Diskretion verlassen?«

»Selbstverständlich, Sir!« erwiderte Carter. »Aber erlauben Sie mir die Frage: Was haben Sie jetzt vor?«

»Eine gute Frage«, erwiderte Loret und trat Carter ein paar Schritte entgegen. »Gestatten Sie mir eine Gegenfrage: Wie würden Sie sich an meiner Stelle verhalten?«

Howard fühlte sich geschmeichelt, daß der Direktor der Altertümerverwaltung ihn um seine Meinung fragte. Er dachte auch nicht lange nach und antwortete: »Ich glaube, die Königsmumien sollten zu den anderen ins Museum nach Kairo gebracht werden. Dort sind sie am sichersten. Doch was die Mumie von König Amenophis betrifft, so würde ich diese in ihrem Sarkophag und an Ort und Stelle lassen. Kein zivilisierter Mensch hat das Recht, die Totenruhe eines anderen Menschen zu stören. Selbst wenn er seit mehr als dreitausend Jahren in seinem Grab liegt.«

Da geschah etwas, womit Carter nicht gerechnet hatte. Loret trat auf ihn zu, drückte seine Hand und sagte: »Danke, Mr. Carter, Sie bestärken mich in meiner Auffassung. Genauso soll es geschehen. Ich trage mich sogar mit dem Gedanken, das Grab des Pharaos wieder zu verschließen, unerreichbar für Grabräuber.«

»Es ist Ihre Entdeckung, Mr. Loret!« entgegnete Howard. Oh wie er diesen Loret beneidete. »Sie gestatten?«

Carter nahm die einzige Lichtquelle, die ihnen verblieben war, und betrachtete die Mumien auf dem Boden. Dabei gingen ihm wirre Dinge durch den Kopf. Vor seinem geistigen Auge tauchte eine Prozession kahlköpfiger, halbnackter Priester auf. Jeweils zwei von ihnen schleppten die Mumie eines Pharaos in der Dunkelheit über den schmalen Trampelpfad zu dem Grab Amenophis' II. Sie kamen aus allen Himmelsrichtungen, geleitet von einem Fackelträger, und verschwanden wie Ameisen mit ihrer Beute in dem sandigen Erdtrichter. Und jetzt lagen sie vor ihm, die mächtigsten Männer des ägyptischen Reiches, oder das, was von ihnen übrig geblieben war, die Umrisse eines Menschen in brüchiger Leinwand, verdorrt, verstaubt, verfallen. Einst wie Götter verehrt und überhäuft mit allem Reichtum dieser Erde, lagen sie achtlos herum wie Tierkadaver in der Wüste. Nie war Howard die Hinfälligkeit menschlichen Lebens eindringlicher bewußt geworden.

Ein staubiges Etwas in einer kleinen Mauernische, kaum erkennbar im düsteren Lampenlicht, erregte Carters Aufmerksamkeit. »Haben Sie das gesehen, Mr. Loret?«

Loret trat hinzu. »Was ist das?«

Howard reichte dem Franzosen die Lampe und zog eine Schriftrolle hervor, nicht breiter als eine Handspanne. Aus eigener Erfahrung wußte er, daß Papyri oft brüchig waren und bei der ersten Berührung zu Staub zerfielen. Diese Rolle war in erstaunlich gutem Zustand. »Vielleicht ein Hinweis für die Nachwelt?« Carter reichte Loret die Schriftrolle.

Behutsam versuchte Loret den Paryrus aufzurollen, da begann die Petroleumlampe bedenklich zu flackern. »Wir müssen raus!« rief der Franzose aufgeregt. »Ohne Licht sind wir hier verloren.« Er steckte die Schriftrolle in sein Hemd. Überstürzt machten sich die beiden Männer auf den Rückweg durch den engen Gang.

Vor dem Schacht angelangt, klemmte Carter den Lampenbügel in seinen Gürtel und gab Loret ein Zeichen, er solle als erster den Balanceakt wagen. »Beeilen Sie sich, um Himmels willen!« rief er, als er Lorets Zögern bemerkte, »Sie sehen doch, das Petroleum geht zu Ende.«

Loret tastete sich über den Balken. Der Balken wankte, weil der Franzose die letzten Schritte mit großer Heftigkeit ausgeführt hatte und mit einem Satz auf die rettende Seite gesprungen war.

Wie eine Ewigkeit erschien es Howard, bis der Balken zur Ruhe kam. Dann machte er sich selbst auf den Weg. Etwa auf halber Strecke – Howard zitterte am ganzen Körper – hielt er inne, weil der Balken bedenklich zu schwanken begann. Dabei vollführte er eine unvorsichtige Bewegung. Die Lampe löste sich aus seinem Gürtel und sauste, noch ehe er danach greifen konnte, in die Tiefe. Ein Knall, dann herrschte Dunkelheit.

»Carter!« hörte der Lorets Stimme, »bewahren Sie Ruhe.«

Howard fühlte sich wie gelähmt, unfähig, auch nur einen weiteren Schritt zur Seite zu tun. Das ist das Ende, dachte er. Und seltsamerweise war er überhaupt nicht aufgeregt, obwohl er wußte, daß ein falscher Schritt den Absturz zur Folge haben würde.

»Ganz ruhig!« wiederholte Loret mit sanfter Stimme, und plötzlich flammte von der anderen Seite ein Lichtschein auf, nicht hell genug, um seinen Weg auf dem Balken auszuleuchten, aber immerhin erleichterte der Lichtschein die Orientierung.

»Lassen Sie sich Zeit, Carter!« rief Loret im Flüsterton, »ich habe noch eine ganze Schachtel Streichhölzer.«

In kurzen Abständen entfachte Loret ein Streichholz am anderen, und Carter setzte seinen schwankenden Weg fort. Auf der anderen Seite des Schachtes angelangt, fiel er Loret in die Arme. Howard schluchzte, als die Anspannung sich löste, und es dauerte Minuten, bis er sich beruhigt hatte.

Mitternacht war längst vorüber, als die beiden Männer müde und erschöpft wie Maulwürfe auf allen vieren aus dem Erdloch krochen. Sir Henry wartete geduldig. Loret entzündete sein letztes Streichholz und hielt es über die feuerrote Schachtel. »Lucifer Matches« stand darauf in großen Buchstaben zu lesen. Der Franzose reichte Howard die Schachtel: »Zur Erinnerung, Mr. Carter. Diese Streichhölzer haben Ihnen das Leben gerettet.«

Carter nickte. Er brachte kein Wort hervor.

Ende November wurde Luxor wie in jedem Jahr zum Schauplatz emsiger Geschäftigkeit. Bevor die Schönen und Reichen aus aller Welt anreisten, um hier den milden Winter zu verbringen, wurden die Hotels an der Nilpromenade herausgeputzt, als gelte es, mit den Grand Hotels von Brighton, Deauville und Monte Carlo in Wettstreit zu treten.

Jeden Morgen, wenn Howard den Weg vom schäbigen »Maamura Palace« zur Nilanlegestelle suchte, wo die Fähre auf ihn wartete, warf er einen verstohlenen und bisweilen neidvollen Blick auf all den Pomp und Überfluß, der für einige wenige zelebriert wurde. Nicht, daß er unzufrieden oder verbittert gewesen wäre oder seine Lage beklagt hätte, keinesfalls, aber acht Jahre Ägypten, acht Jahre Dreck, Staub und Steine, acht Jahre ohne einen größeren Erfolg hatten Howard verändert. Er war älter geworden, als es die Zahl seiner Jahre vermuten ließ, dazu nachdenklicher und schweigsamer, ein wenig sonderbar.

Zu behaupten, daß Carter das Alleinsein liebte, wäre übertrieben gewesen. Aber in seinem Leben, das sich nur zwischen seinem Pensionszimmer östlich des Nils und seiner Arbeitsstätte westlich des Flusses abspielte, war kaum Platz für gesellschaftlichen Umgang. Jede freie Stunde nutzte er zum Studium der ägyptischen Geschichte und dem Erlernen der Hieroglyphen, deren Deutung er bald besser beherrschte als die studierten Archäologen. So entschlüsselte er für Loret auch den Papyrus, den er selbst im Grab des Amenophis entdeckt hatte. Demnach waren die dreizehn Königsmumien zur Zeit der 21. Dynastie von Amun-Priestern aus ihren Gräbern geholt und im Grab des zweiten Amenophis versteckt worden.

Howards einzige Verbindung zur Außenwelt war der junge Sayyed. Sayyed war ihm ans Herz gewachsen, durch ihn wußte er alles, was in und um Luxor von Bedeutung war, und meist noch ein bißchen mehr.

Eines Morgens überraschte Sayyed Carter mit der Nachricht, Lady Collingham sei am Abend zuvor eingetroffen und im Hotel »Luxor« abgestiegen.

Howard hatte seit seiner überstürzten Abreise damals nichts mehr von ihr gehört. Auch während seines London-Aufenthaltes war er ihr nicht begegnet. Nun freute er sich, sie wiederzusehen.

»Woher weißt du, daß sie hier ist?« fragte Howard.

Sayyed bildete mit Zeige- und Mittelfinger ein V und zeigte auf seine Augen: »Habe ich die feine Dame doch selbst gesehen!« rief er entrüstet. »Sie kam mit der Eisenbahn. Geht viel schneller als Dampfschiff.«

»Ich hoffe nur, du hast ihr nicht wieder die Handtasche geraubt!« Howard machte ein ernstes Gesicht.

Da legte Sayyed seine rechte Hand auf die Brust und rief: »Carter-Effendi! Was denken Sie von mir. Sayyed würde nie im Leben die Geliebte eines Freundes bestehlen.«

Howard mußte lachen. »Das will ich auch hoffen«, antwortete er. »Aber ganz leer ausgegangen bist du wohl auch nicht, wenn du dich schon zu später Stunde am Bahnhof herumtreibst?«

»Nein, Carter-Effendi!« Sayyed zwinkerte mit dem rechten Auge. »Müssen sich keine Sorgen machen um meinen Lebensunterhalt. Man findet immer etwas.«

Im Gehen fragte Carter: »Sayyed, hast du dich eigentlich schon einmal mit dem Gedanken getragen, einem anständigen Beruf nachzugehen, ich meine, dir den Lebensunterhalt mit deiner Hände Arbeit zu verdienen?«

»Oh, Carter-Effendi«, erwiderte der Junge und rollte mit den Augen, »ein Taschendieb arbeitet *nur* mit den Händen, und Hassan sagt, es ist nicht unrecht, wenn die Armen den Reichen etwas wegnehmen.«

»Ja, wenn Hassan das sagt. Du behauptest also, noch nie einen Armen beklaut zu haben?«

»Noch nie!« beteuerte Sayyed und hob die Hand zum Schwur.

»Aber wie willst du wissen, ob einer arm oder reich ist, mein Freund?«

Da stemmte der Junge die Fäuste in die Hüften und erwiderte: »Carter-Effendi, ein einziger Blick genügt, und Sayyed weiß Bescheid.«

»Die Kleidung kann täuschen!«

»Natürlich.« Sayyed winkte ab. »Die Kleidung eines Menschen sagt überhaupt nichts über sein Vermögen.«

»Also was dann?«

»Ich will es Ihnen sagen, Carter-Effendi. Reiche Leute erkennt man an ihrem Schuhwerk, an nichts anderem.«

Beide blickten an sich herab. Dann musterte Howard Sayyeds Füße, und Sayyed betrachtete die von Carter. »Sehen Sie«, meinte er schließlich, »ein armer Hund wie ich geht barfuß, und ...«

»Ja?«

»Nun ja, wenn ich mir Ihre abgelaufenen Schuhe so ansehe, dann würde ich sagen, von Reichtum kann keine Rede sein, von Armut allerdings auch nicht. Kurz, von so einem wie Carter-Effendi würde ich die Finger lassen.«

»Sehr beruhigend!« stellte Howard fest. »Hoffentlich hat sich deine These auch bei allen Taschendieben herumgesprochen!«

Lachend gingen beide auseinander.

Am Abend tauschte Carter seine Arbeitskleidung gegen einen sauberen Anzug. Er zog sogar seine besten Schuhe an, erstand in der Sharia al-Mahatta einen Strauß Jasmin und begab sich auf direktem Weg zum Hotel »Luxor«, um Lady Collingham seine Aufwartung zu machen.

Carter wollte sich gerade beim Portier nach ihr erkundigen, als er hinter sich eine Stimme vernahm: »Howard, welche Freude, Sie wiederzusehen!«

»Elizabeth!« rief Howard erstaunt und streckte ihr den Blumenstrauß etwas unbeholfen entgegen. »Ich habe von Ihrer Ankunft gehört und bin gleich hierhergeeilt. Sie sehen blendend aus – wenn ich mir die Bemerkung erlauben darf.«

Komplimente waren nicht gerade seine Stärke, und auch jetzt fand Carter die Bemerkung nicht sehr gelungen, und er befürchtete, daß Lady Collingham denselben Eindruck hatte. Jedenfalls ließ sie die Arme, die sie spontan nach ihm ausgestreckt hatte, um ihn zu umarmen, plötzlich sinken und nahm die Blumen entgegen. Und mit einer ausholenden Handbewegung sagte sie: »Howard, darf ich Ihnen meinen Mann vorstellen? Ich glaube, Sie beide kennen sich.«

Wie zur Salzsäule erstarrt blickte Carter ins Leere. Er nahm nur die Umrisse des Mannes wahr, der auf ihn zutrat. Hatte er richtig gehört? – Darf ich Ihnen meinen Mann vorstellen? – Hatte sie nicht gesagt: Ich glaube, Sie beide kennen sich? Erst jetzt musterte Howard die wuchtige Gestalt, die auf ihn zutrat und ihm lachend die Hand entgegenstreckte.

»Spink?« fragte er tonlos, und dabei dehnte er den Namen ungläubig in die Länge.

»Überrascht?« fragte Spink und schlug Carter, weil der ihm die Hand verweigerte, kräftig auf die Schulter.

»Kann man wohl sagen«, murmelte der so leise vor sich hin, daß man es kaum verstand.

Elizabeth war bemüht, die peinliche Situation zu überspielen, und meinte betont heiter: »Robert hat mir von Ihnen erzählt, Howard, und daß Sie nicht gerade Freunde waren. Aber das ist lange her, und ich hoffe, diese Kindereien sind ein für allemal vergessen.«

Spink nickte. Howard schwieg. Ihm wollte einfach nicht in den Kopf, wie Lady Collingham an diesen gräßlichen Spink geraten konnte.

Als hätte sie seine Gedanken erraten, begann Elizabeth: »Sie fragen sich bestimmt, wie wir uns kennengelernt haben? – Kenneth Spink, Roberts Vater, besitzt ein Stadthaus in South Kensington. Wir sind Nachbarn. Als Robert vom Tod meines Mannes hörte, kümmerte er sich rührend um mich. So kam das.«

»Dann darf man ja gratulieren!« meinte Carter verbittert. Ob Elizabeth seine Unversöhnlichkeit heraushörte, vermochte er nicht zu sagen, Spink jedenfalls konnte seine alte Abneigung nicht verbergen. Hinter seinem aufgesetzten Grinsen verbarg sich Haß, purer Haß.

In diesem Augenblick kam Carter der Gedanke, ob es ein Zufall war, daß sein ewiger Feind gerade die Frau geheiratet hatte, die ihm sehr nahe gekommen war. Am liebsten hätte er Elizabeth den Jasminstrauß aus der Hand gerissen und wäre davongelaufen; aber Elizabeth war am allerwenigsten schuld an dieser Situation. Deshalb machte er ein halbwegs freundliches Gesicht und fragte an die Lady gewandt: »Wie lange wollen Sie bleiben?«

Elizabeth warf Spink einen verschmitzten Blick zu und ergriff seine Hand. »Sie wissen vielleicht, daß Robert einen Unfall hatte. Seither leidet er unter dem feuchten englischen Klima. Seine Ärzte meinen, die trockene Luft Ägyptens würde ihm guttun und seine Schmerzen lindern. Robert plant, in Luxor eine Fabrik für Wasserpumpen zu eröffnen. Die Einzelteile liefert sein Vater aus der Fabrik in Swaffham. In Ägypten werden Abertausende Pumpen zur Bewässerung der Felder benötigt. Fürs erste suchen wir ein Haus in Luxor. Sie leben schon lange hier, vielleicht können Sie uns behilflich sein. Robert würde sich sicher erkenntlich zeigen. Nicht wahr, Robert?«

Nicht einen Piaster würde ich von diesem Kerl nehmen, dachte Carter, nicht von diesem Spink! »Mal sehen, was sich machen läßt«, erwiderte Howard nur aus Höflichkeit. Er war sich sicher, daß es nie dazu kommen würde. Denn merkwürdigerweise hatte sogar Elizabeth, für die er bisher große Sympathie empfunden hatte, ganz plötzlich seine Zuneigung verloren.

»Eigentlich wollte Robert schon wieder abreisen«, meinte Elizabeth eher belustigt. »Bei unserer Ankunft gestern abend am Bahnhof wurde ihm nämlich ein größerer Geldbetrag entwendet, den er in einer Seitentasche bei sich trug.«

Howard verschluckte sich und bekam einen Hustenanfall. »Was Sie nicht sagen!« meinte er, scheinbar entrüstet, »die Welt ist doch schlecht, und mir scheint, sie ist nirgends so schlecht wie in Ägypten.«

Bei diesen Worten warf Carter einen Blick auf Spinks dandyhaftes Schuhwerk. In der Tat, er mußte Sayyed recht geben.

Kapitel 20

Für Carter wäre der Verlust Lady Collinghams weniger schmerzhaft gewesen, hätte er sie nicht ausgerechnet an Spink verloren. Elizabeth wäre die geeignete Frau gewesen, ihn auf andere Gedanken zu bringen. Doch Spink hatte seine Hoffnung zerstört. Aber wenn er ehrlich war, mußte er zugeben, daß die Worte, die er damals dem unglückseligen Chambers an den Kopf geworfen hatte, nun auf ihn selbst zutrafen: Eigentlich hatte er Elizabeth nie besessen, folglich hatte Spink sie ihm auch nicht weggenommen.

Derlei Gedanken gingen ihm durch den Kopf, als Carter am folgenden Tag in Der-el-Bahari seine Arbeit aufnahm. Er hatte inzwischen die Aufsicht über annähernd vierhundert Arbeiter, die damit beschäftigt waren, den Felstempel der Hatschepsut von Schutt und Geröll zu befreien.

Um die Mittagszeit, als die Männer ihr Tagwerk einstellten, näherte sich von Kurna her ein Bote auf einem Maultier. Er überbrachte eine Einladung von Mustafa Aga Ayat zum Dinner im »Winter Palace« – mit Damen, wie er ausdrücklich betonte.

Howard sagte zu. Aber ohne Dame, ließ er dem Aga ausrichten. Im übrigen machte er sich Gedanken, welches Ziel Ayat mit der Einladung verfolgte. Denn eines war klar, Mustafa Aga Ayat handelte nie ohne Hintergedanken.

Bevor er sich auf den Heimweg machte, überquerte er auf dem Rücken von Sir Henry das steile Gebirge, das den Hatschepsut-Tempel vom Tal der Könige trennt. Sein Ziel war Lorets Entdeckung, das Amenophis-Grab. Loret hatte sich nach Kairo begeben, um den Abtransport der Mumien in die Wege zu leiten, und Carter gebeten, er möge inzwischen nach dem Rechten sehen.

Vor dem Erdtrichter hielten zwei bewaffnete Männer Wache, die Carter bestürmten, er möge ihnen doch mitteilen, was sie hier mit Waffen verteidigten. Ein Blick in das Innere hätte keinen Aufschluß gebracht, warum Loret ihre Dienste mit fünf Piaster pro Tag entlohnte.

Howard lachte und erwiderte, die fünf Piaster erhielten sie unter anderem dafür, daß sie keine Fragen stellten. Sollten sie jedoch auf einer Antwort bestehen, so würde sich ihr Tageslohn auf zwei Piaster verringern. Darauf drängten sie Carter, sein Wissen für sich zu behalten. Es interessiere sie nicht im geringsten, was Loret dort unten entdeckt habe. Carter könne sich bedenkenlos entfernen.

Im Restaurant des Hotel »Winter Palace«, rechter Hand von der Eingangshalle gelegen, wurde Howard Carter von Mustafa Aga Ayat erwartet. Der Aga befand sich in Begleitung der Tänzerin Leila. Sie trug ein weißes, enganliegendes Kleid nach neuester Mode, das ihre üppigen Formen und ihre olivfarbene Haut betonte. Zweifellos war Leila eine außerordentliche Schönheit.

»Wo haben Sie die schöne englische Lady gelassen?« begrüßte Ayat seinen Gast. »Wie ich hörte, hält sie sich wieder in Luxor auf.«

»Die Lady?« entgegnete Howard schroff. »Die Lady hat sich anderweitig orientiert. Soll sie glücklich werden.«

Der Aga zog amüsiert die Augenbrauen hoch. »So, so«, meinte er, »das klingt nicht gerade so, als ob sie die Wahl der Lady gutheißen?«

»Ganz recht«, rutschte es Carter heraus. Und erklärend fügte er hinzu: »Ich kenne diesen Mann von früher. Wir können uns nun einmal nicht leiden.« Schnell wandte er sich Leila zu: »Ich hoffe, Sie haben mir meine Ungehörigkeit von damals verziehen. Es lag mir fern, Sie zu beleidigen oder gar, Ihnen wehzutun.«

»Längst vergessen!« erwiderte Leila lachend und reichte Howard die Hand.

Carter nahm Platz und ließ den Blick über die feine Gesellschaft schweifen. Seit jenem unglücklichen Vorfall mit Brugsch hatte er das elegante Hotel nicht mehr betreten. Auch Brugsch war lange nicht mehr in Luxor gesehen worden. Von Sayyed wußte er jedoch, daß der Deutsche noch immer die Finger im Spiel hatte, wenn es darum ging, wertvolle Funde außer Landes zu schaffen. Und dabei fiel auch meistens der Name Ayats.

Die Küche im »Winter Palace« wurde von französischen Köchen geführt, zeichnete sich aber ebenso durch arabische Spezialitäten aus. Carter bestellte Gänsefleisch in Melokia-Blättern, Leila und der Aga entschieden sich für gegrilltes Lamm mit einer Füllung aus in Kamelmilch gedünsteten Innereien und einer sauer geronnenen Sauce.

Noch ehe ein Gespräch in Gang kam, näherte sich ein dunkelhäutiger Diener in weißer Galabija und mit einem roten Fes auf dem Kopf und überreichte Ayat eine Nachricht. Es sei dringend, er warte auf Antwort.

Der Aga las und gab dem Boten Bescheid: »Sage dem Mudir, ich komme!«

»Etwas Unangenehmes?« erkundigte sich Carter.

»Das weiß Allah. Der Mudir von Kena ist auf der Durchreise in Luxor eingetroffen. Er erwartet mich auf seinem Schiff. Tut mir leid, Mr. Carter. Sie nehmen es mir doch nicht übel, wenn wir unser Gespräch auf ein andermal verschieben. Aber wenn der Mudir ruft, muß der Aga gehorchen.«

Howard zeigte Verständnis, und Ayat fuhr fort: »Lassen Sie sich deshalb nicht den Abend verderben. Leila wird sich glücklich schätzen, allein mit Ihnen zu speisen. Selbstverständlich sind Sie mein Gast, Mr. Carter. *Inschallah.*«

Und noch ehe Carter etwas erwidern konnte, war Mustafa Aga Ayat verschwunden.

Leila verzog amüsiert das Gesicht. »Es ist Ihnen doch hoffentlich nicht unangenehm?«

»Unangenehm? Ich bitte Sie! Wenn Sie mit meiner Gesellschaft vorliebnehmen wollen. Ich zweifle nur, ob ich der geeignete Gesellschafter bin für eine Frau wie Sie.«

Während vier Ober das Essen servierten, begann Leila plötzlich in englischer Sprache zu reden: »Welche Eigenschaften müßte denn, Ihrer Meinung nach, mein idealer Gesellschafter haben?«

Howard ging auf ihre Frage nicht ein und meinte staunend: »Sie sprechen Englisch?«

»Verwundert Sie das, Mr. Carter? Um Ihre Frage zu beantworten: ja. Und obendrein Französisch und Deutsch. Ich habe eine Höhere-Töchter-Schule in Lausanne besucht.«

Carter brachte vor Verblüffung kein Wort hervor.

»Oder dachten Sie, ich sei Analphabetin? Bauchtänzerinnen können durchaus lesen und schreiben, Mr. Carter. Vielleicht nicht alle; aber Ayat ließ mir eine angemessene Schulbildung zukommen. Als ich acht war, kaufte er mich meinen Eltern ab. Für fünfzig ägyptische Pfund. Das klingt abgeschmackt. Für mich bedeutete es jedoch ein großes Glück. Ich war eines von neunzehn Kindern und würde heute vermutlich betteln oder stehlen gehen, hätte mich der Aga nicht aus meiner Armut herausgeholt. Ein solcher Vorgang entspricht durchaus den Sitten meines Landes. In Lausanne lernte ich alles, was ein Mädchen heute lernen kann. Warum sollte ich Mustafa Ayat nicht ein Leben lang dankbar sein? Er fordert nichts Unmögliches von mir. Ein bißchen Liebe, bisweilen einige gesellschaftliche Verpflichtungen. Im übrigen läßt er mir alle Freiheit. Als Europäer können Sie das wohl nicht verstehen?«

»Doch, doch!« beteuerte Howard, obwohl er Mühe hatte, Leilas Beichte zu begreifen.

»Und Sie? Was verschlägt einen jungen Engländer nach Luxor? Ohne Ihnen zu nahe treten zu wollen, Mr. Carter, den glücklichsten Eindruck machen Sie nicht gerade.«

Howard erschrak, er fühlte sich durchschaut. Beinahe schämte er sich. Sollte er zugeben, daß Leila recht hatte?

»Ach wissen Sie«, begann er, und dabei sah er ihr zum ersten Mal in die großen dunklen Augen, »alle Ausgräber, die sich hier längere Zeit aufhalten, haben irgendwie einen Tick. Sie suchen vordergründig nach Schätzen aus der Vergangenheit, aber in Wahrheit suchen sie nur sich selbst. Ich bin da keine Ausnahme.«

»Keine unbedeutende Erkenntnis«, entgegnete Leila und neigte den Kopf anerkennend zur Seite. »Könnte es sein, daß Sie vor irgend etwas davonlaufen, Mr. Carter?«

Allmählich wurde Howard die kluge Tänzerin unheimlich. Er sah keinen Anlaß, ihre Vermutung abzustreiten, und erwiderte: »Ja, eine unglückliche Liebe war der eigentliche Grund für mich, Ausgräber zu werden. Aber das ist bereits lange her. Ich will nicht mehr darüber reden.«

Über Leilas Gesicht huschte ein Lächeln. »Dachte ich's mir doch.

Es gibt Menschen, denen steht ihre Vergangenheit ins Gesicht geschrieben. Ich glaube, Sie sind so ein Mensch, Mr. Carter.«

Howard nickte beeindruckt. Leila gefiel ihm, sie gefiel ihm sogar sehr.

Als sich der Aga nach über zwei Stunden, in denen Howard mit der Tänzerin ein angeregtes Gespräch führte, noch immer nicht zurückgemeldet hatte, bat Leila, Howard möge sie nach Hause bringen.

Obwohl es spät war, warteten vor dem Hotel »Winter Palace« noch mehrere Droschken, beleuchtet mit zischenden Karbidlampen. Vom Nil zog ein kühler Luftstrom herauf, und Leila schmiegte sich wie selbstverständlich an ihren Begleiter: »Es macht Ihnen doch nichts aus, Mr. Carter?«

»O nein, ganz im Gegenteil«, hörte sich Howard sagen, und er wunderte sich selbst über seinen Mut. Immerhin war Leila die Geliebte des Agas, und die Hälfte aller Männer in Luxor verehrte sie beinahe wie eine Heilige.

»Al-Bahr an-Nil 160«, beschied Leila den Droschkenkutscher, der daraufhin seinem Schimmel die Zügel gab und auf der Nilpromenade in Richtung Norden fuhr.

»Eine vornehme Adresse«, bemerkte Carter mit einer gewissen Bewunderung. Und als sie vor dem Haus, einer in einem üppigen Garten gelegenen, zweistöckigen Villa mit einem Säulenportal in der Mitte und hohen, mit Jalousien bewehrten Fenstern zu beiden Seiten, ankamen, fragte er ehrlich und ohne Ironie: »Ist das etwa ein Geschenk des Agas?«

Leila verdrehte kokett die Augen. »Mr. Carter, Sie stellen vielleicht Fragen!«

»Verzeihen Sie, Leila, ich wollte nicht indiskret sein. Ich dachte nur, wo Sie doch die Großzügigkeit des Agas lobten ...«

»Nein«, erwiderte die Tänzerin, »das hätte selbst die Verhältnisse von Mustafa Aga Ayat über Gebühr beansprucht. Aber das Haus ist in der Tat ein Geschenk, ein Geschenk des Khediven Taufik Pascha.«

»Des Vizekönigs von Ägypten?«

»So ist es. Taufik Pascha war sehr großzügig. Wem es gelang, seine Gunst zu erringen, den überhäufte er mit Geschenken, und dabei versuchte er stets, seinen Vater Ismail Pascha zu übertrumpfen, von dem man sich unglaubliche Dinge erzählte. Bekam er Besuch aus Europa, so ließ er seine Gäste auf luxuriösen Schiffen nach Hause bringen. Das Schiff durften die Besucher selbstverständlich behalten. Als Taufik Pascha, sein ältester Sohn, vor zehn Jahren in Kairo ein großes Fest gab, da lud er tausend Gäste in einen Palast auf der Nilinsel Gesira. Ich war geladen, einen Schleiertanz aufzuführen – übrigens war ich nicht die einzige. Aber mein Tanz gefiel dem Khediven so gut, daß er mich mit diesem Haus, in dem er früher manchmal den Sommer verbrachte, belohnte.«

Stumm und als wäre er taub, saß der Kutscher auf seinem Bock. Nur der Schimmel scharrte unruhig mit den Hufen, als wollte er die Fahrgäste ermahnen, ihr Gespräch woanders fortzusetzen. Im Hauseingang, der von zwei riesigen Kandelabern elektrisch beleuchtet wurde, warteten zwei weißgekleidete Diener. Die Fenster der Villa strahlten hell.

Leila fing Howards bewundernden Blick auf und sagte: »Wenn Sie wollen, zeige ich Ihnen gerne das Haus.« Dabei ergriff sie seine Hand und drückte sie gegen ihre Wange.

Howard wurde von wohliger Unruhe erfaßt. Leilas Einladung schmeichelte ihm. Dennoch zögerte er keinen Augenblick, sie abzulehnen, und erwiderte: »Das ist sehr zuvorkommend, Madam, aber ich glaube, es ist schon spät heute. Wenn Sie erlauben, würde ich gerne Ihrer Einladung ein andermal Folge leisten.«

Da zog die schöne Tänzerin ihre Hand zurück, als hätte sie sich verbrannt, und mit niedergeschlagenen Augen meinte sie: »Sie haben recht, Mr. Carter, Sie hatten sicher einen anstrengenden Tag. Wo wohnen *Sie* eigentlich?«

Im Anblick der feudalen Villa wurde Carter verlegen. Er hatte Hemmungen, seine Adresse preiszugeben. Schließlich lag die Pension mit dem wohlklingenden Namen nicht gerade in der vornehmsten Gegend; um der Wahrheit die Ehre zu geben, in den Seitenstraßen nahe dem Bahnhof hausten nur jene, die auf der Schattenseite des Lebens standen. Und so antwortete Howard: »Das möchte ich lieber verschweigen, bevor Sie einen falschen Eindruck von mir gewinnen.«

Mit einem flüchtigen Kuß auf die Wange verabschiedete sich Leila.

Wie auf ein geheimes Kommando sprangen die Diener hinzu und geleiteten sie ins Haus.

Für einen Augenblick tat es Carter leid, Leilas Einladung ausgeschlagen zu haben, doch dann gab er dem stummen Kutscher den Befehl: »Sharia al-Mahatta!«

Am Morgen des folgenden Tages kehrte Victor Loret aus Kairo zurück, und sein erster Weg führte ihn ins Tal der Könige. Schon von weitem wurde er von Unruhe erfaßt, weil die Wächter vor dem Amenophis-Grab verschwunden waren.

Loret fand sie gefesselt und geknebelt im Innern des Grabes, und die Männer berichteten, sie seien am Vorabend überfallen und betäubt worden, im übrigen könnten sie sich an nichts erinnern.

Bei näherer Betrachtung des Grabes wurden Lorets schlimmste Befürchtungen bestätigt: Unbekannte Räuber hatten die Mumie Amenophis' II. aus dem Sarkophag geholt und abtransportiert. Dabei hatten sie Leitern über den Schacht gelegt und so ihre Beute über den Abgrund gezogen.

Loret ließ Carter rufen. Dabei kam es zwischen beiden zu einer heftigen Auseinandersetzung, in deren Verlauf der Franzose Carter beschuldigte, das Grab und seinen kostbaren Inhalt verraten zu haben. Ein Wort gab das andere, und es hätte nicht viel gefehlt, und die beiden Männer wären aufeinander losgegangen.

Nachdem beider Gemüter sich einigermaßen beruhigt hatten, fand Loret sogar Worte der Entschuldigung. Und auch Carter bedauerte, ausgerechnet an dem Abend, als sich der Raub ereignete, im Hotel »Winter Palace« gewesen zu sein.

»Meine Wut ist nicht geringer als die Ihre«, bemerkte Carter, »und Sie können sicher sein, daß ich niemandem gegenüber eine Bemerkung gemacht habe.«

»Das waren Gangster, die ihr Handwerk verstehen«, erwiderte Loret, »sie haben die übrigen Königsmumien unberührt gelassen, weil sie sahen, daß diese weder Schmuck noch andere Pretiosen an sich trugen.«

»Haben Sie schon einmal daran gedacht, daß die Wächter mit den Räubern unter einer Decke stecken könnten?«

»Mr. Carter!« entrüstete sich Loret, »ich habe die beiden Männer gefesselt und geknebelt aufgefunden.«

Howard lachte gequält. »Das hat nichts zu bedeuten, Mr. Loret, »für ein sattes Bakschisch lassen diese Leute viel mit sich machen. Und naiv, wie sie sind, glauben sie, dadurch jeden Verdacht von sich zu lenken.«

Loret wurde nachdenklich. Dieser Carter war ein schlauer Fuchs, und vermutlich kannte er die ägyptische Seele besser als jeder andere Europäer. »Ich kann nicht einmal die Polizei einschalten«, klagte der Franzose, »jedenfalls nicht heute; denn dann weiß man in ganz Oberägypten, daß hier doch dreizehn Königsmumien zu finden sind. Ich kann den Fall erst zur Anzeige bringen, wenn die Mumien auf ein Schiff gebracht und nach Kairo unterwegs sind.«

»Wann kann das sein?«

»Ich habe ein Dampfschiff gechartert. Es wird frühestens morgen abend eintreffen.« Loret machte einen niedergeschlagenen Eindruck.

»Vielleicht kann ich Ihnen helfen«, bemerkte Carter und blickte um sich, als hielte er Ausschau nach einem Verbündeten.

»Wie soll ich das verstehen?«

»Ich will mich nicht aufdrängen«, entgegnete Howard, »aber ich lebe nun schon ein paar Jahre in dieser Gegend. Und das bringt es so mit sich, daß man auch zwielichtigen Gestalten begegnet. Was ich sagen will: Ich habe durchaus Kontakte zu Leuten, für die wir Archäologen ausgemachte Feinde sind.«

Loret zog die Augenbrauen hoch, aber in seinem Gesichtsausdruck lag Bewunderung.

»Wenn Sie wollen«, fuhr Carter fort, »kann ich meine Verbindungen spielen lassen. Es müßte doch mit dem Teufel zugehen, wenn wir den Grabräubern nicht auf die Spur kämen. Die einzige Frage, die ich Ihnen stellen muß, ist die: Was ist Ihnen die Sache wert, Mr. Loret?«

»Wie bitte?« Loret schien ziemlich entsetzt, und Howard mußte ihn beschwichtigen.

»Wissen Sie, in diesen Kreisen kann man ohne Bakschisch kaum etwas ausrichten. Es gibt Kerle, die lungern herum und leben letztendlich von dem, was sie irgendwo aufschnappen. Und das bedeutet, Sie müssen für jede Information zahlen.«

»Ich verstehe.« Loret fuchtelte wild in der Luft herum. »Mr. Carter, sehen Sie zu, daß Amenophis wiedergefunden wird. Ich bin bereit, dafür jeden Preis zu zahlen.«

Carters erster Weg führte ihn zu Sayyed. Er wohnte mit sieben Brüdern nahe der Polizeistation, in einer Gegend, die von Ausländern gemieden wurde. Alle Brüder Sayyeds lebten von kleinen Diebereien und gelegentlichen Aufträgen und nicht selten davon, daß sie mehr wußten als andere.

Von dem Mumien-Raub hatte Sayyed noch nichts gehört, jedenfalls behauptete er das mit treuherzigem Augenaufschlag – Carter mußte ihm glauben. Ein älterer Bruder Sayyeds wußte jedoch zu berichten, in der Nacht zuvor habe ein geheimnisvoller Schiffstransport stattgefunden. Mehr wisse er auch nicht.

Als Howard eine Prämie von zehn britischen Pfund in Aussicht stellte, falls es gelänge, den Aufenthaltsort des geraubten Pharaos zu ermitteln, erhellten sich die Mienen der anwesenden Brüder Sayyeds und ebenso ihr Erinnerungsvermögen. Der Jüngste, ein Zwerg mit wachem Blick, aber körperlich zurückgeblieben, hatte, so beteuerte er, wenig später Ahmed Abd-er-Rassul aus dem Hotel »Luxor« kommen sehen, von wo er sich ins »Winter Palace« begeben habe. Er wolle jedoch nicht behaupten, daß diese Beobachtung in Zusammenhang mit dem Mumien-Raub stehe.

»Und wie lange kann es dauern, bis du eine Spur gefunden hast?« fragte Carter an Sayyed gewandt.

Der musterte jeden einzelnen von seinen Brüdern, und während er die Schultern hob und seine Handflächen nach außen kehrte, erwiderte er: »Das weiß nur Allah; aber Allah ist auf unserer Seite, und Allah wird nicht zulassen, daß es lange dauert.«

Tatsächlich meldete Sayyed schon am Abend desselben Tages einen ersten Erfolg. Ahmed Abd-er-Rassul und Mustafa Aga Ayat hätten sich im Hotel »Luxor« verabredet, und der Treffpunkt sei kein Zufall. Denn in der Nacht zuvor sei die geheimnisvolle Schiffsladung in dieses Hotel gebracht worden.

Von Sayyed stammte die Idee, Ayat und Abd-er-Rassul vor dem Hotel aufzulauern und ihren Weg zu verfolgen. Also mieteten sie eine

Droschke und gaben dem verblüfften Kutscher die Order, sich nicht vom Fleck zu rühren.

Nach einer knappen Stunde wurde ihr Warten belohnt. Ayat und Abd-er-Rassul näherten sich aus verschiedenen Richtungen, sie wurden erwartet. Der Mann, der ihnen entgegentrat, war zumindest Howard kein Unbekannter: Robert Spink.

»Ein Engländer!« flüsterte Sayyed Carter zu. »Er wohnt seit kurzem in diesem Hotel.«

»Ich kenne ihn nur zu gut«, erwiderte Howard. »Wo er auftaucht, gibt es Ärger.«

Die drei Männer verschwanden im Hoteleingang, und Carter machte Anstalten, ihnen zu folgen.

Sayyed hielt Howard zurück: »Bleiben Sie, Carter-Effendi. Sie würden nur auffallen.«

»Ich will wissen, was da abläuft«, wehrte sich Carter, »ich muß da hinein!«

»Keine Bange!« Sayyed nickte Howard zu wie ein Vater, der seinem Sohn erklärt, er brauche sich um seine Zukunft keine Sorgen zu machen. »In der Hotelhalle wartet mein ältester Bruder Anis, und im Park hält sich Ali versteckt, unser Jüngster. Keine Bange, den beiden entgeht nichts.«

»Du bist ein Teufelskerl!« bemerkte Carter anerkennend.

Da zuckte Sayyed zusammen wie unter einem Peitschenhieb, und er rief leise: »Carter-Effendi, das dürfen Sie nicht sagen, Iblis, der Name des Teufels, ist das schlimmste Wort in unserer Sprache. Sagen Sie lieber, ich bin ein Kerl Allahs. Das bedeutet viel Anerkennung für Sayyed.«

»Also gut, Sayyed, du bist wirklich ein Kerl Allahs.«

In diesem Augenblick trat Anis aus dem Hoteleingang und hielt nach Sayyed und Carter Ausschau. Als er sie in der Kutsche entdeckte, gab er ihnen ein Zeichen, ihm zu folgen. Ohne ein Wort zu verlieren, durchquerten sie die Hotelhalle, in der sich um die frühe Abendstunde viele Menschen drängten, so daß ihr Erscheinen nicht weiter auffiel, und begaben sich zum rückwärtigen Ausgang, der in den Park führte.

Es dauerte eine Weile, bis ihre Augen sich an die Dunkelheit gewöhnt hatten. Plötzlich stand Ali vor ihnen, der Zwerg, und fuchtelte mit seinen kurzen Armen herum, sie sollten ihm folgen. Er schien sehr aufgeregt.

Einer nach dem anderen durchquerten die Männer den dichtbewachsenen, finsteren Park, bis Ali vor einer Art Gartenhaus haltmachte. Das klotzige, ebenerdige Gebäude maß kaum mehr als zehn Schritte im Quadrat und hatte keine Fenster. Nur durch die wuchtige Türe, deren Oberseite verglast war, fiel ein matter Lichtschein. Aus dem Inneren drangen leise Stimmen.

Sayyeds ältester Bruder Anis stellte sich mit dem Rücken gegen die Türe, formte mit den Händen einen Steigbügel und bedeutete Howard aufzusteigen. Der zögerte nicht lange, schwang sich in die Höhe und spähte in das Innere des Gartenhauses. Was er sah, verschlug ihm die Sprache.

Der enge Raum war angefüllt mit Ausgrabungen und kostbaren Funden. Übereinandergestapelt lagen Kunstschätze erlesenster Art, goldene Geschirre, Statuen und Schreine, Kanopenkrüge, Relieftafeln und Malereien, und in der Mitte des Raumes eine Mumie. Darüber gebeugt Mustafa Aga Ayat, Ahmed Abd-er-Rassul und – Robert Spink. Ahmed ging gerade daran, mit Hilfe eines Messers die Bandagen der Mumie aufzuschneiden.

Carter war fassungslos. Als er wieder festen Boden unter den Füßen hatte, sagte er zu Sayyed: »Wir müssen schnell handeln, bevor es zu spät ist. Du verständigst den Polizeivorsteher Hamdi-Bey. Ich laufe zu Loret.« Und an die beiden Brüder gewandt: »Und Ihr laßt das Gebäude nicht aus den Augen.«

Doch noch ehe jeder seinen Weg genommen hatte, geschah das Unerwartete. Der tolpatschige Zwerg Ali stolperte in der Dunkelheit über eine Baumwurzel und stürzte mit einem Aufschrei zu Boden. Aufgeschreckt durch den Lärm, verließen die drei Räuber das Gartenhaus und suchten hastig das Weite.

Noch in derselben Nacht wurde der Garten des Hotel »Luxor« von Polizisten umstellt. Und im Morgengrauen gingen Carter und Loret daran, die gehorteten Schätze zu sichten.

»Mein Gott«, stammelte Loret beim Anblick der Mumie, »Sie sind gerade im richtigen Augenblick aufgetaucht, Mr. Carter. Ein paar Minuten später, und die Bandagierung des Pharaos wäre zerstört gewesen.

Gratuliere, Mr. Carter, Sie haben der Wisssenschaft einen unschätzbaren Dienst erwiesen.«

»Für einen Ausgräber, der mit Leib und Seele bei der Sache ist, eine Selbstverständlichkeit!« spielte Howard die Angelegenheit herunter. »Im übrigen müssen Sie sich bei meinen Freunden bedanken. Sie haben mich auf die richtige Fährte gebracht. Wo sind sie eigentlich?«

Carter hielt nach Sayyed und seinen Brüdern Ausschau. Aber wie es schien, hatte sie das massierte Auftreten der Polizei irritiert, und sie hatten sich ohne Aufsehen aus dem Staub gemacht.

»Sie haben beste Kontakte zur einheimischen Bevölkerung«, bemerkte Loret anerkennend, während sie die aufgehäuften Schätze sichteten und jeden einzelnen Gegenstand aufzeichneten. »Das kann, wie man sieht, von größerem Nutzen sein als ein kostspieliger Forschungsauftrag einer Universität.«

»Wenn ich mir all die Schätze betrachte, die uns hier in die Hände gefallen sind«, erwiderte Carter, »kann ich Ihnen nur recht geben, Mr. Loret. Vermutlich hätten zehn Ausgräber in zehn Jahren nicht soviel entdeckt.«

»Stellt sich die Frage: Wer steckt hinter diesen dunklen Geschäften? Wer sind die Hehler, in deren Auftrag die Grabräuber unterwegs sind?«

Carter wiegte den Kopf hin und her. »Zwei sind seit Jahren bekannt, aber es ist schwer, beinahe unmöglich, ihnen beizukommen, weil Zeugen, die ihre Namen preisgeben, sich um ihre beste Einnahmequelle brächten. Der Dritte ist mir auch kein Unbekannter.«

»Sie kennen sie?«

»Jeder kennt sie. Es sind Mustafa Aga Ayat und Ahmed Abd-er-Rassul.«

»Jener Mustafa, der schon das erste Mumienversteck entdeckt hat, und der Konsul?«

»Genau diese.«

»Und der Dritte?«

»Er ist neu in dem Gewerbe, aber nicht weniger skrupellos als die beiden anderen. Sein Name ist Robert Spink, ein Engländer, und er ist gerade dabei, sich in Luxor niederzulassen.«

Loret sah Carter staunend an. »Woher wissen Sie das alles?«

Howard lachte säuerlich und deutete auf die Glasscheibe am oberen Rand der Tür. »Ich habe die Kerle mit eigenen Augen gesehen. Und was den Engländer betrifft, den kenne ich seit Jahren. Spink ist für jede Schurkerei zu haben.«

Carter und Loret brauchten zwei volle Tage, bis sie das Schatzhaus im Garten des Hotel »Luxor« ausgeräumt und unter Polizeibewachung auf ein Dampfschiff transportiert hatten. Neben der Mumie Amenophis' II. wurden auch die übrigen dreizehn Pharaonenmumien auf das Schiff geschafft.

Am Abend, bevor der Dampfer in Richtung Kairo ablegte, nahm Victor Loret Carter beiseite: »Sie sind ein fähiger Mann, Mr. Carter. Ich glaube, Sie könnten hier in Luxor der Altertumswissenschaft von allergrößtem Nutzen sein, wenn Sie eine neue Aufgabe übernähmen.«

Howard machte eine abwehrende Handbewegung. »Ihr Urteil freut mich, Mr. Loret, aber ich betrachte meine derzeitige Aufgabe als durchaus lohnend. Ich arbeite als Assistent von Dr. Naville für den *Egypt Exploration Fund*, und in dieser Zeit habe ich viel Wissen erworben und meinen Beruf schätzen gelernt. Danke, Mr. Loret.«

Der Franzose schüttelte wissend den Kopf. »Nun hören Sie sich doch erst einmal an, was ich Ihnen zu sagen habe. Ich biete Ihnen den Posten des Inspektors für die Denkmäler in Oberägypten und Nubien an. Das heißt, Sie erhalten alle Vollmachten und die Oberaufsicht über alle Ausgräber in diesem Gebiet. Und das bedeutet: auch Naville ist Ihnen damit unterstellt.«

Carter glaubte zu träumen. Er brauchte eine Weile, bis sich die Tragweite von Lorets Angebot in seinem Gehirn festsetzte. Schließlich erwiderte er zögernd: »Ich, warum gerade ich?«

»Weil ich Sie, und nur Sie, Mr. Carter, für den richtigen Mann auf diesem Posten halte. Ich biete Ihnen – sagen wir – fünfhundert Pfund im Jahr. Also?«

Howard schluckte. Das war das Zehnfache seines Anfangsgehalts.

Die Schiffsglocke, das Signal zum Ablegen, ertönte.

»Also?« wiederholte Loret und streckte Howard seine Hand entgegen. »Ich verstehe Ihr Zögern nicht. Es gibt keinen vernünftigen Grund, mein Angebot abzulehnen.«

Bist du nicht viel zu jung für diese Aufgabe? schoß es Carter durch den Kopf. Kannst du den Anforderungen überhaupt gerecht werden? Da hörte er eine innere Stimme: Tu es! Oder willst du ewig vor einer wichtigen Entscheidung davonlaufen?

Von der Brücke hörte man eine Stimme: »Mr. Loret, wir legen ab!« Der stand noch immer mit ausgestreckter Hand und fragendem Blick vor Carter.

»Einverstanden!« Howard ergriff Lorets Hand. »Ich hoffe, ich werde Sie nicht enttäuschen.«

Loret klopfte Carter auf die Schulter. »Ich habe nichts anderes von Ihnen erwartet. Sie werden von mir hören, sobald ich in Kairo bin.«

Zeitungen in aller Welt berichteten von dem spektakulären Mumienfund im Tal der Könige und von Carters Entdeckung im Gartenhaus des »Luxor«-Hotels. Vor allem in Amerika machte die Geschichte Schlagzeilen. Ganze Schiffsladungen von Neugierigen aus der Neuen Welt gingen in Alexandria von Bord und fragten nach Carter und seinen Pharaonenschätzen. Enttäuschung machte sich breit, wenn sie erfuhren, daß sich diese Geschichte 700 Kilometer weiter südlich abgespielt hatte.

Alle Hotels in Luxor waren ausgebucht wie nie zuvor. Auf der Suche nach Pharaonenschätzen pilgerten Tausende ins Tal der Könige, ausgerüstet mit Schäufelchen und Sandsieb. Sogar in der Nacht kam das Tal nicht zur Ruhe. Wie Glühwürmchen im Mai bewegten sich Abenteurer mit ihren Laternen über die Sanddünen.

Carter hatte ein einsames, unscheinbares Häuschen zwischen den Dörfern Dra abu el-Naga und el-Tarif bezogen. Als oberster Hüter der Denkmäler diesseits und jenseits des Nils stieß er auf Anerkennung und Bewunderung, aber auch auf Ablehnung, ja sogar Verachtung. Selbst Naville wechselte mit ihm kein Wort mehr, weil er seine Assistentenstelle Hals über Kopf im Stich gelassen hatte. Und der *Egypt Exploration Fund* in London ließ wissen, er, Carter, brauche sich nie wieder um eine Stelle zu bemühen.

Das war auch nicht nötig; denn als Inspektor der Altertümerverwaltung vergab *er* jetzt Arbeitsplätze. Ihm unterstand sogar eine bewaffnete Truppe, welche die Ausgrabungen und Gräber im Tal der Könige bewachte, und er selbst machte es sich zur Gewohnheit, seine Kontrollgänge nie ohne ein zweiläufiges Gewehr arabischer Herkunft zu absolvieren. Nicht nur deshalb war Carter bei den Fellachen gefürchtet. Wo sie sich früher sicher fühlen konnten und bei Nacht ihren Raubgrabungen nachgingen, tauchte der neue Inspektor mit seiner Truppe auf, an den unmöglichsten Orten und zu Zeiten, wo ihn niemand erwartete. Die illegalen Grabungen kamen deshalb jäh zum Erliegen, und die Bewohner von el-Kurna, die in der Hauptsache von dunklen Geschäften lebten, waren auf einen Schlag ohne Arbeit und Brot.

Kein Wunder also, daß Howard bei seinen Nachforschungen im Zusammenhang mit dem Schatzhaus im Garten des Hotel »Luxor« auf eine Mauer des Schweigens stieß. Der Manager des Hotels, ein gebildeter Ägypter, schwor beim Barte des Propheten, in dem Gartenhaus hätte sich nie etwas anderes als Tische und Stühle befunden. Und Mustafa Aga Ayat wollte mit der Geschichte überhaupt nichts zu tun haben. Zur fraglichen Zeit habe er sich beim Mudir von Kena aufgehalten – was dieser schriftlich bezeugte. Zwei Engländer aus Liverpool, mit denen Spink in geschäftlicher Verbindung stand, nahmen auf ihren Eid, zusammen mit Robert Spink in Kairo gewesen zu sein. Zur Untermauerung ihrer Behauptung legten sie drei Eisenbahn-Fahrkarten vor.

Carter stand ziemlich allein da.

An einem der letzten Septembertage – es war heiß und stickig, und seit Februar war kein Tropfen Regen vom Himmel gefallen –, an einem dieser schweißtreibenden Tage, deren Ende man herbeisehnt wie eine Erlösung, fuhr Mustafa Aga Ayat in einer Droschke auf der Uferpromenade nordwärts. Die Sonne stand bereits tief und warf lange Schatten.

Was den Vorgang bemerkenswert erscheinen ließ, war die Tatsache, daß der Aga eine Droschke benutzte, obwohl mehrere Phaetons und Doppelphaetons in seiner Remise standen. Für Sayyed Anlaß genug, den um seine Tarnung besorgten Aga zu verfolgen. Barfuß und in gebührendem Abstand rannte Sayyed hinter der Kutsche her, und als die Droschke endlich vor dem großen Tempel von Karnak haltmachte, war er schweißüberströmt, und seine Galabija klebte ihm an den Schenkeln.

Sayyed war klar, daß ein Mann wie Ayat die Tempelanlagen von Karnak nicht aufsuchte, um die Architektur der alten Ägypter zu studieren. Wenn sich der Aga so unauffällig wie möglich nach Karnak begab, dann hatte das einen zweifelhaften Grund. Mit dem ihm eigenen sechsten Sinn verfolgte Sayyed Mustafa bis zum ersten Pylon, vorbei an den Widdersphingen bis zum zweiten Pylon, wo dem Aga plötzlich, aber wohl nicht unerwartet, der alte Ahmed Abd-er-Rassul entgegentrat. Gemeinsam verschwanden sie in Richtung des großen Säulensaales, einem steinernen Wald aus 134 gewaltigen Säulen, die größten 24 Meter hoch und zehn Meter im Umfang, furchterregend in ihrer Monumentalität, als hätten einst Riesen hier gehaust oder menschenfeindliche Ungeheuer. Heiteres Vogelgezwitscher wollte so gar nicht in die bedrückende Atmosphäre passen. Im übrigen herrschte atemlose Stille, so daß man beinahe jedes Wort verstehen konnte, das die Männer im Flüsterton redeten.

Sayyed pirschte sich so nahe an die beiden heran, daß sie nur noch zwei Säulenreihen trennten.

»Dieser Mann hat uns um ein Vermögen gebracht«, hörte er den Aga sagen, »mich, dich und deine Leute. Und wenn er so weitermacht, wird er uns noch um alle unsere Einnahmen bringen. Er muß weg, dieser Carter muß weg. Wir müssen ihn töten.«

»Gewiß, verehrungswürdiger Aga«, erwiderte Ahmed, »ich und meine Leute haben einen sicheren Plan gefaßt. Seht her.«

Sayyed beobachtete, wie Ahmed Abd-er-Rassul ein mehrfach gefaltetes Papier aus seiner dunklen Galabija holte und vor Ayat ausbreitete. Gerade in diesem Augenblick näherte sich vom Eingang her eine Gruppe Engländer im Schlepp eines Fremdenführers, der seinen Landsleuten die Bedeutung der Tempelanlage lautstark und in allen Einzelheiten nahebrachte. Sayyed hatte Schwierigkeiten, das Flüstern von Ayat und Abd-er-Rassul zu verstehen. Ratlos mußte er zusehen, wie der alte Ahmed die Arme gen Himmel streckte und mit dem rechten Zeigefinger seltsame Zeichen in die Luft malte. Was führten die beiden Männer im Schilde?

Noch am selben Abend begab sich Sayyed zum anderen Nilufer und suchte Carter in seinem Haus bei Dra abu el-Naga auf. Carter sah ihn schon von weitem kommen. Er hatte an der Rückseite seines Hauses eine Art Hochstand gebaut. Dort saß er, wenn die Dämmerung über die Wüste hereinbrach, mit einem Fernrohr und seiner Flinte bewaffnet und hielt Ausschau nach finsteren Gestalten, die sich auf dem Weg zum Tal der Könige oder nach Kurna näherten.

»Carter-Effendi«, rief Sayyed, »Sie müssen sich in acht nehmen, »Ayat will Sie töten!«

Auf Howard wirkte die Mitteilung Sayyeds eher belustigend. Lachend kletterte er von seinem Hochsitz und fragte: »Hast du Durst, mein Freund, willst du etwas trinken?« Dann machte er Anstalten, in seinem Haus zu verschwinden.

Sayyed stellte sich ihm aufgebracht in den Weg: »Carter-Effendi, der Aga Ayat hat mit Ahmed Abd-er-Rassul den Plan gefaßt, Sie umzubringen. Ich schwöre bei Allah, ich habe es mit eigenen Ohren gehört!«

Carter hielt inne und sah den Jungen an: »Was hast du gehört?«

»Wie Mustafa Ayat zu Abd-er-Rassul sagte: Carter muß weg. Wir müssen ihn töten.«

»Wann war das? Und wo?«

»Vor zwei Stunden, Carter-Effendi, im Tempel von Karnak.«

»Im Tempel von Karnak?« Die Ortsangabe machte Howard nachdenklich. »Was treibt die Kerle nach Karnak?«

»Ich weiß es nicht, Carter-Effendi, aber ich habe gesehen, daß Ahmed Abd-er-Rassul vor Ayat einen Plan ausgebreitet hat. Leider wurde ich gestört und konnte nicht hören, worum es dabei ging. Sie müssen vorsichtig sein, Carter-Effendi.«

Howard hielt sein Gewehr in die Luft und rief: »Ich werde mich meiner Haut zu wehren wissen, keine Sorge. Hat dich jemand gesehen? Ich meine, wäre es denkbar, daß Mustafa und Ahmed dir nur etwas vorgegaukelt haben in der Hoffnung, du würdest mir davon berichten, daß sie mir einfach nur Angst machen und mich von meinem Posten vertreiben wollen?«

»Unmöglich, Carter-Effendi, mich hat niemand bemerkt.«

»Gut«, erwiderte Howard, »dann sieh zu, daß du jetzt unbemerkt nach Hause kommst. Morgen werde ich in Karnak nach dem Rechten sehen.«

Während Sayyed sich im Laufschritt entfernte, erklomm Carter erneut seinen Beobachtungsposten. Längst war die Sonne hinter der Bergkette verschwunden. Über dem Niltal breitete sich Dunkelheit aus. Howard blickte zum Himmel, wo im Westen die Venus auftauchte und ein unruhiges, gleißendes Licht verbreitete.

Für gewöhnlich begann Carters Tag morgens um halb fünf. Jetzt im Herbst sattelte Howard Sir Henry noch in der Dunkelheit und ritt hinüber nach Medinet Habu, nach Der el-Medine oder ins Tal der Könige, um nach dem Rechten zu sehen. Meist hinterließ er an einem Säulenstumpf oder am Mauerwerk, das aus dem Sand ragte, eine Nachricht für die Ausgräber, die erst eine Stunde später am Einsatzort eintrafen. Auf diese Weise schien Howard Carter allgegenwärtig, und auch dies trug nicht gerade zu seiner Beliebtheit bei.

Über fünf Stunden war Howard schon auf den Beinen, als er gegen zehn den Nil überquerte. Dazu benutzte er die Dahabija der Altertümerverwaltung, die ihm samt zweiköpfiger Besatzung zur Verfügung stand.

Er wollte gerade eine Droschke besteigen, um sich nach Karnak zu begeben, als neben ihm ein zweispänniges Landaulet anhielt. In der Kutsche saß Leila, wie eine Europäerin gekleidet, in einem langen, engen Rock und einer dünnen Seidenbluse, das dunkle Haar zu einem langen Zopf geflochten.

»Wohin des Wegs zu so früher Stunde?« fragte Leila lachend und rutschte, um näherzukommen, auf die andere Seite der Sitzbank.

»Nach Karnak«, brummte Carter unwillig und schulterte sein Gewehr.

»Und um dorthin zu gelangen, brauchen Sie so ein Schießeisen?«

»Allerdings«, erwiderte er knapp. Carters Zurückhaltung war nicht unbegründet. Zwar gefiel ihm Leila über alle Maßen gut. Ihre aufregende Figur, die geschmeidigen Bewegungen und das Feuer ihrer Augen waren geeignet, jeden Mann zu verwirren. Aber seit ihrer letzten Begegnung hatte sich viel ereignet. Bei aller gegenseitigen Sympathie beschäftigte Howard die Frage, ob Leila von Ayat nicht auf ihn angesetzt worden war, um ihn von seiner Aufsehertätigkeit abzuhalten.

Leila neigte den Kopf zur Seite. »Was haben Sie, Mr. Carter, wir hatten doch erst neulich so einen schönen Abend?«

Howard ging über die Straße und trat ganz nahe an die Tänzerin heran. Dann sagte er mit gespielter Ruhe: »Ich wäre Ihnen beinahe auf den Leim gegangen. Aber nur beinahe, Miss Leila.«

Leila verstand nicht, was er meinte, jedenfalls hatte es den Anschein, als sie ihn ansah: »Was soll das heißen, Mr. Carter? Womit habe ich Sie beleidigt?«

»Damit, daß Sie mich für dümmer halten, als ich bin. Mag ja sein, daß es Ihnen leichtfällt, andere Männer um den Finger zu wikkeln. Aber nicht Howard Carter aus Swaffham in Norfolk! Ihre Gunstbezeugungen waren nichts weiter als ein Ablenkungsmanöver, damit Mustafa Ayat in Ruhe seinen dunklen Geschäften nachgehen konnte. Denn während wir uns näherkamen, raubte der Aga mit seinen Leuten die Mumie des Pharaos Amenophis und schaffte sie in ein Versteck im Garten des Hotels ›Luxor‹. Gut ausgedacht, Miss Leila, aber eben nicht gut genug.«

Wütend sprang Howard in seine Droschke und rief dem Kutscher zu: »Karnak. Aber schnell!« Dann preschte er davon.

Die gewaltige Tempelanlage lag um diese Zeit still und verlassen, und Howard wußte selbst nicht zu sagen, wonach er eigentlich suchte. Während er durch den Sand stapfte, hörte er Schritte hinter sich. »Mr. Carter, ich muß mit Ihnen reden!« Es war Leila, die ihn bis nach Karnak verfolgt hatte.

»Was gibt es da noch zu reden«, meinte Howard abweisend. »Erfüllen Sie weiter Ihre Aufgaben für Ayat, aber lassen Sie mich aus dem Spiel. Mir machen Sie nichts vor, Miss Leila.« Zornig setzte er seinen Weg fort.

Leila gab nicht auf. Sie folgte Carter wie ein treues Hündchen. »Sie müssen mir glauben, daß ich von diesen Machenschaften nichts gewußt habe. Ich würde mich nie für so etwas hergeben!«

Howard blieb stehen und sah Leila von der Seite an, als wollte er sagen: Und das soll ich Ihnen glauben?

»Es ist wahr«, sagte Leila und warf Howard einen flehenden Blick zu. »Welchen Grund hätte ich sonst, Ihnen hinterherzulaufen? Mir ist nicht unbekannt, daß Ayat dunklen Geschäften nachgeht; aber damit habe ich nichts zu tun.« Zaghaft ergriff Leila Carters Hand wie ein Kind, das die Nähe des Vaters sucht.

Howard wagte nicht, seine Hand zurückzuziehen. Er fühlte Zartheit und Wärme, und die Situation war ihm alles andere als unangenehm.

»Warum sagen Sie nichts, Mr. Carter?« fragte Leila fordernd.

»Was soll ich dazu sagen? Ich kann Ihnen nur glauben oder nicht, und das eine fällt mir so schwer wie das andere.«

Enttäuscht ließ die Tänzerin Howards Hand los, sie drehte sich um und wollte wortlos davongehen.

Da rief ihr Carter hinterher: »Nun seien Sie doch nicht gleich beleidigt. Ich will Ihnen ja glauben.« Er wunderte sich selbst, wie schnell es Leila gelungen war, ihn umzustimmen, und er wollte seine Aussage schon abschwächen, als Leila auf ihn zutrat und ihn umarmte. Für Augenblicke spürte er ihren üppigen Körper, nach dem die Männer gierten, ein Gefühl, das er lange nicht mehr genossen hatte. Er war verwirrt. Verwirrt, weil sich die schöne Tänzerin ausgerechnet ihm an den Hals warf. Verwirrt, weil ihn noch immer Zweifel plagten, ob Leilas Zuneigung nicht gespielt war und nur in Ayats Auftrag stattfand.

In seiner Ratlosigkeit und obwohl er eher das Gegenteil herbeiwünschte, befreite sich Carter aus der Umarmung, nahm das Gewehr, das senkrecht an einem Riemen über seiner Schulter hing, und setzte es, mit dem Kolben nach unten, auf den Boden. Dann faßte er Mut und stellte Leila die Frage, die ihn beschäftigte: »Wissen Sie, was ich nicht begreife? Ihnen liegen tausend Männer zu Füßen. Männer, die an einem Tag mehr ausgeben, als ich in einem Jahr verdiene. Männer von Rang und Einfluß und sicher auch attraktivere Männer als ich. Warum, beim Barte des Propheten, schenken Sie ausgerechnet mir ihre Gunst?«

Beinahe verlegen, aber mit einem feinen Lächeln blickte die Tänzerin in den Sand. »Vielleicht ist es gerade die Tatsache, daß Sie mir *nicht* zu Füßen liegen wie tausend andere Männer. Ist das so schwer zu verstehen? Schon damals, beim Fest des Aga, als Sie mich wegstießen, wurde ich neugierig, und ich fragte mich, was mag das für ein Mann sein. Seit wir gemeinsam im ›Winter Palace‹ diniert haben, gehen Sie mir nicht mehr aus dem Kopf. Und was Ihr Äußeres betrifft, müssen Sie sich nicht gerade verstecken, Mr. Carter.«

Trotz fortgeschrittener Jahreszeit verbreitete die Sonne jetzt gegen Mittag noch unerträgliche Hitze. Howard schnappte nach Luft. »Kommen Sie«, meinte er mit einer Handbewegung zum zweiten Pylon hin, »dort ist Schatten.«

In der Vorhalle, die zum großen Säulensaal führte, war es angenehm kühl. Leila ließ sich auf einem Steinsockel nieder und sah sich um. »Kennen Sie die Bedeutung all der Götterbilder und Inschriften, Mr. Carter?«

Howard lachte. »Ich denke schon. Schließlich ist das mein Beruf. Und jene Inschriften, die ich nicht zu deuten vermag, die sind auch anderen Archäologen ein Rätsel.«

Leila legte den Kopf weit in den Nacken, um die Decke in Augenschein zu nehmen. Das bot Carter Gelegenheit, ihren makellosen Hals zu betrachten und ihre Brüste, die sich unter der dünnen Bluse wölbten wie zwei pralle, reife Früchte.

Ohne den Blick von der Decke zu lassen, sagte Leila plötzlich: »Wie gefallen Ihnen meine Brüste, Mr. Carter?«

Howard zuckte zusammen. Er fühlte sich ertappt und schämte sich. Augenblicklich fühlte er sich um zehn Jahre zurückversetzt, als er heimlich in Sarah Jones' Bluse spähte. Was sollte er antworten? Sollte er sagen: Ich verstehe nicht, was Sie meinen? – Lächerlich. Oder: Wie kommen Sie darauf? Das war um keinen Deut besser. Also nahm er all seinen Mut zusammen und antwortete beinahe weltmännisch: »Ja, sie sind, soweit ich das beurteilen kann, sehr schön.«

Er hatte den Satz kaum vollendet, da wurde ihm die Zweideutigkeit seiner Worte bewußt. Aber noch ehe er seine Rede korrigieren konnte, begann Leila, noch immer nach oben blickend, die Knöpfe ihrer Bluse zu lösen, und erst als sie damit fertig war und sich Carter halbnackt darbot, sah sie ihm fragend ins Gesicht.

Howard war aufs äußerste verwirrt. Wenn sie jemand in dieser Situation entdeckte! »Das sollten Sie nicht tun!« stammelte Carter verlegen. »Wenn der Aga davon erfährt...«

»Was kümmert uns Ayat«, erwiderte Leila und streckte Howard die Arme entgegen. »Er gehört auch nur zu den tausend, die mir zu Füßen liegen. Oder gefalle ich dir nicht?«

»Doch, doch!« beteuerte Carter linkisch.

»Also, worauf wartest du?« Bei diesen Worten zog sie Howard näher an sich heran. Und weil ihr langer, enger Rock hinderlich war, raffte sie ihn bis über die Schenkel, wo weiße Strumpfbänder über den Strümpfen zum Vorschein kamen. Schließlich zog sie ihn zwischen ihre Beine.

Carters Gesicht glühte, und seine Männlichkeit wuchs zu schmerzhafter Härte. Auf einmal war ihm alles egal. Er warf sein Gewehr in den Sand. Er wollte die schöne Tänzerin haben, er *mußte* sie haben.

»Komm!« flüsterte Leila, und sie fügte ein Wort hinzu, das ihn in Raserei versetzte: »Bitte!«

Das ließ er sich nicht zweimal sagen. Hastig entledigte er sich seiner Beinkleider und näherte sich der Tänzerin in höchster Erregung. Howard fühlte sich wie Gott Min, als er in sie eindrang, wild und ungestüm.

In sitzender Haltung, sich mit den Händen auf dem Steinsockel abstützend, genoß Leila seine Hemmungslosigkeit, eine Eigenschaft, die sie ihm nie zugetraut hätte. Sie stöhnte leise auf und sagte immer wieder seinen Namen.

Wie von Sinnen stieß Carter zu. Es war die pure Lust, die ihn zwischen ihren Schenkeln gefangen hielt, eine unstillbare Begierde. Ihm kam es vor, als habe Leila ihn verhext, betört, verzaubert. Vergessen waren das jahrtausendealte Gemäuer, das sie umgab, und die Umstände, die sie zusammengeführt hatten. Verflogen waren alle Bedenken. Ein Schuß hätte fallen können, Howard hätte ihn nicht bemerkt. Lustvoll starrte er auf Leilas Brüste, die sich weich und schwer wie Meereswogen vor ihm auf- und abbewegten.

Mit einem leisen Aufschrei stürzte Howard schließlich auf Leila und verbarg sein Gesicht an ihrem Hals.

»O Howard«, wiederholte Leila. Dann herrschte Stille.

Allmählich kam Carter zur Besinnung. Hastig, beinahe überstürzt ließ er von Leila ab und raffte seine Kleider hoch, lauschte, ob Schritte oder Stimmen zu hören waren, und nachdem alles ruhig blieb, wandte er sich Leila wieder zu, die noch in derselben Haltung auf dem Steinblock saß, mit zerknautschten Kleidern, zerzausten Haaren und geschlossenen Augen, als ließe sie ihr gemeinsames Erlebnis noch einmal Revue passieren.

»Ich weiß, ich bin ein lausiger Liebhaber«, bemerkte Carter verlegen, »du bist sicher Besseres gewöhnt.«

Da öffnete Leila die Augen und lachte.

In der Annahme, sie würde ihn auslachen, wandte sich Carter ab. Er nahm sein Gewehr und begab sich mit gesenktem Kopf in den großen Säulensaal. Was konnte er schon erwarten? Daß Leila vor ihm auf die Knie fiel und ausrief: Howard, du bist der Größte? Eine Frau wie Leila?

In der Mitte des Säulenwaldes, über dem brütende Hitze lag, hörte er Leila rufen: »Howard, warum machst du dich kleiner als du bist? Du warst großartig! Ist es das, was du hören willst?«

Howard wußte nicht so recht, ob sie es ernst meinte, und als er sah, daß sie, noch immer mit dem Ordnen ihrer Kleider beschäftigt, auf ihn zukam, verbarg er sich hinter einer der gewaltigen Säulen.

»Sei nicht albern, Howard!« rief Leila. »Wo bist du?« Und obwohl der große Säulensaal seit Jahrtausenden ohne Decke war, hallte ihre Stimme wie in einer Kirche.

»Hier!« antwortete Howard mit verstellter Stimme und hüpfte von einer Säule zur anderen. Im Nu war ein übermütiges Versteckspiel im Gange: Howard mit geschultertem Gewehr, verfolgt von einer halbbekleideten Frau.

»Hier bin ich!« rief Carter immer wieder, als er plötzlich innehielt. Er glaubte, ein fernes Donnergrollen und ein Rumoren in der Erde zu vernehmen. Irritiert blickte er zum Himmel, der sich in mittäglichem Weiß präsentierte, diesig und diffuses Licht verbreitend.

Howard hielt es seiner Aufregung zugute, die noch immer nicht abgeklungen war, daß er den Eindruck hatte, das Kapitell der Säule vor ihm würde wanken wie eine Palme im Wind. Doch im selben Augenblick vernahm er einen hellklingenden Knall wie berstendes Glas, einen zweiten und einen dritten. Der letzte dicht neben ihm.

Mit der flachen Hand fuhr Carter über sein verschwitztes Gesicht. Eine Frau wie Leila war durchaus in der Lage, einem Mann den Verstand zu rauben, dachte er, da blieb sein Blick am Sockel der Säule haften, der sich auf der einen Seite, wie von Geisterhand bewegt, anhob. Aber noch ehe er in der Lage war, einen klaren Gedanken zu fassen, begann sich der Säulenkoloß langsam zur Seite zu neigen wie ein tausend Jahre alter Baum unter den Äxten der Holzfäller. Unter seinem eigenen Gewicht, das sich nur noch auf eine Hälfte verlagerte, zerbarst der steinerne Sockel in einzelne Brocken. Eine Staubwolke schoß empor, als wäre Pulver explodiert. Einmal aus dem Gleichgewicht gebracht, beschleunigte der Koloß seinen Fall.

Howard stand wie gelähmt. Im Schock widersetzte sich sein Gehirn der Wahrnehmung. Er sah, wie die gewaltige Säule kippte und gegen die nächste krachte, aber er war nicht imstande zu reagieren. Wie versteinert stand Carter da und beobachtete das infernalische Schauspiel der Verwüstung.

Wie Dominosteine brachte ein Koloß den anderen ins Wanken. Die Erde zitterte unter dem Sterben der Giganten. Staubwolken vernebelten die Szene und raubten die Sicht. Howard bekam keine Luft mehr. Er hustete und spuckte, und seine Augen brannten wie Feuer.

Leila!, schoß es plötzlich durch seinen Kopf, so als habe sich sein Verstand zurückgemeldet. »Leila!« brüllte Howard, so laut er konnte, gegen den Donner an. »Leila!« Ohne Orientierung tastete er sich in die Richtung, wo er den Ausgang vermutete, als vor ihm ein Steinblock zu Boden krachte und zerbarst. Mit der Wucht eines Geschosses traf ihn ein Splitterstein am rechten Schenkel. Blut verfärbte seine Hose. »Leila!« rief Howard mit zitternder Stimme.

Unerwartet plötzlich ebbte der Donner ab, und es wurde unheimlich still. Hustend und prustend wiederholte Carter seinen Ruf: »Leila?«

Es dauerte endlos lange, bis sich die riesige Staubwolke verflüchtigt hatte. Von ferne hörte man aufgeregte Rufe. Als Howard endlich in der Lage war, sich zu orientieren, hatte er nur einen Gedanken: Du mußt hier raus, so schnell wie möglich!

Linker Hand lag der Eingang. Hastig kletterte er über herabgestürzte Steinquader und Gesteinsbrocken, als er plötzlich auf Leila stieß, die mit verrenkten Gliedmaßen auf dem steinigen Boden lag. Ihr Haarzopf lag neben ihrem Kopf wie eine dunkle Schlange. Sie hatte die Augen geöffnet.

»Leila!« rief Carter atemlos, während er sich neben sie kniete. Dann ergriff er ihre leblose Hand. »Bist du verletzt?« fragte er leise.

Leila quälte sich ein Lächeln ab, doch sie antwortete nicht.

»Kannst du mich hören?« Howards Stimme wurde lauter. Von seinem Oberschenkel tropfte Blut auf den steinigen Boden. Plötzlich überfiel ihn panische Angst. Leila brauchte Hilfe. Behutsam schob er seine rechte Hand unter ihren Kopf, um sie aufzurichten. Da sah er das Blut an ihrem Hinterkopf. Ein herabstürzender Stein hatte ihren Schädel zertrümmert. Verzweifelt versuchte Howard ihren Körper mit seinem Brustkorb abzustützen. »Leila!« schluchzte er vor sich hin, ratlos, was zu tun sei.

In diesem Augenblick öffnete Leila die Lippen, als wollte sie etwas sagen; aber ihre Bewegung erstarrte, und ein Blutschwall ergoß sich aus ihrem Mund.

Howard stieß einen furchtbaren Schrei aus. Die Frau in seinen Armen war tot.

Kapitel 21

Ganz Ägypten betrauerte den Tod der gefeierten Tänzerin. Dabei stellte sich heraus, daß Leila weit mehr Gönner gehabt hatte als nur den Aga Ayat. Der brach in Tränen aus, als ihm ein Bote die Nachricht von Leilas Ableben überbrachte, und rief: »Wie konnte sie mir das antun, wo ich so viel Geld in sie investiert habe.«

Zwei andere Verehrer, der eine ein reicher Kaufmann aus Bulak, der andere ein Scheich im Alter von neunzig Jahren, faßten den Entschluß, Leilas begehrten Körper mumifizieren zu lassen wie den eines Pharaos und ihr auf den Klippen von Der-el-Bahari ein Mausoleum zu errichten.

Drei Tage irrte Howard Carter verstört durch die Wüstentäler am jenseitigen Flußufer, unfähig, das Geschehene zu begreifen. Er schoß auf die Fratzen, die vor ihm in dem Felsengestein auftauchten, und wer versuchte, mit ihm ins Gespräch zu kommen, den schickte er unverrichteter Dinge fort.

Howard war überzeugt, daß der Einsturz der Säulen in Karnak ein Anschlag war, der ihm gegolten hatte. Dreitausend Jahre hatten die Kolosse ihre Balance bewahrt, manchem Erdbeben getrotzt, bis zu diesem 3. Oktober 1899, als er, Howard Carter, mit Leila den Tempel betrat.

Sieben Tage vergingen, bis Carter sich wieder nach Karnak wagte. Dabei machte er eine schicksalhafte Entdeckung. Das Fundament der ersten von elf umgestürzten Säulen war zur Hälfte abgegraben. Man konnte deutlich erkennen, daß sich der Säulenschaft zur einen Seite hin abgesenkt und eine Kettenreaktion ausgelöst hatte. Es bedurfte nur einer kleinen Hilfestellung, und das Inferno nahm seinen Lauf. Unter den geborstenen Säulen fand Howard Teilstücke eines Seils. Keine Frage, dieser hinterhältige Anschlag trug Ayats Handschrift.

Bei der Rückkehr in sein Haus bei Dra abu el-Naga wurde Howard von einem stämmigen Mann in sportlicher Kleidung erwartet.

»Mr. Carter? Mein Name ist James Quibell.«

»Ja, und?« erwiderte Carter verwirrt.

»Es ist mir äußerst unangenehm«, begann der Fremde umständlich, »aber ich wurde beauftragt, Ihnen dieses Schreiben der Altertümerverwaltung zu überreichen.«

Carter nahm den Brief entgegen und las. Gaston Maspero, der neue Direktor für die ägyptischen Altertümer, beschuldigte ihn, in Karnak seine Aufsichtspflicht verletzt zu haben, und entließ ihn mit sofortiger Wirkung.

Quibell hob die Schultern. »Tut mir leid, Mr. Carter, ich bin Ihr Nachfolger.«

Betreten blickte Carter zur Seite. »Sie erwarten hoffentlich nicht, daß ich Sie beglückwünsche! Was das Haus hier betrifft, darf ich Sie darauf aufmerksam machen, daß es mein persönliches Eigentum ist.« Und nachdem er den Fremden von Kopf bis Fuß gemustert hatte: »Vermutlich würde das Haus ohnehin nicht Ihren Ansprüchen genügen. Und jetzt lassen Sie mich in Frieden, ich habe zu arbeiten.«

Im nachhinein kam Howard diese Bemerkung ziemlich albern vor, denn wenn er jetzt eines hatte, dann war es Zeit. Die ersten Tage nach seiner Entlassung wußte er kaum etwas mit sich anzufangen. Carter war sich bewußt, daß es in Luxor mehr als einen gab, der seine Ablösung bejubelte.

Nach England zurückzukehren kam für Howard nicht mehr in Frage. Und beim *Exploration Fund* um Arbeit betteln? – Niemals! Selbst wenn er wieder Hunde und Katzen malen mußte, so fand er in Luxor mehr Kunden als in Swaffham.

Howard war schon eine seltsame Erscheinung, wenn er, meist ausnehmend gut gekleidet und mit breitem Panama-Hut, sein Gewehr in der einen, die Malutensilien in der anderen Hand, aus der Ferne die Ausgräber beobachtete, welche er einst zu beschäftigen hatte. Er mied jede Begegnung mit seiner Vergangenheit und hätte zeit- und ereignislos vor sich hin gelebt, wäre da nicht Sayyed gewesen, der ihn über alles auf dem laufenden hielt, was um ihn herum geschah.

Fürs erste malte er Postkarten, Ansichten von Luxor, den großen Hotels, von Kurna jenseits des Flusses und Der-el-Bahari. Sayyed verkaufte sie an Touristen. Das Geschäft lief nicht schlecht, erwies sich aber als mühsam. In mancher Woche mußte er froh sein, wenn ihm, nach Abzug von Sayyeds Anteil, gerade ein Pfund übrigblieb. Das reichte zum Leben; aber große Sprünge konnte er damit nicht machen.

Sayyed wäre nicht Sayyed gewesen, hätte er nicht einen Ausweg aus dieser verdrießlichen Situation gefunden.

Beim Anblick der gutbetuchten Europäer, die den Winter in Luxor verbrachten, und aus Langeweile den Nil überquerten, um planlos nach Schätzen zu suchen, meinte Sayyed an Howard gewandt: »Sie sind ein berühmter Archäologe, Carter-Effendi, Sie kennen das jenseitige Nilufer besser als jeder andere. Warum zeigen Sie diesen Leuten nicht gegen sattes Honorar die Stellen, wo etwas zu finden ist?«

Carter lachte über Sayyeds Naivität. »Wie stellst du dir das vor? Naville arbeitet mit vierhundert Leuten, und es ist ein Zufall, wenn er alle paar Monate eine Entdeckung macht.«

»Dann muß man dem Zufall eben nachhelfen.«

»Aha«, erwiderte Howard amüsiert. »Und wie habe ich mir das vorzustellen, junger Freund?«

»Ganz einfach, Carter-Effendi, Sie vergraben heute die Schätze, die morgen gefunden werden sollen. Die Schwarzhändler vor dem ›Winter-Palace‹ bieten viele Funde an, doch keiner will sie haben. Alle glauben, es sind Fälschungen. Wer aber selbst etwas aus der Erde holt, kommt überhaupt nicht auf die Idee, an der Echtheit seines Fundes zu zweifeln.« Dabei schaute er so treuherzig drein, daß Carter Mühe hatte, ernst zu bleiben.

Schließlich meinte er: »Du bist ein genialer Gauner, Sayyed, wirklich genial.«

»Sayyed ist kein Gauner!« protestierte dieser. »Sayyed ist nur klug. Ali sagt: Besser mit einem Klugen in die Hölle als mit einem Dummen ins Paradies.«

Die Idee erschien Howard so einzigartig, daß er den Entschluß faßte, sie umgehend in die Tat umzusetzen. In seinem Haus bewahrte er eine Kiste Uschebti auf, etwa handtellergroße Grabstatuetten und durchaus nicht ohne Wert. Er hatte sie bei seinen Grabungen hier und da und eher zufällig gefunden. Fünf oder sechs dieser Objekte vergrub er, gerade mal knietief, an verschiedenen Stellen und kennzeichnete sie mit besonders geformten Steinen. Alles andere versprach Sayyed, in die Wege zu leiten.

Am folgenden Tag erhielt Carter Besuch von zwei Franzosen aus Lyon, die sich höflich mit Namen vorstellten. Ohne ein weiteres Wort zu verlieren, legte jeder eine Fünf-Pfund-Note auf den Tisch und präsentierte eine Tasche mit Grabungswerkzeug.

Howard nickte generös.

Auf dem Weg zu seinem Grabungsort ermahnte er die Franzosen, daß sie niemandem von diesem Abenteuer berichten und eventuelle Funde keinem Menschen zeigen dürften. Denn natürlich sei die Sache illegal. Schließlich ließ Carter die beiden Männer, uneinsehbar hinter einer Sanddüne, eine gute Stunde graben, bis er sie auf einen unbedeutenden Erdhügel hinwies mit zwei Steinen darauf. Wie besessen schaufelten die Franzosen den Schutt beiseite und stießen schließlich auf eine kleine, kobaltblaue Statuette.

Mit bloßen Händen befreite Howard den vermeintlichen Fund von dem zuvor mühevoll aufgebrachten Kamelmist und eröffnete den stolzen Ausgräbern, es handle sich dabei um ein Fundstück aus dem Neuen Reich, dreieinhalbtausend Jahre alt. Der Ältere der beiden weinte vor Ergriffenheit.

Zwei Tage später wiederholte sich der Vorgang mit neuen Akteuren. Wieder mahnte Howard zu äußerster Diskretion und forderte absolutes Stillschweigen über das Abenteuer. Im Falle ihrer Entdeckung drohe Gefängnis, und ägyptische Gefängnisse seien nicht gerade komfortabel.

Unter Howards Kunden befand sich auch Theodore Davis, ein Amerikaner von kleinem Wuchs und großem Vermögen. Er hatte in Chicago mit Kupfer viel Geld gemacht, aber das hinderte ihn nicht, sich im fernen Ägypten wie ein texanischer Cowboy zu kleiden, und auch Linda, seine attraktive Frau, streifte als Cowgirl verkleidet durchs Tal der Könige. Mr. und Mrs. Davis lebten auf dem Hausboot eines Freundes, das den Namen »Ischtar« trug und in diesen Tagen zum Schauplatz großer Feste wurde.

Kaum hatte Davis eine von Carters blauen Statuetten ausgegraben, da wurde er von jener Sucht befallen, die man Ausgräberei nennt – ein harmloses Wort für eine unheilbare Krankheit. Howard konnte jedenfalls gar nicht genug Funde im Sand vergraben, und dem Amerikaner war kein Stein zu schwer, kein Loch zu tief, um zum Erfolg zu kommen. Nachdem Carter seine besten Stücke – natürlich gegen gutes Geld – preisgegeben hatte, faßte Davis den Entschluß, trotz seiner 66 Jahre ein neues Leben zu beginnen und Ausgräber zu werden.

Howard brauchte drei Tage, bis er dem verrückten Amerikaner klargemacht hatte, daß man nicht einfach graben durfte, wo es einem einfiel, und daß man auch mit Geld nicht alles kaufen konnte. Doch das erwies sich als Irrtum. Geld regiert die Welt, und das gilt in besonderem Maße für die Archäologie.

Mit der Eisenbahn reiste Davis nach Kairo und kehrte zwei Tage später nach Luxor zurück, eine Grabungskonzession für das Tal der Könige in der Tasche. Die einzige Bedingung lautete, er müsse einen kundigen Ausgräber zu Rate ziehen.

Carter war sprachlos, als ihm der amerikanische Cowboy das Angebot machte, die Grabungsleitung zu übernehmen.

»Wann wollen Sie beginnen?« erkundigte sich Howard vorsichtig. »Und vor allem wo?«

»Wann?« fragte Davis erstaunt. »Noch heute! Und die Frage nach dem Wo können wohl besser Sie beantworten.«

Gemeinsam stapften Carter und Davis hinauf ins Tal der Könige.

»Es wird nicht leicht sein, genügend Arbeitskräfte zu bekommen«, meinte Howard, »Dr. Naville hält etwa vierhundert Leute in Beschlag, Sir Robert Mond und der Earl of Northampton unterhalten im Tal kleinere Grabungen mit jeweils fünfzig Leuten – es gibt keine Arbeiter mehr.«

»Was zahlt Dr. Naville?«

»Fünf Piaster am Tag.«

»Gut. Bieten Sie den Leuten fünfzehn.«

»Das ist das Dreifache, Sir!«

»Eben.«

Im Tal der Könige angelangt, wo sich zahlreiche Erdtrichter auftaten, als wären Riesenameisen am Werk gewesen, aber auch gemauerte

Grabeingänge, die mit Eisengittern gesichert waren – inmitten dieser Wildnis blieb Howard stehen und stellte dem kleinen Amerikaner die Frage: »Wonach wollen Sie eigentlich graben, Mr. Davis?«

Davis legte die Stirn in Falten, als denke er angestrengt nach. Dann antwortete er: »Sie haben recht, junger Mann, darüber sollten wir uns Gedanken machen. Was schlagen Sie vor?«

Carter wiegte den Kopf hin und her. »Im Tal der Könige kann man eigentlich nur nach einem König suchen, ich meine nach dem Grab eines Königs oder eines Pharaos, wie die alten Ägypter ihre Herrscher nannten.«

»Also suchen wir nach einem Pharao. Machen Sie einen Vorschlag!«

»Wie wäre es mit dem vierten Thutmosis?«

»Gut.«

»Oder mit Tut-ench-Amun?«

»Auch gut.«

»Oder mit Hatschepsut?«

»Hatschepsut? Ist das nicht jene Lady, die den Terrassentempel von Der-el-Bahari gebaut hat, Mr. Carter?«

»Ganz recht. Ich glaube Ihren Einwand zu kennen, Sir. Sie fragen, ob eine Frau im Tal der Könige bestattet werden durfte. Dazu müssen Sie wissen: Der Pharao war das Gesetz. Und Hatschepsut war Pharao.«

»Und welche Anhaltspunkte gibt es für den einen oder anderen?«

»Ich will Ihnen keine Illusionen machen, Mr. Davis, aber wenn wir morgen mit dem Graben beginnen, dann ist das nicht anders, als stocherten wir in einem trüben Gewässer nach einem Goldring. Die Wahrscheinlichkeit, erfolgreich zu sein, ist eher gering.«

»Das höre ich nicht zum ersten Mal, Mr. Carter. Der Altertümer-Direktor in Kairo meinte, es gebe im Tal der Könige keinen Stein, der nicht schon dreimal umgedreht wurde. Das Tal sei erforscht bis in die letzte Felsspalte.«

»Das hat schon der Riese Belzoni vor beinahe hundert Jahren behauptet und nach ihm Adolf Erman, der hier ein halbes Leben verbracht hat. Dabei wurden erst *nach* ihnen die bedeutsamsten Entdekkungen gemacht. Allerdings wurde nie das ausgegraben, wonach man suchte. Mit den Entdeckungen der Archäologie ist es so wie mit allen großen Erfindungen – die bedeutsamsten verdanken wir nicht dem menschlichen Geist, sondern dem Zufall.«

Während Davis den Blick über den Talkessel schweifen ließ, dachte er nach. Nein, was der junge Carter da vorbrachte, klang nicht gerade ermutigend. Aber Davis kam aus dem Land der unbegrenzten Möglichkeiten, wo das Wort »impossible« ein Schimpfwort ist. Deshalb richtete er den Zeigefinger auf einen steil abfallenden Südosthang und sagte andächtig wie ein Pfarrer in der Kirche: »Dort werden wir beginnen. Gegen zehn – wenn es Ihnen recht ist, Mr. Carter.«

Howard holte tief Luft. Er hatte Mühe, seinen Unmut zu verbergen. Schließlich erwiderte er: »Sir, wenn Sie mir die Bemerkung gestatten, gegen zehn denken die Grabungsarbeiter zum ersten Mal daran, ihre Tätigkeit einzustellen. Während des Sommers wird von sechs Uhr morgens bis zwölf Uhr mittags gearbeitet, zur Winterzeit von sieben Uhr bis zwei Uhr mittags. Und was die von Ihnen ins Auge gefaßte Parzelle betrifft, würde ich empfehlen, nicht am Fuße des Abhanges anzusetzen, sondern in halber Höhe.«

»Nein!« entgegnete Davis knapp.

»Und warum nicht? Warum wollen Sie ausgerechnet am Fuße des Abhanges graben?« Howards Stimme klang wütend.

Davis blickte zuerst auf seine Füße, dann hinauf zu der Stelle, die Carter empfahl, endlich antwortete er mit ernstem Gesicht: »Weil ich mir dort unten die Schuhe weniger schmutzig mache.«

Einen Augenblick zweifelte Howard, ob er mit diesem exzentrischen Amerikaner je klarkommen würde, aber schon im nächsten Moment mahnte ihn eine innere Stimme, daß Theodore Davis ihm die einzig mögliche Chance bot, in seinen Beruf zurückzukehren. Deshalb setzte er ein künstliches Lächeln auf, und mit der Großzügigkeit eines Mannes, der nichts zu verlieren hat, antwortete er: »Wie Sie meinen, Sir!«

Noch am selben Tag machte sich Carter mit einem Ledersäckchen voll Geld auf die Suche nach Arbeitskräften. Aber trotz großer Anstrengungen und heftigen Klimperns mit seinem Geldsack fand Howard nicht mehr als fünfzig Männer, die sich bereit erklärten, für Theodore Davis zu arbeiten.

Am Morgen, noch lag ein grauer Schleier über dem Niltal, wurde Carter von donnerndem Lärm geweckt. Eilends schlüpfte er in seine Kleider und trat vor das Haus. Quer über die Weiden am Ufer des Flusses bewegte sich ein dampfendes, fauchendes Ungeheuer, ein eiserner Tatzelwurm mit einem langen Hals und vorne einem gierigen offenstehenden Maul, ein Dampfbagger, wie Howard ihn noch nie gesehen hatte. Er traute seinen Augen nicht. Das Ungetüm nahm Kurs auf das Tal der Könige. Obwohl er noch keine Schuhe anhatte, lief Carter dem Dampfbagger entgegen. Aus kurzer Entfernung erkannte er Theodore Davis im Führerhaus.

Das ist nicht wahr, dachte Carter, du träumst! Mit ausgebreiteten Armen trat Howard der auf schweren Eisenraupen einherratternden Maschine entgegen.

»Sind Sie verrückt, Mr. Carter?« rief Davis von seinem Kommandostand. »Aus dem Weg!«

Howard fuchtelte wild in der Luft herum, und als der Dampfbagger endlich zischend zum Stillstand gekommen war, entgegnete er wütend: »Mr. Davis, das kann doch nicht Ihr Ernst sein. Sie wollen doch nicht mit diesem Ungeheuer ins Tal der Könige?«

»Warum nicht?« fragte der Amerikaner von oben herab. »Ich habe die Maschine für einen Monat gemietet. Sie sollte eigentlich zum Dammbau nach Assuan gebracht werden. Ich habe einfach das Doppelte bezahlt. Trotzdem ist es ein gutes Geschäft. Der Bagger leistet eine Arbeit von mindestens hundert Männern. Das ist eine einfache Rechnung.«

Mit Engelszungen begann Howard auf Theodore Davis einzureden: »Sir, Sie können nicht mit dem Bagger in das Tal der Könige einfahren!«

»Pah!« lachte der kleine Mann. »Glauben Sie mir, Carter, die alten Pharaonen hätten ihre Gräber mit Baggern gebaut, wenn ihnen nur diese Maschinen zur Verfügung gestanden hätten. Was spricht dagegen?«

»Sie würden mehr zerstören, als Vorteile erlangen. Die Maschine wiegt mindestens zwanzig Tonnen. Sie würde jedes unentdeckte Gewölbe unter sich zum Einsturz bingen.«

»Nicht, wenn ich mich immer auf dem Weg halte.«

»Und wer sagt Ihnen, daß das Grab des Thutmosis, des Tut-ench-Amun oder der Hatschepsut nicht gerade unter dem Weg liegt?«

Davis wurde nachdenklich. »Meinen Sie wirklich?« fragte er schließlich, als hätte Howard ihm eine ganz und gar unglaubliche Geschichte erzählt.

»Im übrigen«, fügte Carter hinzu, »würde Ihnen die Altertümerverwaltung sofort die Konzession entziehen, Mr. Davis. Denn wenn Sie Ihren Vertrag genau studiert hätten, würden Sie einen Passus finden, der den Einsatz von Maschinen und schweren Gerätschaften verbietet. Das beste wird sein, Sie kehren wieder um und bringen das Ungeheuer dorthin zurück, wo Sie es hergeholt haben.«

Der Amerikaner spuckte in weitem Bogen ins Gras. »Hätten Sie mir auch eher sagen können«, meinte er mißmutig, und dabei verzog er das Gesicht, als hätte er Essig getrunken.

»Hätte ich«, erwiderte Carter, »wenn Sie mich gefragt hätten.«

Davis brummelte etwas in sich hinein, das sich wie ein leiser Fluch anhörte, allerdings tat er dies so verhalten, daß Howard ihn nicht verstand. Schließlich drehte er den Dampfbagger auf der Stelle, wobei er einen tiefen Trichter in das Erdreich bohrte, und fuhr in Richtung des Flusses davon.

Obwohl Howard an dem Vorfall keine Schuld traf, ging Davis mürrisch ans Werk. Doch seine Stimmung erhellte sich urplötzlich, als Howard schon nach drei Tagen unterhalb des Weges, der über das Gebirge nach Der-el-Bahari führt, auf ein Mauerwerk stieß.

»Was meinen Sie, Mr. Carter?« fragte Davis mit süßlicher Stimme, als wollte er den Gram der vergangenen Tage vergessen machen. »Sieht doch gut aus, oder?«

Howard hob die Schultern. »Wir werden sehen. Im Laufe der Jahre bin ich vorsichtig geworden mit Prognosen.«

»Ich werde den amerikanischen Konsul einladen, den Direktor der Altertümerverwaltung und den Kulturminister ...«

»Das würde ich an Ihrer Stelle nicht tun, Mr. Davis«, unterbrach Howard seinen Redefluß, und dann erzählte er dem Amerikaner, wie es ihm einst ergangen war und daß er sich noch heute dafür schäme.

Die Furcht des Amerikaners vor einer Blamage siegte schließlich über seine Ruhmsucht. Der Grabeingang, um einen solchen handelte es sich nämlich, wurde ohne Aufsehen geöffnet, und Davis war froh, auf seinen Grabungsleiter gehört zu haben. Schon der erste Blick in das Innere war enttäuschend. Zwar hatten sie wirklich das Grab eines Pharaos entdeckt, aber dieses war unscheinbar, klein und schon in alter Zeit ausgeraubt worden.

»Ich danke Ihnen, Mr. Carter, daß Sie mir diese Blamage erspart haben«, sagte Theodore Davis. Dabei konnte er seine Enttäuschung nicht verbergen. Nicht einmal der Hinweis, es handle sich um das Grab Thutmosis' IV., vermochte ihn zu trösten.

»Sie haben sich mehr versprochen. Habe ich recht?« fragte Carter.

Davis nickte.

Da lachte Howard. »Geduld, Mr. Davis, ist die vornehmste Tugend des Ausgräbers.«

Die Kunde von der Entdeckung des Pharaonengrabes und daß Carter von Davis angeheuert worden war, gelangte schneller nach Kairo, als den beiden lieb sein konnte. Eine Woche später tauchte Emil Brugsch im Tal der Könige auf. Carter sah ihn schon von weitem kommen und ahnte nichts Gutes.

»Sie schon wieder!« rief er dem Deutschen von weitem entgegen. Das klang nicht gerade höflich, aber Brugsch war für Carter ein rotes Tuch.

»Ja, ich«, antwortete Brugsch im Näherkommen. »Ich habe den Auftrag, Ihnen mitzuteilen, daß die Altertümerverwaltung in Kairo Ihnen jede Ausgräbertätigkeit im Tal der Könige verbietet.«

Howard wurde blaß wie ein Leintuch. Wortlos bückte er sich, hob einen faustgroßen Stein auf und zielte auf den Deutschen. Da spürte er eine Hand, die seinen Arm festhielt.

»Machen Sie keinen Quatsch, Carter!« Davis nahm ihm den Stein aus der Hand. Und an Brugsch gewandt, sagte er: »Mister Carter arbeitet nicht für Ihre Behörde, sondern in meinem Auftrag. Und ich habe eine gültige Konzession für das Tal der Könige. Also verschwinden Sie!«

Brugsch hob den Kopf und blickte überheblich drein. Dann antwortete er mit süffisantem Grinsen, so, wie es seine Art war: »Mr. Davis, Mr. Carter wurde von der Altertümerverwaltung entlassen, weil er seine Aufsichtspflicht verletzt hat. Sie können diesen Beschluß nicht einfach umgehen. Meine Behörde wird Ihnen deshalb zwei junge Archäologen zur Verfügung stellen, Mr. Arthur Weigall und Mr. Edward Ayrton. Sie stehen ab morgen zu Ihrer Verfügung.«

Theodore Davis trat einen Schritt auf Brugsch zu und sagte drohend: »Und wenn ich mich weigere, mit diesen Herren zusammenzuarbeiten?«

»Das würde ich an Ihrer Stelle nicht tun«, erwiderte Brugsch mit gesenktem Blick, was seiner Rede etwas Hinterhältiges verlieh. »In diesem Fall sähe sich meine Behörde nämlich gezwungen, Ihnen die Grabungskonzession zu entziehen.«

»Lassen Sie nur«, bemerkte Carter gelassen. »Ich gehe freiwillig.«

Brugsch streckte Davis die Hand entgegen und verabschiedete sich flüchtig.

Doch bevor er sich zum Gehen wandte, fragte Davis: »Woher wissen Sie eigentlich, daß Mr. Carter für mich arbeitet?«

Howard sah Brugsch erwartungsvoll an.

Brugsch zögerte einen Moment, dann antwortete er: »Ein gewisser Mr. Spink aus Luxor ließ uns die Nachricht zukommen. Ich kenne ihn nicht, aber offensichtlich war seine Meldung nicht falsch.«

In der folgenden Zeit hatte Howard Begleiter mit vielen Namen, von denen Schwermut und Verzweiflung die tiefsten Spuren in seiner Seele hinterließen. Er merkte nicht, wie er allmählich seine bürgerliche Existenz abstreifte und, als Sonderling verlacht, aber stets korrekt gekleidet, durch die Gegend zog. Howard malte wieder, er malte, was man von ihm verlangte, und machte Geschäfte mit Ausgrabungen. Nein, nicht der Hunger quälte ihn in dieser Zeit oder Existenzangst, es war die Einsamkeit, die Isoliertheit, die ihm zu schaffen machte.

Im stillen hatte Howard schon früher mit sich geredet, so wie es jeder tut, um eine schwierige Situation zu bewältigen; aber nun ertappte er sich immer öfter bei lautstarken Diskussionen mit einem Unbekannten – nur um mit einem Mal festzustellen, daß dieser Unbekannte er selbst war.

Jene, die bis vor kurzem mit ihm gut Freund waren, machten plötzlich einen großen Bogen um ihn, wenn sie ihn von weitem kommen sahen. Bisweilen, wenn er sich heimlich ins Tal der Könige stahl, fühlte er sich wie von Aussatz befallen, und weil er daran gewöhnt war, daß man ihm aus dem Wege ging, mied er wie unter Zwang auch jede Begegnung mit Fremden, die keine Hemmungen hatten, ihm gegenüberzutreten.

Der einzige, der ihm die Treue hielt, war Sayyed, der nichts unversucht ließ, um ihn aufzuheitern. Doch Carter war wie berauscht von seiner Schwermut. Und Schwermut bedarf der Einsamkeit. Gedankenverloren sah man ihn bei Einbruch der Dämmerung auf den Felsklippen sitzen, regungslos den Blick auf einen Punkt in der Ferne gerichtet, wie ein Standbild aus Stein.

Als sich das alte Jahrhundert verabschiedete, um einem neuen Platz zu machen, als die Ausgräber mit den Reichen aus aller Welt auf ihren Hausbooten feierten, als wäre es das letzte Mal, als rote und grüne Raketen und silbrige Sterne das Tal der Könige in märchenhaftes Licht tauchten, da saß Carter einsam in seinem Haus vor einer Kerze und hielt Zwiesprache mit dem Unbekannten aus Swaffham.

Ohne Spuren zu hinterlassen, ging die Zeit an ihm vorüber. Aus alten Zeitungen, vornehmlich der *Egyptian Gazette*, die Sayyed aus Luxor mitbrachte, erfuhr Howard, daß Oscar Wilde gestorben war, den er verehrte, und Queen Victoria, von der er geglaubt hatte, daß sie längst der englische Rasen deckte. Auch die Fertigstellung des Assuan-Dammes ließ ihn ungerührt, obwohl es nun überall in Ägypten elektrischen Strom gab. Er brauchte keinen.

Eines Abends im September, Howard saß wieder einmal auf den Felsen, hoch über Der-el-Bahari, und blickte hinüber ins Tal der Könige, da fühlte er, während er mit dem Unbekannten Zwiesprache hielt, eine Hand auf seiner Schulter. Howard erschrak. Er erschrak, wie man nur erschrecken kann, wenn man seit langer Zeit keinem Menschen begegnet ist.

»Mr. Davis!« rief er leise. »Sie hier? Ich habe Sie nicht kommen hören.«

»Das ist auch gut so. Sonst wären Sie mir ohnehin davongelaufen!« antwortete der Amerikaner ernst. »Wie geht es Ihnen, Mr. Carter?«

»Geht schon«, erwiderte Howard knapp. Die Frage war ihm unangenehm.

»Ich habe den Eindruck, daß Sie unter Ihrer Situation ziemlich leiden.«

»So, so.« Carter hielt den Blick starr geradeaus gerichtet.

»Da haben wir etwas gemeinsam!«

Howard sah Theodore Davis ins Gesicht. »Wollen Sie sich über mich lustig machen?«

Davis ließ sich neben Carter auf dem Boden nieder. »Wenn ich mich zurückerinnere«, begann er und klopfte den Staub von seinen Hosenbeinen, »dann war die kurze Zeit, in der ich mit Ihnen zusammenarbeitete, am ergiebigsten.«

»Freut mich zu hören«, antwortete Howard verbittert. »Aber man hat Ihnen zwei neue Leute geschickt!«

»Weigall und Ayrton?« Davis machte eine abfällige Handbewegung. »Die können Sie vergessen.«

»Es sind immerhin junge studierte Archäologen!«

»Aber ohne jede Erfahrung. Wissen Sie, was wir in letzter Zeit entdeckt haben? – Nichts! – Jedenfalls nichts Nennenswertes.«

Howard konnte seine Schadenfreude nicht verbergen und kicherte in sich hinein.

»Ich möchte Ihnen einen Vorschlag machen, Mr. Carter!«

Verärgert schüttelte Howard den Kopf: »Mr. Davis, es ist mir von höchster Stelle untersagt, irgend etwas im Tal der Könige zu unternehmen. Das wissen Sie genauso wie ich!«

»Natürlich. Aber es braucht ja niemand zu wissen.«

»Und wie soll das gehen, wenn ich mir die Frage erlauben darf?« Carter wurde neugierig.

Davis blickte nach allen Seiten, ob es keine Ohrenzeugen gab; dann sagte er: »Mr. Carter, Sie sprechen besser Arabisch als mancher Ägypter, und Ihr Äußeres ähnelt mehr einem Scheich als einem englischen Ausgräber.«

»Sehr freundlich«, entgegnete Carter ironisch und fuhr fort: »Wenn ich Sie recht verstehe, soll ich mich als Scheich verkleiden und so Ihre Grabungen leiten. Gar keine schlechte Idee.«

»Ich würde Sie offiziell als Vorarbeiter einstellen. Natürlich müßten Mr. Weigall und Mr. Ayrton eingeweiht werden.«

Howard rümpfte die Nase. »Und Sie glauben, die beiden würden mitspielen?«

»Das glaube ich nicht nur, ich bin mir sogar sicher!« Davis zog ein

Bündel zusammengerollter Dollarnoten aus der Tasche und hielt es Carter vors Gesicht.

Carter grinste. Ihm gefiel der Schabernack, war er doch geeignet, ihn aus seiner Isolation herauszuholen. Darüber hinaus wollte er den Sesselfurzern in Kairo zeigen, daß er, und nur er, in der Lage war, dem Tal der Könige die letzten Geheimnisse zu entreißen.

Sayyed besorgte ihm eine blütenweiße Galabija, einen ebensolchen Turban und ein Mundtuch zum Schutz vor Staub und Treibsand. So ausgerüstet und, weil es ihm gerade einfiel, mit dem Namen Scheich Ibrahim, trat er zwei Tage später seinen Dienst an. Nicht einmal jene Männer, die schon einmal mit ihm gearbeitet hatten, erkannten ihn. Sie staunten nur über den herrischen Kommandoton des Scheichs und darüber, daß sogar die Archäologen Weigall und Ayrton seinen Befehlen gehorchten.

Mit Davis' Einverständnis hatte Carter einen ziemlich absurden Entschluß gefaßt. Sechzig Meter nördlich des Thutmosis-Grabes klaffte ein Loch im brüchigen Gestein, zweifellos der Zugang zu einem Grab. Vor hundert Jahren schon hatte sich Napoleon während seines Ägypten-Feldzuges an diesem Stollen versucht, aber nach 26 Metern aufgegeben. Der Deutsche Richard Lepsius war 46 Meter tief vorgedrungen, dann warf auch er das Handtuch. Beide hatten vor dem Schutt kapituliert, mit dem der Felsstollen aufgefüllt worden war, Kalkstein-Schutt, der unter dem Einfluß von Regenwasser hart wie Beton geworden war und nur unter größten Anstrengungen herausgehackt werden konnte.

Bereits nach wenigen Metern wurde erkennbar, daß dieser Stollen keinen geraden Weg nahm, sondern einen abwärts führenden Bogen beschrieb. Es mußte sich also um ein ganz außerordentliches Grab handeln.

»Sie haben sicher einen Verdacht, Mr. Carter«, bemerkte Theodore Davis am Abend des ersten Tages. Howard legte den rechten Zeigefinger auf die Lippen und sagte: »Scheich Ibrahim, wenn ich bitten darf, Mr. Davis. Wir sollten unser Spiel so perfekt wie möglich spielen.«

Davis machte die Andeutung einer Verbeugung. »Wollen Sie mir Ihren Verdacht nicht verraten?«

Howard zog die Augenbrauen in die Höhe und erwiderte mit näselnder Stimme: »Ich werde Sie rechtzeitig von meinen Überlegungen in Kenntnis setzen, Sir.«

Der Amerikaner reagierte verärgert. Er war nicht gewohnt, daß man so mit ihm umsprang. Dennoch antwortete er höflich: »Sie müssen sagen, wenn Sie mehr Arbeitskräfte benötigen, Mr. – äh, Scheich Ibrahim.«

Howard wehrte ab. »Ein paar Arbeiter mehr nützen überhaupt nichts. Der Stollen ist so eng, daß für sie kein Platz ist. Ich glaube den Grund zu kennen, warum Napoleon und Lepsius aufgegeben haben. Es fehlte ihnen an Licht und Luft in der engen Röhre, die sich in einem Bogen nach unten windet.«

»Und wie wollen Sie diesem Problem begegnen?«

»Ganz einfach. Wir brauchen elektrischen Strom.«

»Eine grandiose Idee, Scheich Ibrahim. Allerdings befindet sich der nächste Stromanschluß am anderen Nilufer in Luxor.«

»Dann müssen Sie dafür sorgen, daß der elektrische Strom hier herübertransportiert wird. Ich verstehe ja nichts von neumodischen Dingen; aber wenn es möglich ist, den Strom von Assuan nach Kairo zu schicken, dann muß es doch auch möglich sein, ein bißchen von dieser wundersamen Energie von Luxor ins Tal der Könige fließen zu lassen.«

Theodore Davis nickte anerkennend. Elektrischer Strom im Tal der Könige – eine faszinierende Vorstellung. »Scheich Ibrahim, Sie sollen Ihren Strom haben!«

Wenige Tage später legte ein Dampfschiff der »Elektrischen Gesellschaft« in Luxor an, an Bord riesige Kabeltrommeln mit elektrischen Leitungen. Ein Heer von Arbeitern versenkte an der Stelle nahe dem Luxor-Tempel, wo der Nil gerade eine halbe Meile breit ist, die Leitung in den Fluß. Tagelang hallten die Rufe der Männer durch die Ebene von Kurna, wenn sie im Takt ihrer Gesänge die schweren Kabel in Richtung des Tals der Könige zogen. Nach drei Wochen flammte zum ersten Mal elektrisches Licht im Grab eines Pharaos auf.

Carter konnte seine Ergriffenheit nicht verbergen. Es schien, als erwachten die Wandgemälde und Reliefs in den Gräbern, die er bisher nur im Fackelschein oder im fahlen Licht rußender Petroleumlampen betrachtet hatte, zu neuem Leben. Mit komplizierten Spiegelkonstruktionen hatten die alten Ägypter das Sonnenlicht unter die Erde gelockt, um dort ihrer Arbeit nachgehen zu können. Nun genügte ein einfacher Schalter, um die ewige Nacht zu vertreiben.

Je tiefer sich Carter mit seinen Männern in den Berg bohrte, desto mehr wurde deutlich, warum alle Ausgräber vor ihm aufgegeben hatten. Mit jedem Meter wurde die Luft dünner. Unvorstellbar, daß früher Arbeiter im Fackelschein gearbeitet hatten. Eine Fackel verbraucht mehr Sauerstoff als ein Mensch.

Eine erste Kammer war schmucklos und leer. Es gab keine Inschriften, von Reliefs und Gemälden ganz zu schweigen. »Weiter!« kommandierte Scheich Ibrahim. Doch das war leichter gesagt als getan, weil man stellenweise den verkrusteten Schutt vom brüchigen Felsgestein nicht unterscheiden konnte und weil der steil nach unten führende Stollen bisweilen einen Bogen beschrieb, dann aber wieder geradeaus führte.

»Scheich Ibrahim, Scheich Ibrahim! Mustafa ist tot!« Ein zwölfjähriger Junge, der wegen seines kleinen Wuchses für besondere Aufgaben eingesetzt wurde, kam aus dem Grabtrichter ans Tageslicht. Er schnappte nach Luft wie ein aus seinem Element geschleuderter Fisch und berichtete, daß Mustafa, einer der besten Grabungsarbeiter, in vierzig Meter Tiefe tot umgefallen sei. »Das ist der Fluch des Pharao!« rief er und weigerte sich, das Grab noch einmal zu betreten.

Howard raffte seine Galabija und stieg in den Stollen hinab. Wie benommen torkelten ihm ein paar Arbeiter entgegen, wild gestikulierend und nach unten zeigend. »Scheich Ibrahim! Mustafa ist tot. Der Fluch des Pharao!«

»Unsinn!« rief Carter wütend. »Geht an die Arbeit, ihr Holzköpfe!«

Eingeschüchtert kauerten sich die Männer auf den Boden.

Kaum hatte er die Stelle erreicht, wo Mustafa scheinbar leblos auf dem Boden lag, da wurde Howard selbst von Schwindel erfaßt. Vergeblich versuchte er, Luft in seine Lungen zu pumpen, aber es ging nicht. Er preßte seine Hand gegen Mustafas Halsschlagader. Mustafa lebte.

»Schafft ihn hinauf!« brüllte er die verängstigten Arbeiter an. »Aber schnell, sonst stirbt Mustafa wirklich!« Die Männer glaubten dem Scheich nicht. Für sie war Mustafa tot. Apathisch verfolgten sie jede von Howards Bewegungen. Der faßte Mustafa unter den Achseln und zog den leblosen Körper in dem engen Stollen rückwärts ans Tageslicht. Oben angelangt, öffnete der Ägypter die Augen.

»Wo sind die anderen?« rief Carter aufgeregt. »Da unten sind noch mindestens fünf Männer, halb bewußtlos.«

Davis schien wenig beeindruckt. »Was sollen wir tun?« fragte er gelassen.

»Wir müssen die Männer herausholen!« schrie Howard und zwängte sich ein zweites Mal durch den engen Einlaß. Bevor er ganz in dem Erdtrichter verschwand, rief er Davis zu: »Wenn ich in drei Minuten nicht zurück bin, brauchen Sie nicht mehr mit mir zu rechnen!«

Unten angelangt, fand er die fünf Männer so, wie er sie verlassen hatte, auf dem Boden kauernd vor. Sie dösten stumm vor sich hin und schienen den Scheich nicht wahrzunehmen. Howard rüttelte einen nach dem anderen wach. »Ihr müßt raus hier. Los, los, nach oben!«

Wie betäubt, als wäre ihnen die gefährliche Lage gleichgültig, erhob sich einer nach dem anderen unter Carters Anfeuerungen und begann, zum Teil auf allen vieren, den mühsamen Aufstieg nach oben. Carter folgte als letzter. Auf halbem Weg kam die Karawane der taumelnden Gestalten ins Stocken, weil der erste zusammengebrochen war. Howard, der selbst einer Ohnmacht nahe war, drängte sich nach vorne, richtete den Mann auf, schlug ihn links und rechts ins Gesicht, daß er wieder zu sich kam, und stieß ihn weiter.

Als er sich nach einem endlos scheinenden Aufstieg durch den Erdtrichter zwängte und nach frischer Luft schnappte, sackte Carter zusammen. Lautes Geschrei ließ ihn wieder zu sich kommen. Die Arbeiter zerrten an seinen Armen. Ein jeder versuchte seine Hände zu küssen. »Scheich Ibrahim, Scheich Ibrahim!« riefen sie im Chor, »Scheich Ibrahim, unser Lebensretter.«

Davis reichte dem Scheich eine Flasche. Carter nahm einen tiefen Schluck. Was immer der Inhalt gewesen sein mochte, er tat ihm gut. »Luft«, stammelte er, »wir brauchen Luft dort unten, sonst können wir die Arbeit einstellen.«

»Können Sie nicht einfach ein Fenster aufmachen?« rief Theodore Davis übermütig. Er war erleichtert, daß Carter die Männer gerettet hatte.

Howard nahm noch einen Schluck aus der Flasche und blinzelte in die Ferne. »Eines steht fest«, meinte er schließlich, »so können wir nicht weitermachen. Wir können von Glück reden, daß die Arbeiter lebend herausgekommen sind. Ein Toter – und kein Ägypter steigt Ihnen jemals wieder in ein Grab ein! Aber ich habe da eine Idee, wie wir Luft in die Hölle da unten pumpen.«

»Mit einer elektrischen Vorrichtung?«

»Genau. Wir können erst weiterarbeiten, wenn dort unten genügend Luft vorhanden ist. Und dazu brauchen wir einen Schlauch und eine Pumpe, die die Luft nach unten transportiert.«

»Sollen Sie haben, Scheich Ibrahim. Ich werde alles veranlassen.«

Carter glaubte seinen Augen nicht zu trauen, als am nächsten Morgen Robert Spink auf dem Grabungsfeld erschien. Augenblicklich verschwand Howard im Grabeingang. Wenn er in seiner Aufmachung jemandem nicht begegnen wollte, dann war es Spink. Doch das konnte Davis nicht ahnen.

Ahnungslos trat er an den Erdtrichter und rief nach unten: »Scheich Ibrahim, ein englischer Gentleman ist da, der unser Problem lösen kann. Mr. Spink besitzt eine Pumpenfabrik in Luxor.«

Howard drückte seinen Turban tief ins Gesicht und kam, während er ein paar arabische Flüche von sich gab, aus seinem Versteck hervor. In gespielt schlechtem Englisch erklärte er dem Geschäftsmann, worum es ging, immer darauf bedacht, nicht erkannt zu werden.

Dieser gottverdammte Spink glotzte ihm unverfroren ins Gesicht, und Carter zog es vor, sich während des Gesprächs abzuwenden, wie es Ägypter ohnehin zu tun pflegen, wenn sie mit einem Fremden sprechen.

Howard war erleichtert, als Spink sich zurückzog. Mit einem Stoßseufzer wischte er sich den Schweiß aus dem Gesicht, es war Angstschweiß. Ob Spink ihn erkannt hatte?

Schon wenige Tage später wurden die Grabungen fortgesetzt. Ein elektrisches Aggregat versorgte die Arbeiter in sechzig Meter Tiefe mit Luft zum Atmen. Immer enger wurde der Stollen, das Gestein immer brüchiger, die Hitze unerträglich.

Nach hundert Metern erwies sich die Luftzufuhr als zu gering, und der abwärts führende Stollen schien kein Ende zu nehmen. Für erwachsene Männer war er längst zu niedrig, um in aufrechter Haltung arbeiten zu können. Davis schickte Halbwüchsige nach unten, Kinder, die den Schutt in Körben nach oben brachten.

Carter kam es vor, als führte ihn der geheimnisvolle Pharao an der Nase herum. Immer weiter, immer tiefer wand sich der brüchige Stollen in den Fels. Die Luft, die von oben in die Tiefe gepumpt wurde, wirbelte Staub auf. Schon nach wenigen Minuten Aufenthalt verklebten Nase und Mund und machten das Atmen unmöglich.

Eines Abends, nach getaner Arbeit, nahm Carter den Amerikaner beiseite. »Mr. Davis«, sagte er ernst, »die Lage ist aussichtslos. Wir sollten aufgeben.«

»Aufgeben?« schrie Davis. »Niemals! Wissen Sie, wie viele tausend Dollar ich in diesen Stollen investiert habe? Zehntausend Dollar! Und Sie reden von aufgeben.«

»Aber die Kinder brechen reihenweise zusammen. Sie schlucken Staub, und ihre Lungen verkleben. Sie können nicht mehr, und sie wollen nicht mehr.«

»Ich zahle ihnen das Dreifache, meinetwegen das Fünffache. Das wird ihre Lebensgeister wecken, glauben Sie mir, Mr. Carter.«

Die Quälerei ging weiter. Howard teilte die Kinder in Fünfzehn-Minuten-Schichten ein, Davis zahlte den dreifachen Lohn, zusätzliche Sonderprämien. Gleichzeitig wurde die Förderleistung des Luftaggregats erhöht. Nach 120 Metern brach der Stollen ein und schnitt zwei Arbeitern und drei Kindern die Verbindung zur Außenwelt ab. Mit bloßen Händen und einer Staffette aus Kindern wurde der Einbruch beseitigt, die Verschütteten gerettet.

In 160 Metern Tiefe waren zwei Stufen im Boden. Carter wähnte sich am Ziel: Habe ich dich endlich, gottverdammter Pharao! Eine Kammer, tagelanges Schuttbeiseiteräumen, dann die Erkenntnis: alles vergeblich. Nichts außer einem schmucklosen, leeren Raum, von dem aus es weiter in die Tiefe ging.

Drei Wochen später, Scheich Ibrahim befand sich nun zweihundert Meter tief in dem Felsgebirge, kam eine weitere Kammer zum Vorschein, bis an die Decke mit Schutt aufgefüllt. Zum wiederholten Mal dachte Carter daran aufzugeben. Aber Davis vermochte ihn aufzurichten: »Sie dürfen nicht aufgeben, Mr. Carter, so wenige Meter vor dem Ziel! Oder wollen Sie anderen den Ruhm des Entdeckers überlassen?«

»Natürlich nicht«, erwiderte Howard und machte weiter, hustend, krank, geschwächt, mit krummem Rückgrat und wie betäubt.

Kaum war die Kammer ausgeräumt – sie war leer wie die vorangegangenen –, stieß Carter in der rechten unteren Ecke auf eine Treppe. Sie führte steil nach unten, und es dauerte volle drei Tage, bis er sie freigelegt hatte. Längst hatte Howard die Hoffnung aufgegeben, noch jemals an ein Ziel zu gelangen. Sein Gehirn war wie vernebelt, und er wußte nicht einmal mehr zu sagen, wonach er überhaupt suchte. Zehn-, fünfzehnmal am Tag tauchte er ein in die Unterwelt, um nach wenigen Minuten benommen wieder aufzutauchen, Luft zu atmen, die Sinne zu ordnen. Es wurde immer mühsamer.

Ein Junge, der gerade von unten kam, riß ihn aus seiner Lethargie: »Scheich Ibrahim, eine Mauer!«

»Eine Mauer!« rief Carter Davis zu, der die Zeit unter einem Sonnenschirm in einem bequemen Korbstuhl verbrachte. Gemeinsam machten sie sich an den Abstieg. Der Amerikaner hatte sich bisher nur ein paarmal in die Tiefe gewagt. Nun drängte er voraus. Davis wollte der erste sein und stieß die lärmenden Arbeiter, die ihnen mit Körben voll Schutt entgegenkamen, beiseite.

Die Luft wurde dünner, je tiefer sie sich vorarbeiteten. Alle zwanzig Schritte tauchte eine elektrische Glühbirne auf, die, mit Staub bedeckt, düsteres Licht verbreitete. Das Atmen fiel schwerer mit jedem Schritt. Zweihundert Meter waren es bis zum untersten Punkt, gut dreihundert Schritte. In kurzen Abständen spuckte Carter aus. Davis tat es ihm gleich. Er hustete sich die Lunge aus dem Leib und stieß Flüche aus wie ein Viehtreiber. Carter hingegen hielt den Mund fest geschlossen, setzte mit steter Regelmäßigkeit einen Fuß vor den anderen, überholte Davis, der am Ende seiner Kräfte zu sein schien, und kletterte rückwärts die steile Treppe hinab, wo die Arbeiter auf eine Mauer gestoßen waren. Dann wandte er sich um.

Der Anblick traf ihn wie ein Keulenschlag. Vor ihm tat sich eine Mauer auf; aber in halber Höhe klaffte ein Loch, so groß wie ein Wagenrad.

Vergeblich versuchte Howard, tief einzuatmen, etwas von der Luft, die durch den Schlauch nach unten strömte, in seine Lungen zu pumpen, doch er beließ es bei dem Versuch, weil er mehr Staub in sich aufnahm als Sauerstoff, und atmete in kurzen, heftigen Stößen.

Inzwischen näherte sich Davis, und noch bevor er das Loch im Mauerwerk sehen konnte, rief Carter ihm entgegen: »Ich befürchte, Sir, wir kommen dreitausend Jahre zu spät!«

»Wie meinen Sie das?« nuschelte der Amerikaner mit vorgehaltener Hand.

Mit einer Kopfbewegung wies Carter auf das Mauerloch.

Geblendet von der elektrischen Glühbirne, hielt Davis die Hand vor die Augen. »Sagen Sie, daß es nicht wahr ist!« stammelte Davis ein um das andere Mal, bis er schließlich seine Enttäuschung, seine Wut, seine Hilflosigkeit herausschrie, hustend, spuckend und mit letzter Kraft: »Sagen Sie, daß es nicht wahr ist!« Dann sank er schluchzend zu Boden und vergrub sein Gesicht in den Armen.

Auch Carter war am Ende seiner Kräfte. Mit unvorstellbarem Aufwand – von den Kosten ganz zu schweigen – hatten sie sich zweihundert Meter tief in das brüchige Gestein gewühlt, mehr als einmal ihr Leben aufs Spiel gesetzt, und ihr einziger Erfolg war die Erkenntnis, daß auch dieses Grab schon in alter Zeit von Räubern heimgesucht worden war. Howard schämte sich, er schämte sich für seinen Mißerfolg. Schließlich war es *seine* Idee gewesen, gerade an dieser Stelle zu graben. Dazu hatte er die peinliche Maskerade auf sich genommen, sich als Scheich verkleidet und tagtäglich Angst ausgestanden, entdeckt zu werden.

Apathisch, als stünde er unter dem Einfluß einer Droge, holte Howard die Glühlampe von der Wand, zog das Stromkabel hinter sich her und leuchtete in das Innere der Grabkammer. Ein schmuckloser Raum, etwa fünf mal zehn Meter, in der Mitte von drei Säulen abgestützt, und rechter Hand ein aufgebrochener Sarkophag, der Deckel an die Wand gelehnt.

Davis trat hinzu, spähte durch das Mauerloch und sah Carter fragend an.

Carter blieb stumm. Er schüttelte nur den Kopf. Schließlich kletterten sie in das Innere der Kammer.

Der Steinsarkophag war leer und mit Hieroglyphen beschriftet, und Howard ging mit der Lampe ganz nahe heran. Plötzlich hielt er inne. »Mr. Davis«, flüsterte er aufgeregt, »sehen Sie diesen Namensring?«

»Ja. Was hat er zu bedeuten?«

»Er bedeutet: Chnemetamun Hatschepsut.«

»Hatschepsut? Ich dachte, das Grab der Königin Hatschepsut ist bereits gefunden!«

»Stimmt, Mr. Davis. Offensichtlich war der eigenwilligen Königin das erste Grab nicht sicher genug, so daß sie sich gegen Ende ihrer Regierungszeit – sie herrschte mehr als zwanzig Jahre – dieses vermeintlich unerreichbare Versteck in den Fels schlagen ließ, zweihundert Meter tief in der Erde. Trotzdem waren alle Anstrengungen vergeblich – wie man sieht.«

Davis zupfte Carter am Ärmel. »Dort in der Ecke steht ein zweiter Steinsarkophag!«

Howard wandte sich um. In der Aufregung hatte er es versäumt, sich in der Grabkammer näher umzusehen. Mit der Lampe in der Hand näherte er sich dem steinernen Trog. Auch er war leer, auch er trug eine kunstvolle Beschriftung.

»Das war Thutmosis' letzte Ruhestätte«, sagte er, nachdem er die Hieroglyphen eingehend geprüft hatte. »Der erste Thutmosis war Hatschepsuts Vater.«

Carter und Davis hatten sich schon viel zu lange im Staub und der dünnen Luft unter Tage aufgehalten. »Kommen Sie!« meinte Howard und schob den Amerikaner, der in unregelmäßigen Abständen nach Luft schnappte, vor sich her. Entkräftet erreichten sie das Tageslicht, wo Weigall und Ayrton sie mit Fragen bestürmten.

Nicht ohne Stolz schilderte Howard ihre Entdeckung. Gewiß, das Grab war leer wie alle bisher entdeckten Pharaonengräber, aber immerhin hatte er sein Ziel erreicht und war bis in die letzte Kammer vorgestoßen, ein Ziel, an dem Generationen von Ausgräbern vor ihm gescheitert waren.

Ausgelaugt und erschöpft hing Davis in seinem Korbsessel und schüttete Unmengen Wasser in sich hinein. Er konnte seine Enttäuschung nicht verbergen. Die Männer hatten ihre Arbeit beendet, Ruhe breitete sich aus im Tal der Könige. Den Blick nach Osten gerichtet, wo das Niltal im Dunst lag, meinte er, in Gedanken versunken: »Unglaublich, zu welchen Kraftanstrengungen die Gier nach Gold die Menschen befähigt! Wo mögen die Mumien von Thutmosis und Hatschepsut heute sein?«

Howard setzte den Wasserkrug ab, den er über seinen Kopf geleert hatte, und prustete heraus: »Das kann ich Ihnen ganz genau sagen, Mr. Davis. Die beiden Herrschaften befinden sich im Museum in Kairo.«

Der Amerikaner warf Scheich Ibrahim einen verächtlichen Blick zu, weil er glaubte, Carter mache sich über ihn lustig. Aber sein Gesichtsausdruck änderte sich schnell, als Howard fortfuhr: »In dem Mumienversteck, das Ahmed Abd-el-Rassul vor über dreißig Jahren entdeckte, befand sich auch die Mumie Thutmosis' I. Außerdem eine Holzkiste mit dem Namen Hatschepsuts. Allerdings lagen in dieser Kiste *zwei* weibliche Mumien, so daß wir wohl nie erfahren werden, welche von beiden Königin Hatschepsut ist.«

Davis kicherte gekünstelt, so wie er es immer tat, um eine gewisse Verlegenheit zu überspielen. Schließlich zündete er sich eine Zigarette an und paffte unruhig vor sich hin. Nach einer Weile trat er auf Carter zu und sagte: »Nun gut, Mr. Carter, damit können Sie Ihre Maskerade beenden. Ich danke Ihnen jedenfalls für Ihre Tätigkeit. Ihr restliches Honorar lasse ich Ihnen in den nächsten Tagen zukommen.« Dann wandte er sich seinen Assistenten Weigall und Ayrton zu.

»Mr. Davis!« unterbrach Carter den Amerikaner, »ich kann Ihre Enttäuschung verstehen, aber schließlich ist es nicht meine Schuld, daß auch dieses Grab ausgeraubt wurde. Im übrigen sollten Sie sich bewußt sein, daß Sie der Wissenschaft einen großen Dienst erwiesen haben.«

Aus einiger Entfernung rief Davis: »Ich bin nicht hier, um der Wissenschaft einen Dienst zu erweisen, Mr. Carter, ich will berühmt werden, sonst nichts!«

Howard erschrak. Noch nie hatte Davis so deutliche Worte gefunden. Keinen Steinwurf voneinander entfernt, standen sie sich gegenüber, ein jeder vom anderen enttäuscht, Davis wegen seiner Erfolglosigkeit, Carter, weil er erkannt hatte, daß seine Arbeit dem Amerikaner gleichgültig, ja lästig war, solange sie ihm keinen Ruhm einbrachte.

»Wissen Sie«, bemerkte Davis, während er näherkam, »mit Kupfer können Sie eine Menge Geld machen. Schön und gut. Aber kaum sind Sie unter der Erde, ist Ihr Name schon vergessen. Kein Hahn kräht nach Ihnen. Wenn Sie Glück haben, setzen die Erben Ihnen noch einen Grabstein. Auf dem steht: Er wurde geboren und ist gestorben. Das war's. Mr. Carter, ich möchte etwas Bleibendes hinterlassen. Ich habe einen Traum, den Traum, daß die Menschen noch in hundert Jahren von Theodore Davis sprechen, dem großen Entdecker. Können Sie das verstehen?«

Carter sah Davis lange an; dann nickte er stumm. Nach einer Weile erwiderte er: »Tut mir leid, Sir, daß ich nicht zu Ihrer Unsterblichkeit beitragen konnte.«

Kapitel 22

Gleichsam über Nacht verwandelte sich Scheich Ibrahim wieder in Howard Carter, den arbeitslosen Ausgräber.

Er hatte, obwohl sie nicht gerade freundlich auseinandergegangen waren, Davis das Versprechen abgerungen, das Luftaggregat und die elektrische Beleuchtung im Grab der Hatschepsut zu belassen, damit er sich weiteren Forschungen widmen könne. In Wahrheit verbrachte Carter ganze Nächte in der untersten Grabkammer und wühlte mit bloßen Händen in dem aufgeschütteten Boden. Er vermutete nämlich einen weiteren Gang, der vielleicht zu einer Schatzkammer führte.

Oft kroch er morgens, wenn die Sonne gerade aufging, todmüde und mit blutenden Händen aus dem Erdtrichter und wankte seiner bescheidenen Behausung entgegen. Und je länger sich die erfolglose Arbeit hinzog, desto mehr sank seine Hoffnung. Ende März gab er auf.

In einem groß aufgemachten Artikel berichtete die *Egyptian Gazette* über die Entdeckung des tiefsten Pharaonengrabes durch den Amerikaner Theodore Davis und seinen erfahrenen Vorarbeiter Scheich Ibrahim. Howard hatte kein gutes Gefühl, als er die Zeitung las.

Wenige Tage später näherten sich vom Fluß her drei Reiter. Es war um die Mittagszeit, und in der Ruhe, die über dem Tal lag, hörte Howard sie schon von weitem kommen.

Vor seinem Haus machten sie halt. Zwei von ihnen überraschten ihn nicht. Es waren sein Nachfolger James Quibell und Gaston Maspero, der neue Altertümerdirektor, der dieses Amt früher schon einmal bekleidet hatte. Den dritten freilich hätte Howard am allerwenigsten erwartet. Es war »Porchy« Lord Carnarvon.

Noch bevor Quibell und Maspero Carter begrüßt hatten, trat der

Lord auf Howard zu und umarmte ihn wie einen alten Freund. Carter blieb sprachlos.

»Großartig! Wirklich ganz außerordentlich!« rief Maspero und schüttelte Carter beide Hände gleichzeitig. Howard glaubte zu träumen, und nachdem die Heftigkeit seiner Begeisterung nachgelassen hatte, richtete Howard an Maspero die Frage: »Monsieur, wollen Sie mir nicht erklären, was Sie so sehr in Entzücken versetzt?«

Die drei Männer sahen sich an und grinsten vielsagend. Quibell verdrehte die Augen wie ein Kirchenheiliger und sagte: »Ein Kabinettstück allerersten Ranges, das Sie sich da geleistet haben, alle Achtung!«

»Ich weiß nicht, wovon Sie reden, meine Herren«, entgegnete Carter verärgert. »Wollen Sie sich nicht erklären?«

Da faßte Maspero Howard an den Schultern, und mit freundlicher Miene erklärte er: »Mr. Carter, Sie brauchen sich nicht mehr zu verstellen. Wir wissen, wer Scheich Ibrahim war – Sie, Mr. Carter!«

»Unsinn!« log Howard. »Was habe ich mit diesem Scheich Ibrahim zu schaffen?«

»Nicht mehr und nicht weniger, als daß Scheich Ibrahim und Howard Carter ein und dieselbe Person sind.«

»Wie kommen Sie darauf?« entrüstete sich Carter. »Sie kennen diesen Scheich Ibrahim doch überhaupt nicht. Sie sind ihm nie begegnet!«

»Ach?« Maspero lächelte verschmitzt. »Woher wollen Sie das wissen, wenn *Sie* nicht Scheich Ibrahim sind?«

Howard sah sich in die Enge getrieben. »Und wenn es so wäre?« fragte er schließlich resignierend.

»Dann könnte ich Sie nur beglückwünschen zu diesem Geniestreich. Allerdings würde ich es mir zweimal überlegen, die Identität des Entdeckers abzustreiten.«

»Und warum, wenn ich fragen darf?«

»Immerhin handelt es sich bei der Freilegung des Hatschepsut-Grabes um eine der größten Leistungen der Archäologie. Eine Grabkammer, zweihundert Meter tief im Fels, so weit ist noch kein Ausgräber vorgedrungen.«

»Das war auch nur mit Hilfe des elektrischen Stroms möglich«, lenkte Carter ein. »Ohne Luftzufuhr von oben wären wir da unten alle erstickt.«

»Großartig, großartig!« brummelte Maspero vor sich hin. »Ich glaube, Sie und Mr. Davis haben sich mit dieser Technik in die Annalen der Archäologie eingeschrieben. Gratuliere, Mr. Carter.«

Howard mußte lachen. »Das sollten Sie zuerst Mr. Davis mitteilen. Für ihn war die Ausgrabung des Hatschepsut-Grabes eine riesige Enttäuschung. Davis hatte gehofft, die Entdeckung würde ihm zu Weltruhm verhelfen. Und dann war das Grab leer.«

»Oh, diese Amerikaner!« Maspero faltete die Hände, als wollte er ein Stoßgebet zum Himmel schicken.

Verlegen schüttelte Carter den Kopf. »Gestatten Sie mir eine Frage, Mr. Maspero. Woher wußten Sie, daß ich in die Figur des Scheich Ibrahim geschlüpft bin? Haben Weigall oder Ayrton mich verraten? Die beiden waren mir von Anfang an nicht geheuer.«

Maspero hob beide Hände. »Keineswegs. Genaugenommen haben Sie sich selbst verraten, indem Sie den Namen Scheich Ibrahim wählten, genau wie jener Schweizer Abenteurer, der vor beinahe hundert Jahren als Araber verkleidet die nubische Wüste durchquerte und dabei Abu Simbel entdeckte. Als mir zu Ohren kam, daß ein gewisser Scheich Ibrahim für Davis arbeitete, war mir klar: das kann nur Carter sein.«

Ein bißchen genierte sich Howard, weil er so naiv gewesen war zu glauben, niemand würde seine Eulenspiegelei durchschauen. Wirklich peinlich empfand er jedoch Masperos folgende Frage: »Mr. Carter, wovon leben Sie eigentlich zur Zeit?«

»Über mein Auskommen sollten Sie sich keine Gedanken machen, Monsieur«, entgegnete Carter ungehalten. »Wie Sie sehen, bin ich noch immer wohlgenährt und halbwegs anständig gekleidet.«

»Verzeihen Sie, Mr. Carter, meine Frage war wohl etwas unglücklich.«

»Mr. Maspero«, fiel ihm Lord Carnarvon ins Wort, »wollte fragen, ob Sie frei sind für eine neue Aufgabe.«

Howard sah Carnarvon fragend an. »Das kommt ganz darauf an, worum es sich handelt, Mylord.«

»Mr. Maspero hat mir eine Grabungslizenz erteilt. Nun suche ich nach einem Grabungsleiter. Mr. Carter, wollen Sie meine Ausgrabungen leiten?«

Welch eine Frage! Carter preßte die Lippen zusammen, um einen Ausruf der Begeisterung zu unterdrücken. Mit gespielter Gelassenheit erwiderte er: »Warum nicht? Das kommt auf die Bedingungen an.«

»*Sie* stellen die Bedingungen, Mr. Carter!«

Quibell und Maspero nickten.

Mit auf dem Rücken verschränkten Armen ging Howard ein paar Schritte auf und ab. Ihm schien die Situation nicht geheuer. »Mich würde interessieren«, begann er mit ironischem Unterton, »was Ihren plötzlichen Sinneswandel bewirkt hat, Monsieur, Sie waren es doch, der mich entlassen hat, wegen Verletzung der Aufsichtspflicht!«

»Wir wollen vergessen, was gewesen ist!« erwiderte Maspero und nickte zur Bekräftigung seiner Aussage heftig mit dem Kopf. »Eine Untersuchung des Falles hat ergeben, daß wir es mit einem Anschlag zu tun hatten. Und dagegen ist niemand gefeit.«

»Interessant. Und davon erfahre ich so nebenbei. Wollen Sie mir vielleicht auch verraten, wer hinter dem Anschlag steckte?«

Maspero warf Quibell einen hilflosen Blick zu, bevor er antwortete: »Das konnte leider nicht geklärt werden, Mr. Carter. Alle Zeugenvernehmungen verliefen im Sande. Ich hatte den Eindruck, diese Leute hätten sich eher ihre Zunge abschneiden lassen, als die Drahtzieher zu verraten.«

Lord Carnarvon, dem die Spannung zwischen Carter und Maspero nicht verborgen blieb, trat an Howard heran und sagte: »Mr. Carter, was halten Sie davon, wenn wir alles weitere bei einem Dinner im Hotel ›Winter Palace‹ besprechen? Sagen wir, heute abend?«

Carter willigte ein.

Es war lange her, und Howard konnte sich nicht einmal mehr erinnern, wann und bei welcher Gelegenheit er zum letzten Mal im »Winter Palace« diniert hatte.

In der Hotelhalle, die wie immer um diese Zeit von vornehm gekleideten Gästen bevölkert wurde, trat ihm ein kleines Mädchen entgegen, kaum zwölf Jahre alt, in einem hübschen Rüschenkleid und mit einer breiten Schleife im Haar.

»Sie sind gewiß Mr. Carter! Habe ich recht?«

»Gewiß, mein Kind!« antwortete Howard. »Und wie ist der Name der jungen Dame?«

»Ich bin Evelyn, die Tochter von Lord und Lady Carnarvon. Wir sind zum Dinner verabredet. Darf ich Sie zu Ihrem Platz geleiten?«

»Oh, ich bitte darum!« erwiderte Carter mit einer angedeuteten Verbeugung. Amüsiert nahm er zur Kenntnis, wie das kleine Mädchen ganz selbstverständlich seine Hand ergriff und ihn in das im rechten Flügel gelegene Restaurant führte. »Ich habe viel von Ihnen gehört«, meinte Evelyn im Gehen, »Sie sind ein berühmter Ausgräber und sehr gescheit!«

»So, so. Wer behauptet das, mein Fräulein?«

»Papa.«

»Und du glaubst deinem Papa?«

»Sir!« Das Mädchen blieb stehen und zog seine kleine Stirn in Falten. »Wenn ich Papa nicht glauben kann, wem sollte ich überhaupt glauben!«

»Da hast du allerdings recht. Entschuldige meine Bemerkung.«

»Schon vergessen!« Hand in Hand setzten sie ihren Weg fort.

Seine Lordschaft befand sich in Begleitung von Lady Almina, deren auffallende Schönheit alle Blicke auf sich zog. Howard faszinierten vor allem ihre Hände, die zart, schmal und weiß waren, wie er sie noch bei keiner Frau gesehen hatte.

Nachdem alle Platz genommen hatten, eröffnete Lord Carnarvon die Unterhaltung: »Erinnern Sie sich noch an unsere erste Begegnung, Mr. Carter?«

Howard lachte. »Aber gewiß, Mylord. Es war bei einem Dinner in Didlington Hall. Damals habe ich mich etwas ungeschickt benommen. Ich hätte besser den Mund halten sollen.« Und an Lady Almina gewandt: »In den Zeitungen stand damals eine Geschichte, ein gewisser Spink habe ein Mädchen aus einem brennenden Haus gerettet. In Wahrheit hatte *ich* das Mädchen aus den Flammen geholt; aber das wollte mir niemand glauben, weil es anders in der Zeitung stand!«

»Ich kenne die Geschichte«, bemerkte die Lady. »Ihr Verhalten hat meinem Mann damals sehr imponiert.«

»Ach wirklich?« Howard sah Carnarvon an.

Der nickte. »Wissen Sie, Mr. Carter, auf dieser Welt gibt es viel zu viele Jasager und Konformisten. Mir hat es imponiert, wie Sie auf der Wahrheit beharrten.«

»Papa!« rief Evelyn aufgeregt. »Hat Mr. Carter wirklich ein Mädchen aus den Flammen gerettet? Dann ist Mr. Carter ja ein Held!«

Noch ehe Howard etwas einwenden konnte, erwiderte Carnavon: »Ja, mein Kind, Mr. Carter ist ein Held, weil er etwas getan hat, wozu anderen der Mut fehlte.«

Howard war es peinlich, wie ihn das Mädchen mit großen Augen bewundernd ansah. Schließlich meinte er: »Das ist lange her und nicht der Rede wert. Wie geht es übrigens Lord und Lady Amherst?«

Da warf Carnavon seiner Frau einen unsicheren Blick zu und sagte: »Ich dachte, Sie wüßten ...«

»Was sollte ich wissen?«

»Lord Amherst ist tot. Das Herz. Ich dachte, Sie hätten längst davon erfahren.«

»Nein«, erwiderte Howard tonlos. »Lord Amherst tot? – Ich habe ihm viel zu verdanken, genaugenommen sogar alles. Er war es, der mich zum Ausgräber gemacht hat, und was noch wichtiger ist, Lord Amherst hat an mich geglaubt. Entschuldigen Sie mich einen Augenblick.«

Carter erhob sich und eilte durch das Restaurant auf die Terrasse. Dort atmete er tief durch. Während sein Blick über den Nil schweifte, der in der Dämmerung träge dahinfloß, waren seine Gedanken in Didlington Hall. Und plötzlich kam ihm Alicia ins Gedächtnis und ihre Prophezeiung, einer aus der Herrenrunde würde einen Jahrtausendschatz heben. Seine Niederlagen hatten dazu geführt, daß er sich lange nicht mehr an dieses Ereignis erinnerte. Nun war es plötzlich wieder lebendig. Er und Carnarvon würden ein gutes Gespann abgeben. Howard wollte, er mußte es noch einmal versuchen.

In Gedanken versunken, fühlte er auf einmal eine kleine Hand in der seinen. Es war Evelyn. »Bist du jetzt traurig, Mr. Carter?« fragte sie zaghaft und blickte zu ihm auf.

»Hm«, meinte Howard und versuchte krampfhaft zu lächeln.

»Papa sagt immer, Zeit heilt alle Wunden.«

»Da hat dein Papa nicht unrecht. Komm, wir gehen wieder hinein!«

Nachdem Howard Platz genommen und das Essen bestellt hatte, bemerkte Lady Almina lächelnd: »Ich glaube, Mr. Carter, Sie haben eine große Verehrerin gefunden. Meine Tochter läßt Sie nicht mehr aus den Augen.«

»Ich fühle mich durchaus geschmeichelt«, erwiderte Carter und zwinkerte dem kleinen Mädchen zu.

Das aber gefiel Evelyn gar nicht. Wütend schlug sie mit der kleinen Hand auf den Tisch und rief: »Ich möchte nicht wie ein Kind behandelt werden. Papa sagt immer, ich sei kein Kind mehr. Bitte richtet euch danach!«

Lady Almina ermahnte ihre Tochter zu schweigen, wie es einer jungen Dame bei Tisch gebühre. Von nun an redete das Mädchen den ganzen Abend kein Wort mehr.

»Um Didlington Hall ist es nicht gut bestellt«, nahm der Lord seine Rede wieder auf. »Lady Margaret Amherst wird das Landgut wohl nicht halten können. Alle Töchter sind aus dem Haus. Sie ist die einzige Bewohnerin – abgesehen vom Personal. Ich habe den größten Teil der Ägypten-Sammlung von Lord Amherst übernommen. Seitdem ist bei mir das Jagdfieber ausgebrochen. Ich träume davon, eine bedeutsame Entdeckung zu machen, die auf ewig mit meinem Namen verbunden bleibt. Können Sie das verstehen, Mr. Carter?«

Carter schmunzelte vor sich hin. Solche Worte waren ihm nicht fremd, und wenn er ehrlich war, deckten sie sich sogar mit seinen eigenen Vorstellungen. Schließlich antwortete er: »Ich verstehe Sie sehr wohl, Mylord. Die Frage ist nur, wie sich Ihre Träume in die Realität umsetzen lassen. Betrachte ich meine letzten zwanzig Jahre hier in Ägypten, dann muß ich, wenn ich ehrlich bin, gestehen, sie waren eine Aneinanderreihung von Mißerfolgen.«

»Aber Mr. Carter!« fiel ihm Lady Almina ins Wort. »Sie sind ein bekannter Archäologe und Forscher, und die Wissenschaft hat Ihnen viel zu verdanken!«

Howard hob abwehrend beide Hände: »Das mag ja sein, Mylady, aber die wirklich große Entdeckung blieb mir bisher versagt, eine Entdeckung, die – wie Seine Lordschaft sagt – für immer mit meinem Namen verbunden bliebe. Deshalb möchte ich Sie vor mir warnen, Mylord. Ich bin ein geborener Pechvogel. Wenn ich mich recht erinnere, waren Sie doch selbst anwesend bei meiner bisher größten Blamage, als ich einmal in Der-el-Bahari unter Anwesenheit illustrer Ehrengäste ein leeres Grab öffnete. Und mein letzter Coup mit dem Amerikaner Davis war nicht viel besser. Zweihundert Meter mußte ich mich durch brüchiges Felsengestein arbeiten, um nach einem Jahr festzustellen, daß alles vergeblich war. Sie sollten sich nach einem Ausgräber umschauen, der mehr Glück hat und einen besseren Ruf bei den zuständigen Behörden.«

»Aber Ihr Ruf ist hervorragend«, wandte Carnarvon ein. »Maspero hat Sie von sich aus als Grabungsleiter vorgeschlagen. Wenn einer im Tal der Könige noch Erfolg haben kann, sagte er, dann ist es dieser Carter.«

»So – sagte er das. Maspero hat wohl etwas gutzumachen. Jetzt plagt ihn das schlechte Gewissen.«

»Ach was!« erwiderte der Lord unwillig. »Masperos Motive sind doch gleichgültig. Wichtig ist das Vertrauen zwischen uns beiden. Und ich vertraue Ihnen blind, Mr. Carter. Sie sind der einzige, mit dem ich mir vorstellen kann, ein paar Jahre im Tal der Könige oder auch anderswo zu graben.«

Howard fühlte sich von Carnarvons Worten geschmeichelt. Seit er ihm zum ersten Mal begegnete, damals bei dem Fest in Didlington Hall, bewunderte er den eigenwilligen Lord, seine Weltgewandtheit, sein Selbstbewußtsein und seine Eloquenz, und natürlich hatte sich Carter längst entschieden, zusammen mit diesem Mann ein ganz großes Projekt in Angriff zu nehmen.

Andererseits hatte Lord Carnarvon nicht den geringsten Zweifel, daß Carter sein Angebot annehmen würde. Er wartete auch gar nicht seine Zusage ab, sondern fragte ohne Umschweife: »Haben Sie denn schon eine Idee, wonach wir überhaupt suchen könnten? Ich meine, mit einer gewissen Aussicht auf Erfolg?«

Auf diesen Augenblick hatte Carter nur gewartet. Wie ein Schauspieler hatte er die Situation ganz für sich allein geprobt. Jetzt brachte er sie mit scheinbarer Gelassenheit zur Aufführung: Wortlos griff Howard in seine Jackentasche und stellte einen kleinen goldenen Becher in die Mitte des Tisches, mitten unter die Speisen, die inzwischen serviert worden waren. Und obwohl im »Winter Palace« Silbergeschirr und feines Porzellan eine Selbstverständlichkeit waren, hob sich das kleine, funkelnde Gefäß so sehr von der übrigen Pracht ab, daß es Lady Almina ein staunendes »Oh, Mr. Carter!« entlockte, und Lord Carnarvon preßte sein Kinn auf die Tischplatte, um den Becher, ohne ihn zu berühren, aus nächster Nähe zu betrachten.

»Sie machen mich neugierig«, sagte er, nachdem er das goldene Gefäß eingehend gemustert hatte. »Erklären Sie uns, welche Bewandtnis es damit hat.«

Howard nahm den Becher und drehte ihn so, daß auf der Vorderseite kunstvoll gravierte Hieroglyphen sichtbar wurden.

»Was heißt das?« fragte Carnarvon.

»Neb-cheperu-Re. Das ist der Thronname des Pharaos Tut-ench-Amun.«

»Nie gehört von einem Pharao dieses Namens.«

»Das wundert mich nicht, Mylord. Es ist nicht einmal eine Bildungslücke. Denn bei Tut-ench-Amun handelt es sich um einen vergessenen Pharao. Warum dieser Pharao von der Nachwelt vergessen wurde, vielleicht sogar vergessen werden sollte, sei dahingestellt. Tatsache ist, daß er als König Ägypten regiert hat. Sonst hätte er nicht diesen Thronnamen erhalten.«

»Und wann lebte dieser vergessene Pharao?«

»Vor über dreitausend Jahren.«

Carnarvon unterbrach das andächtige Schweigen: »Und woher stammt dieser goldene Becher?«

»Ich habe ihn gefunden, drüben im Tal der Könige.«

Der Lord war wie elektrisiert. »Gefunden? Was heißt gefunden? Solche Dinge liegen doch nicht einfach so herum.«

»Doch, Mylord. Ich sah etwas im Geröll blinken, so wie eine Zehn-Piaster-Münze, die jemand verloren hat. Ich bückte mich, scharrte etwas Sand und ein paar Steine zur Seite und zog diesen Becher heraus.«

»Wir werden genau an dieser Stelle zu graben beginnen!« rief Seine Lordschaft so begeistert, daß Lady Almina sich genötigt sah, ihren Mann zur Zurückhaltung zu mahnen. Andere Gäste würden schon aufmerksam.

Howard schüttelte den Kopf. »Das werden wir nicht tun.«

»Warum nicht, Mr. Carter? Wir können schon morgen beginnen!«

»Weil ich den Becher an einer Stelle unweit des Eingangs zum Grab Ramses' VI. gefunden habe, wo sich der Aushub von mehreren anderen Pharaonengräbern türmt. Vermutlich wurde das kostbare Stück schon mehrmals von einem Ort zum anderen geschaufelt, ohne von jemandem bemerkt zu werden.«

»Wollen Sie damit sagen, Mr. Carter ...«

»... daß es noch gewaltiger Anstrengungen bedarf oder eines weiteren Fundes, bevor wir uns auf die Suche nach dem Grab des vergessenen Pharaos machen können.«

»Aber Sie haben ein Areal im Auge!«

»Gewiß, Mylord. Nur liegt dieses genau in der Mitte zwischen drei Claims, auf denen gerade Theodore Davis, Sir Robert Mond und der Earl of Northampton mit ihren Teams tätig sind.«

»Suchen die etwa auch nach dem vergessenen Pharao?«

»Gott bewahre, nein! Es gibt in Luxor nur einen einzigen Ausgräber, der von der Existenz dieses Pharaos überzeugt ist, und der heißt Howard Carter.«

Carnarvon gefiel die Beharrlichkeit, mit der Carter sein Ziel verfolgte. Dennoch stellte er ihm die Frage: »Was macht Sie eigentlich so sicher, daß dieser Tut-ench-Amun im Tal der Könige begraben und später vergessen wurde?«

Howard schmunzelte überlegen, er nahm den kleinen goldenen Becher in die Hand und hielt ihn gegen das Licht, daß er funkelte wie ein Stern am Abendhimmel. Dann antwortete er: »Mylord, wir haben die Gräber aller ägyptischen Könige gefunden, die in den Annalen der Geschichte aufgeführt sind. Nur einer fehlt: Tut-ench-Amun. Ich glaube nicht, daß er sich in Luft aufgelöst hat. Und dieser Becher ist eine erste Spur.«

»Oh, wie aufregend!« rief Lady Almina, und Seine Lordschaft mahnte, das Essen nicht kalt werden zu lassen.

Nach dem Dessert bestellte Carnarvon Champagner. Er erhob sein Glas, und mit feierlichem Unterton sprach er, während er seiner Frau und Howard zuprostete: »Auf unser gemeinsames Unternehmen, auf Tut-ench-Amun!«

Carter hielt dem Lord den goldenen Becher hin. Der verstand und schenkte Champagner ein. »Auf Tut-ench-Amun!« rief Howard übermütig und leerte den Becher in einem Zug. Dann ließ er das bedeutsame Stück wieder in seiner Jackentasche verschwinden.

Lord Carnarvon räusperte sich verlegen. »Mr. Carter, darf ich Sie etwas fragen«, begann er umständlich, »würden Sie mir diesen Becher verkaufen? Sagen wir fünfhundert Pfund?«

Fünfhundert Pfund. Das war eine Menge Geld. Dennoch schüttelte Howard den Kopf: »Mylord, dieser Becher ist unverkäuflich!«

Weder der Lord noch Howard Carter hatten bemerkt, daß sie schon den ganzen Abend über von einem abseits stehenden Tisch aus beobachtet wurden. Es waren Robert Spink und Emil Brugsch, die sich hinter einer Palme verborgen hielten und reges Interesse zeigten für alles, was zwischen Carnarvon und Carter vorging. George, ein korrupter englischer Ober, der sich scheinbar liebevoll um die kleine Evelyn gekümmert hatte, war beauftragt, jedes Wort, das zwischen dem Lord und seinem Ausgräber gesprochen wurde, weiterzutragen.

Im Tal der Könige drängten sich die Ausgräber, und die Arbeiter behinderten sich gegenseitig. Deshalb zog Howard es vor, zunächst in Der-el-Bahari zu graben, wo er schon vor längerer Zeit mehrere Erdtrichter entdeckt hatte. Im Herbst wollten Sir Robert Mond und der Earl of Northampton ihre Arbeit einstellen, dann, so hatte er Carnarvon vesprochen, würde er mit dem Unternehmen Tut-ench-Amun im Tal der Könige beginnen.

Die Zusammenarbeit mit Seiner Lordschaft erwies sich vom ersten Tag an als schwierig, denn Carnarvon zeigte eine Eigenschaft, die der Todfeind jedes Ausgräbers ist: Ungeduld. Ihm ging alles viel zu langsam. Und über die bescheidenen Entdeckungen der ersten Wochen machte er sich eher lustig, nannte sie Müll und verkündete, zu Hause, in Highclere Castle, habe er tausendmal bessere Stücke in seiner Sammlung.

Eigensinnig kümmerte sich der Lord um alles und jedes. Sogar die Einstellung der Arbeiter übernahm er selbst, obwohl er nicht ein einziges Wort Arabisch sprach. Außerdem engagierte er mehr Arbeiter, als

Howard brauchen konnte und schimpfte, wenn die Männer unbeschäftigt herumstanden. Nach drei Monaten kamen Carter erste Zweifel, ob er es mit diesem Exzentriker lange aushalten würde.

Nach einem arbeitsreichen Tag, Carter stand gerade unter der Dusche, einer vor seinem Haus im Freien aufgehängten Gießkanne, tauchte plötzlich, als wäre sie aus dem Boden gewachsen, Elizabeth Spink vor ihm auf. Sie hatte ein Tuch um den Kopf geschlungen, wie es die Frauen zum Schutz vor der Hitze tun, und Howard versuchte hastig. seine Nacktheit mit einem Handtuch zu bedecken.

»Entschuldigen Sie mein Eindringen«, sagte Elizabeth und wikkelte das Tuch vom Kopf.

»Macht nichts«, erwiderte Carter, »wenn ich Sie nicht allzusehr erschreckt habe. Lange nicht gesehen. Wie geht es Ihnen, Elizabeth, oder muß ich Mrs. Spink sagen?« Howard stockte.

Elizabeths linkes Auge war blutunterlaufen, ihr Gesicht angeschwollen. Sie kämpfte mit den Tränen.

»Mein Gott, was ist geschehen? So reden Sie doch, Elizabeth!«

Die Frau drehte den Kopf zur Seite. Plötzlich schämte sie sich. Der Mut hatte sie verlassen.

Howard faßte Elizabeth an beiden Schultern und sagte mit ruhiger Stimme: »Nun reden Sie schon. Wer hat Sie so zugerichtet?« Und nach einer Pause: »Spink?«

Elizabeth senkte den Kopf, und plötzlich brach es aus ihr heraus: »Er ist ein Scheusal. Seit wir hier sind, ist er ein anderer geworden. Er trinkt und hat nur zwei Dinge im Kopf, Weiber und Geld. Ich muß mit ansehen, wie er sich mit anderen Frauen vergnügt, und weil die Pumpenfabrik nicht genug abwirft, macht er dunkle Geschäfte. Spink handelt mit allem, was Geld bringt. Vorwiegend Opium und Antiquitäten. Längst wäre er im Gefängnis gelandet, würde nicht Hamdi Bey, der Polizeivorsteher, zu seinen engsten Freunden zählen. Er duldet keinen Einwand, und seine einzigen Argumente sind Schläge. Wie konnte ich diesen Mann nur heiraten!«

Obwohl er halbnackt vor ihr stand, zog Howard Elizabeth in seine Arme. »Wir machen alle Fehler, die wir im nachhinein nicht begreifen«, sagte er und strich ihr sanft über den Rücken. »Es soll kein Trost für Sie sein, aber ich kenne Spink länger als Sie, und er hat sich nicht geändert, und er wird sich nie ändern. Was gedenken Sie zu tun?«

Behutsam befreite Elizabeth sich aus seiner Umarmung, und Carter nutzte die Gelegenheit, um sich etwas anzuziehen.

Sie hob die Schultern, und nach einer Weile sagte sie: »Ich habe noch nicht darüber nachgedacht. Soll ich in Ägypten bleiben oder nach England zurückkehren? Mit diesem Mann kann ich jedenfalls nicht weiterleben.«

Lange blickte Howard in ihre traurigen dunklen Augen. Sie hatten ihr Strahlen verloren und schienen beinahe leblos. Ihr Anblick schmerzte ihn. »Erwarten Sie bitte nicht, daß ich Ihnen einen Rat gebe. Was zwischenmenschliche Beziehungen betrifft, bin ich die falsche Adresse. Im Umgang mit Frauen wurde ich bisher nicht gerade vom Glück verwöhnt. Das ist auch der Grund, warum ich zum Eremiten geworden bin. Oder dachten Sie, ein Mann wie ich flüchtet freiwillig in die Wüste? Das Tal der Könige ist ein Hort für Einzelgänger.«

Elizabeth versuchte ein freundliches Gesicht zu machen. »Howard, Sie reden, als ob es ewig so bleiben müßte. Sie sind noch nicht zu alt, um ein neues Leben zu beginnen.«

Da brach Howard in ein gekünsteltes Gelächter aus und rief: »Elizabeth, ich habe keine andere Wahl. Viel habe ich nicht gelernt im Leben. Und wenn ich eine Chance habe, dann ist sie hier und nirgends anders auf der Welt.«

»Ich dachte ja nur...«

»Das ist augenblicklich auch nicht das Problem. Hier geht es nicht um *meine* Zukunft, sondern um Ihre.«

An den Holzzaun gelehnt, der Carters Haus umgab, blickte Elizabeth in Richtung des Flusses und dachte nach. »Ich liebe dieses Land«, sagte sie in Gedanken verloren, »Ägypten ist mir zur zweiten Heimat geworden. Trotzdem wird es vielleicht das beste sein, wenn ich nach London zurückkehre. Ich werde mir die besten Anwälte nehmen, um mich aus den Klauen dieses Ekels zu befreien.«

In der folgenden Zeit begegneten sich Howard und Elizabeth beinahe täglich. Um keinen Verdacht aufkommen zu lassen, wählten sie stets andere Treffpunkte für ihre Zusammenkünfte. Elizabeth blühte auf, und allmählich kehrte der Glanz in ihre Augen zurück.

Howard hatte Zweifel, ob er diese Frau so einfach ziehen lassen sollte. Aber je länger er darüber nachdachte, desto mehr kam ihm zu Bewußtsein, daß Elizabeth in Luxor keine Zukunft hatte. Spink würde sie weiter quälen, erniedrigen und ausbeuten, und er müßte tatenlos zusehen.

Er kannte diesen Spink nun schon seit seiner Jugend, und eigentlich hätte Carter wissen müssen, daß er seine Frau auf Schritt und Tritt beobachten ließ. Längst hatte er von den geheimen Treffen Kenntnis, und wie nicht anders zu erwarten, zog er die falschen Schlüsse daraus.

Eines Tages, Elizabeth wartete in seinem Haus in Dra abu el-Naga auf Howards Rückkehr, näherte sich Spink in Begleitung von drei entschlossen dreinblickenden Männern. Hinter einer nahen Sanddüne legten sie sich auf die Lauer. Sturm kam auf, wie oft um diese Jahreszeit, und trieb Wolken aus Sand und Staub vor sich her.

Carter ließ nicht lange auf sich warten. Wie eine Fata Morgana tauchte er auf dem Rücken seines Maultiers aus einer Sandwolke auf und verschwand in seinem Haus. Ängstlich erwartete ihn Elizabeth. Durch Öffnungen und Ritzen drang feiner Sand und verursachte unheimliche Geräusche. Elizabeth suchte in Howards Armen Schutz. Da wurde die Türe aufgestoßen.

Howard glaubte zunächst, der Sturm habe sie eingedrückt, doch dann blickte er auf vier vermummte Gestalten, und ehe er sich versah, stürzten sich zwei Männer auf ihn, die beiden anderen nahmen sich Elizabeth vor. Die schrie aus Leibeskräften und schlug und trat um sich. Es war das letzte, was Carter wahrnahm; denn im selben Augenblick traf ihn ein furchtbarer Schlag auf den Kopf, und er sackte bewußtlos zu Boden.

Schnell wie er gekommen war, ebbte der Sandsturm ab. Als Howard wieder zu sich kam, lag unheimliche Stille über dem Tal. Sein Kopf schmerzte. Sand knirschte zwischen den Zähnen, und seine Hände fühlten sich spröde an, wie ausgedorrt. Die Tür stand halb offen. Eine Sanddüne hatte sich in das Innere geschoben. Die karge Einrichtung war verwüstet.

Allmählich kam die Erinnerung zurück. Howard setzte sich auf. An seinem Arm klebte verkrustetes Blut. Es bereitete ihm Mühe, sich in dem Chaos zurechtzufinden, aber nach und nach wurde ihm klar, daß nicht der Sturm, sondern die fremden Männer sein Haus verwüstet hatten. Von Elizabeth fehlte jede Spur.

Der Goldbecher des Tut-ench-Amun! schoß es Howard durch den Kopf. Er rappelte sich hoch und humpelte zu der Mauernische, in der er das kostbare Stück aufbewahrte. Der Becher war verschwunden. Für Carter gab es keinen Zweifel, daß Spink hinter dem Anschlag steckte; aber nachdem er diesen ohne größeren Schaden überstanden hatte, galt seine größere Sorge Elizabeth. Seit sie ihm ihr Martyrium gebeichtet hatte, fühlte er sich auf unerklärliche Weise für sie verantwortlich.

Beinahe eine Woche hatte Howard nichts von Sayyed gehört, deshalb war er erleichtert, als dieser ihn während der Arbeit in Der-el-Bahari aufsuchte.

»Verdammt, wo steckst du die ganze Zeit?« zischte Carter unwillig. »Wenn man dich braucht, bist du nie da! Ich könnte tot sein, und du würdest es erst aus der Zeitung erfahren.«

Sayyed sah den Effendi prüfend an, ob er sich nicht über ihn lustig machte; aber dann erkannte er die Ernsthaftigkeit in seinem Gesicht und fragte: »Was ist geschehen, Carter-Effendi? Sayyed hatte keinen Grund, Sie mit Belanglosigkeiten zu belästigen.«

»Belanglosigkeiten nennst du das?« rief Howard entrüstet, und sein Kopf lief rot an. »Ich wurde in meinem Haus von vier Männern überfallen und ausgeraubt, und Mrs. Spink, die bei mir war, wurde entführt.«

»Entführt, sagen Sie, Carter-Effendi? Das kann nicht sein. Allah ist mein Zeuge, daß ich Mrs. Spink heute beim Morgenspaziergang gesehen habe. Die schöne Lady promenierte vor dem Hotel ›Winter Palace‹, verschwand für einen Augenblick im Büro von Thomas Cook und setzte ihren Weg auf der Nilpromenade fort.«

»Bist du sicher, daß es Mrs. Spink war?« Howards Stimme klang aufgeregt.

Sayyed hob das Kinn und verschränkte die Arme: »Carter-Effendi, wollen Sie mich beleidigen? Sayyed hat ein Auge für schöne Ladys, und Mrs. Spink ist eine sehr schöne Lady. Aber das brauche ich Ihnen nicht zu sagen.«

Howard nahm Sayyed, der ihn an Größe inzwischen beinahe überragte, beiseite. Was er ihm zu sagen hatte, war nichts für fremde Ohren: »Mrs. Spink wird von Mr. Spink schlecht behandelt. Sie will sich von ihrem Mann trennen und nach England fliehen. Ich muß unbedingt wissen, was sie vorhat. Hörst du?«

»Kein Problem, Carter-Effendi!« erwiderte Sayyed, und ohne weitere Instruktionen abzuwarten, rannte er talwärts, eine Staubwolke hinter sich herziehend wie ein Wüstenfuchs auf der Flucht vor den Jägern.

Es dämmerte schon, und Howard war mit der Instandsetzung seines Hauses beschäftigt, da näherte sich Sayyed mit derselben Geschwindigkeit, wie er ihn verlassen hatte. »Carter-Effendi!« rief er schon von weiten und schwenkte ein gefaltetes Papier in der Luft. »Eine Nachricht von Mrs. Spink.«

Carter nahm den Zettel entgegen und las: »Howard, ich hoffe, Sie sind wohlauf. Habe ein Billett für den Nachtzug nach Kairo gebucht und eine Passage mit dem Dampfer ›Sudan‹ von Alexandria nach Neapel. Ich bete, daß alles gutgeht. Werden Sie heute zum Abschied am Bahnhof sein? – In Liebe. Elizabeth.«

Nachdenklich strich sich Howard mit der Hand über das Kinn, dann fragte er: »Sayyed, wann geht der Nachtzug nach Kairo?«

Sayyed hob die Augenbrauen, als wollte er eine wichtige Mitteilung machen. »Kommt darauf an!« antwortete er verschmitzt. »Nach dem Wunsch der Eisenbahngesellschaft sollte der Nachtzug um zehn nach zehn abfahren. Aber das ist nur ein Wunsch – wie man sich einen guten Tag wünscht, ohne groß darüber nachzudenken. In Wahrheit verläßt der Nachtzug selten vor elf Uhr den Bahnhof von Luxor. Mr. Zaki Rakis, der Eisenbahnvorsteher, sagt, alle Eile ist vom Teufel.«

Mit einem Gefühl von Traurigkeit machte sich Howard Carter am Abend auf den Weg hinüber nach Luxor, und nicht einmal der Fährmann, den er seit vielen Jahren kannte und dem stets ein lustiges Liedchen über die Lippen ging, vermochte ihn aufzuheitern. Im Blumenladen vor dem »Winter Palace« kaufte er ein Jasminsträußchen. Verschämt ließ er es unter seiner Jacke verschwinden.

Howard zog es vor, den Seiteneingang des Bahnhofs zu benutzen, wo das Gepäck der Fahrgäste angeliefert wurde. Hier konnte er sicher sein, daß seine Ankunft nicht bemerkt wurde. Im Inneren bezog er unter einem eisernen Vordach Posten. Dort hatte er den besten Überblick. Entgegen der Ankündigung Sayyeds lief die Eisenbahn, versehen mit einem Speisewagen und zwei Schlafwagen, pünktlich ein; doch dann schien es niemand eilig zu haben. Zugführer, Stewards, Kofferträger und Kondukteure waren in erster Linie damit beschäftigt, Neuigkeiten auszutauschen. Längst hatten die Zeiger der großen Bahnhofsuhr die Abfahrtszeit überschritten, als die ersten Fahrgäste ihre Abteile aufsuchten.

Aufgeregt hielt Carter nach Elizabeth Ausschau. Natürlich hatte er sich Gedanken gemacht, wie sie es wohl anstellen würde, sich unbemerkt davonzumachen. Und weil er die näheren Umstände nicht kannte, blieb ihm nichts anderes übrig, als alle Reisenden, die sich auf dem Bahnsteig aufhielten, eingehend zu mustern. Er mußte damit rechnen, daß Elizabeth sich verkleidet hatte. Vergeblich.

Schließlich faßte er den Entschluß, für jedermann sichtbar auf dem Bahnsteig auf und ab zu gehen, wobei sein Blick unablässig von einem Abteilfenster zum anderen wanderte. Die Zeiger der Bahnhofsuhr wanderten auf elf zu, als der Bahnhofsvorsteher, der jede Eile verteufelte, in roter Uniform und mit einem Sprechtrichter ausgestattet, vor den Zug trat und die baldige Abfahrt verkündete. Man konnte das nur vermuten, weil die Abfahrt längst überfällig und der Singsang seiner Stimme aus dem Trichter so unverständlich war wie das Morgengebet des Muezzin.

Ratlos mußte Howard mit ansehen, wie sich die Eisenbahn in Bewegung setzte und in der Dunkelheit nach Norden verschwand. Etwas Unerwartetes mußte vorgefallen sein – jedenfalls fand Carter keine andere Erklärung, und so machte er sich auf den Rückweg nach Dra abu el-Naga. Auf der Fähre zum jenseitigen Ufer warf er die Blumen in den Nil.

Zwei Tage waren vergangen, da brachte Sayyed eine Nachricht von Elizabeth. Ihr Fluchtplan war entdeckt worden, und Spink hatte ihr Paß und Geld weggenommen. Sie sei verzweifelt und wisse keinen Ausweg.

Howard musterte den mit flüchtiger Schrift geschriebenen Brief, dann warf er Sayyed einen prüfenden Blick zu und fragte: »Wie konnte Mrs. Spink dir diesen Brief zustecken? Sie wird jetzt gewiß mehr beobachtet als zuvor!«

»Davon können Sie ausgehen, Carter-Effendi. Die arme Mrs. Spink tut mir leid. Sie trug mir auf, Ihnen zu sagen, sie sollten sich in acht nehmen. Spink-Effendi ist ein böser Mensch. Alle fürchten ihn. Aus Angst vor Schlägen halten alle Diener zu ihm, obwohl ihnen Mrs. Spink viel lieber ist. Nur einer ist auf der Seite der schönen Lady: mein Bruder Suleiman.«

»Dein Bruder ist Diener bei Spink?«

Sayyed nickte eher beiläufig, als wäre das die selbstverständlichste Sache der Welt. Und mit einem Augenzwinkern meinte er: »Ist doch gut, wenn man viele Brüder hat, oder?«

Lord Carnarvon bewohnte eine Suite im Erdgeschoß des Hotels »Winter Palace«. Lady Almina und ihre Tochter Evelyn waren längst abgereist und nach England zurückgekehrt, da meldete sich ein europäisch gekleideter Ägypter mit Fes auf dem Kopf im Hotel, er wünsche Lord Carnarvon in einer wichtigen Angelegenheit zu sprechen. Sein Name spiele keine Rolle.

Seine Lordschaft war nicht gewohnt, auf derlei Unhöflichkeiten zu reagieren, aber schließlich siegte die Neugierde, und er trat dem rätselhaften Fremden in der Hotelhalle entgegen.

»Wer sind Sie?« fragte der Lord und musterte den Mann von Kopf bis Fuß. Dessen vornehme dunkle Kleidung war nicht in der Lage, sein zwielichtiges Erscheinungsbild zu verbergen. Der Unbekannte zählte zu jener Sorte Menschen, mit denen man, ohne daß sie den Mund auftun, lieber nichts zu schaffen hat. Seine schwarzen Haare trieften vor Brillantine, Puder überdeckte seinen dunklen Bartwuchs, und der Anzug, den er trug, sah aus der Nähe schmuddelig aus und glänzte wie eine Speckschwarte.

Deshalb war Carnarvon schon geneigt, sich zurückzuziehen, als der Fremde, seine Frage ignorierend, sagte: »Wie ich hörte, sammeln Sie Altertümer, Mylord, und die Ausbeute Ihrer Grabungen ist bisher nicht gerade berauschend.«

Der Lord zögerte: »Ja und?«

»Ich habe etwas zu verkaufen, etwas Wundervolles, Sir, die Zierde jeder Sammlung. Aber wollen wir uns nicht an einen ruhigeren Ort begeben, wo es keine Zeugen gibt für unser Gespräch?«

Carnarvon nickte und machte eine Handbewegung in Richtung der Sitzgruppe nahe der Treppe, die zur Empore führte. Dort nahmen sie Platz.

»Worum handelt es sich?« fragte der Lord.

»Eine Vase mit goldenem Deckel, 1. Dynastie, eines der ältesten Kunstobjekte, das je in Ägypten gefunden wurde.«

»Ich will es sehen. Und zwar sofort!«

»Inschallah«, entgegnete der undurchsichtige Ägypter. »Aber ich stelle die Bedingungen.«

»Und die wären?«

»Dreihundert Britische Pfund. Und Sie müssen sich mit verbundenen Augen zu einem geheimen Ort und wieder zurückbringen lassen. Ich garantiere für Ihre Sicherheit, Sir. Sie haben mein Wort.«

Abenteuer wie dieses waren nach dem Geschmack Lord Carnarvons. Auf seinen Reisen um die Welt hatte er weit gefährlichere Begebenheiten erlebt, jedenfalls fürchtete er weder Tod noch Teufel. Ohne Bedenken suchte er den hinter der Portiersloge gelegenen Tresorraum auf, ließ sich dreihundert Pfund aushändigen und trat aus dem Hotel, wo ihn der Ägypter erwartete. Gemeinsam bestiegen sie eine geschlossene Kutsche, die vor den Kolonnaden wartete.

»Sie müssen entschuldigen«, sagte der Unbekannte, während er Carnarvon die Augen verband, »aber es ist zu meiner eigenen Sicherheit. Sollte Ihnen das Stück nicht gefallen, bringe ich Sie wieder hierher zurück, und wir haben uns nie gesehen.«

Das klang beinahe seriös. Und die Kutsche setzte sich in Bewegung.

Nach zehnminütiger Fahrt gewann Seine Lordschaft den Eindruck, daß sich der Wagen im Kreis bewegte. Eigentümliche Geräusche wiederholten sich, und Carnarvon fragte ungeduldig: »He, Mister, ist es noch weit? Ich kann mich doch auf Ihr Wort verlassen?«

Da hörte er das Lachen des Unbekannten, der ihm auf der Sitzbank gegenübersaß, und rief: »Sir, wenn wir Gauner uns nicht mehr auf uns verlassen könnten – wer dann?«

Zu Hause in England hätte er einen Mann, der ihn mit einem Gauner gleichsetzte, zum Duell gefordert. Aber hier in Ägypten war alles anders. »Porchy« lachte. Es blieb ihm nichts anderes übrig, wollte er sich nicht um die Chance bringen, eine kostbare Ausgrabung zu erwerben.

Im selben Augenblick kam die Kutsche zum Stehen. Behutsam half der Fremde Carnarvon aus dem Wagen und führte ihn über vier Stufen in ein Haus und weiter in einen kahlen Raum, in welchem die Stimmen hallten. Dort wurde ihm die Augenbinde abgenommen.

Der Raum war weiß gestrichen, und in der Mitte stand ein alter Holztisch. Eine elektrische Glühbirne hing von der Decke und beleuchtete eine Vase aus gelbgrünem Alabaster; sie war zwei Fuß hoch und mit tiefköpfigen Götterbildern und Hieroglyphen verziert und trug einen halbrunden goldenen Deckel. Carnarvon war wie geblendet. Noch nie hatte er ein so wundervolles Stück gesehen.

Mit hinterhältigem Grinsen, die Arme über der Brust verschränkt, beobachtete der Unbekannte Carnarvons gierige Blicke. »Na, habe ich Ihnen zuviel versprochen?« meinte er schließlich und nahm die Vase in beide Hände, um sie gegen das Licht zu halten. Da begann der Alabaster zu leuchten, als flackerte eine Flamme im Inneren des Gefäßes.

»Dreihundert Pfund?« fragte der Lord unsicher, als fürchtete er, der Fremde habe den Preis inzwischen erhöht.

Aber der nickte nur und sagte kein Wort.

Hastig fingerte Carnarvon das Geld aus der Tasche und reichte es dem Mann.

»Sie gehört Ihnen, Mylord«, sagte dieser und reichte ihm das kostbare Stück.

Nur Sammler vom Schlage eines Lord Carnarvon mögen verstehen, was der Engländer in diesem Augenblick empfand. Stumm und ergriffen drückte er die Vase an sich wie ein Vater, der zum ersten Mal sein Kind in den Armen hält. Er war den Tränen nahe. Vor Aufregung konnte er nicht sprechen. Seine Rechte glitt zärtlich über den seidigen Alabaster.

Carnarvon erschrak, als der Unbekannte von hinten an ihn herantrat. »Sie entschuldigen, Mylord, aber ich muß Ihnen jetzt wieder die Augen verbinden.«

»Porchy« ließ es geschehen, ohne die kostbare Vase aus der Hand zu geben. So wurde er aus dem Haus geführt.

Es war spät geworden, und auf den Straßen herrschte kaum Verkehr. Carnarvon interessierte sich auch nicht mehr für die Route, die die Kutsche nahm; ihm fiel nur auf, daß sie diesmal kaum halb so lange brauchte. Als der Wagen anhielt, nahm ihm der fremde Mann die Augenbinde ab und verabschiedete sich knapp.

Carnarvon stieg aus, und die Kutsche preschte in nördlicher Richtung davon. Die kühle Nachtluft tat ihm gut. Um kein Aufsehen zu erregen, entledigte er sich seines Sakkos und wickelte die Vase darin ein. Dann betrat er das Hotel »Winter Palace«.

Am nächsten Morgen schickte seine Lordschaft einen Boten nach Der-el-Bahari, Carter möge ihn dringend im »Winter Palace« aufsuchen. Irgendwie ahnte Howard nichts Gutes, als er sich auf den Weg machte hinüber nach Luxor. Er hatte »Lordy« – wie ihn die Arbeiter inzwischen nannten – seit fünf Tagen nicht gesehen, und die Abstände, in denen er bei den Grabungen auftauchte, wurden immer größer. Es schien, als habe Carnarvon die Lust verloren, in Der-el-Bahari weiterzugraben, und Howard legte sich während der Überfahrt auf dem Fährboot ein paar passende Worte zurecht, er möge durchhalten, wenigstens bis zum Herbst, wenn die Ausgrabungen im Tal der Könige begännen.

Doch dann kam alles anders. Statt mißgelaunt empfing ihn der Lord heiter gestimmt, und es dauerte nicht lange, bis Howard den Grund seiner Gemütsverfassung erblickte. Carnarvon hatte die Vase auf einem Tisch vor dem Fenster seiner Hotelsuite aufgebaut, und die Morgensonne, die einen goldenen Strahl auf das kostbare Gefäß warf, verlieh ihm das Aussehen einer überirdischen Erscheinung.

»Mylord!« rief Carter fassungslos und trat näher an das Gefäß heran, um es eingehend zu betrachten. Nach einer Weile fragte er: »Mylord, wie kommt das Stück in Ihren Besitz?«

Carnarvon ging nicht weiter auf die Frage ein. Statt dessen meinte er: »Was ich von Ihnen wissen will, Mr. Carter: ist dieses Stück echt, oder bin ich einer Fälschung aufgesessen?«

»Ob diese Vase echt ist?« Howard lachte gekünstelt. »Die Frage stellt sich bei einem Objekt wie diesem überhaupt nicht. Wer sollte eine solch vorzügliche Arbeit fälschen? Aber wissen Sie eigentlich, was Sie da erworben haben? Dies ist eines der ältesten Kunstwerke, das je von Menschenhand geschaffen wurde. Vermutlich stammt es aus der 1. Dynastie, ist also beinahe fünftausend Jahre alt. Mylord, dieses Stück ist unbezahlbar!«

»Ich habe dreihundert Pfund bezahlt«, erwiderte der Lord hochnäsig. »Und nun frage ich mich, ob die Arbeit dort drüben am anderen Nilufer den Aufwand lohnt. Seit Jahren gebe ich ein Vielfaches aus, und was Sie bisher zutage gefördert haben, ist doch – Sie werden verzeihen – eher bescheiden. Verstehen Sie mich recht, Mr. Carter, diese Kritik ist nicht gegen Sie oder Ihre Arbeit gerichtet, aber mich läßt der Gedanke nicht los, ob Sie nicht Ihre Kenntnisse und Fähigkeiten besser dazu einsetzen sollten, Stücke wie dieses auf dem schwarzen Markt zu erwerben. Das käme billiger, und Sie bräuchten sich nicht einmal Ihre Finger schmutzig zu machen.«

Howard Carter wurde kreideweiß. Starr stand er da und brachte kein Wort hervor.

»Ich wollte Sie nicht kränken«, bemerkte Carnarvon, als er sah, was er angerichtet hatte. »Natürlich würde ich Sie bezahlen wie bisher. Was halten Sie von meinem Vorschlag?«

Carter schluckte. »Wo haben Sie das her?« stammelte er mit leiser Stimme.

»Von einem Ägypter. Er nannte keinen Namen und tat sehr geheimnisvoll. Aber das ist unerheblich.«

»Ganz und gar nicht!« rief Carter, und dabei überschlug sich seine Stimme. »Das Stück, das hier vor Ihnen steht, wurde nämlich vor einem Monat aus dem Museum in Kairo gestohlen und wird seither von der Polizei gesucht!«

»Carter, Sie treiben Ihren Scherz mit mir!« stotterte der Lord.

»Keineswegs.«

»Und Sie sind sicher, daß es sich dabei um eben diese Vase handelt?«

»Absolut sicher. Maspero äußerte die Befürchtung, das Objekt könnte für immer verloren sein. Er meinte, die Vase sei einfach zu bekannt, um einen Käufer zu finden. Nur ein Idiot würde das Risiko auf sich nehmen und eine größere Summe für dieses Stück hinlegen. Das sei so, als würde die Mona Lisa geklaut und auf dem schwarzen Markt zum Kauf angeboten. Sagte Maspero.«

Lord Carnarvon trat an eine Anrichte, auf der Flaschen und Gläser standen. Er füllte ein Whiskyglas zur Hälfte und kippte den Inhalt in sich hinein. Dann brach er in ein lang andauerndes, abscheuliches Gelächter aus.

»Ich will mich ja nicht aufdrängen«, sagte Carter, nachdem der Lord sich beruhigt hatte, »aber vielleicht sollten wir doch weitergraben, drüben, jenseits des Flusses.«

Zwei Tage überlegte Lord Carnarvon, wie er der Situation begegnen sollte, ohne sein Gesicht zu verlieren. Dann schrieb er Gaston Maspero, dem Direktor der Altertümerverwaltung, einen Brief, er habe das kostbare Stück aus den Fängen geldgieriger Antikenschieber freigekauft.

Kapitel 23

Mitte Mai, die Trauer über den Tod König Edward VII. hatte sich etwas gelegt, gab Theodore Davis im Luxor-Hotel ein großes Fest. In der Regel pflegten Ausgräber den Ort ihres Wirkens so still zu verlassen, wie sie gekommen waren, aber Davis war nun einmal mehr Abenteurer als Archäologe, vor allem war er ein reicher Amerikaner, der es liebte, im Mittelpunkt zu stehen, und deshalb übertraf das Fest, das er zum Abschied feierte, alles bisher Dagewesene.

Der Ballsaal des Hotels war dekoriert mit ägyptischen Altertümern wie einst bei der Opernpremiere von Verdis »Aida« in Kairo, und kaum jemand vermochte zu erkennen, ob es sich hierbei um Originale oder Kopien handelte. Sphingen und lebensgroße Statuen wechselten mit Götterbildern und Reliefs an den Wänden, und eine spärlich bekleidete Damenkapelle spielte Tafelmusik, so wie es auf den Wandmalereien der Gräber jenseits des Nils zu sehen war.

Theodore Davis hatte sich als Pharao verkleidet und trotz seines Alters in ein kurzes Gewand geworfen. Seine nackten Arme zierten goldene Reifen, und ein gold-blau gestreiftes Kopftuch verbarg sein schütteres Silberhaar. Vornehm und zurückhaltend dagegen seine Frau in einem langen, fließenden Gewand wie Königin Nofretete.

Geladen waren die High-Society von Luxor, alle Ausgräber zwischen Kairo und Assuan, Amerikaner und Europäer und natürlich Lord Carnarvon und Howard Carter – gewiß zweihundert festlich gekleidete Menschen.

Als hätte er das Finale seines Ägypten-Aufenthaltes selbst in Szene gesetzt, hatte Davis, kurz vor Ablauf der Grabungslizenz, für alle unerwartet ein prächtiges Grab entdeckt, kein Pharaonengrab, aber immerhin jenes der Schwiegereltern Amenophis' III., angefüllt mit kostbaren

Beigaben. Amerikanische Zeitungen, sogar die *New York Times*, hatten darüber auf der ersten Seite berichtet.

Eine würdige alte Dame, in schwarzen Samt gekleidet wie einst Queen Victoria und mit einem Schleier über dem Haar, zog alle Blicke auf sich, und Davis sonnte sich im Glanz ihrer Anwesenheit. Sie war im »Winter Palace« unter dem Namen Gräfin von Pierrefonds abgestiegen, aber es hatte sich schnell herumgesprochen, daß sich hinter dem seltsamen Namen keine andere als Eugenie verbarg, die letzte Kaiserin der Franzosen.

Die Maskerade des Amerikaners gefiel ihr, und in ihrer forschen Art und in französisch gefärbtem Englisch meinte sie: »Warum haben Sie mir nicht gesagt, daß Sie kostümiert erscheinen, Mr. Davis, ich hätte mich als Mumie verkleidet.«

Davis unterdrückte ein Lachen und erwiderte: »Aber Hoheit, bei Ihrem Aussehen wäre das doch eine Schande!«

Da schwenkte die alte Dame ihren schwarzen Stock, den ein silberner Knauf zierte, und sagte: »Mr. Davis, in meinem Alter wirken Komplimente eher peinlich. Sie sollten sie unterlassen!«

Auf diese Weise gemaßregelt, suchte der Amerikaner nach anderer Konversation: »Hoheit, sind Sie zum ersten Mal in Luxor?«

»O nein. Damals, vor über vierzig Jahren bei der Einweihung des Suezkanals, unternahm ich eine Reise nach Oberägypten. Das waren noch Zeiten! Damals reiste ich mit meiner Yacht ›L'Aigle‹ nach Ägypten. Sie galt als das stolzeste Schiff im ganzen Mittelmeer. Heute muß ich froh sein, wenn ich eine Passage auf einem Liniendampfer bekomme. So ist das Leben.«

Dabei fiel ihr Blick auf einen eleganten Herrn mit grauen Schläfen und einer Nickelbrille mit Lederflecken an beiden Seiten als Blendschutz. Eugenie neigte ihren Kopf Theodore Davis zu, und mit leiser Stimme fragte sie: »Ist das nicht dieser Doktor Munthe, Axel Munthe?«

»Oh, Hoheit kennen ihn?«

»Nein, bisher hatte ich nicht das Vergnügen; aber ich habe viel von ihm gehört. Er hat ja lange Zeit in Paris verbracht, und wenn man im Exil lebt, interessiert man sich für alles, was in seinem Vaterland vor sich geht. Er soll ein fantastischer Arzt sein und am schwedischen Königshof ein- und ausgehen. Vor allem Frauen verehren ihn, als wirkte er Wunder wie Jesus.«

Der mit so viel Lob Bedachte trug seinen Cut, als wäre er damit auf die Welt gekommen. Er war gewohnt, von Frauen umringt zu werden. So auch hier. Wie zufällig fing er einen Blick der Ex-Kaiserin auf und neigte leicht den Kopf zum Gruß. Davis machte eine einladende Handbewegung, er möge sich zu ihnen gesellen. Das ließ sich Munthe nicht zweimal sagen.

»Und was führt Sie hierher, Doktor Munthe?« erkundigte sich die alte Dame, nachdem Davis ihr den vornehmen Gast vorgestellt hatte.

Die Frage war ungewöhnlich genug, aber Munthes Antwort übertraf ihre Ungewöhnlichkeit bei weitem. Er erwiderte: »Madame, ich bin auf der Suche nach einer ägyptischen Sphinx aus rotem Granit, welche die Loggia meines zukünftigen Hauses zieren soll. Ich habe einen einfachen Flecken Erde gefunden, auf dem ich mein Tusculum baue, wo ich ein einfaches Leben führen kann unter schlichten, ungebildeten Leuten. Ich brauche nichts als ein getünchtes Zimmer mit einem harten Bett, einen Tannenholztisch, ein paar Stühle, ein Klavier, Vogelgezwitscher vor den Fenstern und aus der Ferne das Rauschen des Meeres.«

»Nun sagen Sie uns, was diesen Gesinnungswandel bewirkt hat, Doktor Munthe. Sie waren doch lange in Paris und gehörten zu den Spitzen der Gesellschaft. Keine Herzogin oder Marquise, die nicht Ihre Dienste in Anspruch nahm. Haben Sie nicht auch ein paar russische Großfürsten und den Herzog von Aumale vom Ischias befreit? Und nun wollen Sie sich aufs Land zurückziehen? Wohin denn, wenn ich fragen darf?«

»Ich habe immer dieses unnatürliche Leben der Großstadt gehaßt. Ich wollte nicht länger meine Zeit verlieren in dieser Atmosphäre von Krankheit und Verfall. Ich wollte nicht länger Modearzt sein. Meine Angst ist es, so zu enden wie mein Freund Guy de Maupassant. Nein, Madame, ich baue mir mein Tusculum.«

»Darf man erfahren, wo dieser glückverheißende Flecken Erde zu finden ist?«

»Auf Capri, Madame, genauer auf Anacapri, oben im Gebirge mit Blick über den Golf von Neapel. Und dort, hunderte Meter senkrecht über dem Meer, soll eine Sphinx aus rotem Granit über mich wachen. Mr. Davis, Sie müssen mir helfen. Ich werde Ägypten nicht eher verlassen, bis ich eine solche Sphinx mein eigen nenne.«

Davis wiegte den Kopf hin und her. »Ich fürchte, ich bin für Sie die falsche Adresse. Auch würde ich Ihnen nicht empfehlen, Ihren Wunsch laut zu äußern. Die Zeiten, in denen man in Ägypten alles kaufen konnte, sind nämlich vorbei. Auch die Stücke, die hier herumstehen, sind alle registriert und unverkäuflich.«

Wie zufällig näherte sich Carter aus dem Hintergrund, und Davis meinte, an Munthe gewandt: »Vielleicht wenden Sie sich an diesen Herrn. Sein Name ist Howard Carter, und er genießt einen hervorragenden Ruf als Ausgräber. Carter hat sein halbes Leben in Ägypten zugebracht. Wie lange leben Sie eigentlich schon in Ägypten, Mr. Carter?«

Howard trat hinzu, grüßte höflich nach allen Seiten, dann antwortete er: »Zwanzig Jahre, Mr. Davis; aber zwanzig Jahre in Ägypten sind so viel wie fünfzig Jahre in Europa. Glauben Sie mir, ich weiß, wovon ich rede.«

»Das ist Doktor Munthe«, meinte Davis ohne Umschweife, »er ist ein bekannter Arzt und sucht eine Sphinx aus rotem Granit. Vielleicht können Sie ihm weiterhelfen.«

»Ich?« rief Carter entrüstet. »Wie kommen Sie gerade auf mich?«

Verlegen hob Davis die Schultern, und Howard fuhr fort: »Ich bin Ausgräber, Mr. Davis, kein Schieber, das sollten Sie eigentlich wissen!« Dann drehte er sich um und verschwand in der Gesellschaft.

»Er ist manchmal etwas heftig«, bemerkte der Amerikaner, während er Howard hinterhersah. »Ich kann ein Lied davon singen. Wir haben lange genug zusammen gearbeitet.«

Indes begab sich Carter auf die Terrasse. Mit gespielter Gleichgültigkeit hielt er Ausschau nach Elizabeth. Seit langem hatte er nichts von ihr gehört, und er war sicher, daß sich Spink ein Fest wie dieses nicht entgehen lassen würde. Da zupfte ihn jemand am Ärmel. »Mr. Carter!«

Es war Arthur Weigall. »Sie mögen Davis nicht besonders, stimmt's?«

»Stimmt«, erwiderte Howard knapp.

»Ich auch nicht«, bemerkte Weigall. »Unter einem Amerikaner zu arbeiten, ist eine Strafe Gottes, vergleichbar nur mit den zehn ägyptischen Plagen der Bibel.«

Carter gab sich erstaunt: »Ein Wunder, wie *Sie* es so lange ausgehalten haben.«

»Sie wissen ja selbst, wie das ist, wenn man Geld braucht«, wandte Weigall ein. »Jetzt bin ich froh, daß alles vorbei ist. Ich gehe zurück nach England. Und Sie? Wie lange wollen Sie das hier noch machen?«

»Wie lange?« fragte Carter irritiert zurück. Es schien, als hätte er sich noch nie mit dieser Frage auseinandergesetzt. »Wie lange?« wiederholte er abwesend. »Ich würde sagen, so lange, bis ich den Fund meines Lebens gemacht habe. Das habe ich mir nun einmal in den Kopf gesetzt.«

»Und was verstehen Sie unter dem Fund Ihres Lebens, Mr. Carter?«

»Ich werde das Grab Tut-ench-Amuns finden, irgendwo da drüben in der Steinwüste! Und ich werde der erste sein, der nach über dreitausend Jahren seinen Fuß in dieses Grab setzt!«

Weigall blickte nachdenklich drein. Es schien, als kämpfte er mit sich, als wollte er etwas loswerden. Stockend, um jedes Wort ringend und mit leiser Stimme begann er: »Sie sollten wissen, was eigentlich ein Geheimnis bleiben sollte. Davis hat Ayrton und mir das Versprechen abgenommen, darüber zu schweigen. Aber wenn jemand das Recht hat, es zu erfahren, dann sind Sie es, Mr. Carter.«

Howard sah Arthur Weigall prüfend an. Machte der sich über ihn lustig? Doch dann sah er Weigalls ernstes Gesicht und sagte: »So reden Sie doch endlich!«

Weigall schielte nach allen Seiten, zupfte verlegen an seiner Nase und sagte: »Es ist nämlich so: Davis hat das Grab des Tut-ench-Amun bereits gefunden, jedenfalls ist er davon überzeugt. Und das ist auch der Grund, warum er seine Arbeiten einstellt und nach Amerika zurückkehrt.«

Carter fühlte, wie eine gewaltige Faust auf ihn einschlug. Einen Augenblick war er wie von Sinnen, glaubte, er stürze zu Boden, fühlte, wie sein Bewußtsein schwand, und kam erst wieder zu sich, als Weigall sich seiner erwehrte, weil er, Carter, sich an ihn klammerte und rief: »Das ist nicht wahr! Sagen Sie, daß es nicht wahr ist!«

»Mr. Carter! Bitte erregen Sie kein Aufsehen! Ich will Ihnen alles erklären!«

Howard war nicht zu besänftigen: »Hat er den Pharao gefunden oder nicht?«

Da begann Weigall zu erzählen: »Anfang des Jahres stießen wir im Tal der Könige auf eine unscheinbare Gruft, eigentlich nur ein Schacht ohne Verzierungen oder Beschriftungen. Er lag acht Meter unter der Oberfläche und war bis zur Decke mit Schlamm gefüllt, den Sickerwasser im Lauf der Jahrtausende angeschwemmt hatte. Wir brachten den getrockneten Schlamm nach oben, siebten ihn in wochenlanger Arbeit, aber das einzige, das wir fanden, waren Bruchstücke eines Kästchens mit mehreren Goldplättchen. Zwei davon trugen die Namensringe Tut-ench-Amuns und seiner Frau Anches-en-Amun.«

»Das bedeutet gar nichts!« rief Carter in höchster Erregung.

»Ein paar Tage später«, fuhr Weigall fort, »entdeckten wir wenige Schritte entfernt eine Grube mit tönernen Krügen, vertrockneten Blumen und Girlanden und einer Anzahl Säckchen mit Natron. Der Inhalt der Krüge war Schutt, nichts als Schutt. Aber einer war in ein Tuch gehüllt, und dieses Tuch trug den Namen Tut-ench-Amuns und die Datumsangabe ›Jahr 6‹. Und in diesem Krug befanden sich kostbarer Schmuck aus Gold, Ringe und Armspangen mit eingelegtem Email, polierte Spiegel und Salbgefäße aus blauer Fayence. Für Davis war damit klar, daß die Gruft Tut-ench-Amuns Grab gewesen sein mußte, daß das Grab ausgeraubt wurde und daß die Räuber alles, was sie nicht mehr tragen konnten, in der Grube zurückließen, um es vielleicht später abzuholen.«

Carter faltete die Hände, und mit mitleidsvoller Miene sagte er: »So, so. Das behauptet dieser gescheite Mr. Davis. Er hat doch mit Kupfer gehandelt – wenn ich mich recht erinnere! Warum, um Himmels willen, ist er nicht dabei geblieben? Tut-ench-Amun will er gefunden haben! Daß ich nicht lache! Wenn er sich seiner Sache so sicher ist, warum soll seine Entdeckung dann geheim bleiben?«

»Das will ich Ihnen sagen. Theodore Davis wollte unbedingt den Schmuck für sich behalten. Also blieb ihm nichts anderes übrig, als den gesamten Fund zu verschweigen – auch wenn es sich dabei um das Grab Tut-ench-Amuns handelte.«

»Dieser Spinner! Aber es wird ihm nicht gelingen, den Schatz außer Landes zu schaffen!«

»Da muß ich Sie enttäuschen, Mr. Carter. Es *ist* ihm bereits gelungen. Davis hat die Pretiosen in seinen Reisekisten verschwinden lassen, die bereits auf dem Weg nach New York sind.«

»Und mit diesem Mann habe ich jahrelang zusammengearbeitet!« Howard schüttelte den Kopf. »Manchmal habe ich das Gefühl, ich bin zu anständig für dieses Gewerbe. Aber sagen Sie mir eines, glauben Sie auch, daß es sich um das Grab des vergessenen Pharaos handelt?«

Weigall verzog das Gesicht, als sei es ihm unangenehm, auf diese Frage zu antworten. Dann meinte er: »Um ehrlich zu sein, anfangs war ich selbst davon überzeugt, Tut-ench-Amuns letzte Ruhestätte gefunden zu haben. Schließlich trugen einige Grabbeigaben seinen Namen. Aber je länger ich darüber nachdachte, desto mehr wuchsen meine Zweifel. Gewiß, man könnte vermuten, dieser Pharao sei absolut bedeutungslos gewesen, folglich habe man ihm auch nur ein dürftiges Grab errichtet, eines ohne besondere Ausstattung. Aber dagegen spricht der kostbare Schmuck, den wir gefunden haben. Mr. Carter, ich habe noch nie etwas so Prachtvolles gesehen!«

»Und der Sarkophag? Ich meine, wie sah er aus? War er kunstvoll gefertigt oder eher nachlässig und ohne hohen Anspruch?«

»Sarkophag? Es gab keinen Sarkophag. Nein, der Schacht wäre zu klein gewesen für einen Sarkophag.«

»Dann, Mr. Weigall, handelte es sich auch nicht um ein Pharaonengrab. Es gibt in der Geschichte des alten Ägypten keinen einzigen Pharao, der ohne Sarkophag bestattet worden ist. Selbst wenn die Mumie geraubt worden wäre, den Sarkophag hätten die Räuber zurückgelassen. Nein, Davis wird mich nicht von meiner Überzeugung abbringen, daß das Grab Tut-ench-Amuns noch immer nicht gefunden ist.«

Mit einem flüchtigen Händedruck verabschiedete sich Carter und begab sich in den dunklen Park des Hotels, wo er sich auf einer Bank niederließ und in die Wipfel der knorrigen Bäume starrte, deren schwarze Silhouetten sich vom nachtblauen Himmel abhoben. Howard weinte, und als er es bemerkte, fragte er sich nach dem Grund. Es war wohl die Wut darüber, daß ein anderer ihm den Ruhm des Entdeckens stehlen wollte. Dabei war doch er, Howard Carter, der einzige, dem dieser Ruhm zustand.

Von einem Augenblick auf den anderen wurde er von einer Art Fieber erfaßt, und begann zu phantasieren. Kolonnen von Arbeitern zogen an ihm vorbei, sie trugen Krüge und allerlei Kostbarkeiten, halbnackte Trommelschläger schlugen den Rhythmus, und Davis beobachtete die Szene unter einem Sonnenschirm in einem goldenen Sessel, den die Arbeiter zuvor aus einem Grab geholt hatten. Generös winkte er in die Menge, die ihm zujubelte wie einem Pharao. Sogar sich selbst erkannte Howard unter den Jublern, obwohl ihm eher danach zumute war, Davis umzubringen.

Als er, aus diesem beklemmenden Alptraum erwacht, hochschreckte, beschlich ihn eine unerklärliche Angst. Er fühlte sich beobachtet. Mit weit aufgerissenen Augen starrte Carter in die Dunkelheit, lauschte auf jedes Geräusch, schließlich hetzte er zurück zu der hell erleuchteten Terrasse, wo sein unvermutetes Auftauchen aus der Dunkelheit Verwunderung hervorrief.

Du bist verrückt, sagte er zu sich, du bist auf den besten Weg, den Verstand zu verlieren. Und alles nur wegen dieses gottverdammten Pharaos, den keiner kennt und von dem selbst kluge Leute behaupten, er habe nie existiert! Aber während er alle Kraft seines Verstandes aufbot, die Situation herunterzuspielen, sich einzureden, daß sein Leben nicht von der Entdeckung einer vertrockneten, unansehnlichen Mumie abhing, spürte er im selben Augenblick den Drang, sich diesem geheimnisvollen Wesen zu nähern. Allein von seinem Namen Tut-ench-Amun – Vollkommen an Leben ist Amun – ging eine magische Kraft aus, die er sich nicht erklären konnte. Stark, aber unsichtbar zog sie ihn an wie ein Magnet.

Das Gespräch mit Weigall hatte Carter verstört. Er wollte Davis nicht mehr begegnen und stahl sich heimlich davon wie ein Taschendieb. Am Eingang zum Ballsaal lief er Lord Carnarvon in die Arme, der sich in Begleitung zweier Damen in festlichen Roben befand.

»Mylord«, rief Carter im Vorbeigehen und mit todernster Miene, »morgen beginnen wir im Tal der Könige zu graben. Ich habe die Stimme des Pharaos gehört!«

Die beiden Damen warfen Lord Carnarvon fragende Blicke zu. Der verzog die Mundwinkel nach unten und hob die Schultern. »Manchmal ist Mr. Carter etwas seltsam«, bemerkte er näselnd, »er lebt wohl schon zu lange in der Wüste.«

Der nächste Morgen. Schwüle und diesiges Licht über dem Tal der Könige. Schon von weitem waren Staubwolken sichtbar. Eine Kette von dreihundert Männern, einer in Reichweite des anderen, beförderte Körbe von Schutt und Geröll talwärts. Vereinzelt sangen sie, aber was als Anfeuerung gedacht war, wirkte eher einschläfernd und monoton.

Auf einem Sandhügel thronte Howard Carter in einem Sessel, über sich einen ockerfarbenen Sonnenschirm – so, wie ihm Davis am Abend zuvor im Wahn erschienen war. Mit einem Sprechtrichter brüllte er nach unten: »Tiefer, verdammt noch mal, Ihr sollt tiefer graben! Viel tiefer!«

»Carter-Effendi!« rief Rais Ali Hussein aus dem Erdtrichter nach oben, »Carter-Effendi, wir sind bereits neun Meter tief. Der Sand ist so locker, daß die Wände jeden Moment einstürzen können. Meine Männer haben Frauen und Kinder zu Hause. Sie wollen nicht mehr. Es ist zu gefährlich.«

»Tiefer habe ich gesagt, zum letzten Mal. Sag deinen Leuten, wer zu feige ist weiterzugraben, soll nach Hause gehen. Er soll aber nicht glauben, noch jemals Arbeit bei mir zu finden. Sage ihnen das!«

Nach kurzer Diskussion machten die Arbeiter weiter. Verzweifelt wühlten sie sich in das Erdreich.

»Wir gehen zehn Meter tief«, rief Carter wie besessen, »vorher verläßt mir keiner die Grube.«

Als Lord Carnarvon gegen Mittag ins Tal der Könige kam, blieb er staunend vor dem gewaltigen Erdtrichter stehen, den Carter mit seinen Leuten ausgehoben hatte.

»Warum sind Sie gestern so schnell verschwunden?« fragte er, während er mit den Augen das Erdreich nach irgendeiner Besonderheit absuchte.

»Es war nicht mein Fest, sondern das des Kupfermagnaten Davis«, antwortete Carter kühl. »Warum sollte ich bis zum Ende ausharren?«

Carnarvon vermochte Carters Anspielung nicht zu deuten, und er fragte: »Hat es Ihnen nicht gefallen? Man konnte vielen interessanten Leuten begegnen.«

»Was interessieren mich fremde Leute«, entgegnete Howard unwillig und deutete in den tiefen Erdtrichter. »Der einzige Mensch, für den ich mich interessiere, liegt irgendwo dort unten vergraben, oder dort oder da, vielleicht auch irgendwo dahinten. Egal. Ich will und ich werde ihn finden.«

Lord Carnarvon nahm seinen Hut ab und wischte sich mit einem Taschentuch über die Stirn. »Wie viele solche Erdtrichter wollen Sie ausheben, Mr. Carter?«

»Zehn, zwanzig, was weiß ich. So viele wie nötig sind, um Tutench-Amun zu finden.«

»Und wenn Sie dann noch immer keine Spur gefunden haben, Mr. Carter?«

Howard tat ein paar Schritte auf Carnarvon zu und rief aufgeregt: »Mylord, ich fühle es, er ist hier ganz in der Nähe. Spüren Sie nicht auch die Nähe des Pharaos?« Theatralisch breitete er die Arme aus, als wollte er fliegen, und dabei verlor er das Gleichgewicht. Strauchelnd trat Carter über den Rand des Kraters, und noch ehe er reagieren konnte, begann der Sand zu fließen, schnell und mit der Gewalt einer Lawine. Er schrie und ruderte mit den Armen wie ein Ertrinkender. Verzweifelt versuchte Howard den Absturz zu verhindern, aber die Wildheit seiner Bewegungen beschleunigte nur den Einsturz des Kraters. Er wurde wie von einem Strudel in die Tiefe gerissen. Für einen Augenblick sah er den Himmel, dann deckte ihn totale Finsternis zu. Er fühlte sich wie gelähmt, wie einbetoniert, und sein letzter klarer Gedanke war: Pharao, warum willst du mich töten?

Der Panamahut markierte die Stelle, wo Howard in der Erde verschwunden war. Hektisch begannen der Rais und ein paar Arbeiter, die das Rauschen des einstürzenden Kraters angelockt hatte, zu graben. Mit Körben schaufelten sie den Sand zur Seite, und schon nach wenigen Minuten kam ein Arm zum Vorschein, gleich darauf Carters mit Sand verklebter Kopf. Ali Hussein beugte sich nieder und tätschelte Howards Wangen. »Carter-Effendi, Carter-Effendi!« rief er mit lauter Stimme. Und an die Arbeiter gewandt: »Wasser! Holt Wasser herbei!«

Aus einem tönernen Krug kippte der Rais einen Schwall Wasser über Carters Gesicht. Die Männer hatten ihn bereits bis zur Hüfte aus dem Sand gewühlt. Benommen öffnete Howard die Augen und sagte leise: »Ich war ihm ganz nahe.«

Carter nahm den Unfall, bei dem er wie durch ein Wunder ohne Verletzungen davonkam, keineswegs zum Anlaß, sorgfältiger vorzugehen. Schon am nächsten Tag öffnete er, keinen Steinwurf entfernt, einen neuen Krater, wiederum zehn Meter tief und wiederum ohne auf eine Spur des vergessenen Pharaos zu stoßen. Auch der folgende Tag verlief nicht anders, und auch der nicht, der auf diesen folgte.

Nach drei Monaten Arbeit, als das Tal der Könige einer Kraterlandschaft glich, wie man sie auf dem Mond vermuten konnte, begannen die Arbeiter zu murren. Sie sahen keinen Sinn mehr in ihrer Arbeit. Denn anders als alle Ausgräber vor ihm, wühlte Carter mit Vorliebe an jenen Stellen im Erdreich, welche anderen aussichtslos erschienen waren. Von Tag zu Tag wurde er verschlossener und schweigsamer. Kein gutes Wort kam aus seinem Mund. Arbeiter wurden reihenweise entlassen. Im Tal der Könige machten sich Haß und Mißgunst breit, Haß auf den rücksichtslosen Ausgräber, und die Mißgunst derer, die ihre Arbeit verloren – und neidisch auf jene waren, die gut verdienten.

Im November, als es schnell und frühzeitig dunkelte, und als sich die Nächte fernab des Stadtlärms unerträglich in die Länge zogen, kehrte Howard eines Tages bei Einbruch der Dämmerung nach Dra abu el-Naga zurück, als ihm schon von weitem die dunkle Rauchsäule auffiel, die drohend zum Himmel aufstieg. Ungeduldig zerrte Carter an Sir Henrys Zügel, um seinen Trab zu beschleunigen. Kaum hatte er die Stelle erreicht, wo sich der unbefestigte Weg um eine vorgelagerte Sanddüne wand, stockte ihm der Atem. Sein Haus stand in Flammen. Beinahe schaurig schön loderten gelbe und rote Flammen aus dem Holzdach, die glühenden Balken ächzten, und Splitter schossen krachend zu Boden.

Wie gebannt starrte Carter in die Flammen, wissend, daß jede Hilfe zu spät kam.

Spink! schoß es durch sein Gehirn, und mit den Flammen wuchs seine Wut auf seinen Widersacher. Nur er konnte hinter dieser Teufelei stecken!

Ruhig, beinahe gleichgültig ließ sich Howard auf dem Boden nieder und beobachtete das gespenstische Schauspiel. Was hast du schon zu verlieren, dachte er bei sich, und mit einem Schlag wurde ihm klar, welch armseliges Leben er bisher geführt hatte. Mit einem Mal begann er laut zu lachen. Howard schüttelte sich vor Lachen, das brennende Haus vor Augen, prustend und nach Luft ringend wälzte er sich im Sand. Sogar das Prasseln des Feuers wurde von seinem sardonischen Gelächter übertönt.

Später konnte er sich nicht mehr erinnern, wie lange er in diesem kataleptischen Zustand zugebracht hatte. Aber irgendwann erkannte er im Feuerschein besorgte Gesichter. Vom Nilufer, aus Kurna und Dra abu el-Naga waren Menschen herbeigeeilt. Aber weil es auf eine halbe Meile kein Wasser gab, konnte niemand den Versuch unternehmen, das Feuer zu löschen.

Nichts, aber auch gar nichts war übriggeblieben vom Inventar seines Hauses, und als er am folgenden Tag in der schwelenden Asche herumstocherte, kam es ihm vor, als wühle er in seiner Vergangenheit. Von seinem Koffer, der ihn seit zwanzig Jahren begleitet hatte, war nur noch ein jämmerliches Skelett vorhanden. Darin lag, kaum zu erkennen, ein geschmolzener Bilderrahmen. Von der Photographie, die einmal darin gesteckt hatte, war nichts mehr zu erkennen.

Hamdi-Bey, der Polizeivorsteher von Luxor, kam mit zweien seiner Wächter, um die Brandursache zu erforschen; doch seine Ermittlungen beschränkten sich auf ein eher lustloses Herumstochern und die Erkenntnis, daß die Brandursache nicht aufzuklären sei. Nichts anderes hatte Howard erwartet. Im Gehen und so, daß es die beiden Wächter nicht hören konnten, meinte Hamdi-Bey: »Mr. Carter, wenn ich Ihnen einen Rat geben darf, Sie sollten weggehen von hier und Luxor verlassen. Sie haben zu viele Feinde.«

Doch wie so oft liegen Glück und Unglück nahe beieinander. Lord Carnarvon erklärte sich bereit, für seinen Ausgräber ein neues Haus aus festen Ziegeln zu bauen. Als Standort schlug Howard eine Erhebung in Elwat el-Diban vor, unmittelbar am Eingang zum Tal der Könige gelegen. Bis zur Fertigstellung, die sich über Monate hinzog, kampierte er in einem Zelt in der Nähe der Baustelle, geplagt von nächtlichen Besuchern wie Wüstenmäusen, Ratten und Spinnen. Carter schlief stets mit einem Gewehr im Schlafsack, den Finger am Abzug.

In einer dieser endlosen Nächte, in denen er von Alpträumen und wilden Phantasien verfolgt wurde, trat Howard vor sein Zelt, um den Tag zu erwarten. Da näherte sich vom Nil her ein flackerndes Licht. Carter brachte sein Gewehr in Anschlag. Das Licht kam geradewegs auf ihn zu.

Als es nur noch hundert Schritte entfernt war, rief Howard: »Wer da?«

Aus der Dunkelheit kam die Antwort: »Keine Angst, ich bin's, Doktor Munthe!«

Carter mißtraute dem Frieden. »Munthe? Was wollen Sie hier mitten in der Nacht?«

»Mit Ihnen reden, Mr. Carter.«

»Da haben Sie sich aber eine ungewöhnliche Zeit ausgesucht«, meinte Howard griesgrämig, als sie sich gegenüberstanden.

Doktor Munthe, mit Schlapphut und Pellerine bekleidet, erwiderte selbstsicher: »Aber Mr. Carter, Sie sind doch als Frühaufsteher bekannt, und was mich betrifft, ich schlafe nicht mehr als drei Stunden. Schlaf ist vergeudete Zeit. Und man muß uns ja nicht unbedingt zusammen sehen. Ich glaube, es war Ihnen unangenehm und zugegebenermaßen nicht sehr geschickt von mir, als ich Sie auf dem Abschiedsfest wegen einer Sphinx ansprach.«

»Da haben Sie wohl recht, Doktor Munthe. Waren Sie denn schon erfolgreich?«

Munthe setzte seine Laterne ab und schüttelte den Kopf: »Leider nein, aber ich habe die Hoffnung noch nicht aufgegeben. Man hat mich zuletzt zu einem gewissen Mr. Spink geschickt, einem verschlagenen, hinkenden Engländer, der alles zu verkaufen hatte, nur keine Sphinx. Er bot mir frische Mumien an und einen alten Goldbecher. Aber ich kann mir doch keine Mumie auf die Terrasse stellen!«

Auf einmal wurde Carter hellhörig. »Sagten Sie einen Goldbecher?«

Munthe winkte ab. »Er soll aus dem Grabschatz eines unbekannten Pharaos stammen, und Spink verlangt tausend englische Pfund.«

Wortlos ging Carter in sein Zelt. Von innen rief er: »Sie trinken doch einen Tee mit mir, Doktor Munthe?«

»Sehr gerne.« Während Carter in seinem Zelt mit der Teezubereitung beschäftigt war, sagte Munthe: »Ich hätte nicht den Mut gehabt, Sie aufzusuchen, aber ein junger Ägypter, dem ich in Luxor begegnete, meinte, der einzige, der mir weiterhelfen könnte, sei Mr. Carter. Ich solle Sie grüßen von Sayyed.«

Howard trat vor das Zelt und servierte den Tee auf einem wackeligen Klapptisch. Als Stühle dienten zwei Kisten. »Nicht sehr komfortabel«, entschuldigte er sich, »aber dafür in bester Lage.«

Doktor Munthe nickte beifällig. »Ich beneide Sie um die Aufgabe, die Sie sich selbst gestellt haben. Der Mensch lebt von den Aufgaben, die er sich selber stellt. Je eher wir erkennen, daß unser Geschick in unserem eigenen Kopf liegt, desto besser für uns. Glück können wir nur in uns selbst finden.«

Genußvoll seinen Tee schlürfend, lauschte Carter den Worten des weisen Doktors. »Und zu Ihrem Glück gehört eine Sphinx, wenn ich Sie recht verstehe?«

»Ja. Auch auf die Gefahr hin, daß Sie mich für verrückt halten.«

»Oh, keineswegs, Doktor Munthe. Ich habe das Gefühl, diese Sphinx wäre mehr für Sie als nur ein dekoratives Museumsstück. Sie wäre gleichsam die Erfüllung eines Traums, ein Schutzgeist, eine Symbolfigur Ihres Lebens. Ist es so?«

»So ist es, Mr. Carter. Sie wollen mir helfen?«

»Will sehen, was ich tun kann. Von Luxor nach Karnak führte einst eine Sphingenallee, ein paar hundert oder tausend Sphingen, die noch alle verschüttet sind. Da kommt es auf eine mehr oder weniger nicht an. Das größte Problem wird allerdings der Transport sein.«

»Darum sollten Sie sich nicht kümmern, Mr. Carter. Für den Transport habe ich bereits gesorgt.«

Über dem Fluß graute der Tag, und Munthe erhob sich, um sich zu verabschieden.

»Haben Sie den Goldbecher gesehen, den Spink Ihnen zum Kauf angeboten hat?« fragte Howard, während er dem Doktor die Hand reichte.

»Nein«, antwortete Munthe, »angeblich bewahrt er das kostbare

Stück in einem Tresor auf. Aber ich habe kein Interesse daran. Warum fragen Sie?«

»Nur so«, meinte Carter. Dann blickte er dem seltsamen Besucher nach, wie er sich im Morgengrauen entfernte.

Bei Tagesanbruch begab sich Carter, sein Gewehr über der Schulter, hinüber nach Luxor, um Robert Spink zur Rede zu stellen.

Der saß halbbekleidet beim Frühstück auf der Terrasse seines Hauses, umsorgt von zwei arabisch kostümierten Dienern, von denen der eine die Speisen auftrug, während der andere damit beschäftigt war, Spinks Zehennägel zu schneiden.

Howard hatte sich mit Gewalt Zugang zum Haus verschafft und einen Wächter, der ihm den Weg versperrte und nach seinem Begehren fragte, mit dem Gewehrkolben beiseite gestoßen, daß dieser sich eingeschüchtert zurückzog.

»Spink!« rief Carter schon von weitem. »Ich knall dich ab, du räudiger Hund. Du warst es, der mein Haus angezündet und den Goldbecher gestohlen hat.«

Spink schien von Howards harten Worten wenig beeindruckt. Gelangweilt drehte er sich um und grinste dem Eindringling ins Gesicht: »Oh, welch angenehmer Besuch zu so früher Stunde!« Aber schon im nächsten Augenblick verfinsterte sich seine Miene, und er geiferte: »Was willst du, Carter, ich habe dich nicht gerufen!«

Howard fuchtelte mit seinem Gewehr herum und rief: »Den Goldbecher, Spink. Ich weiß, daß du ihn hast. Her damit, oder ich schieße dein zweites Bein auch noch lahm!«

Er hatte noch nicht geendet, da spürte Howard die Mündung eines Revolvers im Rücken, und als er sich vorsichtig umwandte, erkannte er den Wächter, den er am Eingang beiseite gestoßen hatte.

»Laß dein Gewehr fallen«, sagte Spink ruhig. Und nachdem Carter seiner Aufforderung nachgekommen war, gab er dem Wächter ein Zeichen, von ihm abzulassen. »Sag mir lieber, wo meine Frau ist, Carter!«

Howard stutzte. »Deine Frau? Woher soll ich das wissen? Hättest du besser auf sie aufgepaßt, Spink! Wo mein Goldbecher ist, will ich wissen!«

»Dein Goldbecher? Ich weiß nicht, wovon du sprichst, Carter. Hättest du besser auf ihn aufgepaßt. – Meine Frau ist seit gestern verschwunden.«

»Ach«, erwiderte Howard mit hämischem Unterton. »Das wundert mich nicht. Mich wundert vielmehr, wie sie es so lange mit dir aushalten konnte.«

»Sie ist nur mit dem Nötigsten auf und davon, ohne Geld, ohne Papiere. Weit kann sie nicht kommen. Aber solltest du dabei die Hände im Spiel haben, Carter, dann bringe ich dich um. Das schwöre ich dir!« Spinks dunkle Augen sprühten Feuer.

Inzwischen sah sich Carter von drei Wächtern umringt, die in einiger Entfernung Position bezogen hatten und ihre Waffen unter der Galabija verborgen hielten. Er fühlte sich nicht gerade wohl in seiner Haut. Diesem Spink war alles zuzutrauen. Dennoch war seine Wut größer als seine Angst.

Langsam und in geduckter Haltung, als wollte er sich auf seinen Gegner werfen, trat Carter auf Spink zu, und mit gepreßter, leiser Stimme sagte er, wobei er seinem Gegner ganz nahekam: »Du hast Doktor Munthe den Goldbecher zum Kauf angeboten. Er hat es mir gesagt.«

Zum ersten Mal wurde Spink nervös, eine Eigenschaft, die Howard noch nie an ihm beobachtet hatte. Seine Augenlider flatterten. Er atmete kurz. Schließlich setzte er sein unvermeidbares Grinsen auf und entgegnete: »Dieser Munthe ist ein Spinner. Er weiß nicht, was er sagt, und lebt in einer Traumwelt. So wie du, Carter.«

Howard trat ein paar Schritte zurück und bückte sich, um sein Gewehr aufzuheben. Die Wächter im Hintergrund verfolgten jede seiner Bewegungen. Carter wandte sich um: »Du bist also nicht bereit, den Becher herauszugeben?«

»Wie kann ich dir etwas geben, was ich nicht besitze. Verschwinde und laß mich zufrieden mit deinen Phantastereien.«

Bevor er durch die Türe trat, warf Howard Spink einen verächtlichen Blick zu. »Seit meiner Jugend stehst du mir im Wege, Spink. Hier in Luxor hoffte ich, dich los zu sein. Ich sage dir, hier ist nur für einen von uns Platz!«

»Wir werden sehen, für wen!« rief ihm Spink hinterher.

Drei Tage lebte Howard in großer Unruhe. Während der Arbeit im Tal der Könige, während seine Leute sich immer tiefer in das Erdreich wühlten, erklomm Carter einen Hügel und suchte den Horizont ab, und je länger sich die Zeit hinzog, desto besorgter wurde er.

Endlich, am vierten Tag, gegen Mittag, näherte sich Sayyed auf seinem Esel, und Howard lief ihm entgegen.

»So rede schon!« rief Carter ungeduldig, als Sayyed schweigsam von seinem Esel abstieg.

Da erhellte sich das Gesicht des Jungen, und er sagte: »Carter-Effendi, es war ein schwieriges Stück Arbeit; aber es ist alles gutgegangen. Mrs. Spink befindet sich auf der Überfahrt nach Genua.«

»Bist du sicher, Sayyed?«

»Ganz sicher, Carter-Effendi. Ich habe gewartet, bis das Schiff auslief. Allah ist mein Zeuge. Allerdings...«

»Ja?«

»Es war etwas teurer, einen falschen britischen Paß zu bekommen. Dafür ist er von hervorragender Qualität. Ali sagt, besser als das Original.«

»Also wieviel?«

Sayyed blickte treuherzig wie immer, wenn es um Geld ging. »Siebzig Pfund – alles in allem.« Die Antwort klang eher fragend als fordernd.

»Siebzig Pfund?« – Carter seufzte. Aber dann erwiderte er: »In Ordnung.«

Kapitel 24

Am Tag, als die Nachricht von Elizabeths Ankunft in London bei Carter eintraf, geriet die Welt aus den Fugen. Zwei tödliche Schüsse eines serbischen Nationalisten auf den österreichischen Thronfolger und seine Frau setzten die Welt in Brand. Wie ein Baum, bevor er stirbt, noch einmal seine Blütenpracht entfaltet, war der Sommer klar und heiß wie lange nicht. Nun verging kaum ein Tag, an dem sich nicht der Himmel verdunkelte, weil irgendwo ein Land einem anderen den Krieg erklärte: Österreich den Serben, Deutschland den Russen, Deutschland den Franzosen, England den Deutschen, Frankreich und Großbritannien den Österreichern, Japan den Deutschen. Da war es gerade Ende August.

Howard bezog sein neues Haus auf dem Hügel von Elwat el-Diban, einen Palast inmitten der Wüste, mit einer Kuppel über dem Aufenthaltsraum, die vor der größten Hitze schützte, einem Eßzimmer, Arbeitsraum samt Bibliothek, einem Gästezimmer für Lord Carnarvon und einem weiteren für die Dienerschaft. Sogar an ein Badezimmer war gedacht, wenngleich es nur aus einer Zinkwanne auf nacktem Steinfußboden bestand und jeder Tropfen Wasser auf Eselsrücken eine halbe Meile herbeigeschafft werden mußte. »Castle Carter« nannten die Eingeborenen des nahen Dorfes das auffällige Gebäude. Carter fühlte sich geschmeichelt.

»Wie lange kann so ein Krieg dauern?« fragte Carter, als er zu später Stunde mit Carnarvon im Kuppelraum zusammensaß.

Der Lord zog an seiner Zigarettenspitze und paffte den Rauch in mehreren kurzen Wölkchen in die Luft, um Zeit zu gewinnen. Dann antwortete er: »Ich möchte keine Prognose wagen, Mr. Carter, aber ich könnte mir durchaus vorstellen, daß dieser Krieg länger dauert.

Die Deutschen und Österreicher sind vortrefflich gerüstet. Sie verfügen über eine Artillerie mit Fünfzehn-Zentimeter-Haubitzen. Wissen Sie, was das bedeutet, Mr. Carter? Damit schießen sie vom Kontinent aus unser Kriegsministerium in Schutt und Asche!«

»O mein Gott!« rief Carter. »Das werden sie tun?«

»Vorausgesetzt, sie treffen!« Carnarvon machte ein ernstes Gesicht. »Jedenfalls werde ich mich auf schnellstem Weg nach England begeben. Sie, Carter, halten hier die Stellung, bis der Spuk vorüber ist. Ich kann mich doch auf Sie verlassen?«

»Selbstverständlich, Mylord. Ich werde von hier aus das Tal der Könige bewachen, als wäre dort die Bank von England.«

Tags darauf trat Lord Carnarvon die Heimreise an, ein nicht ungefährliches Unternehmen. Zwar hatte sich Italien zu Beginn des Krieges für neutral erklärt, aber das Mittelmeer war zum Kriegsschauplatz geworden.

Noch herrschte in Ägypten gespenstische Ruhe, und viele, vor allem die Ägypter selbst, glaubten, der große Krieg würde an ihnen vorübergehen. Doch diese Hoffnung blieb ein Traum. Das Land am Nil wurde seit geraumer Zeit von Großbritannien beherrscht, und Lord Kitchener, der britische Generalkonsul, war Ägyptens heimlicher Herrscher. Der Khedive von des türkischen Sultans Gnaden hatte nicht viel zu sagen. Kaum hatten Rußland, Frankreich und England der Türkei den Krieg erklärt, da wurde Ägypten von den Engländern annektiert. Für einen Engländer wie Howard Carter, dem es ohnehin nicht an Feinden mangelte, war es in diesen Tagen nicht ungefährlich, sich auf den Straßen von Luxor zu zeigen.

Howard hatte nicht die geringste Vorstellung, was Krieg bedeutete. Für ihn war Krieg eine Angelegenheit von Titel- und Uniformträgern, die Streitigkeiten unter sich ausmachten. Im übrigen haßte er Uniformen seit Kindertagen, als er die Bleisoldaten seines ältesten Bruders Vernet zu Weihnachten geschenkt bekommen hatte. Die Figuren waren bereits so abgegriffen, daß man Freund und Feind nicht unterscheiden, folglich auch nicht Krieg spielen konnte. Und auch jetzt empfand er heftigen Widerwillen gegen den Krieg, weil er keinen Sinn darin erkannte, wenn sich wildfremde Männer die Schädel einschlugen, ohne selbst einen Vorteil daraus zu ziehen.

Zu allem Unglück verlangsamten sich die folgenden Jahre auf unerklärliche Weise, so wie sich während der Schulzeit die Tage bis zu den Ferien verlangsamten, während die Ferientage dahineilten wie der Wind. Howard hatte genug Zeit, um darüber nachzudenken, und er fand auch den Grund für die plötzliche Langsamkeit der Jahre. Es war die Einsamkeit, die sein Leben beinahe zum Stillstand brachte.

Für seine Grabungen waren Howard nur ein paar alte Männer aus Kurna geblieben, mit deren Hilfe er weitere Erdtrichter anlegte, längst nicht so tief wie diejenigen vor Ausbruch des Krieges, aber ebenso erfolglos. Die Jungen waren in den Krieg gezogen. Am meisten fehlte ihm Sayyed.

Nach und nach schüttete Carter alle Erdtrichter, die er im Laufe der Jahre gegraben hatte, wieder zu. Jedoch nicht, ohne die genaue Lage und Tiefe auf einer Karte einzuzeichnen. Als diese Arbeiten abgeschlossen waren, begab er sich an drei aufeinanderfolgenden Tagen ins Tal der Könige, nur um die Landschaft auf sich wirken zu lassen. Denn, dachte er, wenn ihn schon die Erfahrung nicht weiterbrachte, so vielleicht seine Gefühle. So verbrachte er drei endlose, einsame Tage in dem Talkessel, ein nasses Tuch zum Schutz vor Staub und Sonne über dem Kopf, das jeden, der ihm begegnet wäre, in Schrecken versetzt oder das zumindest die Frage aufgeworfen hätte, ob dieser Eremit in der Wüste noch bei klarem Verstand war.

Aber zum Glück entging Carter jeder Beobachtung, jedenfalls glaubte er das, und so schlich sich unter dem nassen Tuch der Verdacht ein, daß der vergessene Pharao nicht in einem Erdgrab zur letzten Ruhe gebettet wurde, sondern in einem Felsengrab wie Königin Hatschepsut. Auf einem rötlichen Steinbrocken sitzend, der nach oben eine schüsselförmige Mulde bildete und für sein Hinterteil wie geschaffen schien, suchte Howard die Felswände ab nach verdächtigen Spalten, Narben oder Absätzen. Ein Fernrohr, mit dem er zunächst seiner Aufgabe nachging, erwies sich als unbrauchbar, weil es aufgrund der ungewöhnlichen Perspektive mehr vertuschte als enthüllte. Aber eine gewöhnliche Zeitung, zu einem Rohr gerollt, fokussierte den Blick auf vorzügliche Weise, so daß Howard nach wenigen Stunden zwei Dutzend verdächtiger Punkte in den Felswänden entdeckt hatte. Sorgfältig trug er jeden in eine Zeichnung ein, die er zuvor angefertigt hatte. Aber wie und wo sollte er beginnen?

Ihm wurde übel bei dem Gedanken, all die Jahre unter Aufbietung Hunderter Arbeiter an einem Ort gegraben zu haben, der sich im nachhinein als Irrtum erwies. Er sah sich schon der Lächerlichkeit preisgegeben und dem Spott aller Ausgräber. Und wieder einmal überlegte er, ob es nicht besser wäre, die Suche endlich einzustellen, um sich die unausweichliche Blamage zu ersparen.

Über diesen Gedanken war es Abend geworden, und Carter begab sich in sein Haus auf dem sandigen Hügel. Obwohl er über elektrisches Licht verfügte, zog er es vor, zeitig zu Bett zu gehen. Er war ein Frühaufsteher. Für gewöhnlich schlief er tief und fest – aber in dieser Nacht erwachte er – ganz gegen seine Gewohnheiten – gegen eins. Ihm war es, als hätte jemand in der Ferne seinen Namen gerufen.

Ein Traum, dachte er, der nicht selten träumte, und versuchte aufs neue Schlaf zu finden. Doch das mißlang. Statt dessen wiederholte der ferne Rufer seinen Namen. Verwirrt preßte Howard sein Kissen über den Kopf, um dem Hirngespinst zu entgehen. Aber alles half nichts. »Carter! Carter!« hallte es in seinem Kopf.

Da erhob er sich, warf sich flüchtig ein paar Kleider über und machte sich, eine Karbidlampe in der Hand, die zischend einen blassen Lichtkegel verbreitete, auf den Weg ins Tal der Könige. Nicht zum ersten Mal suchte er diesen Weg bei Nacht, doch dieses Mal schien alles anders. Als stünde er unter einem Zwang, als triebe ihn ein Sturm vor sich her, hetzte Carter im Laufschritt den Pfad entlang, ohne Ahnung, was er zur Nachtzeit dort eigentlich suchte.

Wieder vernahm er den fernen Ruf, dieses Mal lauter als alle bisherigen Male. Howard wunderte sich: Obwohl die Stimme laut seinen Namen rief und obwohl es so still war, daß er seinen Atem hören konnte, verursachte der Ruf kein Echo.

An der Stelle, wo die Trampelpfade im Tal wie die Fäden eines Spinnennetzes auseinandergingen, blieb Carter stehen, stellte seine Lampe auf den Boden und lauschte in die Nacht. Klar und deutlich vernahm er den Ruf: »Carter! Carter!«

»Ja?« erwiderte er zögernd.

»Carter! Carter!«

Howard hielt seine Lampe hoch, aber der Lichtschein war zu schwach, um die Felswände zu erleuchten.

»Tut-ench-Amun, bist du es?« Carter lauschte atemlos. »Tut-ench-Amun, gib mir ein Zeichen!«

Nichts geschah. Nur ein Stein löste sich aus der Felswand und landete klatschend auf einer Geröllhalde.

Ein Zeichen?

»Tut-ench-Amun!« rief Howard, und sein Ruf hallte von den Felswänden.

Eine Antwort blieb aus. In der Ferne bellte ein Hund. Stille, unendliche Stille.

Mit dem Schuhabsatz zog Carter einen Strich in den Sand, genau in der Richtung, wo der Stein zu Boden gefallen war. Vertieft in Gedanken, machte er sich auf den Heimweg.

Bei Tageslicht suchte er nach dem Strich, den er nachts gezogen hatte, aber so sehr er auch suchte, er fand ihn nicht, obwohl ihm die Stelle bekannt war. Er wollte nicht ausschließen, daß er einem Wahn zum Opfer gefallen war, und so nahm er sich vor, in der folgenden Nacht wieder auf die Stimme zu lauschen.

Howard ließ eine Nachtlampe brennen. Sie sollte verhindern, daß er einschlief. Bisweilen, dachte er, während er im Halbschlaf vor sich hin döste, ist Einsamkeit ein großes Glück. Aber wie das Glück, so zerstört auch das Alleinsein die Seele, sobald es überhandnimmt.

»Carter!« Er mußte wohl eingeschlafen sein; denn plötzlich schreckte er hoch. Da war er wieder, der Ruf, unheimlich, als käme er nicht aus der Ferne, sondern aus dem Inneren der Erde. »Carter!«

So wie er war, im Pyjama, trat Howard vor die Türe, riß Augen und Mund weit auf und lauschte angespannt in die Dunkelheit. Schließlich kniete er nieder und preßte sein rechtes Ohr, mit dem er besser hörte als mit dem linken, auf den Boden. Er dachte wohl, daß der Ruf sich im felsigen Erdreich fortpflanzte wie das Summen in den Drähten der Telegraphenmasten.

Als auch dieser Lauschangriff erfolglos und die Nacht ruhig blieb, ging Carter wieder in sein Haus zurück, um sich schlafen zu legen. Kaum hatte er Ruhe gefunden, erschreckte ihn erneut der Ruf: »Car-ter! Car-ter!« Diesmal so nahe, als stünde der Rufer vor der Tür.

»Ja?« rief er eingeschüchtert. »Pharao Tut-ench-Amun, bist du's?«

Er hatte kaum ausgeredet, da erschrak er über sich selbst. Warum begann er mit Tut-ench-Amun zu sprechen? Wurde er verrrückt? Gewiß, er hatte in den letzten Monaten viel über Tut-ench-Amun gelesen, er hatte Theorien aufgestellt und wieder verworfen, wer dieser vergessene Pharao überhaupt war und wo er warum begraben sein mußte. Danach mußte er sich fragen, ob er noch Herr seiner Sinne war?

Wieder schien die Stimme ihn zu rufen, und ohne Rücksicht auf seine Nachtkleidung und mit nackten Füßen lief er ins Freie, den Sandhügel hinab und weiter ins Tal der Könige. Der Pharao ruft dich, hämmerte es in seinem Kopf. Tut-ench-Amun ruft dich.

Als habe man ihn dort hinbestellt, machte Carter an der Wegspinne halt wie in der Nacht zuvor. Wieder lauschte er, doch dieses Mal blieb alles ruhig – mindestens eine Stunde, so lange verharrte er an dem Ort. Erst als er zu frösteln begann, als ihn der Sand zwischen seinen Zehen daran erinnerte, daß er ohne Schuhe und im Pyjama unterwegs war, fand Howard in die Wirklichkeit zurück, und er wandte sich heimwärts.

Der Rückweg war eine Qual. Anders als vorher, als er den Weg schmerzlos im Lauf zurückgelegt hatte, schmerzte nun jeder Schritt. Messerscharf bohrten sich die kantigen Bruchsteine in sein Fleisch. Carter begriff nicht, warum er vorher nichts davon gemerkt hatte.

Endlich zu Hause angelangt, stellte er fest, daß seine Füße blutig waren, und gegen morgen setzte heftiges Fieber ein. Beides zusammen war die Ursache dafür, daß er das Bett nicht verlassen konnte, bald fühlte er sich dem Tod näher als dem Leben. Jedenfalls begann er, der eher an den Teufel glaubte als an Gott, zu beten. Howard betete, der Pharao möge ihn nicht eher zu sich rufen, bis er sein Grab endlich gefunden habe, nicht merkend, daß dies die falsche Adresse war.

Gemeinhin wird behauptet, Fieber verursache Alpträume und phantastische Vorstellungen, doch was Carters Zustand betraf, bewirkte es eher das Gegenteil. Denn während ihm der Schweiß von der Stirn und dem ganzen Körper perlte, während sein Atem sich in ein unangenehmes Röcheln verwandelte, wurden seine Gedanken klar wie das Wasser in einem Gebirgsbach. Auch vernahm er fiebernd keine Stimme, die seinen Namen rief, so daß er allmählich in Zweifel geriet, welcher Zustand der gesunde war. Sieben Tage später ließ das Fieber nach, und Carter sah sich in der Lage, das Bett zu verlassen. Kaum konnte er wieder gehen, führte ihn sein erster Weg auf immer noch schmerzenden Füßen ins Tal der Könige – an jene Stelle, die er zweimal des Nachts aufgesucht hatte.

Inzwischen war ihm klargeworden, daß dies kein Zufall gewesen sein konnte, daß sich hinter dem wiederkehrenden Ereignis vielmehr der Fingerzeig einer geheimnisvollen Macht verbarg, an eben dieser Stelle nach dem Grab des Pharaos zu suchen. Ein Vergleich mit der Karte, auf der Carter alle Erdtrichter eingezeichnet hatte, ergab: An genau dieser Stelle unter der Wegkreuzung hatte noch niemand gegraben.

Als er frühmorgens an der genannten Stelle ankam, machte er eine unerklärliche Entdeckung: Der Strich, den er am ersten Abend mit dem Absatz in den Sand gezeichnet hatte und der tags darauf ausgelöscht gewesen war, war auf einmal wieder da. Deutlich erkennbar zeigte er in südwestlicher Richtung auf die Felswand. Und als Howard in die Richtung blickte, sah er oben auf den Klippen eine Gestalt, die, kaum hatte er sie entdeckt, hastig verschwand.

Trotz schmerzender Füße rannte Carter den schmalen Saumpfad hoch, der auf der anderen Seite hinab nach Der-el-Bahari führt. Seit Wochen war ihm hier niemand mehr begegnet. Wer trieb sich in aller Frühe dort oben herum?

Oben angelangt, schlich Howard vorsichtig bis an den Klippenrand. Die zerfurchten Felsspalten boten hervorragenden Schutz, sich zu verstecken. Da plötzlich trat ein Mann hinter einer Felsnarbe hervor.

»Spink!« rief Carter entsetzt. »Ich dachte, ich hätte den Teufel gesehen. Aber groß ist der Unterschied ohnehin nicht. Warum bist du nicht im Krieg und kämpfst für England?«

»Tja, warum wohl.« Spink setzte sein breites Grinsen auf. »Eigentlich verdanke ich es dir, daß mir der Krieg erspart bleibt.« Dabei deutete er auf sein verkrüppeltes Bein, das ihn beim Gehen behinderte. »Und du? Bist wohl zu feige, he?«

Die wenigen Worte genügten, um die alte Feindschaft wieder aufbrechen zu lassen. Carter und Spink haßten sich seit ihrer ersten Begegnung in Swaffham, und es schien vorbestimmt, daß dieser Haß nicht eher enden würde, bis einer den anderen beseitigt hatte. Während sie sich am Rande der Felswand gegenüberstanden, dachten beide das gleiche; aber keiner wagte den ersten Schritt zu tun. Wie zwei Gladiatoren starrten sie sich an. Und plötzlich beschlich Carter eine seltsame Angst. Es war nicht die Angst, von Spink über die Klippen geschleudert zu werden, es war die Angst, er selbst könnte Spink vom Fels in den Abgrund stoßen und so zum Mörder werden.

Vom Talkessel herauf schallte plötzlich ein Ruf: »Carter-Effendi!« Verblüfft blickten die beiden Männer in die Tiefe: Im Laufschritt näherte sich ein Bote und schwenkte über dem Kopf ein Papier.

Der Bote kam den beiden Widersachern gelegen. Von einem Augenblick zum anderen löste sich die Anspannung aus ihren Gesichtern, obwohl jeder wußte, daß die Auseinandersetzung nur aufgeschoben war.

»Wir sehen uns noch, Spink!« fauchte Carter; dann wandte er sich ab und lief dem Boten entgegen. Spink nahm den Weg in die andere Richtung nach Der-el-Bahari.

Howard hatte schon geglaubt, der Krieg habe ihn einfach vergessen. Nun hielt er plötzlich ein Schreiben der britischen Militärverwaltung in Händen, das ihn aufforderte, sich unverzüglich beim militärischen Stab in Kairo zu melden.

Die britischen Militärs hatten das vornehme »Savoy«-Hotel für ihre Zwecke vereinnahmt. Wo vor nicht allzulanger Zeit noch emsige Hoteldiener sich um das Wohlergehen der Gäste sorgten, präsentierten jetzt Soldaten ihre Gewehre. Statt nach schwerem Parfüm und Zigarrenrauch roch es nach Stiefelwichse und Gewehröl.

Wie gewohnt trug Carter einen Tropenanzug, Fliege und Panamahut, unter dem Arm eine Reitpeitsche, so, wie er es von Lord Carnarvon abgeschaut hatte.

Der Colonel, der die Registrierung vornahm, musterte den Sonderling mit schmalen Augen. Nachdem er Howards Personalien aufgenommen hatte, stellte der Uniformträger die Frage: »Und wo haben Sie bisher gedient, Mr. Carter?«

»Gedient? – Ich diene nur dem Pharao Tut-ench-Amun.«

Der Colonel blickte irritiert. »So, so. Und auf welcher Seite kämpft Ihr Pharao Tut...«

»Tut-ench-Amun!«

»Schon gut. Auf welcher Seite kämpft er?«

Carter beugte sich über den Tisch, daß der Colonel indigniert zurückwich, und sagte leise: »Wissen Sie, Major, das ist gar nicht so einfach herauszufinden. Der Pharao ist nämlich nicht gerade redselig. Er macht um seine Person viele Geheimnisse. Nicht einmal seine Abstammung ist bekannt. Sicher scheint nur, daß er mit zwölf Jahren eine dreizehnjährige Witwe geheiratet hat.«

»Und warum erzählen Sie mir das, Mr. Carter?«

»Sie haben mich doch danach gefragt, Major!«

»Colonel!«

»Egal. Jedenfalls bin ich bereit, mein Land vor dem Feind zu verteidigen. Ich bin nämlich Patriot, Major!«

»Großbritannien darf sich glücklich schätzen«, bemerkte der Colonel und wühlte ziemlich ungehalten in seinen Papieren, die über den Tisch verstreut lagen.

In diesem Augenblick betrat ein stattlicher General in ehrfurchteinflößender Uniform und Ordenszeichen an der linken Brusttasche den Raum, der in besseren Zeiten als Rauchsalon gedient hatte. Staunend verfolgte Carter das zackige Begrüßungsritual der beiden Männer, das ihn irgendwie an Morgengymnastik erinnerte. Dann wandte sich der General Howard zu, legte die flache Hand an die Stirn und sagte: »Sir John Maxwell, wir kennen uns, Mr. Carter!«

Carter sprang auf, wechselte seinen Panamahut von der einen Hand in die andere und versuchte mit der rechten einen militärischen Gruß, der jedoch kläglich mißlang. »Sir John Maxwell vom *Egypt Exploration Fund*?« meinte er ungläubig. »In Ihrer Uniform hätte ich Sie beinahe nicht erkannt, Sir.«

Nicht ohne Stolz blickte der General an sich hinab und streifte über das khakifarbene Tuch. Dann meinte er in einem Anflug von Selbstironie: »Ja, sehen Sie, Mr. Carter, so eine Uniform läßt sogar einen kleinen Kerl wie mich nach etwas aussehen.«

»Sir, Sie belieben zu scherzen.«

John Maxwell hob abwehrend die Hand. »Was glauben Sie, wie

vielen sogenannten Patrioten die Uniform wichtiger ist als das Vaterland.«

Während sie über den Krieg im allgemeinen und die Vorteile von Uniformen im besonderen redeten, betrat ein weiterer Uniformträger den Raum. Sein Name war Oberst Neill Malcolm, und er bekleidete den Rang des höchsten Generalstabsoffiziers. Malcolm hatte auf seinen Feldzügen ganz Afrika durchstreift, und er zeichnete sich durch zwei Eigenschaften aus, von denen man die eine bei einem Mann seines Schlages erwarten durfte, während die andere eher ungewöhnlich war für einen Generalstabsoffizier Seiner Majestät des Königs: Malcolm war ungewöhnlich tapfer, aber er hegte auch für Archäologie ein besonderes Interesse. Wäre er nicht Offizier geworden, pflegte er zu sagen, so hätte er zum Spaten gegriffen.

Im Nu war eine angeregte Diskussion im Gange über die hervorragenden Leistungen englischer Ausgräber, während der Feind – diese Bezeichnung bezog sich vor allem auf die Deutschen – weit hinter diesen Erfolgen zurückliege.

Schließlich richtete Neill Malcolm an Carter die Frage: »Und welcher Aufgabe widmen Sie sich gerade, Mr. Carter? Wie ich hörte, graben Sie immer noch im Auftrag Lord Carnarvons im Tal der Könige.«

Howard nickte verlegen. Dann antwortete er: »Meine Mission ist geheim, Sir.«

»Geheim?« Maxwell und Malcolm, die das Gespräch bisher eher gleichgültig geführt hatten, traten beide einen Schritt auf Howard zu, der sich nun wie von feindlichen Armeen bedrängt sah. Carter blickte in ernste Gesichter. »Geheim?« wiederholte Malcolm die Frage.

Hätte Carter geahnt, welche Reaktion ein so schlichtes Wort wie »geheim« bei erwachsenen Menschen auszulösen in der Lage ist, er hätte gewiß ein anderes verwendet. »Ich suche nach dem Grab eines vergessenen Pharaos.«

Der General und der Oberst sahen sich fragend an. »Ein vergessener Pharao? Wollen Sie uns nicht seinen Namen nennen?«

Da kam der Colonel zu Hilfe: »Er heißt Tut…«

»Tut-ench-Amun!« ergänzte Howard. »Ich bin ihm seit Jahren auf der Spur und fühle seine Nähe.«

»Und wo wollen Sie ihn aufspüren?« Malcolm wurde aufgeregt.

Carter grinste listig. »Irgendwo im Tal der Könige. Genauere Angaben sind, wie ich schon sagte, geheim.«

»*Wie* geheim?« fragte Oberst Malcolm.

»So geheim, daß der ungefähre Fundort nur in meinem Kopf gespeichert ist.«

»Und Sie sind nicht bereit, Ihr Geheimnis preiszugeben?«

»Oberst, Sir, würden Sie den Fundort eines Schatzes verraten, den Sie entdeckt haben?«

»Nein«, erwiderte Malcolm, »Sie haben recht. Behalten Sie Ihr Geheimnis ruhig für sich.« Und an den Colonel gewandt: »Mr. Carter wird mit sofortiger Wirkung zum *Arab Bureau* abkommandiert, Abteilung ziviler Geheimdienst.«

»Aber das ist doch...« stammelte Carter verwirrt.

»...die beste Lösung«, bekräftigte Oberst Malcolm. »Als Geheimnisträger des vergessenen Pharaos sind Sie für die britische Krone von großer Wichtigkeit. Ihr Einsatzgebiet ist das Tal der Könige.«

Schwer zu sagen, wer sich über wen mehr lustig machte, Carter über die britischen Militärs oder die Offiziere über den Sonderling aus Luxor. Nun war der Krieg in Ägypten weit entfernt von der Grausamkeit des Schlachtengetümmels zwischen Deutschen und Franzosen oder den Bombenabwürfen deutscher Zeppeline über London. Zwar wimmelte es in Kairo von Soldaten, vor allem von Soldaten aus der australischen Kolonie, von denen ganze Schiffsladungen herbeigeschafft wurden; aber vom Krieg blieb das Land am Nil weitgehend verschont. In der Hauptsache kämpften sich die Offiziere Seiner Majestät des Königs durch Kairos Nachtlokale und die verbotenen Etablissements williger Damen, welche zu Allah, Isis und Osiris und allen zur Verfügung stehenden Gottheiten beteten, der Krieg möge noch ein bißchen dauern. Und als hätten die Götter ihre Gebete erhört, zog sich der Krieg ziemlich in die Länge.

Als Geheimagent Seiner Majestät des Königs von Großbritannien wurde Howard Carter mit modernsten Feuerwaffen ausgerüstet, einem Karabiner, einem Revolver und einer Pistole, die es ihm ermöglichten, sich von seinem arabischen Gewehr zu trennen, das für jeden Schuß eine längere Vorbereitung benötigte. Howard vergrub es in der Nähe seines Hauses.

Wie Motten das Licht zog der Krieg marodierende Räuberbanden an, welche die männerlosen Dörfer plünderten und auch vor den archäologischen Stätten nicht haltmachten. Längst war es Carter zur Gewohnheit geworden, sich nur mit Karabiner, Revolver und Pistole bewaffnet ins Tal der Könige zu wagen, und des Nachts, wenn ihn in seinem einsamen Haus die Angst überkam, stieg er auf das Dach und gab einen Schuß in die Luft ab. Dann legte er sich wieder schlafen.

So vergingen vier Jahre, für Howard verlorene Jahre, in denen er oft der Verzweiflung nahe war, weil sein Lebensziel sich immer weiter entfernte. Abends, wenn er heimkehrte von seinen Streifzügen, machten sich Zweifel breit, ob ihm überhaupt noch Erfolg beschieden sein würde. Vor allem wuchsen seine Bedenken, wie lange Lord Carnarvon noch bereit sein würde, die erfolglosen Ausgrabungen zu finanzieren.

Als die Zeitungen prophezeiten, lange könne der Krieg nun nicht mehr dauern, weil Amerika in die Kämpfe eingegriffen habe, beschloß Carter, Lord Carnarvon einen Brief zu schreiben, in welchem er ankündigte, er werde zwischen den Gräbern Ramses' II., Merenptahs und Ramses' VI., in diesem magischen Dreieck, nach Tut-ench-Amun graben, sobald der Krieg zu Ende sei. Im übrigen gebe es nicht den geringsten Zweifel, daß dies die richtige Stelle sei.

Howards Behauptung entsprach eher einem Wunschdenken als seiner Überzeugung, die nur darauf fußte, daß in diesem Dreieck noch keine Ausgrabungen stattgefunden hatten. Noch stand ihm etwas Geld zur Verfügung, doch es gab keine Arbeitskräfte, mit denen er die Grabungen hätte fortsetzen können. Carter zählte die Tage. Das Alleinsein wurde beinahe unerträglich. Nachts schlief er nur noch für Augenblicke, die übrige Zeit döste er oder hielt Zwiegespräche mit dem vergessenen Pharao.

Eines Nachts vernahm er, vertieft in schwermütige Gedanken, klagende Laute. Howard hatte längst den Sinn für die Realität verloren und war kaum noch in der Lage, zwischen seiner Einbildung und dem wahren Ablauf der Ereignisse zu unterscheiden. Deshalb maß er dem Jammern und Klagen zunächst keine Bedeutung bei, doch als es nicht enden wollte, als es herzzerreißend wurde wie die Traurigkeit eines Kindes, stand er auf und trat vor die Türe.

Aus der Dunkelheit kam Carter eine weiße Katze entgegen, ein seltsames Tier, viel größer als eine gewöhnliche Katze und mit roten Augen, die furchterregend glühten. Was das Tier aber von anderen Artgenossen unterschied, war eine Eigenheit, die Howard nur von Wandreliefs in den Gräbern der Pharaonen kannte: Die Katze stolzierte auf zwei Beinen wie ein Mensch, und ihr aufrechter Körper hatte Ähnlichkeit mit dem einer jungen Frau.

Als Carter sich ihr näherte, verstummten die Klagelaute, und das Tier sah ihn mit großen roten Augen an. In Katzenaugen zu lesen ist ein Ding der Unmöglichkeit, weil sie dem Menschen in guter wie in schlechter Absicht mit dem gleichen Ausdruck begegnen. Deshalb wich Howard zunächst zurück, unschlüssig, wie er sich dem seltsamen Wesen gegenüber verhalten sollte.

»Ich bin Bastet«, hörte er die Katze plötzlich sagen, »die schönste aller Göttinnen nach Isis.«

Carter erschrak. »Du bist ein Katzenvieh, nichts weiter«, rief Howard entsetzt. »Was willst du, noch dazu mitten in der Nacht?«

»Ich will dich führen.«

»Wohin willst du mich führen?«

»Ich führe dich an das Ziel deiner Träume.«

»Woher willst du meine Träume kennen, Katzenvieh?«

»Du bist den Göttern des Landes kein Unbekannter. Sie beobachten dich, seit du zum ersten Mal deinen Fuß ins Tal der Könige gesetzt hast.«

»Und was weißt du über mich, Bastet?«

»Alles, Carter«, erwiderte die Katze. »Den Göttern entgeht nichts.«

»Dann weißt du auch, wonach ich suche?«

»Natürlich. Nach Tut-ench-Amun.«

»Das dauert nun schon viel zu lange. Und ich weiß noch nicht einmal, ob ich auf der richtigen Fährte bin...«

Die Katze strich sich über die Schnauze und hob den Kopf. »Du *bist* auf dem richtigen Weg, Carter. Eines Tages, in nicht allzuferner Zeit, wirst du den Pharao finden.«

Da erhellten sich Carters Züge. »Ich wünschte, du hättest recht, Bastet.«

Und mit einschmeichelnder Stimme erwiderte die Katze: »Ich *habe* recht, Carter. Götter irren nie.«

Am nächsten Morgen konnte sich Howard nur noch schemenhaft an das Geschehen der vergangenen Nacht erinnern. Man hätte alles für einen Traum halten können, wäre da nicht auf seinem Bett die große weiße Katze gelegen.

Mißtrauisch beäugte er das Tier von allen Seiten, während die Katze scheinbar ungerührt die Augen zusammenkniff.

»Bastet!« rief Carter leise.

Die Katze schreckte hoch und machte einen Satz unter den Tisch.

»Bastet«, wiederholte Carter, diesmal heftiger, und kniete sich vor dem Tisch auf den Boden. »Hast du die Sprache verloren? Heute nacht warst du doch so redselig!«

Die Katze schwieg.

Auge in Auge mit dem Tier fragte Carter: »Du bist doch Bastet, die mir Erfolg prophezeit hat, oder?«

Von der Katze kam keine Antwort.

Carter war geneigt, das Tier fortzujagen. Katzen mochte er ohnehin nicht, hielt sie für falsch und unberechenbar. Aber Bastet wich nicht mehr von seiner Seite. Stumm verfolgte sie jede seiner Bewegungen, und sobald er einen Fuß vor die Türe setzte, trat sie an seine Seite.

Wohl oder übel gewöhnte er sich an den neuen Hausgenossen, und allmählich wurde es Carter zur Selbstverständlichkeit, sich in Begleitung einer großen weißen Katze ins Tal der Könige zu begeben und dabei Selbstgespräche zu führen. Denn Antwort bekam er nie wieder. Nicht einmal im Traum erschien ihm Bastet, so daß er sich fragte, welche Bewandtnis es mit jener nächtlichen Unterredung gehabt haben mochte.

Wochenlang war Bastet sein einziger Ansprechpartner. Die Katze nahm Howard die Angst, die Sprache zu verlieren. Denn auch wenn sie ihn nicht dazu aufforderte, wurde es Carter zur Gewohnheit, seinem Haustier aus den Büchern, die er studierte, laut vorzulesen, wobei sie sein Mienenspiel mit wachen Augen verfolgte, bis sie – meist nach einer Stunde – sanft einschlief. So wurde Carter im Laufe weniger Monate zum Katzenfreund, ja, er konnte sich ein Leben ohne Bastet überhaupt nicht mehr vorstellen.

Als der unselige Krieg endlich zu Ende ging, als die Männer aus Luxor, el-Kurna und Dra abu el-Naga zurückkehrten und bei Carter nach Arbeit fragten, da wunderten sich die meisten über das fremde Erscheinungsbild des Ausgräbers. Carter-Effendi hatte sich auf seltsame Weise verändert. Er hatte das Aussehen von Lord Carnarvon angenommen. Nicht nur, daß er sich so kleidete wie der Lord, er trug den gleichen kecken Schnurrbart und ging, obwohl er es keineswegs notwendig hatte, auf einen Stock gestützt. Aus der Ferne konnte man ihn durchaus für Lord Carnarvon halten. Daß er nur noch in Begleitung einer weißen Katze von den Ausmaßen eines jungen Tigers auftrat und mit dem Tier Zwiesprache hielt, während er ansonsten eher schweigsam war, ließ ihn suspekt erscheinen wie einen feindlichen Spion.

Wie in allen Kriegen, so gab es auch in diesem viele Sieger und wenige Verlierer, aber bei näherer Betrachtung und im Hinblick auf das Schicksal jedes einzelnen gab es nur Verlierer. Gewiß, England, Frankreich und die Vereinigten Staaten von Amerika hatten den Krieg gewonnen, auf der Verliererseite standen Österreich-Ungarn, das Osmanische Reich und Deutschland. Der Preis für Sieger und Verlierer waren zehn Millionen Tote.

Was Ägypten betraf, so brach eine neue Zeit an. Ägypten war kein Vasallenstaat mehr. Ein Sultan regierte als König von Ägypten, und die Zeit brachte es mit sich, daß die Engländer ihr Protektorat über das Land am Nil aufgeben mußten.

Carter interessierte das alles wenig. Er sammelte eine neue Grabungsmannschaft um sich und nahm das magische Dreieck in Angriff, in welchem bisher noch nicht gegraben worden war. Aber wo beginnen?

Carnarvon, der den großen Krieg untätig in London zugebracht hatte – der Familienstammsitz Highclere Castle mußte als Lazarett herhalten –, der Lord kündigte seine Rückkehr nach Luxor an. Nun mußte Carter endlich einen Erfolg vorweisen, sonst lief er Gefahr, daß Carnarvon die Lust verlor.

Unnachsichtig trieb Howard seine Männer zur Arbeit an. In der Hälfte der üblichen Zeit gruben sie einen neuen Erdtrichter, willkürlich, was die Lage, und erfolglos, was das Ergebnis betraf.

Seiner Katze, die er während der Grabungen im Hause einsperrte, machte Howard Vorwürfe, sie habe ihm falsche Hoffnungen gemacht, nun sei er am Ende.

Bastet sah Carter mit rätselhaften Augen an. Und der vermochte ihren Blick nicht zu deuten.

»Du hast mich belogen, verdammtes Katzenvieh«, stammelte Howard unwillig. »Ich werde dich aus dem Haus werfen, dann kannst du sehen, wo du bleibst!«

»Tu das nicht!« Es war ihm, als hörte er plötzlich die Katze wieder sprechen, aber als er sich umdrehte, blickte sie ihn nur mit großen Augen an. Howard erschrak. Er hatte sich nicht getäuscht. »Du redest wieder mit mir?« fragte er ungläubig.

Carter ging vor Bastet auf die Knie. »So begreife doch, ich brauche den Erfolg, sonst bin ich erledigt. Du mußt mir die Stelle verraten, an der ich graben soll, du mußt!«

Wie versteinert, regungslos, saß die große weiße Katze vor ihm, als ginge sie das alles nichts an.

Da faßte Howard das Tier an den Vorderpfoten und zog es ganz nahe vor sein Gesicht. Und während Bastet brummig röchelte, rief Carter: »Ich weiß, daß du mich verstehst! Gott im Himmel, warum antwortest du nicht?«

Bastet blieb schweigsam, und eine Weile starrten sich Mensch und Tier an wie zwei Boxer vor Beginn ihres Kampfes. Dann schleuderte Howard die Katze wütend von sich, und dabei rief er: »Der Teufel hat dich geschickt, elendes Katzenvieh. Verschwinde und lasse dich hier nicht mehr blicken!«

Howard riß die Türe auf, und wie von Furien gejagt raste Bastet aus dem Haus.

Kapitel 25

Am nächsten Tag begab sich Carter zum Bahnhof in Luxor, um Lord Carnarvon abzuholen. Der trübe Herbst und das Bewußtsein, daß Seine Lordschaft mit dem Ergebnis seiner Arbeit während des großen Krieges nicht zufrieden sein konnte, drückte auf seine Stimmung.

Früher, vor dem Krieg, war man in Luxor nur selten einem Bettler begegnet, aber nun drängten sich auf dem Bahnhofsvorplatz zerlumpte Männer und Frauen mit wirren Haaren und kleinen Kindern im Arm und streckten jedem, der sich ihnen näherte, die hohle Hand entgegen. Howard, wie stets äußerst vornehm gekleidet und mit einem Panamahut auf dem Kopf, konnte sich des Bettelvolkes kaum erwehren. Er war kein Unbekannter in Luxor, und jene, die ihn nicht um Geld angingen, bettelten um Arbeit. Es herrschte Hungersnot, und die meisten Männer waren bereit, sich für einen einzigen Piaster am Tag zu verdingen.

Als Carter den Bahnhof durch den vorderen Eingang betrat, nahm er eine beklagenswerte Gestalt wahr, einen verkommenen Mann, in einen Sack gekleidet, mit einem Korb um den Hals und Armstümpfen, die knapp unter den Schultern endeten. Howard zögerte, dem Beklagenswerten ein Almosen in den Korb zu werfen, da hielt er entsetzt inne. Verschämt wandte sich der Krüppel zur Seite.

»Sayyed?« fragte Carter tonlos.

»Carter-Effendi«, entgegnete der Krüppel und blickte zu Boden.

Howard schüttelte den Kopf, er glaubte zu ersticken, so schockierte ihn Sayyeds Anblick.

Als wollte er sich entschuldigen oder um Nachsicht bitten für seine abschreckende Erscheinung, hob Sayyed die Schultern. Dabei hüpften seine Armstümpfe in die Höhe wie die nackten Flügel eines jungen Vogels, der noch im Flaum steht. »*Mahschallah*«, sagte er mit gespieltem Gleichmut und versuchte sich ein Lächeln abzuringen – wie Gott will.

Carter trat einen Schritt zur Seite, um den Weg freizugeben. »Wie ist das passiert?« fragte er verlegen. Passendere Worte fielen ihm im Augenblick nicht ein.

»Ein Paket mit Sprengstoff!« Sayyed grinste verbittert. »War für Ali gedacht.«

»Ja und?«

»Ali gab es mir zum Öffnen. Er muß etwas geahnt haben.«

»Der Schweinehund.«

Sayyed nickte und betrachtete links und rechts seine Armstümpfe. »Unglück trifft immer die Kleinen. Die Großen bleiben ungeschoren.«

»Sagt Ali.«

»Nein, Carter-Effendi. Sagt Sayyed. Der Krieg hat mich klüger gemacht. Man muß nicht alles nachplappern, was die Oberen vorsagen.«

»Dann bist du kein Nationalist mehr, wenn ich dich recht verstehe?«

»Nein, Carter-Effendi. Sayyed ist ein ganz gewöhnlicher Ägypter, mehr nicht.« Er blickte verschmitzt, so, wie man es früher von ihm gewohnt war. Dann fügte er hinzu: »Aber auch nicht weniger.«

Gerührt kämpfte Howard mit den Tränen. »Und wovon lebst du jetzt, Sayyed? Ich meine, die Zeit...«

»Sie meinen, die Zeit der Diebereien ist vorbei. Sagen Sie es ruhig, Carter-Effendi. Ohne Arme und Hände ist es verdammt schwer. Aber ich habe ja noch meinen Kopf. Vielleicht findet sich jemand, dem mein Kopf von Nutzen ist. Im übrigen habe ich ja noch meine Brüder, die sich um mich sorgen.«

Howard dachte nach. Nach einer Weile meinte er: »Dein Kopf kann mir von Nutzen sein. Willst du für mich arbeiten?«

»Mit dem Kopf?« Sayyed machte ein ungläubiges Gesicht.

»Mit dem Kopf«, erwiderte Howard. »Ich brauche einen Botengänger. Sagen wir fünf Piaster am Tag. Einverstanden?«

Weil er keine Möglichkeit hatte, Carters Hand zu ergreifen, bückte der junge Mann sich tief, um seine Hand zu küssen. Doch Howard zog, als er Sayyeds Absicht erkannte, seine Hand zurück. »Ich zähle auf dich«, meinte er, schon im Gehen.

Sayyed lächelte.

Der Zug aus Kairo lief mit angemessener Verspätung ein, und Howard schwenkte den Hut, als er den Lord am Fenster seines Abteils erkannte.

»Willkommen in Oberägypten, Mylord!« rief er Carnarvon entgegen, als dieser in der Zugtüre erschien. Der Lord war alt geworden, seit er ihn vor dem Krieg zuletzt gesehen hatte. Lady Almina hingegen, die hinter ihrem Mann aus der Türe trat, wirkte frisch, beinahe jugendlich.

Aber dann geschah etwas, womit Carter nicht gerechnet hatte und was ihm die Sprache verschlug. Hinter ihrer Mutter tauchte das Gesicht eines wunderhübschen Mädchens auf, Carnarvons Tochter Evelyn.

Obwohl zehn Jahre vergangen waren, hatte Howard die Szene noch gut in Erinnerung, als das kleine Mädchen auf der Terrasse des Hotels »Winter Palace« seine Hand ergriff und fragte: Bist du traurig, Mr. Carter? Er hatte damals gerade vom Tod Lord Amhersts erfahren. Und das war das kleine Mädchen von damals? Hätte er Evelyn nicht erkannt, so hätte ihr Händedruck sie bei Howard in Erinnerung gebracht. Als sie ihn gar mit den Worten begrüßte: Bist du immer noch traurig, Mr. Carter?, und als sie ihn wie einen guten Freund umarmte, da wußte Howard nicht, wie ihm geschah, und er empfand ein wohlig warmes Gefühl, von dem er schon glaubte, daß es ihm abhanden gekommen war.

»Wie schön du bist«, sagte Carter leise, so, daß es ihre Eltern nicht hören konnten. Evelyn trug ihr kurzes, brünettes Haar leicht gewellt. Ihr Gesicht mit den hellen Augen, den beinahe geradegezogenen Brauen und den schmalen Lippen wirkte edel und gepflegt wie auf dem Titelbild eines Modejournals. Howard war fasziniert.

Übermütig bedankte sich Evelyn für das Kompliment, indem sie mit den Augen rollte, als wollte sie sagen: Nun übertreibe mal nicht. Doch das sagte sie nicht, sie meinte vielmehr: »Ich darf doch Howard sagen? Wir sind doch alte Freunde, nicht?«

»Aber natürlich«, stotterte Howard und merkte, daß er immer noch ihre Hand hielt.

Lady und Lord Carnarvon waren mit ihrem Gepäck beschäftigt, und so entging ihnen die innige Begegnung der beiden. Um das Gepäck der Fahrgäste aus England entstand eine regelrechte Prügelei unter den Kofferträgern, weil sich jeder ein großzügiges Trinkgeld erhoffte.

Auf der Fahrt zum Hotel »Winter Palace«, die sie gemeinsam in einer Kutsche zurücklegten, saß Howard neben Evelyn, gegenüber von Lord Carnarvon. Zwischen Carter und Carnarvon entstand eine lebhafte Unterhaltung.

»Hier hat sich kaum etwas verändert seit meinem letzten Aufenthalt«, bemerkte der Lord, während die Kutsche auf der Bahnhofstraße stadtauswärts fuhr.

»Nein«, erwiderte Howard, »nur die Menschen sind anders geworden. Der Krieg hat sie noch ärmer gemacht. Die meisten sind froh, wenn sie überhaupt etwas zu essen haben.«

Lord Carnarvon nickte mit einer gewissen Gleichgültigkeit. »Dann hatte der Krieg wenigstens *einen* Vorteil, die Arbeitskräfte sind billiger geworden. Und Sie, Mr. Carter?«

»Ich verstehe nicht, was Sie meinen.«

»Nun, was haben Sie im Krieg für England geleistet?«

Howard räusperte sich verlegen, wobei er Evelyn einen flüchtigen Blick zuwarf, dann richtete er sich auf und erwiderte: »Ich diente dem *Arab Bureau*, dem zivilen Geheimdienst Seiner Majestät.«

»Oh, wie aufregend! Mr. Carter ist ein Geheimagent!« Evelyn rückte näher an Howard heran, hakte sich bei ihm unter und rief: »Howard, du mußt uns von deinen geheimen Missionen berichten. Hast du auch eine Pistole?«

Carter wurde die Situation allmählich unangenehm. Aber weil er sich nun schon einmal so hervorgetan hatte, antwortete er: »Aber gewiß, und einen Revolver und einen Karabiner neuester Bauart dazu. Was jedoch meine geheimen Missionen betrifft, so bin ich zu größter Verschwiegenheit verpflichtet.«

Lord Carnarvon blickte lächelnd zur Seite, während Evelyn Carter mit bewundernden Blicken ansah. »Das war doch sicher sehr gefährlich!«

Mit spitzem Mund erwiderte Howard: »Nun ja, auch nicht viel gefährlicher als meine Arbeit im Tal der Könige.«

Da wandte sich der Lord seinem Ausgräber zu: »Wie sind Sie mit Ihrer Arbeit vorangekommen, Mr. Carter? Ich bin sicher, Sie haben eine Überraschung für uns parat. Habe ich recht?«

»Überraschung?« Howard war irritiert. »Was meinen Sie, Mylord?«

»Nun kommen Sie schon. Vermutlich verbringen Sie längst Ihre Nächte im Grab des Pharaos und haben Ihre Entdeckung bisher nur geheimgehalten.«

Howard verhaspelte sich in seiner Rede: »Also mit dem Grab des Pharaos – wie soll ich sagen – ich bin nahe daran, aber...«

»Was soll das heißen?« fiel Carnarvon ihm ins Wort. »Sie schrieben mir doch, die genaue Lage des Grabes sei Ihnen bekannt, und es sei nur noch eine Frage weniger Wochen oder Monate, bis Sie Tut-ench-Amun gefunden hätten. Seither sind beinahe zwei Jahre vergangen, Mr. Carter. Zwei Jahre, in denen ich Sie sehr anständig bezahlt habe dafür, daß Sie endlich etwas zutage fördern, etwas, was den hohen finanziellen Aufwand rechtfertigt, den ich in dieses Unternehmen gesteckt habe.«

Während Carter sich in Zurückhaltung übte, kam ihm Lady Almina zu Hilfe: »›Porchy‹, du solltest Mr. Carter keine Vorwürfe machen. Erfolg läßt sich nicht erzwingen. Ich bin überzeugt, daß er gute Arbeit geleistet hat. Aber vielleicht hat es diesen seltsamen Pharao nie gegeben. Folglich kann Mr. Carter sein Grab auch nicht finden. Dann solltest du dich entschließen, die Arbeiten einzustellen.«

»O nein, Mylady!« ereiferte sich Howard. »Ich habe nicht den geringsten Zweifel, Tut-ench-Amun zu finden, glauben Sie mir. Neulich nachts begegnete ich der katzenköpfigen Göttin Bastet. Sie war schneeweiß und hatte rote Augen, und sie verkündete mir, ich würde in nicht allzuferner Zeit den Pharao finden.«

Lord Carnarvon und Lady Almina warfen sich einen vielsagenden Blick zu, da kam die Kutsche vor dem Eingang des Hotels zum Stehen.

»Wir sehen uns morgen im Tal der Könige«, bemerkte der Lord kurz angebunden, und nicht zum ersten Mal fühlte sich Carter von seinem Arbeitgeber tief gedemütigt.

Auf dem Weg zu ihrer Suite im Erdgeschoß des Hotels meinte Lord Carnarvon: »Es wird höchste Zeit, daß Carter seine Arbeit einstellt. Er hat sich schon viel zu lange allein im Tal der Könige herumgetrieben und scheint mir etwas überdreht. Habt Ihr gehört, was er von der Begegnung mit der katzenköpfigen Göttin erzählt hat? Ich glaube, Mr. Carter ist schon etwas...« Dabei fächelte er mit der flachen Hand vor seinem Gesicht.

»Papa, du bist ungerecht!« rief Evelyn erzürnt und stampfte mit dem Fuß auf den Boden. »Mr. Carter redet keineswegs irre; aber sollte er es eines Tages tun, dann müßtest du dich zuallererst fragen, wer schuld daran hat.«

»Evelyn!« rief Lady Almina ihre Tochter zur Ordnung. »So darfst du mit deinem Vater nicht sprechen. Nicht in diesem Ton!«

»Papa ist ungerecht zu Mr. Carter. Er macht ihm zum Vorwurf, daß er das ausführt, was *er* ihm aufgetragen hat, im Tal der Könige nach dem Pharao zu suchen. Ich glaube, auch Papa würde etwas merkwürdig, wenn er zwanzig Jahre an ein und demselben Ort nach einem Pharao graben würde, von dem nicht einmal sicher ist, ob er je gelebt hat.«

»Evelyn!« wiederholte ihre Mutter strafend. »So spricht man nicht über seinen Vater. Entschuldige dich, auf der Stelle!«

»Es ist die Wahrheit!« gab Evelyn wütend zurück. »Und für die Wahrheit brauche ich mich nicht zu entschuldigen.«

»Du entschuldigst dich bei deinem Vater oder gehst sofort auf dein Zimmer.«

Zwei beflissene Hoteldiener in weißer Galabija und mit einem roten Fes auf dem Kopf hatten die Hotelgäste inzwischen zu ihrer Suite geleitet, einer Flucht von vier Zimmern, die mit Durchgangstüren verbunden waren. Evelyn verschwand ohne ein Wort in ihrem Zimmer und knallte die Türe hinter sich zu.

Die Abendsonne warf warme, goldene Strahlen über das flache Dach seines Hauses auf dem sandigen Hügel. Oben angelangt, ließ Carter den Blick schweifen – hinüber zum Tal, das ihm fremd und unnahbar erschien wie am ersten Tag. Er wollte nicht mehr. Was hatte er schon erreicht? Genaugenommen nichts. Ein paar Zufallsfunde, Zufallsentdeckungen ohne Bedeutung. So unrecht hatte Lord Carnarvon gar nicht. Kosten, mehr hatten die letzten Jahre nicht gebracht.

Während er mit den Händen den Hausschlüssel aus dem Sand scharrte, er lag stets an derselben Stelle nahe dem Eingang vergraben, überkamen ihn süße Gedanken an Evelyn, das kleine Mädchen. Es war schon eine Zeit her, seit ihn ähnliche Gefühle übermannt hatten, damals bei der Begegnung mit Leila. Evelyns Anblick hatte ihn verzückt, angerührt und in einen Zustand angenehmer Erwartung und Hoffnung versetzt.

Lange genug hatte er sich und seine Gefühle hinter einer starren Maske zurückgestellt und war der ehrgeizige Ausgräber, der nur ein Ziel kannte: den Erfolg. In dem Bewußtsein, ein ungewöhnliches, für eine Frau unzumutbares Leben zu führen, war es ihm nicht einmal in den Sinn gekommen, unter der Entbehrung einer Liebschaft zu leiden. Und wenn er auch keine Abneigung gegen Frauen empfand – nein, das gewiß nicht –, so waren ihm Leidenschaft und Begierde fraglos abhanden gekommen.

Doch das schien mit einem Mal anders. Evelyns Anblick hatte Howard wie ein Blitzschlag getroffen, ihre Schönheit hatte seine Phantasie und sein Verlangen erweckt und überschäumende Gedanken in Gang gesetzt wie damals in Swaffham, als er an Sarah Jones Gefallen fand. Und wie damals empfand er in seinem Innersten Schüchternheit. Carter war doppelt so alt wie Evelyn, er hätte ihr Vater sein können; aber dennoch, dachte er, würde er nie den Mut aufbringen, sich dem Mädchen zu offenbaren. Howard war unsicher, verwirrt und ratlos.

Unschlüssig setzte er sich an den großen Tisch unter der Kuppel seines Hauses, der vielerlei Verwendung fand. Er diente als Eß-, Schreib- und Arbeitstisch, und bisweilen mußte er auch als Bügeltisch herhalten, wenn Carter einen seiner Anzüge, für deren Reinheit normalerweise im »Luxor«-Hotel gesorgt wurde, selbst aufbügelte. Howard überlegte. Er ging die Begegnung mit Evelyn noch einmal vor seinem geistigen Auge durch und suchte in der Erinnerung nach einem Hinweis in ihrem Verhalten, aus dem er schließen konnte, daß auch sie für ihn mehr empfand als Sympathie. Aber sosehr er sich jede Einzelheit vergegenwärtigte, seine Enttäuschung wuchs und ebenso der Gedanke, das Mädchen könnte ihn nur als liebenswerten Sonderling betrachten – nicht mehr.

Da entschloß sich Howard zu einem Schritt, der besser als alles andere geeignet ist, Schüchternheit zu überwinden. Er schrieb einen Brief, genauer gesagt, er unternahm den Versuch, einen Brief zu schreiben, denn ein geschriebener Brief verfolgt gemeinhin den Zweck, daß er seinen Adressaten auch erreicht.

Zehn wohlformulierte Zeilen zu Papier zu bringen, nahm beinahe die halbe Nacht in Anspruch, wobei Howard schon mit der Anrede größte Schwierigkeiten hatte, weil »Mein verehrtes Fräulein« seiner Gefühlslage ebenso fremd erschien wie »Geliebte Eve«. Nach einem halben Dutzend unbrauchbarer Versuche, bei denen Schüchternheit und Wagemut im Widerstreit lagen, fand Carter schließlich einen angemessenen Kompromiß, der alle liebevollen Gefühle beinhaltete und doch eine gewisse Zurückhaltung zeigte. Howard schrieb: »Meine kleine Eve!«

Lange stand diese Anrede einsam auf einem weißen Blatt Papier, bis Carter zu erzählen begann, wie sehr ihn ihre Begegnung am inzwischen vergangenen Tag beeindruckt hatte. Ihre Schönheit, ließ er Evelyn wissen, habe ihn bezaubert, und wenn er, Howard, nicht schon ein gewisses Alter erreicht hätte, würde er sich glücklich schätzen, ihr den Hof zu machen.

Vertieft in schöne Gedanken, den Blick zur Türe gerichtet, machte Howard plötzlich eine seltsame Beobachtung. Lautlos und langsam bewegte sich die Türe nach innen, so als träte ein unsichtbarer Geist ein. Unerwartet und geräuschlos, wie es geschah, fand Carter nicht einmal Gelegenheit zur Furcht. Und während er gebannt zur Tür starrte, während er die Feder lautlos zur Seite legte, erschien in dem Spalt, der sich gerade geöffnet hatte, die große weiße Katze Bastet, die er vor zwei Tagen aus dem Haus gejagt hatte.

Das hatte ihm längst leid getan, weil ihm seither in seinem Haus jede Ansprache fehlte. Trotzdem fiel Carters Begrüßung eher unfreundlich aus: »Hast wohl Hunger, altes Katzenvieh!«

Die große weiße Katze schenkte Howards Worten keine Beachtung. Stolz, den buschigen Schwanz senkrecht nach oben gerichtet, schritt Bastet quer durch den Raum, tat einen Satz auf den Ohrensessel in der Ecke und rollte sich nach Katzenart zu einem flauschigen Bündel ein. Ausdruckslos blinzelte sie Carter zu.

»Ich weiß schon, daß du keine bessere Futterstelle findest«, bemerkte Howard und erhob sich, um aus dem fensterlosen Vorratsraum etwas zum Fressen zu holen. Vorzugsweise ernährte sich Carter aus Konserven, die er kistenweise aus England bezog. Sein Vorrat umfaßte aber auch ganze Säcke von Reis, Trockenbrot in Dosen, getrocknete Erbsen und Bohnen, genug für ein halbes Jahr.

Mit einer Heringskonserve kehrte Carter zurück, richtete den Inhalt auf einem Schüsselchen an und stellte ihn vor den Stuhl hin, auf dem es sich Bastet bequem gemacht hatte. Dann nahm er wieder am Tisch Platz, um seinen Brief zu vollenden. Hatte es ihn vorher schon große Mühe gekostet, die passenden Worte zu finden, so verwirrte ihn Bastets Anwesenheit nun noch mehr. Howard fühlte sich beobachtet wie ein Student bei der Prüfungsarbeit, weil die Katze in unregelmäßigen Abständen ihre Augen schloß und wieder öffnete und ihm einen unerklärlichen Blick zuwarf.

»Nun nimm schon deinen Fisch. Nur für dich habe ich die Konserve geöffnet!« rief Carter zu Bastet hinüber.

Aber die zeigte nicht die geringste Regung.

»Bist wohl zu stolz. Auch gut. Wenn dein Stolz größer ist als dein Hunger, mußt du eben darben.«

Mitternacht war schon vorüber, und Carter fielen die Augen zu, da hatte die große weiße Katze den Fisch noch immer nicht angerührt. Allmählich durchzog ein unangenehmer, säuerlicher Gestank den Raum, wie ihn nur Heringe verbreiten. Und weil er zu müde war, um seinen Brief zu vollenden, erhob sich Howard, faltete das Papier in der Mitte und legte es in die Tischschublade.

»Dann eben nicht«, brummte er unwillig und stellte den Teller mit den Heringen vor die Türe. Aber da schnurrte Bastet längst in tiefem Schlaf.

Im Morgengrauen klopfte es an die Türe. »Carter-Effendi, Sayyed bringt wichtige Nachricht. Carter-Effendi!«

Verschlafen öffnete Howard und sah Sayyed vor sich stehen, um den Hals einen Lederbeutel. Mit dem Kinn bedeutete er, Carter möge den Umschlag aus der Tasche entnehmen. »Telegramm aus England, Carter-Effendi! Schon gestern abend eingetroffen. Aber war schon dunkel«, erklärte er, immer noch nach Luft ringend.

»Schon gut!« Carter riß den Umschlag auf. Seine Schwester Amy meldete den Tod der Mutter.

»Sicher etwas Unangenehmes«, bemerkte Sayyed und sah Howard neugierig an.

Der hob die Schultern und blickte ohne erkennbare Rührung zur Seite. »Meine Mutter ist gestorben«, erwiderte er tonlos.

»Oh, das macht den Effendi sicher sehr traurig.«

»Ja, Sayyed«, antwortete Carter, »obwohl ich mir eine bessere Mutter gewünscht hätte, eine, die mir ein bißchen Liebe hätte zukommen lassen, eine, die mich nicht hätte spüren lassen, daß ich als elftes Kind nicht mehr willkommen war.«

»Tut mir leid, Carter-Effendi. Aber könnte man sich seine Mutter aussuchen, gäbe es Mütter mit tausend Kindern und solche, die kein einziges hätten.«

Howard mußte lachen. »Das ist wohl wahr, Sayyed.«

»Wie alt war deine Mutter?«

»Fünfundachtzig.«

»Es ist eine Gnade Allahs, so alt zu werden, Carter-Effendi!«

»Nein, Sayyed, nicht in jedem Fall. Meine Mutter lebte nur noch zeitweise in der Realität, die meiste Zeit verbrachte sie in Gedanken bei ihrem Mann, meinem Vater. Aber der ist fast dreißig Jahre tot.«

»Ich verstehe«, antwortete Sayyed mitfühlend.

Carter nickte nachdenklich. Dann sagte er, als habe er die eben erhaltene Nachricht mit einem Schlag aus dem Gedächtnis gestrichen: »Du trinkst doch eine Tasse Tee mit mir?«

»Gerne, Carter-Effendi, wenn Sie bereit sind, mir die Tasse zum Mund zu führen.«

»Wir werden schon zurechtkommen.«

Während Carter den Tee zubereitete und Schafskäse, Marmelade und Fladenbrot auftischte, sagte er, ohne Sayyed anzusehen: »Ich muß dir eine Mitteilung machen, die mich trauriger stimmt als der Tod meiner Mutter. Ich werde meine Arbeit im Tal der Könige einstellen. Wie es weitergehen soll, weiß ich nicht.« Er seufzte.

»Aber das dürfen Sie nicht tun, Carter-Effendi. Sie dürfen nicht aufgeben. Sagten Sie nicht selbst, Sie seien kurz vor dem Ziel?«

»Ja, das sagte ich, aber ich habe mich eben getäuscht. Lord Carnarvon hat schon recht, wenn er behauptet, ich hätte in den letzten fünfzehn Jahren nur Kosten verursacht.«

Während Howard die Tasse zu Sayyeds Mund führte und ihn fütterte wie ein Kind, meinte er: »Ich wäre dir dankbar, wenn du für mich einen Brief besorgen könntest. Aber du darfst ihn der Empfängerin nur persönlich aushändigen, hörst du!«

»Verstehe«, antwortete Sayyed und kaute an einem Bissen Fladenbrot. »Carter-Effendi ist verliebt.«

Howard stutzte und sah den jungen Mann fragend an. »Woher willst du das wissen?«

»Habe ich mir einfach gedacht, wenn ich Carter-Effendi so reden höre. Wie heißt sie, wo wohnt sie?«

»Sie heißt Evelyn und ist die Tochter von Lord Carnarvon. Die Carnarvons wohnen im Hotel ›Winter Palace‹.

Sayyed nickte. »Wird gemacht. Carter-Effendi kann sich auf mich verlassen.«

Liebevoll, beinahe zärtlich nahm Howard den Brief aus der Lade, überflog noch einmal die Zeilen, die er in der vergangenen Nacht zu Papier gebracht hatte, und setzte seine Unterschrift darunter. Dann steckte er das Schreiben in einen Umschlag und ließ es in der Ledertasche auf Sayyeds Brust verschwinden.

Kaum hatte Sayyed sich im Laufschritt auf den Weg gemacht, da traf Lord Carnarvon zu Pferd ein.

Seine Lordschaft fand anerkennende Worte über das neue Haus, das er erst einmal gesehen hatte, meinte jedoch im selben Atemzug: »Schade, daß aus unserer Wohngemeinschaft nun doch nichts mehr werden kann. Aber wie ich gestern schon andeutete…«

»Sie können sich Ihre umständlichen Worte sparen, Mylord, und ich kann Ihnen nicht einmal böse sein, daß Sie an dem Unternehmen die Lust verloren haben. Ich werde eben nicht gerade vom Glück verfolgt.«

»Wir alle nicht, Mr. Carter. Ich hatte bei meinen Planungen nicht mit den Auswirkungen des Krieges gerechnet. Gewiß, England hat den Krieg gewonnen, aber die großen Sieger sind wir bei Gott nicht! Das englische Pfund befindet sich auf Talfahrt. Wir steuern einer handfesten Inflation entgegen. Das Personal in Highclere Castle verschlingt Unsummen. Meine Ausgaben für das Unternehmen Tut-ench-Amun betragen bis zum heutigen Tag mehr als 50 000 Pfund. 50 000 Pfund, Mr. Carter! Haben Sie eine Vorstellung, was ich mit dieser Summe hätte anfangen können?«

Carter brachte kein Wort hervor. Er schämte sich. Er schämte sich, obwohl er das Geld Seiner Lordschaft weder verschwendet noch leichtsinnig durchgebracht hatte. Er hatte nur an etwas geglaubt, was es offensichtlich nicht gab. Glauben heißt hoffen, und Howards Hoffnung war zusammengestürzt wie ein Kartenhaus.

»Deshalb bitte ich Sie«, nahm Carnarvon seine Rede wieder auf, »Ihre Arbeiten mit dem heutigen Tag einzustellen. Das Finanzielle werde ich in den nächsten Tagen über die Provinzbank von Luxor abwickeln.«

Kaum hatte der Lord ausgeredet, da huschte ein Schatten durch den Raum, und man vernahm ein solch abscheuliches Fauchen, daß Carnarvon, der gewiß nicht schreckhaft war, erschrak und verdutzt fragte: »Haben Sie hier Gespenster, Mr. Carter?«

Howard blickte zur Türe, wo der Schatten verschwunden war, und meinte: »Das war Bastet, meine Göttin des Hauses. Irgend etwas scheint ihr an Ihrer Rede nicht gefallen zu haben. Sie benimmt sich sonst äußerst friedfertig.«

»So, so«, meinte Lord Carnarvon verunsichert und wandte ebenfalls den Blick zur Tür, »Ihre Göttin des Hauses. Ich will Ihnen ja nicht zu nahetreten, Mr. Carter, aber ich könnte mir vorstellen, daß Ihnen ein längerer England-Aufenthalt nicht schaden würde.«

Da fuchtelte Howard mit beiden Händen in der Luft herum, und erregt rief er: »Bloß das nicht. England ist nicht mehr mein Land. Ich lebe hier, und ich sterbe hier. Mein Auskommen werde ich schon finden, Mylord!«

Lord Carnarvon rümpfte die Nase über so wenig Vaterlandsliebe, schließlich meinte er entrüstet: »Mr. Carter, in England leben zu dürfen ist eine Gnade wie ein Adelstitel von Seiner Majestät, dem König. Allein durch seine Abstammung ist jeder Engländer geadelt. Sie sollten sich dieser Tatsache bewußt sein.«

Howard hob die Schultern und bemerkte gleichgültig: »Na gut, wenn Sie meinen, Mylord. Aber was nützt mir Adel, wenn ich nicht weiß, wovon ich leben soll. Wenn Sie erlauben, ich bin lieber satt als adelig.«

Lord Carnarvon sprang auf. Der Zorn über Carters Worte stand ihm ins Gesicht geschrieben. Er wollte antworten, Howard zurechtweisen, doch dann zog er es vor zu schweigen. Ohne ein Wort standen sich die beiden Männer gegenüber: der Lord, der keinen Widerspruch duldete, schon gar nicht von einem, für dessen Lebensunterhalt er seit fünfzehn Jahren aufkam, und Carter, der mit Stolz und Würde auf seiner Meinung beharrte.

Endlich beendete der Lord das peinliche Schweigen und sagte: »Also dann, alles Wesentliche ist gesagt, Mr. Carter. Leben Sie wohl.«

Mißmutig und mit einem Ausdruck der Verachtung beobachtete Carter, wie Lord Carnarvon sein Pferd bestieg und davonritt. Er wandte sich um und blickte hinüber zum Tal der Könige, diesem verfluchten, karstigen Landstrich, der ihm zum Schicksal geworden war, und er wußte, daß er sein ganzes Leben nicht davon loskommen würde.

Gegen Mittag näherten sich vom Tal her zwei Gestalten. Aus der Ferne erkannte er Sayyed an seinem stolzierenden Gang. In seiner Begleitung befand sich Evelyn. Um nicht entdeckt zu werden, hatte er sie über den Saumpfad von Der-el-Bahari geführt. Als Evelyn ihm schon von weitem zuwinkte, lief Carter den beiden entgegen.

Ungestüm fielen sich Howard und Evelyn in die Arme, und Sayyed, der sich verlegen zur Seite wandte, ging unbemerkt allein seines Weges.

Da war es wieder, dieses wohlige Gefühl, das jede von Evelyns Berührungen bei Howard verursachte. Sein Gemütszustand, eben noch der Schwermut und Verzweiflung nahe, veränderte sich im Augenblick. Vergessen war seine mißliche Lage, ja sogar die Verachtung, die er noch kurz zuvor für den Lord empfunden hatte.

»Howard!« stammelte Evelyn, während sie, auf Zehenspitzen stehend, seinen Kopf zwischen beide Hände nahm und küßte. »Du hast mir einen so schönen Brief geschrieben. Ich liebe dich, Howard!«

Die Selbstverständlichkeit, mit der sie das sagte, versetzte Carter in noch größere Unruhe. Als sie von ihm abließ, entdeckte Howard einen Vogelkäfig zu ihren Füßen mit einem kleinen gelben Kanarienvogel, der unruhig zwischen den Gitterstäben hin und herflatterte.

»Den habe ich dir mitgebracht«, sagte Evelyn lachend, »er soll sehr gelehrig sein und dir die Einsamkeit vertreiben. Du mußt ihm noch einen Namen geben. Es ist ein Mädchen!«

»Dann werde ich es ›Eve‹ nennen.«

»Nichts dagegen!«

Hand in Hand kletterten sie den Hügel zu Carters Haus empor.

»Dein Vater war heute morgen hier«, bemerkte Howard im Bewußtsein, daß er das Ereignis nicht verschweigen durfte.

»Ich weiß«, erwiderte Evelyn knapp. »Wie seid ihr verblieben?«

»Es ist aus, alles aus.«

»Was heißt das?«

»Dein Vater hat mir befohlen, die Grabungen mit sofortiger Wirkung einzustellen.«

»Das hat Papa getan? Dieser Schuft! Aber das ist noch lange nicht sein letztes Wort. Ich werde mit ihm reden!«

»Ich glaube das wird nichts nützen, Eve. Der Lord ist fest entschlossen aufzuhören, und wenn ich ehrlich bin, muß ich sagen: er hat recht. Man kann sein Glück nicht erzwingen.«

»Doch, Howard. Man kann!« Evelyn blickte zornig drein, und dieser Anblick weckte bei Howard zärtliche Gefühle. Es war rührend anzusehen, wie das kleine Persönchen selbstbewußt auf seiner Meinung beharrte. »Man kann!« wiederholte Evelyn. »Papa hat mir noch nie einen Wunsch abgeschlagen.«

Carter war verunsichert.

Oben auf dem Hügel angelangt, bat ihn Evelyn, ihr sein Haus zu zeigen, und nachdem sie alle Räume in Augenschein genommen hatte, meinte Carter leicht verlegen: »Es ist natürlich nicht Highclere Castle, aber gegenüber meinen anderen Behausungen ist es direkt komfortabel. In Amarna habe ich nachts mit Ratten, Schlangen und Skorpionen gekämpft, in meinem Pensionszimmer in Luxor mußte ich unliebsame Besucher fürchten, weil es keine richtige Türe gab, da fühlt man sich hier schon beinahe wie in einem Palast.«

Evelyn sah Carter voll Bewunderung an. »Du bist so bescheiden, Howard. Ich kann mir überhaupt nicht vorstellen, daß du jemals unzufrieden warst.«

»Ach was«, bemerkte Carter ungehalten, »Bescheidenheit ist meistens nichts anderes als geheuchelte Demut. Ich wäre nur allzugerne unbescheiden, wenn sich mir die Möglichkeit böte. Aber ich bin nun mal nicht mit einem goldenen Löffel im Mund geboren und deshalb auf Leute wie deinen Vater angewiesen.«

Evelyn nickte nachdenklich. Dann sagte sie: »Willst du mir nicht das Tal der Könige zeigen, Howard? Ich war zwölf Jahre alt, als ich es zum ersten Mal sah. Das ist lange her, und mir ist kaum eine Erinnerung im Gedächtnis geblieben.«

Gemeinsam erklommen sie die Klippen über dem Tal, von wo der Blick bis zum Nil hinüberschweift.

Wie ein Prophet breitete Howard die Arme aus und blickte hinab in den Talkessel zu ihren Füßen. Und mit dem Pathos eines Schauspielers bei seinem großen Auftritt rief er: »Das ist meine Welt, Eve. Für manchen besteht dieses Tal nur aus Fels, Sand und Geröll, aber für mich birgt es alle Geheimnisse der Menschheit.«

Beseelt von seinen Worten, trat Evelyn von hinten an Howard heran und legte ihre Arme um seine Brust. In diesem Moment fühlten beide die magische Anziehungskraft dieses Ortes und ein Glücksgefühl, das unerklärbar schien. Und wenn Howard sie bei der Hand genommen und gerufen hätte: spring! – Evelyn hätte keinen Augenblick gezögert, sich mit ihm in die Tiefe zu stürzen, so gefangen war ihre Seele von dem Augenblick.

Minutenlang standen sie so aneinandergeschmiegt und genossen ihr Alleinsein. Doch es gab einen Augenzeugen, mit dem weder Howard noch Evelyn rechneten. Eine halbe Meile entfernt, verdeckt durch eine Sanddüne, hielt Lord Carnarvon ein Fernrohr auf sie gerichtet und beobachtete jede ihrer Bewegungen. Es entging ihm auch nicht, wie die Verliebten sich küßten und schließlich auf den Boden sanken. Als das leidenschaftliche Spiel kein Ende nehmen wollte, schob der Lord wütend sein Fernrohr zusammen, stieg aufs Pferd und galoppierte davon.

Am darauffolgenden Tag, noch ließ der Sommer auf sich warten, und vom Fluß her wehte ein lauer Wind, hielt es Carter nicht in seinem Haus. Er mußte Evelyn wiedersehen, und so machte er sich auf den Weg hinüber nach Luxor. Unter dem Vorwand, die geschäftliche Bilanz der Grabungen abwickeln zu wollen, führte Howard sein Grabungsbuch mit sich, in dem alle Ausgrabungen auf Pfund und Piaster genau verzeichnet waren.

In der Hotelhalle des »Winter Palace« herrschte große Aufregung um eine exaltierte junge Dame, die, blond und in farbenfroher Aufmachung mit einem Hut auf dem Kopf so groß wie ein Wagenrad, nur mit wesentlich mehr Blumen verziert, soeben in Begleitung ihres Mannes Archibald eingetroffen war. Archibald, klein, rundlich und von vornehm zurückhaltender Natur, stand abseits und lächelte zufrieden, während seine behütete Frau mit geifernder Stimme Beschwerde führte über das bescheidene Zimmer, das man ihr im ersten Stockwerk des Hauses zugewiesen habe, noch dazu ohne Ausblick auf den Nil.

»Ich bin Schriftstellerin«, rief sie aufgeregt dem Portier zu, obwohl dieser ihr auf Reichweite gegenüberstand und sie sogar im Flüsterton verstanden hätte, »Sie scheinen mich hier in diesem Land nicht zu kennen, mein Name ist Agatha Christie, und das ist mein Mann Archie!«

Der Portier in schwarzem Anzug und rotem Fes dienerte so heftig, daß die Quaste seiner Kopfbedeckung einen wilden Tanz vollführte wie die schöne Isidora Duncan, von der alle Welt sprach. »Aber selbstverständlich sind Sie uns auch in Ägypten bekannt, Mylady; aber um diese Zeit ist unser Hotel bis auf den letzten Platz ausgebucht. Zu meinem größten Bedauern kann ich Ihnen deshalb nur dieses Zimmer anbieten. Und wenn Sie mir die Bemerkung gestatten, es ist äußerst komfortabel.«

»Es ist ein kleines, heruntergekommenes Zimmerchen ohne Blick auf den Nil. Woher sollte ich die Inspiration nehmen für meinen neuen Roman?«

Angelockt durch den Lärm, den Agatha Christie verursachte, bahnte sich der ebenfalls schwarz gekleidete Hotelmanager einen Weg über die Koffer, Kästen und Reisetaschen der lauten Lady und versuchte sie zu beruhigen, was, wie sich herausstellte, nicht ganz einfach, genaugenommen unmöglich war.

»Einen Augenblick!« Dem Hotelmanager kam plötzlich die Erleuchtung. »Lord Carnarvon ist heute morgen überraschend abgereist. Sie könnten seine Suite übernehmen, Mrs. Christie. Falls Sie sich etwas gedulden wollten?«

»Lord Carnarvon? – Kenne ich nicht«, erwiderte Agatha Christie. »Aber wenn er mehr als ein Zimmer bewohnte und ich Blick auf den Nil habe, soll es mir recht sein.«

Der Manager nickte: »Seine Lordschaft bewohnte vier Räume, und die Zimmer verfügten über Aussicht zum Nil und zum Park hin.«

Damit gab sich die resolute Dame fürs erste zufrieden.

»Es ist dir doch recht, Archie«, fragte sie der Form halber.

Carter, dem die lautstarke Auseinandersetzung nicht entgangen war, trat an den Manager heran und fragte verunsichert: »Sagten Sie soeben, Lord Carnarvon sei abgereist? Das muß ein Irrtum sein. Lord Carnarvon ist erst vor wenigen Tagen in Luxor eingetroffen!«

»Oh, Mister Carter, gut, daß wir uns begegnen«, erwiderte der Manager, »Seine Lordschaft hat eine Mitteilung für Sie hinterlassen und einen Scheck. Warten Sie...« Er verschwand in seinem Büro, kehrte jedoch sofort wieder zurück und überreichte Howard einen Scheck und einen Brief. Der Scheck lautete auf 3000 Pfund, der Brief hatte folgenden Wortlaut: »Mr. Carter, nichts für ungut. Wir haben uns entschlossen, nach England zurückzukehren. Der beiliegende Scheck sollte ausreichen für eine letzte, *die allerletzte* Grabungssaison. Sollte Ihnen auch dieses Mal kein Erfolg beschieden sein, müßten wir uns wohl ein für allemal trennen. Im übrigen bitte ich Sie, sich meine Tochter Evelyn aus dem Kopf zu schlagen. Bedenken Sie Ihren Stand und Ihr Alter. C.«

Die flüchtig hingeworfenen Zeilen begannen vor Carters Augen zu tanzen. So erfreulich der Auftrag für eine neue Grabungssaison sein mochte, die Absage an Evelyn traf ihn wie eine Ohrfeige. »Aber das kann doch nicht sein«, stammelte er tonlos, »wir lieben uns doch.« Howard kämpfte mit den Tränen.

»Seine Lordschaft haben den Morgenzug nach Kairo genommen«, bemerkte der Manager noch; dann zog er sich zurück.

Howard war so in Gedanken versunken, daß er nicht bemerkte, wie die vorlaute Schriftstellerin ihn unverfroren von Kopf bis Fuß musterte. Schließlich trat sie auf Carter zu und sagte in gemäßigtem Tonfall: »Sie sind Engländer, Sir?«

»Ja, gewiß«, erwiderte Howard verdattert.

»Agatha Christie«, stellte sich die Lady vor. »Ich bin Schriftstellerin und manchmal etwas laut; aber leise Schriftsteller sind das Papier nicht wert, auf dem sie gedruckt sind. Sie kennen doch meinen Roman ›The mysterious affair at Styles‹?«

»Bedauere, nein. Ich bin Ausgräber, und mir bleibt kaum Zeit, ein gutes Buch zu lesen.«

»Ob es gut ist, sei dahingestellt, Mister, Hauptsache bekannt.«

»Carter ist mein Name, Howard Carter.«

»Für mich heißen Sie Hercule Poirot. Sie haben so etwas Französisches an sich. Ihr dunkles Haar, der Schnauzbart, ja, für mich sind Sie Hercule Poirot. Ich werde einen Ägypten-Roman schreiben, irgendwann einmal. Und ein Mann von Ihrem Aussehen wird dabei eine Rolle spielen. Nett, sie kennengelernt zu haben...«

Howard trug seine Trauer, die Carnarvons Brief verursacht hatte, ins Tal der Könige. Wo hätte er sie auch anders hintragen sollen? Er war unschlüssig, ob er das neuerliche Angebot Seiner Lordschaft überhaupt annehmen sollte, ob er den Scheck nicht zurückschicken sollte mit der Bemerkung: Danke, ich nehme kein Schmerzensgeld.

Unbemerkt hatte sich Bastet an Carters Fersen geheftet, und als er die Katze sah, war es zu spät, sie zurückzuschicken. Wie selbstverständlich trottete sie neben Howard her, und als der sich an der Wegspinne, wo fünf ausgetretene Pfade aufeinandertrafen, auf einem Stein niederließ, setzte Bastet sich daneben.

Die Leidenschaft zu Evelyn hatte ihn so plötzlich und mit der Wucht eines Gewitters erfaßt, daß Howard zu keinem klaren Gedanken fähig war. Daß er viel älter war als sie und im Vergleich zu ihr ein Habenichts und Emporkömmling, war ihm überhaupt nicht in den Sinn gekommen. Liebe fragt nicht nach Alter und Abstammung. Und doch hatte ihn mit einem Mal seine armselige Vergangenheit eingeholt.

Howard starrte unschlüssig in den Sand. Das einzige, was ihm geblieben war, war sein Stolz. Und deshalb faßte er den Plan, den Scheck, den ihm Carnarvon generös überlassen hatte, mit einer passenden Bemerkung zurückzuschicken.

Kaum hatte sich Carter zu diesem Entschluß durchgerungen, kaum hatte er sich von dem Gedanken gelöst, den vergessenen Pharao entdecken zu *müssen*, da fiel sein Blick auf Bastet, die einen Steinwurf entfernt im sandigen Boden scharrte, als wollte sie, wie bei Katzen üblich, ihr Geschäft verrichten. Als aber Bastet kein Ende fand, als sie mit Vorder- und Hinterpfoten zugleich ein Loch in den Boden grub und auch durch Zurufe nicht davon abgehalten werden konnte, erhob sich Carter, um an der Stelle nach dem Rechten zu sehen.

»Willst du etwa nach dem Pharao graben?« rief Howard eher belustigt und scheuchte die große weiße Katze aus ihrem Loch. Aber die ließ sich nicht beirren und setzte ihr Kratzen fort, bis Carter hinzutrat und sie mit beiden Händen aus der Erdmulde entfernte. Dabei fiel sein Blick auf ein blinkendes Etwas, das Bastet aus dem Boden gescharrt hatte, ein verbeultes Plättchen, kaum so groß wie eine Streichholzschachtel und hauchdünn. Das Plättchen glitzerte wie Gold, aber was bei Carter noch mehr Interesse fand, waren die Schriftzeichen, die sich darauf befanden.

Behutsam versuchte er, das dünne Blech, denn um nichts anderes handelte es sich, zu glätten, da sprang ihm ein Königsname ins Auge, drei unscheinbare Hieroglyphen übereinander, ein Sonnenkreis, ein Skarabäus und ein Halbkreis mit drei senkrechten Strichen darüber.

»Neb-cheperu-Re«, sagte Carter andächtig, »der Königsname des vergessenen Pharaos.«

Wie von Sinnen begann Howard, mit bloßen Händen in der Mulde zu graben. »Neb-cheperu-Re«, stammelte er immer wieder, »Herr der Verwandlungen ist Re.« Sein Atem ging schwer, die Finger schmerzten, als er bereits ein armtiefes Loch gegraben hatte. »Neb-cheperu-Re!«

War dies ein Zeichen der Götter? Atemlos nahm Carter das Plättchen zur Hand. Jahrtausendealte Knickfalten bildeten ein verwirrendes Netzwerk und machten die Entschlüsselung weiterer Schriftzeichen beinahe unmöglich. Doch *ein* Zeichen fiel Howard ins Auge: das Siegelzeichen der Totenstadt. Die Priester im Tal der Könige brachten es an, wenn sie einen Pharao bestattet hatten!

Howard fühlte, wie ihn ein lautloser Sturmwind erfaßte, in der Luft herumwirbelte und zurück in das Erdloch preßte. Ganz nah, fühlte er, war er dem vergessenen Pharao. Er, Howard Carter aus Swaffham in Norfolk.

Howard wußte selbst nicht zu sagen, wie lange er ohne Werkzeug, nur mit den Händen gegraben hatte, als er endlich zur Besinnung kam. Du bist verrückt, sagte er zu sich, du bist vollkommen übergeschnappt. Dann sah er sich nach der Katze um.

»Bastet?« rief er unsicher. »Bastet, wo bist du?«

Das Tier konnte sich doch nicht in Luft aufgelöst haben. So weit er auch blickte, Carter sah von Bastet keine Spur. Auch zu Hause traf er die Katze nicht an, und obwohl die Türe nachts offenstand, fand sich Bastet nicht ein. Die Katze blieb verschwunden. Howard sah sie nie wieder.

Am Tag darauf warf Carter seine eben erst gefaßten Vorsätze über Bord, engagierte achtzig Arbeiter und begann an jener Stelle zu graben, die ihm die große weiße Katze gewiesen hatte.

Kapitel 26

Nach ihrer Rückkehr gingen sich Lord Carnarvon und seine Tochter Evelyn auf Highclere Castle tagelang aus dem Weg. Das erforderte keine großen Umstände, denn das Schloß war so groß, daß niemand, der Lord nicht und nicht die Dienerschaft, zuverlässig sagen konnte, wie viele Zimmer es auf Highclere Castle gab.

Beim Dinner, der einzigen Mahlzeit des Tages, welche die Familie gemeinsam und zu früher Abendstunde einzunehmen pflegte, kam kaum ein Gespräch zustande, und das schaffte in dem dunkel getäfelten Speisesaal mit den überdimensionalen Ahnenporträts an der Wand eine unbehagliche Atmosphäre. Der lange Tisch in der Mitte des Raumes bot zwanzig Essensgästen Platz, so daß sich Evelyn, wenn sie allein mit ihren Eltern speiste, stets ziemlich verloren vorkam. Nun wurde die Verlorenheit duch das Schweigen noch verstärkt.

Die plötzliche Abreise aus Luxor, für die Seine Lordschaft die fadenscheinige Erklärung gefunden hatte, er fühle sich nicht wohl und bedürfe ärztlicher Behandlung, hatte Evelyn in dem Verdacht bestärkt, ihr Vater könnte etwas von der Liaison mit Howard bemerkt haben und Bedenken gegen eine so unstandesgemäße Verbindung haben oder sie rundweg ablehnen.

Vermutlich hätte die Wortlosigkeit zwischen dem Lord und seiner eigenwilligen Tochter noch Tage oder gar Wochen gedauert, wäre nicht Lady Almina, die unter dem Zustand am meisten litt, im übrigen aber ahnungslos war, nicht eingeschritten.

»Kann mir vielleicht jemand erklären«, meinte Lady Almina zwischen Wildbret und Nachtisch – die Jagdsaison war gerade eröffnet –, »kann mir vielleicht jemand erklären, was hier gespielt wird?«

Die Lady warf Evelyn einen vorwurfsvollen Blick zu, diese wandte sich fragend an Carnarvon, und Seine Lordschaft sah Lady Almina an und meinte: »Meine Liebe, es ist an der Zeit, deiner Tochter in Erinnerung zu rufen, daß sie eine Lady und Tochter eines Lords ist und nicht Miss Jedermann.«

Lady Almina zog die Stirn in Falten: »Daran hat nie jemand in unserer Familie gezweifelt. Würdest du uns bitte erklären, worauf du hinauswillst?«

Carnarvon legte seine Serviette beiseite und wartete, bis sich der Butler und das Serviermädchen entfernt hatten. Dann beugte er sich zu seiner Frau hinüber, die rechts von ihm an der Längsseite saß, und sagte: »Deine Tochter ist sich nicht zu schade, ein heimliches Verhältnis mit einem unserer Angestellten zu unterhalten.«

Da sprang Evelyn auf, um den Raum zu verlassen; aber der Lord rief zornentbrannt: »Du bleibst!« Und dabei schlug er mit der flachen Hand auf den Tisch, daß die Kerzen, welche der Tafel ein vornehmes Gepräge verliehen, flackerten. Das Mädchen, dem ihr Vater sonst keinen Wunsch abschlug, konnte sich nicht erinnern, je mit solcher Strenge behandelt worden zu sein.

Lady Almina fiel aus allen Wolken. Schockiert über die Eröffnung Carnarvons, fragte sie, an Eve gewandt: »Stimmt das, was dein Vater sagt? Antworte!«

Evelyn schwieg. Sie fühlte sich gekränkt von der überheblichen Formulierung ihres Vaters. Und zweifellos hatte Carnarvon auch diese Absicht verfolgt.

Außer sich und mit hochrotem Kopf sagte Lady Almina: »Ich will jetzt wissen, wer es gewagt hat, sich dir zu nähern?« Und zu Carnarvon: »Du hast den Kerl hoffentlich sofort entlassen!«

Lord Carnarvon blickte vor sich auf den Tisch. Es fiel ihm sichtlich schwer, seiner Frau zu antworten. Schließlich setzte er ein süffisantes Lächeln auf und erwiderte: »Habe ich nicht. Und wenn du erfährst, wer der Schurke ist, wirst du das auch verstehen.«

»Also, wer ist es? Man braucht mich hier nicht zu schonen.«

Der Lord warf seiner Tochter einen aufmunternden Blick zu: sollte *sie* doch antworten. Aber Evelyn blickte stumm vor sich hin.

»Es ist unser feiner Mr. Carter!« bemerkte Carnarvon, und der leise Spott in seiner Stimme war nicht zu überhören.

Lady Almina blickte ungläubig. »Carter? Unser Carter? Das ist doch nicht möglich!«

»Das dachte ich auch. Aber ich habe mit eigenen Augen gesehen, wie die beiden – na ja, du weißt schon.«

Äußerst erregt wandte sich die Lady ihrer Tochter zu: »Eve, nun sag schon, daß es nicht wahr ist!«

Evelyn schüttelte den Kopf: »Es *ist* wahr, Mama. Ich liebe Howard!«

Lord Carnarvon und Lady Almina sahen sich entsetzt in die Augen. Nichts hätte die beiden in diesem Augenblick mehr schockieren können als diese Eröffnung ihrer Tochter.

»Weißt du überhaupt, was du da sagst, mein Kind?« fragte der Lord mit betont ruhiger Stimme. »Der Mann könnte dein Vater sein, ganz zu schweigen von seiner Herkunft!«

»Na und?« ereiferte sich Evelyn. »Howard ist ein faszinierender Mann und im Herzen jünger als mancher Jüngling von altem Adel, von denen die meisten schon als Greise auf die Welt kommen.«

Der Lord machte ein finsteres Gesicht, und in seiner Haltung lag etwas Drohendes. »Und Lord Beauchamp?« fragte er listig. »Du weißt, daß du ihm versprochen bist!«

»Er ist zweifellos ein netter Mann, aber ich liebe nun einmal Howard. Ich bin alt genug, um mein Leben selbst zu bestimmen. Könnt Ihr mir sagen, warum Ihr Euch so aufregt?«

»Das eben bezweifle ich, mein Kind. Ich zweifle, ob du überhaupt begreifst, in welche Lage du dich bringst, wenn du dich an diesen erfolglosen Ausgräber wegwirfst. Du bist viel zu jung, um überhaupt zu wissen, was Liebe ist. Was du für Liebe hältst, ist nichts als ein Strohfeuer, eine momentane Begeisterung, die sich ebensoschnell verflüchtigt, wie sie gekommen ist. Diesen Carter solltest du dir jedenfalls so schnell wie möglich aus dem Kopf schlagen.«

»Das werde ich nicht tun!« entgegnete Evelyn trotzig.

Lord Carnarvon erhob sich und ging mit auf dem Rücken verschränkten Händen unruhig auf und ab. Schließlich sagte er: »Gut, dann werde ich den Scheck über 3000 Pfund, den ich Mr. Carter für die letzte Grabung hinterlassen habe, sperren. Soll er sehen, wo er bleibt.«

Evelyn wurde bleich. Man konnte sehen, was in ihrem Kopf vorging. »Du hast«, sagte sie mit stockender Stimme, »Howard Geld geboten, damit er von mir abläßt?«

Ohne seinen Gang zu unterbrechen, erwiderte Carnarvon: »Er hat das Geld jedenfalls genommen. Eigentlich hatten wir uns schon über das Ende unserer Zusammenarbeit verständigt. Aber dann haben wir uns auf diese Weise geeinigt.«

»Das glaube ich nicht«, sagte Evelyn leise. Sie kämpfte mit den Tränen.

»Es ist Carters letzte Chance«, nahm der Lord seine Rede wieder auf. »Kein vernünftiger Mensch wird diesem Verrückten auch nur einen Penny für seine Grabungen geben. Carter liegt mir seit fünfzehn Jahren auf der Tasche, und jedes Jahr verspricht er, die nächste Grabungssaison würde den großen Erfolg bringen. Bis heute warte ich darauf vergebens. Ich glaube, Mr. Carter ist auch, um es gelinde auszudrücken, nicht mehr ganz Herr seiner Sinne. Er sieht Gespenster und redet mit den alten Göttern. Kein Wunder, nach dreißig Jahren Einsiedlerdasein in der Wüste. Nein, mein Kind, diesen Carter solltest du dir so schnell wie möglich aus dem Kopf schlagen.«

»Dann war Carter also der Grund für unsere überstürzte Abreise aus Luxor«, bemerkte Evelyn traurig.

»Ich hoffe, dieses Kapitel ist damit erledigt.« Carnarvon trat nahe an seine Tochter heran und legte seine Hand auf ihre Schulter. »Eve, du bist eine stattliche junge Frau und der Stolz deines Vaters. Ich will nur dein Bestes. Und deshalb sollten wir schon bald die Verlobung mit Lord Beauchamp in die Wege leiten. Sei ein gutes Kind und mache deinem Vater keine Schande.«

Lady Almina nickte heftig. Sie sah nicht das Glitzern in Evelyns Augen.

In den darauffolgenden Tagen und Wochen zog sich Evelyn mehr und mehr von ihren Eltern zurück. Sie war ihnen nicht einmal böse, sie wollte nur allein sein und nachdenken. War es der Abenteurer, der sie an Carter so faszinierte, das Fremdartige, Geheimnisvolle, das ihn umgab? Ihre Gefühle schwankten zwischen stiller Wut auf ihren Vater und der Unklarheit, welchen Weg sie einschlagen sollte. Evelyn war zu erwachsen, um nicht zu begreifen, daß sie Gefahr lief, in einer Trotzreaktion die falsche Entscheidung zu treffen.

Bedenkenlos und mit einem Anflug von Leichtsinn hatte sie sich Howard an den Hals geworfen, und der hatte ihre Gefühle mit dem selben Überschwang erwidert. Von beiden bedurfte es keiner Selbstüberwindung, keiner Aufforderung, es ergab sich ganz selbstverständlich, war plötzlich da, als wäre ein Wunder geschehen.

Hatte sie noch am Tag der Auseinandersetzung mit ihrem Vater geglaubt, ohne Howard Carter nicht leben zu können, und hatte sie den abenteuerlichen Plan gefaßt, alleine und heimlich nach Ägypten zu reisen, so waren all ihre Pläne nach wenigen Wochen der Ernüchterung gewichen und der Erkenntnis, daß dieses Abenteuer wohl kaum der Grundstock einer dauerhaften Beziehung sein könnte.

Zudem ergab es sich – natürlich nicht zufällig –, daß der junge Lord Beauchamp gerade in diesen einsamen Tagen mehrmals vorstellig wurde und Evelyn zu einer Spazierfahrt in die Umgebung von Newbury einlud. Sir Brograve Campbell Beauchamp, so sein voller Name, war Automobilist, er verfügte über einen Rolls-Royce Ballooncar, ein zweisitziges, auch bei voller Fahrt nur lispelndes Gefährt, auf dessen Hinterteil er Hülle und Korb eines Heißluftballons verstaute, mit dem er sich in die Lüfte erhob. Evelyn lehnte soviel Übermut ab.

Lord Beauchamp gab sich alle Mühe, die Carnarvon-Tochter für sich einzunehmen. Er sah gut aus, hatte schöne Hände, auch seine Manieren konnten sich sehen lassen. Daß er äußerst wohlhabend und sein Vater Vorstand von Lloyds und Abgeordneter der Liberalen im Unterhaus war, spielte bei Eves Beurteilung eine untergeordnete Rolle, wenngleich das Leben, das er ihr versprach, darunter gewiß nicht zu leiden hatte.

So kam es, daß Evelyn sechs Wochen nach ihrer Rückkehr aus Ägypten, den Brief auf rosa Papier, den sie mit den Worten begonnen hatte: »Howard, mein Geliebter!«, den sie aber nie zu Ende gebracht hatte, daß sie diesen Brief unter Tränen zerriß und vom Fenster ihres Zimmers im zweiten Stock von Highclere Castle flattern ließ, wo sich die Papierfetzen unter die ersten welken Herbstblätter mischten wie ein letzter Frühlingsgruß.

Drei Wochen später wurde in Highclere Castle folgende Verlautbarung veröffentlicht: George Edward Stanhope Molyneux Herbert, 5. Earl of Carnarvon, und seine Frau Lady Almina geben die Verlobung ihrer Tochter Lady Evelyn Herbert mit Sir Brograve Campbell Beauchamp, Sohn von Sir Edward Beauchamp und seiner Frau Lady Betty Campbell Beauchamp bekannt.

Am selben Tag wurden dreihundert Verlobungsanzeigen verschickt – eine adressiert an Mr. Howard Carter, postlagernd Luxor.

Ein Gewitter nie gekannten Ausmaßes zog am Tag der Verlobungsfeier über Highclere Castle hinweg. Der Himmel verfinsterte sich dunkelgrau, beinahe schwarz, und Regen prasselte vom Himmel, als kündigte sich eine Sintflut an. Die Dienerschaft hatte alle Mühe, Stühle, Tische und das kostbare Geschirr, das für die Feier im Park des Schlosses bereitstand, in Sicherheit zu bringen.

Ladys und Lordschaften, alles, was Rang und Namen hatte in der englischen Society, gaben sich ein Stelldichein. Festlich beleuchtet war die große Halle von Highclere Castle. Die Damen trugen lange, bunte Kleider, die Herren Cut, der Tageszeit angemessen. In der Luft lag ein betörender Duft von Blumen, die mit schriftlichen Glückwünschen angeliefert wurden. Was die musikalische Umrahmung der Festlichkeit betraf, hatte sich Evelyn gegenüber Sir Brograve durchgesetzt. Anstelle des vorgesehenen Streichquintetts spielte ein achtköpfiges Saxophonorchester auf. Passend zur Musik, die nicht ungeteilten Gefallen fand, was von Evelyn jedoch durchaus beabsichtigt war, trug diese ein enganliegendes, knöchellanges Kleid aus weißem Organza mit einem aus Pailletten bestickten, gelben Kanarienvogel auf dem Dekolleté, das über dem Knie gerafft war wie ein Theatervorhang. Ein Stirnband in derselben Farbe diente als Halterung für eine blaugrüne Pfauenfeder an der linken Schläfe.

Man kann nicht sagen, daß Lady Evelyn einen äußerst glücklichen Eindruck machte, aber in der allgemeinen Hochstimmung, die nur durch den Austausch von Höflichkeitsfloskeln und die Erörterung der schlechten Zeiten unterbrochen wurde, fiel das nicht weiter auf. Augenfällig war eher die strahlende Laune Lord Carnarvons, der, seit ihn Gicht und Arthrose plagten, viel von seiner früheren Unbeschwertheit verloren hatte und der sich mit der standesgemäßen Verlobung seiner Tochter am Ziel seiner Wünsche sah. Launig wie in jungen Jahren hielt Lord Carnarvon eine Rede, in der er mit einem Augenzwinkern sein schweres Los als Vater beklagte, der seiner Tochter nichts, aber auch gar nichts abschlagen könne, und auf Evelyns kleinen Wuchs hinwies, hinter dem sich, wie Napoleon zeigte, die eigenwilligsten Charaktere verbergen.

Mit dem Öffnen der Telegramme beschäftigt, die ein Bote in einem Korb angeliefert hatte, stieß Evelyn auf einen Umschlag, der nicht an sie oder an Sir Brograve gerichtet war, sondern an Lord Carnarvon. Absender: Eastern Telegraph, Luxor, Egypt.

»Papa! Für dich!« rief Evelyn und schwenkte den Umschlag über ihren Kopf.

Carnarvon löste sich aus einer Unterhaltung und kam seiner Tochter entgegen. »Nun, bist du glücklich, mein Kleines?« fragte er und nahm das Telegramm entgegen.

Evelyn antwortete nicht. Statt dessen fragte sie: »Etwas Wichtiges, Papa?«

Lord Carnarvon verzog sein Gesicht. »Scheint so«, bemerkte er und blickte an Evelyn vorbei auf einen imaginären Punkt in der Halle. Dann reichte er das Telegramm seiner Tochter, die ihn immer noch fragend ansah.

Evelyn las, während sie stumm die Lippen bewegte: »Endlich im Tal der Könige wundervolle Entdeckung gemacht + stop + großartiges Grab mit unversehrten Siegeln aufgefunden + stop + bis zu Ihrer Ankunft alles wieder zugeschüttet + stop + Glückwunsch + stop + Carter.«

Sie hatte kaum geendet, als ein Blitz die Halle in giftig-grünes Licht tauchte. Im selben Augenblick krachte ein Donnerschlag durch das Gebäude, daß die alten Mauern erbebten. Das elektrische Licht flackerte wie ein Kerzenleuchter bei Zugluft. Evelyn preßte das Telegramm an ihre Brust. Hilfesuchend wandte sie sich ihrem Vater zu. »Papa!« rief sie ängstlich.

Der war selbst zu Tode erschrocken, und verwirrt riß er seiner Tochter das Telegramm aus der Hand. »Ich hätte es dir nicht zeigen dürfen«, stammelte er, sichtlich durcheinander. Die Damen, die sich in ihrer Angst in die Arme ihrer Begleiter geflüchtet hatten, ließen von ihren Beschützern ab. Der Blumenduft in der Halle wurde augenblicklich von einem ätzenden Gestank verdrängt, einer Mischung aus trokkenem Teer und Schwefel. Und während zwei ältere Ladys aus dem Breckland, von denen niemand zu sagen wußte, wie, warum oder auf wessen Empfehlung sie hierher gelangt waren, in hysterisches Gelächter ausbrachen, das auch unter den mißbilligenden Blicken der übrigen Gesellschaft kein Ende fand, während einige Lords, hinter deren wuchtiger Statur man einen gewissen Heldenmut vermutet hätte, ins Freie stürzten und sich im Laufschritt bekreuzigten, fand Carnarvon die Fassung wieder, erklomm, die Kostbarkeit des Regency-Möbels mißachtend, einen Stuhl und rief: »Ladys and Lords, keine Panik! Dieser Blitzschlag ist ein Zeichen der Götter, die der Verbindung meiner Tochter Eve mit Lord Beauchamp ihren Segen erteilen. Einen Toast auf das junge Paar!«

Der Blitz hatte in Highclere Castle eingeschlagen, aber wie durch ein Wunder keinen Schaden angerichtet. Nur mit Mühe gelang es Lord Carnarvon in seiner witzigen Art, die Verlobungsgäste zu überzeugen, daß weder ein Gast noch ein Teil von Highclere Castle in Mitleidenschaft gezogen worden war, und das Fest nahm seinen Lauf.

»Was willst du tun?« rief Evelyn ihrem Vater zu, der noch immer das Telegramm in den Händen hielt. Sie mußte gegen das Saxophon-Orchester ankämpfen, welches, um die Stimmung zu retten, nun mit doppelter Lautstärke spielte.

»Ich muß sofort nach Ägypten reisen!« Carnarvon war blaß wie ein Leintuch, und Evelyn versuchte die Ursache im Gesicht ihres Vaters zu ergründen: Hatte ihn der Blitzschlag so erschreckt oder war es die Aufregung um Carters angebliche Entdeckung?

»Ich werde dich begleiten«, erwiderte Evelyn, und dabei konnte sie ihre Aufregung kaum verbergen.

Der Lord hob abwehrend beide Hände: »Kommt nicht in Frage, mein Kind. Das ist doch nur ein Vorwand, um Carter zu treffen. Du bist jetzt mit Lord Beauchamp verlobt und hast auf deinen Ruf zu achten. Bitte vergiß das nicht!«

Das aber ließ Evelyn nicht gelten: »Beauchamp kann uns begleiten! Im übrigen redest du seit fünfzehn Jahren von nichts anderem als von diesem vergessenen Pharao, und nun, da Carter ihn vielleicht gefunden hat, soll ich zu Hause bleiben und auf dich warten? Papa, das kannst du mir nicht antun. Ich bin deinem Wunsch nachgekommen und habe mich mit Beauchamp verlobt. Jetzt kannst du mir meinen Wunsch nicht abschlagen.«

Inzwischen hatte das laute Gespräch zwischen Carnarvon und seiner Tochter Aufmerksamkeit erregt. Lady Almina und der junge Beauchamp, der an seiner künftigen Schwiegermutter zunehmend Gefallen fand, traten hinzu, und die Lady fragte spöttisch: »Dürfen wir vielleicht auch erfahren, um was es hier geht?«

»Ein Telegramm aus Luxor«, kam Evelyn ihrem Vater zuvor, »Mr. Carter glaubt das Grab gefunden zu haben, nach dem er seit fünfzehn Jahren sucht. Wir müssen umgehend nach Ägypten reisen! Brograve wird uns begleiten, nicht wahr, Brograve?«

Trotz ihrer Aufregung war Evelyn nicht entgangen, wie ihre Mutter zusammenzuckte, als sie Carters Namen erwähnte. Nun blieb sie stumm und sah Carnarvon fordernd an, als erwartete sie seinen Einspruch. Aber Carnarvon schwieg.

Schließlich meinte Beauchamp durchaus ehrlich: »Ich möchte lieber nicht mit dir reisen. Eve, ich hoffe, du verstehst mich. Es schickt sich nicht, daß Verlobte gemeinsam eine so weite Reise antreten. Jedenfalls widerspricht es den Moralvorstellungen meiner Familie. Ich halte es für besser, wenn du allein mit deinen Eltern nach Ägypten fährst.«

»Auch ich werde dich nicht begleiten«, sagte Lady Almina in der Hoffnung, ihre Tochter von der Reise abhalten zu können. Aber Evelyn beharrte darauf, mit Lord Carnarvon zu reisen, ja sie fieberte dem Augenblick entgegen, Carters Entdeckung zu sehen.

Lord Carnarvon rief seinen Sekretär herbei und gab ihm den Auftrag, folgendes Telegramm zu besorgen: »An Mr. Howard Carter, Luxor. Komme mit Evelyn so bald wie möglich. Carnarvon.«

Drittes Buch

KAPITEL 27

Nach einer stürmischen Überfahrt von Marseille nach Alexandria und einer nicht weniger anstrengenden Bahnreise nilaufwärts trafen Lord Carnarvon und seine Tochter Evelyn am Sonntag, dem 26. November 1922, im Tal der Könige ein. Achtzehn Tage waren seit Eves Verlobung und dem Eintreffen von Carters Telegramm vergangen. Anders als in Highclere, wo um diese Zeit feuchte Nebel die Tage verhüllten, war es in Luxor angenehm mild wie im englischen Frühling.

Eine merkwürdige Spannung lag in der Luft. Längst hatte sich Carters Entdeckung herumgesprochen. Es war lange her, seit im Tal der Könige ein größerer Fund gemacht worden war, und wenn es überhaupt jemanden gab, dem man so etwas zutraute, dann war es Howard Carter, dieser spleenige Engländer, der einsam am Rande der Wüste lebte wie ein koptischer Mönch und mit den Steinen redete – jedenfalls behaupteten das jene, die ihm schon einmal begegnet waren.

Doch der Carter, auf welchen Carnarvon und seiner Tochter Evelyn nun trafen, schien ein anderer als der, den sie kannten. Das Unterwürfige, Demütige und Fügsame, das sonst seinen Charakter auszeichnete, war einem deutlich zur Schau getragenen Selbstbewußtsein, einer gewissen Unbeugsamkeit, ja sogar Arroganz gewichen, die keiner an Howard je erlebt hatte.

In Erwartung der bevorstehenden Ereignisse hatte Howard einen Assistenten engagiert, der seit Jahren für den *Egypt Exploration Fund* arbeitete. Er hieß Arthur Callender, wurde aus unerfindlichen Gründen »Pecky« genannt und hatte die Statur eines Kleiderschranks aus der Zeit Queen Annes. Und wie allen Riesen war ihm ein phlegmatischer Charakter zu eigen, die ideale Voraussetzung im Umgang mit

Grabungsarbeitern. Denn Carter selbst gab sich nicht mehr mit Arbeitern ab. Er trug einen blütenweißen Anzug, dazu Fliege am gestärkten Kragen und seinen breitkrempigen Panamahut. Wie Naville vor dem Krieg saß nun Carter unter einem Sonnenschirm und gab seine Kommandos.

Als Lord Carnarvon und Evelyn auf ihn zutraten, erhob er sich zwar, weigerte sich jedoch, aus dem Schatten seines Sonnenschirmes zu treten. Die Begrüßung Seiner Lordschaft fiel in Anbetracht der Ereignisse ungewöhnlich knapp aus, dann wandte er sich Evelyn zu: »Ich beglückwünsche dich zu deiner Verlobung, Eve. Leider hatte ich so viel Arbeit, daß ich keine Zeit fand, dir schriftlich zu gratulieren.«

Unüberhörbar war die Bitterkeit in Carters Worten. Was Evelyn jedoch noch mehr verblüffte, war die Tatsache, daß Howard von ihrer Verlobung überhaupt wußte. »Vielen Dank, ich danke dir herzlich«, erwiderte sie stockend, dann sah sie ihren Vater fragend an.

Carter deutete ihren Blick durchaus richtig und bemerkte: »Dein Vater ließ mir die Ehre zuteil werden und übersandte mir eine Verlobungsanzeige, gleichsam, damit ich Bescheid weiß. So ist es doch, Mylord?«

»Papa!« rief Evelyn wütend. »Papa, du hättest es ruhig mir überlassen können, Howard von der Verlobung in Kenntnis zu setzen!«

Carnarvon machte einen verunsicherten Eindruck. Die Angelegenheit war ihm peinlich. Doch dann entgegnete er in seiner herrischen Art: »Mein Kind, es ist Sache des Vaters, die Verlobung seiner Tochter bekanntzugeben. Und bei den Carnarvons wird Wert auf Anstand und Schicklichkeit gelegt. Das solltest du eigentlich wissen.«

Während der Lord vorsichtig, als könnte er etwas zerstören, die sechzehn Steinstufen nach unten schritt, die Carter in der Mitte eines breiten Erdtrichters freigelegt hatte, nahm Evelyn Howard beiseite. »Ich habe das alles nicht gewollt«, bemerkte sie mit gesenktem Blick. »Mein Vater hat mich mehr oder weniger gezwungen, in die Verlobung mit Beauchamp einzuwilligen. Er drohte mir sogar, den Scheck zu sperren, den er dir für die letzte Saison überlassen hat.«

»Gewiß, gewiß!« heuchelte Howard Verständnis. »Dann bin ich dir ja sogar zu großem Dank verpflichtet. Dank! Dank! Dank! Wie konnte ich es auch wagen, mich einer englischen Lady zu nähern, ich, ein lohnabhängiger Ausgräber, Sohn eines einfachen Tiermalers aus Norfolk. Mylady, ich bitte um Vergebung für meine unangebrachten Gefühle! Und jetzt entschuldige mich.«

Eilends begab sich Carter zu Carnarvon in die Grube. Am Ende der Treppe versperrte eine rohe Mauer den Weg. Die Fugen des Mauerwerks waren mit Lehm verputzt und trugen Siegelabdrücke von Tut-ench-Amun und an anderer Stelle die Hieroglyphen eines Schakals und neun Gefangener, das Siegel der Totenstadt im Tal der Könige.

Nur Howard Carter wußte, was das bedeutete. Ein Blick hatte genügt, um zu erkennen, daß auch dieses Grab schon einmal von Räubern heimgesucht worden war. Man konnte bei näherem Hinsehen die halbkreisförmige Öffnung erkennen, die mit großer Sorgfalt verschlossen und dann versiegelt worden war. Dennoch war Carter durchaus nicht mutlos; denn – so folgerte er – diese Öffnung war so klein, daß sich gerade ein Mensch hindurchzwängen konnte. Es stand also kaum zu befürchten, daß größere Gegenstände oder gar die Königsmumie entfernt worden waren. Doch darüber machte Howard keine Bemerkung.

Er hatte für diesen Tag nur eine kleine Mannschaft antreten lassen, seine besten Leute, und sie mit eindringlichen Worten zum Schweigen verpflichtet.

Der Lord verharrte in Andacht vor der Mauer. Mit den Schultern vollführte er nervöse Zuckungen, ein Zeichen der Anspannung. Carter beobachtete es mit Wohlgefallen. Für ihn war der Anblick nicht neu, er hatte ihn längst verarbeitet und gab sich nun betont gelassen.

»Carter«, stammelte Carnarvon aufgeregt, »ich glaube, ich muß mich entschuldigen für meine Ungeduld. Sie sind ein großer Archäologe!«

»Ach was!« erwiderte Howard und warf Evelyn einen flüchtigen Blick zu. »Ich bin nur hartnäckig, und Hartnäckigkeit zählt nicht gerade zu den christlichen Tugenden. Im übrigen war es *Ihr* Geld, Mylord. Tut mir leid, daß es so lange gedauert hat. Dabei war ich schon zweimal nur fünf Schritte von der ersten Steinstufe entfernt. Damals grub ich noch für Theodore Davis. Beim zweiten Mal traf auch Sie eine gewisse Schuld, Mylord, als Sie meinten, wir sollten mit unseren

Grabungen nicht den Zugang zum Grab Ramses' VI. behindern. Dabei überlagerte der Aushub eben dieses Grabes den Eingang des vergessenen Pharaos.«

»Und wie kamen Sie dennoch auf die richtige Fährte, Mr. Carter? Das grenzt doch beinahe an ein Wunder!«

»Es war auch ein Wunder, Mylord. Aber darüber möchte ich schweigen.«

Evelyn sah Howard neugierig an. »Ein Wunder?« fragte sie schüchtern.

Howard überging ihre Frage und meinte: »Ich darf Sie nun bitten, sich nach oben zu begeben.«

Kurz darauf begannen fünf Arbeiter, mit schweren, spitzen Eisenstangen die Mauer zu bearbeiten. Es dauerte keine Stunde, bis sie den ersten Steinblock aus dem Mauerwerk lösten.

»Licht!« rief Carter, und Arthur Callender ließ ein Stromkabel mit einem schwarzen Lampenschirm in die Tiefe hinab. Mit zitternden Händen schob Howard den Scheinwerfer durch die Öffnung und spähte hindurch. Der Anblick war erst einmal enttäuschend. Ein mit Erde, Schutt und Staub angefüllter Gang führte schräg in die Tiefe.

Carter gab das Kommando: »Die ganze Mauer abbrechen!«

Nach einer Stunde war der Zugang freigelegt.

»Bitte, nach Ihnen.« Carter grinste und machte vor dem Lord eine einladende Handbewegung.

Carnarvon war viel zu aufgeregt, um die Ironie in Howards Worten zu erkennen, und Evelyn, deren Herz bis zum Hals schlug, begriff erst recht nicht, daß Carter sich über sie lustig machte.

»Nein, Sie sollten vorausgehen!« erwiderte der Lord und machte Carter Platz. Der nahm den Scheinwerfer in beide Hände und begann, das Stromkabel hinter sich herziehend, den Abstieg, gefolgt von Evelyn und Carnarvon, dahinter Callender.

Der Gang, nicht viel breiter als eine Armspanne, war knietief mit Splittersteinen, Felsbrocken und Sand bedeckt. Es roch nach Staub und toten Insekten. Nach wenigen Schritten reichte der Schutt beinahe bis zur Decke des Ganges und verhinderte jedes weitere Durchkommen. Hustend und spuckend gab Carter ein Handzeichen zur Umkehr.

Als sie wieder frische Luft atmeten, meinte Carter an Carnarvon und Evelyn gewandt: »Das ist noch ein gutes Stück Arbeit. Vor morgen nachmittag besteht kaum Aussicht, den Schuttberg zu beseitigen, und wer weiß, wie weit der Stollen in die Tiefe führt. Ich werde einen Boten nach Luxor schicken, sobald das Hindernis beseitigt ist. Und jetzt entschuldigen Sie mich.«

Howard nahm wieder unter seinem Sonnenschirm Platz und gab geschäftig Anweisungen. Gegen Abend war der Schuttberg im Stollen zur Hälfte abgetragen, und Callender stellte Wachen auf, sechs bewaffnete Männer unter seiner Leitung.

Auf Sir Henrys Rücken kehrte Carter in sein Haus zurück. Er sah schon von weitem, daß er erwartet wurde.

»Spink?« rief Howard, als er seinen Widersacher in der Dunkelheit erkannte. »Verdammt, was suchst du hier? Verschwinde, sonst knalle ich dich nieder!« Mit einer schnellen Bewegung zog Carter seinen Revolver.

»Mach keinen Quatsch, Carter«, entgegnete Spink und trat Howard furchtlos entgegen.

Carter streckte den Arm aus und richtete den Lauf seiner Waffe genau auf Spinks Kopf. »Ich sagte, du sollst dich aus dem Staub machen, Spink. Ich zähle bis drei ...«

»Nun hör mich doch an, Carter. Ich bin gekommen, um dir ein Geschäft vorzuschlagen. Du kannst viel Geld verdienen, sehr viel Geld, Carter!«

»Mit Gaunern mache ich keine Geschäfte. Ich brauche dein Geld nicht.«

»Jeder braucht Geld, Carter. Du ebenso wie ich. Die Zeiten sind nicht gerade die besten. Mein Geschäft geht schleppend, um nicht zu sagen miserabel, und seit Mustafa Aga Ayat tot ist, kann man nicht einmal mit Ausgrabungen etwas dazuverdienen. Der Markt ist leergefegt. Dabei gibt es genug reiche Amerikaner, die mit Tausenden von Dollars winken. Ich verfüge über die besten Kontakte.«

Howard ließ seine Waffe sinken. »Und warum sagst du mir das? Du wirst mir doch nicht erzählen wollen, daß du an der Armutsgrenze lebst. Deinem Vater gehört die größte Dampfmaschinenfabrik in Norfolk, und du jammerst hier von schlechten Zeiten.«

Eine Weile schwieg Spink vor sich hin, und Howard gewann den Eindruck, als kämpfte er mit sich, ob er weiterreden sollte, dann, nach langem Zögern, erwiderte er: »Mein Vater hat mich enterbt.«

»Warum das denn?« Carter lachte laut, und dabei konnte er seine Schadenfreude nicht verhehlen. »Spink ist enterbt! Oh, wie ich dich bedaure, du mieser armer Mensch.«

Spink räusperte sich verlegen. »Du bist an meiner Situation nicht ganz unschuldig, Carter!«

»Iiiich?« Howards Ruf hallte durch die Nacht.

»Mit deiner Hilfe gelang es Elizabeth, nach England zurückzukehren.«

»Was hat Elizabeth damit zu tun? Spink, du redest dummes Zeug!«

»Keineswegs. Elizabeth hat in England die Scheidung durchgesetzt. Und dazu nahm sie Verbindung mit meinem Vater auf. Wie es scheint, waren sich beide in meiner Beurteilung einig. Sehr einig. So einig sogar, daß sie inzwischen geheiratet haben. Elizabeth ist ein Flittchen. Da kam ihr ein wohlhabender Witwer ganz gelegen.«

Carter brauchte ein paar Sekunden, bis er Spinks Geständnis verarbeitet hatte. Dann brach er in ein nicht enden wollendes Gelächter aus. »Der alte Spink«, rief er immer wieder, »ha, ha, heiratet seine Ex-Schwiegertochter, ha, ha, und der Sohn wird enterbt.« Er klatschte in die Hände. »Seit dem heutigen Tag glaube ich, daß das Schicksal seine Gaben doch mit einer gewissen Gerechtigkeit verteilt. Es ist nur eine Frage der Zeit, wann jeder drankommt.«

Spink lachte bitter.

»Und was willst du von mir?« erkundigte sich Howard, nachdem er sich halbwegs beruhigt hatte.

»Mir wurde berichtet, daß du ein versiegeltes Pharaonengrab entdeckt hast. Carter, das ist die Chance deines Lebens. Du kannst von heute auf morgen so reich sein, daß Carnarvon für *dich* graben muß. Bis heute weiß kein Mensch, welche Schätze sich wirklich in dem Grab befinden. Wenn du dir heimlich die kostbarsten Dinge nimmst und das Grab wieder zumauerst, bevor eine offizielle Öffnung stattfindet, wird dich niemand anklagen. Niemand außer uns beiden soll je erfahren, wo die Schätze herkommen. Ich habe alles vorbereitet. Du brauchst dich um nichts zu kümmern. Sag ja, und du bist ein reicher Mann.«

Howard lachte hämisch: »Rührend, wie du um meinen Wohlstand besorgt bist, Spink. Aber wie ich dich kenne, hat die Sache einen Pferdefuß, stimmt's?«

Spink hob verlegen die Schultern und antwortete: »Wir machen halbe-halbe. In Anbetracht des Risikos, das ich eingehe, ist das durchaus angebracht.«

»Das könnte dir so passen!« spottete Carter.

»Also gut, zwei Drittel für dich, ein Drittel für mich. Mein letztes Angebot, Carter!«

Der Traum vom plötzlichen Reichtum blieb bei Carter nicht ohne Wirkung. Er stellte sich vor, wie es wäre, wenn er über hunderttausend Pfund verfügte, ein Haus mit Dienerschaft und ein Automobil. Oder eine Dahabija samt Mannschaft, mit einem Salon auf dem Achterdeck und Gästekabinen. Im »Winter Palace« könnte er Feste feiern wie Theodore Davis oder der Aga Ayat. Was Rang und Namen hatte in Oberägypten, würde sich um eine Einladung reißen. Die schönsten Frauen würden ihm zu Füßen liegen. Und Lord Carnarvon sollte es leid tun, daß er ihm seine Tochter verweigert hatte.

»Wir teilen zwei zu eins«, wiederholte Spink, und Carter fand in die Wirklichkeit zurück.

»Zwei zu eins?« fragte er, als erwachte er aus einem Traum. »Spink, woher willst du überhaupt wissen, welcher Wert in dem Grab verborgen liegt?«

Spink hob den Zeigefinger. »Mustafa Aga Ayat sagte einmal, sollte jemals ein versiegeltes Pharaonengrab gefunden werden, dann, sagte er, wird es der größte Schatz der Menschheit sein. Ayat mußte es wissen, er war der bedeutendste Antiquitätenhändler Ägyptens und – nebenbei gesagt – einer der reichsten Männer des Landes.«

Plötzlich fühlte sich Carter an ein Ereignis erinnert, das dreißig Jahre zurücklag, doch nun war es auf einmal gegenwärtig, als hätte es sich gestern zugetragen. An einem der langen Abende in Didlington Hall hatte Walter B. Painswick, Professor für Geheimlehren der Physik in Cambridge, Amhersts Tochter Alicia in Hypnose versetzt, um ihre Behauptung auf die Probe zu stellen, sie könne in die Zukunft blicken. Bei dem Experiment hatte Alicia prophezeiht, einer der Anwesenden würde den größten Schatz der Menschheit heben. Lord Amherst hatte die Weissagung auf sich bezogen, aber wie sich herausstellte, war diese Annahme falsch. Sollte Alicia damals ihn gemeint haben?

Spink deutete Carters nachdenkliches Schweigen als Unschlüssigkeit, ob er sich auf den Handel einlassen sollte; deshalb meinte er: »Wenn du auf meinen Vorschlag nicht eingehst, wirst du vielleicht berühmt werden. Aber Ruhm ist selten nahrhaft, meist schafft er nur Neider. Lord Carnarvon wird die Ehre des Entdeckers für sich in Anspruch nehmen und dich fallenlassen wie eine heiße Kartoffel. In ein paar Jahren wirst du vergessen sein.«

»Unsinn!« wetterte Howard. »Willst du mir etwa weismachen, daß dir mein Ruhm am Herzen liegt? Spink, du bist und bleibst ein Gauner. Dachtest du ernsthaft, ich wäre käuflich? Spink, Spink! Howard Carter ist ein Ehrenmann, und darin unterscheidet er sich von dir!«

Spink mußte einsehen, daß er so nicht weiterkam. Kopfschüttelnd humpelte er zu seinem Pferd. Bevor er sich in den Sattel hievte, rief er: »Carter, mach keinen Fehler. Du solltest dir die Sache noch einmal gründlich überlegen.«

Keine Minute hatte Carter geschlafen, als er morgens gegen sechs aufstand. Es war noch dunkel. Nicht nur die Aufregung um die Entdeckung des Grabes hatte ihm den Schlaf geraubt, Spinks Vorschlag tat das Seine dazu. Carnarvons jahrelange Demütigungen, die ständigen Hinweise auf seine niedere Herkunft und darauf, daß er, Carter, Seiner Lordschaft seit fünfzehn Jahren auf der Tasche lag, all das wäre Grund genug gewesen, sich an ihm zu rächen. Spink hatte nicht unrecht, wenn er behauptete, niemand könne voraussehen, welche Schätze in dem Grab zu finden seien. Wie weit, dachte Howard, war er mit seiner Wohlanständigkeit gekommen? Das bißchen Vermögen, so man es denn als solches bezeichnen konnte, hatte er ohnehin nicht auf ehrliche Weise erworben. Kleine Schiebereien hatten ihm oft mehr eingebracht als sein Jahresgehalt.

In derlei Gedanken verstrickt, graute der Morgen für Carter viel zu schnell, und die Ereignisse nahmen ihren eigenen Lauf. Bei seiner

Ankunft im Tal der Könige waren die Arbeiten schon im Gange. Callender und die Wachmannschaft hatten sich stundenweise im Schlaf abgewechselt. Keiner wollte sich den großen Augenblick entgehen lassen. Sogar die Arbeiter, die für gewöhnlich ihren Dienst nur um des Geldes wegen verrichteten und für die Ergebnisse ihrer Arbeit kaum Interesse zeigten, schleppten in höchster Anspannung ihre mit Schutt beladenen Körbe nach oben. Da, kurz vor Mittag, meldete der Vorarbeiter Ahmed Gurgar die Entdeckung einer zweiten versiegelten Türe.

Wie von Sinnen sprang Carter von seinem schattigen Thron auf, stolperte in den Erdtrichter hinab, über die Steinstufen, den schmalen Gang entlang. Arbeiter, die ihm stumm, beinahe andächtig entgegenkamen, stieß er zur Seite, bis er vor der Mauer stand. Sie glich der ersten aufs Haar, und wie diese trug sie die Namensringe Tut-ench-Amuns und die Siegel der Totenstadt.

Vorsichtig, als fürchtete er, er könne etwas zerstören, tastete Howard mit den Fingern über das Mauerwerk. Ahmed, der die Lampe hielt, sah den Ausgräber fragend an. Als Carter seinen Blick bemerkte, meinte er ernst und feierlich, während er mit dem Zeigefinger den Ring mit dem Königsnamen Neb-cheperu-Re nachzog: »Ahmed, hinter dieser Mauer werden wir den vergessenen Pharao finden!«

»Ja, Effendi«, antwortete Ahmed Gurgar ebenso andächtig.

»Ja, Effendi!« äffte Howard den Rais nach. Er packte seinen Vorarbeiter an den Schultern, schüttelte ihn wie einen halbleeren Sack, und dabei rief er, wobei sich seine Stimme fast überschlug: »Begreifst du überhaupt, wovon ich rede? Hinter dieser Mauer liegt ein Pharaonengrab verborgen, und wir sind die ersten Menschen seit dreitausend Jahren, die es betreten werden. Und das einzige, was du dazu zu sagen hast, ist ›ja, Effendi‹!« In höchster Erregung stieß Carter den Rais von sich.

Angelockt von dem Geschrei, das aus der Tiefe drang, kamen Carnarvon und Evelyn nach unten. Sie waren soeben aus Luxor eingetroffen, und die Nachricht von einer zweiten versiegelten Türe hatte sich wie ein Lauffeuer verbreitet.

Carter erwiderte den Gruß der beiden nur knapp und wies mit einer Bewegung des Kopfes auf die Siegel.

»Das bedeutet ...« leitete der Lord eine Frage ein.

»... daß wir guter Dinge sein können«, erwiderte Carter.

»Sie sollten gleich mit der Öffnung beginnen!«

Howard, der dem Lord bisher kaum Beachtung geschenkt hatte, wandte sich mit einem Mal Carnarvon zu. Mit leiser Stimme, in der jedoch etwas Drohendes lag, sagte er: »Mylord, wer hier was und wie unternimmt, bestimme allein ich. Sie mögen den Zirkus hier bezahlt haben, aber ich bin der Direktor, unter dessen Peitsche alle Pferde tanzen. Auch Sie, Mylord!«

Evelyn zuckte zusammen. Sie konnte sich nicht erinnern, daß jemals jemand mit ihrem Vater in diesem Ton geredet hatte, und sie erwartete eine äußerst heftige Erwiderung. Aber nichts dergleichen geschah. Im Gegenteil, Lord Carnarvon sagte leise: »Entschuldigen Sie, Mr. Carter, es ist die Aufregung. Selbstverständlich bestimmen Sie den Zeitplan.«

Carter hatte in seinem Leben nur wenige triumphale Augenblicke erlebt, die Zahl der Niederlagen und Demütigungen war weit höher, und vielleicht war dies der größte Triumph in seinem bisherigen Leben: Der stolze Lord Carnarvon, von dem man annehmen durfte, daß er sich noch nie bei irgend jemandem für irgend etwas entschuldigt hatte – wozu auch, pflegte er zu sagen, ich bin perfekt –, dieser stolze Lord hatte ihn um Verzeihung gebeten, ihn, den unstandesgemäßen Howard Carter aus Swaffham in Norfolk.

Howard genoß den Augenblick schweigsamer Spannung, er sog ihn wie Opium in sich auf und berauschte sich an seiner Wirkung. Verstärkt wurde seine Euphorie durch Evelyns bewundernde Blicke. Sie hätte nie geglaubt, daß Howard so viel Stolz und ihr Vater soviel Nachgiebigkeit an den Tag legen könnte.

Wortlos gab Carter dem Rais ein Zeichen, und der reichte ihm eine schwere, spitz zugeschliffene Eisenstange. Der Lord und seine Tochter wichen zurück. Als gelte es, einen Gegner im Kampf zu besiegen, entledigte Howard sich seiner Jacke, dann hob er die Eisenstange mit beiden Händen über den Kopf. Schließlich holte er aus und rammte das Werkzeug in die linke obere Ecke der Mauer.

Das Gestein erwies sich als brüchig. Faustgroße Splitter klatschten zu Boden. Wie von einer Dampfmaschine angetrieben, rammte Carter die Eisenstange in das Mauerwerk und verfiel dabei in einen merkwürdigen Rhythmus, dem Herzschlag eines Menschen nicht unähnlich. Es klang, als begänne das Herz des Pharaos von neuem zu schlagen.

Weder Schweiß, der ihm aus allen Poren trat, noch Staub, der sich beißend über seine Lungen legte, konnten Carter in seiner Arbeit bremsen. Verbissen schleuderte er die schwere Eisenstange in das Gestein, bis sie plötzlich durchsackte und, nachdem ihre halbe Länge in der Mauer verschwunden war, steckenblieb.

Nachdenklich hielt Howard inne. Dann wandte er sich zu Carnarvon um, der sich ein Taschentuch vor den Mund preßte. Carter nickte.

Mit Staunen verfolgte Evelyn, wie der Rais eine Kerze entzündete, als wollte er die Feierlichkeit des Augenblicks betonen. Doch kaum hatte Howard die Eisenstange aus der Mauer gezogen, reichte ihm Ahmed die Kerze. Wie ein Zauberkünstler, theatralisch und so, als hätte er den Handgriff hundertmal geübt, führte Carter die Flamme vor die etwa armdicke Öffnung im Mauerwerk. Das Licht flackerte heftig und drohte jeden Augenblick zu verlöschen. Man konnte beinahe spüren, wie die jahrtausendealte Luft aus dem Inneren entwich.

Wie ein Priester bei einer geheimnisvollen Zeremonie machte Howard mit der Kerze schwenkende Bewegungen. Bange, rätselhafte Minuten vergingen. Endlich sagte Carter: »Keine Gefahr!« Und als ihn Evelyns fragender Blick traf, fügte er erklärend hinzu: »Man muß davon ausgehen, daß sich in Jahrtausenden giftige Gase gebildet haben. Aber die hätten die Kerze zum Erlöschen gebracht. Ein alter Bergarbeiter-Trick!«

Behutsam begann Carter, das Mauerloch mit Hilfe der Eisenstange zu erweitern. Als es etwa die Größe eines Kinderkopfes erreicht hatte, nahm Howard seinem Vorarbeiter die elektrische Lampe aus der Hand, schraubte den Reflektor ab und steckte die nackte Glühbirne durch die Öffnung.

Von Unruhe gepackt, traten Lord Carnarvon und Evelyn neben Carter. Ein umgestülpter Korb diente Howard als Podest. Während er sich mit beiden Händen am Rande der Öffnung festklammerte, spähte er atemlos in das Innere.

Es war ein langer, für den Lord, seine Tochter, Arthur Callender und den Rais endlos scheinender Blick.

»Carter!« stammelte Carnarvon erwartungsvoll, beinahe flehend: »So reden Sie doch, Carter, ich bitte Sie!«

»Was ist los, Howard?« fügte Evelyn hinzu.

Behutsam ließ Carter die Glühbirne nach unten gleiten. Es dauerte eine Weile, bis seine Augen sich an die ungewöhnlichen Lichtverhältnisse gewöhnt hatten. Da – wie hinter einer Nebelwand bewegten sich seltsame Gestalten und wilde Tiere, und bisweilen blitzten ihre Augen auf, als wären sie geblendet von dem neumodischen elektrischen Licht, das sie aus ihrem tausendjährigen Schlaf aufschreckte. Die Schatten, welche die an dem Kabel baumelnde Glühbirne warf, versetzten das Innere der Kammer in schlingernde Bewegung wie ein Schiff in Seenot. Und das wiederum hatte zur Folge, daß die Schätze, die hier aufgebahrt waren – mit Gold besetzte Kästen, Kisten und Streitwagen – blitzten und blinkten wie in der Schatzkammer eines Kalifen.

»Können Sie etwas sehen, Carter?« Lord Carnarvon riß den Ausgräber aus seiner phantastischen Welt.

»Ja«, antwortete Howard, »wunderbare Dinge.« Es war ihm unmöglich, das eben Geschaute zu beschreiben. Sein Gedächtnis versagte den Dienst. Zu bedeutsam erschien ihm der Augenblick, den er gerade erlebte.

Wie benommen stieg Carter von seinem Korb-Podest hinab, und ohne ein Wort zu sagen, machte er eine einladende Handbewegung zu Lord Carnarvon hin.

Während der Lord durch das Mauerloch spähte, herrschte atemlose Stille. Nur das Flechtwerk des Podests gab kurze, knarrende Laute von sich, daß Evelyn sich mit beiden Händen an Howard klammerte. Der blickte stumm, beinahe teilnahmslos zu Boden.

Minutenlang verharrte Carnarvon so wie vor ihm Carter in der Haltung eines Voyeurs, der den verbotenen Anblick süchtig in sich aufnimmt. Die Situation hatte etwas Magisches, Phantastisches und – obwohl alle Beteiligten viele Jahre auf diesen Augenblick gewartet hatten – etwas Unglaubliches. Kein menschliches Auge hatte seit über dreitausend Jahren in die versiegelte Grabkammer eines Pharaos gespäht, und das Bewußtsein der Einmaligkeit dieses Augenblicks ließ sie erstarren.

Nur Evelyn, die noch immer keinen Blick in das Innere geworfen hatte, tänzelte unruhig von einem Bein auf das andere. Schließlich zog sie ihren Vater am Ärmel vom Korb herunter und stieg selbst auf das Podest, und, weil sie noch immer zu klein war, um durch die Maueröffnung zu spähen, trat Howard hinzu, umfaßte mit beiden Armen ihre Hüften und hob das kleine Persönchen in die Höhe.

Evelyn genoß Carters Umarmung nicht minder als den Blick auf die Schätze des Pharaos. Und so kam es, kaum hatte sie sich von dem überwältigenden Anblick losgesagt, zu einer unerwarteten Annäherung der beiden. Als hätte ihr das vorangegangene Erlebnis den Verstand geraubt, schlang Evelyn, während Carter sie behutsam zu Boden gleiten ließ, ihre Arme um seinen Nacken und küßte Howard heftig und ungestüm, als wäre es das erste Mal. Dabei preßte sie ihren Körper so leidenschaftlich gegen den seinen, daß Carter, den wohlige Schauer überkamen, ihr Drängen und Kosen willfährig erwiderte.

Lord Carnarvon sah es wohl, aber er war zu überwältigt, um der Begebenheit größere Bedeutung beizumessen. Er schrieb den plötzlichen Gefühlsausbruch seiner Tochter allein der Aufregung zu, die sie alle erfaßt hatte; aber er sollte sich irren.

Nachdem auch Callender und der Rais einen Blick in die Kammer geworfen hatten, stiegen alle fünf nach oben, dem Tageslicht entgegen, und einem jeden von ihnen schien es, als kämen sie aus einer anderen Welt, als hätten sie soeben dreitausend Jahre Vergangenheit hinter sich gelassen. Keiner war fähig, ein Wort zu sprechen, und so setzten sie sich zu den Arbeitern, die um den Erdtrichter einen Kreis gebildet hatten, in den Sand.

Carter ließ den Kopf auf die verschränkten Unterarme sinken. Sein Anblick vermittelte eher den Eindruck tiefer Verzweiflung als Stolz über den herbeigesehnten Erfolg oder gar Entdeckerglück. Die Arbeiter vermochten die scheinbare Niedergeschlagenheit des Carter-Effendi nicht zu deuten, so daß der Rais sich genötigt sah, ihnen den Stand der Dinge zu erklären.

Er hatte kaum geendet, da fielen die Arbeiter in einen Freudentaumel, sie faßten sich an den Händen und tanzten im Kreis um den Grabeingang, und dabei sangen sie übermütige Gesänge, und einer, der den Takt angab, rief nach jeder Strophe: »Allah ist groß, und Carter-Effendi ist der treue Diener Allahs!«

Carnarvon hielt den Blick starr in Richtung der Felsklippen gerichtet. Stolz sprach aus seiner Haltung, das Machtbewußtsein eines Siegers über den Unterlegenen. Für ihn war das Spiel nun zu Ende, er hatte den Pharao besiegt.

Evelyns Interesse galt im Augenblick weniger der Entdeckung als Carters Befinden. Seine heftige Berührung hatte genügt, ihre Gefühle für ihn neu zu entfachen. Sie war es auch, die zuerst bemerkte, daß Howard am ganzen Leib zitterte. Teilnahmsvoll neigte sie sich zu ihm hinüber und legte sacht ihre Hand auf seine Schulter.

Da hob Howard den Kopf, und Evelyn sah, daß er weinte. Der stolze, eigensinnige Howard Carter weinte dicke Tränen. Und er schämte sich seiner Tränen nicht. »Ich weiß nicht, ob es richtig ist, was ich da tue«, flüsterte er mit deutlichen Anzeichen von Rührung. »Ich fühle mich wie ein Eindringling.«

Evelyn sah Carter fragend an. »Aber du hast dir doch nichts sehnlicher gewünscht?«

»Ich weiß«, erwiderte Howard, »aber nun, da sich der größte Wunsch meines Lebens erfüllt hat, kommen mir Bedenken. Schließlich handelt es sich um das Grab eines Pharaos, eines außergewöhnlichen Menschen. Hat ein Mensch das Recht, in das Grab eines anderen Menschen einzudringen und seine Totenruhe zu stören?«

Evelyn blickte ratlos. »Howard, es ist nicht das erste Mal. Warum hast du plötzlich Gewissensbisse?«

»Weil es das erste Grab ist, in dem aller Wahrscheinlichkeit nach noch die Mumie eines Königs begraben liegt. Alle bisherigen Gräber, in die ich eingestiegen bin, waren längst ausgeraubt und nichts weiter als historische Relikte.«

»Das heißt, du willst dich zurückziehen, gerade jetzt, wo sich dein Lebenstraum erfüllt hat. Sei nicht töricht, Howard. Wenn du die Arbeit niederlegst, wird sie ein anderer verrichten und deinen Ruhm ernten. Papa, da bin ich sicher, wird dieses Unternehmen nie aufgeben, niemals, Howard! Du mußt jetzt weitergehen auf deinem Weg.«

Howard nickte. Evelyn hatte recht. Fraglos würde sich Carnarvon einen neuen Grabungsleiter suchen, falls er seinen Auftrag zurückgäbe. Es blieb ihm also gar nichts anderes übrig, als sein Werk zu vollenden.

»Wo ist dein Vater?« fragte er unruhig. Weder er noch Evelyn hatten bemerkt, wie Lord Carnarvon sich entfernt hatte.

Der Rais Ahmed Gurgar deutete nilwärts: »Lord Carnarvon-Effendi!« In der Ferne sah man die Staubwolke eines Reiters. »Hat kein Wort gesagt«, bemerkte Ahmed, »sprang auf Pferd und weg!«

»Mir scheint«, meinte Evelyn kopfschüttelnd, »der Pharao bringt euch alle um den Verstand. Papa hat wohl vergessen, daß er eine Tochter hat!«

Howard hob die Schultern und grinste.

Auf der anderen Seite des Flusses begab sich Lord Carnarvon auf direktem Weg zum Post- und Telegraphenamt, das nicht weit hinter dem Luxor-Tempel gelegen war. Er hatte es eilig.

Von außen glich das Amt einem Gefängnis, während die Innenausstattung Ähnlichkeit mit den Mönchszellen eines mittelalterlichen Klosters hatte. Hinter vergitterten Schaltern tauchten im Zwielicht die mürrischen Gesichter zweier von einem kargen Gehalt verbitterter Beamter auf. Wie auf ein Kommando verschwanden sie im selben Augenblick, als der Lord in englischer Sprache – Carnarvon hatte noch immer kein Wort Arabisch gelernt – ein Blitzgespräch nach Kairo forderte.

Nicht zu unrecht standen die Beamten des Post- und Telegraphenamtes in Luxor der Erfindung des Fernsprechers skeptisch gegenüber, sie hielten sie schlicht für Teufelswerk, aber ein Telephongespräch in Verbindung mit einem Blitz des Himmels zu bringen, erschien ihnen sogar angsteinflößend und eine Gotteslästerung, so daß der Leiter der Behörde geholt werden mußte, um dem Ansinnen des Engländers nachzukommen.

Der Post- und Telegraphenamtsleiter, ein gewisser Ali Mansour, entschuldigte sich heftig für die Dummheit seiner Angestellten und versprach, die gewünschte Verbindung auf schnellstem Wege zustande zu bringen. Seine Lordschaft möge sich in die Fernsprechkabine begeben.

Zehn Minuten harrte Carnarvon, den Blick auf einen schwarzen Fernsprecher gerichtet, in einem stinkenden Mobiliar aus, das äußerlich einem katholischen Beichtstuhl glich, im übrigen aber einer heruntergekommenen Eisenbahntoilette ohne die bekannte Installation, als der Wandapparat einen jaulenden Klingelton von sich gab.

Carnarvon hob ab.

Am anderen Ende meldete sich Arthur Merton, der Kairoer Korrespondent der Londoner *Times*.

»Merton?« brüllte Carnarvon in den Sprechtrichter, der aus einem Holzkasten an der Wand herausragte, »Merton, sind Sie's? Hier spricht Carnarvon aus Luxor!«

»Mylord, was verschafft mir die Ehre?« brüllte Merton in gleicher Lautstärke zurück.

Carnarvon: »Eine Sensation, Merton, was sage ich, eine Weltsensation!«

Merton: »Lassen Sie mich raten, Mylord, Sie haben im Tal der Könige das Grab dieses unbekannten Pharaos entdeckt! Wie war gleich sein Name?«

»Tut-ench-Amun!«

»Das ist nicht wahr!«

»Doch, Merton, es ist wahr!«

»Gratuliere, Mylord. Wer weiß bisher davon? Haben Sie die Meldung schon an die Lokalpresse gegeben?«

»Nein, Merton. Deshalb rufe ich Sie an. Die Entdeckung ist eine rein englische Angelegenheit, und deshalb soll sie auch in der Londoner *Times* bekanntgemacht werden.«

»Das ist sehr großzügig von Ihnen, Mylord. Sie wissen, die Konkurrenz ist groß, und die Konkurrenz schläft nicht!«

»Ich weiß, Merton, ich weiß. Ich nehme doch wohl an, daß die *Times* die Exklusivrechte an dieser Weltsensation für sich beansprucht.«

»Das wäre sogar äußerst großzügig.«

»Was heißt großzügig. Das ist einzig und allein eine Frage des Geldes. Oder dachten Sie, ich böte Ihnen kostenlos eine Weltsensation an? Mister Merton, ich habe 50 000 Pfund in dieses Unternehmen gesteckt. Es ist an der Zeit, daß diese Investitionen Früchte tragen.«

»Ich verstehe, aber ich verfüge nicht über die Kompetenz, Exklusivrechte für mein Blatt einzukaufen. Ich werde umgehend Mr. Geoffrey Dawson, den Verleger der *Times*, verständigen. Mr. Dawson wird sich mit Ihnen in Verbindung setzen, Mylord. Und was mich betrifft, nehme ich den nächsten Zug nach Luxor.«

»In Ordnung, Merton. Ich erwarte Sie spätestens morgen im Hotel ›Winter Palace‹.«

Ein Blitzgespräch nach Kairo erschien Ali Mansour, dem Direktor des Post- und Telegraphenamtes, viel zu wichtig, um es ungeprüft auf den Weg zu schicken. Deshalb hatte er mit Hilfe eines Kopfhörers, der an einem Schaltkasten hinter den vergitterten Schaltern angeschlossen war, jedes Wort belauscht. Sein Englisch war nicht das beste, aber soviel hatte Mansour verstanden: Lord Carnarvon hatte im Tal der Könige ein Pharaonengrab entdeckt – *Mahschallah*!

Vom Telegraphenamt begab sich Lord Carnarvon zum Hotel »Winter Palace«. Seine Kleidung war staubig und verdreckt und trug deutliche Spuren eines Ausgräbers. Von Durst geplagt, blieb der Lord jedoch in der Hotelbar hängen, wo es um diese Zeit noch ziemlich leer war.

Wie zufällig hielt sich in dem düsteren, mit dicken Teppichen belegten Raum ein Mann auf, den er schon einmal irgendwo gesehen hatte. Im Augenblick wußte Carnarvon jedoch nicht, woher er ihn kannte, und deshalb verhielt er sich, als würde er den Fremden nicht bemerken.

Der Lord bestellte ein Coca-Cola, ein neumodisches Getränk, das weniger in Adelskreisen als bei Künstlern, Musikern und Globetrottern Zuspruch fand. Dazu nahm Carnarvon einen Scotch, und ehe er sich versah, waren es drei oder vier, jedenfalls genug, um seine zur Schau getragene Überheblichkeit vergessen zu lassen.

Als hätte der Fremde die Wandlung seines Verhaltens bemerkt, trat er aus dem Hintergrund auf Carnarvon zu und sagte in breitem Englisch: »Darf man Sie beglückwünschen, Mylord? Wenn ja, dann möchte ich der erste Gratulant sein.«

Carnarvon blickte auf und sah in ein verhärmtes Gesicht mit einer Falte, die sich senkrecht über die Stirn zog. »Spink, Robert Spink«, bemerkte der Fremde, eine nicht gerade sympathische Erscheinung.

»Ach ja«, erwiderte der Lord, »wozu wollen Sie mir gratulieren?«

»Zu Ihrer Entdeckung, Mylord! Vor mir brauchen Sie sich nicht zu verstellen. Spink weiß alles, was in und um Luxor vorgeht.«

Lord Carnarvon blickte finster drein. »Mit Verlaub, Mr. Spink, was soll ich denn entdeckt haben?«

»Tut-ench-Amun!« Spink grinste über das ganze Gesicht, wie es seine Art war. »Er ist schon ein Teufelskerl, dieser Carter!«

»Und das sagen ausgerechnet Sie, Mr. Spink? Wenn ich mich recht erinnere, zählen Sie nicht gerade zu Carters Freunden.«

»Schon richtig, Mylord; aber unsere persönlichen Auseinandersetzungen liegen lange zurück. Ich möchte nicht mehr daran denken, obwohl ich beinahe täglich daran erinnert werde.« Dabei hob er mühsam sein linkes Knie. »Es ist schon über dreißig Jahre her, daß Carter mich zum Krüppel gemacht hat.«

»Und warum sind Sie ihm dann ausgerechnet nach Ägypten gefolgt, wenn Ihr Zusammentreffen nur Unheil bringt?«

»Warum, warum?« Spink wurde heftig. »Ich kam der Liebe wegen nach Luxor; aber auch die wurde von Carter zerstört. Er will jede Frau besitzen, die ihm gefällt.«

Bisher war Carnarvon Spinks Worten eher gleichgültig gefolgt. Mit einem Mal wirkte er angespannt und unruhig. Er leerte sein Glas in einem Zug und machte Anstalten, die Hotelbar zu verlassen.

Doch Spink verfolgte ihn wie ein Bettlerjunge. »Nichts für ungut, Mylord. Ich wollte Sie nicht mit meinen persönlichen Belangen belästigen.«

Schweren Schrittes versuchte Carnarvon, den unliebsamen Begleiter abzuschütteln; aber Spink blieb hartnäckig. Während der Lord sich beim Portier erkundigte, ob seine Tochter schon im Hotel eingetroffen sei, wechselte Spink das Thema. Plötzlich redete er im Flüsterton.

»Mylord, Sie haben viel Geld ausgegeben für die Grabungen im Tal der Könige. Sie sollten darauf bedacht sein, daß Sie nicht um die Früchte Ihrer Arbeit gebracht werden. Es geht mich ja nichts an, aber Carter hat bereits bei mir angefragt, ob ich bereit wäre, die kostbarsten Stücke aus dem Pharaonenschatz für ihn zu Geld zu machen.«

Nachdem der Portier Carnarvons Frage verneint hatte, wandte sich der Lord dem lästigen Begleiter zu und zischte: »Mr. Spink, lassen Sie mich endlich mit Ihren Intrigen in Frieden. Verschwinden Sie, bevor ich mich vergesse!«

Spink zog den Kopf ein, drehte sich um und verschwand wie ein geprügelter Hund.

Mit der Fähre setzte Carnarvon über den Fluß. Während der laue Abendwind in das schmutzigweiße Segel strich, schossen dem Lord tausend Gedanken durch den Kopf. Gewiß, dieser Spink war ein unverschämter Intrigant; aber hatte er nicht recht mit seinen Anschuldigungen? Hatte sich Carter nicht an seine Tochter herangemacht, dieser kleinbürgerliche Ausgräber mit zweifelhafter Abstammung? Hatte er nicht selbst, und das nicht ohne Stolz, behauptet, jahrelang vom Antiquitätenschmuggel gelebt zu haben? Wenn er nicht aufpaßte, hätte er nachher vielleicht wirklich das Nachsehen.

Mit einem Pferdewagen, der am Ufer wartete, gelangte Carnarvon zu Carters Haus. Als er Licht sah, ließ er den Kutscher warten und kletterte den steinigen Hügel empor. Die Stille der Wüste wurde plötzlich vom übermütigen Gelächter seiner Tochter unterbrochen. Behutsam öffnete er die Türe des Hauses und gelangte unbemerkt in das Innere. Mit einem Mal bereute er, daß er zuviel getrunken hatte. Der Alkohol tat seine Wirkung, es fiel ihm schwer, sich aufrecht zu halten. Mühsam tastete er sich durch den spärlich beleuchteten Vorraum in Richtung des Zimmers, aus dem die Laute drangen. Da wurde es plötzlich still. Benebelt lauschte Carnarvon in die Dunkelheit.

Er wußte nicht, wie lange er so regungslos verharrt hatte, als er mit einer heftigen Bewegung die Türe aufriß und in das Zimmer starrte.

»Papa!« rief Evelyn verwirrt. Sie saß halb entkleidet auf Carters Schoß und war hastig bemüht, ihre Blöße zu bedecken. Umständlich befreiten sich beide aus der kompromittierenden Situation, und Carter bemerkte verächtlich, während er seine Kleider in Ordnung brachte: »Der Anstand hätte es erfordert anzuklopfen. Ich glaube, das gilt auch in Adelskreisen.«

Carnarvon, der wie angewurzelt dastand und kein Wort hervorbrachte, rang nach Luft. Schließlich legte er all seine Wut und Verbitterung in die Antwort: »Der Anstand, Mr. Carter, hätte es auch erfordert, die Finger von einer verlobten Frau zu lassen!« Er trat auf Carter zu und nahm eine drohende Haltung ein.

Mit ausgebreiteten Armen warf sich Evelyn zwischen die beiden

Männer. »Es ist nicht Howards Schuld allein«, rief sie ängstlich. »Ich will dir alles erklären!«

»Erklären, was gibt es da zu erklären, mein Kind?« Von einem Augenblick auf den anderen war Lord Carnarvon wieder nüchtern. »Du hast dich benommen wie eine Hure aus Soho. Ich wüßte nicht, welche Erklärung es dafür geben soll.«

»Mylord, mäßigen Sie sich!« fuhr Carter wütend dazwischen, »Sie sprechen von Ihrer Tochter!«

»... die Sie entehrt haben, Mr. Carter. Jedenfalls erwarte ich, daß Sie die Konsequenzen aus dieser Affäre zu tragen bereit sind.«

Plötzlich wurde es still, so still, daß man draußen den fernen Ruf eines Käuzchens hören konnte. Evelyn trat zur Seite und sah Carter mit großen Augen an. Sie hatte die Hoffnung, daß Howard antworten würde: Selbstverständlich, Mylord, ich werde Ihre Tochter heiraten. Aber Howard schwieg, er schwieg, als wäre nichts geschehen, und blickte verlegen zur Seite.

»Howard!« sagte Evelyn aufmunternd. »Howard, warum sagst du nichts?«

Carter sah sie an, aber es kam ihr vor, als blicke er durch sie hindurch. »Howard!«

Carter schwieg beharrlich.

Warum, dachte Evelyn bei sich, warum sagt er meinem Vater nicht, daß er mich liebt? Oder liebt er mich gar nicht? Sollte ich mich so in ihm getäuscht haben? Enttäuscht wandte sie sich ab, den vorwurfsvollen Blick ihres Vaters ignorierend, der nichts anderes bedeutete als: Nun siehst du, wie ernst Carter es meinte.

Howard wußte selbst nicht, was mit ihm geschah. Natürlich liebte er Evelyn. Aber seit Seine Lordschaft ihn an seine niedere Herkunft und an sein fortgeschrittenes Alter erinnert hatte, war in ihm etwas zerbrochen. Er wußte, er würde in diesen Kreisen nie akzeptiert werden, und er hegte die Befürchtung, daß daran auch ihre Liebe zerbrechen würde. Vielleicht wäre es für ihn ein kurzer, augenblicklicher Triumph, aber das Glück wäre sicher nur von kurzer Dauer.

Mit einer Kopfbewegung zur Türe sagte Lord Carnarvon an seine Tochter gewandt: »Unten wartet ein Pferdegespann. Geh! Ich komme nach.«

Evelyn gehorchte. Der Blick, den sie Carter zuwarf, tat ihm weh.

»Mr. Carter«, begann Carnarvon, nachdem sie alleine waren, »was sich hier in diesem Raum abgespielt hat, ist nur eine Angelegenheit zwischen uns dreien. Ich hielte es für fatal, wenn Lord Beauchamp, der Verlobte meiner Tochter, je davon erfahren würde. Ich fordere Ihr Ehrenwort, daß Sie über diesen Fehltritt schweigen werden. Evelyn ist jung und neugierig, aber von Ihnen hätte ich mehr Besonnenheit erwartet.« Mit mürrischem Gesicht streckte er Carter die Hand entgegen.

Howard betrachtete die Hand des Lords wie die eines Aussätzigen. Er zögerte. Dann ergriff er sie, ohne seinen Abscheu zu verbergen, und sagte: »Einverstanden, Mylord. Aber ich tue es nur für Evelyn.«

Es gab Zeiten, da hatte Howard Lord Carnarvon bewundert und verehrt; nun aber verachtete und haßte er ihn.

Kapitel 28

Am nächsten Morgen fanden sich Carter, Carnarvon und Evelyn im Tal der Könige ein, als wäre nichts geschehen. Mit Absicht hatte Howard nur eine kleine Mannschaft zusammengerufen, Callender, seinen Assistenten, den Rais Ahmed Gurgar und vier seiner treuesten Mitarbeiter, die Howard schon seit vielen Jahren kannte.

Während die Spätherbst-Sonne die ersten langen Schatten warf, stiegen Carter und der Rais zusammen mit den vier Arbeitern in den Stollen ein. Callender, Lord Carnarvon und seine Tochter Evelyn warteten mit Ungeduld vor den sechzehn Steinstufen, die in die Tiefe führten.

Wie am Vortag herrschte eine Atmosphäre gespannter Erwartung. Nicht einmal die sonst so geschwätzigen Arbeiter, welche die Bruchstücke, die Carter aus der Mauer schlug, in Körben nach oben schafften, wagten zu sprechen.

Nach einer halben Stunde kam der Rais mit seinen Arbeitern nach oben und sagte: »Carter-Effendi bittet Sie, nach unten zu kommen.«

In der Mauer, die die Schatzkammer verschloß, klaffte ein großes Loch, groß genug, daß sich ein erwachsener Mensch in gebückter Haltung hindurchzwängen konnte. Im Inneren der Kammer war bereits eine Lampe aufgestellt, welche das kostbare Hab und Gut des Pharaos zum Funkeln brachte. Berauscht vom Anblick der Schätze, wagte keiner, in die Grabkammer einzusteigen.

Vergessen war der vorangegangene Abend, der Haß, den Carter Lord Carnarvon entgegenbrachte, und Evelyns Enttäuschung, weil Howard seine Liebe zu ihr verleugnet hatte.

»Nach Ihnen!« meinte Carnarvon, als Carter ihm den Vortritt ließ; doch der bestand darauf, daß Seine Lordschaft voranging. Nach längerem Hin und Her entschied sich Evelyn, als erste den Schritt zu wagen, gefolgt von ihrem Vater, zuletzt Carter.

Die Vorstellung, dieselbe Luft zu atmen, welche die Sklaven des Pharaos vor über dreitausend Jahren am Leben erhielt, ließ die drei erschauern. Es roch sonderbar süßlich nach Staub, und der Geruch hatte zur Folge, daß ein jeder nur in kurzen Stößen atmete.

Linker Hand neben dem Eingang lagen, in Einzelteile zerlegt, mehrere Streitwagen. Dahinter Truhen und Kästen, Vasen aus Alabaster und allerlei dekorative Zierstücke, wie sie keiner von ihnen je gesehen hatte. Bettgestelle und Liegen, aus Fabeltieren geformt und mit Gold belegt, wechselten mit Truhen, bemalt oder mit Einlegearbeiten versehen, und Schatullen, in denen man kostbaren Schmuck vermuten durfte. Mehrere Thronsessel, zierlich, als wären sie für Kinder gedacht, blinkten in purem Gold, zum Sitzen viel zu schade, denn die Rückenlehnen zeigten farbige Reliefs, vornehmlich in dunklem Blau und stumpfem Rot, Szenen aus dem Familienleben des Pharaos. Dazwischen Arbeiten aus Alabaster, der im Scheinwerferlicht gelblich funkelte, Schiffe mit Tierköpfen an Bug und Heck, Deckelkrüge in unterschiedlichen Größen und Trinkgefäße und Pokale, wohl eher zur Zierde als zum Zechen geeignet.

Es schien, als hätten die Nachkommen ihrem verstorbenen Pharao den gesamten Hausrat mitgegeben, unschätzbare Kostbarkeiten, aber auch schlichte Gebrauchsgegenstände für den Alltag im Jenseits, Teller, Körbe, Sandalen und praktische Schächtelchen aus hauchdünnem Holz.

Carter fand zuerst die Fassung wieder. Während der Lord und Evelyn sich stumm und atemlos umblickten, unfähig, die Vielzahl Hunderter, ja Tausender Gegenstände in ihrem Gedächtnis zu speichern, begann Howard, das Geschaute zu analysieren. In der Kammer herrschte Unordnung, und Carter sah sich in seinem ersten Verdacht bestätigt, daß Räuber schon in alter Zeit in diesen Raum eingedrungen und vermutlich gestört worden waren, so daß sie nur wenige Stücke in ihren Besitz gebracht hatten.

Mit kritischem Blick suchte er die Wände ab. Sie waren schmucklos und rauh und trugen deutlich sichtbare Meißelspuren. Links an der dem Eingang gegenüberliegenden Längsseite waren Unterschiede im Mauerwerk zu erkennen, ebenso an der rechten Schmalseite der

Kammer, wo zwei lebensgroße Statuen, schwarzhäutige Speerträger von furchteinflößendem Äußeren, einen vermauerten Zugang zu bewachen schienen.

Lord Carnarvon, der irritiert Carters prüfende Blicke beobachtete, fragte im Flüsterton: »Nun, Mr. Carter, was ist Ihre Meinung?«

Howard wandte sich um, und bedächtig antwortete er: »Ich glaube, alles, was wir hier vor uns sehen, ist erst der Anfang. Vermutlich befinden wir uns in der Vorkammer des Grabes, und es gibt noch andere Räume mit bedeutsamen Beigaben.«

»Mr. Carter!« rief Carnarvon entsetzt, als wollte er sagen: Mäßigen Sie sich!

Carter streckte den Arm aus und zeigte auf die Unregelmäßigkeiten an den Wänden, die er soeben entdeckt hatte: »Da, sehen Sie, zwei vermauerte Türen! Ich müßte mich sehr täuschen, wenn je ein Mensch dort eingedrungen wäre.«

»Sie glauben also, daß wir hinter einer dieser Mauern die Mumie des Pharaos Tut-ench-Amun finden werden, mit all den Schätzen, welche die alten Ägypter ihren toten Königen ins Grab legten?«

Da wurde Carter wütend: »Sie reden immer nur von Schätzen und Reichtümern, Mylord, als sei dies das Wichtigste bei unserem Unternehmen! Haben Sie sich schon einmal Gedanken darüber gemacht, daß es hier um mehr geht als um Gold und Geld, daß hier, in diesem Augenblick, ein Stück Menschheitsgeschichte aufgedeckt wird, ein Mosaikstein unserer eigenen Vergangenheit?«

»Aber es war mein Geld«, gab Carnarvon heftig zurück, »mit dem Sie dieses Stück Menschheitsgeschichte aufgedeckt haben. Es wäre gut, wenn Sie sich diese Tatsache bisweilen ins Gedächtnis riefen!«

Plötzlich standen sich beide wieder wie Rivalen gegenüber. Nicht einmal der Anblick der Schätze des Pharaos konnte ihre Feindschaft beschwichtigen.

»Schluß jetzt!« rief Evelyn energisch. »Habt ihr in diesem Moment nichts Besseres zu tun, als euch gegenseitig zu beleidigen? Keiner von Euch verdient diesen Augenblick. Ich hasse euch beide!«

Unbeholfen zwängte sich Evelyn durch das Mauerloch und verschwand. Mit dieser Reaktion hatte keiner von beiden gerechnet. Nun waren sie mit ihrem gegenseitigen Haß allein.

Als ob er den Schatz des Tut-ench-Amun soeben gekauft hätte, ergriff Lord Carnarvon einen der prächtigen Alabasterkrüge und hielt ihn gegen das Scheinwerferlicht, so daß er zu leuchten begann wie der Vollmond am nächtlichen Himmel. Howard verfolgte jede seiner Bewegungen mit Argwohn.

»Zweitausend Pfund«, meinte der Lord mit abschätzendem Blick, »sollte das gute Stück doch wohl einbringen.«

Howard sah Carnarvon fassungslos an. Mit einem Ruck riß er ihm das kostbare Gefäß aus der Hand. »Sie sind wahnsinnig, Carnarvon!« rief er in höchster Erregung. »Sie können doch nicht über den Grabschatz des Pharaos frei verfügen!«

Wie von Sinnen versuchte der Lord, Carter den Krug zu entreißen. »Sie werden mich nicht um meinen Besitz bringen. Was Sie hier sehen, ist alles von mir bezahlt. Oder wollen sie abstreiten, daß *ich* diese Entdeckung ermöglicht habe?«

Im Handgemenge entglitt Carnarvon der Alabasterkrug des Pharaos, schlug auf den steinernen Boden und zersprang. Es hätte nicht viel gefehlt, und Carter hätte sich auf Carnarvon gestürzt; aber das plötzliche Erscheinen Callenders, der fragte, ob etwas passiert sei, bewahrte ihn vor dieser Dummheit.

»Ich muß hier raus!« stammelte Carter und lockerte seinen Kragen. Doch geschah das weniger wegen der stickigen Luft in der engen Grabkammer als wegen der Nähe Carnarvons, die ihm unerträglich wurde.

Kaum hatte Howard das Tageslicht erblickt, da kam Lord Carnarvon hinterher, gefolgt von Callender, der Seine Lordschaft auf den letzten Stufen von hinten anschob.

»Das Grab wird bis morgen mit Balken verbarrikadiert!« kommandierte Carter. »Außerdem werden die Wachen verdoppelt. Callender, Sie übernehmen die Aufsicht!«

»Mr. Carter!« rief Callender entsetzt. »Ich habe seit sechsunddreißig Stunden kaum geschlafen, mir fallen die Augen zu. Ich kann nicht mehr.«

Howard sah den Rais fragend an: »Ahmed, sind Sie bereit, die Wachen zu beaufsichtigen?«

Ahmed Gurgar nickte selbstgefällig: »Ja, Carter-Effendi.«

»Ich kann mich doch auf Sie verlassen?«
»Ja, Carter-Effendi.«
Carter, Carnarvon und Evelyn gingen auseinander ohne Gruß und ohne sich eines Blickes zu würdigen.

Bei seiner Rückkehr aus dem Tal der Könige entdeckte Lord Carnarvon unter den Droschkenkutschern, Schiebern und dunklen Gestalten, die zu jeder Tageszeit vor dem Hotel »Winter Palace« herumlungerten und wie Wölfe nach Beute Ausschau hielten, Robert Spink. Kurz angebunden schickte Carnarvon seine Tochter auf ihr Zimmer, dann gab er Spink ein Zeichen, ihm mit gebührendem Abstand in den Park des Hotels zu folgen.

Auf einer Bank unter einer ausladenden Platane, deren fächerförmige Blätter über den Rasen verstreut lagen, ließ sich der Lord nieder und vergrub sein Gesicht in den Händen. Wie viele Jahre hatte er diese Entdeckung herbeigesehnt, und nun, im Augenblick des Triumphes, bereitete sie ihm mehr Kopfzerbrechen als Freude. Es schien, als läge ein Fluch auf dem Grabschatz des Tut-ench-Amun.

»Nun, Mylord, haben Sie sich meinen Vorschlag noch einmal überlegt?«

Als er aufblickte, stand Robert Spink vor ihm, wie stets mit einem verschlagenen Grinsen im Gesicht. Und mit so einem Kerl willst du dich abgeben?, dachte der Lord kurz; aber der Gedanke an die Auseinandersetzung mit Carter beseitigte seine Zweifel. Er mußte es tun, wollte er nicht ins Hintertreffen geraten und ohne Gewinn aus dem Unternehmen hervorgehen.

Spink setzte sich neben ihn. Er stemmte die Hände in die Taschen seines abgetragenen Jacketts und blickte auf seine ausgestreckten Beine. »Sie wissen«, begann er überheblich, »daß die Ägypter ein Gesetz verabschiedet haben, welches jede Ausfuhr von Ausgrabungen verbietet, sogar der kleinsten, unbedeutenden Gegenstände.«

»Spink, das ist nicht wahr!«

»Leider doch, Mylord, warum sollte ich Sie belügen? Schließlich leide ich unter dem Gesetz am allermeisten. Die Ägypter sind seit kurzem selbständig, sie haben ihren eigenen König und das Recht, ihre eigenen Gesetze zu machen.«

»Aber das bedeutet, daß es keine Möglichkeit gibt, Schätze aus dem Grab des Tut-ench-Amun außer Landes zu schaffen!«

»Keine *legale* Möglichkeit, Mylord. Die Zollbehörden in den Häfen haben ihre Kontrollen verstärkt. Seit das Geld in Europa beinahe täglich an Wert verliert, sind Sachwerte gefragt wie noch nie, vor allem Kunstschätze.«

»Ich weiß, Mr. Spink. So gesehen sind die Schätze aus dem Grab des Pharaos ein unvorstellbares Vermögen. Amerikaner, die gerade einen beispiellosen Aufschwung erleben, kaufen halb Europa auf. Und ich sitze auf dem vermutlich größten Schatz der Menschheit und sehe keine Möglichkeit, daraus Kapital zu schlagen!« Ratlos schüttelte Carnarvon den Kopf.

Spink räusperte sich verlegen, und der Lord konnte nicht umhin, den zwielichtigen Engländer aufzufordern: »Nun reden Sie schon, was Ihnen dazu einfällt! Wie ich Sie kenne, wollen Sie mir doch irgendeinen Vorschlag machen. Also?« Er sah Spink herausfordernd an.

»Es gibt nur einen einzigen Weg, Schätze unbemerkt aus Ägypten herauszuschmuggeln, und der führt durch die Luft.«

»Durch die Luft?« Carnarvon kniff die Augenbrauen zusammen und machte ein ungläubiges Gesicht. »Sie meinen, mit einem Flugzeug? Spink, ich glaube, Sie haben zu viele Schundromane gelesen. Da geht wohl die Phantasie mit Ihnen durch.« Er lachte mitleidig.

»Ja, wenn sie mich nicht ernst nehmen, kann ich ja gehen!« Spink erhob sich und machte Anstalten, sich zu entfernen.

Carnarvon bekam ihn gerade noch am Jackett zu fassen und stieß im Flüsterton hervor: »Nun seien Sie doch nicht gleich eingeschnappt. Aber Ihr Vorschlag klingt einfach zu abenteuerlich!«

Unwillig nahm Spink wieder Platz und zog ein Taschenmesser hervor. Mit einer drehenden Handbewegung bohrte er ein Loch in den gestampften Boden. »Das ist Luxor, beziehungsweise das Tal der Könige.« In einer geschwungenen Linie zeichnete er den Nil, oben das Mittelmeer, rechter Hand das Rote Meer und die arabische Halbinsel. Dann beschrieb er mit dem Zeigefinger unsichtbare Linien. »Sehen Sie, Mylord, von Luxor nach Alexandria ist es weiter als von Luxor nach Arabien, und Arabien ist ein anderes Land, in dem die ägyptischen Gesetze nicht gelten. Das bedeutet, sind die Schätze erst einmal in Arabien, wird Sie niemand hindern, sie in jedes Land der Welt zu verschiffen.«

Der Lord betrachtete die Skizze auf dem Boden mit einer gewissen Skepsis. Nach einer Weile meinte er: »Ihr Plan ist beinahe genial, Mr. Spink. Er hat nur ein paar entscheidende Fehler. Weder ich noch Sie verfügen über ein Flugzeug oder einen waghalsigen Piloten, von einem geeigneten Flugfeld ganz zu schweigen. Nein, Spink, diese Idee ist alles andere als realistisch.«

Während Carnarvon redete, kam wie zufällig ein Krüppel ohne Arme des Weges und blieb ein paar Schritte entfernt stehen, als bäte er um ein Almosen. Als der Lord ihn erblickte, entfuhren ihm die Worte: »Armer Hund! Mein Gott, dieser Krieg.«

»Haben Sie eine Münze übrig?« raunte Spink Carnarvon zu.

Schweigend griff der Lord in seine Westentasche und reichte Spink ein Geldstück. Der warf es lachend und mit einer schnippenden Handbewegung dem Krüppel zu.

Staunend verfolgte Carnarvon, wie der Krüppel, bei dem es sich um niemand anderen als Sayyed handelte, die Münze mit offenem Mund auffing und sie in seinen Brustbeutel fallen ließ. Mit einem Kopfnicken bedankte er sich, dann verschwand er in Richtung der Treppe, die zum Hintereingang des Hotels führte.

»Nein«, nahm der Lord schließlich seine Rede wieder auf, »Ihr Plan ist viel zu gefährlich und riskant. Und deshalb werden Sie auch keinen Flugzeugpiloten finden, der sich auf so etwas einläßt.«

Da fuchtelte Spink wild mit dem Zeigefinger herum, und mit gepreßter Stimme rief er: »Das ist alles nur eine Frage des Preises, Mylord. Für eine gewisse Summe steht mir ein Flugzeug, eine WACO 6, samt Piloten zur Verfügung, einem Engländer übrigens, der mit Kitchener in Khartum war. Er hat hinter den Felsklippen im Tal der Könige eine Stelle ausgemacht, die sich hervorragend zum Landen und Starten dieses amerikanischen Doppeldeckers eignet. Die Transportkosten für eine halbe Tonne Gewicht nach Arabien betragen, gleichgültig, worum es sich handelt, zwanzigtausend amerikanische Dollar.«

»Zwanzigtausend Dollar? Sie sind verrückt, Spink!«

»Das mag sein, Mylord. Aber mit einem Einsatz von zwanzigtausend Dollar können Sie unter Umständen einen Gewinn von einer

Million Dollar machen. Ich weiß nicht, was so ein Schatz eines Pharaos wert ist.«

»Und Sie, welche Rolle spielen Sie in diesem Unternehmen, Mr. Spink? Ich darf doch wohl davon ausgehen, daß Sie sich Ihre Vermittlerdienste gesondert honorieren lassen.«

»Aber Mylord«, tat Spink entrüstet, »mein bescheidener Anteil an dem Geschäft ist in dem genannten Preis bereits eingeschlossen. Das ist doch Ehrensache!«

Lord Carnarvon warf Spink einen verächtlichen Blick zu, dann erhob er sich von der Parkbank und meinte: »Und wer garantiert mir, daß die Ladung auch ihr Ziel erreicht?«

»Ich, Robert Spink!«

»Sie, Spink, ausgerechnet Sie?« Carnarvon lachte lauthals.

Das machte Spink zornig, und er erwiderte: »Mylord, ich bin nicht so dumm, wie sie glauben. Das Unternehmen ist bis in die letzte Einzelheit geplant. Ihre Schätze müssen in Kisten verpackt werden mit der Aufschrift ›Maschinenteile für London‹. Der Pilot soll keine Ahnung haben, was er überhaupt transportiert. Er wird hinter dem Tal der Könige starten, in Bur Safaga auf einer Wüstenpiste zwischenlanden, nachtanken und nach einem Flug über das Rote Meer nahe der arabischen Küstenstadt Ziba niedergehen, wo das Flugzeug von einem meiner Agenten erwartet wird. Sie selbst können Ihre Schätze begleiten und keine Sekunde aus den Augen lassen.«

»Unmöglich!« rief der Lord aufgebracht. »Ich werde nie im Leben ein Flugzeug besteigen. Ich habe im Segelboot die Welt umrundet und die heftigsten Stürme überstanden. Die Fliegerei überlasse ich anderen, und ich habe meine Gründe. Vor zwölf Jahren verlor ich meinen Freund Charles Rolls bei einem Flugzeugabsturz. Wir waren am selben Tag verabredet. Rolls wollte mir eines seiner aufregenden Automobile verkaufen. Der Kauf kam nie zustande. Nein, Fliegen weckt in mir nur widerstrebende Gefühle.«

»Dann muß die kostbare Fracht ohne Sie auf die Reise gehen. Mein Agent in Mekka wird sich zu Ihrer Zufriedenheit um die Verschiffung nach Southampton kümmern.«

Vor der Parkbank ging Carnarvon unruhig auf und ab. Er wußte, dieser Spink war ein Halsabschneider und Betrüger, ein Mann, der nur den eigenen Vorteil kannte. Natürlich war das Risiko groß, diesem Menschen einen so kostbaren Schatz anzuvertrauen. Aber gab es eine andere Möglichkeit, die hohen Investitionen in die Grabungen wieder herauszubekommen? Bliebe er tatenlos oder anständig oder wie immer man das nennen mochte – vielleicht auch dumm –, so würde sich kaum noch eine Chance bieten, aus dem kostspieligen Unternehmen Kapital zu schlagen. Dabei hatte er nichts anderes im Sinn gehabt, als er vor fünfzehn Jahren zu graben begann.

Der Lord hielt inne und sah Spink ins Gesicht. Dann sagte er, und dabei blitzten seine Augen wie gläserne Kugeln: »Also gut, Spink. Fünfzehntausend Dollar und keinen Cent mehr!«

Spink blickte gequält, als habe er eben fünftausend Dollar verloren. Schließlich willigte er ein. »Aber es muß alles ganz schnell gehen«, drängte er. »Ich brauche das Geld noch heute. Das Flugzeug landet gegen Mitternacht. Es ist bereits alles arrangiert.«

»Aber Sie wußten doch gar nicht, ob ich mit Ihrem Plan einverstanden bin, Spink!«

»Mylord, Sie sind ein Mann von Welt, wohlhabend und gescheit. Ich wußte, Sie würden sich diese Gelegenheit nicht entgehen lassen. Es wäre töricht gewesen, sie abzulehnen. Deshalb habe ich bereits Kisten in Auftrag gegeben, wie sie für den Transport meiner Wasserpumpen Verwendung finden.«

Verwundert schüttelte Carnarvon den Kopf. »Alle Achtung, Mr. Spink. Jetzt gilt es nur noch, Mr. Carter heute nacht aus seinem Haus zu locken.«

Plötzlich sprang Spink auf, als hätte ihn eine Tarantel gestochen, und verschwand hinter den Büschen im Park. Im nächsten Augenblick erkannte der Lord den Grund für Spinks Verschwinden. Vom Hintereingang des Hotels näherte sich Carter.

Mit mürrischem Gesichtsausdruck hielt er Carnarvon ein Telegramm der Altertümerverwaltung unter die Nase: »Die Sesselfurzer in Kairo fragen an, wann die offizielle Graböffnung stattfindet. Sie wollen unbedingt dabei sein. Haben Sie Kairo benachrichtigt?«

»Keineswegs, Mr. Carter!«

»Ich wußte schon immer, daß hier überall Spione herumlungern. Was soll ich den Leuten antworten?«

»Hm.« Carnarvon dachte nach. Auf einmal hatte er eine Idee. Das Telegramm aus Kairo kam wie gerufen. »Mr. Carter«, meinte er nachdenklich, »nehmen Sie den Nachtzug nach Kairo, werden Sie bei der Altertümerverwaltung vorstellig und berichten Sie den Sesselfurzern – wie Sie sich auszudrücken pflegen –, was bisher vorgefallen ist. Sollen die dann entscheiden, ob und wann sie sich hier einfinden. In der Zwischenzeit halte ich die Stellung. Übrigens: Sie steigen natürlich im ›Shepheards‹ ab. Das haben Sie sich verdient, Mr. Carter!«

»Danke, Mylord«, stotterte Howard verunsichert. Er konnte sich den plötzlichen Meinungsumschwung Seiner Lordschaft nicht erklären. Aber solange es zu meinem Vorteil ist, dachte er, soll es mir recht sein.

Schon im Nachtzug nach Kairo, in einem Schlafabteil erster Klasse, mit einem ausklappbaren Waschbecken aus stumpfem Messing und zwei elektrischen Wandleuchten in Form eines Fächers, hatte Carter ein merkwürdiges, beinahe unheimliches Gefühl. Woher kam der Sinneswandel Seiner Lordschaft? Warum schickte er ihn erster Klasse nach Kairo und ließ ihn im »Shepheards« logieren, wo die Großen und Reichen abstiegen?

Entgeistert sah Howard drein, als ihn der Hotelmanager des »Shepheards«, ein äußerst vornehmer Engländer, persönlich willkommen hieß und auf sein Zimmer geleitete, mit Blick auf die Nilpromenade, die wie stets um diese Morgenstunde in grauweißem Dunst lag. In seinem ganzen Leben hatte Carter nicht so fürstlich gewohnt, und er war nie so bevorzugt behandelt worden. Der Grund wurde Howard klar, als er einen Blick auf die Titelseite der Londoner *Times* warf, die für ihn auf dem Zimmer bereitlag. »Ein ägyptischer Schatz! Bedeutsamer Fund in Theben: Lord Carnarvons lange Suche. Tal der Könige, 29. November. Am heutigen Nachmittag deckten Lord Carnarvon und Mr. Howard Carter auf, was eine der sensationellsten Entdeckungen des Jahrhunderts zu werden verspricht: den Grabschatz des Ketzerkönigs Tut-ench-Amun...«

Über zwei Seiten berichtete der Sonderkorrespondent Arthur Merton von der fünfzehn Jahre währenden, mühevollen Suche im Tal der Könige und den Schätzen, die sie in der Vorkammer entdeckt hatten.

Wie vom Donner gerührt, ließ Carter die Zeitung sinken. Sein Name auf der Titelseite der Londoner *Times*! Unwillkürlich kam ihm Sarah Jones in den Sinn, die – mein Gott, das war dreißig Jahre her –, ihn aufgefordert hatte, nach Ägypten zu gehen, um ein berühmter Ausgräber zu werden. Stolz wollte sie auf ihn sein damals. Es hatte lange gedauert, bis sich dieser Wunsch erfüllte, aber, fragte er sich, wer weiß, ob Sarah die Geduld aufgebracht hätte, dreißig Jahre zu warten.

Der Blick zurück in seine Vergangenheit währte nicht lange. Energisches Klopfen an der Zimmertüre holte ihn in die Gegenwart zurück.

»Mein Name ist Arthur Merton«, stellte sich der Fremde vor, ein dunkler Typ, kleinwüchsig und sportlich gekleidet wie ein englischer Golfspieler. Mit einem Blick auf die Zeitung, die Howard noch immer in Händen hielt, sagte er: »Wie ich sehe, sind Sie schon informiert.«

»Sie sind also dieser Merton!« knurrte Carter. Der *Times*-Reporter war ihm in diesem Augenblick eher lästig, und Howard konnte sich nicht zurückhalten, ihm das auch deutlich zu zeigen. »Woher beziehen Sie eigentlich Ihre Weisheit, Mr. Merton?«

»Lord Carnarvon gab mir ein telephonisches Interview. Wußten Sie das nicht, Mr. Carter?«

»Nein, das wußte ich nicht«, bemerkte Howard indigniert. »Aber damit ist alles gesagt, und Sie können wieder nach Hause gehen und mich ein für allemal in Ruhe lassen, Mr. – wie war doch gleich der Name?«

»Merton. Mein Name hat keinen schlechten Klang in Zeitungskreisen.«

»Na schön, dann bringen Sie Ihren Namen weiter zum Klingen, aber lassen Sie mich bitte in Frieden.«

Merton, sichtlich bemüht, freundlich zu bleiben – im Gegensatz zu Carter wußte er nämlich, daß sie für viele Monate, vielleicht sogar für Jahre einander ausgeliefert sein würden –, Merton erwiderte heftig: »Mr. Carter, ich glaube, Sie haben die Situation noch nicht erkannt, in der Sie sich befinden.«

»Nein«, lachte Howard hämisch, »aber Sie, Mr. Merton.«

Der kleine Engländer schluckte. »Mr. Carter, was da im Tal der Könige entdeckt wurde, ist eine Jahrhundert-Sensation! Begreifen Sie doch, noch nie hat ein Mensch ein ungeplündertes Pharaonengrab entdeckt. Und das in einer Zeit, die man nicht gerade als gut bezeichnen kann. Die Geschichte, *Ihre* Geschichte, Mr. Carter, lädt zum Träumen ein. In schlechten Zeiten wie diesen, in denen das Geld täglich weniger wert ist und die Zahl der Arbeitslosen astronomische Höhen erreicht, wollen die Menschen träumen. Kein Schriftsteller, nicht einmal Rudyard Kipling, der die Tiere zum Sprechen bringt, kann eine bessere Geschichte erfinden!«

Carter schmunzelte vor sich hin. Die Situation entbehrte nicht einer gewissen Komik. Da kam ein wildfremder Reporter und versuchte ihm, Howard Carter, die Bedeutung seiner Entdeckung klarzumachen. Nach einer Weile erwiderte er: »Ja, wenn Sie das so sagen, dann wird es wohl stimmen. Und was, meinen Sie, habe ich nun zu tun?«

In der Annahme, den widerspenstigen Ausgräber überzeugt zu haben, holte Merton tief Luft; schließlich sagte er: »Dann hat Sie Lord Carnarvon möglicherweise auch noch nicht in Kenntnis gesetzt, daß er die Exklusiv-Rechte an Ihrem gemeinsamen Unternehmen an Mr. Dawson, den Verleger der *Times*, verkauft hat. Für zehntausend Pfund und 75 Prozent aller Nebenrechtserlöse. Der Vertrag ist zwar noch nicht unterzeichnet, aber das ist nur noch eine Formsache. Carnarvon und Dawson sind sich einig. Und das bedeutet – das ist im übrigen der Grund meines frühen Erscheinens an diesem Morgen –, daß Sie keiner Zeitung außer der *Times* ein Interview geben dürfen, es sei denn mit meiner ausdrücklichen Genehmigung.«

Verwirrt vom Redeschwall des Reporters, stammelte Carter vor sich hin: »Exklusiv-Rechte – gemeinsames Unternehmen – kein Interview, Mr. Merton, Sie sind verrückt. Ich rede, mit wem *ich* will, und mit Ihnen möchte ich am liebsten kein Wort mehr wechseln.«

Da stellte sich der kleine Merton vor Carter hin, blickte frech zu ihm auf und meinte selbstbewußt: »Sir, Sie verkennen möglicherweise Ihre Lage. Ein Vertrag mit der Londoner *Times* ist keine Einladung zum Kindergeburtstag, sondern ein knallhartes Geschäft. Wir zahlen für die Lieferung einer leicht verderblichen Ware, die teurer ist als Gold. Sie heißt Nachricht. Und Sie, Mr. Carter, halten dieses Gold in Händen. Stellen Sie sich vor, Sie würden das Gold körnchenweise unter das Volk streuen, dann erlangten Sie dabei weit weniger Aufmerksamkeit, als wenn Sie den Klumpen Gold in Ihren Händen einem einzigen überreichten.«

»Ach, so ist das!« erwiderte Carter; aber was abfällig und ironisch gemeint war, erweckte bei Merton den Eindruck, daß sein Gesprächspartner nun begriffen hatte, worum es ging.

Deshalb fuhr er fort: »Mr. Carter, unten in der Hotelhalle wartet mehr als ein Dutzend Journalisten von Zeitungen und Presseagenturen aus aller Welt. Sogar zwei Wochenschau-Teams von ›Pathé News‹ und ›British Movietone‹ sind darunter. Sie werden sich wie Hyänen auf Sie stürzen und Sie mit Fragen überhäufen. Aber Sie werden schweigen, Mr. Carter! Sie werden alle Fragen nur mit einem Lächeln beantworten oder dem Hinweis, sich an Mr. Merton zu wenden. Haben Sie mich verstanden, Mr. Carter?«

»Halten Sie mich für taub oder debil?« erwiderte Howard. Der *Times*-Reporter wurde ihm zunehmend unsympathischer. »Ich werde reden, mit wem ich will«, fügte er hinzu und drehte beleidigt den Kopf zur Seite.

Merton faltete die Hände wie zum Gebet und begann aufs neue: »Mr. Carter, das sollten Sie auf keinen Fall tun. Denn der Vertrag mit der *Times* schließt hohe Konventionalstrafen ein für den Fall, daß die Exklusivität nicht gewahrt wird. Das würde bedeuten, Lord Carnarvon bekäme von uns keinen Penny, und er müßte sich bei Ihnen schadlos halten. Das wollen Sie doch nicht, Mr. Carter?«

»Nein«, entgegnete Howard tonlos. Mehr als ein halbes Leben hatte er darauf hingearbeitet, ein berühmter Entdecker zu werden. In all den Jahren der Einsamkeit und Erfolglosigkeit hatte er davon geträumt, wie das sein würde, wenn er den vergessenen Pharao entdecken würde. Nun begann seine Entdeckung schon nach wenigen Tagen lästig zu werden, ihn zu vereinnahmen und mundtot zu machen. Aber vielleicht, dachte er bei sich, war dies der Preis des Erfolges.

»Ich hoffe, ich habe Sie nicht zu sehr erschreckt«, meinte Merton versöhnlich, »aber das sind nun einmal die Regeln im Zeitungsgeschäft. Im Grunde genommen geht es gar nicht um Neuigkeiten, um Menschen und Schicksale, in Wahrheit geht es nur ums Geld. Und Ihr Tutamun verspricht nicht nur viel Geld, er verspricht *sehr* viel Geld!«

»Tut-ench-Amun, Mr. Merton!«

»Meinetwegen Tut-Mackenzie. Hauptsache, die Geschichte stimmt.«

»Tut-Mackenzie!« wiederholte Carter leise und nickte gekünstelt mit dem Kopf. »Das Grab des Tut-Mackenzie. Wenn Sie mich jetzt bitte entschuldigen wollen. Ich muß zur Altertümerverwaltung.«

»Darf ich Ihnen einen Vorschlag machen, Mr. Carter? Es wäre für Sie von großem Vorteil, wenn Sie nicht den Vorderausgang benutzen würden. Auch nicht den Hinterausgang. So schlau sind Reporter schon lange. Aber das ›Shepheards‹ verfügt über einen Seitenausgang für Lieferanten. Wenn ich Sie aus dem Hotel geleiten dürfte?«

Widerwillig stimmte Howard zu und gelangte durch die Küche und Wäscherei des Hotels ins Freie.

Die Herren der Altertümerverwaltung, allen voran ihr Direktor Pierre Lacau, ein französischer Jesuit, der sich im Zweitberuf mit Ägyptologie beschäftigte, zeigten sich wenig beeindruckt von Carters Entdeckung. Lacau kündigte jedoch an, in den nächsten Tagen vor Ort nach dem Rechten zu sehen. Im übrigen verwies er auf das gesetzliche Verbot, sich irgendwelche Grabungsfunde anzueignen.

Zurück im Hotel, das er auf demselben heimlichen Weg betrat, wie er es verlassen hatte, wollte Carter sich ausruhen. Er hatte im Zug schlecht geschlafen und hoffte, vor seiner Rückreise am Abend noch eine Mütze Schlaf zu finden. Gerade war Howard eingeschlafen, da weckte ihn der Hoteldirektor, der in Begleitung eines nicht weniger vornehmen Herrn erschien, eines gewissen Mr. Waller, der breiten Aussprache nach ein Amerikaner. Der versuchte Carter zu überzeugen, daß ein schwarzes Automobil der Marke Ford, Modell T, ihm gehöre, angewiesen von Lord Carnarvon, zur Zeit Luxor. Es erwarte ihn vor dem Hoteleingang.

Howard verstand die Welt nicht mehr. Er zog sich am Ohrläppchen, weil er zu träumen glaubte. »Sind Sie sicher, daß dieses Automobil für mich bestimmt ist?« erkundigte er sich vorsichtig bei dem Amerikaner.

»Wenn Sie Mr. Carter aus Luxor sind, absolut sicher.«

»Aber ich weiß doch nicht, wie man mit einem solchen Fahrzeug umgeht!«

»Dazu bin ich ja hier, Mr. Carter. Ich werde Sie augenblicklich in die Fahrkunst einweisen. Es ist kinderleicht. Das Automobil hat zwei Fußpedale, eines für jeden Fuß. Damit steuern Sie alle Funktionen des Fahrzeugs. Und was das Lenkrad betrifft, so verändert es die Laufrichtung der Vorderräder nach Ihren Wünschen. Sogar Frauen lernen in kurzer Zeit, mit diesem Automobil umzugehen. Darf ich bitten, Mr. Carter!«

Im Beisein einer Horde aufgeregter Reporter, die jede Handlung Carters mit Neugierde verfolgten, steuerte Howard den offenen Tourer über die Nilpromenade, während Mr. Waller als Beifahrer laute Anweisungen rief, die Carter beinahe andächtig wiederholte. Nach einer Stunde praktischem Unterricht in Fahrkunst hielt Mr. Waller Howard, der sich im übrigen nicht ungeschickt angestellt hatte, durchaus für fähig, das amerikanische Automobil über ägyptische Straßen zu lenken, und er versprach das schwarze Fahrzeug – aus Kostengründen war das Modell »T« in keiner anderen Farbe zu haben – innerhalb weniger Tage per Schiffsfracht nach Luxor zu liefern.

Howard trat die Rückreise zusammen mit Merton an, der ihn routiniert vor der Journalistenmeute abschirmte, die sich ebenfalls im Zug befand und nichts unversucht ließ, um mit ihm ins Gespräch zu kommen. Ein Reporter – wie sich später herausstellte, schrieb er für den *Daily Telegraph* – trat ihm in der Uniform des Zugschaffners gegenüber, einem zweiten gelang es während des Aufenthaltes im Bahnhof von Minja, das Fenster von Carters Schlafkabine von außen zu öffnen und sein Handgepäck zu durchwühlen.

Carters übriges Gepäck reiste im Frachtwaggon des Zuges und war geeignet, einem Ahnungslosen manches Rätsel aufzugeben; denn außer einem Eisengitter zum Verschließen des Grabes hatte Howard zweiunddreißig Ballen Leinen, eine Meile Verbandsmaterial und ebensoviel Watte gekauft zum Verpacken der Grabbeigaben sowie die lebensechte Nachbildung zweier menschlicher Körperteile, von denen noch die Rede sein wird.

Mit angemessener Verspätung erreichte der Nachtzug Luxor, und obwohl es noch früh am Morgen war, drängten sich viele Menschen auf dem Bahnsteig, unter ihnen der Provinzgouverneur, der Bezirkspolizeichef, der Polizeichef von Luxor und der Direktor des Hotels »Winter Palace«, welche, kaum hatte er den Zug verlassen, auf ihn zustürzten, ihm die Hände schüttelten, als kehrte er von einer Weltreise zurück, und ihn zu seiner großen Tat beglückwünschten.

Der Direktor des »Winter Palace« meinte gar, ein so berühmter Mann wie Carter dürfe nicht in einem Haus ohne fließendes Wasser, noch dazu jenseits des Nils wohnen, er fühle sich geehrt und würde sich glücklich schätzen, ihn, Carter, in einer Suite seines Hauses zu beherbergen – kostenlos natürlich. Da halfen auch keine Beteuerungen, er fühle sich in seinem Haus vor dem Eingang zum Tal der Könige recht wohl, ja im Vergleich zu anderen Behausungen, in denen er während seines Ausgräberlebens genächtigt habe, sei diese sogar komfortabel, Howard mußte – ob er wollte oder nicht – eine Kutsche besteigen, die ihn zum »Winter Palace« brachte.

Carters Suite lag im Hochparterre gegenüber der von Lord Carnarvon mit Ausblick zum Nil. Es gab ein Badezimmer, schwarz-weiß gekachelt und mit blitzenden Wasserhähnen aus Messing, an der Wand neben der Türe ein elektrisches Schaltbrett mit fünf Knöpfen und ebenso vielen Emailschildern darunter mit der Aufschrift »Portier«, »Room-Service«, »Message«, »Cleaning«, »Manager«.

Irritiert von so viel Luxus und Technik, aber nicht ohne Schalk im Nacken, drückte er auf einen der Knöpfe, zweifelnd, ob diese ihre Funktion erfüllten. Als über der Tür eines von fünf Lämpchen aufleuchtete, erschrak er, und er versuchte die angerichtete Misere rückgängig zu machen, indem er mit der flachen Hand alle übrigen Schaltknöpfe mehrmals niederdrückte.

Zunächst geschah nichts. Nach einer Weile klopfte es. Howard öffnete. Vor der Türe standen aufgereiht ein kräftiger Kofferträger, ein Etagenkellner mit Serviertuch über dem Handgelenk, ein Botengänger mit Schreibzeug, ein Reinigungsmann in weißer Galabija mit Putztuch und Staubwedel und der Hoteldirektor im schwarzen Anzug. Wie auf Kommando verneigten sie sich, und der Manager fragte devot: »Was können wir für Sie tun, Mr. Carter?«

Den ungewollten Aufmarsch vor seiner Türe fand Howard ebenso peinlich wie amüsant. Es schien, als hätte sich die Wirklichkeit verändert. Aber auch Carter hatte sich verändert, denn er sagte: »Gentlemen, ich danke Ihnen, ich wollte nur einmal sehen, ob Ihr Hotel seinem Ruf gerecht wird.«

Howard schloß die Türe und schmunzelte. Vor beinahe dreißig Jahren hatte man ihn aus diesem Hotel hinausgeworfen. Emil Brugsch, der alte Gauner – er war schon lange tot –, hatte ihn vor allen Gästen des Diebstahls beschuldigt. Damals war er im Gefängnis gelandet. Und heute?

Während er sich umkleidete, um sich auf den Weg ins Tal der Könige zu machen, kam erneut der Botengänger und meldete, ein armloser Krüppel namens Sayyed warte beim Portier, er wünsche ihn dringend zu sprechen und lasse sich nicht abweisen.

»Bring ihn auf schnellstem Wege her!« rief Carter aufgebracht. »Und noch eins: Ich möchte nicht noch einmal hören, daß du Sayyed als Krüppel bezeichnest, verstanden?«

Sayyed schien äußerst erregt. »Carter-Effendi! Ich habe Sie überall gesucht und erst heute erfahren, daß Sie nach Kairo gereist sind. Schlimme Dinge haben sich ereignet!«

»Schon gut!« versuchte Carter Sayyed zu beruhigen. »Ich war in Kairo und habe dir etwas mitgebracht.« Howard ging ins Ankleidezimmer. Als er zurückkehrte, hielt er in jeder Hand einen Arm, einen künstlich gefertigten menschlichen Arm, ein jeder so lebensecht, daß man zweifeln konnte, ob es sich wirklich um Prothesen handelte, wären da nicht die Lederbänder, Schnallen und Ösen gewesen, mit denen sie an den Armstümpfen befestigt wurden.

»Sie werden dir zwar nie deine richtigen Arme ersetzen«, meinte Howard, »aber vielleicht helfen Sie dir, dein Schicksal leichter zu ertragen.«

Sprachlos starrte Sayyed auf die Armprothesen. Vor Rührung begann er zu weinen. Der starke, armlose Mann weinte wie ein Kind. Schließlich sagte er leise: »Warum tun Sie das, Carter-Effendi?«

Howard hob die Schultern. Auch er vermochte seine Rührung nicht zu verbergen.

Während er Sayyed die Prothesen anlegte, begann dieser zu erzählen, daß Lord Carnarvon Spink angeheuert habe, um Schätze aus dem Grab des Pharaos außer Landes zu schaffen. Er selbst habe das Gespräch der beiden Männer belauscht.

»Spink und Carnarvon?« Carter hielt entsetzt inne. »Das hätte ich dem Lord nie zugetraut! Aber es wird ihm nichts nützen, denn das neue Antikengesetz verbietet jede Ausfuhr von Kunstschätzen.«

»Mag sein, Carter-Effendi. Spink hat sich jedoch einen teuflischen Plan ausgedacht. Heute nacht ist ein Flugzeug in der Wüste, hinter dem Tal der Könige gelandet. Ich selbst habe nur den Lärm gehört, aber Othman, mein Freund aus el-Kurna, hat mit eigenen Augen gesehen, wie ein Doppeldecker in der Wüste niederging.«

»Mitten in der Nacht?«

»Wir haben Vollmond, Carter-Effendi, da sieht man in der Wüste ein Kamel aus einer halben Meile Entfernung.«

»Was hat Othman beobachtet?«

»Vier Männer haben ungefähr zehn Kisten herbeigeschleppt und in das Flugzeug verladen. Nach etwa einer Stunde flog die Maschine nilabwärts davon.«

»Hast du eine Ahnung, wohin?«

»Ja, Carter-Effendi. Bei dem Gespräch zwischen Lord Carnarvon und Mr. Spink, das ich im Park des Hotels belauscht habe, erwähnte einer der beiden, der Flug solle nach Arabien gehen.«

»Wirklich gut ausgedacht, Mr. Spink! Erst versuchte er es mit mir, und als ich mich weigerte, seine dunklen Machenschaften zu unterstützen, probierte er es bei Seiner Lordschaft. Aber wenn es um Geld geht, verliert selbst ein Lord sein Gesicht. Ich muß sofort hinüber ins Tal der Könige.«

»Sehen Sie nur, Carter-Effendi, meine Arme!« Sayyed schwenkte seine Armprothesen hin und her und war außer sich vor Freude. »Ich habe wieder zwei Arme«, rief er begeistert.

»Aber nicht zum Stehlen!« mahnte Carter lachend. »Und jetzt komm!«

In der Halle begegneten die beiden dem Botengänger. Carter faßte ihn am Ärmel und zeigte auf Sayyed: »Nanntest du ihn vorher nicht einen Krüppel? Sieh ihn dir genau an!«

Der Botengänger bekam große Augen. Ungläubig starrte er auf Sayyeds Arme. Dann rief er entgeistert: »*Mahschallah*, ein Wunder, Allah hat ein Wunder vollbracht!« Und als würde er von einem Wespenschwarm verfolgt, rannte er davon.

Kapitel 29

Mit einem Mal war alles anders. Voller quälender Gedanken, was inzwischen in »seinem« Grab geschehen sein mochte, verließ Howard das Hotel. Aber dieser Vorgang, der noch wenige Tage zuvor nicht die geringste Beachtung gefunden hätte, wurde zum Spießrutenlauf. Merton erwartete ihn vor der Drehtüre und stieß die Reporter beiseite, die sich ihnen mit Fragen und Bitten in den Weg stellten und sich wie lästige Fliegen an ihre Fersen hefteten.

Mehr als ein Dutzend Balgen neumodischer Photographenapparate waren auf ihn gerichtet, als er mit Merton eine Dahabija bestieg, die ihn zum anderen Nilufer brachte. So also ist es, berühmt zu sein, dachte Carter, während er den Blick von den Reportern abwandte, die ihm in zwei anderen Booten folgten.

Beim Aussteigen sah sich Carter einer Kinematographenkamera gegenüber, an der ein Mann in Knickerbockern und mit einer Ballonmütze auf dem Kopf eine Kurbel drehte. Dabei machte er ein ernstes Gesicht, und Howard zeigte dem Kameramann, der jede seiner Bewegungen durch ein Guckrohr verfolgte, die kalte Schulter.

Merton rief eine Kutsche herbei und drängte Carter in das zweisitzige Gefährt. Es war der einzige Wagen weit und breit, und auf diese Weise gelang es, die Reportermeute zunächst einmal abzuschütteln.

»Wie lange soll dieser Rummel andauern?« erkundigte sich Howard bei Merton, während der Kutscher mit anfeuernden Rufen sein mageres Pferd zu größerer Eile antrieb.

Merton verdrehte die Augen. »Das kommt ganz darauf an, was Sie noch in dem Grab des Pharaos entdecken, Mr. Carter.«

»Und wenn ich mich weigere, noch irgend etwas zu entdecken, weil mir das alles auf die Nerven geht? Wenn ich den Eingang einfach zuschütten lasse?«

»Glauben Sie ernsthaft, der Lord würde das zulassen? Der Artikel in der *Times* hat eine Lawine ausgelöst. Morgen erscheint ein weiterer. Nein, Mr. Carter, dieser Vorgang läßt sich nicht mehr aufhalten. Und sind es nicht Sie, der diese Aufgabe übernimmt, dann tut es ein anderer.«

Schon von weitem erkannte Howard den Trubel, der um den Grabeingang herrschte. Lautes Geschrei hallte durch das Tal der Könige. Reporter balgten sich um die besten Plätze, um einen Blick auf die Mauer am Eingang zu erhaschen. Auf Bitten Carnarvons hatte der Polizeivorsteher Hamdi-Bey eine Truppe bewaffneter Polizisten abgestellt, die einen Kreis um den Erdtrichter bildeten und jeden, der ihnen zu nahe kam, mit erhobenem Gewehr in die Schranken wiesen.

Als Carter und Merton sich näherten, brach Panik aus. Journalisten, Touristen und ein Dutzend neugieriger Polizisten stürzten sich auf die ankommende Pferdekutsche, hoben, drängten und zerrten Howard aus dem Wagen, daß dieser auf dem kurzen Stück Weges um sein Leben fürchtete. Nur mit äußerster Anstrengung und unter Opferung der Knöpfe seines Anzugs gelang es ihm, sich mit Merton in die Vorkammer des Grabes zu flüchten, wo sich bereits der Lord, Lady Evelyn und Callender aufhielten.

»Mr. Merton«, rief Carnarvon spöttisch, »was haben Sie bloß angerichtet!«

Der »Times«-Reporter entledigte sich seiner Jacke, die deutlichen Schaden genommen hatte, hängte sie über den Arm einer der lebensgroßen Wächterfiguren und antwortete: »Es war Ihre Idee, Mylord. Jetzt werden Sie damit leben müssen.«

Carnarvon hob schmunzelnd die Schultern und wischte sich mit dem Handrücken den Schweiß von der Stirn. Die Luft in der Vorkammer war stickig. Man wagte kaum zu atmen. Aber nicht nur deshalb herrschte eine beklemmende Atmosphäre. Evelyn saß abseits auf einem hölzernen Klappstühlchen und würdigte Carter keines Blickes, Carnarvon klopfte planlos mit einem Taschentuch Staub von den Rädern eines Streitwagens, Callender machte irgendwelche Aufzeichnungen.

Auch ohne den Hinweis Sayyeds wäre Carter nicht entgangen, daß der Grabschatz der Vorkammer geplündert worden war. Es fehlten mehrere Kästen und Schatullen, Vasen und Figuren, was genau, vermochte er nicht zu sagen, aber genug, um damit reich zu werden.

Carnarvon, dem der prüfende Blick seines Ausgräbers nicht entging, versuchte die Situation zu überspielen, indem er Belangloses redete: »Ich hoffe, Sie hatten eine angenehme Reise, Mr. Carter. Waren Sie gut untergebracht? Das ›Shepheards‹ ist ein vorzügliches Hotel. Kunststück – unter englischer Leitung. Hat man Ihnen das Automobil vorgeführt? Wann werden die Herren der Altertümerverwaltung hier erscheinen?«

»Bei Gelegenheit«, erwiderte Howard. »Lacau zeigte sich nicht gerade begeistert über unsere Entdeckung. Immerhin läßt er uns freie Hand bei der weiteren Arbeit. Außerdem verwies er auf das neue Gesetz, das jede Ausfuhr von Altertümern verbietet.«

Der Lord räusperte sich verlegen, und Carter blickte ihm herausfordernd ins Gesicht. Es war ein Kräftemessen der beiden Männer. Schließlich beendete Carnarvon das stumme Duell und wandte sich an Merton: »Sehen Sie eine Möglichkeit, wie wir hier wieder heil herauskommen?«

»Ich werde eine Pressekonferenz für sieben Uhr im Hotel ›Winter Palace‹ ankündigen, bei der Sie, Mylord, und Mr. Carter anwesend sein werden. Mit Ihrem Einverständnis erteile ich Photographiererlaubnis.«

Kaum hatte Merton die Vorkammer verlassen, drang aufgeregtes Geschrei nach unten, das jedoch schnell verebbte. Callender und der Lord entfernten sich, um oben nach dem Rechten zu sehen.

Carter blieb mit Evelyn in der Vorkammer zurück. »Du hast mich enttäuscht, Howard, schwer enttäuscht«, hörte er Evelyn unvermittelt sagen.

Howard wandte sich ihr zu und erwiderte: »Ich bin mir keiner Schuld bewußt, im Gegenteil, dein Vater hat mich zutiefst gedemütigt, und du scheinst mit ihm einer Meinung zu sein.«

»Ich bin mit Papa selten einer Meinung. Das weißt du am allerbesten. Neulich, als uns mein Vater überraschte, habe ich gehofft, du würdest um meine Hand anhalten. Aber du bliebst stumm. Das hat mich sehr getroffen.«

Carter lachte, aber sein Lachen klang bitter. »Seine Lordschaft hat mir mehr als einmal zu verstehen gegeben, daß ich von meiner Herkunft und an Jahren nicht genehm bin. Im übrigen scheinst du vergessen zu haben, daß du verlobt bist. Wir sollten uns damit abfinden.«

»Wenn du meinst, Carter.« Evelyn sprang auf und tippelte mit kurzen Schritten in der Vorkammer auf und ab. »Ich dachte, unsere Liebe wäre stärker; aber wahrscheinlich habe ich mich geirrt.«

Carter nahm ihre Hand. »Evelyn«, sagte er ernst. »Du hast dich nicht geirrt. Aber unter den gegebenen Umständen hätte unsere Liebe keine Zukunft gehabt.«

Evelyns Augen füllten sich mit Tränen.

»Glaub mir«, sagte Carter und küßte sie sanft auf die Stirn. »Du wärst an meiner Seite nicht glücklich geworden.«

Von oben näherte sich Carnarvon. »Mertons Ankündigung einer Pressekonferenz blieb nicht ohne Wirkung«, bemerkte er erleichtert. »Die Meute ist abgezogen. Komm, mein Kind!«

Trotzig entfernte sich Evelyn, nicht ohne Howard einen vorwurfsvollen Blick zuzuwerfen. Der Lord folgte ihr, aber nach kurzer Zeit kam er wieder zurück und näherte sich Carter, als hätte er ein schlechtes Gewissen.

»Sie haben vielleicht bemerkt, daß einige Stücke aus dem Grabschatz fehlen, Mr. Carter, und vermutlich haben Sie sich Ihre Gedanken gemacht.«

Er hält dich für einen Idioten, dachte Howard. Aber in seinen Augen sind wohl alle Menschen niederen Standes Idioten. Schweigend und mit zusammengekniffenen Augen sah er Carnarvon an.

Der fuhr fort: »Sie wissen selbst, wieviel Geld mich dieses Abenteuer gekostet hat. Ich halte es nicht für ehrenrührig, wenn ich ein paar der besten Stücke veräußere, um meine Ausgaben zu begleichen.«

Und ich dachte, Sie hätten es aus Liebe zur Wissenschaft getan, wollte Howard sagen. Aber er schwieg, er schwieg, weil er wußte, daß sie in dieser Hinsicht Welten trennten.

»Und Sie«, begann der Lord aufs neue, »Sie sollten sich auch das eine oder andere Stück beiseite legen. Sie haben es sich verdient, Mr. Carter.«

Da platzte Howard der Kragen, und mit sich überschlagender Stimme brüllte er Carnarvon an: »Das mag Ihre Auffassung von Archäologie sein, Sir, meine ist eine andere. All diese Schätze gehören weder Ihnen noch mir, auch nicht der ägyptischen Regierung, sie gehören der ganzen Menschheit, denn sie sind Zeugnisse unserer gemeinsamen Vergangenheit. Ihr Verhalten finde ich abscheulich, andererseits habe ich nichts anderes erwartet. Und wenn ich Ihnen überhaupt noch eine Form von Achtung entgegenbrachte, dann habe ich sie heute verloren. Und jetzt entschuldigen Sie mich.«

Vor Beginn der Pressekonferenz im »Winter Palace« nahm Merton Carter beiseite und ermahnte ihn, auf alle Fragen der Reporter nur allgemein zu antworten und möglichst keine konkreten Informationen preiszugeben. Das gebiete der zwischen Seiner Lordschaft und der *Times* abgeschlossene Exklusivvertrag. Im Zweifelsfall werde er, Merton, die Fragen in angemessener Form beantworten.

Frisch gebadet und in einem tadellosen Anzug erschien Howard Carter im Ballsaal des Hotels, wo er von über hundert Journalisten erwartet wurde. Magnesiumblitze zischten und pufften Rauchwolken in die Luft, als Howard und Carnarvon links und rechts von Arthur Merton an der Breitseite eines langen, weißgedeckten Tisches Platz nahmen. Die Wochenschauen »Universal News«, »British Paramount« und »Pathé News« hatten elektrische Scheinwerfer auf sie gerichtet, so daß Carter, vom Licht geblendet, die Fragesteller im Ballsaal kaum erkennen konnte.

James Molony von der *Evening Post* eröffnete die Fragestunde: »Mr. Carter, wie sind Sie überhaupt auf das Grab gestoßen?«

Noch bevor Howard auf die Frage eingehen konnte, erwiderte Merton: »Ihre Frage wird in der *Times* vom 30. November beantwortet. Es steht Ihnen frei, uns zu zitieren.«

Carter schüttelte unwillig den Kopf: »Die Wahrheit ist: Eine große weiße Katze hat mir den Weg gewiesen. Ich nannte sie Bastet. Aber eines Tages verschwand sie, und ich habe sie nie mehr gesehen.«

»Mr. Carter, mein Name ist Georges Jalabert, vom Pariser *Figaro*.

Meine Leser möchten von Ihnen erfahren: Woher wußten Sie, daß dieser Pharao Tut-ench-Amun im Tal der Könige begraben ist?«

Howard grinste überlegen in das Scheinwerferlicht. Dann antwortete er: »Er hat mich jede Nacht gerufen. Ich brauchte nur seinem Ruf zu folgen.«

Betretenes Schweigen. Selbst Merton starrte ausdruckslos vor sich hin.

Da erschien die Frage von Valentine Williams, dem Korrespondenten der Nachrichtenagentur *Reuters Ltd.* erlösend: »Mr. Carter, wie hoch würden Sie den Wert der Schätze in der Vorkammer des Pharaonengrabes beziffern?«

»Sie sind keinen Shilling wert, Mr. Williams, weil sie nie zum Verkauf stehen werden. Auch die Tower Bridge hat keinen Preis, weil sie unverkäuflich ist.«

»John Peet von der *British Broadcasting Company*. Wir senden für 36 000 Radiohörer. Wieviel Geld bekommen Sie von Lord Carnarvon für Ihre Entdeckung?«

»Für einen Ausgräber reicht es zum Leben. Aber um eine Frau aus Adelskreisen zu ernähren, wäre es zweifellos zuwenig.«

Gelächter. Auch Lord Carnarvon rang sich ein Lächeln ab, obwohl er genau wußte, daß diese Spitze gegen ihn gerichtet war.

Richard Baines vom *Observer* wollte wissen: »Mr. Carter, würden Sie Lord Carnarvon als Freund bezeichnen?«

Für einen Augenblick wurde Howard verlegen: »Als Freund? – Wir sind zumindest keine Todfeinde und haben uns bisher noch nicht die Schädel eingeschlagen.«

»Robert McLeod von der *Daily Mail*: »Mr. Carter, Sie leben allein und sind möglicherweise schon heute der begehrteste Junggeselle der Welt. Haben Sie nie daran gedacht zu heiraten?«

»Daran gedacht schon; aber das Glück war eben nicht auf meiner Seite. Ausgräber sind keine Männer zum Heiraten. Welche Frau mag schon einen Mann, der ständig schmutzige Fingernägel hat.«

Als Reporter der *New York Times* gab sich Ted Harris zu erkennen. Er war in einer weißen Segleruniform erschienen und redete im breiten, nur schwer verständlichen Südstaaten-Dialekt: »Hello Howard, Sie sind jetzt der König von Luxor. Wie fühlen Sie sich in Ihrer Rolle?«

Carter machte eine abwehrende Handbewegung und erwiderte aufbrausend: »Wissen Sie, ich bin seit dreißig Jahren als Ausgräber tätig, und in all der Zeit hat sich kein Hund um mich gekümmert. Dabei hätte ich mir manchmal ein bißchen Aufmerksamkeit gewünscht. Jetzt ist mir der Rummel eher zuviel. Aber um Ihre Frage zu beantworten: König von Luxor zu sein ist sehr anstrengend.«

Mürrisch, den Blick bisweilen teilnahmslos zur Decke gerichtet, verfolgte Lord Carnarvon das Geschehen, und als Merton nach einer Stunde und zwanzig Minuten die Pressekonferenz mit dem Hinweis beendete, alles weitere könne man der nächsten Ausgabe der Londoner *Times* entnehmen, da nahm der Lord Merton beiseite und herrschte ihn an: »Ich habe Mr. Carter nicht fünfzehn Jahre bezahlt, damit er den Ruhm für sich allein einstreicht. Ich wünsche, daß im Zusammenhang mit der Entdeckung mein Name an erster Stelle genannt wird.«

Voll Ungeduld wartete Lord Carnarvon am folgenden Tag auf Spinks Vollzugsmeldung, daß die Schätze wohlbehalten in Arabien eingetroffen und auf den Weg nach England gebracht worden seien. Sobald die Nachricht eingetroffen war, wollte Carnarvon umgehend nach England zurückreisen, um die kostbare Fracht in Empfang zu nehmen.

Beim Frühstück auf der Terrasse des »Winter Palace«, das er wie gewöhnlich zusammen mit seiner Tochter unter einem großen Sonnenschirm einnahm, setzte er Evelyn von seinen Plänen in Kenntnis, ohne den wahren Grund für die plötzliche Abreise zu erwähnen. Im übrigen herrschte frostige Stimmung zwischen den beiden, weil jeder seinen Problemen nachhing: Der Lord konnte sich nur schwer damit abfinden, daß Carters Name in aller Munde war, während er selbst kaum Erwähnung fand, und Evelyn schmollte, weil die Dinge einen anderen Verlauf genommen hatten, als sie sich das vorgestellt hatte. Zwar war sie nicht einmal sicher, ob sie Lord Beauchamp wirklich einen Korb gegeben hätte, aber daß Howard kampflos das Feld geräumt hatte, kränkte sie immer noch.

So schwiegen sie vor sich hin, während sich der Lord in seine Zeitungen vergrub, welche bis auf die *Egyptian Gazette* schon ein paar Tage alt waren, tranken Tee, löffelten Dickmilch und aßen Toast von schwarzer Farbe. Ab und zu lugte Carnarvon über seinen Zeitungsrand und warf drei Photographen, die sich hinter einem Oleanderstrauch vor dem Aufgang zur Terrasse verborgen hielten, einen verächtlichen Blick zu.

»Papa, wo ist eigentlich Mr. Carter heute morgen?« fragte Evelyn eher belanglos.

Da knallte der Lord die Zeitung auf den Tisch und zischte, verstohlen nach allen Seiten blickend, damit niemand seinen Zornesausbruch bemerkte: »Fängst du jetzt auch schon damit an: Carter, Carter, Carter! Seit Tagen hört man nur diesen einen Namen – als wäre er wirklich der König von Luxor. Am besten wendest du dich an einen der Photographen, die hier überall herumlungern. Sie können dir sicher sagen, wo sich Mr. Carter gerade aufhält.«

»Mir scheint, du bist eifersüchtig auf Howard«, lachte Evelyn.

»Ach was!« wiegelte Carnarvon ab. »Glaubst du, es ist angenehm, Tag und Nacht von dieser Reportermeute verfolgt zu werden? Carter kann doch keinen Schritt mehr tun, ohne daß er morgen in der Zeitung steht. Hier«, er klopfte mit dem Handrücken auf das Zeitungsblatt, »hier kannst du lesen: Mr. Carter, der Entdecker des Pharaonengrabes, begab sich gestern gegen Abend zum Schneider Georgios Konidaris unter den Arkaden des Hotels ›Winter Palace‹, um sich einen Abendanzug anpassen zu lassen. Widerlich ist dieser Klatsch, einfach widerlich!«

»Und was schreibt man über Lord Carnarvon?« fragte Evelyn mit einem ironischen Unterton.

Carnarvon antwortete nicht. Er wurde blaß. Aber nicht aus Ärger über die Bemerkung seiner Tochter. Eine kleine Meldung in der *Egyptian Gazette* ließ ihn erstarren: »Flugzeugabsturz über dem Roten Meer. Kena. Bei einem waghalsigen Flug über das Rote Meer ist eine Maschine unbekannter Herkunft abgestürzt und in den Fluten versunken. Das Unglück wurde von mehreren Schiffen, die sich auf dem Weg zum Suezkanal befanden, beobachtet. Es ereignete sich zwischen Ziba in Arabien und dem ägyptischen Bur Safaga.«

Wie von Sinnen schlug Lord Carnarvon die Zeitung zusammen und sprang auf. »Ich habe zu tun!« zischte er seiner Tochter zu und verschwand mit hastigen Schritten.

Der Lord traf Spink im Garten seines Hauses. Es machte einen leicht verwahrlosten Eindruck, seit Spink aus Kostengründen über die Hälfte seines Personals entlassen hatte. Auf einem abgetretenen Rasenstück übte sich Spink in Crocket, indem er Holzkugeln mit einem langstieligen Hammer durch niedrige Tore trieb.

Atemlos trat Carnarvon vor Spink hin und hielt ihm die gefaltete *Egyptian Gazette* entgegen: »Haben Sie die heutige Zeitung gelesen, Mr. Spink?«

Breitbeinig auf seinen Crocketschläger gestützt, erwiderte Spink: »Nein, Mylord, aber wenn wirklich etwas Wichtiges drinsteht, werden Sie es mir sicher gleich sagen.«

»Und ob!« Der Lord schnappte nach Luft, entfaltete die Zeitung und las mit schmalen Lippen die Meldung von dem Flugzeugabsturz vor.

Als er geendet hatte, warf Spink seinen Schläger beiseite und nahm Carnarvon die Zeitung aus den Händen. Als wollte er das Gehörte nicht glauben, las er die Meldung selbst halblaut vor. Entgeistert ließ er das Blatt sinken und sah den Lord fassungslos an. Dann humpelte er kopfschüttelnd zu einer steinernen Parkbank und ließ sich nieder.

»Damit konnte natürlich niemand rechnen«, sagte Spink leise, während er mit verschränkten Armen vor sich auf den Boden starrte. »Mein Plan war bestens eingefädelt. Es tut mir leid, daß er so enden mußte.«

»Sie haben noch nicht davon gewußt?« Der Lord kam Spink hinterher.

»Nein, Mylord. Ich warte seit gestern auf eine Depesche meines Agenten in Mekka. Wir hatten vereinbart, er solle ein Telegramm schicken ›Ladung eingetroffen‹, sobald das Flugzeug in Ziba gelandet wäre. Jetzt ist mir klar, warum das Telegramm bisher nicht eintraf.«

Carnarvon nahm neben Spink auf der Parkbank Platz und stützte den Kopf in die Hände. »Wissen Sie eigentlich, welche Werte mir dadurch verlorengegangen sind?«

»Nein«, erwiderte Spink, »wissen Sie's?«

»Mindestens eine Million Dollar.«

Spink pfiff durch die Zähne.

»Ich kann es noch immer nicht fassen«, bemerkte der Lord und verbarg sein Gesicht in den Händen.

»Eine Million Dollar«, wiederholte Spink tonlos. »Trotzdem können Sie von Glück reden, daß Sie sich geweigert haben, in das Flugzeug zu steigen. Sonst wären Sie heute... Verzeihen Sie meine Direktheit.«

»Schon gut«, wehrte Carnarvon ab, »aber wie es scheint, wollten die Götter der alten Ägypter mir einen Denkzettel verpassen, weil ich mir unrechtmäßig die Schätze des Tut-ench-Amun angeeignet habe.«

»Glauben Sie wirklich an solchen Schabernack, Mylord?«

»Warum nicht? Jedenfalls eher als an die frommen Heilslehren irgendwelcher Sekten des Abendlandes.«

»Interessant, wenn ein gebildeter Mann wie Sie so etwas sagt.«

»Wir wollen uns hier nicht über Religion unterhalten«, brach Carnarvon das Thema plötzlich ab. »Ich habe Ihnen fünfzehntausend Dollar bezahlt für eine Leistung, die Sie nicht erbracht haben, Mr. Spink. Ich darf wohl damit rechnen, daß Sie den Betrag zurückzahlen.«

Carnarvon hatte erwartet, daß Spink auf seine Forderung wütend reagieren und sich darauf herausreden würde, höhere Gewalt habe die Ausführung seines Auftrages verhindert. Zu seiner Verwunderung zeigte sich Spink jedoch einsichtig und sicherte zu, den gesamten Betrag in den nächsten Tagen zurückzuerstatten.

Der Lord war irritiert. Auf so viel Entgegenkommen hatte er nicht zu hoffen gewagt.

Seit Carters Entdeckung waren beinahe drei Wochen vergangen, und das Jahr 1922 neigte sich dem Ende zu. Wie immer um diese Zeit fand sich in Luxor der europäische Hochadel ein, Könige und Großfürsten vom Kontinent, Lordschaften aus England, reiche Fabrikanten oder deren nicht weniger begüterte Witwen aus Amerika, Opernstars, aber auch Filmschauspieler, die man aus den Kinematographentheatern kannte, die auch in Ägypten wie Pilze aus dem Boden schossen. Und keiner der Berühmten, Reichen und Schönen wollte die Gelegenheit versäumen, sich das Grab des Tut-ench-Amun von Howard Carter persönlich zeigen zu lassen.

Mit seinem Ford-Automobil, das inzwischen aus Kairo eingetroffen war, legte er mehrmals am Tag den Weg von der Nilfähre zum Tal der Könige zurück, chauffierte hohe Herrschaften, machte Führungen, gab Auskünfte oder stand nur bereit, um sich von Touristen, die sich tagtäglich in einer nicht enden wollenden Menschenschlange vom Nilufer hinauf zum Grab des Pharaos bewegten, berühren zu lassen, als wäre er ein wundertätiger Heiliger.

Carter hatte die umliegenden Pharaonengräber zweckentfremdet, ein Laboratorium eingerichtet für den Chemiker, den ihm das Museum in Kairo geschickt hatte, ein Magazin zum vorübergehenden Stapeln der Grabschätze, einen Aufenthaltsraum samt Speisezimmer für die Mannschaft und ein Photolabor.

Von den Hotels wurden weißgedeckte Tische, Korbstühle und Sonnenschirme aufgestellt, Hoteldiener brachten Picknickkörbe und reichten Champagner. Die Herren warteten rauchend, die Damen strikkend oder den neuesten Klatsch verbreitend, bis Carter den Kopf aus irgendeiner Erdöffnung steckte, um dann sofort jubelnd, kreischend und applaudierend aufzuspringen, ihm die Hände entgegenzustrecken oder Geschenke, Briefe und Zettel mit der Zimmernummer ihres Hotels zu überreichen.

Kein Zweifel, Carter war berühmt, und nichts zieht Frauen mehr an als Berühmtheit. Feine Damen der Gesellschaft, die vor ein paar Wochen seinen Gruß nicht erwidert hätten, baten ihn in duftenden Briefchen zum Tee oder machten auf ihre heiratsfähigen Töchter und eine respektable Mitgift aufmerksam.

Im Post- und Telegraphenamt von Luxor vervielfachte sich der Arbeitsaufwand. An der Nillände, wo seit Jahren ein Dampfer dem nächsten Platz gemacht hatte, lagen die Dampfschiffe in Dreierreihen. Das Hotel »Luxor« und das »Winter Palace« mußten, um den Ansturm der Gäste zu bewältigen, in ihren Parks Zelte aufstellen. Einheimische vermieteten ihre Häuser und campierten unter freiem Himmel. An manchen Tagen war die Straße zum Tal der Könige blockiert, und es gab kein Durchkommen.

Arthur Merton schrieb die Artikelserie seines Lebens, jeden Tag einen Bericht, das kleinste Ereignis schien meldenswert. Seine Berichte gingen um die Welt. Nach Jahren der Langeweile, in denen die Zeitungen nur Kriegsreparationen, Gebietsaufteilungen und Konferenzen gemeldet hatten, waren die Menschen hungrig auf Geschichten über Schätze und Abenteuer.

Vor allem in Amerika stand das Publikum kopf. Auf Empfängen in Chicago, Los Angeles und New York kannte man nur ein Thema, die Schätze des geheimnisvollen Pharaos und seinen nicht minder geheimnisvollen Entdecker. Altägyptische Reliefs und Grabmalereien dienten als Vorbild für die Damenmode. In der Werbung, auf Plakaten und in Anzeigen, hielt der Pharao Tut-ench-Amun Einzug. Parfüms und Seifen trugen seinen Namen. Noch hatte Carter die eigentliche Sargkammer des Grabes nicht geöffnet, da öffnete in Hollywood das »Egyptian Theatre«, ein Kinematographentheater im Stil eines ägyptischen Tempels. Es war nur das erste einer Reihe ähnlicher Etablissements.

Tagelang beschäftigte sich Lord Carnarvon mit der Frage, warum Robert Spink die Frachtkosten so bereitwillig zurückzahlen wollte. Fünfzehntausend Dollar waren kein Pappenstiel, und zweifellos hatte Spink eine Vorauszahlung geleistet, wenn nicht sogar den gesamten geforderten Betrag bezahlt. Spink war ein Gauner, und bei Carnarvon wuchsen die Zweifel, ob er ihn nicht auch bei diesem Geschäft betrogen hatte.

Auf einem der vielen Empfänge, die beinahe täglich in Luxor stattfanden und bei denen er sich, um dem Fest den erwünschten Glanz zu verleihen, mit Carter abwechselte, begegnete der Lord eher zufällig dem Leiter des Telegraphenamtes Ali Mansour, einem in diesen Tagen vielgefragten Mann, besonders bei den anwesenden Journalisten. Mansour trauerte der guten alten Zeit nach, als Luxor noch ein geruhsamer Ort gewesen war, mit höchstens fünf ein- oder abgehenden Telegrammen am Tag und nicht viel mehr Telephongesprächen nach Kairo oder Assuan. Heute hingegen, dabei wischte er sich zur Anschauung mit dem Ärmel seines schwarzen Anzuges über die Stirn, heute komme er sich bisweilen vor, als leite er das Telegraphenamt in Kairo. Dort jedenfalls könne der Andrang nicht größer sein. Am Vortag seien alle Leitungen zusammengebrochen. Vier Stunden habe weder ein Telegramm noch ein Telephongespräch Luxor erreicht.

Carnarvon folgte Mansours Worten nur mit halbem Ohr. Ihm kam da eine Idee: »Mr. Mansour«, unterbrach er den Mann in seinem Redeschwall, »alle Telegramme, die in Luxor eintreffen, gehen doch über Ihren Schreibtisch?«

»Nicht alle, Mylord. Nur die in englischer und französischer Sprache. Sie verstehen, man kann von einem einfachen ägyptischen Postbeamten nicht verlangen, daß er Englisch und Französisch spricht.« Dabei fuhr er mit dem Zeigefinger über seinen Oberlippenbart und lächelte verlegen.

Carnarvon nickte verständnisvoll. »Und wie viele fremdsprachige Telegramme bearbeiten Sie pro Tag?«

»Nun, vierzig bis fünfzig werden es wohl sein, die jeden Tag ankommen oder rausgehen, Mylord. Ich wünschte, Sie hätten das Grab des Pharaos nie entdeckt.«

»Kein sehr frommer Wunsch«, meinte der Lord, und eher beiläufig fügte er hinzu: »Hat Mr. Spink in den letzten Tagen ein Telegramm erhalten?«

Mansour sah Carnarvon mit großen Augen an, als habe der Lord eine höchst unangebrachte Frage gestellt, schließlich legte er seine Hände auf die Brust und erwiderte entrüstet: »Mylord, ich würde nie eine solche Frage beantworten. Sie unterliegt dem Post- und Fernmeldegeheimnis, und ich würde mich strafbar machen, wenn ich Ihnen darauf antwortete.«

»Ich verstehe.« Umständlich zündete sich Carnarvon eine Zigarette an, doch geschah dies weniger aus Genußsucht, als um Zeit zu gewinnen. Nachdem er eine Rauchwolke in die Luft gepafft hatte, meinte er gelassen: »Welchen Betrag müßte ich aufwenden, damit Sie die Strafbarkeit Ihrer Aussage vergäßen?«

Mansour schüttelte heftig den Kopf: »Geben Sie sich keine Mühe, Mylord. Ali Mansour ist nicht bestechlich.«

Da lachte der Lord und verschluckte sich am Zigarettenrauch, daß er sich die Lunge aus dem Leib hustete. »Das glaube ich nicht, Mr. Mansour. Man sagt, sogar ein König ist bestechlich. Alles ist nur eine Frage des Preises.« Er griff in die Innentasche seines Jacketts, zog eine Banknote hervor, faltete sie wie eine Ziehharmonika und ließ den schmalen Streifen in seiner Faust verschwinden. »Fünfzig englische Pfund?« meinte er fragend und streckte seinem Gegenüber die Faust entgegen.

Mansour blickte sichtlich nervös nach allen Seiten. Wie alle Ägypter versetzte ihn der bloße Anblick eines Geldscheins in Unruhe. Trotzdem antwortete er mit einem Kopfschütteln.

Ein Mann wie Carnarvon, der über ausreichende Menschenkenntnis verfügte, ließ sich durch einen abschlägigen Bescheid wie diesen nicht entmutigen. Er zog seine Faust zurück und ließ sie in der Hosentasche verschwinden. »In Ordnung. Sollten Sie sich jedoch noch anders entscheiden, ich bleibe bis gegen elf Uhr. Man sieht sich.« Mit diesen Worten ließ er den Postbeamten stehen und wandte sich den anderen Gästen zu, als sei ihm die Sache gleichgültig.

Kurz vor elf, bevor Carnarvon sich anschickte, den Empfang im Hotel »Luxor« zu verlassen, trat Mansour wie zufällig neben den Lord hin und sagte verhalten und ohne ihn anzusehen: »Die Antwort auf Ihre Frage ist ja.«

Also doch! Carnarvon wurde von Unruhe erfaßt. Scheinbar teilnahmslos, so als rede er mit sich selbst, blickte der Lord geradeaus. »Erinnern Sie sich noch, woher das Telegramm kam und an den Inhalt?«

Der Leiter des Telegraphenamtes rieb sich die Hände, und Carnarvon verstand sehr wohl, die Geste zu deuten. Lässig ließ er seine rechte Hand in der Hosentasche verschwinden, und als sie wieder zum Vorschein kam, war sie zur Faust geballt. Mansour drehte sich etwas zur Seite und streckte Carnarvon rückwärts die offene Linke entgegen.

»Ich erinnere mich deshalb sehr genau«, redete Mansour durch die Zähne, »weil die Depesche aus Mekka kam, von wo nur alle heiligen Zeiten ein Telegramm eingeht, und zum anderen ist mir der Wortlaut gegenwärtig, weil er nur zwei Worte umfaßte: Ladung erhalten.«

Dieser Spink hat dich auf übelste Weise betrogen! schoß es Carnarvon durch den Kopf. Ich hätte es wissen müssen! Mein Gott, Porchy, was bist du für ein Idiot. Läßt dich mit einem Gauner ein. Der Lord hörte nicht, wie Mansour sich höflich verabschiedete, er sah nicht, wie er eilends verschwand, Carnarvon war mit nichts als der Frage beschäftigt, wie er die Schätze aus dem Grab des Pharaos zurückbekommen konnte.

Hatte Spink eine falsche Zeitungsmeldung lanciert? War das Flugzeug gar nicht abgestürzt? Oder hatte sich das Unglück auf dem Rückflug ereignet? Vielleicht verbarg sich hinter der Katastrophe ein Anschlag?

Wie benommen kehrte der Lord ins Hotel »Winter Palace« zurück und kramte den Zeitungsbericht hervor. Diesem war in der Tat nicht zu entnehmen, ob sich das Flugzeug bei der Katastrophe auf dem Weg *nach* Arabien oder bereits auf dem Rückweg befand.

Ratlos, was zu tun sei, genehmigte sich der Lord an der Bar einen Scotch und ließ sich in einem wuchtigen Fauteuil nieder. Natürlich würde Spink alles abstreiten: Es lag also an ihm zu beweisen, daß Spink ihn um seine Schätze gebracht hatte. Aber wie sollte er das anstellen? Ein Mann wie Carter mit seinen Beziehungen wäre vielleicht der richtige Mann gewesen; aber ihm den Coup einzugestehen und daß Spink ihn betrogen hatte, das wagte er nicht. Ihr Verhältnis war ohnehin äußerst gespannt.

Nach zwei weiteren Scotchs, bei denen sich eine gehörige Wut aufgestaut hatte, verließ Lord Carnarvon die Hotel-Bar. Trotz fortgeschrittener Stunde – es war kurz vor eins –, drängten sich in der Halle die Gäste wie bei der Abfahrt des Nachtzuges auf dem Bahnhof. Stapel von Koffern und Reisetaschen versperrten den Weg. Reisende, die in dem überfüllten Hotel kein Zimmer bekommen hatten, nächtigten in Liegestühlen.

Plötzlich erhob sich ein Geschrei, die Menschen klatschten, einige Frauen begannen zu kreischen. In der Drehtüre am Haupteingang erschien ein Mann in hellem Anzug mit blau-roter Fliege, er trug weiße Schuhe und einen Spazierstock mit silbernem Knauf in der Hand. Freundlich grüßte er nach allen Seiten, die Linke hob er huldvoll: Howard Carter.

Respektvoll betrachtet und bestaunt wie eine Erscheinung des Himmels, bahnte sich Carter den Weg durch die überfüllte Hotelhalle, stieg linker Hand sechs Steinstufen empor und verschwand hinter einer Glastüre, die, worauf ein Messingschild hinwies, zu den Suiten 122 bis 140 führte. Lord Carnarvon nutzte den Augenblick, sich unbemerkt durch die Hotelhalle ins Freie zu stehlen.

In einer schwachbeleuchteten Droschke fuhr er auf der Sharia al-Bahr an-Nil nordwärts. Er wußte nicht, wie er diesem Spink begegnen sollte. Nicht mehr ganz nüchtern, redete er laut vor sich hin, sich sicher glaubend, daß ihn der Kutscher nicht verstünde. »Ich bringe ihn um«, sagte er ein um das andere Mal, »einen Carnarvon betrügt man nicht. Schon gar nicht um die Schätze des Tut-ench-Amun. Ich bringe ihn um!«

Vor dem Haus angekommen, befahl er dem Kutscher zu warten, auch für den Fall, daß es länger dauerte. Um seinem Wunsch Nachdruck zu verleihen, reichte der Lord ein respektvolles Bakschisch nach oben und verschwand im Vorgarten des Hauses.

Mit Rufen und Klopfen machte sich Carnarvon bemerkbar, trotzdem dauerte es eine Weile, bis Mahmoud, der Majordomus, an der Türe des Hauses erschien.

»Spink soll kommen!« forderte der Lord in rüdem Ton. »Ich wünsche ihn auf der Stelle zu sprechen. Auf der Stelle!«

Eingeschüchtert vom schroffen Auftreten Seiner Lordschaft hob Mahmoud beide Hände und beteuerte bei Allah und dem Leben seiner greisen Mutter, Mr. Spink sei verreist. Doch damit fand er bei Carnarvon keinen Glauben. Er stieß den Majordomus beiseite, stürmte in die obere Etage des Hauses und öffnete eine Türe nach der anderen, wobei er ausrief: »Wo steckt der Betrüger? Spink, du entkommst mir nicht!«

Mahmoud, ein stämmiger, gutaussehender Ägypter mittleren Alters, hinderte den Lord nicht an seinem Amoklauf. Als er sich jedoch der letzten Türe näherte, stellte sich der Majordomus dem ungebetenen Gast in den Weg: »Dies ist das Schlafzimmer von Mr. Spink. Ich bitte Sie, Mylord, es nicht zu betreten!«

Aber noch ehe er ihn daran hindern konnte, hatte Carnarvon die Türklinke niedergedrückt. Vor ihm tat sich die schwüle Atmosphäre eines Schlafzimmers auf, das eher dem Boudoir einer Lebedame glich: rote Tapeten an den Wänden, verschnörkeltes Mobiliar, das Bett unter einem verstaubten, rotgoldenen Baldachin, und in dem Bett zwei junge, dunkelhaarige, grellgeschminkte Ägypterinnen, deren Äußeres keinen Zweifel daran ließ, welchem verbotenen Gewerbe sie nachgingen.

Verdutzt hielt der Lord inne und versuchte der unerwarteten Situation gerecht zu werden. Schließlich kam ihm Mahmoud zu Hilfe, indem er mit flehender Stimme ausrief: »Mylord, Sie werden mich doch nicht verraten! Mr. Spink wirft mich hinaus, wenn er davon erfährt, daß ich mich in seinem Schlafzimmer vergnügt habe.«

Quietschend zogen die Mädchen die Decke über die Köpfe, und Mahmoud versuchte zu erklären: »Mylord, es ist das erste Mal, daß ich mich zu so etwas hinreißen ließ, glauben Sie mir!«

Carnarvon, dem die sexuellen Abenteuer des Ägypters gleichgültig waren wie die Fahrpreise der Londoner Underground, schloß die Türe nach einem langen prüfenden Blick und sagte: »Es liegt jetzt ganz bei Ihnen, Mahmoud, ob ich Mr. Spink von der Orgie in seinem Schlafzimmer berichte. Aber Sie können sich mein Schweigen erkaufen.«

»Mylord! Ein Majordomus mag für hiesige Verhältnisse wohlhabend sein, aber für einen englischen Lord bin ich ein armer Schlucker, ein Habenichts.«

»Wer spricht von Geld?«

»Kein Geld? Dann nennen Sie Ihre Forderungen, Mylord. Ich werde sie erfüllen.«

»Ich will wissen, welches Spiel Mr. Spink spielt. Wo ist er?«

Mahmoud machte ein gequältes Gesicht. »Mr. Spink hat gedroht, mich zu töten, falls ich sein Reiseziel verrate. Ich mußte ihm Kleidung für vier Wochen bereitlegen, die beste, die er noch im Schrank hat; aber auch die ist schon abgetragen, um nicht zu sagen schäbig. Zwei Überseekoffer nahm er mit auf den Weg nach Suez.«

»Nach Suez? Für eine Reise nach Suez braucht man keine zwei Überseekoffer mit Kleidung für vier Wochen!«

»Natürlich nicht, Mylord. Ich kann mich doch auf Ihre Diskretion verlassen?«

Carnarvon nickte unwillig und machte eine Handbewegung, er solle fortfahren.

»Mr. Spink«, sagte Mahmoud, »erwartet in Suez ein Schiff aus Arabien, und mit dem Schiff will er nach Amerika reisen.«

»Warum?« rief der Lord aufgeregt, und als der Majordomus unwissend die Schultern hob, fragte er heftig: »Wann ist Spink abgereist?«

»Vor drei Tagen, Mylord, mit dem Morgenzug. Ich habe doch Ihr Wort, daß Sie mich nicht verraten?«

Mit einem Mal fügte sich eins in das andere, und Lord Carnarvon wurde klar, daß Spink drauf und dran war, ihn um die Schätze aus dem

Grab des Pharaos zu betrügen. »Nicht mit mir!« rief der Lord zornig, und sein Blick verfinsterte sich, daß Mahmoud kein Wort mehr zu sagen wagte.

Entschlossen stampfte Carnarvon über die Treppe nach unten und machte sich davon.

Früh am Morgen, noch war es dunkel, klopfte Carnarvon an die Tür von Carters Suite. Er war angezogen und reisefertig, als Howard verschlafen öffnete. »Mr. Carter, entschuldigen Sie die frühe Störung«, sagte er ruhig, »ich muß für ein paar Tage verreisen. Würden Sie mir zu meiner Sicherheit Ihren Revolver überlassen?«

Carter sah den Lord prüfend an, zumindest tat er so, als würde er Seine Lordschaft mustern, denn um ernsthaft nachzudenken, war er einfach noch zu verschlafen, dann ging er wortlos in sein Zimmer und kam mit dem Revolver zurück. »Vorsicht, ist geladen«, brummte er gleichgültig.

Der Lord stammelte ein paar Dankesworte, und schon im Gehen, sagte er leise: »Ich möchte Sie bitten, während meiner Abwesenheit ein Auge auf Evelyn zu werfen. Ich kann mich doch auf Sie verlassen, Mr. Carter!«

Howard nickte. »Wo soll's denn hingehen?« fragte er mehr aus Höflichkeit als aus echtem Interesse.

»Nach Kairo«, erwiderte der Lord.

»Na dann, gute Reise«, meinte Carter. »Und passen Sie mit dem Revolver auf.«

Benommen kroch Howard in sein Bett zurück und versuchte, wieder einzuschlafen. Doch statt in Schlaf versank er in Grübeleien über die Frage, warum Seine Lordschaft für eine Reise nach Kairo einen Revolver benötigte. Und je länger er nachdachte, desto mehr wurde es ihm zur Gewißheit, daß der Lord in krumme Geschäfte verwickelt war.

Noch am selben Abend traf Lord Carnarvon in Suez ein, einer Stadt am gleichnamigen Golf, die, von einem kleinen alten Stadtkern mit ein paar Moscheen und einem Basar abgesehen, nur aus einer Hafenzone von gewaltigem Ausmaß bestand. Suez war fest in britischer Hand. Während Ägypten längst seine Souveränität erlangt hatte, wurde der

Kanal, die wichtigste Verbindung zu den Kronkolonien, noch immer von den Engländern bewacht. Im Straßenbild herrschen britische Uniformen vor, es gab englische Läden und Hotels, in denen nur Engländer verkehrten.

In einem solchen Hotel nahe dem Hafen, dem »El-Salam«, nicht sehr fein, aber günstig gelegen, quartierte sich Carnarvon ein, freilich nicht unter seinem adeligen Namen, sondern schlicht als Mr. Reeves, weil ihm nichts Besseres einfiel.

Der Lärm einer Hafenstadt, noch dazu am Ausgang des wichtigsten Kanals der Welt gelegen, war unerträglich, und der Lord, gewöhnt an die Ruhe im »Winter Palace« – von Highclere Castle ganz zu schweigen –, fand kaum Schlaf. Vielleicht hinderten ihn aber auch die unterschiedlichen Pläne, die ihm nachts durch den Kopf schossen, am Einschlafen.

Carnarvon war sicher, daß sich Spink in der Stadt aufhielt, und er wollte ihn stellen. Bei Tagesanbruch machte er sich auf den Weg, um in den Hotels in Hafennähe nach ihm zu suchen. Nach erfolgloser Befragung von mehr als einem Dutzend Hotelportiers und der Verschwendung ebenso vieler Pfundnoten als Bakschisch wurde Carnarvon unruhig. Er mußte befürchten, daß Spink ihm mit der kostbaren Ladung entwischte. Deshalb begab er sich zur Hafenbehörde, um sich nach einem Schiff zu erkundigen, welches, von Arabien kommend, in Suez festgemacht habe, um seine Ladung zu löschen.

Das hektische Durcheinander, welches in Suez allgegenwärtig schien, machte auch vor der Hafenbehörde nicht halt, und so kam es, daß Lord Carnarvon, trotz bereitwilligen Entgegenkommens zahlloser Beamter in verschiedenen Büros, einen vollen Tag brauchte, um zu der Überzeugung zu gelangen, daß keines der gemeldeten Schiffe für den Transport seines Schatzes in Frage kam. Entmutigt faßte Carnarvon den Entschluß, am nächsten Morgen die Rückreise nach Luxor anzutreten.

Bei einem bescheidenen Abendessen im Hotel kam er mit dem Besitzer, einem gewissen Al-Ballas, ins Gespräch, der ihn nach dem Grund seiner Reise fragte. Freiwillig, meinte Al-Ballas, verbringe kein vernünftiger Mensch seine Zeit in Suez, es sei denn, wichtige Geschäfte führten ihn hierher. Da berichtete der Lord alias Mr. Reeves –

natürlich gab er sich nicht zu erkennen –, daß er hinter einem Gauner her sei, der ihn um mehrere Kisten mit elektrischen Pumpen betrogen habe und vermutlich mit dem Diebesgut auf dem Weg nach Amerika sei.

Wie der Gauner heiße, wollte Al-Ballas wissen.

»Robert Spink!« antwortete Carnarvon bereitwillig.

»Spink?« fragte der Hotelbesitzer zurück. »Ein Hinkefuß, der ein Bein nachzieht?«

Lord Carnarvon wurde hellhörig. »Ja«, erwiderte er verblüfft.

»Ein hinkender Mr. Spink hielt sich zwei Tage hier im Hotel auf. Er reiste gestern ab, nein, es war vorgestern. Wenn ich mich recht erinnere, wartete er auf ein Schiff der *Transatlantic Shipping Company*.«

Ein Anruf im Reedereibüro der TSC zerstörte Carnarvons letzte Hoffnung, Spink den Schatz doch noch abjagen zu können: Die »North-Atlantic« der TSC hatte den Suezkanal bereits durchfahren und befand sich im Mittelmeer.

Kapitel 30

Wer glaubte, der Rummel um das Grab des Pharaos und seinen Entdecker habe seinen Höhepunkt erreicht, sah sich getäuscht. Unter dem Druck Arthur Mertons und Hunderter Journalisten, die die Berichte der *Times* widerwillig – es blieb ihnen kaum etwas anderes übrig – nachdruckten, war Carter gezwungen, beinahe täglich irgendein berichtenswertes Ereignis zu liefern. Blieb es aus, widmeten sich die Reporter den Berühmtheiten, die den Weg ins Tal der Könige suchten und zu allerlei Klatsch Anlaß gaben.

Inzwischen hatte Howard Carter die zweite, kleine Vorkammer des Grabes geöffnet und weitere kostbare Schätze geborgen. Was aber verbarg sich hinter der rechten Wand, deren zugemauerter Eingang von zwei lebensgroßen Wächtern aus Ebenholz bewacht wurde? Lag dahinter Pharao Tut-ench-Amun in einer goldenen Hülle begraben, so, wie man es bisher nur auf Wandmalereien gesehen hatte?

Am 17. Februar, so hatte Carter verkündet, werde er die Mauer, hinter der er die Mumie des Pharaos vermutete, aufbrechen. Die Meldung, von Merton in der *Times* verbreitet, löste eine Hysterie unvorstellbaren Ausmaßes aus. Schiffspassagen und Eisenbahnfahrkarten waren schon Tage vorher ausgebucht. Für ein Hotelzimmer, selbst eine Besenkammer in Luxor wurden horrende Preise verlangt und bezahlt. In den Dörfern am jenseitigen Nilufer, in el-Kurna und Der-el-Bahari, wurden eilends Hütten aus dem Boden gestampft und primitive Zelte aus Stoffbahnen aufgestellt. Findige Fellachen richteten Imbißbuden ein, brieten Hammel am Spieß und verkauften Kebab in Fladenbrot. Durch das Tal der Könige zog der tranige Geruch von altem Fett und der beißende Gestank von Knoblauch. Karawanen mit Eseln, Maultieren und Kamelen bewegten sich von früh bis abends auf den unbefestigten Wegen, die vom Nilufer zu den landeinwärts gelegenen Dörfern führten. Auf Kamelrücken wurden Betten, Schränke, Polsterstühle, sogar ein Klavier für die Tochter eines englischen Archäologen transportiert. Nie wieder machten Schwarzhändler und Fälscher solche Geschäfte. Für ein Totenfigürchen, kaum handtellergroß, das noch vor ein paar Monaten für ein Pfund zu kaufen war, wurden jetzt fünfzig Pfund gefordert. Sensationsgierige amerikanische Touristen kauften alles, was alt aussah, und geldgierige Ägypter boten feil, was die Kaufwut der Fremden befriedigte. Dabei machten sie nicht einmal vor den Gräbern ihrer Großeltern halt. Verhüllt in Stanniolpapier, wurden mumifizierte Hände und Füße als die eines Pharaos angepriesen, und sie fanden sogar Käufer.

Zwei Tage vor dem bedeutsamen Termin ließ Mahmoud, wie vereinbart, Lord Carnarvon wissen, daß Spink von seiner Reise zurückgekehrt sei. Carnarvon machte sich umgehend auf den Weg.

»Lange nicht gesehen. Entschuldigen Sie, daß es mir noch nicht möglich war, die Fünfzehntausend zurückzuzahlen«, empfing Robert Spink Seine Lordschaft mit aufgesetzter Freundlichkeit. Er verschwand und kehrte kurz darauf mit einem Umschlag zurück, den er dem Lord überreichte.

Carnarvon entging nicht die moderne, gepflegte Kleidung Spinks, die sich deutlich von seiner heruntergekommenen Aufmachung in früheren Tagen unterschied. Mit der Sicherheit eines Mannes, der über den anderen Bescheid weiß, musterte er Spink von Kopf bis Fuß, was diesen in Verlegenheit versetzte.

»Glauben Sie ernsthaft, daß Sie in der Lage wären, mich zu betrügen?« fragte der Lord mit einem spöttischen Lächeln. »Spink, was sind Sie bloß für ein mieser, einfältiger Gauner!«

»Ich weiß nicht, wovon Sie reden, Mylord!« entgegnete Spink verunsichert. Natürlich ahnte er, daß Carnarvon ihn verdächtigte, daß er möglicherweise irgendeine Ahnung hatte. Aber was wußte er wirklich? Deshalb fragte er nach: »Wollen Sie mir nicht sagen, worum es geht?«

Spink hatte mit vielem gerechnet, sogar daß der Lord zweifeln könnte, ob das Flugzeug ins Meer gestürzt war; aber daß Carnarvon ihn mit dem konkreten Ablauf des Geschehens konfrontieren würde, das hatte Spink nie und nimmer erwartet. Er wurde bleich, als der Lord mit der Präzision und Gelassenheit eines Kriminalkommissars zu reden begann.

»Mr. Spink, die Schätze aus dem Grab des Pharaos, *meine* Schätze, wurden von dem von Ihnen angemieteten Flugzeug nach Ziba in Arabien geflogen, wo sie einer Ihrer Agenten, eine ebenso skrupellose Kreatur wie Sie, in Empfang nahm, und nach Suez verschiffte. Ein Telegramm ›Ladung erhalten‹ war für Sie das Zeichen, selbst nach Suez zu reisen und im ›El-Salam‹ auf das Eintreffen der kostbaren Fracht zu warten. Das Flugzeug stürzte auf dem Rückflug von Ziba ins Meer, weil es von Ihrem Agenten zur Hälfte mit Treibstoff, zur anderen Hälfte mit Wasser betankt worden war. Ein einfacher, aber teuflischer Trick. Sie, Spink, buchten in Suez die nächste Passage nach Amerika, zufällig auf der ›North-Atlantic‹. Wie ich sehe, haben Sie die Schätze des Pharaos bereits zu Geld gemacht.« Carnarvon trat auf Spink zu und prüfte den Zwirn seines Anzugs mit Daumen und Zeigefinger.

Bestürzt wich Spink zurück. Im Augenblick brachte er kein Wort hervor, so schockiert war er von Carnarvons präzisen Anschuldigungen. Doch dann entgegnete er mit verschlagenem Blick: »Das haben sich Seine Lordschaft aber schön ausgedacht. Kompliment! Aber leider entspricht Ihre Geschichte nicht den Tatsachen. Hätte ich die Schätze des Pharaos in meinem Besitz, dann wäre ich ein reicher Mann und müßte mir nicht Ihre dummen Vorwürfe anhören. Es war nun einmal ein Risiko, die Schätze mit dem Flugzeug außer Landes zu schaffen; aber es gab keine andere Möglichkeit. Die Chancen standen fünfzig zu fünfzig.«

Carnarvon lachte verbittert. »Sie hatten alle Chancen auf Ihrer Seite, denn Ihre Planung war nur darauf ausgerichtet, sich den Schatz des Tut-ench-Amun anzueignen. Um das zu erreichen, schreckten Sie nicht einmal davor zurück, den ahnungslosen Piloten in den Tod zu schicken!«

»Dummes Gerede. Sie haben nicht einen einzigen Beweis für Ihre Behauptungen. Warum zeigen Sie mich nicht an, Mylord? Vielleicht deshalb, weil Sie dann vor aller Welt als Plünderer des Pharaonengrabes dastünden? Ich bin mir keiner Schuld bewußt. Ich habe nur den

Transport von Maschinenteilen vermittelt, so wie es auf den Kisten stand. Tut mir leid. Und jetzt lassen Sie mich mit Ihren abenteuerlichen Geschichten in Ruhe!«

Drohend und mit einem zornigen Gesichtsausdruck trat der Lord ganz nahe an Spink heran, und mit gepreßter Stimme, die das ganze Ausmaß seiner Wut erahnen ließ, zischte er: »Spink, ich habe eine schlechte Eigenschaft, ich kann nicht verlieren. Sie mögen sich in Sicherheit wiegen, aus diesem Duell als Sieger hervorgegangen zu sein. Aber das ist ein verhängnisvoller Irrtum. Ich gebe Ihnen eine Woche Zeit, Ihre Tat einzugestehen und mir den Erlös aus dem Schatz zurückzuzahlen. Andernfalls...«

»Andernfalls?« Spink verschränkte provozierend die Arme über der Brust und reckte, um größer zu erscheinen, das Kinn in die Höhe. »Andernfalls?«

»Andernfalls werde ich Sie zerquetschen wie eine Schmeißfliege, Spink!« Carnarvon rieb seinen rechten Daumen auf der geballten Faust, dann wandte er sich um und verschwand grußlos.

Für ein paar Sekunden stand Robert Spink fassungslos da, dann faßte er sich und rannte humpelnd dem Lord hinterher. Vor dem Eingang zum Haus packte er ihn strauchelnd am Ärmel. Carnarvon wehrte sich; aber wie ein Jagdhund, der sich in die Beute verbissen hat, ließ Spink nicht locker, und wütend rief er: »Sie oder ich!«

Auf dem Rückweg ins Hotel überlegte Carnarvon, was Spink wohl gemeint haben könnte.

»Mr. Howard Carter, Tal der Könige, Ägypten.«

Körbe von Briefen mit dieser Adresse erreichten Howard in diesen Tagen: Glückwünsche, Ratschläge, Einladungen, nicht wenige Heiratsanträge begüterter Witwen. Er fand kaum Zeit, die eingehende Post zu sichten. Und so hätte Carter beinahe den Brief seiner Schwester Amy übersehen.

Anders als zu den meisten seiner Geschwister unterhielt Howard zu Amy ein herzliches Verhältnis. Wie er hatte sich Amy in jungen Jahren Bilder malend durchgeschlagen, bis sie den Londoner Verleger John Walker kennenlernte, einen gutaussehenden Mann mit tadellosen Manieren. Obendrein hatte er Geld. Aus der Ehe ging eine Tochter hervor, Phyllis mit Namen, äußerst hübsch anzusehen und der Schwarm vieler junger Männer. Getrübt wurde ihr einnehmendes Äußeres allerdings durch eine Eigenschaft, welche auffallend hübschen Töchtern nicht selten zueigen ist. Phyllis war recht launisch, und manchmal schien es, als könnte sie sich selbst nicht leiden.

In dem Brief, den Howard unter vielen anderen fand, kündigte Amy eine Ägyptenreise mit ihrem Mann und Tochter Phyllis an. Sie sei stolz auf ihren berühmten Bruder und hoffe, er würde für sie etwas Zeit aufbringen. Um den 17. Februar herum würden sie eintreffen.

Für ihre Ankunft hatten sich John und Amy Walker einen denkbar ungünstigen Zeitpunkt ausgewählt. In Kairo mußten sie erfahren, daß an dem gewünschten Termin alle Transportmöglichkeiten nach Luxor ausgebucht waren, weil Mr. Howard Carter die letzte Wand im Grab des Pharaos öffne. Weder Bakschisch noch gute Worte konnten etwas ausrichten. Auch der Hinweis auf die nahe Verwandtschaft mit Carter vermochte die Herren von Cook & Son nicht umzustimmen. Zu viele, hieß es, hätten bereits geltend gemacht, Bruder, Schwester, Ehefrau, Sohn und Tochter des Ausgräbers zu sein.

In Luxor herrschte an diesem milden Frühlingsmorgen gespannte Unruhe. Obwohl Carter mit Anschlägen in den großen Hotels bekanntgegeben hatte, daß nur eine Handvoll geladener Gäste, Regierungs- und Behördenvertreter und ausgewählte Archäologen, Zutritt zur Vorkammer des Grabes erhalten würden, wand sich seit Tagesbeginn ein nicht enden wollender Menschenstrom vom Nil zum Tal der Könige, das an diesem Tag in weitem Umkreis abgesperrt war. Tausende wollten sich die Gelegenheit nicht entgehen lassen, wenn nicht Augenzeuge zu sein, so doch die Nähe des einmaligen historischen Ereignisses zu spüren.

Carter hätte an diesem denkwürdigen Tag ein Vermögen einstreichen können für die Erlaubnis, Augenzeuge der Wandöffnung zu werden. Auf dem Weg von seinem Haus, wo er die Nacht verbracht hatte, zum Grab des Pharaos wurde er von Amerikanern, Franzosen und Schweizern bestürmt. Mehrere Männer reichten ihm Blankoschecks. Frauen fielen in Ohnmacht, als er die Briefe, die sie ihm verstohlen zuzustecken versuchten, mit einem Lächeln zurückwies.

Im Innern des Grabes glich die Szene einer Stummfilmvorführung in einem Kinematographentheater. Etwa dreißig Klappstühle waren aufgestellt, auf denen die Auserwählten schweigend ausharrten. In der ersten Reihe Lord Carnarvon und Tochter Evelyn. Keiner, nicht einmal die Archäologen, denen ähnliche Situationen nicht fremd waren, wagte ein Wort zu sprechen. Alle schienen allein mit der Frage beschäftigt: Was verbirgt sich hinter dieser Mauer?

Vor über dreitausend Jahren war diese Mauer verschlossen worden. Mehr als dreitausend Jahre hatte kein Mensch einen Blick hinter diese Wand geworfen. Die Zeit schien stillzustehen, und die meisten fühlten sich wie Eindringlinge.

Scheinwerfer flammten auf. Wie in Trance begann Howard die Arbeit mit Hammer und Meißel, vertauschte sein Werkzeug schon bald mit einer Eisenstange und griff erneut auf Hammer und Meißel zurück. Mit bloßen Händen hob er Gesteinsbrocken aus der oberen Hälfte der Mauer und reichte sie zwei Arbeitern, die mit Körben bereitstanden. Befremdend und störend wirkten die Hammerschläge in der beklemmenden Atmosphäre. Selbst der Lord, der im Zustand der Aufregung gerne zu scherzen pflegte, schwieg mit zusammengepreßten Lippen.

Da – Carter hatte den Durchbruch geschafft. Wie damals, vor wenigen Wochen, als er die Mauer zur Vorkammer öffnete, hielt er eine brennende Kerze vor das erste Mauerloch. Die Flamme flackerte kaum, und Carter nahm seine Arbeit wieder auf. Als er drei Mauersteine entfernt hatte, gab er Callender ein Zeichen, einen Scheinwerfer näherzubringen, damit direkter Lichtschein in das Innere fiel.

Callender kam Howards Aufforderung nach, und noch während er die Beleuchtung zurechtrückte, stieß Evelyn einen Schrei aus: »Mein Gott, Papa!« Die übrigen reckten die Hälse: Eine Wand aus purem Gold blitzte, funkelte, leuchtete ihnen entgegen.

Zufrieden schmunzelnd trat Carter zur Seite. Er warf dem Lord einen Blick zu, der einer gewissen Selbstherrlichkeit nicht entbehrte – so als wollte er sagen: Nun, Mylord, was sagen Sie jetzt? Aber Carter schwieg, ging wieder an die Arbeit und gab sich erst zufrieden, als er einen respektablen Mauerdurchlaß freigelegt hatte.

Genußvoll sog Howard Carter den Anblick des Goldes in sich auf, aber nicht minder genoß er die Bewunderung, die ihm entgegenschlug.

Eine plötzliche Unruhe erfaßte die Anwesenden. Was hatte es mit der goldenen Wand auf sich?

Mit einer einladenden Handbewegung bedeutete Carter, der Lord möge ihm folgen. Dann stieg er durch das Mauerloch in das Innere. Im Schein einer elektrischen Lampe sah er, daß es sich bei der Wand aus Gold um die Längsseite eines übermannshohen Schreins handelte, der mit Hieroglyphen und kunstvollen Reliefs aus der Menschen- und Götterwelt übersät war, eine goldene Welt für sich, mit Szenen aus dem Leben zwischen Himmel und Erde.

Zwischen dem Schrein und den Wänden der unterirdischen Kammer war nicht mehr als zwei Fuß Platz, gerade soviel, daß sich ein Mann von normalem Körperbau hindurchzwängen konnte. Einem unerklärlichen Drang folgend und von Neugierde getrieben, nahm Howard den engen Weg rechter Hand und hoffte, nach Umrundung des Schreins wohlbehalten an seinen Ausgangspunkt zurückzukehren. Während den Lord schon nach wenigen Schritten der Mut verließ, schritt Carter seitwärts voran, die Lampe abwechselnd zur Decke und auf den Boden gerichtet, vorbei an Göttergestalten, halb Mensch, halb Tier, mit stechenden Augen aus blauem Email und geheimnisvollen Symbolen.

Auf der Rückseite angelangt, bekam Howard kaum Luft. Es schien, als würde der schmale Gang noch schmaler. Zweifelnd, ob er sich nicht doch zu weit vorgewagt hatte, hielt er inne, überlegte schon umzukehren, doch dann gab er sich einen Ruck und zwängte sich durch die letzte Engstelle, umrundete eine Ecke des Schreins und stand unerwartet vor einer goldenen Flügeltüre, die mit einem einfachen Riegel verschlossen war.

Hier, an der Schmalseite des goldenen Schreins, war so viel Platz, daß Carter darangehen konnte, die Flügeltüren zu öffnen. Problemlos ließ sich der Riegel zur Seite schieben. Behutsam, ja ängstlich, weil er nicht wußte, was ihn erwartete, öffnete Howard die Türen. Sie verursachten ein mahlendes Geräusch; kein Knarren, kein Quietschen, nur das Schleifen von Holz auf Holz war zu vernehmen.

Natürlich hatte sich Carter Gedanken gemacht, was ihn hinter der Flügeltüre erwarten würde; doch daran, daß er dahinter auf eine zweite Flügeltüre stoßen würde, hatte er zu allerletzt gedacht. Er öffnete auch diese mit der gleichen Sorgfalt wie die erste – und wieder stieß er auf eine Türe, die zu einem weiteren Schrein gehörte. Vier Türen von vier ineinander verschachtelten Schreinen führten zu einem Steinsarkophag, in dem die Mumie des Pharaos verborgen sein mußte.

Andächtig und in sich gekehrt kam Carter in die Vorkammer zurück, wo ihn dreißig Augenpaare fragend und erwartungsvoll anstarrten. Mit einer hilflosen Geste hob Howard stumm beide Hände, als wollte er sagen: Ich kann es einfach nicht beschreiben. Und keiner der Anwesenden wagte eine Frage zu stellen.

Nach einer Weile, während der Carter, an die Wand gelehnt, nachdenklich auf den Boden gestarrt hatte, richtete er den Blick auf die Zuschauer und sagte: »Er ist es, Pharao Tut-ench-Amun.«

Mit einem Mal entlud sich die Anspannung, die sich unter den geladenen Gästen aufgestaut hatte, sie schrien vor Begeisterung, jubelten und klatschten Beifall, und einige stürzten nach oben ins Freie, um die Sensation zu verkünden. Wie ein Lauffeuer verbreitete sich die Nachricht vom Tal der Könige nach Luxor und von dort in alle Welt: Howard Carter hatte Pharao Tut-ench-Amun in seinem Grab gefunden.

Noch wußte niemand, wie der geheimnisvolle König aussah. Aber die Kunde, daß Carter auf den unversehrten Sarkophag des Königs gestoßen war, genügte, ihn als den größten Entdecker aller Zeiten und den berühmtesten Mann der Welt zu feiern. Von New York bis Los Angeles, von Tokio bis London, alle großen Zeitungen der Welt widmeten Carter ihre erste Seite. Ihn gesehen, mit ihm gesprochen oder gar mit ihm diniert zu haben, galt als Sensation, aber die Möglichkeit wurde nur wenigen Auserwählten zuteil. Denn Howard machte sich rar. Und je mehr er sich aus der Öffentlichkeit zurückzog, desto hysterischer reagierten die Menschen auf sein Erscheinen. Der König von Luxor konnte seine Suite im »Winter Palace« kaum verlasssen, ohne von einer unüberschaubaren Menschenmenge bejubelt, bedrängt und belästigt zu werden. Hunderte belagerten das Hotel, nur um einen Blick auf den berühmtesten Ausgräber zu erhaschen, so daß Carter es sich zur Gewohnheit machte, das Hotel durch einen Seiteneingang zur Wäscherei zu verlassen.

Zwischen Carnarvon und Carter wurde die Stimmung zunehmend gereizter. War es Arthur Merton anfangs noch gelungen, Seine Lordschaft ins rechte Licht zu rücken, so verblaßte sein Ruhm sehr schnell, weil die ausländischen Zeitungen, die seine Berichte nachdruckten oder als Grundlage eigener Geschichten benutzten, Carter den Vorzug gaben.

Wenige Tage nach Howards größtem Triumph trafen Schwester Amy, Schwager John und seine Nichte Phyllis in Luxor ein. Die einzige Möglichkeit für ein ungestörtes Gespräch gab es in Howards Hotelsuite.

John, der Verleger, war Howard bisher nicht gerade mit großer Zuneigung begegnet, nun überschlug er sich vor Bewunderung und beteuerte in jedem zweiten Satz, wie stolz er sei, einen weltberühmten Mann zum Schwager zu haben.

Was Phyllis, Carters Nichte, betraf, so war sie von einnehmendem Äußeren, groß, schlank und mit einem ebenmäßigen Gesicht. Sie war sich ihrer Schönheit durchaus bewußt und unterstrich ihr attraktives Äußeres durch eine modische Kurzhaarfrisur und extravagante Kleidung. Trotz dieser Vorzüge und obwohl sie gerade zwanzig und damit im heiratsfähigen Alter war, verhielt sie sich Männern gegenüber seltsam abweisend. Ihr Hauptinteresse galt der Frauenrechtsbewegung, und ihr Idol war Emmeline Pankhurst. Eher widerwillig hatte sie ihre Eltern nach Luxor begleitet, und nun nörgelte sie seit Tagen an den ägyptischen Verhältnissen herum, dem Schmutz allerorten, dem unbekömmlichen Essen und der Hitze tagsüber. »Ja und?« fragte sie herausfordernd. »Wann bekomme ich endlich den alten Pharao zu sehen?«

»Schweig!« fiel Amy ihrer aufsässigen Tochter ins Wort. Und an Howard gewandt meinte sie: »Du mußt entschuldigen, aber das Kind ist gerade in einem dummen Alter.«

»Ich möchte nicht dauernd als Kind bezeichnet werden, Mama«, entgegnete Phyllis empört, »was soll Onkel Howard von mir denken!«

»Um deine Frage zu beantworten«, lenkte Howard ein, »du solltest einmal aus dem Fenster sehen, Phyllis!«

Phyllis warf ihrem Onkel einen trotzigen Blick zu und trat ans Fenster. Als sie den Vorhang bewegte und nach draußen blickte, brach vor dem Hotel aufgeregtes Geschrei aus. Photoapparate wurden auf sie gerichtet, und Sprechchöre erschallten: »Carter, Carter, Carter!« Erschreckt wich Phyllis zurück.

»Siehst du«, bemerkte Howard, »das ist der Preis der Berühmtheit. Fünfzehn Jahre habe ich hier gelebt, ohne daß irgend jemand von mir und meiner Arbeit Notiz nahm. Auf einmal hat sich alles geändert. Ich werde von meinem eigenen Ruhm verfolgt. Nur zu gerne würde ich mit euch ins Tal der Könige gehen und euch das Grab des Tut-ench-Amun mit all seinen Schätzen zeigen. Doch allein der Versuch würde schon scheitern. Es gäbe ein Chaos auf den Zufahrtswegen und Prügeleien, um nur einen Blick auf den Eingang zu erhaschen oder den berühmten Ausgräber Carter zu berühren!« Bei diesen Worten verzog Howard sein Gesicht zu einer Grimasse wie ein übermütiger Schuljunge.

»Aber das ist ja phantastisch!« rief Phyllis begeistert, »Onkel Howard ist ein Star wie Rudolfo Valentino. Von dem konnte man lesen, ein Rudel liebestoller Frauen habe ihn auf offener Straße verfolgt und ihm die Kleider vom Leibe gerissen.«

Carter lachte, eine Regung, die bei ihm nur selten zu beobachten war, und meinte: »Gott bewahre mich vor solchen Auswüchsen. Jedenfalls kann ich von Glück reden, daß ich bisher mein Hotelzimmer stets voll bekleidet erreicht habe.«

Phyllis ließ nicht locker: »Dann mußt du wohl auch Autogramme schreiben, Onkel Howard?«

»Da!« Carter deutete auf mehrere Briefstöße, die sich auf seinem Schreibtisch neben dem Fenster stapelten. »Alles Autogrammwünsche, meist von Frauen. Manche Briefe bringen mich zum Erröten!«

»Erzähle, Onkel Howard! Was schreiben diese Damen?« fragte Phyllis aufgeregt.

Aber noch ehe Carter antworten konnte, bemerkte ihr Vater: »Etwas Zurückhaltung würde einer jungen Dame, die du ja gerne sein möchtest, gut zu Gesicht stehen. Belästige deinen Onkel nicht mit deinen indiskreten Fragen.«

»Laß nur, John, Phyllis' Neugierde mag vielleicht indiskret sein, aber warum sollte ich aus den Briefen ein Geheimnis machen? Ich kenne diese Frauen nicht, und sie kennen mich nur aus der Zeitung. Es ist schon grotesk: Als sich der kleine Carter für Frauen interessierte, war er entweder zu jung oder zu arm oder zu unbedeutend, und heute, wo ich als König von Luxor gefeiert werde, bieten sich mir Frauen an, ohne auf ihren Ruf zu achten. Ruhm macht begehrenswert.«

Mit großen Augen folgte Phyllis Howards Worten. Er war so ganz anders als alle Männer, denen sie bisher begegnet war. Sein Leben faszinierte sie, und sie sagte ohne zu überlegen: »Onkel Howard, ein so berühmter Mann wie du braucht doch eine Sekretärin, die für ihn die Post erledigt, Termine vereinbart und sich um das Organisatorische kümmert. Findest du nicht?«

Howard sah Phyllis prüfend an. »Du meinst...«

»Ja. Ich habe das Lyceum besucht, wo man solche Dinge lernt. Sicher wäre ich dir eine gute Sekretärin, Onkel Howard.«

Nicht nur Howard schien überrascht. Auch Amy und John blickten völlig verdutzt. Phyllis war zweifellos klug und begabt, aber im elterlichen Verlag hatte sie sich bisher nicht gerade durch große Leistungen ausgezeichnet, obwohl sie offen und vehement die Meinung vertrat, Frauen könnten mehr erreichen als Männer, sie würden nur schlechter bezahlt.

»Wenn das nicht nur eine von deinen fixen Ideen ist, und wenn Onkel Howard zustimmt, hätte ich nichts dagegen«, bemerkte John Walker. »Was sagst du dazu, Howard?«

»Die Idee fände ich gar nicht schlecht. Ich habe nur Bedenken, ob zwei eigensinnige Querköpfe wie Phyllis und ich miteinander auskommen. Laßt uns in ein paar Tagen darüber reden.«

Zum Erstaunen ihrer Eltern gab sich Phyllis damit fürs erste zufrieden, nicht ahnend, daß diese Idee ihr Leben verändern würde. Und keiner, nicht einmal Carter, bemerkte das Schicksal, das über ihnen schwebte und zielgerecht seine Fäden zog. Am folgenden Tag erschien in der *Egyptian Gazette* ein Bild, das Phyllis am Fenster von Carters Hotelsuite zeigte, und das Blatt stellte die Frage: Ist das die Geliebte des Königs von Luxor?

Phyllis ließ sich nichts anmerken, aber die Vorstellung gefiel ihr. Als Carter sich gar ein paar Tage später einverstanden erklärte, daß sie für ihn arbeitete, da änderte sich ihr trotziger, widerspenstiger Charakter von einem Tag auf den anderen. Carter kannte Phyllis zu wenig, um die Veränderung ihres Wesens wahrzunehmen und daraus seine

Schlüsse zu ziehen. Und vielleicht wäre beider Leben dann anders verlaufen.

Amy, ihre Mutter, begegnete der Situation jedoch mit gemischten Gefühlen. Ihr entging nicht, daß Phyllis ihren Übermut zügelte, ihre Nörgeleien, die früher an der Tagesordnung waren, unterdrückte und sich älter gab, als es ihren Lebensjahren entsprach. Sie schminkte sich wie eine Erwachsene, und in ihrer Kleidung, die bisher nicht auffallend genug sein konnte, zeigte sie sich eher dezent, was ihrem Erscheinungsbild jedoch in keiner Weise abträglich war.

Als Phyllis beschloß, in Ägypten zu bleiben und für ihren Onkel zu arbeiten, da konnte ihre Mutter nicht umhin, die Tochter an ihre eigenen Worte zu erinnern: »Sagtest du nicht, dieses Land sei dir zu schmutzig, das Essen unbekömmlich und das Wetter zu heiß?«

»Und wenn schon«, erwiderte Phyllis schnippisch, so, wie man es früher von ihr gewohnt war. »Was kümmern mich meine Worte von früher!«

So kam es, daß John und Amy Walker ihre Tochter Phyllis zurückließen, als sie nach zwei Wochen abreisten.

Kapitel 31

Zur gleichen Zeit – es mag nicht derselbe Tag gewesen sein, aber dieselbe Woche war es bestimmt – verließ Miss Sarah Jones das sechsstöckige Tenement, einen Wohnblock aus braunem Backstein an der Lower Eastside von New York. Noch hatte der Frühling nicht Einzug gehalten in Manhattan, und vom East River pfiff ein unangenehmer Wind durch die Straßen.

Bekleidet mit einem grünen Kostüm und einem kleinen, kecken Hut, hob sich Miss Jones deutlich ab vom Erscheinungsbild der übrigen Leute, die um die Morgenstunde die Orchard Street bevölkerten. Obwohl sie die Sechzig schon erreicht hatte, ein Alter, in welchem andere Frauen sich längst der Gleichgültigkeit gegenüber ihrem Aussehen hingaben, zeigte Sarahs Gestalt noch immer jenes ansehnliche Ebenmaß, das sie schon in jungen Jahren ausgezeichnet hatte.

Natürlich waren in ihrem Gesicht jene Spuren zu erkennen, die eine bewegte Vergangenheit unauslöschlich eingräbt, ein paar Kummer- und Sorgenfalten, aber ihrer Schönheit – ja, man konnte sie wirklich noch schön nennen – taten diese kleinen Schrammen des Lebens keinen Abbruch.

In jeder anderen Straße der Welt hätte Sarahs Erscheinungsbild vermutlich Aufmerksamkeit erregt, nicht so in der Orchard Street, der aufregendsten der ganzen Lower Eastside, wo sich Einwanderer aus Rußland, Polen, Ungarn und Deutschland, vor allem Juden aus der ganzen Welt, ein Stelldichein gaben. Schilder mit hebräischen, russischen und europäischen Schriftzeichen ragten an langen Stangen in die Straße, die an der Houston Street ihren Anfang nahm und erst sieben Straßenzüge weiter, an der Canal Street, endete. Dort befand sich auch der erste Wolkenkratzer der Lower Eastside, ein unübersehbares

Symbol aufstrebender Haltung für die meist ärmlichen Bewohner der Gegend.

Aus den kleinen Läden, die sich bis auf die Straße ausbreiteten und unter den eisernen Balkons Schutz suchten, welche durch Z-förmige Feuerleitern miteinander verbunden waren, wehte Essensgeruch. Der Duft von frisch Gebackenem mischte sich mit penetrantem Fischgestank. Es roch nach Leder und exotischen Gewürzen. Kurz, die Gegend war nicht gerade vornehm.

Obwohl sie durch den Verkauf der *Dame-School* in Swaffham in der Lage gewesen wäre, sich andernorts niederzulassen, war Sarah Jones in der Lower Eastside hängengeblieben. Das war dreißig Jahre her, und sie konnte sich überhaupt nicht vorstellen, in einem anderen Stadtteil als diesem zu leben. Ein volles Jahr war Sarah nach ihrer Ankunft in New York orientierungslos umhergeirrt, enttäuscht hatte sie sich sogar schon mit dem Gedanken getragen, nach England zurückzukehren, als sie einem Beamten der Einwanderungsbehörde begegnete, einem gebürtigen Amerikaner, dessen Eltern aus Manchester eingewandert und seit Jahren tot waren.

William Salt, so sein Name, den auszusprechen Sarah vermied, verschaffte ihr nicht nur eine Anstellung in der Seward Park School, einer privaten Anstalt, die sich vor allem um die Sprachausbildung europäischer Einwanderer kümmerte, sondern auch das nötige Selbstvertrauen, um ein neues Leben zu beginnen.

Die Begegnungen mit dem gutaussehenden Mann aus Brooklyn jenseits des East Rivers verliefen in ungewöhnlicher Harmonie und führten Sarah zu der Erkenntnis, William wäre durchaus ein Mann zum Heiraten. Bedenkenlos kam sie seinen Forderungen nach und übereignete ihm größere Summen aus ihrem Vermögen. Sie kannten sich schon drei Jahre, und Sarah wußte nicht einmal, wo William Salt eigentlich wohnte. Als sie eines Tages die von ihm angegebene Adresse aufsuchte, mußte sie feststellen, daß William sie belogen hatte. Die Adresse war falsch. Da entschloß sich Sarah Jones zu einem ungewöhnlichen Schritt: Sie verfolgte Salt von der Behörde bis zu den Brooklyn Heights, wo William in einem der alten Brownstones, einem Reihenhaus aus rotbraunen Ziegeln, verschwand. Über eine Stunde kämpfte Sarah mit sich, wie sie sich verhalten sollte, dann gab sie sich einen

Ruck und klingelte an der Tür. Eine verhärmte Frau mit zwei kleinen Kindern an der Schürze öffnete. Sie sei Mrs. Salt, erklärte sie auf Befragen. Für Sarah Jones brach eine Welt zusammen.

Der Schock saß tief, so tief, daß Sarah Männern nur noch mit Mißtrauen begegnete. Und obwohl es nicht an Möglichkeiten mangelte, hatte Sarah alle Anträge mit einem Anflug von Masochismus abgelehnt.

An diesem frostigen Frühlingsmorgen holte sie unerwartet ihre Vergangenheit ein. Während Zeitungsjungen, die an allen Straßenecken ihre Neuigkeiten hinausschrien, bei Sarah für gewöhnlich kein Interesse fanden, hielt sie, als sie von der Orchard Street in Richtung Seward Park einbog, plötzlich inne. Mit gellender Stimme verkündete ein Halbwüchsiger, der eine Ballonmütze trug und in seinen kurzen Hosen vor Kälte bibberte: »Die Entdeckung des Jahrhunderts! Howard Carter findet 3000 Jahre alten Pharao. *The New York Herald*.«

Howard Carter?

Für einen Augenblick glaubte Sarah, ihr Herz stünde still. Der Name rief in ihr tiefe Erinnerungen wach, die angenehmsten ihres Lebens. Howard Carter! Plötzlich war sie wieder jung, noch keine Dreißig, und blinde Leidenschaft überkam sie nach dem schüchternen, hochaufgeschossenen Jungen mit den dunklen Haaren. Mit einem Mal wurde der Zauber wieder wach, den Howard auf sie ausgeübt hatte. Howard Carter! Sie blieb stehen, hielt sich an einer der Gaslaternen fest, schloß die Augen für einen kurzen Moment, um sich sein Bild zu vergegenwärtigen. Wie ein Rausch überkam sie die plötzliche Erinnerung, und sie mußte sich zwingen, die Augen wieder zu öffnen.

Dann winkte sie den frierenden Zeitungsjungen herbei, drückte ihm zwanzig Cents in die Hand und sagte, während sie das zusammengefaltete Blatt entgegennahm: »Wir haben uns einmal sehr geliebt, dieser Carter und ich.«

»Yes, Madam«, erwiderte der bibbernde Boy und nickte höflich lächelnd mit dem Kopf. In der Orchard Street gab es viele Narren. Kritisch prüfte er die Münzen der verrückten Lady zwischen den Zähnen, dann nahm er sein Geschrei wieder auf.

Von der Titelseite sprang Sarah Howards Bild entgegen, ein stattlicher Mann mit dunklen Brauen und dunklem Oberlippenbart, einen hellen Panamahut verwegen in die Stirn gedrückt. Howards Blick war fest auf das Auge des Betrachters gerichtet, und seine ernste Haltung verriet einen gewissen Stolz, ohne überheblich zu wirken. Mein Gott, Howard, wie hatte sich der schüchterne, schlaksige Junge verändert.

Die Zeitung vor Augen, setzte Sarah ihren Weg fort. Hastig überflog sie den Bericht, aber ihre Gedanken gingen drei Jahrzehnte zurück, als sie Howard mit einer List dazu brachte, Swaffham zu verlassen und Ausgräber zu werden. Mit Wehmut erinnerte sie sich an den Abschied auf dem kleinen Bahnhof und an ihr Bild, das sie ihm heimlich zusteckte. Lange hatte sie unter der Trennung gelitten, und sie war auch der Grund, warum Sarah sich entschlossen hatte, nach Amerika auszuwandern.

Wie, fragte sich Sarah, wäre ihrer beider Leben verlaufen, hätte sie nicht von sich aus die Trennung vollzogen. Gewiß wäre der Traum, den sie ein paar selige Monate lebten, nach kurzer Zeit zerplatzt. Das Leben schreibt nun mal seine eigenen Gesetze, und manche sind gnadenlos. Eine Jüngere hätte ihr gewiß längst den Platz an seiner Seite streitig gemacht.

Verstohlen wischte sich Sarah eine Träne aus dem Augenwinkel, dann betrat sie das Schulhaus. Das viktorianische Portal aus gemauerten Säulen wirkte kalt und erdrückend. Nach dreißig Jahren und obwohl sie längst die Leitung der Schule innehatte, hatte sie sich noch immer nicht daran gewöhnt.

Mary Scott, eine blaßhäutige, rothaarige Lehrerin irischer Abstammung, mit der sie seit Jahren eine ehrliche Freundschaft verband, kam ihr auf dem lärmenden Flur entgegen und blickte Sarah fragend an: »Du wirkst so abwesend. Was ist los mit dir, Sarah?«

Verwirrt, als erwachte sie aus einem Traum, erwiderte diese mit einem aufgesetzten Lächeln: »Mary, erinnerst du dich noch an deine erste große Liebe?«

Mary sah Sarah verwundert an. »Ja. Er hieß Patrick, hatte mindestens dreihundert Sommersprossen und war zwei Jahre älter als ich. Was soll die Frage am frühen Morgen?«

»Meiner hieß Howard, hatte keine einzige Sommersprosse im Gesicht, dafür war er dreizehn Jahre jünger.«

»Mein Gott, wie aufregend, warum hast du mir nie davon erzählt? Und warum gerade jetzt?«

Sarah Jones reichte Mary die Zeitung. Begierig las die Freundin den Artikel. In das Zeitungsbild vertieft, sagte Mary ungläubig: »Dieser Ausgräber war deine große Liebe?«

Nicht ohne Stolz und mit zusammengepreßten Lippen machte Sarah eine nickende Kopfbewegung. »Wäre er nicht gewesen, wäre ich heute nicht hier. Es war eine Flucht vor der Erinnerung. Howard war fünfzehn und mein Schüler. Es war eine zarte, aufrichtige Liebe von uns beiden. Aber ebenso aussichtslos. *Ich* war es, die ihn nach Ägypten schickte und diese verbotene Liaison beendete.«

»Und du hast es nie bereut?«

»Tausendmal! Aber mein Verstand sagte mir, Sarah, es ist besser so. Und weil mich jeder Weg, jeder Baum und jede Mauer an ihn erinnerte, faßte ich den Entschluß, alles hinter mir zu lassen.«

»Und ihr habt euch nie mehr wiedergesehen?«

»Nie wieder.«

»Keine Briefe?«

»Nichts. Sie hätten nur alte Wunden wieder aufgerissen. Der Abschied war schwer genug.«

Mary blickte zur Seite und dachte nach. Ohne Sarah anzusehen, sagte sie: »Und wenn ihr euch heute begegnen würdet?«

»Mary, seither sind dreißig Jahre vergangen. Jeder von uns ist ein anderer geworden. Ich glaube, Howard würde mich nicht einmal mehr erkennen. Er ist ein berühmter Mann geworden. Sicher hat er eine junge, hübsche Frau geheiratet. Ägypterinnen zählen zu den schönsten Frauen der Welt.«

Mary strich mit dem Handrücken über die Zeitung und erwiderte: »Solche Männer sind nur mit ihrem Beruf verheiratet.«

Mary konnte nicht wissen, wie recht sie hatte.

Wie ein König hielt Howard Carter in Luxor hof. Das »Winter Palace« war sein Palast, und Phyllis übernahm mit Hingabe die Rolle der Zeremonienmeisterin. Sie hatte ein Zimmer in Howards Suite bezogen und kümmerte sich um die tausend Kleinigkeiten, mit denen ein Mann konfrontiert wurde, der über Nacht zu Weltruhm gelangt war.

Weder Howard noch Phyllis nahmen zu Gerüchten Stellung, die

sich um ihr persönliches Verhältnis rankten. Aber während Carter auf entsprechende Bemerkungen ärgerlich reagierte, fühlte sich Phyllis eher geschmeichelt. Mit ihrem jugendlichen Charme und der ihr eigenen weiblichen Raffinesse umgarnte sie Howard, und der erwiderte ihre Zuneigung mit Dankbarkeit. Das Leben hatte ihn in dieser Hinsicht nicht gerade verwöhnt, um so mehr genoß er die schwärmerische Anbetung seiner schönen Nichte.

Bereits am Tag, nachdem sie bei ihrem Onkel eingezogen war, hatte ihm Phyllis das Einverständnis abgerungen, »Howard« zu ihm sagen zu dürfen. »Onkel Howard«, meinte sie, klinge zu altmodisch und gehe ihr nur schwer über die Lippen.

Phyllis organisierte auch die Bewachung, die dem König von Luxor zukam. Begab er sich hinüber zum Tal der Könige, so wurde Howard von Phyllis begleitet und von vier Polizisten, die Handfeuerwaffen auf ihrer Galabija trugen und aufdringliche Bewunderer beiseite drängten. Jeweils zwei von ihnen hielten Wache, sobald Howard sich in seine Hotelsuite zurückzog – sogar nachts.

Lord Carnarvon war das Aufsehen, das um seinen Ausgräber gemacht wurde, ein Dorn im Auge; aber er sah keine Möglichkeit, Carter seinen Ruhm streitig zu machen. Die ausländischen Zeitungsreporter, die sich um ein paar Sätze aus Carters Mund prügelten, ließen Carnarvon links liegen. Das Maß war voll, als der Lord beim Abtransport der ersten Schätze in das Museum in Kairo von einem jungen amerikanischen Reporter gefragt wurde, für wen er schreibe.

Evelyn lachte, als der Lord ihr am Abend in der Hotel-Bar des »Winter Palace« von dem Vorfall berichtete: »Papa als Zeitungsreporter! Warum nicht? Du könntest mich ja fragen, ob ich bereit bin, dir ein Interview zu geben! Verzeih, aber das ist zu komisch.«

Überhaupt nicht komisch fand der Lord die Begebenheit, und daß Evelyn sich über ihn lustig machte, bestärkte ihn in seinem Entschluß: »Morgen reisen wir ab. Mr. Cook wird uns zwei Schiffspassagen nach Genua besorgen.« Zur Bekräftigung seiner Aussage kippte er ein volles Glas Scotch hinunter, es war nicht das erste.

»Warum die plötzliche Eile?« erkundigte sich Evelyn vorsichtig. »Nur, weil man dich für einen Zeitungsreporter gehalten hat? Papa, seit wann leidest du unter Komplexen?«

»Es gibt noch andere Gründe. Aber darüber möchte ich vorläufig nicht sprechen.«

»Warum nicht? Hast du Geheimnisse vor deiner Tochter?«

»Ich möchte nicht darüber sprechen!« wiederholte Carnarvon lautstark. »Im übrigen hast du einen Verlobten, der zu Hause auf dich wartet. Manchmal glaube ich, du hast das schon vergessen.«

»Papa!« rief Evelyn aufgebracht. »Wie kannst du so etwas behaupten!«

»Nicht ohne Grund!« erwiderte Carnarvon heftig. »Aber lassen wir das.«

Zorn stand Evelyn ins Gesicht geschrieben, und um sich zu rächen, sagte sie: »Laß Howard aus dem Spiel. Die Sache ist vorbei. Aber eins muß dir klar sein: Noch vor ein paar Wochen war dir Carter nicht gut genug. Heute macht er sich lustig über uns. Und wenn du in ein paar Monaten nach Ägypten zurückkommst, wird er fragen: Lord Carnarvon? Wer ist das?«

Der Lord nahm noch einen Whisky, trank in schnellen Zügen und knallte das leere Glas gegen die Wand, daß es in tausend Scherben zerbrach. Dann erhob er sich schwerfällig, um auf sein Zimmer zu gehen. Evelyn folgte ihm mit Schamesröte im Gesicht.

Weder ihr noch dem Lord fiel auf, daß der kleine Zwischenfall in der Hotelbar nicht unbeobachtet geblieben war.

Nachts, gegen eins – der Lord lag in tiefem Schlaf und grunzte entspannt vor sich hin, und Evelyn hatte die Verbindungstür zwischen beiden Zimmern geschlossen – wurde ein Fenster von Carnarvons Suite behutsam aufgestoßen. Für gewöhnlich pflegte Seine Lordschaft bei halbgeöffneten Fenstern zu schlafen. Zwei Fenster seiner Suite gingen nach Osten zum Park, wo jetzt ein großes Zelt aufgeschlagen war zur Bewältigung des Touristenansturms.

Dennoch hatte niemand bemerkt, wie sich eine dunkle Gestalt vom Hinterausgang der Halle auf dem schmalen Mauervorsprung, der das Hochparterre markierte, fortbewegte. Dies geschah keineswegs in jener bewundernswerten Kunstfertigkeit, welche Fassadenkletterern eigen ist, auch nicht unter Einsatz des Lebens, denn der Balanceakt fand nur zwei Meter über dem Boden statt.

Durch das geöffnete Fenster lugte der Mann nach innen. Als alles ruhig blieb, schwang er seinen massigen Körper auf die Brüstung, hielt lauschend inne und zwängte sich schließlich, ohne ein Geräusch zu verursachen, durch die Öffnung. Im Schutz der zarten Vorhänge, die im kühlen Luftstrom leise fächelten, versuchte er vergeblich, sich zu orientieren. Deshalb ließ er einige Zeit verstreichen, in der er einem regelmäßigen, leisen Grunzen lauschte. Als er sicher sein konnte, daß sein Eindringen nicht bemerkt worden war, knipste er eine elektrische Taschenlampe an und richtete den Lichtstrahl zu Boden.

Das Parkett wurde von einem kostbaren Teppich mit rot-blauem orientalischem Muster bedeckt. Im Lichtkegel tauchten Schuhe auf, aber nicht sorgfältig zusammengestellt, sondern achtlos liegengelassen, so wie sie von den Füßen gefallen waren.

Bedächtig setzte der Eindringling einen Fuß vor den anderen, bis der Lichtkegel den Fußteil eines Bettes erfaßte, ein weißes Ungetüm mit barocken Formen, in dem Lord Carnarvon schlief. Obwohl der Lichtschein geeignet gewesen wäre, einen Schlafenden zu wecken, blieb er ohne Wirkung. Sogar als der Kegel sein Gesicht beleuchtete, zeigte der Lord keine Regung.

Was dann geschah, lief mit solcher Schnelligkeit und in einer Präzision ab, daß man vermuten könnte, der Eindringling habe seine Tat nicht nur einmal geprobt. Der Mann, der ein dunkles Tuch vor dem Gesicht trug, wie es die Fellachen zum Schutz vor der Sonne benutzten, zog einen zylindrischen Glasbehälter hervor, öffnete den Schraubverschluß und kippte den schwarzen Inhalt behutsam neben Carnarvons Kopf auf das Kissen.

Einen kurzen Augenblick lang flackerte im Lichtkegel der Taschenlampe ein grauenvolles Bild auf: Eine Handbreit von Carnarvons linker Wange entfernt lauerte ein Skorpion, den Schwanz mit dem Stachel auf den vermeintlichen Feind gerichtet, während sich die vier Beinpaare träge hin und her bewegten, als warteten sie auf ein geheimes Zeichen zum Angriff.

Die Lampe verlosch, und der schwarzvermummte Mann entfernte sich lautlos, wie er gekommen war, durch das Fenster. Bedächtig um sich blickend, ob niemand seine Fassadenkletterei bemerkte, tastete er sich auf dem Sims des Hochparterres zurück bis zum Hintereingang, und humpelnd verschwand er zwischen den Büschen des Parks.

Nach wenigen Minuten hörte man aus dem Hotel einen kurzen, heftigen Schrei. Dann war es wieder still.

Obwohl Howard Carter nur ein paar Türen weiter schlief, bekam er von dem nächtlichen Zwischenfall nichts mit. Als er am Morgen sein Hotelzimmer verließ, kam ihm Evelyn entgegen und fiel ihm weinend um den Hals: »Howard, Papa geht es schlecht. Er hat vierzig Grad Fieber. Der Arzt ist gerade bei ihm.«

»Was ist geschehen?« Zaghaft löste sich Carter aus ihrer Umarmung.

»Ich weiß nicht, nachts hörte ich einen Schrei aus seinem Zimmer. Ich wollte nach dem Rechten sehen, aber als ich in sein Zimmer trat, saß er aufrecht in seinem Bett und sagte, er habe einen schlechten Traum gehabt. Ich solle mich zurückziehen. Heute morgen fand ich ihn im Fieber. Er war kaum ansprechbar.«

Howard versuchte Evelyn zu trösten: »Solche Fieberanfälle sind nicht selten in diesem Klima. Sie verschwinden so schnell, wie sie gekommen sind. Die letzten Wochen waren nicht leicht für ihn.«

In diesem Augenblick trat Dr. Mohamed Badawi, der Hotelarzt, aus dem Zimmer. Badawi machte ein besorgtes Gesicht: »Es sieht nicht allzugut aus, Mylady. Seine Lordschaft bedarf dringend klinischer Behandlung. Am besten wäre es, Sie würden Ihren Vater, sobald sich sein Zustand etwas gebessert hat, in ein Krankenhaus nach Kairo bringen. Wenn Sie wollen, werde ich Sie begleiten.«

»Wie geht es ihm jetzt, Doktor?«

»Er ist gerade wieder bei Bewußtsein. Aber das sagt nicht, daß sich sein Zustand insgesamt gebessert hat.«

»Ist Papa zur Zeit denn überhaupt transportfähig?«

»Sie könnten einen Schlafwagen im Nachtzug nach Kairo nehmen. Und wenn ich Ihnen einen Rat geben darf, Mylady, je eher Sie sich dazu entschließen, desto besser für den Patienten.«

Dr. Badawi hatte noch nicht geendet, da wurde die Türe zu Carnarvons Zimmer von innen geöffnet, und der Lord trat auf den Korridor. Er trug einen ockerfarbenen Pyjama, sein Gesicht war dunkelrot angelaufen, die Haut schien zum Platzen gespannt, Schweiß perlte auf seiner Stirn, und die Augen traten aus ihren Höhlen hervor wie dunkle Glaskugeln.

»Papa!« rief Evelyn aufgeregt. Carter und Dr. Badawi starrten den Lord entsetzt an. Der stand da wie eine Erscheinung und begann plötzlich mit hohler Stimme zu sprechen: »Ich habe die Stimme Tut-ench-Amuns vernommen. Der Pharao fordert seine Schätze zurück.«

»Er redet wirr«, flüsterte Evelyn an Dr. Badawi gewandt, »Sie müssen etwas tun, bitte!«

»Das ist das Fieber«, erwiderte der Doktor. Dabei ließ er den Lord nicht aus den Augen.

Howard, der als einziger verstand, was den Lord in seinem Fieberwahn bewegte, sagte: »Ich glaube, die Bergung der Grabschätze hat Seine Lordschaft sehr mitgenommen. Ich kann nicht verhehlen, wir alle kamen uns irgendwie als Grabräuber vor – auch ich.«

Bedächtig, als näherte er sich einem scheuen Pferd, trat Dr. Badawi auf Carnarvon zu, ergriff seinen linken Oberarm und führte ihn in sein Zimmer zurück. Evelyn und Carter folgten. Sie ahnten nicht, in welcher Gefahr sie sich befanden, als sie Carnarvon ins Bett brachten.

Evelyn schüttelte das Kopfkissen auf, da fühlte sie einen harten Gegenstand. Im nächsten Augenblick zog sie einen Revolver unter dem Kissen hervor. »Was hat das zu bedeuten?« fragte sie verstört.

Carter nahm ihr die Waffe aus der Hand und schüttelte die Patronen aus dem Magazin, dann antwortete er beschwichtigend: »Der Revolver gehört mir. Ich habe ihn deinem Vater geborgt. Er fühlte sich von irgend jemandem bedroht.«

»Lächerlich!« entgegnete Evelyn heftig, und mit Zurückhaltung fügte sie hinzu: »Wer sollte Lord Carnarvon nach dem Leben trachten?«

»Ich weiß es nicht«, erwiderte Howard, »aber mit dem Verkauf der Exklusivrechte an die Londoner *Times* hat sich dein Vater gewiß nicht nur Freunde geschaffen.«

Evelyn hob die Schultern.

Nachdem Carnarvon sich ins Bett begeben hatte, blickte er starr zur Decke, als lauschte er fernen Stimmen. Zum wiederholten Mal fühlte Dr. Badawi seinen Puls und nickte Evelyn aufmunternd zu. »Es wird alles gut«, sagte er mit leiser, tiefer Stimme, eine Eigenheit, die man an ihm beobachten konnte, wenn er am Ende seiner Künste war.

Während der Doktor, Evelyn und Carter um Lord Carnarvon herumstanden, begannen plötzlich seine Augen zu flackern, als kehrte

Leben in sie zurück. Und ohne den Blick von der Decke zu wenden, rief Carnarvon zaghaft: »Evelyn! Carter soll kommen!«

»Er steht neben dir, Papa!« antwortete Evelyn, glücklich, daß ihr Vater wieder bei klarem Verstand war.

»Mr. Carter!«

»Ja, Mylord.«

»Mr. Carter, ich habe mich entschlossen abzureisen. Wir werden heute den Nachtzug nach Kairo nehmen...«

»Aber Mylord, Sie sind krank. Sie sollten sich ein paar Tage Bettruhe gönnen, bevor Sie die lange Bahnreise antreten.«

»Nicht der Rede wert!«

Plötzlich richtete sich Carnarvon auf. Aber während er weiterredete, blickte er starr geradeaus, als nehme er die Umstehenden überhaupt nicht wahr. »Ein bißchen Fieber, was ist das schon. Ich wollte Ihnen nur sagen, daß es mir leid tut, wie ich Sie manchmal behandelt habe.«

»Schon gut, Mylord. Aber darüber müssen wir uns nicht jetzt unterhalten. Das hat Zeit.«

»Nein, Mister Carter! Ich werde nämlich nicht mehr hierher zurückkehren.«

Carter zog die Stirn in Falten und sah Evelyn fragend an. »Wie darf ich das verstehen? Sagten Sie, Sie wollten nicht mehr nach Luxor zurückkommen?«

»Das sagte ich. Ich überlasse Ihnen das Feld. Sie sind der König von Luxor. Und das ist weit mehr als ein englischer Lord.«

»Werden Sie erst gesund, dann werden Sie die Dinge wieder mit anderen Augen sehen.«

»Nein, Carter, aber nun gehen Sie. Lassen Sie den Pharao wegen eines unpäßlichen Lords nicht warten.« Und an seine Tochter gewandt, meinte er: »Wir packen.«

Wie jeden Morgen versorgte Phyllis Howard Carter mit den neuesten Zeitungen. Manche bereiteten Carter Vergnügen, andere nur Verwunderung darüber, was sich alles im Tal der Könige zugetragen haben sollte. An diesem Morgen versetzte ein Artikel in der *Egyptian Gazette* Howard in Unruhe. Die Überschrift lautete: Der Fluch des Pharaos.

Vor den Stufen, die zum Grab des Tut-ench-Amun führten, so meldete das Blatt, sei ein Tontäfelchen gefunden worden mit der Inschrift: »Der Tod wird den mit seinen Schwingen erschlagen, der die Ruhe des Pharaos stört.«

Aufgebracht stellte Howard seinen Vorarbeiter Ahmed Gurgar zur Rede: »Warum hat mir niemand von diesem Fund berichtet? Und wo befindet sich die Tafel jetzt?«

Ahmed beteuerte hoch und heilig, seit Beginn der Grabungen sei kein solcher Fund ans Tageslicht gekommen. Auch Callender, der in Carters Abwesenheit die Aufsicht führte, wußte nichts von einem solchen Fund.

»Aber die Zeitungsschreiber können sich die Geschichte doch nicht aus den Fingern gesogen haben!« tobte Carter.

Callender, der auch in heikleren Situationen als dieser die Ruhe bewahrte, meinte gelassen: »Warum nicht? Wenn Sie daran denken, was über Sie schon alles in den Zeitungen stand, dann sind Zweifel am Wahrheitsgehalt dieses Artikels durchaus erlaubt.«

Howard verzog sein Gesicht. »Schon richtig, Callender. Nur hört sich die Inschrift nicht gerade wie die Erfindung eines Klatschreporters an. Das ist ein Fluch, der in vielen Gräbern zu finden ist. Ich weiß wirklich nicht, was ich von der Geschichte halten soll.«

»Gestatten Sie mir eine Frage«, bemerkte Callender ernst, »beunruhigt Sie der Text in irgendeiner Weise – vorausgesetzt, er existiert überhaupt?«

»Nicht mehr als die ewige Verdammnis, welche die römische Kirche uns Sündern androht.« Er hatte den Satz noch nicht ausgesprochen, da kamen Howard Bedenken. Doch er verdrängte sie und fügte hinzu: »Ich darf doch wohl annehmen, daß *Sie* der Sache keine größere Bedeutung beimessen, Callender?«

»Natürlich nicht«, erwiderte Carters Assistent, »aber von den ägyptischen Arbeitern hat sich die Hälfte heute krank gemeldet. Wie es scheint, verbreitet sich die Zeitungsmeldung wie ein Lauffeuer.«

»Das geht zu weit!« Carter scharrte aufgebracht auf dem Boden, als wollte er ein brennendes Papier mit den Füßen auslöschen. Und noch am selben Tag wurde er in der Redaktion der *Egyptian Gazette* in Luxor vorstellig.

Der Chefredakteur, ein kleiner, dicklicher Mann mit kahlem Schädel, trug einen Schirm auf der Stirn. Außer sich vor Freude, daß der berühmte Mr. Carter seiner Zeitung einen Besuch abstattete, rief er mit hoher Fistelstimme die gesamte Redaktionsmannschaft zusammen, aber noch bevor Howards unerwarteter Auftritt zu einem Jubelfest ausartete, stellte dieser die Frage, wer den Artikel über den Fluch des Pharaos verfaßt habe.

Weder der Chefredakteur noch einer der Reporter wollte den Urheber kennen, ja der kleine, dickliche Mann erklärte unter Zuhilfenahme seiner Hände, die er ständig nach außen und wieder nach innen kehrte, es sei ihm ein Rätsel, wie der Artikel ins Blatt gekommen sei. Carter fühlte sich genarrt. Er wurde den Verdacht nicht los, daß sich hinter dem aus der Luft gegriffenen Zeitungsartikel eine raffiniert gesponnene Intrige verbarg.

Wie jeden Abend, wenn Howard von der Arbeit zurückkehrte, glich der Weg durch die Halle des Hotels »Winter Palace« einem Triumphzug. Beifall brandete auf wie nach einer grandiosen Theatervorstellung, man hörte Hochrufe und immer wieder Carter! Carter! Carter! Schaulustige warteten stundenlang auf diesen Augenblick.

An diesem Abend kam ihm zum ersten Mal in den Sinn, wie es wohl sein würde, wenn die Ovationen eines Tages verebbten. Er hatte sich zu sehr daran gewöhnt. Das alltägliche Bad in der Menge war ihm zur Droge geworden, zur Sucht. Er würde krank werden, dachte er, und depressiv wie alle, die einmal Ruhm geleckt haben und die vom Leben wieder zurückgeworfen werden in die Gewöhnlichkeit.

Insofern hätte Lee Keedick keinen besseren Zeitpunkt wählen können, als er Howard in Begleitung von Phyllis Walker gegenübertrat.

»Howard, darf ich dir Lee Keedick vorstellen«, sagte Phyllis, »Mr. Keedick ist einer der bekanntesten Agenten Amerikas. Er managt große Konzerte, Opern, Musicals und Theaterproduktionen. Du solltest dir sein Angebot einmal anhören.«

Mürrisch reichte Howard dem Amerikaner die Hand. Zu viele Geschäftemacher und Agenten waren bei Carter schon vorstellig geworden. Lee Keedick war vielleicht etwas älter als alle bisherigen Agenten, auch etwas altmodischer, weil er wie ein Impressario aus dem vergangenen Jahrhundert einen Gehrock trug, zudem hatte er viel schlechtere Augen als alle anderen, denn er trug eine Brille mit dicken Gläsern, die seine Augen unnatürlich groß erscheinen ließen. Dies und sein flaumiges, weißes Haar, das einen widerspenstigen Kranz um seinen im übrigen kahlen Kopf bildete, verliehen Keedick etwas Vergeistigtes, Klerikales, was jedoch nicht im geringsten den Tatsachen entsprach; denn Keedick hatte nur drei Dinge im Kopf: Essen, Frauen und Geldverdienen. Von allen dreien konnte er nicht genug bekommen.

Was Essen und Geldverdienen betraf, kam Mr. Keedick ohne Umschweife zur Sache. Er lud Carter und Phyllis ins Restaurant und aß zwei Stunden, als hätte er drei Tage keine feste Nahrung zu sich genommen. Zwischen den einzelnen Gängen fand er gerade noch Zeit, Carter sein Projekt vorzutragen.

»Mr. Carter«, begann er und tupfte sich mit der Serviette den Mund ab, »ich brauche Ihnen nicht zu sagen, daß Sie innerhalb weniger Wochen einen Bekanntheitsgrad erreicht haben, der den von Douglas Fairbanks und US-Präsident Warren Harding übertrifft. Die Zeitungen sind voll mit Ihren Abenteuern, kurz, es wäre töricht, diesen Marktwert nicht in klingende Münze umzusetzen.«

»So, so, Abenteuer nennen Sie das, Mr. Keedick«, bemerkte Howard beleidigt.

Phyllis, die Carters empfindsame Seite kannte, versuchte die gespannte Situation zu entkrampfen: »Howard, Mr. Keedick meint das nicht so. Er weiß natürlich, daß du ein ernsthafter Archäologe bist. Aber für die meisten Menschen ist das, was sich im Tal der Könige abspielt, ein faszinierendes Abenteuer.«

»Trefflich bemerkt, trefflich bemerkt!« ereiferte sich der Agent, und mit einem Augenzwinkern zu Carter hin meinte er: »Wenn ich mir die Bemerkung erlauben darf, Sie haben nicht nur eine sehr schöne, sondern auch eine sehr kluge Frau.«

»Phyllis ist nicht ...«, wollte Howard einwenden, aber Keedick war schneller: »Ich weiß, wir leben in den zwanziger Jahren des 20. Jahrhunderts, und unsere Moralbegriffe sind andere als vor zwei Jahrzehnten. Muß man denn gleich heiraten? Ich bitte Sie, Mr. Carter!«

Howard blickte verwirrt, und Keedick fuhr fort: »Ich möchte Ihnen einen Vorschlag machen, Mr. Carter. Ich arrangiere für Sie eine Vortragstournee durch die Vereinigten Staaten von Amerika und Kanada. Nur die besten Adressen: Carnegie Hall in New York, Nationaltheater in Washington, Boston, Philadelphia, Chicago, Detroit.« Keedick hob beide Arme und zeichnete ein großes Rechteck in die Luft: »Der König von Luxor berichtet von der größten Entdeckung des Jahrhunderts! – Die Amerikaner werden die Säle stürmen und Sie auf den Schultern hinaustragen, das garantiere ich Ihnen, so wahr ich Lee Keedick heiße.«

»Mr. Keedick...«

»Nennen Sie mich Lee!«

»Lee, ich bin kein Opernsänger und kein Filmstar!«

»Eben, Howard! Sie sind etwas ganz Besonderes. Etwas, was es noch nie gegeben hat. Genau das macht den Reiz aus. Erfolg, das bedeutet in Amerika fünf Prozent Talent, der Rest ist Publicity. Mit einem Filmstar würde ich nie eine so große Tournee veranstalten. Wie ich schon sagte, Sie wären töricht, wenn Sie auf meinen Vorschlag nicht eingehen würden.«

»Dann bin ich eben töricht!« entgegnete Carter knapp. »Tut mir leid, daß Sie den weiten Weg umsonst gemacht haben!«

»Howard!« Phyllis rutschte unruhig auf ihrem Stuhl herum. »Du weißt doch noch gar nicht, was Mr. Keedick dir anbietet!«

»Ein paar Dollar. Na schön, vielleicht ein paar mehr. Was ist das schon?«

Keedick faltete seine Hände wie zum Gebet, dann neigte er den Kopf, daß sein Kinn auf der Brust zum Stehen kam, und indem er jedes einzelne Wort betonte, sagte er: »Howard, ich biete Ihnen pro Vortrag tausend Pfund, dafür bekommen Sie zwei Automobile. Bei einem sorgfältig ausgearbeiteten Tourneeplan können Sie am Tag drei Vorträge halten, das sind dreitausend Pfund pro Tag. Mehr als Mary Pickford und Gloria Swanson zusammen verdienen. So begreifen Sie doch, Mr. Carter, am Ende der Tournee sind Sie ein reicher Mann!«

Verdutzt sah Carter den Agenten an, ob er es ernst meinte, ob er sich nicht über ihn lustig machte. Tausend Pfund für einen einzigen Vortrag? Dafür mußte er zwei Jahre arbeiten, und schon dieser Verdienst war nicht schlecht. Howard wurde schwindlig bei dem Gedanken an so viel Geld.

»Also?« fragte Keedick fordernd. Plötzlich hatte er ein Bündel weißes Papier in der Hand. Vier oder fünf Blätter schob er zu Howard über den Tisch. Dazu einen goldenen Füllfederhalter. »Den können Sie nach der Unterschrift behalten«, bemerkte er lässig. »Damit Sie sehen, daß Lee Keedick nicht so geizig ist, wie immer behauptet wird. Im übrigen versteht es sich von selbst, daß Sie mit Ihrer Frau nur in den besten Hotels absteigen, Waldorf-Astoria, Ritz, Savoy, und natürlich kommt für die Überfahrt kein anderes Schiff in Frage als die ›Berengaria‹.«

»Howard!« rief Phyllis aufgeregt, als sie sah, daß Carter noch immer zögerte, und sie reichte ihm die goldene Feder.

Da konnte Howard nicht anders, und er setzte seine Unterschrift unter den Vertrag.

Wider Erwarten hatte sich Carnarvons Zustand plötzlich gebessert, und er war in Begleitung seiner Tochter Evelyn und des Arztes Dr. Badawi wohlbehalten in Kairo angekommen. Badawis Empfehlung, sich in eine Klinik zu begeben, lehnte der Lord ab. Das nächste Schiff nach Genua ging in vier Tagen. Diese Zeit wollte der Lord nutzen, um sich im »Continental-Savoy« zu erholen.

Aber kaum war Dr. Badawi abgereist, da wurde Lord Carnarvon erneut von Fieberanfällen heimgesucht. Wie schon in Luxor, begann er zu phantasieren. Es schien, als habe der Pharao von seinen Gedanken Besitz ergriffen. Während Evelyn am Bett ihres Vaters wachte und kalte Umschläge auf sein Gesicht legte, hielt Carnarvon Zwiesprache mit dem Pharao, und bisweilen wurde sein Tonfall unheimlich, wenn er unter dem feuchten Tuch fremdartige Laute ausstieß und mit der Stimme Tut-ench-Amuns redete. Sein Körper blieb dabei starr und unbeweglich wie eine Mumie, auch sein Gesicht ließ keine Regung erkennen. Nur die Lippen bewegte der Lord unter großer Anspannung.

Nach der ersten Nacht, die sie mit ihrem Vater allein verbracht hatte, bekam es Evelyn mit der Angst zu tun, und sie schickte ihrer Mutter ein Telegramm nach Highclere: Vater todkrank + stop + komme so schnell du kannst + stop + Evelyn.

In den wenigen klaren Momenten, die sich bei Carnarvon immer seltener einstellten, lehnte der Lord es ab, eine Klinik aufzusuchen.

»Wenn ich schon sterben muß«, meinte er gelassen, »dann in einem anständigen Hotel und nicht in einem heruntergekommenen Kairoer Krankenhaus. Das liest sich nicht gut in meinem Nachruf.«

In der endlosen Nacht versuchte Evelyn, ihrem Vater solch trübe Gedanken auszureden, aber schon während sie sprach, fiel der Lord erneut in ein tiefes Delirium, und er begann mit fremder Stimme zu reden: »Ich bin es, der alle Völker besiegt, der Herrscher über beide Länder, der vollkommen ist an Leben. Wer meine Ruhe stört, den wird Osiris mit glühenden Augen verfolgen, und er wird sein Leben beenden, noch bevor Re seine Strahlenarme ausstreckt.«

»Papa!« Mit Tränen in den Augen warf sich Evelyn über ihren Vater. »Du machst mir angst!« rief sie leise und hob das feuchte Tuch von seinem Gesicht. Da zerriß ein gellender Schrei die Nacht. Wie versteinert hielt Evelyn inne. Unter dem Tuch, mit dem sie das Gesicht ihres Vaters bedeckt hatte, um sein Fieber zu lindern, lag der ausgedörrte Kopf einer Mumie. Die Haut war gelblich-braun und an manchen Stellen abgeplatzt, daß der Schädelknochen zum Vorschein kam, die Haare strohig und mit Staub behaftet. Aber der furchtbarste Anblick waren die Augen, die geöffneten, eingeschrumpelten Augen, in deren Mitte ein kleiner dunkler Punkt wie eine schwarze Glasperle die Pupille markierte. Trotz des makaberen Aussehens schien die Mumie zu leben. Deutlich erkannte Evelyn das Zucken der Augenlider, von denen man annehmen mußte, sie würden jeden Augenblick zu Staub zerfallen.

Evelyn war zu bestürzt, entsetzt, verwirrt, wie vor den Kopf geschlagen, als daß sie sich imstande sah, ihre Gedanken zu ordnen. Sie zweifelte an ihrem Verstand und daran, ob sie wachte oder träumte. Sie wollte sich losreißen, fortlaufen, aber eine unsichtbare Kraft hielt sie fest am Krankenbett ihres Vaters. Es gelang ihr nicht einmal, um Hilfe zu rufen: Ihre Stimme versagte.

Es bedurfte einer unsagbaren Kraftanstrengung, das nasse Tuch zu ergreifen und über den Kopf der Mumie zu ziehen. Und kaum war das geschehen, schien der schreckliche Bann gebrochen. Evelyn sprang auf. Unter dem Tuch vernahm sie noch die müde Stimme ihres Vaters: »Ich habe seinen Ruf vernommen, ich folge ihm.« Aber Evelyn reagierte nicht. Blind um sich schlagend und mit einem langanhaltenden, schrillen Schrei stürzte sie aus dem Zimmer auf den Flur des Hotels.

Im Nu sammelten sich Hotelgäste, Etagenkellner und übriges Personal, um zu erfahren, was vorgefallen war. Aber noch bevor Evelyn ihre Sprache wiedergefunden hatte, verlöschten im »Continental-Savoy« alle Lichter.

Frauen kreischten hysterisch. Männer verbarrikadierten sich in der Meinung, es handele sich um einen Überfall ägyptischer Nationalisten, in ihren Zimmern. Erst ein Blick aus dem Fenster belehrte sie eines Besseren: Ganz Kairo lag im Dunkeln.

Die aufgebrachten Hotelgäste auf den Korridoren wurden mit Kerzen ausgestattet. Aber ganz von selbst und ohne jedes Zutun ging in Kairo das elektrische Licht wieder an. Evelyn weinte. Sie war mit ihren Nerven am Ende. Sie wußte nicht, hatte sie geträumt oder hatte sich das furchtbare Erlebnis wirklich vor ihren Augen abgespielt.

Ein Etagenkellner fand Evelyn mit geschlossenen Augen an die Türe ihres Zimmers gelehnt: »Entschuldigen Sie, Madam, ist Ihnen nicht gut?«

Freundlich lachte ihr der weißgekleidete Ägypter entgegen. In Panik klammerte sie sich am Arm des Etagenkellners fest, und ängstlich flüsterte sie: »Sie müssen mir beistehen, ich bitte Sie!«

»Selbstverständlich, Madam«, erwiderte der Ägypter, »was kann ich für Sie tun?«

Evelyn deutete auf die Tür. »Würden Sie gemeinsam mit mir dieses Zimmer betreten?«

Der Etagenkellner begriff nicht, warum die englische Lady um einen einfachen Vorgang so viel Aufhebens machte. Neugierig drückte er die Klinke nieder und trat ein.

»Mein Vater«, erklärte Evelyn, als der Ägypter den unter einem feuchten Tuch verborgenen Lord liegen sah. »Würden Sie ihm bitte das Tuch vom Gesicht nehmen?«

»Wie Sie wünschen, Madam.« Der Etagenkellner trat hinzu und zog Carnarvon das Tuch vom Gesicht.

Mit einer zeitlichen Verzögerung – Evelyn wartete auf einen Schrei, den der Ägypter ausstoßen würde – wagte sie, den Blick ihrem Vater zuzuwenden. Der Lord hielt die Augen starr zur Decke gerichtet. Sein Gesicht wirkte fahl. Evelyn nahm seine Hand. Lord Carnarvon war tot.

»Papa«, sagte sie leise. »Papa!«

Kapitel 32

Am Cunard-Kai von Southampton drängten sich die Menschen. Jedesmal, wenn die »Berengaria« zu ihrer Sechs-Tage-Reise nach New York ablegte, fanden sich doppelt so viele Schaulustige ein wie beim Ablegen der »Aquitania« oder der »Mauretania«; denn die »Berengaria« war ein ganz besonderes Schiff, nicht das größte der Cunard-Linie, aber das schillerndste gewiß. Jeder, der auf diesem Ozeandampfer reiste, war prominent – sogar ein Hund.

Wann hatte man schon Gelegenheit, den »Prince of Wales«, der auf dem Schiff eine eigene Suite besaß, aus nächster Nähe zu sehen, den Maharadscha von Jaipur, den belgischen König, bekannte Lordschaften, die Vanderbilts und Rockefellers, Primadonnen und Schauspieler von beiden Seiten des Atlantiks, kurz – die große Welt?

Seit dem frühen Morgen warteten die Gaffer, sie kamen in Scharen, gleich nachdem über tausend Auswanderer im Zwischendeck verstaut worden waren, um zu sehen, wie die Rolls-Royces, die Daimlers, Minervas und Duesenbergs mit wuchtigen Ladebalken an Bord gehievt wurden und in den Ladeluken verschwanden.

Kurz nach zehn trafen die ersten Passagiere ein, jeweils in zwei Automobilen, eines für das Gepäck und eines für die Herrschaften. Die Schaulustigen hinter der Absperrung tuschelten über die Größe der Schrankkoffer von Louis Vuitton und über die Anzahl der mitgeführten Hutschachteln; und die Garderobe der Damen entlockte ein vielfaches »Ah« und »Oh« und nicht selten bewundernden Beifall.

Ein kleiner Mann im schlichten Tweedanzug wurde mehr beklatscht als alle Damen. Er winkte fröhlich, als er mit kurzen Schritten die steile Gangway erklomm und im Bauch des schwarzen Schiffes verschwand. Eine Jazzkapelle am Kai spielte »Sweet Lovin' Man«.

Gleich darauf erschien Howard Carter, begleitet von Phyllis Walker und seinem Agenten Lee Keedick. Beifall brandete auf. Howard, auf Anraten Keedicks in ein sportliches Norfolk-Jackett gekleidet, den Inverness-Mantel lässig über dem Arm, blickte sich neugierig um, wem der Applaus gelte, bis er die Rufe vernahm: »Carter, Carter, Carter!«

Phyllis trug, neuester Mode entsprechend, ein kurzes Reisekostüm und einen Topfhut auf dem Kopf. Während zwei Dutzend Kameras auf sie gerichtet waren, raunte sie Howard zu: »Das gilt alles dir. Ich bin so stolz auf dich!«

Obwohl er den Rummel um seine Person inzwischen gewöhnt war, wandte sich Howard verlegen zu Keedick um und fragte: »Woher kennen mich die Leute eigentlich, und woher wissen sie, daß ich nach Amerika reise?«

Lee zog ein paar Zeitungen aus der Jackentasche und hielt sie Howard vor die Nase: »Howard Carter nach USA« – »Der König von Luxor erobert Amerika« – »Der Entdecker des Pharaos auf USA-Tournee.«

»Was Lee Keedick macht, macht er gründlich!« bemerkte er lächelnd. »Aber das ist nur der Anfang! Warten Sie ab, was geschieht, wenn wir in Amerika sind!«

Bevor die drei sich anschickten, an Bord zu gehen, wurden sie von einer Schar Reporter aufgehalten.

»Mr. Carter, Ihr Finanzier, Lord Carnarvon, kam auf mysteriöse Weise ums Leben. Es heißt, der Fluch des Pharao habe ihn getroffen. Müssen Sie nicht ebenfalls um Ihr Leben bangen?«

»Mr. Carter, welche Bewandtnis hat es mit diesem Fluch?«

»Mr. Carter, wie gedenken Sie sich vor dem Fluch des Königs zu schützen?«

»Mr. Carter...«

Howard Carter machte ein mürrisches Gesicht. Dann wandte er sich entschlossen den Fragestellern zu und erwiderte: »Unsinn, Gentlemen, alles Unsinn!«

Noch bevor er sich weiter äußern konnte, trat Keedick mit ausgebreiteten Armen vor Carter hin, um ihn vor den bohrenden Fragen der Reporter zu schützen, und raunte ihm zu: »Sind Sie wahnsinnig,

Carter? Eine bessere Werbung für unsere Tournee konnten wir uns gar nicht wünschen!« Und an die Reporter gewandt sagte er: »Mr. Carter meint natürlich, der Tod Lord Carnarvons ist ein großes Unglück, und niemand kann sagen, wen der Fluch des Pharaos als Nächsten treffen wird. Im übrigen steht Mr. Carter denjenigen von Ihnen, die mit nach New York reisen, für ein kurzes Interview zur Verfügung.«

»Außerhalb der Exklusivitätsklausel der *Times*?«

»Diese Regelung bezieht sich nur auf die Ausgrabungen und die Berichte aus Luxor. Was Ihnen Mr. Carter außerhalb der Sieben-Meilen-Zone sagen wird, ist von dem Vertrag ausgenommen.«

»Mr. Carter, die junge Frau an Ihrer Seite...«

»Mr. Carter, eine letzte Frage vor Ihrer Abreise...«

Lee Keedick hob abwehrend die Hand: »Keine weiteren Fragen, keine weitere Stellungnahme. Gentlemen, ich danke Ihnen.«

Auf dem Oberdeck der »Berengaria«, wo die teuersten Kabinen lagen, hatte Keedick zwei Suiten nebeneinander gebucht, eine für sich und eine für Carter und Phyllis.

»Wie stellen Sie sich das vor?« polterte Howard los, als er bemerkte, daß er sich mit seiner Nichte eine Suite teilen sollte. »Phyllis ist eine attraktive, erwachsene Frau, und ich bin ihr Onkel!«

»Eben«, stellte Keedick gelassen fest, »aber was den Onkel betrifft, sollten Sie Ihr verwandtschaftliches Verhältnis so schnell wie möglich vergessen. Sie sind zweifellos berühmt, Mr. Carter, beinahe weltberühmt, aber eine junge Frau an Ihrer Seite ist mehr als alles andere geeignet, Ihren Bekanntheitsgrad zu steigern. Alle amerikanischen Zeitungen werden Ihr Bild mit der schönen jungen Frau jedem Politiker vorziehen. Das ist der Unterschied zwischen Amerika und Europa: in Europa findet man auf Seite 1 nur Politiker im Frack, in Amerika lächeln Ihnen die schönsten Frauen entgegen. Im übrigen kann ich mir nicht vorstellen, daß Ihnen die Nähe von Miss Phyllis unangenehm ist.«

»Nein, natürlich nicht«, redete Carter herum.

»Sehen Sie«, unterbrach Keedick, »von nun an möchte ich das Wort ›Onkel‹ oder ›Nichte‹ nicht mehr hören. Das gilt auch für Sie, Miss Phyllis. Wir verstehen uns?«

»Ja, Mr. Keedick«, erwiderte Phyllis mit einem Lächeln.

Howard schwieg.

Es war schon Mittag, und die Sonne stand hoch am Himmel, als die Schiffssirenen der »Berengaria« ertönten. An Deck gingen Schiffsjungen von Kabine zu Kabine, von Deck zu Deck und riefen freundlich lächelnd: »All shore that's going ashore« – was soviel bedeutet wie: Alles an Land, was an Land gehört.

Howard und Phyllis traten an die Reling, an der Hunderte bunter Bänder verknotet waren. Leichter Wind versetzte sie in flirrende Bewegung. Die Zurückbleibenden hielten die Enden an Land fest. Plötzlich ein lautes Rumoren, das stolze Schiff erbebte. Die Dampfturbinen nahmen ihre Arbeit auf. Schäumend stemmten sich zwei Schlepper auf jeder Seite der »Berengaria« in die Fluten. Küstendampfer, Fährboote und ein paar alte Frachter wirkten verloren unter dem riesigen Ozeandampfer. Die bunten Bänder zerrissen eines nach dem anderen, einige flatterten ins Wasser wie welkes Laub. Nach einer Weile klinkten sich die Schleppdampfer aus, und die »Berengaria« wandte ihren hohen, beinahe senkrechten Bug westwärts vorbei an der Insel Wight.

Stewards reichten Champagner. Vom Achterdeck hörte man die Bordkapelle. Sie intonierte irgendein Abschiedslied. Unwillkürlich mußte Carter an frühere Schiffsreisen denken, bei denen er meist mit dem Zwischendeck vorliebnehmen mußte. Und nun? Innerhalb weniger Wochen hatte sich sein Leben ins Gegenteil verkehrt. Er, dem die Sonnenseite des Lebens fremd und unerreichbar schien wie der höchste Gipfel des Himalaya, hatte mit einem Mal alles erreicht, wovon er ein Leben lang geträumt hatte. Die Amerika-Tournee versprach ihm sogar einen gewissen Reichtum. Und dennoch: In Augenblicken wie diesem fragte er sich, ob er wirklich hierhergehörte, und Zweifel wurden wach, ob ihn dieses neue Leben glücklich machte. Ob nicht nur die Augen satt wurden, während das Herz leerblieb.

»Howard, woran denkst du?« Phyllis' Stimme holte ihn in die Wirklichkeit zurück.

»Nichts, Prinzessin«, entgegnete Howard, »jedenfalls nichts von Bedeutung. Ich mußte nur daran denken, wie ich früher auf dem Zwischendeck reisen mußte.«

»Da warst du noch nicht berühmt, Howard!«

»Das nicht. Aber bin ich deshalb ein anderer?«

Phyllis hob die Schultern und zog die Mundwinkel nach unten.

Von der Brücke her näherte sich Keedick. Er schwenkte einen Briefumschlag über dem Kopf und rief schon von weitem: »Ladys and Gentlemen, Sir John Reynolds, der Kapitän dieses stolzen Schiffes, gibt sich die Ehre, uns zu einem privaten Captains-Dinner einzuladen. Wie ich schon sagte, was Keedick anpackt, macht er gründlich. Eine solche Ehre wird nur wenigen zuteil.«

Das Dinner im kleinen Salon der Kapitänssuite auf dem Oberdeck entbehrte nicht einer gewissen Pikanterie. Weniger, weil Phyllis ein extravagantes Pailettenkleid mit einem gewagten Ausschnitt trug – dieser fand bei Sir John Reynolds außerordentliches Gefallen –, als vielmehr aufgrund der Unterhaltung, die sich während des opulenten Essens ergab und die von Lee Keedick auf raffinierte Weise gelenkt wurde.

Nach einigen Gläsern Sherry und mehreren Gläsern Champagner überhäufte Sir John Phyllis mit Komplimenten und beglückwünschte Carter zu seiner Wahl: »Gewiß ist es nicht einfach, mit einem so berühmten Mann verheiratet zu sein, nicht wahr, Mrs. Carter?«

Phyllis, die tapfer mit einer Hummerschere kämpfte, sah Howard erwartungsvoll an. Auch Keedick lauerte, zum Sprung bereit. Noch bevor Phyllis antworten konnte, bemerkte Carter trocken: »Wir sind nicht verheiratet, Sir John, nein, wir kennen uns erst seit ein paar Monaten!«

Keedicks Augen wanderten unruhig zwischen Howard und John Reynolds hin und her, bis dieser anerkennend den Kopf neigte und erwiderte: »Oh, dann ist Miss Phyllis also Ihre Geliebte.«

»Ja, so könnte man sagen«, bemerkte Keedick knapp und lobte, um das Thema zu wechseln, den vorzüglichen Kaviar. »Er sollte«, meinte er mit spitzen Lippen, »zur richtigen Zeit im Mund zerplatzen.«

»Wenn ich ehrlich sein darf«, holte Kapitän Reynolds aus, »ich interessiere mich nicht allzusehr für Archäologie. Ich habe mein ganzes Leben auf dem Wasser zugebracht, und meine Landausflüge beschränkten sich auf eine Entfernung von kaum mehr als zehn Meilen vom Hafen. Aber wie man liest, scheint Ihre Entdeckung von außerordentlicher Bedeutung zu sein, Mr. Carter!«

Howard machte eine Handbewegung, als wollte er antworten: Nicht der Rede wert. Doch Keedick erwiderte: »Sir, noch nie in der Geschichte der Menschheit hat ein Ausgräber ein unversehrtes Grab eines Pharaos entdeckt. Mr. Carter ist der erste, und vermutlich wird er auch der einzige bleiben.«

»Ich verstehe«, erwiderte der Kapitän nachdenklich. »Dann sind Sie also von besonderem Glück verfolgt.«

Carter grinste beinahe verächtlich: »Könnte man meinen, Sir John; ich würde es eher als Hartnäckigkeit bezeichnen. Wissen Sie, es gibt die unterschiedlichsten Arten von Glück, unverdientes, das einem in den Schoß fällt, zufälliges, das jeden von uns treffen kann, und jenes, das man sich hart erkämpft. Ich glaube, mein Glück ist das letztere. Aber vermutlich ist es bei Ihnen nicht anders. Um Kapitän eines Schiffes wie der ›Berengaria‹ zu werden, braucht man nicht nur Glück. Man braucht auch Durchsetzungsvermögen.«

Reynolds hob die Schultern und blickte indigniert zur Seite. »Ich will Ihnen ein Geheimnis anvertrauen, Mr. Carter. Viel lieber wäre ich Kapitän auf der ›Aquitania‹ oder der ›Mauretania‹ als auf einem Bastard wie diesem.« Bei diesen Worten traten seine Augen aus den Höhlen hervor.

Carter, Phyllis und Keedick sahen sich verwundert an. Der Amerikaner fragte: »Wie soll ich das verstehen, Sir John? Sie nennen die ›Berengaria‹ einen Bastard?«

Sir John strich sich über seinen kurzgeschorenen Backenbart, dann neigte er sich über den Tisch zu Keedick, der ihm gegenübersaß, und sagte geheimnisvoll: »Haben Sie sich schon einmal die Wasserhähne auf diesem Schiff näher angesehen?«

Keedick hatte sich, in Erwartung ein bedeutendes Geheimnis zu erfahren, ebenfalls über den Tisch gelehnt, damit ihm kein Wort des Kapitäns entginge. Nun ließ er sich enttäuscht auf seinen Stuhl zurückgleiten und suchte bei Carter Hilfe, was Reynolds wohl meinte.

»Bestes poliertes Messing«, bemerkte Howard, und kleinlaut fügte er hinzu: »Nur die kleinen Schilder ›Warm‹ und ›Kalt‹ sind in deutscher Sprache gehalten. Seltsam auf einem englischen Schiff.«

»Sie sagen es, Mr. Carter, seltsam, höchst seltsam!« Sir John zuckte unruhig mit den Augenlidern. Wie es schien, vertrug er weniger Champagner als seine Gäste. Jedenfalls steigerte er sich mit einem Mal in eine wütende Rede: »Die ›Berengaria‹ war ursprünglich ein deutsches Schiff und trug den Namen ›Imperator‹ als Verbeugung vor dem deutschen Kaiser. Nach dem Krieg ging sie als Beute in englischen Besitz über und erhielt den Namen ›Berengaria‹ – wenn das kein Bastard ist? Im übrigen können die Deutschen ohnehin keine Schiffe bauen, jedenfalls keine anständigen mit angemessenem Seeverhalten. Die meisten vertragen gerade noch sechs Windstärken, dann beginnen sie zu rollen und zu schlingern wie ein südamerikanischer Bananendampfer. Und dieser Kahn« – Reynolds klopfte mit dem Zeigefinger auf die Tischplatte – »dieser Kahn macht da keine Ausnahme. Leider muß ich Ihnen sagen, daß unsere Wetterprognosen nicht die besten sind.«

Ängstlich ergriff Phyllis Carters Arm: »Howard?«

Sir John lachte breit: »Keine Bange, Miss Phyllis, die ›Berengaria‹ hat noch jedes Mal pünktlich ihr Ziel erreicht. Fragt sich nur wie! Ha, ha, ha!«

Keedick, der die Angst in Phyllis' Augen erkannte, wechselte das Thema: »Sir John«, meinte er höflich, »würden Sie mir den Gefallen erweisen und mir in die Passagierliste Einsicht gewähren?«

Sir John brummelte unwillig vor sich hin und meinte: »Ihr Amerikaner wollt immer alles ganz genau wissen.«

»Gewiß«, erwiderte Keedick, »gewiß. Es geht mir nur darum, zu erfahren, welche anderen prominenten Persönlichkeiten an Bord sind. Ich möchte nicht, daß irgend jemand Mr. Carter die Schau stiehlt, wenn er in New York von Bord geht. Sie wissen ja, die Reporter stürzen sich meist auf den ersten besten, und die übrigen haben das Nachsehen.«

»Sollen Sie haben«, erwiderte Reynolds, »der Steward wird Ihnen die Passagierliste unter der Kabinentür durchschieben.«

Das Captains-Dinner endete gegen elf und ziemlich unerfreulich, weil sich Sir John Reynolds, beflügelt von Sherry, Champagner und dem nachfolgenden Whisky, in lange Monologe über die christliche Seefahrt verlor und darüber, daß England die einzig wahre Seefahrernation der Welt sei.

Carter hatte alle Mühe, Phyllis zu beruhigen, daß die »Berengaria« trotz Alkoholkonsums ihres Kapitäns durchaus sicher nach Amerika gelangen würde, weil in einem Fall wie diesem ein anderer seine nautischen Aufgaben übernähme. Im übrigen verfügten Seefahrer über eine Fähigkeit, welche gemeinen Landratten, Ausgräbern und Agenten abgehe, sie würden bei Gefahr von einem Augenblick zum anderen nüchtern.

Phyllis, selbst nicht ohne Anzeichen unmäßigen Alkoholkonsums, gab sich mit Howards Erklärung zufrieden.

Der war ebenfalls nicht mehr ganz nüchtern, jedenfalls traute er seinen Augen nicht, als Phyllis, kaum hatten sie ihre Suite betreten, die sich, neben einem Badezimmer mit deutsch beschrifteten Armaturen, aus einem Salon in der Mitte und zwei Schlafzimmern zu beiden Seiten zusammensetzte, plötzlich nackt vor ihm stand bis auf ein paar zierliche Schuhe und von Strumpfbändern gehaltenen Seidenstrümpfe. Zwar war ihr ebenmäßiger Körper, der sich durch zierliche Hüften und apfelförmige Brüste auszeichnete, durchaus geeignet, selbst die in gewisser Hinsicht abgestumpften Sinne eines Ausgräbers zu verwirren, aber noch während er den aufregenden Anblick wollüstig in sich aufsog, kam ihm die erwähnte Seefahrerfähigkeit zu Bewußtsein, und ernüchtert, als hätte er sich einen Eimer kalten Wassers über den Kopf gestülpt, herrschte er seine Nichte an: »Phyllis, was soll das?«

Im Bewußtsein ihrer anziehenden Nacktheit näherte sich das Mädchen Howard mit ausgestreckten Armen und sagte: »Howard, du bist doch ein Mann!«

Phyllis' frivoles Selbstbewußtsein irritierte Carter zunächst, aber schon einen Augenblick später hatte er sich wieder in der Gewalt, und er antwortete in barschem Ton: »Gewiß, aber du bist meine Nichte, die Tochter meiner Schwester!«

»Ja und?« fragte Phyllis fordernd, »gefalle ich dir deshalb weniger? Charles Darwin heiratete seine Cousine!«

Nicht ohne Wohlgefallen betrachtete Howard das nackte Mädchen von Kopf bis Fuß. Dann erwiderte er: »Mit Gefallen hat das nichts zu tun. Eher mit Moral. Und was Darwin betrifft, liegt zwischen Cousine und Nichte ein ganzer Verwandtschaftsgrad.«

Phyllis ließ sich nicht abweisen, sie schlang ihre weißen Arme um

Howards Nacken und schmiegte sich mit ihrem warmen Körper zärtlich an ihn. Carter ließ sie gewähren, ein paar verbotene Augenblicke genoß er sogar die dargebotene Sinnlichkeit, doch dann ergriff er sie an den Handgelenken, drängte sie durch die Türe ihrer Schlafkabine und drückte sie auf ihr aufgeschlagenes Bett. »Phyllis«, sagte er ernst, »tu so etwas nie wieder, hörst du?«

»Aber ich liebe dich, Howard!«

»Ich liebe dich auch, Prinzessin; aber vermutlich haben wir beide eine unterschiedliche Vorstellung von Liebe. Wir müssen uns nun einmal damit abfinden, daß Moral und Gesetze unserer Zuneigung entgegenstehen.«

»Selbst Kapitän Reynolds glaubte, ich sei deine Frau!«

»Reynolds! Der Kapitän ist nicht das Gesetz und im übrigen ein rechter Trunkenbold. Das hat nichts zu sagen. Dennoch – wären wir uns zufällig und ohne verwandtschaftliche Bindung begegnet, dann...«

»Dann?«

Howard schwieg. Er wagte den Gedanken nicht auszusprechen, weil er sich mit Phyllis' Gedanken kreuzte.

»Dann?« wiederholte Phyllis ihre Frage, ohne auf eine Antwort zu hoffen. Leise begann sie zu weinen.

Am nächsten Morgen, die »Berengaria« dampfte mit voller Fahrt südwestlich von Irland auf 50 Grad nördlicher Breite und 10 Grad westlicher Länge, zog Phyllis es vor, in ihrer Kabine zu frühstücken. Auf Howards Frage, ob sie krank sei, erwiderte sie, nein, sie sei nur traurig.

Ein klarer, wolkenloser Himmel, der nichts von dem widrigen Wetter ahnen ließ, das der Kapitän vorhergesagt hatte, ermutigte Carter, sich in einem Liegestuhl auf dem Sonnendeck niederzulassen und sich mit seinem Vortragsmanuskript zu befassen, das er inzwischen zu Papier gebracht hatte. Was ihm die meisten Schwierigkeiten bereitete, war die Vorstellung, ein- oder zweitausend Menschen eine oder zwei Stunden so zu fesseln, daß sie nicht davonrannten. Nicht der Inhalt seiner Rede schürte die Bedenken, sondern die Vortragsform, Armbewegungen und Mienenspiel. Beide bedurften, nach Auffassung Keedicks, noch gewisser Korrekturen.

Während Carter mit theatralischen Gesten seine Rede übte, wurde er von einem Passagier im Liegestuhl nebenan beobachtet. Er schmunzelte amüsiert vor sich hin, spitzte den Mund, und dabei rollte er die Augen nach beiden Seiten. Schließlich begann er, Carters übertriebene Bewegungen nachzuahmen, aber nicht wie Howard in übertriebener Form, sondern mit kleinen, kurzen Bewegungen, was dem Ganzen einen ungewöhnlich komischen Anstrich gab.

Als Carter es bemerkte, hielt er verdutzt inne. Er genierte sich etwas, und entschuldigend meinte er zu seinem Nachbarn im Liegestuhl: »Ich hoffe, daß Sie mich nicht für verrückt halten, Sir!«

»Warum?« gab der kleine Mann, er war etwa Mitte dreißig, lächelnd zurück.

»Weil ich mich etwas eigenartig benehme. Aber ich studiere einen Vortrag ein, den ich in Amerika halten werde. Mein Name ist Carter, Howard Carter.«

»Der große Carter, der den Pharao entdeckt hat?«

»Genau dieser.«

Der kleine Mann zog die dunklen Augenbrauen hoch, die wie zwei gerade Striche auf- und abhüpften und erwiderte: »Angenehm. Mein Name ist Chaplin, Charles Chaplin.«

»Und was führt Sie nach Amerika, Mr. Chaplin?«

»Der Film. Ich bin Schauspieler.«

»Schauspieler. Wahrscheinlich müßte ich Sie kennen, Mr. Chaplin; aber Sie müssen verzeihen, ich habe die letzten dreißig Jahre in der Wüste zugebracht. Da gibt es kein Kino.«

»Ach wissen Sie, Mr. Carter, manchmal ist es ganz angenehm, jemanden kennenzulernen, der einen nicht kennt. Aber gestatten Sie mir eine Bemerkung zu Ihren Vortragsübungen: Es sind nicht die großen Gesten, mit denen Sie Wirkung erzielen, sondern die kleinen. Beobachten Sie unsere Politiker, die mit heftigen, weitausholenden Bewegungen vermeintliche Wahrheiten verkünden. Sie wirken meist unglaubhaft und lächerlich. Dabei genügt eine kleine Handbewegung, um den Inhalt von Worten zu unterstreichen.« Chaplin kehrte die Hände, die er bis dahin über der Brust gefaltet hielt, plötzlich nach außen und legte den Kopf leicht zur Seite.

»Sie müssen wirklich ein großer Schauspieler sein, Mr. Chaplin«, sagte Carter voll Bewunderung. Er hatte ungewollt und plötzlich einen großen Lehrmeister gefunden.

»Wie kann ich Ihnen danken?« sagte Howard, nachdem sie eine ganze Stunde gemeinsam Mimik und Gestik geübt hatten.

Chaplin schüttelte den Kopf. »Sie haben mir bereits einen großen Gefallen erwiesen.«

»Iiiich?«

»Ja. Als Sie in Southampton am Kai eintrafen, stürzten sich alle Reporter auf Sie und Ihre schöne junge Begleiterin. Das erleichterte es mir, aufs Schiff zu kommen. Es wäre mir sehr recht, wenn sich dieser Vorgang bei der Ankunft in New York wiederholen könnte.«

»Da steckt Mr. Keedick dahinter, mein Agent. Er beherrscht den Umgang mit der Presse vorzüglich. Glauben Sie mir, es war nicht meine Absicht, Ihnen die Schau zu stehlen.«

»Aber nein, Mr. Carter, wie ich schon sagte, Sie haben mir einen großen Gefallen getan.«

Während er redete, begutachtete Chaplin mit Kennerblick die strammen Waden zweier Damen in Tenniskleidung, die an der Reling standen und abwechselnd den beiden Männern verführerische Blicke zuwarfen. Der Vorfall begann auch Carter zu interessieren, und als Chaplin das bemerkte, raunte er ihm zu: »Wenn ich Ihnen einen Rat geben darf, Mr. Carter, hüten Sie sich vor allzuhübschen Damen an der Reling. Sie gehen einem gewissen Gewerbe nach. An Land würde man sie als Kokotten bezeichnen. Auf See ist man etwas galanter und nennt sie alleinreisende Damen mit Doppelkabine. Sie fahren mit der ›Berengaria‹ von Cunard nach New York und, um nicht aufzufallen, zwei Tage später mit der ›Olympic‹ von White Star zurück. Im Vertrauen: Mir sind sie zu alt und zu teuer.«

Ein Steward beendete das intime Gespräch zwischen den beiden und servierte die Elf-Uhr-Bouillon, welche Chaplin jedoch dankend ablehnte, weil das Schiff aufgrund stärker werdenden Seegangs leicht ins Schlingern geriet.

»Sie haben wohl nicht mit Schwindel und Übelkeit zu kämpfen?« meinte Charles Chaplin mit neidischem Blick auf Carter, der bedenkenlos seine Bouillon schlürfte.

»Nein«, erwiderte dieser freundlich, »mir wurde nur zweimal in meinem Leben schwindlig. Das erste Mal, als ich eine Frau nackt sah. Sie hieß Sarah und war meine Lehrerin. Das zweite Mal, als ich die Vorkammer des Grabes von Tut-ench-Amun öffnete.«

»Wie beneidenswert«, stellte Chaplin fest, ohne den Blick vom Horizont zu wenden.

Während sich im Nordwesten dunkelgraue Wolken auftürmten, kam Wind auf, und zum immer stärker werdenden Schlingern des Schiffes gesellte sich eine rollende Bewegung, die das Gespräch zwischen Chaplin und Carter zum Erliegen brachte. Von mittschiffs näherte sich ein zierliches Mädchen in einem Schulmädchenkleid, keine sechzehn Jahre alt, wie es schien, aber äußerst attraktiv.

»Charles, du solltest in deine Kabine gehen«, flötete die Kleine mit dünner Stimme, »du weißt, daß dir dieser Seegang nicht bekommt.«

Chaplin bekam große Augen, und ohne auf das Mädchen einzugehen, wandte er sich an Carter: »Ist sie nicht reizend? – Lita, meine Frau. Nun ja«, korrigierte er sich, »verheiratet sind wir nicht. Aber so gut wie, Sie verstehen!«

Howard nickte irritiert. Vielleicht, dachte er, war sie sogar erst vierzehn. Aber noch während er über das seltsame Verhältnis der beiden nachdachte, sprang Chaplin plötzlich auf, preßte die Hand vor den Mund und lief, gefolgt von dem Mädchen, in Richtung der Kabinen.

Der Wind nahm zu, und in Sorge um Phyllis, die anfällig war gegen die Seekrankheit, begab er sich in seine Suite. Blaß und mit geschlossenen Augen lag Phyllis auf ihrem Bett, und wie alle, die dieser tückischen Krankheit anheimfallen, wollte sie sterben. Howard nahm ihre Hand, aber mehr als ein mühsames Lächeln bewirkte er nicht. Erst ein paar Tropfen eines braunen Medikaments, das der Kabinensteward verteilte, brachte Linderung.

»Du hättest gestern keinen Alkohol trinken dürfen«, meinte Howard, als Phyllis wieder ansprechbar war.

Phyllis nickte. »Entschuldige wegen gestern abend, aber ich liebe dich nun einmal.«

Carter nickte verständnisvoll. »Eine ungute Situation, ich weiß. Laß uns nicht mehr darüber reden.«

»Doch, Howard, bitte!«

»Ein andermal, Phyllis, ein andermal.«

Das große Festbankett im Ballsaal der »Berengaria« fiel dem Seegang zum Opfer. Gerade einmal zwei Dutzend seefester Passagiere fanden sich zu dem grandiosen Bankett ein. Noch beim Einlaufen in den Hafen von New York hatten die meisten Passagiere eine auffallend blasse Hautfarbe.

Wie schon in Southampton hatte Lee Keedick alles bis ins kleinste geplant. In Funktelegrammen an alle großen Zeitungen hatte er die genaue Ankunftszeit der »Berengaria« angekündigt und mit der Besatzung des Schiffes vereinbart, daß Howard Carter und Phyllis als erste über die Gangway an Land gingen. Die Werbeagentur Simon & Simon war beauftragt, zehn Männer und Frauen mit Transparenten und Schildern mit der Aufschrift »Welcome King of Luxor« und »Howard Carter welcome to USA« zu postieren. Die Hafenkapelle, die jeden Ozeandampfer mit flotter Musik begrüßte, wartete mit dem »Tut-ench-Amun-Stomp« auf, den ein findiger Komponist komponiert hatte.

Trotz der frühen Morgenstunde wimmelte der Pier von Menschen. Blutrot leuchteten die hohen Backsteinhäuser der Lower Eastside im Hintergrund. Vereinzelt sah man noch Lichtreklamen blinken. Es roch nach einer Mischung aus Seetang, Abwasser und Benzin. Fünfzig, hundert, vielleicht noch mehr Automobile bahnten sich knatternd und Abgaswolken in die seidige Morgenluft pustend den Weg zum Cunard-Pier. Zeitungsverkäufer und fliegende Händler drängten schreiend durch die Menge. Schiffssirenen heulten auf, Automobile hupten, Musikfetzen der Hafenkapelle: New York.

Phyllis, in einem dezenten kurzen Kleid, das sie älter wirken ließ, nahm Carters Arm. Mit der Linken deutete sie hinab auf den Pier, wo die Claqueure ihre Transparente schwenkten und in Carter-Rufe ausbrachen.

»Mein Gott!« Howard schüttelte den Kopf, als wollte er die Szene nicht wahrhaben. »Zwick mich irgendwohin, damit ich weiß, daß ich nicht träume. Wenn du mir das alles vor einem Jahr vorausgesagt hättest, hätte ich dich für verrückt erklärt.«

Phyllis hatte Mühe, ihre Emotionen im Zaum zu halten. Sie klammerte sich an Howards Arm, daß es schmerzte, und lehnte ihren Kopf an seine Schulter: »Howard«, sagte sie leise, »ich bin so stolz auf dich.«

Wie aus der Ferne vernahm Howard ihre Worte, und irgendwie erinnerten sie ihn an eine Begebenheit in seinem Leben, die weit zurücklag. Aber noch bevor er den Gedanken zu Ende gedacht, noch ehe er sich richtig erinnert hatte, flammten vom Kai her Blitzlichter auf. Es war nicht schwer, Howard an der Reling auszumachen.

Von Keedick war Carter auf alles, was ihn erwartete, vorbereitet worden. Nichts würde ihn aus der Fassung bringen. Keedick schien überhaupt allwissend, er kannte sogar die Fragen, welche ihm die Zeitungs- und Radioreporter stellen würden, und natürlich wußte er auch die passende Antwort.

Wie geplant wurden Howard und Phyllis, kaum war die Gangway herabgelassen, von vier Besatzungsmitgliedern in weißer Uniform zum Ausgang geleitet und mit militärischem Salut verabschiedet. Als sie auf die schwankende Gangway traten, brach Jubel aus. Hüte wurden in die Luft geworfen. Reporter balgten sich um die besten Plätze, und vom Oberdeck der »Berengaria«, deren tiefes Baßhorn über den Hafen hallte, flatterten Luftschlangen.

Am Pier wartete der amerikanische Direktor der Cunard-Linie mit einem riesigen Blumenstrauß, um den berühmten Gast und seine Frau willkommen zu heißen. Von den Reportern bestürmt, beantwortete Howard jene Fragen, die er schon kannte. Hilfesuchend wandte er sich manchmal zu Keedick um, den er stets in Reichweite wußte. Der drängte die Journalisten schließlich mit heftigen Bewegungen und dem Hinweis zurück, alle anstehenden Fragen würden von Mr. Carter in seinen Vorträgen beantwortet.

Ein paar Schritte entfernt wartete ein Packard Towncar, dessen Chauffeur im Freien saß und sie zum Hotel »Waldorf-Astoria« an der Park Avenue brachte. Hier bot sich das gleiche Bild wie bei der Ankunft im Hafen: In Zehnerreihen drängten sich Neugierige vor dem breiten Eingangsportal, Reporter richteten ihre großformatigen Kameras auf den berühmten Gast, mindestens ein halbes Dutzend Filmkameras hielten das Ereignis in lebendigen Bildern fest. Ohne Keedicks Hilfe dauerte es zwanzig Minuten, bis Howard und Phyllis sich durch die Halle bis zur Rezeption vorgearbeitet hatten.

Dort trat ihnen Lee Keedick mit strahlendem Lächeln entgegen. Seine großen Augen hinter den dicken Brillengläsern erschienen noch größer als gewöhnlich, und voll Stolz verkündete er: »Mr. Carter, ich habe gerade mit meinem Büro telefoniert. Die Tournee ist bis auf den letzten Platz ausverkauft. Wir werden nicht umhin kommen, einige zusätzliche Termine einzuschieben.«

Carter starrte den Agenten an, als habe der ihm soeben eine ganz unglaubliche Mitteilung gemacht.

Als Keedick Howards Verwirrtheit erkannte, pufte er ihn in die Seite und raunte ihm zu: »So begreifen Sie doch, das bedeutet in Ihrer Währung...« – er befeuchtete den Zeigefinger an den Lippen und rechnete halblaut auf einer unsichtbaren Tafel – »mindestens 50 000 Pfund.«

»Fünfzig...?«

»Tausend!« bekräftigte Keedick. »Habe ich Ihnen zuviel versprochen? Jedenfalls kein schlechter Schnitt für vier Wochen Arbeit.«

Howard konnte es einfach nicht fassen. 50 000 Pfund! Das war die Summe, die Lord Carnarvon für fünfzehn Jahre Grabungen im Tal der Könige aufgewendet hatte. Mit 50 000 Pfund hatte er fünfzehn Jahre nicht nur ihn, sondern ganze ägyptische Dörfer ernährt. 50 000 Pfund! Damit konnte er sich ein Stadthaus in Londons bester Lage leisten, in South Kensington oder Mayfair, mit einem Rolls-Royce vor der Türe samt Chauffeur, eine Villa in Luxor für die Wintermonate mit Dienerschaft, und dann blieb noch genug übrig, um ein geruhsames Leben zu führen.

»Mr. Carter!« Keedicks schneidende Stimme ließ ihn aus seinen Träumen erwachen. »Mr. Carter, Ihnen bleiben nur sechs Stunden Zeit, sich in Ihrer Suite etwas zu erholen. Um 18 Uhr 50 verläßt unser Zug Central Station in Richtung Philadelphia. Das Gepäck wird vom Hafen direkt zum Zug gebracht. New York steht erst am Ende der Tournee auf dem Programm. Die Carnegie Hall ist zweimal ausverkauft, ebenso die Brooklyn Academy of Music und das Metropolitan Museum. Aber dazwischen liegen noch Pittsburgh, Cleveland, Detroit, Toronto, Buffalo, Chicago, Cincinnati, Baltimore und Washington. Übrigens – der Präsident der Vereinigten Staaten, Warren Harding, bittet Sie zu einem Empfang ins Weiße Haus.«

Carter hielt den Blick starr in die Hotelhalle gerichtet. Er hatte Schwierigkeiten zu begreifen, daß Keedick zu *ihm* sprach, daß er nicht einen anderen meinte.

»Und wenn ich mich weigerte?« stammelte Carter tonlos und ohne Keedick anzusehen.

Keedick zögerte einen Augenblick.

Phyllis rief entsetzt: »Howard!«

Da lachte Lee Keedick breit und schüttelte seinen gedrungenen Körper, und an Phyllis gewandt meinte er: »Mr. Carter will uns angst machen, Ihr Engländer seid ja bekannt für euren sarkastischen Humor. Ich sage Ihnen eins, Mr. Carter, in den kommenden vier Wochen sollten Sie nicht einmal einen Gedanken daran verschwenden, schlappzumachen. Die Tournee wird anstrengend, gewiß, aber ich empfehle Ihnen, daß Sie sich beim geringsten Anzeichen von Schwäche die Summe von 50 000 Pfund vor Augen führen!« Dabei malte Keedick die Zahl 50 000 in die Luft.

Phyllis nickte zustimmend.

Im Hotelzimmer ließ sich Carter aufs Bett fallen und schloß die Augen. Hatte er es sich nicht immer gewünscht, berühmt zu sein? Und nun, da er sein Ziel erreicht hatte, war es ihm unbehaglich. Wie ein Fels lastete die Berühmtheit auf seiner Brust. Er atmete schwer und hatte das Gefühl zu ersticken. In dreißig Jahren hatte er die Einsamkeit kennen-, ja sogar liebengelernt, er hatte viele Jahre gebraucht, sie nicht zu fürchten und nicht zu hassen, und er war sogar soweit gekommen, süchtig zu werden nach Einsamkeit, weil sie Gefühle erzeugte, die nur dieser Zustand hervorbringt – ein rücksichtsloses Glück. In der Einsamkeit hatte Carter zu sich selbst gefunden. Aber nun hatte sich alles in kurzer Zeit ins Gegenteil verkehrt. In seinem Kopf lärmten Reporter mit ihren dummen, penetranten Fragen, Automobile knatterten an ihm vorbei, und Schiffssirenen heulten, als gelte es eine drohende Kollision zu verhindern. Im Tal der Könige, das ihm im Laufe der Jahre zur Heimat geworden war, konnte man aus einer halben Meile Entfernung einen Stein hören, der sich aus dem Fels löste und zu Boden kullerte. Über diesen Gedanken schlief er ein.

Lee Keedick kam mit den Abendzeitungen, die alle über Carters Ankunft in New York berichteten, um Howard und Phyllis abzuholen. Central Station lag nur vier Straßenzüge vom »Waldorf-Astoria« entfernt, und Carter bestand darauf, den Weg zu Fuß zurückzulegen.

London war gewiß keine Kleinstadt und konnte sich über mangelnden Automobilverkehr nicht beklagen, aber der Andrang in den Straßenschluchten New Yorks ließ keinen Vergleich zu. Die Automobile drängten sich reihenweise auf den Straßen, und Polizisten in strammen Uniformen waren nötig, um sie über die zahllosen Kreuzungen zu lotsen.

Anders als in Luxor, wo sich niemand über eine Zugverspätung aufregte, so sie nicht länger als eine halbe Stunde dauerte, fuhr der Zug in Central Station pünktlich auf die Minute ein, und die Pullman-Waggons hielten exakt an der vorgezeichneten Stelle. Keedick hatte ein plüschiges Abteil erster Klasse gebucht samt Salon mit holzgetäfelten Wänden, Porzellanwaschtisch und Schlafgelegenheit zu beiden Seiten. Der Pullmanzug sollte für Carter und Phyllis der häufigste Aufenthaltsort der nächsten Wochen werden.

Kapitel 33

Schon Carters erster Vortrag in Philadelphia ließ ahnen, daß die Tournee ein einziger Triumphzug werden würde. Tickets zum regulären Preis von fünf Dollar wurden für 25 Dollar gehandelt. Die Vorträge des Ausgräbers, die er mit Diapositiven ergänzte, wurden zum gesellschaftlichen Ereignis. Man trug Abendkleidung und große Garderobe, und Carter wechselte auf Anraten Keedicks zum Cut, der ihm neben Eleganz eine gewisse Unnahbarkeit verlieh.

Mit dicken Lidstrichen geschminkt wie Nofretete, erschienen einige Damen in langen, engen, zum Teil durchsichtigen Mumienkleidern mit Hieroglyphenbändern an Vorder- und Rückseite. Handtäschchen aus Bakelit waren Schatullen aus dem Grabschatz des Tut-ench-Amun nachempfunden. »Ägyptomania« hieß das Zauberwort, dem sich keiner entziehen konnte, denn Journale und Tageszeitungen waren voll davon.

Unerwartet souverän entledigte sich Carter seiner Aufgabe. Er sprach frei, sparte nicht mit kleinen Scherzen, die bei den Amerikanern besonders gut ankamen, und verstand es jeden Abend, seine Zuhörer in Bann zu schlagen, wenn er die Gefühle schilderte, die ihn beim Öffnen der Grabkammer befielen. Zeitungskritiker lobten seine Vortragskunst, und mehrfach bemerkten sie, Carter bewege sich bisweilen wie der große Schauspieler Charlie Chaplin.

Auf rührende Weise sorgte sich Phyllis um Howards Wohlbefinden, schirmte ihn vor zudringlichen Verehrerinnen ab, welche Bahnhöfe und Hotels belagerten, und hielt Lee Keedick in Schranken, der immer neue Zwischentermine einschieben wollte. Phyllis gab sogar Interviews über Carters Wohlbefinden, über sein Leben in Luxor, seine Vorlieben und Abneigungen, nur über ihr Verhältnis zu Carter schwieg sie beharrlich.

Natürlich griffen die Zeitungen das Thema auf und fragten in großen Buchstaben über noch größeren Bildern: Ist diese Frau Carters Managarin, seine Ehefrau oder Geliebte? Phyllis gefiel sich in ihrer rätselhaften Rolle.

Nicht selten kam es vor, daß Howard in einem Hotel erwachte und Phyllis die Frage stellte: »Wo sind wir eigentlich?«

Dann erwiderte Phyllis: »In Cleveland, Detroit oder Buffalo«, aber eigentlich spielte das keine große Rolle, weil der Tagesablauf in allen Städten der gleiche war: Interviews, Besuche bei den Honoratioren der Stadt, ein oder mehrere Vorträge, zurück zum Hotel oder Schlafwagen.

In Chicago kam es zu einem Eklat. Als Howard in Begleitung von Keedick und Phyllis ins Hotel »Four Seasons« zurückkehrte, trat ihm ein Mann in den Weg. Er trug einen schwarzen Anzug mit feinen Nadelstreifen, sein Haar glänzte dunkel, und die Oberlippe zierte ein ebenso dünnes wie breites Bärtchen. Auf dem Kopf trug er einen schwarzen Hut mit breiter Krempe.

»Mr. Carter, auf ein Wort!« sagte der Unbekannte mit aufgesetztem Lächeln und griff in die Innenseite seines Jacketts.

»Was wollen Sie?« fragte Howard mürrisch. »Ich bin müde. Lassen Sie mich in Ruhe.«

Da zog der schwarze Mann ein glitzerndes Etwas aus der Jackentasche hervor, einen Anhänger aus Gold, handtellergroß mit der Himmelsgöttin Nut in Gestalt eines Geiers und darüber die Königsringe mit dem Thronnamen Tut-ench-Amuns. Howard erkannte sofort, daß es sich bei dem Schmuckstück um ein Objekt aus dem Grabschatz des Pharaos handelte.

»Woher haben Sie das?«

Auch wenn er sich Mühe gab, ruhig zu bleiben, Phyllis bemerkte Howards innere Erregung.

»Ich will wissen, wie das Schmuckstück in Ihren Besitz gelangt ist«, wiederholte Carter, diesmal in heftigerem Ton.

»Und ich will wissen, ob dieser nette Anhänger echt ist, Mr. Carter!« Der Fremde ließ den Schmuck provozierend vor Howards Nase baumeln.

»Das Stück ist gestohlen!« fauchte Carter wütend. »Ich werde die Polizei verständigen.«

Der schwarzgekleidete Mann grinste überlegen. »Das steht Ihnen frei, Mr. Carter, aber ich habe das Schmuckstück von einem Händler gekauft, mit Rechnung und Zertifikat, Sie verstehen. Soll ein Geschenk sein, für meine – Sie wissen schon. Was mich interessiert, ist nur, ob ich nicht einer Fälschung aufgesessen bin. Ich mußte eine anständige Summe löhnen, um es zu bekommen.«

»Sie haben kein Recht, dieses Stück zu besitzen. Es ist Diebesgut und auf dem schwarzen Markt nach Amerika gelangt!«

Zynisch hob der Unbekannte die Schultern und zwinkerte mit dem rechten Auge. »Und wenn es so wäre? Ich habe es für viel Geld erworben, Mister!«

Aufgebracht griff Carter nach dem Schmuckstück, um es dem Fremden zu entreißen. Doch der ließ es blitzschnell verschwinden. Zornentbrannt holte Carter aus und versetzte dem Kerl eine Ohrfeige. Blitzlichter flammten auf. Im nächsten Augenblick war der Fremde mit dem Schmuckstück verschwunden.

In den Zeitungen wurde der Vorfall breitgetreten, und man rätselte nach dem Grund für die Auseinandersetzung der beiden Männer, stellte abenteuerliche Theorien auf, bat Carter um eine Stellungnahme.

Sollte er sagen, daß der selige Lord Carnarvon sich gegen seinen, Carters, Willen am Grabschatz bereichert, daß er sich der Hilfe dieses Gauners Robert Spink bedient hatte, um unwiederbringliche Kostbarkeiten aus dem Grabschatz zu Geld zu machen, um seine Investition wieder hereinzubekommen?

Schließlich zog Carter es vor zu schweigen.

Howard erlebte seine Tournee durch den Osten Amerikas wie in Trance. Es schien, als habe für ihn ein neues Leben begonnen, nein, es schien nicht nur so, es war wirklich ein neues, anderes Leben. Nicht nur, daß er in wenigen Wochen mehr Geld verdiente als in seinem ganzen Ausgräberleben. Seine Popularität war inzwischen so groß, daß sogar Berühmtheiten um seine Gunst buhlten und sich in seinem Glanz sonnten.

In Washington trat Carter im Nationaltheater auf, das für gewöhnlich amerikanischen Klassikern vorbehalten blieb. Der Erfolg übertraf alle Erwartungen. Nach dem Vortrag wurde Howard vor dem Theater von Tausenden von Menschen belagert, die keine Karten bekommen hatten.

Carter erschrak, als er mit Phyllis auf die Treppen des Theaters trat und die Menschen zu schreien, zu toben, zu rasen begannen. »Carter! Carter! Carter!«

Phyllis neigte den Kopf zu Howard und rief ihm – nur so konnte man sich überhaupt verständigen – ins Ohr: »Glaubst du jetzt endlich, daß du der berühmteste Mann der Welt bist?«

Mißfällig verdrehte Howard die Augen: »Ich habe den Eindruck, dir bereitet das mehr Vergnügen als mir. Als ich noch der unbedeutende Ausgräber aus Luxor war, den keiner kannte, da konnte ich mich wenigstens frei bewegen, ich konnte tun und lassen, was ich wollte, und wurde von niemandem verfolgt und beobachtet. Ich beginne mich nach dieser Zeit zurückzusehnen. Aber das ist wohl der Preis des Ruhms ...«

»Du bist undankbar, Howard!« protestierte Phyllis, während sie den jubelnden Menschen zuwinkte. »Erinnerst du dich nicht mehr an die Zeit, als du deine jahrzehntelange Erfolglosigkeit beklagtest, wie du Carnarvon verflucht hast, weil er dir deine niedere Herkunft vorhielt, wie du alle Hoffnungen auf diese eine Entdeckung gesetzt hast? Und nun, da du alles erreicht hast, wo du überall wie ein König gefeiert wirst, beklagst du dich ebenfalls. Howard, was willst du eigentlich?«

Carter blieb merkwürdig stumm.

Eigentlich sollte Carter tags darauf dem Präsidenten der Vereinigten Staaten nur einen kurzen Besuch abstatten. Warren Harding war an Archäologie sehr interessiert. Doch der in Aussicht gestellte Kurzbesuch geriet unversehens zu einer Art Staatsempfang mit erlesenen Gästen. Sogar Keedick, den für gewöhnlich nichts aus der Ruhe bringen konnte, zeigte Anzeichen von Nervosität angesichts der illustren Gästeliste.

Noch am Abend erschien ein englischstämmiger Schneider im Hotel, um Carter einen Frack anzupassen, ein Kleidungsstück, über das er bis dahin nicht verfügt hatte. Pünktlich zum festlichen Empfang im Ostflügel des Weißen Hauses wurde der Frack geliefert.

Howard Carter machte keine schlechte Figur, zumal ein Frack gemeinhin jeden Mann gut kleidet. Phyllis trug ein türkisfarbenes

Abendkleid aus Chiffon, das raffiniert an der rechten Hüfte gerafft war. Daß Keedicks Frack bereits viele gesellschaftliche Ereignisse hinter sich gebracht hatte, sei nur deshalb erwähnt, weil er an Revers und Ärmeln schon zu glänzen begann.

Präsident Warren Harding war ein in jeder Beziehung unscheinbarer Mann, nur auffallend blaß und mit gekünstelten Umgangsformen. Was seinen Charakter betraf, so war Harding jedoch alles andere als farblos. Nicht wenige wußten, daß der Präsident neben seiner Frau Flo eine Geliebte hatte namens Nan Britton und mit dieser ein Kind. Aber darin unterschied er sich gar nicht allzusehr von manch anderen Gästen an diesem Abend: Man wahrte nach außen den Schein, lebte im übrigen aber ein ausschweifendes Leben wie noch nie in der Geschichte des Landes.

»Howard, halt mich fest«, flüsterte Phyllis, als sie vor dem Eingang des Weißen Hauses dem schwarzen Panhard Twin Six entstiegen, den der Präsident geschickt hatte. Es war jenes Automobil, mit dem Harding als erster Präsident der Vereinigten Staaten zu seiner Amtseinführung gefahren war. »Halt mich fest, ich habe Hemmungen vor all den berühmten Leuten.«

Carter war sich seiner Sache ebenfalls nicht ganz sicher, aber dann erinnerte er sich an die Worte seines Vaters, der auch mit Komplexen zu kämpfen hatte, wenn er mit vornehmen Ladys und Lords zusammentraf, um ihre Pferde und Jagdhunde zu malen, und Howard erwiderte: »Stell dir die Leute einfach als Skelett vor, durch das man hindurchschauen kann; dann verliert sogar der amerikanische Präsident an Größe.«

Es wäre besser gewesen, Howard hätte Phyllis diesen Kunstgriff nicht verraten, zumindest nicht in dieser Situation, denn als der Präsident in Begleitung seiner Frau den beiden entgegentrat, begann Phyllis plötzlich zu kichern wie ein Schulmädchen, und Howard hatte alle Mühe, seine Begleiterin zu beruhigen.

Das Begrüßungsdefilee geriet eher zwanglos, jedenfalls fehlte ihm jene Steifheit, die bei ähnlichen Anlässen in England üblich war. Dazu trug auch die Tatsache bei, daß einige Gäste sich selbst eingeladen hatten, weil ihr Einfluß in Amerika so groß war, daß ein schwächlicher Präsident wie Harding es sich einfach nicht erlauben konnte, ihnen diesen Wunsch abzuschlagen. Da war zum Beispiel Henry Ford, reich und mächtig, der sich mit dem Gedanken trug, als Präsidentschaftskandidat gegen Harding anzutreten.

»Ford? Der große Ford?« fragte Carter ungläubig.

»Was mein Automobil betrifft, so ist es eher klein«, erwiderte Ford. »Aber wenn Sie *mich* meinen, Mr. Carter, nehme ich das Kompliment gerne entgegen.«

»Wissen Sie, daß mir ein Automobil mit Ihrem Namen am Kühler im Tal der Könige große Dienste geleistet hat, Mr. Ford?«

»Ach ja, meine ›Tin Lizzie‹, sie ist einfach nicht totzukriegen. Es ist mir eine Ehre, Mr. Carter, Ihnen bei Ihrer großen Aufgabe behilflich gewesen zu sein.«

»Mein Name ist Kennedy, Joseph Kennedy aus Boston«, drängte sich ein forscher junger Mann von vielleicht 35 Jahren mit seiner noch etwas forscher wirkenden Ehefrau in das Gespräch, »ich bin Reeder, Bankier und Demokrat.« Sein Händedruck verriet etwas von der Kraft der puritanischen Pilgerväter, und seine Frau Rose fügte hinzu: »Und Katholik! Wir sind irischer Herkunft, müssen Sie wissen.«

»Angenehm«, bemerkte Carter floskelhaft, und dabei entging ihm nicht der mißbilligende Gesichtsausdruck von Mrs. Kennedy, als sie Phyllis' Abendkleid musterte.

»Wir werden« – Mrs. Kennedy gebrauchte ausschließlich die Mehrzahl, wenn sie von sich sprach – »wir werden die Republikaner schon noch aus dem Weißen Haus jagen«, sagte sie hinter vorgehaltener Hand, »entweder Joseph, mein Mann, oder mein Sohn John Fitzgerald. Er ist gerade sechs.«

Wie vom Blitz getroffen starrte Phyllis auf einen Mann mit dunklen Haaren und einem schmalen Oberlippenbärtchen, der mit einer kleinen, fröhlich blickenden Frau am Arm direkt auf sie zu trat. »Howard, ich werde ohnmächtig«, raunte Phyllis Carter zu, »das ist Douglas Fairbanks mit seiner Frau Mary Pickford!«

»Muß ich die kennen?« fragte Carter hilflos.

»Howard, das sind die berühmtesten Filmschauspieler der Welt. Ich habe Doug in vielen Filmen gesehen, als Freibeuter, Abenteurer und hinreißenden Liebhaber!«

Zu ihrem Leidwesen schenkte Douglas Fairbanks Phyllis kaum Beachtung. Der hielt vielmehr Carter die Einladungskarte zu dem Empfang entgegen und bat, beinahe schüchtern wie ein Schuljunge, um eine Widmung.

Während Howard »Dem großen Mimen von einem kleinen Ausgräber« auf die Karte kritzelte, nahm Mary, seine Frau, Phyllis beiseite und zeigte mit dem Kopf auf die Kennedys, und leise, daß niemand es hören konnte, sagte sie: »Vermutlich hat Ihnen Kennedy schon gesagt, daß er katholisch ist. Aber daß er eine Geliebte hat, deren Filme er heimlich finanziert, hat er sicher nicht erzählt. Sie heißt Gloria Swanson und ist ja ganz hübsch, aber völlig unbegabt.«

Vielmehr als an dem Klatsch aus Hollywood wäre Phyllis an einem Gespräch mit dem berühmten Leinwandhelden interessiert gewesen; aber auch andere Damen der Gesellschaft belagerten ihn wie Motten das Licht.

Das Dinner an der Seite des Präsidenten und seiner Gattin war gerade zu Ende, man plauderte in kleinen Gruppen, trank, den Gesetzen des Landes entsprechend, Wasser, Säfte und Milch – wenn man darüber hinwegsah, daß der eine oder andere eine Taschenflasche hervorzog und verbotenen Inhalt in ein Wasserglas kippte, als plötzlich alle Gespräche verstummten. Alle Augen richteten sich auf den Eingang des Bankettsaales, wo ein seltsames Paar auftauchte wie eine unheimliche Erscheinung: Der Mann war lang, dürr und uralt, zwischen achtzig und neunzig Jahren. Er trug einen schwarzen Anzug. Sein Gesicht war eingefallen, daß die Backenknochen hervortraten, die Haut vielfaltig und lederartig. Das Gespenstische an seiner Erscheinung war jedoch die Tatsache, daß der bedauernswerte Mann alle Körperhaare verloren hatte, sogar die Wimpern. Seine Augenbrauen waren mit einem dunklen Stift nachgezogen, und jedem fiel sofort auf, daß er eine glattgekämmte Perücke trug, um den Makel seines kahlen Kopfes zu verbergen.

Die Frau an seiner Seite war etwa fünfzig Jahre alt und von einnehmendem Äußeren. Sie trug ein langes, enganliegendes Kleid nach altägyptischem Vorbild. Ihre dunklen Haare waren hochgetürmt und mit einer breiten grünen Feder geschmückt. Dies und die kunstvolle Schminke um ihre Augen verliehen der schönen Frau etwas Unnahbares, Majestätisches.

Lee Keedick, der sich zufällig gerade in seiner Nähe aufhielt, trat an Carter heran und raunte ihm zu: »Das ist John D. Rockefeller, der reichste Mann der Welt, mit seiner Tochter Edith Rockefeller-McCormick. Die beiden werden Ihnen sicher gleich erklären, warum sie hier sind. Übrigens – Rockefeller leidet an Alopezie, einem krankhaften Haarausfall am ganzen Körper. Das darf Sie nicht weiter stören.«

Aus der Entfernung starrte Howard den unglücklichen, reichen Mann an. Natürlich hatte er vom sprichwörtlichen Reichtum Rockefellers gehört, von seinen Marotten, seiner Sparsamkeit und Bescheidenheit, daß er mit der U-Bahn ins Büro fuhr, nur höchst selten ausging und sich über ein neues Paar Schuhe oder Strümpfe freuen konnte wie ein Kind zu Weihnachten. Auch daß er ständig tausend Dollar in der Tasche trug, wurde über ihn erzählt (wofür er zwei Ford-Automobile hätte kaufen können); doch trug er das Geld nur deshalb bei sich, um jederzeit ein neues Geschäft anzahlen zu können.

Für einen Augenblick brachte der Anblick Rockefellers Howard ins Grübeln. War dies der Preis des Reichtums? Was, dachte Carter, hätte dieser Mann dafür gegeben, wenn ihn das Schicksal weniger hart getroffen hätte?

Während er solchen Gedanken nachhing, stürmte die exaltierte Lady mit ausgestreckten Armen auf Howard zu und rief, daß alle es hören konnten: »Warum haben Sie das getan, Mr. Carter?«

Verwirrt blickte sich Howard um und suchte bei Lee Keedick Beistand. Keedick hielt die Hand vor den Mund und flüsterte: »Nehmen Sie ihre Worte nicht zu ernst. Mrs. Rockefeller-McCormick hält sich für die Reinkarnation einer altägyptischen Königin. Wie man hört, redet sie bisweilen sogar in einer Sprache, die keiner versteht, und erzählt Begebenheiten aus ihrem früheren Leben. Wenn Sie mich fragen, ein Beweis dafür, daß Geld den Menschen um den Verstand bringt.«

»Eine Reinkarnation einer Ägypterkönigin? – Auch das noch!« Carter machte ein ziemlich verzweifeltes Gesicht. Schließlich wandte er sich an Rockefellers Tochter und fragte: »Ich verstehe nicht, was werfen Sie mir vor?«

»Sie haben die Ruhe des Pharaos gestört, Mr. Carter. Und Osiris, der Sohn des Erdgottes Geb und der Himmelsgöttin Nut, der über die Toten richtet, wird Sie dafür bestrafen.«

Carter erschrak. Sprach so eine Frau, die den Verstand verloren hatte? Interessiert fragte Howard: »Woher haben Sie Ihre Kenntnisse über die Religion der alten Ägypter?«

Da lösten sich die gespannten Gesichtszüge der reichen Lady, und mit einem Lächeln erwiderte sie: »Mr. Carter, ich erzähle Ihnen nichts Neues, die alten Ägypter glaubten an ein weiteres Leben nach dem Tode. Sehen Sie mich an, ich bin der leibhaftige Beweis dafür. Ich bin heute nur die Frau eines Industriellen, Mrs. Rockefeller-McCormick aus Chicago, gesegnet mit dem Vermögen der ›International Harvester Company‹, aber vor dreitausend Jahren war ich eine ägyptische Königin, Anches-en-Amun, verehelicht mit Pharao Tut-ench-Amun.«

Ein Raunen ging durch den Saal. Einigen Gästen, die Ohrenzeugen der Unterhaltung geworden waren, entfuhr ein stummer Aufschrei des Entsetzens, andere schmunzelten ungläubig, wieder andere mitleidig.

Carter, der der Begegnung bisher eher gleichgültig gegenüber gestanden hatte, war fasziniert. Er fühlte sich auf einmal von dieser Frau magisch angezogen. Beinahe schüchtern stellte er die Frage: »Haben Sie einen Beweis für Ihre Behauptung?«

Da huschte abermals jenes wissende Lächeln über ihr Gesicht, und Mrs. Rockefeller-McCormick antwortete: »O ja, Mr. Carter. Ich habe alle Ihre Berichte in den Zeitungen verfolgt und festgestellt, daß Sie zwei Vorkammern und die Grabkammer des Pharaos entdeckt haben. Eine vierte Kammer ist Ihnen dabei offensichtlich entgangen. Für den Forscher ist diese Kammer von geringerer Bedeutung, mir bedeutet sie um so mehr, denn sie enthält zwei winzige Mumiensärge.«

Mit Verwunderung beobachtete Carter, wie sich Trauerfalten in das Gesicht der reichen Lady eingruben, und er geriet ins Stottern, als er sagte: »Eine vierte Kammer? Das – kann – nicht sein!«

»Und doch ist es so. Aber wenn ich Ihnen einen Rat geben darf, Mr. Carter, lassen Sie es dabei bewenden. Suchen Sie nicht nach der vierten Kammer. Denn sie enthält ein Geheimnis, das mich sehr traurig stimmt.«

Howard sah Mrs. Rockefeller-McCormick betroffen an. Er wußte nicht so recht, was er von ihren Worten halten sollte. Nicht einmal in Gedanken wagte er, diese als Humbug abzutun. Zuviel hatte er in all den Jahren erlebt, was sich mit normalen Maßstäben nicht messen ließ.

Die rätselhafte Frau musterte Carter lange und durchdringend; dann sagte sie ruhig, aber in einem Tonfall, der Howard erschauern ließ: »Das sollten Sie wissen, Mr. Carter. Es liegt an Ihnen, Ihre Schlüsse zu ziehen.«

Schweigend hatte John D. Rockefeller das Gespräch verfolgt. Unter den Gästen, die die Begegnung zum großen Teil miterlebt hatten, entstand Unruhe. Man stand in kleinen Gruppen, tuschelte und diskutierte. Und unbemerkt, wie sie gekommen waren, verließen Rockefeller und seine rätselhafte Tochter die aufgebrachte Gesellschaft.

Anfang Juli, in der größten Hitze des Sommers, der die Stadt bisweilen in einen Backofen verwandelt, kehrte Carter nach New York zurück. Hinter ihm lagen über sechzig Vorträge und Strapazen, wie er sie nicht erwartet hatte. Howard war erschöpft, leer, ausgebrannt, sehnte sich nach Ruhe und Schlaf; aber Keedicks Terminkalender war gnadenlos.

»Hätte ich geahnt, welche Folgen die Entdeckung des Pharaos nach sich zieht«, sagte er vor seinem letzten Auftritt in der Carnegie Hall zu Phyllis, »ich hätte das Grab wieder zugeschüttet und das Geheimnis für mich behalten.«

»Das glaube ich nicht«, erwiderte Phyllis lachend. »Erinnere dich, wie das war all die Jahre, als du nur den einen Wunsch hattest, Tutench-Amun zu finden. Du wolltest ein berühmter Ausgräber werden, jetzt bist du es, Howard, sogar der berühmteste der Welt. Also sei nicht unzufrieden. Jeder Erfolg hat seinen Preis.«

Am Abend dasselbe Bild wie jeden Abend. Vor der Carnegie Hall, einem klotzigen braunen Gebäude mit florentinischen Anklängen, drängten sich Tausende von Menschen, um einen Blick auf den berühmten Entdecker zu erhaschen. Die 57. Straße war für den Verkehr gesperrt. Drückende Schwüle lag in den Häuserschluchten. Dreitausend Zuhörer in der Halle, die jeden Künstler adelt, dem die Ehre zuteil wird, dort aufzutreten, fächelten sich vergeblich etwas Kühle zu.

Howard kam an diesem Abend nicht in Begleitung seiner hübschen Nichte, die bereits im Hotel die Koffer packte. Er wirkte nervös, verhaspelte sich schon bei seinen einleitenden Worten, stockte, setzte von neuem an und fuhr unkonzentriert fort. Das Publikum schrieb seine Zerstreutheit der Hitze zu und übte Nachsicht. Niemand ahnte das Drama, das sich während Carters Rede abspielte.

Nachdem er wie jeden Abend von seinen Anfängen als Ausgräber berichtet hatte, während er Mühen und Entbehrungen schilderte, die seine ersten Jahre in Ägypten bestimmten, machte er in der ersten Reihe eine anmutige Dame aus, nicht mehr ganz jung, aber von einnehmendem Äußeren, ja von einem Ebenmaß der Erscheinung, das ihn gefangennahm. Verwirrt bohrte Carter seinen Blick in die Schöne, die, soweit er das im Gegenlicht der auf ihn gerichteten Scheinwerfer erkennen konnte, ein elegantes grünes Kostüm trug.

Sarah!, schoß es durch seinen Kopf, Sarah Jones. Immer wieder hatte er in all den Jahren an sie gedacht. Die Zeit, beinahe eine Ewigkeit, hatte sie nicht aus seinem Gedächtnis gespült. Und plötzlich, beim Anblick der Unbekannten, war alles wieder gegenwärtig, seine erste Liebe, die ihn um den Verstand gebracht hatte, der Trennungsschmerz und die bittere Erfahrung, daß Sarah Jones ihn belogen hatte, als sie ihm eröffnete, Charles Chambers zu heiraten.

Dreißig Jahre waren seitdem vergangen. Seit ihr Bild beim Brand seines armseligen Hauses ein Opfer der Flammen wurde, war ihr Aussehen in seiner Erinnerung allmählich verblaßt wie die Handschrift auf einem uralten Brief. Die Vorstellung, wie Sarah heute wohl aussehen würde, hatte ihn nie beschäftigt.

Keedick, der bei jedem Auftritt Carters den äußersten linken Platz in der ersten Reihe einnahm und an manchen Tagen dabei auch einnickte, Keedick merkte zuerst, daß mit Howard etwas nicht stimmte. Unruhig registrierte er, daß sein Schützling schon nach wenigen Minuten von seinem Manuskript abwich, das er längst auswendig konnte, und statt dessen in seine Jugendzeit abschweifte und die Gründe erläuterte, die ihn dazu gebracht hatten, Ausgräber zu werden. Das war nicht uninteressant, im Gegenteil, Keedick, der diese Version seiner Rede zum ersten Mal hörte, fragte sich, warum Carter erst heute, am letzten Tag seiner Amerika-Tournee, darauf einging.

Er sei in seine Lehrerin verliebt gewesen, erzählte er freimütig, und diese, die schönste Frau, die ihm je begegnet sei, habe ihm eines Tages eröffnet, sie werde einen Mann ihres Standes und ihres Alters heiraten. Dies habe er zum Anlaß genommen, England zu verlassen. Erst viele Jahre später habe er durch Zufall erfahren, daß seine Lehrerin die Hochzeit nur vorgetäuscht habe, damit er seine Chance ergreife und Archäologe werde. Vergeblich habe er nach dieser Frau gesucht und schließlich erfahren müssen, daß sie nach Amerika ausgewandert sei.

In der Carnegie Hall wurde es still, so still, daß nur vereinzelt das Rascheln eines Taschentuchs zu hören war. Verstohlen wischten sich ein paar Damen eine Träne aus dem Augenwinkel. Auch Keedick rührten Howards Worte. Warum hatte dieser verdammte Carter das alles nicht schon früher erzählt?

Unsicher, ob die Unbekannte in der ersten Reihe nur einer Wunschvorstellung entsprach, die er schon lange in seinem Unterbewußtsein mit sich herumtrug, oder ob die Frau im grünen Kostüm – ja, Sarah liebte grün über alles – vielleicht doch Sarah Jones war, in diesem Zustand des Hoffens und Bangens faßte sich Howard ein Herz, und nach einer Redepause, die er absichtlich endlos in die Länge zog, begann er: »Meine Damen und Herren, können Sie sich vorstellen, was mich heute bewegt, da ich feststelle, daß sich diese Frau hier im Publikum befindet?«

Ein Beifallssturm brach los, wie ihn die Carnegie Hall selten erlebt hatte. Die Zuschauer sahen sich neugierig um.

Nur Keedick bemerkte, wie die Frau in der ersten Reihe den rechten Zeigefinger an ihre Lippen führte, einen Kuß darauf drückte und ihn in Richtung des Rednerpults auf die Bühne schickte.

Als Carter seinen Vortrag beendet hatte, ging Keedick auf die Frau im grünen Kostüm zu und sagte: »Ich bin Lee Keedick, der Agent von Mr. Carter. Wenn Sie mir bitte folgen wollen.«

Sarah Jones war viel zu verwirrt und von ihren Gefühlen überwältigt, um Keedick eine Frage zu stellen. Bedenkenlos folgte sie ihm in die Künstlergarderobe.

Während Keedick sich ohne ein Wort zu sagen zurückzog, standen sich Sarah und Howard gehemmt, beinahe schüchtern wie Kinder gegenüber.

»Sarah!« sagte Howard.

Und Sarah antwortete leise fragend: »Howard?«

Die nüchterne Atmosphäre der Künstlergarderobe, links ein großer, breiter, mit nackten Glühbirnen eingerahmter Spiegel, davor ein rechteckiges Tischchen und zwei Stühle, auf der rechten Seite eine blankpolierte, fahrbare Kleiderstange, all das trug nicht gerade zur Auflockerung der Begegnung bei.

»Ich habe halb London nach dir abgesucht«, bemerkte Howard, nur um etwas zu sagen, »ich habe alle Passagierlisten durchgesehen. Warum hast du das getan, damals?«

Sarah fand zuerst die Fassung wieder. »Ich wollte, daß du ein großer Ausgräber wirst, Howard. Und wie man sieht, hat sich mein Wunsch erfüllt.«

Carter winkte ab. »Aber wir haben uns doch geliebt! Wie konntest du eine so grausame Lüge gebrauchen?«

»Es gab keine andere Möglichkeit, Howard. Du warst jung, zu jung, um zu begreifen, daß sich dir die Chance deines Lebens bot. Und – die erste Liebe hält selten ein Leben lang. Ich glaube nicht, daß wir heute noch zusammen wären, wenn wir damals…«

»So, glaubst du nicht!« rief Howard wütend. Vor Sarahs geistigem Auge tauchte wieder der trotzige Junge aus Swaffham auf, der sich nicht damit abfinden wollte, daß die erste Liebe selten ewig währte.

»Ja, ich glaube es nicht«, erwiderte Sarah.

Mißmutig hob Howard die Schultern, und betont gleichgültig stellte er die Frage: »Bist du – verheiratet?«

»Nein.«

»Warum nicht?«

»Es hat sich nicht ergeben.«

»Und wo lebst du?«

»In New York, an der Lower East Side, in einem Haus in der Orchard Street mit sechs Stockwerken und 36 eisernen Balkonen zur Straße hin, ganz oben, mit einem herrlichen Ausblick auf die Stadt. Ich leite eine Schule für europäische Einwanderer. Und du? Bist du verheiratet?«

»Nein«, antwortete Carter.

»Warum nicht?«

Erst jetzt erkannte Howard die Dummheit seiner Frage, die er zuvor gestellt hatte. »Auch bei mir hat es sich einfach nicht ergeben.«

»Und das schöne junge Mädchen an deiner Seite, das in allen Zeitungen abgebildet ist?«

»Meine Nichte«, antwortete Howard knapp. Aber schon im nächsten Augenblick bemerkte er, daß Sarah ihm nicht glaubte.

Es klopfte, und Lee Keedick steckte den Kopf durch die Türe: »Entschuldigen Sie, Madam, Mr. Carter, das Taxi wartet.«

Howard gab Keedick ein Zeichen, er solle verschwinden. »Wir müssen uns unbedingt noch einmal sehen, bevor ich abreise«, meinte Carter und reichte Sarah zaghaft seine Rechte. »Morgen Abend zum Dinner um sieben im ›Waldorf-Astoria‹, einverstanden?«

Sarah ergriff die dargebotene Hand, und für einen Augenblick empfanden beide eine wohlige Erinnerung.

Vergeblich wartete Howard am folgenden Abend im Restaurant des Hotels auf Sarahs Erscheinen. Er hatte Phyllis von seiner Begegnung mit Sarah erzählt, und obwohl Eifersucht zu ihren Untugenden gehörte, sah Phyllis keinen Grund, Howard nicht für diesen letzten Abend in New York seiner Jugendliebe zu überlassen.

Als Sarah gegen halb acht noch immer nicht erschienen war, machte sich Howard Gedanken. Hatte er Sarah beleidigt? Welchen Grund gab es, daß sie seiner Einladung nicht nachkam? Nach einer weiteren halben Stunde vergeblichen Wartens entschloß sich Howard, nach Sarah Jones zu suchen. Kein leichtes Unterfangen in Manhattan, zumal er nicht einmal ihre genaue Adresse kannte. Orchard Street hatte er im Kopf behalten und daß das Haus sechsunddreißig eiserne Balkone hatte – zur Straße hin.

Es war noch hell um diese Zeit, und Howard bestieg ein Taxi, dessen Fahrer, ein gebürtiger Neapolitaner, das eigenwilligste Englisch sprach, das Carter je gehört hatte. Genaugenommen handelte es sich um ein Kauderwelsch aus Englisch, Italienisch und Deutsch, was Tony, so nannte sich der blondgelockte Fahrer, damit erklärte, daß sein italienischer Vater eine Deutsche geheiratet habe und mit dieser nach seiner Geburt nach Williamsburg ausgewandert sei.

Besser als die Sprache des Landes kannte Tony die Straßen von

Manhattan, jedenfalls kannte er die Orchard Street und meinte, wenn er, Carter, bis 36 zählen könne, bestünde durchaus Aussicht, die gewünschte Adresse zu finden.

Die Fahrt auf der Park Avenue südwärts, vorbei an Central Station und Union Square, zog sich beinahe endlos hin, obwohl der Fahrer seinem Oldsmobil das Letzte an Geschwindigkeit abverlangte. Aber nach einer guten halben Stunde erreichten sie die Orchard Street, und nachdem sie auf der belebten Straße eine weitere halbe Meile zurückgelegt hatten, hielt der Fahrer an und deutete auf ein Haus aus braunroten Backsteinen und mit vielen Balkonen, und treuherzig meinte er, er wisse zwar nicht, ob es sechsunddreißig Balkone seien, auf jeden Fall viele.

Howard zählte. Es waren sechsunddreißig. Der Eingang des Hauses lag seitlich in einer großen Toreinfahrt, und tatsächlich entdeckte Carter ein Schild mit dem Namen »Sarah Jones«.

Atemlos von zwölf Treppen in einem düsteren Treppenhaus erreichte er das oberste Stockwerk. Howard zögerte, überlegte, ob sein Besuch nicht mit einer Enttäuschung enden könnte, ob es vielleicht nicht besser wäre, alles so zu belassen, wie es war, aber schon im nächsten Moment kam ihm der Gedanke, er würde sich seine Feigheit nie verzeihen.

Howard klingelte.

Und als hätte sie ihn hinter der Türe stehend erwartet, öffnete Sarah umgehend, das heißt, zwischen seinem Klingeln und dem Öffnen lag nicht einmal eine Sekunde.

Überwältigt von Sarahs Chic – sie trug ein rotes, ärmelloses Kleid mit einem spitzen Ausschnitt und Schuhe mit hohen Absätzen und einer Spange über dem Spann –, änderte er die Worte, die er sich zurechtgelegt hatte. Eigentlich wollte Howard sagen: Wir waren verabredet, warum bist du nicht gekommen? Doch nun sagte er ohne jeden Vorwurf: »Ich bin's. Störe ich?«

»Aber nein«, erwiderte Sarah lachend. »Ich habe dich doch erwartet, Howard!«

Carter blickte irritiert. »Wollten wir uns nicht im ›Waldorf-Astoria‹ zum Dinner treffen?«

»Ja, das hast du vorgeschlagen. Aber willst du nicht hereinkommen?«

Howard bedankte sich förmlich und trat in das geschmackvoll möblierte Appartement. »Ein Glück, daß ich mir die Straße gemerkt hatte, in der du lebst, und die Sache mit den 36 eisernen Balkonen.«

»Ein Glück!« Sarah nickte und legte ihre Hände auf seine Schultern. »Weißt du, Howard, ich habe noch nie im ›Waldorf-Astoria‹ gespeist unter all den reichen und bedeutenden Leuten, die dort verkehren, und ich glaube einfach, dieser Abend sollte nur uns gehören, und morgen sollte nicht in der Zeitung stehen, daß Howard Carter mit einer unbekannten Frau im roten Kleid diniert hat.«

»Da hast du nicht unrecht, Sarah. Allerdings hast du es versäumt, mir deine Adresse zu geben.«

»Ich weiß«, bemerkte Sarah schmunzelnd, »aber ich habe dir ein paar Anhaltspunkte gegeben. Ich dachte mir, wenn Howard noch an dir Interesse hat, merkt er sich jedes Wort.«

Staunend schüttelte Howard den Kopf. »Du hast dich wirklich nicht verändert. Du bist noch immer das kluge, in jeder Situation überlegene Frauenzimmer wie damals.« Bei diesen Worten versuchte er vorsichtig, ihre Taille zu umfassen.

»Der Schein trügt«, entgegnete Sarah und sah Howard durchdringend an. »Gestern in deiner Garderobe war ich mindestens ebenso unsicher wie du, Howard.«

»Ist es ein Wunder, nach all den Jahren?«

»Nein, eigentlich nicht. Man kann nicht einfach fortfahren, wo man vor einem halben Leben aufgehört hat. Leider.«

Als erwachte sie aus einer langen Erinnerung, nahm Sarah ihre Arme von Howards Schultern und sprach: »Komm! Ich habe selbst ein Dinner bereitet, natürlich nicht wie im ›Waldorf-Astoria‹, dafür etwas intimer und ohne daß wir uns vor irgendwelchen Leuten verstecken müssen.«

Sarah öffnete eine Schiebetür, die ein kleines Speisezimmer vom Living-Room abtrennte. Auf dem Tisch funkelte ein Kerzenleuchter, weißes Geschirr war liebevoll gedeckt, Gläser standen bereit und Rotwein.

»Sarah!« entfuhr es Carter, der nun erkannte, daß alles an diesem Abend bis ins Detail geplant war.

Als genierte sie sich ein wenig, schlug Sarah die Augen nieder. Sie wirkte auf einmal nachdenklich, so als prüfte sie in Gedanken noch einmal ihr Vorhaben. Schließlich wies sie Carter seinen Platz zu, und mit einem Lächeln, jenem Lächeln, das ihm viele Jahre im Gedächtnis geblieben war und das jetzt manche Erinnerung vergegenwärtigte, verschwand sie in der kleinen Küche, um nach dem Essen zu sehen.

»Wußtest du eigentlich, daß ich nach Amerika ausgewandert bin?« rief Sarah, während sie in der Küche hantierte.

»Ja, natürlich«, antwortete Carter.

»Wie hast du es erfahren?« Sarah steckte den Kopf durch die Tür.

»Von Chambers. Sein Bruder war auf demselben Schiff, mit dem du nach New York gefahren bist!«

»Das ist nicht wahr!«

»Doch, Sarah.«

»Und was ist aus Charles Chambers geworden?«

»Als ich ihn zuletzt sah, war er Organist in einem Kinematographentheater.«

»Chambers?«

»Charles Chambers!«

Sarah trug das Essen auf, an das sich Howard später, so sehr er auch nachdachte, nicht mehr erinnern konnte, nicht weil es so gewöhnlich gewesen wäre, nein, es waren die Ereignisse, die Carter überrollten und ihn vergessen ließen, ob das Dinner vorzüglich oder mittelmäßig war.

Es begann damit, daß Sarah plötzlich Messer und Gabel beiseitelegte und zwischen ihren Brüsten, die kaum etwas von ihrer Attraktivität verloren hatten, ein Papier aus dem spitzen Ausschnitt zog und ihm über den Tisch reichte. »Ich weiß nicht, ob du dich daran erinnerst.«

Howard nahm das abgegriffene Papier und las, und erst als er geendet hatte, erkannte er seine eigene, jugendliche Handschrift: *Der schönen Aphrodite – vormals Griechenland, jetzt Swaffham, Grafschaft Norfolk. Von Howard Carter.*

»Du hast den Brief noch immer?« bemerkte er ungläubig.

»Ja, Howard. Ich habe ihn gehütet wie meinen Augapfel. Es ist der schönste Brief, den ich in meinem Leben erhalten habe. Er erinnert mich immer an meine erste und einzige große Liebe.«

Ihre Worte trafen Carter wie ein Pfeil, der sich ins Herz bohrt. Er fühlte sich hilflos und den Tränen nahe. Was sollte er darauf nur antworten?

Der berühmte Howard Carter kam sich vor wie ein unerfahrener, dummer Junge, er fühlte sich zurückversetzt in seine Jugendzeit, als er seine Lehrerin anbetete, als er davon träumte, mit ihr zu schlafen, als er sein Leben dafür gegeben hätte, dieses Ziel zu erreichen.

»Es hätte alles so schön werden können mit uns«, bemerkte Howard und streckte seine Hand aus.

Sarah ergriff sie und rieb mit dem Daumen über seinen Handrücken. Sonne, Steine und Staub hatten die Haut spröde gemacht. Schließlich erwiderte sie: »Hätte, Howard, du sagst es! Es hätte auch ganz anders kommen können, und die Wahrscheinlichkeit dafür ist weitaus größer. Auch unsere Enttäuschung wäre weitaus größer gewesen. Glaubst du nicht? Die größte Liebe spielt sich in unseren Träumen ab, wenn Phantasie und Verlangen alle Grenzen überschreiten. Sie kennt keinen Fehltritt und keine Enttäuschung. Die Wirklichkeit ist der Tod unserer Träume.«

»Das hast du schön gesagt, Sarah. Trotzdem will ich dir nicht so recht glauben.«

Sarah reichte Howard die Weinflasche und bat ihn einzuschenken. »Auf unser Wiedersehen in New York!« prostete sie ihm zu.

»Ich liebe dich noch immer!« sagte Carter und nahm einen tiefen Schluck.

Mit der ihr eigenen Überlegenheit schmunzelte Sarah vor sich hin. Dann meinte sie: »Eines Morgens wärst du neben mir aufgewacht und hättest eine Frau erblickt mit Fältchen um die Augen, und ihr Busen hätte auch nicht mehr die beste Form gehabt, und du hättest Ausschau gehalten nach jüngeren Frauen, und dabei hättest du mir unsagbaren Schmerz zugefügt.«

»Das hätte ich nie getan, Sarah! Du bist noch heute so schön wie früher. Und was das Alter betrifft: Auch ich bin nicht jünger geworden!«

»Das nicht, aber die junge Frau an deiner Seite ist doch der Beweis, daß ich recht habe.«

»Phyllis? Ich schwöre dir, sie ist meine Nichte Phyllis Walker. Zugegeben, sie himmelt mich an, und ihre Erscheinung ist mir nicht unangenehm, trotzdem ist es nicht, wie du denkst.«

»Du brauchst dich nicht zu rechtfertigen, Howard.« Mit geschlossenen Augen genoß Sarah Howards Nähe. Howard sah es, aber er wagte nicht zu fragen, welchen Gedanken sie gerade nachhing, und nach einer Weile begann sie von selbst: »Ich sehe vor mir den Wald von Thetford und einen großen, frechen Jungen, der sich auf einem Baumstamm an meinen Kleidern zu schaffen macht. Ich sehe das Bild nicht zum ersten Mal. Mir ist, als hätte die Sonne es in mein Gedächtnis eingebrannt.«

In Gedanken verloren, nippte Howard an seinem Glas. Dann betrachtete er ihr anmutiges Gesicht, begierig, jede Einzelheit, die ihm bereits entfallen war, in sich aufzunehmen. Er sah das leichte Zucken um ihre Mundwinkel. Auch ihre Augen verrieten eine heftige innere Unruhe.

Wie er sie so ansah, verspürte Howard das dringende Bedürfnis, Sarah in seine Arme zu nehmen. Ihm war, als zöge ihm ihr Anblick den Boden unter den Füßen weg. Er wollte sie küssen, liebkosen, aber er wagte nicht einmal, mehr als ihre Hand zu berühren. Dabei glaubte er, er habe seit langem jede Schüchternheit gegenüber Frauen verloren. War es Respekt oder Ehrfurcht gegenüber der überlegenen Frau, oder hatte er einfach Angst, etwas falsch zu machen, die gleiche Angst wie damals, als er noch ein Junge war, unsicher und unerfahren?

Nach langem Schweigen öffnete Sarah die Augen, und es schien, als käme sie aus einer anderen Welt zurück. Wortlos erhob sie sich und zog Howard mit sich fort in den benachbarten Raum, eine Art Bibliothekszimmer mit unzähligen Büchern an den Wänden, einer heimeligen Leseecke und einem wuchtigen Schreibtisch in der Mitte. Durch das Fenster sah man das Häusermeer der Lower Eastside, wo jetzt die Lichter wie Glühwürmchen funkelten.

Sarah lehnte sich rückwärts gegen den Schreibtisch und zog Howard an sich heran, daß sich ihre Schenkel berührten. Und im nächsten Augenblick wurde er von dem Gefühl überwältigt, das er damals empfunden hatte, als sie sich zum ersten Mal so nahekamen. Sarah fühlte nicht anders, denn sie fragte leise: »Erinnerst du dich noch an unser erstes Mal? Es war auf dem Schreibtisch des Barons von Schell, in der geheimen Kammer, wo die Baronin das Andenken ihres Mannes pflegte.«

»Natürlich erinnere ich mich«, erwiderte Howard. Und während er ihren Kopf zwischen beide Hände nahm, während er seine Lippen auf die ihren preßte, wurde vor ihm wieder gegenwärtig, was damals geschah. Er fühlte sich wie der fünfzehnjährige Junge, der zum ersten Mal lustvoll eine Frau berührte, kein gleichaltriges Mädchen, wie es sich gehörte, sondern eine Frau, die vor Leben strotzte und vor Erfahrung – jedenfalls glaubte er das damals.

Auch das Zimmer verwandelte sich vor seinen Augen in das skurrile Kabinett des Barons, mit Ausgrabungen, Skulpturen und einem ausgestopften Krokodil. Gedämpftes Licht verzauberte den Raum.

Wie damals ließ Sarah sich vor ihm auf den Schreibtisch sinken, und Howard befreite sie von ihren Kleidern. Aber anders als damals, als die Angst größer war als die Liebesglut, ließ Howard seiner Leidenschaft freien Lauf. Er liebte Sarah ungestüm, und Sarah erwiderte seine Erregtheit mit wilder Verzückung.

Ihre Liebe dauerte beinahe die ganze Nacht. Erst als der Morgen graute, ließen sie glückbeseelt voneinander ab.

Vergeblich suchte Howard nach passenden Worten. Auch Sarah fiel es schwer, in die Wirklichkeit zurückzufinden.

»Wann geht dein Schiff?« fragte sie ebenso zärtlich wie hilflos.

»Um dreizehn Uhr«, erwiderte Carter. »Wir müssen uns unbedingt wiedersehen.«

»Ja, Howard, das müssen wir«, antwortete Sarah und küßte ihn zum Abschied.

Der frühe Sommer hatte die Wogen auf dem Atlantik geglättet, und die Rückreise auf der »Mauretania« wurde zum reinen Vergnügen. Howard und Phyllis lagen im Liegestuhl auf dem Oberdeck und genossen die warmen Sonnenstrahlen. Von Backbord wehte ein kräftiger, aber angenehmer Wind. Die Stewards servierten bunte Getränke, und nach einer Zeit zwangsweiser Enthaltsamkeit in Amerika sprachen die Passagiere ausgiebig dem Alkohol zu.

»Bist du zufrieden?« fragte Phyllis, während Carter in die Sonne blinzelte und an einer »Bloody Mary« nippte.

»Hm«, erwiderte Howard wortkarg. Er war mit seinen Gedanken weit weg.

»Lee Keedick sagte, die Tournee mit dir sei der größte Erfolg seines Lebens gewesen.«

Howard schmunzelte in sich hinein. »Ja, wenn Keedick das sagt...«

»Du hast ein Vermögen verdient, Howard, du brauchst nicht mehr im Wüstensand zu graben!«

Da wurde Carter plötzlich gesprächig. »Phyllis«, polterte er los, »ich habe dir schon hundertmal gesagt, daß mein Beruf nichts mit Geldverdienen zu tun hat. Warum willst du das nicht begreifen? So widersinnig es klingen mag: Ich brauche den Staub der Wüste zum Atmen!«

»Du willst also wirklich wieder nach Ägypten zurückgehen?«

»Phyllis, ich habe mir eine Aufgabe gestellt, und ich werde diese Aufgabe zu Ende bringen. Es ist nicht damit getan, das Grab des Tut-ench-Amun zu entdecken und als vielbestaunter Ausgräber durch die Welt zu reisen. Vieles muß noch erforscht und archiviert werden. Jetzt beginnt erst die Kleinarbeit.«

Man sah Phyllis die Enttäuschung an. Aber sie hatte die Hoffnung noch nicht aufgegeben, Carter doch noch von seinem Vorhaben abzubringen. Mit heftigen Bewegungen blätterte sie in einem Modejournal.

Seit dem Tag ihrer Abreise aus New York, seit Howard erst im Morgengrauen ins Hotel zurückgekehrt war, herrschte eine gewisse Spannung zwischen den beiden. Phyllis hatte nicht gewagt, Howard zur Rede zu stellen, und er gab keine Erklärung ab, wo er die Nacht verbracht hatte. Eine Weile schwiegen Howard und Phyllis an Deck vor sich hin; dann schlug Phyllis ihr Modejournal zu und entfernte sich.

Die »Mauretania« dampfte südöstlich von Neufundland, 50 Grad westlicher Länge, 42 Grad nördlicher Breite, durch den Atlantik, und Carter döste im Liegestuhl vor sich hin, als ihn die Stimme eines Stewards aus seinen Gedanken riß: »Entschuldigen Sie, Sir, ein Radiogramm!«

Howard erschrak.

Der Steward beugte sich zu ihm herab und reichte Howard auf einem Silbertablett ein hellblaues Kuvert.

Hastig nahm Carter ein kleines Blatt Papier aus dem Umschlag. Darauf stand zu lesen:

From New York Radio to RMS »Mauretania«:

Manchmal genügt ein einziger Augenblick des Glücks,
um zu sagen, man habe glücklich gelebt.
In Liebe, Sarah

Howard erhob sich und trat an die Reling. Er wandte den Blick der untergehenden Sonne zu. Irgendwo hinter dem Horizont lag New York, die Orchard Street und ein großes Haus mit 36 eisernen Balkonen. Und in diesem Haus wohnte die Frau, die er immer lieben würde.

Wieder und wieder las er Sarahs Zeilen. Da – eine Böe, und der Windstoß riß ihm das Papier aus der Hand. Howard blickte ihm nach, bis es wirbelnd und immer kleiner werdend in der Gischt des Schiffes verschwand.

Nachwort

Howard Carter ging zurück nach Ägypten und arbeitete noch zehn Jahre im Grab des Tut-ench-Amun. Dabei stieß er auf eine vierte Kammer. Sie enthielt unter anderem zwei kleine Mumiensärge mit Frühgeburten, Töchter des Pharaos und der Königin Anches-en-Amun.

Lord Carnarvons Tochter Evelyn heiratete ihren Verlobten Sir Brograve Campbell Beauchamp, und die beiden wurden zu Lieblingen der englischen Gesellschaft.

Phyllis Walker wich nicht mehr von Carters Seite. Zurückgezogen lebte sie mit Howard nach dessen Rückkehr aus Ägypten in einem vornehmen Appartement in London, Albert Court. Carters Ruhm schwand ebenso schnell, wie er gekommen war.

Noch heute tauchen auf dem internationalen Kunstmarkt Gegenstände aus dem Grab des Tut-ench-Amun auf, die von Robert Spink 1922 geraubt und zu Geld gemacht wurden. Spink investierte den Erlös aus dem Coup in Aktien und Wertpapiere. Am sogenannten »Schwarzen Freitag« des Jahres 1929 verlor er sein gesamtes Vermögen. Darüber wurde er zum Säufer und landete schließlich in einem christlichen Männerheim im Londoner Stadtteil Lambeth. Der Versuch, seinen letzten Besitz, einen Goldbecher mit dem Namen des Pharaos, den er Carter gestohlen hatte, zu Geld zu machen, scheiterte, weil niemand ihm glaubte, daß der Becher echt war. Aus Wut und Verzweiflung warf er ihn später in Carters Grab.

1936 kehrte Sarah Jones aus New York nach London zurück. Aber wie das Leben so spielt: Sarah Jones und Howard Carter haben sich nie mehr wiedergesehen.